LE
ROI RENÉ

Paris. — Typographie de Firmin-Didot frères, fils et Cie, rue Jacob, 56.

LE
ROI RENÉ

SA VIE, SON ADMINISTRATION

SES TRAVAUX ARTISTIQUES ET LITTÉRAIRES

D'APRÈS LES DOCUMENTS INÉDITS
DES ARCHIVES DE FRANCE ET D'ITALIE

PAR

A. LECOY DE LA MARCHE

TOME SECOND

PARIS
LIBRAIRIE DE FIRMIN-DIDOT FRÈRES, FILS ET C⁽ᵉ⁾
IMPRIMEURS DE L'INSTITUT, RUE JACOB, 56

1875

TROISIÈME PARTIE.

BEAUX-ARTS
et
LITTÉRATURE

CHAPITRE I.

ARCHITECTURE.

Édifices d'Angers : château, Chambre des comptes, ménagerie ; sépulture de René et d'Isabelle à Saint-Maurice ; chapelle de Saint-Bernardin ; église des Carmes ; halles, etc. — Édifices des autres villes et domaines d'Anjou : Saumur, Baugé, Beaufort, les Ponts-de-Cé, Mirebeau, Loudun ; Chanzé, Reculée, Épluchart, Rivettes, la Ménitré, Launay ; la Baumette. — Édifices de Provence : Aix, Tarascon ; Pertuis, Peyrolles, Yères, Toulon, les Baux, Brignolles ; Marseille ; Saint-Maximin ; Notre-Dame-de-la-Mer ; Avignon. — Levées, ponts, navigation. — Maître des œuvres ; maître des pavages et barrages.

Après avoir étudié le souverain, l'administrateur, il nous reste à démêler, dans la figure complexe du roi René, les traits de l'artiste et de l'homme de lettres. Il semble être plus connu sous cet aspect que sous les précédents ; mais il faut faire, pour le moment, table rase des opinions reçues, laisser de côté les traditions incertaines, qui ont été jusqu'à présent la seule base de sa réputation artistique, pour chercher dans les sources authentiques, dans ses propres archives, jusqu'à quel point et de quelle manière il mérite réellement cette réputation. Si l'on veut apprécier sainement son influence sur les arts de son siècle, on ne doit pas se borner à la peinture, le seul qui passe pour avoir été cultivé par lui, mais étendre l'enquête à tous les autres. On en trouve, en effet, bien peu qui n'aient attiré son attention et charmé les loisirs que lui laissa la politique. Et il ne s'agit pas uniquement ici de ses ouvrages personnels, mais aussi bien de ceux qu'il fit exécuter à d'autres; car être artiste, pour un prince, consiste encore moins à travailler de sa main, qu'à encourager, à produire et à diriger le talent.

Commençons par le plus répandu de tous les arts, celui qui tient la plus grande place sur la terre comme dans les dépenses royales : l'architecture; et, pour examiner avec ordre les monuments que le roi de Sicile peut avoir construits, restaurés ou agrandis, parcourons d'abord le duché d'Anjou, son berceau et son domaine patrimonial, en rayonnant de la capitale vers les autres villes et ensuite vers les simples manoirs.

La première et la plus importante des résidences du roi René fut le château d'Angers. L'ancienne forteresse des comtes d'Anjou avait été rebâtie, avec des agrandissements considérables, par saint Louis, après que ce prince eut pris définitivement possession de la ville, occupée auparavant par Jean-sans-Terre. C'est de cette époque (1228-1238) que date le vaste pentagone flanqué de dix-sept tours dont la masse grise domine encore aujourd'hui le cours de la Maine : des quittances mentionnées par Lenain de Tillemont et publiées depuis, ainsi qu'un passage du registre des *Querimoniæ*, en font foi[1]. Toute la ville d'Angers fut fortifiée en même temps par le roi de France, qui en fit un centre de résistance et d'approvisionnement pour les guerres sans cesse renaissantes dont la frontière occidentale du royaume était le théâtre. Le château subit peu de changements dans la suite du treizième siècle et dans le cours du quatorzième. Louis I, frère de Charles V et fondateur de la maison ducale d'Anjou, fit cependant faire à cet édifice quelques travaux et réparations, dont on peut voir le détail dans un compte de sa trésorerie embrassant les années 1375 à 1379[2]. Mais, jusqu'à la régence de la reine Yolande d'Aragon, femme de Louis II, on ne trouve pas trace de modifications importantes.

[1] *Vie de saint Louis*, II, 136; Arch. nat., J 491, p. 98; Marchegay, *Notices*, II, 9 et 100; Port, *Dict. hist. de Maine-et-Loire*, p. 38; etc.
[2] Arch. nat., KK 242, *passim*.

Yolande, dont l'influence salutaire se faisait sentir à la fois dans les conseils du roi Charles VII, son gendre, et dans l'administration de ses domaines particuliers, ne négligeait pas non plus les travaux d'art et de construction. Elle fit d'abord renouveler entièrement la couverture des bâtiments et des tours du château. Cette opération, dirigée par un couvreur d'Angers, Jean Guillot, qui fut payé au moyen d'une indemnité annuelle, commença en 1408 et dura plusieurs années. Elle était, du reste, facilitée par l'abondance des ardoisières des environs. Le sol même dans lequel étaient creusées les douves du château fournissait de l'ardoise, et la forêt de Bellepoule, sur les bords de la Loire, la paroisse de Boucornu, le domaine de Diex-Aye ou Dieuzie avaient alors des carrières en exploitation, dont le produit était affermé par les ducs ou les autres possesseurs de la terre [1]. Les ardoises d'Anjou paraissent avoir été employées et recherchées dès le treizième siècle [2], et M. Marchegay a produit des textes constatant le fait à partir de l'an 1376 [3]. Mais l'emplacement et l'importance des ardoisières, qui sont aujourd'hui une des sources de la richesse du pays, nous sont surtout révélés par les mémoriaux d'Yolande et de son fils René.

Cette princesse faisait exécuter en même temps un embellissement plus remarquable. L'élégante chapelle du château, qu'on admire encore en partie, s'élevait par ses soins, et deux charpentiers d'Angers, Jean Ducieux et Jean Bulort, en entreprenaient la charpente à forfait, d'après ses ordres, le 25 octobre 1410 [4]. Sur les trois hautes travées dont se composait l'édifice, on assembla de doubles sablières, avec tirants, corbeaux, etc., et l'ouvrage dut être terminé pour le jour de la Madeleine (22 juillet 1411). C'est donc là la date précise de l'achèvement de la chapelle, que l'on se contentait jusqu'ici

---

[1] *Extraits des comptes et mémoriaux du roi René*, nos 1, 2, 17, 30, 33, 35, 75, etc.
[2] Viollet-le-Duc, *Dict. d'Architecture*, au mot *Ardoise*.
[3] *Bull. de la Soc. industr. d'Angers*, 26e année, n° 4.
[4] *Comptes et mém.*, n° 3.

de rapporter au commencement du quinzième siècle[1]. Le château en avait autrefois une autre, dédiée à saint Jean-Baptiste, à laquelle Louis II avait assigné vingt-cinq livres tournois de rente perpétuelle. On trouve aussi, à l'époque de René, la mention d'une petite chapelle ou d'un oratoire voisin de la galerie bâtie par ce prince, et qui me paraît distinct de la construction d'Yolande[2].

Mais avec le règne du bon roi commença pour le château d'Angers une série de transformations nouvelles. Après la perte de son royaume de Naples et un court séjour en Provence, René vint se fixer, comme on l'a vu, dans la capitale de son duché, le plus clair et le plus incontesté de ses domaines. Dès lors, la résidence des anciens comtes d'Anjou prit un aspect brillant qu'elle n'avait guère connu jusque-là, et qu'elle connut encore moins plus tard. Les fêtes s'y succédèrent. Une cour bigarrée, composée de Provençaux, d'Angevins, de Lorrains, d'Italiens, de Maures, en peupla la vaste solitude. Hommes d'église, hommes d'affaires, savants et artistes se pressèrent sous le toit d'un Mécène hospitalier, plus généreux que riche. Tout autour, des jardins soigneusement entretenus, une école, une ménagerie et une sorte de ministère, comprenant la Chambre des comptes et le Conseil, répandirent l'animation et la vie. Avec ce goût naturel du beau qu'il étendait à toutes choses, le roi de Sicile entreprit de compléter et d'orner la demeure princière où il avait vu le jour. Je parlerai dans un autre chapitre de l'ameublement et des objets rares ou précieux enfermés dans les salles, pour ne m'occuper ici que de l'extérieur du monument et de sa distribution.

Le portail principal, resté inachevé, se couronna d'élégants pignons à épis et à crêtes, avec chambres, croisées, lucarnes, auvents et cheminées ; les tourelles qui l'avoisinaient furent

---

[1] Port, *Dict. hist.*, p. 50.

[2] *Comptes et mém.*, n°ˢ 29, 40. L'ancienne chapelle du château est mentionnée dans l'ordonnance rendue en 1400 pour l'organisation de la Chambre des comptes d'Angers (pièces justificatives, n° 3).

exhaussées de sept à huit pieds[1]. Les ponts-levis et dormants, notamment le grand pont faisant face au portail des Champs et celui qui donnait du côté de la ville, furent refaits et couverts de charpentes revêtues d'ardoise[2]. Des galeries neuves relièrent entre eux certains corps de bâtiments isolés, comme la tour Buynard et le logis du roi, le portail tourné vers la ville et le logis du sénéchal. Ces galeries portaient sur des piliers de pierre dure, tirés en partie des carrières de l'Ile-Bouchard. Elles étaient construites en bois plus ou moins ouvragé, et parfois surmontées d'une toiture de plomb[3].

René traçait lui-même ou faisait tracer sous ses yeux les devis de ces différents travaux. Lorsqu'il était éloigné, ce dont la dispersion de ses États lui faisait souvent une obligation, il entretenait avec ses gens des comptes une correspondance assidue pour en faire surveiller et hâter l'exécution, ordinairement confiée au maître des œuvres d'Anjou, Guillaume Robin ou Jean Gendrot[4]. Ses lettres closes entrent à ce sujet dans les plus petits détails, et font mieux pénétrer dans la vie intime de leur auteur que le plus habile exposé : aussi y renverrai-je le lecteur[5].

Le château d'Angers, ainsi complété, comprenait environ cinquante-cinq pièces, d'après l'inventaire dressé en 1471. Il serait difficile aujourd'hui de déterminer la place de chacune d'elles; mais voici quel était l'aménagement général. L'appartement du roi se composait de la chambre et d'un petit retrait, avec une annexe située au-dessus et formant deux pièces, dont l'une était vraisemblablement celle que l'inventaire appelle le *cabaret* (lieu fermé de barreaux) et l'autre l'*estude* : c'est là que René travaillait avec ses artistes favoris; à côté, l'oratoire du roi et la galerie neuve

---

[1] *Comptes et mém.*, n⁰⁸ 9, 23. Ce logis existe encore : selon la tradition et les historiens locaux, c'est là que René aurait été mis au monde, le 16 janvier 1409, comme on l'a vu dans le volume précédent.

[2] *Ibid.*, n⁰⁸ 13, 25, 32, 33, 35, 47, 58, 60.

[3] *Ibid.*, n⁰⁸ 10, 41, 46, 50, 59, 143.

[4] V. plus loin, p. 65.

[5] V., dans les *Extraits des comptes et mémoriaux*, les n⁰⁸ 15, 20, 22, 41, 59, etc.

y attenante, renfermant une partie de la bibliothèque. L'appartement de la reine comprenait une chambre, une chapelle, un retrait; dans le voisinage, les chambres des suivantes, madame de Saux, Margerie, Jeanne Biardelle, etc. Une grande salle et une salle de parement servaient aux cérémonies et aux réceptions. Non loin, et sans doute au rez-de-chaussée comme elles, plusieurs chambres basses et voûtées formaient les étuves, la garde-robe du roi et celle de la reine, un jeu de paume, des logis d'officiers.

Les offices se décomposaient en cuisine, garde-manger, saucerie, paneterie, échansonnerie, fruiterie et chambres de serviteurs. On remarquait encore, parmi les pièces affectées au service, la chambre des *cruchets* et la chambre de la *tapisserie*.

Le portail des Champs renfermait plusieurs chambres, dont une servit quelque temps aux séances du Conseil. C'est probablement une destination analogue qui avait fait donner à une salle du bâtiment principal le nom de *Borjoisie*.

Le portail neuf, qui avait deux étages et plusieurs tourelles, était la demeure du duc de Calabre[1].

Dans les mansardes ou galetas était installée l'armurerie, que René fit refaire en partie pour mieux abriter ses *harnois*, détériorés par suite de la négligence de Thomas Baigneux, son armurier[2].

Au dehors, on trouvait d'abord les jardins, dont la création et l'entretien étaient le sujet des recommandations continuelles du royal artiste. J'ai déjà observé ailleurs qu'il joignait à des goûts chevaleresques celui de la vie rurale et de la culture des fleurs. La tradition lui attribue même l'importation d'un certain nombre de plantes nouvelles, dont Bourdigné nous a nommé quelques-unes[3]. Sa sollicitude pour ses

---

[1] Inventaire du château d'Angers (*Comptes et mém.*, n° 642).

[2] *Comptes et mém.*, n°s 37, 42, 43, 49. Louis XI fit plus tard forger des arbalètes au château d'Angers par Guichart Nau, qui en avait la garde. (Arch. nat., P 1334¹¹, f° 132.)

[3] Bourdigné, II, 229 et suiv.

« jardrinaiges d'Anjou » confirme d'une manière générale cet ordre de faits. Il avait au château d'Angers un grand et un petit jardin. Dans le premier se trouvait un vivier, qu'il fallait de temps en temps recimenter et remplir d'eau fraîche. Il fit élever au-dessus un pavillon à deux étages, dont l'un en pierres de taille. Ce pavillon, contigu à la chapelle, comprenait des oratoires et des chambres, reliés par des escaliers à vis de cinquante marches; on y remarquait une cheminée à trois jambages, « en la forme de la cheminée d'un palais [1] ».

Le jardin offrait quelque peu l'aspect naturel et pittoresque des jardins anglais modernes : on y voyait de petits préaux de gazon, des allées soigneusement ratissées et des *roues*, c'est-à-dire des corbeilles ou plates-bandes rondes, bordées de clisses de bois [2]. René le fit prolonger jusqu'aux murs du château, en ôtant des communs et une forge qui se trouvaient au bout. Il l'orna, ainsi que le petit jardin, de treilles « en charpenterie bien ouvrée, belles et bien faites [3] ». La vigne abondait, du reste, dans tous ses manoirs d'Anjou, et il estimait les produits du cru au point de faire venir de là toutes ses provisions de vin lorsqu'il était en Provence.

La façon des jardins d'Angers était primitivement confiée à un jardinier spécial, payé quarante livres par an. Mais, lorsque le roi de Sicile, devenu vieux, se fut retiré en Provence, le concierge ou intendant du château, homme de confiance à qui il avait donné le nom de son ordre de chevalerie (Croissant),

---

[1] *Comptes et mém.*, n°ˢ 15, 20, 22, 27, 28, 44, etc. Le duc de Bretagne, ayant visité le château d'Angers en 1458, manifesta son admiration pour les jardins, le pavillon et les lions. « Et sembloit qu'il fust de tout content à merveilles. » (Arch. nat., P 1334⁶, f° 223 v°.)

[2] « Item, pour mote et ouvriers à faire le petit préau oudit jardin,... x sols. Item, pour achat d'une clisse de boys pour habiller la roe du grant jardin, II sols VI deniers. Item, pour six hommes jardineurs qui ont esté oudit grant jardin ung jour entier pour couvrir ladite roe de mote, lier la vigne, et que falloit à lier, nectier les allées du grant et petit jardin, pour paye et despens, XX sols. » Dépense faite par Pierre Desbans, concierge du château. (Arch. nat., P 1334³, f° 105 v°.)

[3] *Comptes et mém.*, n°ˢ 17, 52, 55.

demeura chargé de ce soin[1]. Les travaux ne s'arrêtèrent pas pour cela, et, bien que René eût pris la résolution de ne plus revenir dans son duché, il continuait à dicter de loin les moindres changements à faire dans ses bâtiments ou ses jardins. Vers la fin de sa vie, cependant, leur entretien semble avoir été un peu négligé, et Louis XI, après sa prise de possession, eut à faire exécuter des réparations urgentes, notamment aux vitrages[2].

Une chose essentielle manquait à l'agrément du château : c'était de l'eau vive. René avait dû apprendre en Italie tout le parti qu'on pouvait tirer de cet élément pour l'embellissement des jardins. Son vivier réclamait aussi de l'eau, et la Maine coulait trop bas au-dessous des remparts pour lui en fournir. Il songea donc à s'en procurer autrement, et fit venir dans ce but deux étrangers (leur pays n'est pas désigné), les deux frères Nicolas, réputés « maîtres en l'art de faire des fontaines ». Mais cet art était encore dans l'enfance, malgré l'habileté relative des entrepreneurs. Ils se chargèrent, par un marché passé le 6 avril 1451, d'amener devant la chapelle du château l'eau de deux fontaines situées à quelque distance de la ville, sur la paroisse de Villevesque, et le roi de Sicile, de son côté, s'engagea à fournir les matériaux, notamment des tuyaux de bois de chêne, à faire percer les murailles, enfin à désintéresser tous les individus dont on devait traverser ou endommager les propriétés. Un an devait suffire pour l'achèvement de l'ouvrage, et douze cents écus en étaient la rémuné-

---

[1] *Comptes et mém.*, n⁰ˢ 53, 54, 57.

[2] « J'ay veu ce qu'il vous a pleu m'escripre touchant les réparacions de ceyns, écrivait à M. de Jarzé, capitaine du château d'Angers pour le roi Louis XI, un de ses lieutenants qui y résidait. Nous avons baillé toute la verrine de la chapelle et des oratoires et les chambres du roy de Cecille grans et petites, dessus et desoubz, tant la chambre de parement que la grant salle et tout ce quartier-là, aveecques ce qu'il fault en mon logeis de vitre; et couste le tout cent frans, et n'en avons peu trouver meilleur marché. Aujourd'uy nous yrons veoir le logeis de Beauvau et celui de Loys Raguenne (?), et y feron fère ce que besoing sera. » (Bibl. nat., ms. fr. 20493, f⁰ 61.) Louis XI ordonna lui-même, le 31 décembre 1474, une dépense de deux mille livres pour la réparation et l'avitaillement du château d'Angers. (Arch. nat., P 1334¹⁹, f⁰ 21.)

ration fixée à l'avance. Mais, comme on peut le voir par la lecture du devis et des autres pièces relatives à cette affaire, curieuse à plus d'un titre pour l'histoire des travaux publics au moyen âge, des obstacles inattendus surgirent au cours de l'exécution. Soit impossibilité matérielle, soit défaut de calcul de la part des fontainiers, les premiers travaux furent infructueux et l'eau des deux fontaines se trouva perdue.

Ne se décourageant pas pour si peu, les frères Nicolas découvrent une troisième fontaine au Perray-aux-Nonnains; malgré un interrogatoire et une enquête défavorables, ils obtiennent de recommencer l'entreprise à nouveaux frais. On transporte d'un autre côté les tuyaux déjà posés, on passe un nouveau marché, on prend des précautions minutieuses ; vain espoir: le niveau de l'eau, qui devait être de vingt pieds plus haut que la cuisine du château, se trouve au contraire beaucoup plus bas, et, comme les gens des comptes l'avaient soupçonné, la prétendue source d'eau vive paraît être plutôt le simple égoût des terres environnantes. Néanmoins le travail n'est pas arrêté; on craint l'*escande* et les mauvais bruits que pourraient faire courir sur le compte du roi ces ouvriers « d'estrange nacion », si on les renvoyait. Mais les payements deviennent irréguliers, l'ouvrage languit; enfin, au mois de novembre 1453, les tuyaux sont reconnus n'être plus bons qu'à « colombaige de maisons ou à chauffaige », et René fait donner les moins mauvais à son sénéchal Louis de Beauvau, qui voulait à son tour essayer d'établir une fontaine dans son château de Champigné.

Fut-il plus heureux que son maître, et quel fut le sort des téméraires fontainiers? Rien ne l'indique; mais je doute fort que le bon prince ait, comme l'a supposé M. Marchegay, fait emprisonner ces ouvriers malheureux. Il se contenta probablement d'empêcher l'*escande*, et, en effet, le silence le plus complet régna depuis sur l'entreprise et sur ses résultats [1].

---

[1] *Comptes et mém.*, n°ˢ 7, 8, 11, 12, 14, 16. M. Marchegay a publié, d'après les mêmes pièces, une notice sur les *Fontaines du roi René au château d'Angers*, dans le *Bull. de la Soc. industr.* de cette ville, n° 1, 24ᵉ année.

On sait seulement, par une lettre de René, que, six ans plus tard, il n'avait pas renoncé à son idée, et qu'il cherchait d'autres moyens pour la mettre à exécution. En prescrivant des travaux pour l'établissement des fontaines de la ville, il recommandait, le 10 septembre 1459, d'étudier les différences de niveau et de reconnaître si l'eau du puits des Cordeliers pouvait arriver jusqu'au château [1]. Mais cette nouvelle tentative ne paraît pas avoir eu de suite.

Parcourons rapidement les autres dépendances du château d'Angers.

On a vu tout à l'heure que le sénéchal d'Anjou, à la différence des autres officiers ou serviteurs, qui n'avaient qu'une chambre, était domicilié dans un bâtiment à part, appelé le logis de Beauvau. Le même privilège, et peut-être le même logement, fut accordé à Jean de Lorraine, nommé sénéchal et capitaine d'Angers en 1469, à la mort du sire de Beauvau, puis, après le décès de Jean, à Pierre de Hurion, dit *Ardent Désir*, écrivain protégé et entretenu par le roi de Sicile [2]. Les intendants ou concierges occupaient également des corps de logis distincts, et l'un d'eux, Huguet Guillot, avait placé dans le sien pour une école de jeunes enfants dont René, l'on s'en souvient, lui avait confié la direction matérielle [3].

Près des douves, du côté de la rivière, s'élevait la Chambre des comptes, qui couvrait une partie de l'esplanade actuelle du Bout-du-Monde et qui a été démolie à la fin du seizième siècle [4]. J'ai dit que cet édifice était une sorte de petit minis-

---

[1] *Comptes et mém.*, n° 202.

[2] La demeure de Pierre de Hurion était certainement la même que celle de Jean de Lorraine; l'acte de donation le dit, et nous apprend qu'elle comprenait une tour et un jardin attenants aux fossés du château. Ce jardin avait été concédé, pour sa vie durant, au sire de Beauvau, puis à son successeur, comme étant plus propice au capitaine d'Angers qu'à tout autre, à cause d'un ancien passage pratiqué dans ses murs de clôture et communiquant directement avec la ville. Il ne peut exister de doute que sur l'identité de la tour en question et du *logis de Beauvau*. (Arch. nat., P 1334⁹, f⁰ˢ 37, 186 v°.)

[3] *Comptes et mém.*, nᵒˢ 506, 507. V. la deuxième partie de cet ouvrage.

[4] V. Péan de la Tuillerie, *Description d'Angers*, éd. Port, p. 107. Bodin a

tère. Indépendamment des bureaux de la Chambre et des salles où se réunissait, avec les officiers du prince, le conseil des bourgeois (car la bourgeoisie angevine prenait part à l'administration bien avant la prétendue commune octroyée par Louis XI), on y trouvait les Archives, où René faisait déposer ses titres précieux, particulièrement ses devis et modèles, que l'on renfermait dans des coffres ou des armoires fermées à trois, à quatre et même à huit serrures.

Une autre partie du même bâtiment était affectée au Conseil du roi de Sicile, dont les séances se tenaient, comme celles de la Chambre, à jours et heures fixes. Ces deux corps, qui constituaient les principaux rouages du gouvernement de René, se trouvaient ainsi sous sa main et pouvaient travailler avec lui. Il leur fit élever, dans l'édifice même, une chapelle particulière, de quatorze pieds sur douze, avec une large croisée au pignon, autel muni de piscine, voûte « à belle et honneste molleure », etc. Cette construction fut faite, en 1452, par le maître des œuvres Guillaume Robin, et les vitraux, comprenant cinquante-deux pieds de vitre, par André Robin, peut-être son frère, auteur des peintures sur verre qui se voient encore à Saint-Maurice d'Angers, dans les chapelles des Évêques et des Chevaliers [1]. D'autres ouvrages de vitrerie furent exécutés pour la Chambre des comptes. Bien que l'usage existât encore de clore les fenêtres par des panneaux de toile cirée, René patronnait d'une façon toute spéciale les verriers et leurs travaux. Nous l'avons vu, en 1456, donner à trois de ces ouvriers, malgré l'opposition des gens des comptes, une place dans la forêt de la Roche-sur-Yon pour exercer leur industrie [2]. Le verre n'était donc pas plus rare dans ces contrées qu'en Provence, où l'on trouve des verreries établies dès le treizième siècle.

---

commis une erreur en plaçant la Chambre des comptes dans l'hôtel d'Anjou, qui date seulement de la Renaissance et qui était la résidence de la famille de Pincé. (V. *Revue de l'Anjou*, 1852, p. 250.)

[1] *Comptes et mém.*, n°ˢ 62-65. Port, *les Artistes peintres angevins*, p. 62.
[2] Arch. nat., P 1334¹, f° 134.

Derrière la chapelle de la Chambre, le roi de Sicile fit aussi construire une galerie de bois, donnant sur un préau entouré lui-même d'une cloison basse en forme d'accoudoir. Enfin la salle du Conseil fut entièrement refaite à neuf (maçonnerie, charpente et couverture) dans le courant de l'année 1466 [1].

Tout près de la Chambre des comptes, et donnant en partie sur les fossés, la Ménagerie offrait aux Angevins émerveillés un des spectacles les plus curieux et les plus recherchés de l'époque. Elle n'était pas réunie dans un même local, mais disséminée dans plusieurs petits logis appropriés aux différentes espèces d'animaux, dans les douves et dans les jardins. Cet établissement a de véritables annales, consignées minutieusement sur les registres de la Chambre pour les besoins de la comptabilité : l'histoire de la zoologie autant que l'histoire du roi René est intéressée à leur divulgation.

Les collections ou exhibitions d'animaux féroces n'étaient pas un luxe nouveau pour les princes. Dès le douzième siècle, le roi d'Angleterre, pour se faire bien venir des habitants de Caen, ne trouvait rien de mieux que de leur montrer sa ménagerie, comprenant un jeune lion, un léopard, un lynx, un chameau, une autruche, que le poëte Raoul Tortaire décrit avec admiration. Vers le même temps, les comtes de Hainaut prélevaient certaines redevances pour l'entretien de leurs ours et des gardiens auxquels ils les confiaient [2]. Dans le midi surtout, ce goût s'était perpétué sous l'influence des combats traditionnels de lions et de taureaux. Louis II, père de René, était grand amateur de ces luttes, et faisait nourrir dans son palais un bélier qui avait remporté la victoire sur un lion. L'usage s'était établi dans la ville d'Arles, dont le roi des animaux décorait les armoiries, d'élever un individu de l'espèce léonine aux frais du comte de Provence [3]. Parmi les princes du quinzième

---

[1] *Comptes et mém.*, nos 70-75.
[2] *Bibl. de l'École des Chartes*, 4e série, I, 509.
[3] Vill.-Berg., I, 244.

siècle, Philippe le Bon et Louis XI lui-même se faisaient amener des pays lointains certaines bêtes curieuses [1]. Mais aucun des contemporains ne donna autant de développement à ce genre de distractions instructives que le roi de Sicile, et aucune ménagerie ne paraît avoir eu l'importance de celle d'Angers. On savait déjà d'une manière générale, d'après Bourdigné et Roger [2], que René aimait les oiseaux, qu'il avait acclimaté et fait élever en Provence quelques animaux « estranges ». A Aix, à Marseille, les concierges de ses maisons royales avaient à nourrir des lions, un sacre, des perdrix, des poules d'Inde [3]. Toutefois ces échantillons n'étaient pas nombreux, et une partie d'entre eux furent même transportés en Anjou quand le roi de Sicile vint s'y fixer [4]. Depuis lors, on vit affluer au château d'Angers des carnassiers, des dromadaires, des chèvres sauvages, des sangliers, des cerfs, des singes, des paons [5], des autruches, des ducs et d'autres espèces plus rares, que des rapports fréquents avec l'Italie et l'Afrique permettaient de rassembler. Les lions étaient en majorité, et René se plaisait parfois à leur donner une place dans les pompeux cortèges de ses pas d'armes. Ils occupaient des loges garnies de grilles de fer, s'ouvrant sur une cour particulière ou sur les

---

[1] De Laborde, *les Ducs de Bourgogne*, I, 58; Commines, II, 233.

[2] De Quatrebarbes, t. I, p. CIII; Roger, *Hist. d'Anjou*, p. 310.

[3] *Comptes et mém.*, nos 82-90. Le concierge de la maison de Marseille reçut, en 1474, une pension de cent florins pour l'entretien des meubles « et pour le nourrissement des perdris, poulles d'Inde et d'autres bestes et oyseaux ». (Arch. des Bouches-du-Rhône, B 17, f° 08 v°.) Les dindons ou poules d'Inde sont une des espèces importées en France par René. Jean de Village, capitaine de la marine provençale, en rapporta d'Orient vers 1447, avec d'autres curiosités, sous le nom de poules de Turquie (*gallinas turcicas*); mais on voit que la dénomination actuelle (*poules dindes*), qu'on a prétendue postérieure d'un siècle, est presque aussi ancienne. (V. Bouche, *Hist. de Provence*; P. Clément, *Jacques Cœur*, p. 114-118.) Bourdigné rapporte que le roi de Portugal envoya à René, en Provence, un éléphant, des marmottes, des singes blancs et d'autres *bêtes des Indes*. (Éd. de Quatrebarbes, II, 237 et suiv.)

[4] *Comptes et mém.*, n° 127.

[5] D'après une vie manuscrite de René, citée par Papon (*Hist. de Prov.*, III, 385), ce prince aurait le premier répandu en France les paons blancs, noirs et roux.

douves, et, chaque fois qu'il en arrivait de nouveaux, on leur construisait un domicile semblable. Un lionnier était préposé à leur garde et touchait six livres de gages par mois. Il les nourrissait à raison d'un demi-mouton par tête en moyenne, et cette quantité de viande était fournie par un boucher de la ville, qui achetait aux foires des environs et entretenait à cet effet des troupeaux de cinq à six cents bêtes, dont chacune était vendue par lui au prix de sept sols ou environ. Mais cette nourriture succulente ne suffisait pas toujours à remplacer un climat propice et des soins intelligents : aussi la Ménagerie se dépeuplait-elle souvent par suite de maladies ou de dépérissement graduel. Avant 1450, deux lions étaient déjà morts ; deux autres furent amenés de Bretagne cette année-là, et deux encore l'année suivante. L'un de ceux-ci, nommé Martin, ne vécut que jusqu'au mois de janvier 1453. Le second, Dauphin, tombe malade à son tour en 1454 : on recourt aux hommes de l'art ; médecin, chirurgien, barbier sont également impuissants, et « ne savent quelle maladie a ledit lion », qui « s'en deult très-fort ». Ordre est donné au lionnier de n'épargner ni denier ni maille pour le guérir, car le roi y tient. Mais Dauphin suit bientôt le sort de son compagnon, et comme lui on l'enterre dans la cour des lions. Alors la ville de Florence, qui durant le séjour du roi René dans ses murs, en 1442, lui avait déjà offert deux des lionnes qu'elle entretenait à ses frais, lui envoie trois nouveaux sujets : mais le premier ne vit que quelques mois ; le second meurt au bout d'un an, le troisième au bout de deux ans. Le 3 janvier 1461, la Chambre reçoit l'avis de la mort du dernier lion du roi de Sicile, qui en fait « habiller et mettre en courroy le cuir ». De nouveaux essais d'acclimatation recommencent aussitôt : les logis sont améliorés ; des lucarnes neuves y introduisent une plus grande quantité d'air ; les barreaux, en partie rompus, sont réparés ; des trappes et des communications sont établies. En 1470, il y a encore trois lionnes, dont une envoyée de Provence par Ferry de Lorraine, gendre de René. Mais bientôt le prince quitte l'Anjou, et la négligence de ses officiers achève, en 1476, la destruction de l'espèce léonine [1].

Le lionnier avait aussi la garde des léopards, des renards, des loups et autres bêtes féroces. Le premier léopard, amené en 1454, reçut d'abord un quartier de mouton par jour; mais on reconnut bientôt l'insuffisance de cette ration, et l'animal eut de l'avancement. Cela ne l'empêcha point de contracter un mal qui, au bout de trois années « d'ointure et de gressaige », le réduisit également à l'état de peau corroyée. La Provence lui fournit deux successeurs; mais l'un d'eux, loin de s'apprivoiser, étrangla son malheureux gardien, « le jour de Pasques-Fleuries, environ huit heures devers le soir ». Guillaume Sebille fut remplacé dès le lendemain par Benoît Bagonet, qui avait rempli des fonctions analogues en Provence, et le léopard sans remords survécut à toute la ménagerie jusqu'en 1476 [2].

A côté du lionnier, on trouve un garde des dromadaires et chèvres sauvages, Yves Cadorat; un garde du haras; un garde de la civette, Jean Bidet, tapissier, qui était chargé de nourrir de viande rôtie cet animal et de le chauffer en été comme en hiver; des *austrissiers* ou autoursiers, dresseurs d'autours, recrutés parmi les plus habiles que l'on connût [3]; un garde des oiseaux, qui fut d'abord Pierre Desbans, l'un des concierges du château, et ensuite Bertrand Gosmes, le mari d'une Mauresque appelée Cresselle, qui avait suivi avec plusieurs compatriotes la cour du roi de Sicile. Gosmes fut également chargé du soin des quadrupèdes non féroces, tels que biches, cerfs, connils, porcs-épics, etc., dont une partie fut transférée en 1471 dans la forêt de Bellepoule. Ses oiseaux, dont le plus grand nombre occupait une grande volière sous une des galeries du jardin, vécurent aussi fort longtemps. Il en avait

---

[1] *Comptes et mém.*, nos 39, 73, 78, 92-152.

[2] *Ibid.*, nos 102-153.

[3] « Mon filz, écrivait René au duc de Calabre, je vous prie que, si vous povez finer d'ung bon austrissier en tout vostre duchié de Lorraine ou en mon duchié de Bar, que le m'envoyez avecques ung bon austour qui soit bon cuisinier, car j'en ay grant désir, et je le traicteray bien. » (Bibl. nat., Lorraine 8, no 68.)

encore à garder en 1477, et à cette date René voulut le faire mettre en possession de la maison du lionnier, qui demeurait inoccupée; mais les officiers de Louis XI, dociles à la pensée de leur maître, ne laissaient échapper aucune occasion de poursuivre de leurs tracasseries le prince qu'ils avaient dépossédé, sa famille ou ses gens : ils s'opposèrent à cette innocente concession, sous prétexte que le bâtiment tenait aux douves du château et qu'il fallait un ordre spécial du roi de France ou de son capitaine. Le roi de Sicile dédommagea son fidèle serviteur en le faisant installer comme intendant, avec sa famille, dans le manoir de Reculée [1].

La place me manquerait pour retracer la destinée des différentes parties de la Ménagerie d'Angers. Il suffira, je pense, de donner une idée de sa composition par une liste aussi complète que possible des espèces qui y figurèrent, soit simultanément, soit successivement.

QUADRUPÈDES.

Lions et lionnes (venus de Provence, de Bretagne et d'Italie).
Léopards (venus de Provence et d'ailleurs).
Loups et louve-cerve.
Renards (dont un blanc, donné par le comte de Laval).
Singe et *singesse*.
Dromadaires (ou *chamoex*).
Civette (élevée à part).
Jannette ou genette (sorte de fouine).
Rat de mer.
Cerfs et biches (dont une *bische cornue*).
Chèvres sauvages et autres.
Boucastain (sorte de bouc).

---

[1] *Comptes et mém.*, nos 92, 94, 114, 147, 148, 156, 287, etc. Pierre de Marini, confesseur du roi de Sicile, parle dans un de ses sermons des oiseaux du château d'Angers et d'un vivier, construit par René, autour duquel ils s'assemblaient en foule. (V. Vill.-Barg., III, 207.)

Sangliers (en grand nombre).
Porc-espy (porc-épic).
Porcs.
Moutons ou brebis de Barbarie et de Provence.
Connils (lapins).
Chiens.
Chevaux (haras et haquenées d'Angleterre).

OISEAUX.

Autruches.
Paons.
Grue.
Héron.
Aigrette (petit héron blanc).
Buort et *buordeaux* (butors).
Autours.
Duc et duchesse.
Cavyaz ou *quaviaz* (chevêches[1]).
Papegault (perroquet).
Sacre (espèce de faucon).
Signe (cygne).
Oies sauvages.
Canes et canards.
Coqs et poules.
Turtres ou tourterelles (au nombre de vingt-quatre).
Petits oiseaux, sans nom précis [2].

Dans plusieurs de ses manoirs d'Anjou, René élevait aussi différentes espèces de bétail et des oiseaux de race étrangère ou peu commune. Il avait notamment à Rivettes des « cos et poulles de grant orine », que la reine de France, Marie d'An-

---

[1] *Cavyaz* semble être la déformation d'un nom italien ou provençal analogue à *chevêche*. Un des tableaux du château d'Angers représentait plusieurs des oiseaux énumérés ci-dessus, et avec eux une chevêche. René reçut plus tard, en Provence, quatre chevêches en cadeau. L'identité du cavyaz avec cette espèce de petit duc ne paraît donc pas douteuse.

[2] *Comptes et mém.*, n°s 82-150, *passim*.

jou, envia à son frère, et dont elle demanda des spécimens aux gens des comptes dans une lettre pleine d'instances, signée de sa main[1]. Les veaux élevés à la Ménitré avaient une telle réputation, qu'on les présenta au duc de Bretagne dans un voyage qu'il fit en Anjou en 1458, et qu'on l'en régala comme d'une viande recherchée[2].

En sortant du château, si nous cherchons les édifices où le roi René donna cours à son zèle artistique, nous trouvons d'abord les églises, et parmi elles la cathédrale, Saint-Maurice. C'est là qu'il avait choisi le lieu de sa sépulture, et qu'il la faisait ériger de son vivant, à l'exemple de beaucoup de ses contemporains. Sa première femme, Isabelle de Lorraine, devait y reposer à côté de lui, et un seul mausolée recouvrait les deux tombes. On croyait que la mort de cette épouse bien-aimée, arrivée en 1453, avait déterminé le roi de Sicile à faire entreprendre leur sépulture commune. Mais des textes précis prouvent que l'ouvrage était déjà en cours d'exécution en 1447[3]. Les premières pierres durent même être posées vers la fin de l'année 1445 : car, dès le 28 juillet 1444, le prince faisait à ce sujet des ouvertures aux chanoines de Saint-Maurice, et, le 20 novembre 1445, il leur renouvelait ses offres de fondation, en demandant quelle somme de revenus ils voulaient; à quoi le chapitre répondait qu'il s'en remettait à son bon plaisir et qu'il lui communiquerait, pour lui servir de base, les chartes de fondation les plus importantes[4]. La conception du monument était somptueuse, et les devis, riches en indications nouvelles pour l'histoire de la peinture et de la sculpture, font doublement regretter sa disparition[5]. Voici, d'après ces pièces, quel devait être l'ensemble de cette œuvre d'art, dont la *portraicture*, tracée, selon toute apparence, par

---

[1] *Comptes et mém.*, n° 310.

[2] « Ilz estoient jeunes et gras, et disoit le duc que oncques en sa vie n'en mangea qui en approuchassent de bonté. » (Arch. nat., P 1334⁶, f° 223 v°.)

[3] *Comptes et mém.*, n°⁵ 157-163.

[4] Extraits des registres capitulaires (Bibl. nat., ms. lat. 22450, p. 97, 98.)

[5] *Comptes et mém.*, n°⁵ 159, 161, 162, 176, etc.

René lui-même, fut déposée aux archives de la Chambre le 12 octobre 1450. Sous une des arcades de l'abside, à droite, en face de l'autel de saint René, s'élevait un double tombeau, également en forme d'autel, construit en marbre noir, et reposant sur des embassements ornés d'*orbes-voies* ou fausses arcades en albâtre. Le dessus de l'autel était formé par une grande table en marbre de Dinan; les trois faces verticales (la quatrième s'appuyant au mur) étaient décorées de *phila-tières* et de piliers, entre lesquels alternaient, sculptés en relief, les écussons d'Anjou et de Lorraine, ce dernier taillé en losange. Sur la table d'autel étaient couchées les statues de René et d'Isabelle, en marbre blanc; les couronnes, le sceptre, les attaches du manteau royal étaient de cuivre doré « de fin or », avec pierreries de cristal ou de verre. Des tabernacles de marbre noir abritaient les deux têtes. L'intérieur du tombeau était également en marbre noir, voûté, garni de piliers et de tabernacles. A l'entour, plusieurs statues: Dieu en la croix, Notre-Dame et saint Jean; puis saint Michel leur présentant le roi de Sicile, et la Madeleine leur présentant la reine, accompagnés d'angelots aux ailes dorées; par devant, trois chevaliers portant le heaume, la bannière et l'étendard, et trois dames assises lisant leurs heures, le tout en « pierre de Rajasse [1] ». Au-dessus du monument, la peinture du *Roi mort*, tableau représentant un squelette couronné, dont l'allégorie était tout à fait dans les goûts de René, et surmonté des armes de ce prince avec le timbre porté par deux aigles; puis un arc posé sur deux piliers à chapiteaux, enrichis de peintures et de dorures, entourant tout le sujet. Le fond était formé par un champ d'azur semé de fleurs de lis d'or. Enfin un reliquaire en forme de pignon, peint et sculpté avec non moins de richesse, complétait les splendeurs de la sépulture [2].

Mais ces plans furent-ils exécutés entièrement?

Il est très-probable que non. En effet, bien qu'une bonne

---

[1] Probablement la Rajasse, seigneurie dépendant du duché d'Anjou, près de Richelieu.

[2] *Comptes et mém.*, n°⁸ 159, 162, 176, etc.

partie des ouvrages fussent terminés dès 1452 [1], différentes causes s'opposèrent à ce que l'achèvement du reste fût poursuivi avec la même activité : l'argent faisait souvent défaut ; les artistes traînaient la besogne en longueur ou quittaient le pays ; on tâtonnait dans le choix ou la taille des marbres. La mort frappa successivement deux sculpteurs, Pons Poncet et Jacques Moreau, chargés, le premier du tombeau, et le second des statues qui l'accompagnaient. Poncet fut remplacé par son fils, qui continua le travail avec le secours de Colin de Hurion. René voulut faire venir, pour terminer l'œuvre de Moreau, des artistes flamands qui avaient exécuté la sépulture du duc de Berry à Bourges ; les gens des comptes lui répondirent qu'il ne manquait plus qu'une main aux statues, et elles furent déposées au château en attendant l'*assiette* du monument. Le moment de cette assiette n'arrivait jamais : en vain René pressait-il ses officiers dans toutes ses lettres ; en vain les ouvriers étaient-ils surveillés par le maître des œuvres, par un commis spécial attaché aux travaux de la sépulture et même par des délégués du chapitre. Les détails avançaient bien, et les gens du prince lui écrivaient que c'était une « très-belle et très-riche besongne », qu'on ne connaissait pas de plus belle tombe dans le royaume [2]. Mais l'assemblage et le commencement des peintures ne purent avoir lieu avant 1472, date du marché passé avec le peintre Coppin Delf [3]. L'année suivante, par suite de l'éloignement du maître ou de l'opposition taquine des agents de Louis XI, le travail était encore suspendu, et le reliquaire, encombré d'échafaudages, demeurait inabordable [4]. La peinture fut même endommagée par les eaux qui s'infiltraient dans l'église, et l'on fut obligé de réclamer auprès des chanoines pour leur faire prendre les précautions nécessaires à sa préservation [5].

[1] *Comptes et mém.*, nos 159, 161.
[2] *Ibid.*, nos 169, 174. Bibl. nat., ms. lat. 22450, p. 111.
[3] *Comptes et mém.*, n° 176.
[4] *Ibid.*, n° 177.
[5] Bibl. nat., ms. lat. 22450, p. 120.

Dans son testament daté de 1474, René ordonne formellement d'achever « sa sépulture érigée à Saint-Maurice d'Angers [1] ». Il vécut encore six ans après : mais on manque de renseignements sur la continuation de l'ouvrage durant cet intervalle. Néanmoins le monument, qui avait déjà reçu la dépouille de la reine Isabelle, put abriter, en 1481, celle de son mari, qui y fut transportée avec une solennité extraordinaire. Jeanne de Laval ou les autres héritiers le firent ensuite compléter, sans se conformer scrupuleusement au projet primitif et probablement sans assembler tous les personnages sculptés qui avaient été enfermés au château. Toutefois la part exécutée par les soins de cette princesse a été jusqu'ici mal déterminée : les historiens locaux ont répété, après Legouvello, qu'elle avait fait faire le dé du tombeau avec les pilastres et les écussons qui l'ornaient, ainsi que les statues couchées du roi et de la reine; les mémoriaux prouvent, au

[1] Ces mots ont été omis, je ne sais pourquoi, dans l'édition de M. de Quatrebarbes (I, 83, et suiv.). Je rétablis ici la clause entière, telle que je la trouve dans une des expéditions originales (Arch. nat., J 932, n° 14) : « Item, veult et ordonne ledit seigneur que, ou cas que tous et chescuns les ouvraiges, édifices, poinctures et aultres chouses par luy commencées ou commandées à commancer en aulcune église, comme à Saint-Pierre de Saumur, à la chapelle de Saint-Bernardin d'Angiers, à sa sépulture érigée à Saint-Maurice d'Angiers, n'estoyent acomplies et parfaittes au temps de son décès, ses héritiers...... soyent tenus de les acomplir et parfère. » Les deux testaments antérieurs de René contiennent des articles analogues. Celui du 29 juin 1453 montre que le corps de la reine Isabelle occupait, dès cette date, sa place dans la sépulture : le testateur veut être enterré « *in sepulturâ quam sibi noviter, non est diu, ordinavit, juxtà sepulturam illustrissime domine regis Isabellis, ejusdem quondam consortis; et vult et ordinat quòd in altari* (sic pour *quòd altare?*) *quod construi juxtà suâ sepulturam ordinavit, ac eciam locus ubi reliquie dicte ecclesie custodiri debent, si complete non essent tempore sue mortis, quòd per suum heredem compleantur.* » Celui du 14 juillet 1471 renouvelle la recommandation de suivre les plans primitifs : « *Et casu quo omnia et singula edificia operare et picture ac alie res in aliquibus ecclesiis, puta Sancti Petri de Salmuro, capelle Sancti Bernardini et Sancti Mauricii Andegavensis, suprà sepulturam nostram, minimè complerentur nec essent perfecte tempore obitûs nostri, volumus et ordinamus quòd dictus heres noster infrascriptus teneatur eas perfici facere et adimpleri comodo quo cepte sunt ad intencionem nostram.* » (Arch. des Bouches-du-Rhône, B 205, f° 90; B 600.)

contraire, que ces parties principales furent taillées du vivant de René¹.

La dernière main ne semble même avoir été mise au mausolée qu'après l'an 1540, si l'on s'en rapporte à un dessin tracé au dix-septième siècle et conservé à Oxford dans la collection Gaignières². Ce dessin offre avec les devis de notables différences, qui laissent supposer des travaux postérieurs et des remaniements. Ainsi les statues, à part celles du roi et de la reine, couchées sur la table d'autel, n'y figurent point; les embassements ne sont pas ornés d'orbes-voies; le timbre de l'écu est supporté par deux anges au lieu de deux aigles, et le reliquaire n'apparaît pas non plus. En revanche, on y voit un lion étendu aux pieds du roi; puis, entre la tombe et le tableau, la fameuse inscription attribuée à René, mais dont les devis ne disent pas un mot, et qui est tracée en majuscules romaines : *Regia sceptra luis*, etc.; autour, des entrelacs; des deux côtés du *Roi mort*, la vue de l'église Saint-Maurice et d'un autre édifice d'Angers; sur le fond d'azur, deux nouveaux écussons d'Anjou et de Lorraine; enfin, le long des piliers de la travée de l'abside, des représentations de la chaufferette couronnée de flammes dont le bon roi avait fait l'emblème de sa tendresse conjugale, avec la devise *Ardent désir*. Plusieurs de ces additions offrent des caractères qui dénotent déjà la Renaissance : l'église Saint-Maurice est même pourvue de la coupole centrale, édifiée en 1540 seulement. Il y eut donc, comme je le disais, un complément de travaux fait à cette époque.

En 1783, le monument subit de nouvelles modifications, et la décoration du chœur de Saint-Maurice nécessita son transfert sous une arcade de la nef³. C'est sans doute à cette occasion qu'il en fut fait un nouveau croquis, signé Beauxin, et

---

¹ *Comptes et mém.*, nos 159, 161. Cf. Godard-Faultrier, *op. cit.* p. 124; Legouvello, *Vie de René*, Angers, 1731, p. 36, 37.

² Reproduit par M. Godard-Faultrier, *op. cit.*, p. 122.

³ Bodin, *Recherches sur l'Anjou*, I, 591. Dès 1779, le chapitre avait sollicité et obtenu du Roi la permission de déplacer le tombeau. (Arch. nat., O¹ 475, f° 361.)

daté de la même année[1]. Ce dessin offre, il est vrai, moins de caractères modernes que le premier, ce qui a fait supposer à M. Godard qu'il devait se rapporter à l'état ancien du tombeau ; mais je croirais plutôt qu'il représente son dernier état, après son transport dans la nef, ou, sinon, qu'il est inexact, car il diffère encore plus que l'autre du plan primitif.

En 1793, le monument fut entièrement détruit. De nos jours, une reconnaissance, tentée par la Société d'agriculture, sciences et arts d'Angers dans l'église Saint-Maurice, a fait découvrir, derrière la boiserie du chœur, des traces de peintures murales qui en provenaient ; quelques autres épaves, notamment des débris de marbre blanc, ont été recueillies au musée de la ville : et voilà tout ce qui reste d'un des chefs-d'œuvre de l'art du quinzième siècle, qui faisait l'admiration des contemporains et qui eût été un trésor pour l'archéologie moderne. Mais les pièces publiées dans les *Extraits des comptes et mémoriaux* peuvent servir à le restituer, au moins par la pensée[2]. Mille détails que je ne puis reproduire ici rendront l'opération facile. Et quant aux peintures et sculptures en particulier, ou à leurs auteurs respectifs, je renverrai le lecteur au chapitre que je me propose de consacrer à ces deux branches importantes de l'art ; car la séparation que ne comportaient pas les documents devient, au contraire, nécessaire dans un exposé méthodique.

Un autre monument funèbre s'élevait en même temps sous la direction du roi René. Son confesseur Bernardin, religieux franciscain originaire de Massa-di-Carrara, qui l'avait suivi dans son expédition d'Italie, était mort en 1445, lui laissant les regrets les plus vifs. Aussi poursuivit-il et obtint-il, cinq

---

[1] Reproduit, d'après la *Topographie d'Angers*, appartenant à la Bibliothèque nationale (département des Estampes), par M. Godard-Faultrier, *loc. cit.* Montfaucon a donné aussi un dessin du tombeau de René, dans les *Mon. de la Mon. franç.*, t. III, pl. 47.

[2] On peut consulter aussi un essai de restitution fait en plâtre par M. Guinoyseau, d'après les fragments retrouvés, et inséré par M. de Quatrebarbes dans son édition des *Œuvres du roi René*, t. I, en regard de la page 8.

ans après, sa canonisation [1]. A peine cette faveur obtenue, il résolut de lui ériger un autel dans une maison de son ordre : il acquit à cet effet, pour le prix de cent vingt livres tournois, un jardin dépendant du chapitre de Saint-Maurice et attenant à l'église des Cordeliers d'Angers, et il y fonda une nouvelle chapelle, qui était déjà commencée en 1453 [2]. Cette chapelle, distincte de l'église, lui était néanmoins adossée, et communiquait avec elle au moyen d'une porte ouvrant sur le chœur des religieux [3]. Elle renfermait aussi des merveilles de peinture et de sculpture, des représentations en pierre et sur verre de toute la famille ducale d'Anjou, reproduites en partie dans la collection de Montfaucon, et, s'il faut en croire Bourdigné, qui assure qu'on les lisait encore de son temps, « plusieurs beaulx dictz de la passion de Nostre-Seigneur, que le bon roy René composa et fist engraver [4] ». Malheureusement les devis de cet édifice n'ont pas été conservés, comme ceux des précédents, à la Chambre des comptes d'Angers.

Vers 1456, René voulut donner à son ancien confesseur une nouvelle marque de dévotion, et demanda au cardinal d'Avignon, légat du pape en France, l'autorisation de faire ensevelir son propre cœur dans la chapelle de Saint-Bernardin. Il lui envoya même son nouveau confesseur, Jean Geoffroy, et fit faire encore d'autres démarches dans le même but. Le privilége qu'il sollicitait lui fut accordé : le cardinal Alain de Coëtivy écrivit dans ce sens aux Cordeliers les lettres les plus formelles et les plus *amples*, avec pardons et indulgences pour toutes les personnes qui assisteraient à l'ensevelissement du cœur du roi de Sicile. Les religieux, à leur tour, firent à ce prince une promesse solennelle de se conformer à ses inten-

---

[1] Vill.-Barg., II, 261.

[2] *Comptes et mém.*, n°ˢ 178, 183. V. le testament du 29 juin 1453, cité plus haut.

[3] *Ibid.*, n° 184.

[4] *Mon. de la Mon. franç.*, III, pl. 47 et 63. V. aussi Port, *Dict. hist. de Maine-et-Loire*, p. 71; Bourdigné, éd. de Quatrebarbes, II, 194.

tions, qui fut scellée de leurs sceaux et déposée aux archives d'Anjou [1]. En effet, après sa mort, son cœur fut séparé du reste de son corps et porté en grande pompe dans le tombeau spécial qui lui avait été préparé. Ce monument n'était sans doute pas terminé non plus, puisqu'il est compris, comme on l'a vu, dans la clause du testament ordonnant d'achever les travaux artistiques en cours d'exécution. Toutefois il ne tarda pas à l'être, et Jeanne de Laval put elle-même y faire faire une sépulture « toute blanche », sans représentation ni moulure, pour inhumer son cœur à côté de celui de son mari [2]. Ainsi, par un ingénieux raffinement, digne du temps et du personnage, René se trouva reposer avec ses deux épouses dans la tombe comme il l'avait fait sur la terre. La tourmente révolutionnaire a été plus fatale encore à la chapelle de Saint-Bernardin qu'au mausolée de Saint-Maurice : sous celui-ci, du moins, les caveaux sont demeurés intacts, tandis qu'on cherche aujourd'hui l'emplacement de la première.

D'autres églises d'Angers furent encore enrichies ou réparées par les soins du roi René, et dans un but moins personnel. Il faut signaler notamment le couvent des Carmes, pour la construction duquel il assigna, à différentes reprises, des sommes assez considérables. Cet édifice, situé dans la Doutre, avait été commencé en 1368, et l'église qui en dépendait, en 1396 [3]. Dès 1454, les religieux se trouvaient à l'étroit, et René entreprenait de rebâtir leur cloître. En retour, ils s'obligèrent à dire tous les lundis une grand'messe et tous les jours certaines

---

[1] *Comptes et mém.*, nos 180, 181, 182.

[2] Testament de Jeanne de Laval (Arch. nat., KK 1126, f° 195 v°; de Quatrebarbes, I, 105 et suiv.). René répète aussi dans son testament qu'il veut « que son cœur soit pourté, le lendemain de son obit, à l'église des frères Mineurs dudit lieu d'Angiers, pour estre inhumé et sépulturé en la chapelle de Sainct-Bernardin, qu'il a faict ériger, édifier, parer et fournir, contigue à l'esglise desdictz frères Mineurs ». (De Quatrebarbes, I, 83 et suiv.) Jeanne confirma, après la mort de son mari, les fondations qu'il avait faites à la chapelle de Saint-Bernardin, et garantit aux frères Mineurs les revenus qu'il leur avait assignés, à condition de continuer perpétuellement les services. (Bibl. nat., ms. lat. 22450, f° 244.)

[3] Port, *Dict. hist.*, p. 71.

oraisons pour leur bienfaiteur¹. Deux ans après, il leur concède un terrain derrière le *Pré de la Savate* pour agrandir leurs jardins : nouvelle fondation, comprenant le chant du *Salve, Regina* et d'autres prières². Les travaux de maçonnerie continuent encore en 1457 et 1459, et coûtent au roi de Sicile, dans ces deux années, neuf cent cinquante livres³. Il fait faire en même temps par le sculpteur Poncet le maître-autel de l'église, et un peu plus tard le lambris des cloîtres, en « bon boys de chesne neuf, pour la somme de cent escuz d'or⁴ ». Ce dernier ouvrage devait être exécuté, d'après le marché, pour le jour de Pâques-Fleuries de l'année 1463 : il est donc probable que l'édifice entier fut terminé vers cette date. Du reste, cette nouvelle construction de René ne lui survécut pas longtemps. Au seizième siècle, les huguenots saccagèrent le couvent, qui fut réédifié encore une fois en 1650, et la Révolution détruisit l'église pour faire une place publique.

En dehors du château et des monuments religieux, la ville d'Angers doit encore quelques embellissements au roi René ; mais ceux-ci offrent moins d'intérêt artistique, et je les signalerai brièvement. Les plus importants eurent pour objet les halles et ses différentes annexes, l'auditoire, la paneterie, les boucheries, la poissonnerie, qu'il fit notamment recouvrir d'ardoise⁵. Cette réparation avait surtout pour but de préserver la charpente de la halle, qui remontait à 1378 et passait pour une des plus belles de France. Le portail du même édifice fut reconstruit en 1469 et 1470⁶. Un certain nombre d'officiers et de familiers des ducs d'Anjou avaient des logis aux halles, mais ne les habitaient guère et préféraient les sous-louer, ce qui amenait des dégradations incessantes : René prit des mesures énergiques pour empêcher un tel abus et fit expulser

---

¹ Arch. nat., P 1335, n° 165.
² *Ibid.*, n° 166.
³ Arch. nat., P 1334¹, f°ˢ 62 v° et 151.
⁴ *Comptes et mém.*, n° 108.
⁵ *Comptes et mém.*, n°ˢ 187, 200.
⁶ *Ibid.*, n°ˢ 195, 196.

tous les concessionnaires non résidents[1]. Enfin d'autres dépendances, telles que le bâtiment qui servait à abriter l'artillerie de la ville depuis 1378, les écuries du roi et de la reine de Sicile et celle du duc de Calabre, dont une grande partie brûla en 1470, furent successivement réparées. Chaque année, du reste, une certaine somme de deniers était prélevée sur la cloison d'Angers pour l'entretien des halles comme pour celui du château, et René y faisait souvent ajouter le produit des rachats féodaux de l'Anjou; car c'était là une des dépenses pour lesquelles il se montrait le plus empressé[2].

Parmi les améliorations d'un autre genre dont la même ville fut dotée sous son règne, on a déjà cité le boulevard Saint-Jean, près de l'hôpital de ce nom[3]. Les *Extraits des mémoriaux* en font connaître de nouvelles, qui se rapportent principalement aux fontaines publiques, au palais de justice, et même aux maisons particulières, dont les devis étaient quelquefois soumis à l'approbation de son maître des œuvres[4].

L'activité du roi René se déploya plus encore, peut-être, dans les riches vallées de l'Anjou que dans sa capitale. Un penchant naturel le portait vers la retraite et la vie des champs. Ce goût commençait, du reste, à se répandre. Après les agitations et les ravages de la guerre de cent ans, la paix renaissait, l'étranger était expulsé, la prospérité semblait revenir : la société éprouvait comme un immense besoin de respirer, et la noblesse, donnant l'exemple, quittait ses châteaux-forts pour descendre au bord des rivières, dans des habitations moins grandioses, mais plus élégantes et plus confortables, qui font une sorte de trait-d'union entre le donjon et la villa moderne. Le roi de Sicile fut certainement un des premiers promoteurs de ce mouvement, qui, préludant à la Renaissance, changea la face de l'architecture civile et se développa

---

[1] *Comptes et mém.*, n°⁵ 191, 198, etc.
[2] *Ibid.*, n°⁵ 192, 197, 198, etc.
[3] V. Vill.-Barg., II, 45.
[4] *Comptes et mém.*, n°⁵ 201-207.

en particulier sur les rives de la Loire, couvertes aujourd'hui encore de *manoirs* des quinzième et seizième siècles (c'est là, en effet, le nom qui fut attribué à ce nouveau genre de constructions).

Mais, avant de parcourir la série des manoirs élevés par le duc d'Anjou, jetons un coup d'œil sur les travaux qu'il fit exécuter aux monuments des principales villes de son duché.

A Saumur, la seconde cité de la province, ce sont encore les halles et le vieux château qui sont l'objet de sa sollicitude. Les halles, vaste édifice construit par Henri II d'Angleterre, avaient été le théâtre de fêtes splendides, données par saint Louis à l'occasion de l'investiture des comtés de Poitou et d'Auvergne accordée à son frère Alphonse [1]. René en fit renouveler la couverture, réparée déjà par sa mère Yolande, en fine ardoise de Boucornu. Toutes les maisons que le roi de Sicile possédait dans la ville furent l'objet du même travail, ainsi que le château. Les ponts-levis, les tours, les combles de ce dernier monument, furent également refaits. En 1454, quinze milliers de pierres, au prix de vingt livres le millier, étaient apportés pour la construction d'une tour neuve. L'ouvrage dura longtemps. Quatre ans plus tard, on préleva, pour le continuer, huit cents livres sur la part revenant au prince dans le produit de la traite des vins et du *trespas* de Loire [2]. Le second de ces impôts, il est vrai, n'avait pas d'autre destination; car, bien qu'il eût été établi par le connétable Duguesclin, en 1370, uniquement pour payer la délivrance du fort de Saint-Maur, occupé par les Anglais, il continua dans les siècles suivants à être exigé sur toutes les marchandises

---

[1] V. Joinville, éd. de Wailly, 1808, p. 35.

[2] *Les habitants de Saumur refusèrent de coopérer aux travaux du château et de faire faire un pont-levis à la bastide. Ils étaient en difficultés à ce sujet avec le président des comptes, qui leur remontrait en vain que cette citadelle était la sauvegarde de la ville, qu'elle serait un refuge assuré en cas de danger, et qu'ils trafiquaient à tort des deniers destinés à ce genre d'ouvrages.* (Arch. nat., P 1334¹, f° 121.) René se plaint, dans une lettre écrite en 1457, des frais considérables qu'il a dû faire pour la défense du pays, pour la construction de la tour de Saumur et pour la maison de Baugé. (*Ibid.*, P 1334¹, f° 211.)

descendant le cours du fleuve, pour être appliqué aux réparations des châteaux de l'Anjou. La tour de Saumur, bâtie par l'architecte Jean Le Picart, fut couverte seulement en 1471, avec un luxe de clochetons et de dorures dont le devis donne le détail. Le sire de Loué proposait, à cette occasion, d'enlever les plombs qui recouvraient les autres parties du château : mais René était absent, et les gens des comptes craignirent de lui déplaire en entreprenant sans son ordre une telle opération ; car, au dire de certains amateurs, elle devait enlaidir l'édifice, et, s'il eût fallu ensuite rétablir les toitures telles qu'elles étaient, il en aurait coûté plus de mille écus d'or. Ces toitures avaient, d'ailleurs, peu de solidité : le vent les renversait assez souvent, ce qui occasionnait aux cheminées, aux mâchicoulis, aux fenêtres de graves dégâts [1].

Plusieurs historiens ont répété que René avait fait construire à Saumur le *palais de la reine Cécile*, maison encore existante dans le faubourg des Ponts et sur laquelle on voit les armes de l'ordre du Croissant, fondé par ce prince, avec la devise qu'il avait adoptée du vivant de sa première femme : *Dévot lui suis* [2]. Mais ce bâtiment n'est désigné nulle part d'une façon spéciale dans les comptes et mémoriaux. A moins donc qu'il ne soit compris dans certaines dépenses collectives, ou qu'il remonte à une époque antérieure aux registres conservés (ce qui est douteux, la série de ces documents commençant à l'année 1447 et René ne s'étant fixé en Anjou qu'en 1443), il est difficile que l'origine qu'on lui a attribuée soit exacte. Tant d'autres œuvres ont été mises sur le compte du bon roi par les traditions populaires, que la critique doit, en pareille matière, se montrer défiante et attendre des preuves

---

[1] *Comptes et mém.*, n⁰ˢ 210-229. René admirait tellement le château de Saumur et l'éclat de sa couverture métallique, qu'en décrivant, dans un de ses livres, le palais idéal du dieu d'Amour, il s'exprimait ainsi : « Ledit beau chastel estoit de façon telle comme celui de Saumur en Anjou, qui est assis sur la rivière de Loire, sinon qu'il estoit de grandeur et de l'espace la moitié plus large et plus spacieux. Pour ce n'estoit pas merveille, à la façon que le conte vous advise, s'il rendoit grant lueur quant le souleil luisoit sus. » (De Quatrebarbes, III, 146.)

[2] Vill.-Barg., II, 267 ; Bodin, *Recherches sur l'Anjou*, I, 519 ; etc.

qui, sur le point en question, ne se sont pas encore produites, à ma connaissance.

En revanche, un texte intéressant nous révèle l'auteur d'un monument dont on a également beaucoup parlé. C'est encore une sépulture, celle de Tiphaine la Magine, nourrice de Marie d'Anjou, reine de France, et de son frère René, pour laquelle ce prince avait composé lui-même, selon Bodin, la touchante épitaphe que l'on connaît [1]. Le tombeau s'élevait dans la nef de Notre-Dame de Nantilly, à Saumur, et représentait la nourrice couchée, tenant dans ses bras ses deux nourrissons. Il a été détruit dans la Révolution, car Dulaure, dans ses mémoires manuscrits, assure l'avoir vu encore en 1789 [2]; mais l'épitaphe, longtemps couverte de chaux, a été conservée. Quatre ans après l'érection de ce mausolée, en 1462, René ordonnait de payer à Poncet, l'imagier, six écus d'or sur la somme convenue avec lui « pour la faczon de la sépulture de Tiphaine la Maugine, en son vivant nourrisse du roy de Secille [3] ». C'est donc un des artistes qui travaillaient à sa

---

[1] V. tome I, p. 6. J'en remets de nouveau le texte sous les yeux du lecteur :

« Ci gist la nourrice Thiephaine
« La Magine, qui ot grant paine
« A nourrir de let, en enfance,
« Marie d'Anjou, royne de France,
« Et après son frère René,
« Duc d'Anjou, et depuis nommé
« Comme encore est, roy de Sicile,
« Qui a voullu en ceste ville,
« Pour grant amour de nourreture,
« Faire faire la sépulture
« De la nourrice dessusdicte,
« Qui à Dieu rendit l'âme quicte,
« Pour avoir grâce et tout déduit,
« Mil cccc cinquante et huit,
« Ou mois de mars, xiiie jour.
« Je vous prye tous, par bonne amour,
« Affin qu'elle ait ung peu du vostre,
« Donnez-luy ugne patenostre. »

[2] Marchegay, loc. cit.

[3] Comptes et mém., n° 219.

propre tombe, Pons Poncet, qu'il chargea d'exécuter celle de l'humble Saumuroise.

A Baugé, les ducs d'Anjou possédaient un ancien château qui, après avoir été ruiné par les guerres à la fin du quatorzième siècle, venait d'être remparé, en 1430, par la reine Yolande. Son fils en agrandit l'enceinte au moyen de plusieurs maisons achetées à James Louet, son conseiller, et à Geoffroi de Chemens. Auprès de ces maisons l'on voyait encore des restes du *vieil chasteau*, bâti au onzième siècle et détruit à une époque incertaine. René fit faire là, en 1455, par son maître des œuvres Guillaume Robin, des travaux de restauration considérables, qui lui coûtèrent quinze cents écus : ils comprenaient des chambres donnant sur l'étang de Baugé, une chapelle pour le roi et une pour la reine, des étuves, etc., formant quatre cent soixante-dix toises de grosse muraille.

L'édifice fut complété par quatre tourelles élégantes et par trois escaliers à vis, dont l'un, décoré de rinceaux, de figures d'animaux, d'écussons, d'épis, est vraisemblablement le même que « l'admirable escalier en encorbellement couronné par un palmier à nervures, aux armes d'Anjou-Sicile, du quinzième siècle », mentionné par M. Port comme encore existant [1]. De nouveaux travaux, auxquels fut affecté le produit de la pêche de l'étang de Baugé, eurent lieu dans le cours des années suivantes. En 1465, quatre jardins, acquis de plusieurs particuliers, furent ajoutés aux dépendances du château. Ces jardins, soigneusement entretenus depuis par un « fruitier et concierge », renfermaient, comme ceux d'Angers, divers oiseaux privés, et de plus un *dedalus* ou labyrinthe, qui devait s'élever sur la motte. Le concierge fut également chargé, moyennant un supplément de gages, des réparations et de l'entretien du château. Cet office, donné d'abord à Perrinet de Vainuncourt ou de Véroncourt, qui le faisait remplir par un procureur, passa, en 1479, au

---

[1] *Dictionnaire historique*, p. 227.

garde des tapisseries du roi de Sicile, Guillemin Cessault [1].

La halle de Baugé, dévastée en 1465 par les Bretons, fut réparée l'année suivante, et les pierres nécessaires pour cet ouvrage furent prises aux vieilles halles de la même ville. Enfin René bâtit sur la motte du château la chapelle du Petit-Mont ou du Petit-Puy, détruite il n'y a pas bien longtemps, et qui contenait, dit-on, des peintures murales de sa main. L'épi fut planté au sommet de ce monument au mois d'avril 1470 : mais, peu d'années après, les murs tiraient déjà très-fort, et l'on fut obligé de les consolider à deux reprises, en 1473 et en 1477 [2]. Le bon roi, considéré comme le fondateur de Baugé, qui n'était auparavant qu'un petit village, aimait beaucoup cette résidence : la légende raconte qu'il y était retiré lorsqu'il apprit la saisie de son duché d'Anjou, et qu'à cette nouvelle il continua tranquillement la peinture d'une bartavelle qu'il avait commencée; mais, comme la même légende et la même bartavelle se retrouvent dans les récits qu'on a faits de la perte de son royaume de Sicile, et comme, en réalité, il était alors très-éloigné de Baugé, ainsi que je l'ai montré en racontant sa vie, il ne reste de l'anecdote que la trace de sa prédilection pour cette ville.

A peu de distance de là, se dressaient les tours crénelées d'un château-fort à la mine imposante. Ce château, qui est celui de Beaufort-en-Vallée, avait été reconstruit au siècle précédent, non, comme on l'a dit [3], par le pape Clément VI, mais par son frère Guillaume Roger, comte de Beaufort, père du pape Grégoire XI. C'est ce que prouve le registre des dépenses faites à cette occasion, et marquées jour par jour, de 1346 à 1349, dépenses montant à la somme de trois mille neuf cent cinquante-trois livres trois sols six deniers, suivant le règlement des comptes opéré par Guillaume lui-même, à la date du 7 mars 1356. Ce long document est accompagné d'un devis des plus

---

[1] *Comptes et mém.*, n°ˢ 236-248, 253, 254. Arch. des Bouches-du-Rhône, B 274, f°ˢ 30, 42.
[2] *Ibid.*, n°ˢ 249-252.
[3] Port, *Dict. hist.*, p. 245.

intéressants, publié dans les *Extraits des comptes et mémoriaux*[1]; on y trouvera la description minutieuse d'un édifice dont il ne reste malheureusement que des ruines, mais qui domina la Vallée durant des siècles, et l'archéologue y pourra glaner des notions encore peu répandues ; je dois me borner ici aux rapports du roi de Sicile avec ce monument. Le comté de Beaufort, que le roi de France avait distrait de l'apanage d'Anjou et donné aux Roger en 1346 (l'année même où ils entreprirent de rebâtir le château), ne revint définitivement à ses possesseurs naturels qu'à la suite d'un long procès, terminé par une transaction en 1469. Mais, dans l'intervalle, la main-mise royale ayant frappé cette seigneurie pour défaut d'aveu, le duc d'Anjou occupa le château et y fit faire directement certaines réparations. En 1454, René traça lui-même pour cet objet un devis qui nous manque ; trois ans plus tard, il ajouta huit fenêtres au « galathas de la grant salle [2] ». C'est vers la même époque qu'il céda ses droits sur le comté de Beaufort à sa femme Jeanne de Laval, qui mérita de la manière qu'on l'a vu la reconnaissance des habitants. Devenue veuve, la reine de Sicile demeura en possession du domaine jusqu'à sa mort, malgré les tracasseries de Louis XI, que Charles VIII eut le bon goût de ne pas imiter.

Les Ponts-de-Cé, qui avaient alors peu d'importance comme ville, mais qui en avaient beaucoup comme passage d'une rive de la Loire à l'autre, possédaient un château avec chapelle et dépendances, situé dans l'île Saint-Aubin. Aux vieux ponts qui l'entouraient, René substitua des ponts dormants garnis de *reillage* ou de barreaux de fer, et fermés par des barrières à guichets. Mais, suivant ses goûts ordinaires, il s'occupa surtout d'établir dans ce site agréable des jardins qui pussent en augmenter le charme. En 1454, le château s'embellit d'un grand et d'un petit jardin, celui-ci voisin de l'entrée : on y voyait des préaux, des pavillons, des *volliers* ou tonnelles, des accoudoirs et bordures de bois, des arbres fruitiers et des

---

[1] *Comptes et mém.*, n° 255.
[2] *Ibid.*, n°ˢ 256, 257.

plantes variées, spécialement des rosiers[1]. Il n'y avait d'abord pour clôture que des haies, selon l'usage du pays; aussi les pourceaux venaient-ils prendre là des ébats funestes à la culture. René donna l'ordre d'élever des murs, et en même temps de lui faire « un petit logeis à cheminée, du cousté de devers le pont, pour drecer et tenir viande quant y vouldroit menger, avec une petite fenestre à treillis qui regardast au long du pont ». Cette dernière recommandation peint l'homme et son amour du pittoresque[2].

J'aurai lieu de parler plus loin des ponts en général et de ceux des Ponts-de-Cé en particulier. Franchissons-les et cherchons sur la rive gauche de la Loire les villes où le roi de Sicile fit construire. On n'en trouve guère que deux : Mirebeau et Loudun. Mirebeau, châtellenie de Poitou que le duc d'Anjou avait acquise de la comtesse de Roucy en 1379, puis aliénée, fut rachetée en 1448. René entreprit alors de rééditier le château, que le dernier propriétaire, Jean de Bueil, avait laissé tomber en ruine, malgré les stipulations qui l'obligeaient à consacrer chaque année une somme de trente réaux d'or à son entretien[3]. Le roi de Sicile se proposait de faire dans cette résidence des séjours fréquents, surtout dans la saison des alouettes, et d'y chasser avec son frère, qui devait y avoir pour lui et sa femme un logis à part, décoré de leurs armes; car Charles d'Anjou était vicomte de Châtellerault, et « de Chastelerault là, n'a pas, comme savez, grant chemin ». D'après les devis, ce devait être « la place la mieux logée qui fût à vingt lieues à l'entour ». Mais le receveur chargé de la direction des ouvrages montra une telle négligence, qu'en 1464 rien n'était encore terminé, et qu'on dut suspendre cet officier sans pouvoir obtenir ses comptes. De si longs retards paraissent avoir dégoûté le prince, qui, en mariant à Ber-

---

[1] On se rappelle que René, au dire de Bourdigné (II, 229), naturalisa en Anjou les roses de Provins.

[2] *Comptes et mém.*, n⁰⁸ 230-235.

[3] Protestation adressée à ce sujet par Guillaume de la Croix, avocat fiscal de René, à Martin Morin, procureur de Jean de Bueil (Arch. nat., P 1340, n° 487).

trand de Beauvau, sire de Précigny, sa fille naturelle Blanche d'Anjou, le 28 novembre 1467, lui donna Mirebeau, à la charge d'entretenir les bâtiments et d'acquitter les charges de la seigneurie. Mais, comme si la fatalité eût poursuivi ce château, Blanche mourut laissant une quantité de dettes, et le domaine fut saisi [1].

Loudun avait été également uni au duché d'Anjou par voie d'acquisition, ou plutôt d'échange : Charles V ayant été obligé de céder par traité au duc de Bretagne la terre de Champtoceaux, dépendant de l'apanage de son frère Louis, il dédommagea celui-ci par la châtellenie de Loudun, en 1367. Les halles de cette ville avaient été détruites; mais, pour les relever sur leur ancien emplacement, il eût fallu déposséder les propriétaires d'un certain nombre de maisons : René ne voulut point de l'expropriation forcée, et, pour éviter de payer des indemnités onéreuses, fit, en 1460, asseoir les halles devant l'église de Sainte-Croix. Plus tard, la grosse tour du donjon fut réparée à son tour, au moyen d'un ciment dont on remarquera la composition, faite « de chaulx, de sanc de beuf et d'escume de fer ». L'église de Notre-Dame-de-Recouvrance, appartenant aux Carmes, dut aussi au roi de Sicile quelques agrandissements [2].

Mais c'est, comme je l'ai dit, dans ses résidences de campagne que ce prince aimait le plus à donner carrière à son penchant pour les arts. Non content de bâtir des manoirs ou des maisons de plaisance, de les augmenter, de les embellir, il y entassait des meubles de prix, des œuvres d'art, des curiosités dont ses inventaires ne donneront qu'une idée imparfaite, car ils furent rédigés à l'époque où il abandonna l'Anjou, emportant avec lui, comme il avait l'habitude de le faire dans ses voyages, une bonne partie de ces objets précieux. Les habitations de ce genre qu'il éleva autour de sa capitale sont au nombre de six. C'est d'abord Chanzé (*Canciacus*, *Canziacus* au onzième siècle), nom d'un roc situé sur la

[1] *Comptes et mém.*, n°˚ 258-263. Arch. nat., P 1334 ⁹, *passim*.
[2] *Comptes et mém.*, n°˚ 264-266.

rive gauche de la Maine, à une demi-lieue des portes d'Angers, dont l'une s'appela comme lui. Ce roc mesurait deux cent quatre-vingts pieds de long, sur une largeur variant de trente à quatre-vingt-cinq pieds. A côté se trouvaient des vignes, des jardins, un ancien moulin à vent, et une closerie dépendant de la paroisse de Saint-Laud, que René acheta onze cents écus d'or en 1451. L'année suivante, la reine Isabelle agrandit ce domaine d'un jardin avec cave, sis au-dessous de la roche, et Gui de Laval, sire de Vitré, de qui le fief relevait à cause de Françoise de Dinan, sa femme, délaissa tous ses droits au roi de Sicile, qui voulait les avoir « pour son ébat et plaisir ». Celui-ci, en 1453, fit faire à la maison de Chanzé une *sallette*, diminutif de la grande salle des châteaux, meubla les appartements et y installa un concierge ou intendant, nommé Gillet Desportes. L'édifice complété renfermait, indépendamment de la sallette, une chapelle, une chambre attenante à la chapelle, une chambre du roi, avec galerie et retrait; à l'étage au-dessus, une chambre appelée « chambre de madame Yoland », où habita sans doute l'aînée des filles de René, une « chambre aux pucelles », affectée probablement aux suivantes, deux *escriptures* ou cabinets de travail; en bas, la cuisine et ses dépendances, des chambres basses, et le logement du garde. Dans la cour se trouvaient un puits et une fontaine, et devant la cave s'élevait le « logis de monseigneur le sénéchal », bâtiment séparé comprenant deux appartements [1]. Chanzé fut donné, le 18 novembre 1454, à Jeanne de Laval, qui en nomma intendant Jacquet de Fontaine et lui adjoignit un *varlet* chargé de soigner les jardins. C'est à l'occasion de cette nomination que fut dressé l'inventaire qui nous a été conservé. Ce gardien rendait ses comptes à la Chambre des comptes. Il avait aussi la direction de la métairie de la Rive, dépendance de Chanzé, située juste en face, sur l'autre bord de la rivière, et où l'on élevait avec des soins intelligents toute sorte de bétail.

Comptes et mém., n°s 267-275; Inventaire de Chanzé, *ibid.*, n° 643. Un certain nombre des lettres de René sont datées de Chanzé.

Le domaine produisait aussi du vin en abondance : la reine Jeanne, qui aimait à mener avec son mari la vie rustique, y avait établi un grand pressoir muni de tous les accessoires en usage ; ils faisaient leur vendange en vrais propriétaires campagnards, et la recueillaient dans un vaste cellier, qui, en 1471, renfermait jusqu'à quarante-neuf *pipes* de vin, quantité considérable si la pipe équivalait, comme le dit du Cange, à la charge de quatre bêtes de somme : aussi leurs gens étaient-ils payés en partie en « vin de Chanzé ». René, qui resta Angevin en tout et partout, préférait tellement ses vins d'Anjou à ceux de Provence, qu'il se faisait expédier sa provision du premier pays lorsqu'il habitait le second. « Mes compères, écrivait-il de Tarascon aux juge et trésorier d'Anjou, en 1469, pour ce que je trouve les vins de par deçà trop gros à mon appétit, je vous pry que en faictes choisir la meilleur fourneture qui se trouvera en Recullée, Rivectes, Chanzé et autres lieux, et qu'il en y ait la moitié ung peu piquans. » Et en même temps que des charges de vin blanc et de clairet, on lui envoyait d'autres produits du cru, notamment du poisson sec pour son carême et d'énormes quantités de beurre, denrée que la cuisine méridionale lui faisait sans doute regretter [1].

Le manoir de Reculée avait un peu plus d'importance comme habitation et même au point de vue artistique. Il se trouvait également à la porte d'Angers et sur le bord de la Maine, mais du côté opposé, vers le nord, à l'extrémité du faubourg qui portait le même nom, provenant, dit-on, d'un déplacement du cours de la rivière opéré au neuvième siècle par le duc de Bretagne [2]. C'est en 1465 que René acheta, en cet endroit, plusieurs maisons appartenant à des marchands de la ville et une closerie possédée alors par Christophe, seigneur de la Tour et de Clervaux, avec les vignes et les droits de pêche qui en dépendaient. A la fin de la même année, il y

---

[1] Arch. nat., P 1334³, f° 46 v°.
[2] On trouve ce lieu appelé *Reculanda* en 1058, *Recullela* en 1188, *Reculée* dès 1383. (*Description d'Angers* par Péan de la Tuillerie, éd. Port, p. 537.)

réunit « un petit estang ou vivier, très-séant et propice », et quelques terres voisines, acquises de l'abbaye de Notre-Dame d'Angers contre une rente en argent sur son secrétaire Pierre Le Roy, dit Benjamin ; ce qui n'empêcha pas l'abbesse de réclamer, après la mort du prince, la restitution de ce bien, que Louis XI se garda de lui accorder. L'étang fut agrandi aux dépens des vignes, et supprima un chemin qui conduisait de la ville « au bourg de Regullée quand la rivière étoit hors le santier acoustumé, ce que advenoit chascun an ». Mais René voulait surtout se procurer là les plaisirs de la pêche, et les fantaisies des rois ont souvent causé à leurs sujets de bien autres dérangements. Le 9 janvier 1466, Jean Gendrot, maître des œuvres d'Anjou, passa le marché des travaux de maçonnerie de Reculée : voûtes, murs, fenêtres, ornements de feuillage et d'écussons. En même temps, Colas Granthomme entreprenait la charpente d'une chapelle et d'une galerie de cent trente-deux pieds de long, donnant sur le jardin, « à belles ataches et accoudoirs ouvrés ». Cette galerie, d'où l'on découvrait toute la ville d'Angers, paraît avoir été embellie par le pinceau de René : l'abbé de Marolles raconte y avoir vu, en 1633, des chaufferettes et des charbons ardents, avec les mots *Ardent désir*, en mauvaise peinture (il veut dire, sans doute, que la peinture était en mauvais état), et Péan de la Tuillerie les cite comme encore visibles de son temps, vers 1778 [1]. L'inventaire, dressé en 1479, parle aussi de quatre chambres peintes *à chaufferettes*, *à gougourdes* (courges), *à sèches* et *à groseilles rouges ;* mais de la galerie, il dit seulement qu'elle était garnie de treillis et affectée au jeu de paume. Les autres pièces du manoir étaient, avec les quatre chambres en question, la salle du roi, trois chambres basses, une chambre joignant la chapelle, la chambre du roi avec ses dépendances (comptoir, cabinet, chambre du barbier), la chambre de la reine, avec deux pièces attenantes également, et un galetas au-dessus. Les communs étaient assez considé-

---

[1] *Description d'Angers*, p. 538 ; *Archives de l'Art français*, I, 326.

rables et comprenaient un cellier, une buanderie, une cuisine, un garde-manger, une saucerie, un four, une fruiterie, une paneterie, une échansonnerie, donnant sur plusieurs cours et surmontés encore de petites chambres.

Jusqu'à son départ définitif pour la Provence, René vint souvent se délasser l'esprit et le cœur dans cette retraite confortable. Il aimait à se mêler aux pêcheurs qui composaient son unique voisinage et pour lesquels il avait institué une fête spéciale : de là le nom de *Roi des gardons* qui lui fut donné dans le pays, et qui était encore appliqué à son habitation dans le siècle dernier. Mais, lorsqu'il fut éloigné, celle-ci demeura déserte et silencieuse, bien qu'elle fût toujours garnie d'une partie de ses meubles et de ses curiosités. Craignant de la voir « tourner en caducité et ruyne », il en fit rédiger l'inventaire et envoya de Tarascon l'ordre d'y installer Bertrand Gosmes, l'ancien garde de ses oiseaux, à qui les officiers de Louis XI refusaient, comme on l'a vu, un logis au château d'Angers. Entretenue tant bien que mal jusqu'à sa mort, elle vit encore, en 1480, la réception des ambassadeurs d'Angleterre par Marguerite d'Anjou, et, sept ans plus tard, un festin offert par la ville aux députés que le roi de Hongrie envoyait à Laval auprès de Charles VIII. Aliénée ensuite par le domaine, elle fut occupée au dix-septième siècle par un tavernier, et de nos jours par un atelier de charronnage. Il reste quelques vestiges de la partie bâtie au quinzième siècle; mais le faubourg de Reculée a surtout conservé le souvenir légendaire du bon roi et la tradition de la pêche; il a gardé quelque chose de ce caractère à part qu'il avait encore du temps de Bruneau de Tartifume, où les habitants vivaient entre eux, parlaient un langage différent de celui de la ville, et savaient « accomoder mieux le poisson que pâtissiers, cuisiniers ni aultres qui soient en Anjou[1] ».

[1] *Comptes et mém.*, nos 276-289. *Description d'Angers*, loc. cit.; Villeneuve-Bargemont, II, 308. René avait aussi fondé à Reculée un ermitage en l'honneur de saint Antoine, et y avait établi un ermite du nom de Macé Bucheron, qui priait Dieu pour lui moyennant un petit revenu annuel. (Bourdigné, II, 216.)

Un peu plus loin d'Angers, et du côté opposé, s'élevait le manoir d'Épluchart (*Espeluchart*, *Peluchart* au douzième siècle), appelé aussi Haute-Folie, nom imaginé peut-être par son constructeur, à cause des frais considérables qu'il lui occasionna. Ce petit château existe toujours; mais la tourelle d'escalier qu'on va y admirer date seulement de la Renaissance. Le reste de l'édifice appartient au quinzième siècle; et, en effet, René avait chargé de sa construction l'archiprêtre d'Angers, Guillaume Tourneville, assez longtemps avant l'année 1476, date où l'on rencontre la mention d'une somme de vingt écus d'or payée tardivement pour cet objet. Le domaine ne consistait précédemment qu'en une closerie appartenant à Guillaume Grignon, receveur des aides d'Angers. Cet officier s'étant trouvé, à sa mort, redevoir au trésor une somme bien plus forte que la valeur de ses biens propres, personne ne se présenta pour recueillir sa succession, et l'immeuble, avec la terre attenante de Villemères, fut saisi par les généraux des aides de Paris, puis adjugé à un tiers, qui, en 1465, le revendit huit cents écus d'or au roi de Sicile. Celui-ci donna plus tard le gouvernement du manoir à son conseiller Jean Muret, et lui fit allouer, pour l'aider à l'entretenir, quarante livres par an sur le produit des rachats et ventes féodales d'Anjou; car il paraît que les revenus du domaine ne suffisaient pas à cette charge. Il comprenait pourtant des jardins et des vignes d'une certaine étendue, un pressoir, reconstruit, en 1479, en chêne de la forêt de Bellepoule, des treilles remarquables, façonnées en bois carré. Un mur de quarante toises fut élevé pour lui servir de clôture le long du grand chemin d'Angers aux Ponts-de-Cé, qui passe encore au même endroit. Épluchart fut aussi possédé par la veuve de René, et reçut dans les siècles suivants plus d'une visite princière, notamment celle de François I et de Marie de Médicis, comme on peut le voir dans une notice de M. Marchegay, qui a connu deux des articles des mémoriaux relatifs à cette résidence [1].

---

[1] *Comptes et mém.*, nos 325-329; Marchegay, *Revue de l'Anjou*, 1855, et *Notices*, p. 373.

Le roi de Sicile avait encore auprès des Ponts-de-Cé une métairie, appelée les Grands-Rivettes, la Cour de Rivettes, ou plus simplement Rivettes. Elle était située sur la paroisse de Saint-Augustin-lez-Angers, ainsi que la terre du Chaumineau, qui en dépendait. L'ensemble de cette propriété lui fut vendu environ trois mille soixante-cinq livres par différents propriétaires, entre autres par Briend Buynart, segrayer de Beaufort, qui fut emprisonné un peu plus tard pour avoir disposé de la part appartenant par indivis à Michel de Cherbeye, notaire et secrétaire du roi. L'année même de l'acquisition (1455), les architectes Guillaume Robin et Robert du Pont commencèrent un nouvel édifice : la maison principale fut prolongée, le bâtiment du pressoir divisé en deux étages; on ouvrit des fenêtres à quatre panneaux, comprenant chacune douze pieds de verre; on éleva une chapelle, qui fut couverte, comme le reste, en ardoise de Bellepoule, « bonne et marchande, la meilleure après la noire ». Rivettes avait aussi ses jardins et ses vignes, dont la taille était confiée au concierge Jacquemin Paulus, ses greniers remplis de foin et d'avoine, ses étables, qui renfermaient, en 1458, soixante-neuf têtes de bétail, sans compter les porcs et les chevaux, sa basse-cour, où des espèces « de grant orine » excitaient l'admiration des visiteurs et l'envie de la reine de France, qui se donna la peine d'écrire elle-même de Chinon à Guillaume Bernard, conseiller de son frère, chargé de la haute surveillance du manoir, pour lui en demander des échantillons : René était absent; mais elle prenait, disait-elle, « la charge qu'il en serait content et joyeux ».

Les métayers du lieu menaient bonne vie et trafiquaient pour leur propre compte en charroyant la plupart du temps « blez, vins, foings, ardoyses et autres biens, tant pour les marchans d'Angiers que pour ceulx du Pont-de-Cée et autres du pays d'environ »; ce qui rompait les bœufs, faisait négliger la culture des terres et en réduisait le produit à rien. Le roi de Sicile coupa court à cet abus au moyen d'un remède radical, mais qui ne devait pas le rendre plus riche : il renonça aux revenus et les céda, par lettres patentes du 4 août 1471, à Jacquemin Paulus, en lui donnant plein pouvoir pour changer et remplacer les métayers, à la condition toutefois de payer les charges et devoirs féodaux, de supporter les frais de la façon des vignes, des vendanges, de l'entretien des jardins. Cet intendant conserva la jouissance qui lui était accordée jusqu'en 1481, époque où Louis XI racheta « l'ostel, maison et appartenances de Rivectes », et le dédommagea par des droits d'une nature différente sur les impôts et péages des Ponts-de-Cé [1].

En remontant le cours de la Loire, on rencontrait les deux dernières habitations ducales, qui avaient une apparence assez considérable. L'une, encore debout, était *la Ministré* (aujourd'hui la Ménitré), petit castel bâti à peu de distance de Beaufort par le maître des œuvres Guillaume Robin, sous la direction de Bertrand de Beauvau, du président des comptes et du trésorier d'Anjou. Le devis, dressé le 23 août 1454, offre cette particularité intéressante, qu'il est signé de René luimême. Il embrasse six chambres, dont quatre au rez-dechaussée et deux au-dessus, et une salle de quarante pieds de long. Cinq de ces pièces se retrouvent dans l'inventaire du mobilier rédigé en 1474, qui mentionne, comme faisant partie de la *maison neuve* de la Ménitré, une « salle basse où mange le roi », la « chambre de parement du roi », une chambre attenante, la « chambre où couche Margerie [2] », et la chambre de maître Pierre Robin (médecin de René) ; ces deux dernières étaient les chambres hautes ou du *galatas*. Il y avait en outre, dans les autres bâtiments, la chambre du roi, la chambre de M. de Nogent (Saladin d'Anglure, conseiller de René),

---

[1] *Comptes et mém.*, nos 302-317. D'après une pièce des archives des Bouchesdu-Rhône (B 274, fº 4 vº), René aurait donné à Jean Besclin, dit Jarret, son écuyer, le domaine même de Rivettes, ainsi que les meubles, chevaux et bestiaux en dépendant. Mais cette donation n'est pas datée, et sa validité fut contestée plus tard par la Chambre des comptes d'Anjou, parce qu'elle n'avait pas été vérifiée par elle, ce qui était obligatoire du vivant du roi de Sicile.

[2] Ce nom était celui d'une femme de la cour, à qui Jeanne de Laval donna pour son mariage, en 1457, cent quatre-vingt-trois bêtes de menu vair. (Bibl. nat., acq. nouv. fr. 894, nº 361.)

une salle haute, la chambre de Mgr de Calabre (Jean d'Anjou), celle des maîtres d'hôtel, celle des écuyers d'écurie, la garde-robe, la chambre de la reine, une cuisine, puis, en dehors, une chapelle et une ferme ou métairie remplie de bétail et de fourrages.

La maison neuve était couronnée d'un ensemble de pignons et de cheminées de pierre s'élevant à quatre pieds au-dessus du faîte; l'une de ces cheminées, celle de la grande salle, avait à son ouverture intérieure huit pieds de large ou de tison. Les fenêtres étaient à croisées ou à demi-croisées, les unes volantes, les autres *enchassillées,* c'est-à-dire fixes. Mais l'exécution de ces ouvrages traîna en longueur : les quatre cents écus qu'ils devaient coûter ne furent assignés qu'en 1457, sur le produit du rachat de Champtocé et d'Ingrandes; Bertrand de Beauvau, chargé de surveiller la besogne, se rendit ensuite à Gênes pour les affaires de son maître, et il en résulta, outre les retards, une augmentation de cent écus dans la dépense. Les travaux étaient cependant assez avancés en 1458 pour que les officiers du roi de Sicile pussent, en son absence, recevoir à la Ménitré le duc de Bretagne, qui visitait l'Anjou pour la première fois depuis son avénement. La ville d'Angers lui avait fait un présent de la valeur de cinquante-cinq livres [1] : il s'y arrêta quelques jours, et se montra curieux de visiter les constructions entreprises par René, dont la renommée disait merveille. Le récit de sa réception, adressé à ce prince par les gens des comptes, ne manque ni de charme ni de naturel :

« Sire, nous tenons que par autres serez adverti de la venue
« du duc de Bretaigne en ceste ville et de sa récepcion. En
« vérité, Sire, il a esté honorablement receü et de gens de
« tous estaz, quoy que soit. Pour aller le rancontrer, y avoit
« iiii ou v^c chevaulx, l'Université et les colléges en leur lieu,
« et telz mistères que vous savez que faire se doivent en telz
« cas. Monsr de Précigny y estoit et nous autres, vos servi-

---

[1] V. Marchegay, *Revue des provinces de l'Ouest,* année 1855-56.

« teurs et officiers, avecques luy. Il fut rendu à son logeys,
« en l'ostel de feu Jehan Fournier, où nous fusmes avecques
« luy, et nous fist très grant et familière chière. La ville luy
« a fait présent de vin blanc et cléret du meilleur, de cires,
« espices et ypocras, le plus largement que faire s'est peu.
« Il a esté huit ou neuf jours en ceste ville, et a eu ung accès
« de colique passion.

« Les escoliers et ses gens ont eu à besoigner en cas de lutes
« à Toussains et en sa présence ; et pensez, Sire, qu'ils en ont
« fait de bonnes et dont le duc a esté très-content, et ne l'ont
« pas eu d'avantage les gens du duc. Il est venu veoir vostre
« chastel, où il a trouvé Mons' votre filz [1], accompaigné de
« vos serviteurs, Mons' de Précigny absent, qui estoit devers
« le Roy et encores y est. Il a veu voz jardins et pavillon, vos
« lions, et sembloit qu'il fust de tout content à merveilles. Le-
« dit duc a esté à la Ménistré, souppé, couschié et disné, et
« ne s'en savoit riens jusques au bien matin le jour qu'il
« partit. Et incontinent ont fait venir des choses de Beaufort
« et appoincté pour l'ostel, pour si pou de temps, au mielx que
« possible a esté, et tellement que le duc en a esté à merveilles
« content. On lui a présenté de voz veaulx, qui ont esté men-
« gez sur le lieu. Ilz estoient jeunes et gras, et disoit le duc
« que oncques en sa vie n'en mangea qui en approchassent
« de bonté. S'il a esté à Launay ou non, encores ne le savons
« nous [2]. »

La terrasserie et la menuiserie du nouvel édifice ne purent être faites qu'en 1460, la charpente et la couverture qu'en 1471. L'architecte Jean Le Picart fut chargé, par marché du 4 décembre 1470, d'y ajouter certains embellissements : un corps de logis de vingt-quatre pieds de long, entre la chapelle

---

[1] Nicolas d'Anjou, petit-fils de René, encore enfant, était alors élevé au château d'Angers. Je ferai observer, à ce propos, que Nicolas est rangé à tort au nombre des fils de René dans l'*Art de vérifier les dates* (X, 426). Au reste, cette erreur, qui se trouve dans la chronologie des comtes de Provence, ne se reproduit pas dans celle des ducs de Lorraine.

[2] Arch. nat., P 1334°, f° 223 v°.

et le bâtiment principal, avec deux cheminées de tuffeau « à belles moleures et honnestes », et un *ballet* ou galerie, portant sur deux arceaux soutenus par un pilier à pans; un portail à parements intérieurs et extérieurs, voûté et crénelé; une croix de pierre à l'entrée du domaine; une *fuie* ou colombier rond à huit piliers, amortis « en manière de degrés pour y asseoir les pigeons », etc. L'intendant de la Ménitré fut, à partir de 1460, Hugues Guillot, qui, ainsi qu'on l'a vu, dirigeait précédemment l'école du château d'Angers. Sa veuve hérita de son office en 1471, et demeura chargée de la garde des meubles et ustensiles inventoriés à cette date [1].

Le dernier manoir est celui de Launay, près Saumur, devant lequel eut lieu, en 1446, un magnifique pas d'armes. Il était alors en construction, ou du moins à peine terminé. René y séjournait fréquemment, et la reine Isabelle y passa presque entièrement les trois dernières années de sa vie, comme le montrent les comptes de sa chapelle [2]. Agrandi en 1452 au moyen de la terre du Palis, achetée d'Aimeri de Souvigné, écuyer, pour huit cents royaux d'or, il fut cédé ensuite à Jeanne de Laval, à qui ce don fut confirmé par testament de son mari. La maison de Launay et celle du Palis, qui tombaient en ruine, furent restaurées en 1453 et 1459; mais les devis de ces différents travaux nous manquent. Le premier édifice offre encore quelques parties remontant à cette époque. Louis XI en reprit la conciergerie et la capitainerie, qu'il donna, en 1481, à Jean Ousche de Hatine, en récompense de ses services. Louis XIV l'exempta, dit-on, du logement des gens de guerre en souvenir du bon roi : il appartient aujourd'hui à la famille d'Armaillé [3].

Cette énumération des constructions de René en Anjou serait par trop incomplète si l'on n'y ajoutait son ermitage favori de la Baumette, situé sous le roc de Chanzé. Ce n'était

[1] *Comptes et mém.*, n°° 290-301; Inventaire, *ibid.*, n° 645.
[2] Arch. nat., KK 245, *passim*.
[3] *Comptes et mém.*, n°° 318-324. De Quatrebarbes, *Œuvres du roi René*, t. I, p. CXI.

plus là une habitation, mais un simple jardin, dans lequel il s'était plu, inspiré par sa dévotion à sainte Madeleine et secondé par un site singulièrement propice, à reproduire une imitation de la célèbre grotte de la Sainte-Baume, en Provence; d'où le nom de Baumette. Ce lieu se trouvant en quelque sorte consacré, il y établit un couvent de Cordeliers, qu'il entoura toute sa vie d'une protection particulière. L'acte du 15 juin 1456, qui dédommagea le curé de Saint-Laud d'Angers du droit prétendu par lui sur les oblations de la Baumette, désigne la chapelle comme édifiée « *à paucis annis citrà* ». Elle est déjà mentionnée, dans le testament de 1453, parmi les ouvrages dont le prince recommande l'achèvement à son héritier : donc elle était en construction à cette époque [1]. Sa première pierre, selon M. Port, fut posée en 1451, par conséquent avant la dernière maladie d'Isabelle de Lorraine, à laquelle M. de Villeneuve-Bargemont rattachait cette fondation [2]. Les eaux, filtrant à travers les fentes du rocher dans lequel elle était taillée, eurent bientôt endommagé et pourri tout ce qu'elle contenait, les ornements, l'autel de bois, et même la croix placée dans la fenêtre au-dessus de l'autel, renfermant des reliques de la vraie croix. Le roi de Sicile, à la requête des religieux, s'empressa d'y porter remède. Les gens des comptes menèrent le maître des œuvres à la Baumette et décidèrent avec lui, en 1459, l'établissement d'une tranchée ou d'un fossé pour faciliter l'écoulement des eaux. René, consulté, approuva l'expédient et remercia par lettres ses officiers. De nouveaux ouvrages furent entrepris quelques années après, entre autres un *revestiaire* ou sacristie de vingt pieds de long sur huit de large, à deux étages et quatre fenêtres, dont deux « à fust et à verre », et deux sans vitres. La *pitance* des religieux, ainsi que

---

[1] Arch. des Bouches-du-Rhône, B 205, f° 90.

[2] Port, *Dict. hist.*, p. 230; Vill.-Barg., II, 93. L'église ne fut dédiée qu'en 1464, ajoute M. Port; cette date se lisait, en effet, sur une plaque de cuivre que l'on conserva longtemps à la Baumette, incrustée dans le mur; mais on y officiait longtemps avant, comme le prouve ce qui suit. Bourdigné se trompe donc de beaucoup lorsqu'il rapporte à l'an 1465 la construction de l'édifice (II, 216).

la dépense d'un service qu'ils célébraient pour leur protecteur tous les vendredis et d'une lampe « esclarant continuellement devant le corps de Jésus-Christ », étaient ordonnées chaque année sur le produit de la recette de Champtoceaux. Mais elles n'étaient pas payées très-exactement, au dire d'une curieuse supplique adressée au roi de Sicile, le 27 octobre 1469, par ses « petiz et simples frères hermites de la Balmete[1] ». Tout en s'excusant de n'être pas « stillez de la manière de rescrire es princes et seigneurs », les suppliants multiplient les phrases et les compliments pour lui représenter qu'ils n'ont pas reçu d'argent depuis son départ. Les gens des comptes lui écrivent de leur côté pour se défendre, en affirmant que les termes échus ont été versés et que les Cordeliers ont raconté ce qu'il leur a plu. Cependant le débat s'apaisa, et les frères continuèrent, longtemps après la mort de leur fondateur, à jouir des revenus qu'il leur avait assignés. L'ermitage n'a même pas été détruit par la Révolution, bien qu'il ait vu alors d'épouvantables noyades[2]. La chapelle et les principaux bâtiments ont été l'objet d'une restauration récente. On n'y montre plus les peintures attribuées au royal artiste, ni le plat dans lequel il prenait sa part des modestes repas du couvent. Mais le peuple, qui se pressait autrefois sur ses pas à ce pèlerinage vénéré, vient encore s'ébattre autour de son enceinte tapissée de lierre. Jusqu'à ces derniers temps, il s'y portait en foule à la fête de sainte Madeleine ; il fallait même, suivant un dicton local, y aller ce jour-là si l'on voulait rester gai toute l'année[3].

Je n'ai pas la prétention d'avoir indiqué tous les travaux d'architecture exécutés en Anjou avec l'intervention du roi René. On trouverait certainement dans ses archives et dans celles du pays la trace de quelques autres ouvrages de même nature ; mais je me suis attaché ici à mettre en lumière tous

---

[1] *Comptes et mém.*, n° 330.
[2] De Quatrebarbes, *op. cit.*, t. I, p. CIX.
[3] *Comptes et mém.*, n°s 330-339. De Quatrebarbes, *ibid.* La bibliothèque d'Angers conserve encore un volume donné par René aux religieux de la Baumette ; il contient un commentaire latin sur les psaumes. (Catal. d'Haenel.)

ceux que nous révèlent des documents précis et détaillés, et la part, comme on le voit, est déjà considérable.

En Provence, les constructions du roi de Sicile furent peut-être moins nombreuses ; quelques-unes, cependant, eurent une véritable importance. La ville d'Aix, capitale du comté, possédait l'ancienne demeure des comtes de Provence, bâtie à une époque assez incertaine et détruite en 1786. C'était là une des principales résidences du roi René, et la seule qui portât le nom de palais. Il la fit restaurer et agrandir à différentes reprises : la chapelle, les logis du duc de Calabre, du sénéchal, du trésorier, de l'échanson Spinola, etc., furent réparés de 1447 à 1449. Dans le dernier se trouvait une volière en fil de fer, construite par l'ordre du prince. Outre des oiseaux en assez grand nombre, le palais renfermait des lions, des moutons *estranges* et d'autres bêtes, dont la plupart furent, comme je l'ai dit plus haut, transportés en Anjou. Plus tard, quand le prince, devenu vieux, se fut fixé à Aix, il y fit ramener les oiseaux de sa bastide de Marseille ; il y ajouta quelques nouveaux animaux qu'on lui offrit ou qu'il fit acheter, un daim, une chèvre sauvage, des cygnes, des chevêches, et put ainsi avoir sous les yeux une réduction de sa grande ménagerie d'Angers. Il eut même encore un ou plusieurs lions, car sur l'état des gens de son hôtel, dressé en 1478, figure un « lionnier [1] ».

Mais c'est principalement aux jardins d'Aix que René donna ses soins durant cette même période de 1447 à 1449. Sous un ciel aussi propice, ses essais de culture pouvaient beaucoup mieux réussir, et c'est là, sans doute, qu'il multiplia les œillets, les roses, les muscadets et les autres fleurs dont on lui attribue la propagation. Il acheta au couvent de Notre-Dame de Nazareth, à celui de Sainte-Claire et à divers particuliers des

---

[1] Arch. des Bouches-du-Rhône, B 215 (pièces justificatives, n° 88) et 698. Peut-être la ménagerie d'Aix reçut-elle aussi à cette époque l'éléphant, les marmottes et les singes blancs envoyés, suivant Bourdigné (II, 237 et suiv.), par le roi de Portugal.

prés, des vergers, des *yères* ou terrains vagues, pour plus de trois mille florins. Puis, lorsqu'il eut peuplé cet enclos de fleurs et d'arbres fruitiers, pour vivre plus complétement au milieu de l'oasis de son choix, il y éleva un pavillon avec salles et chambres garnies de lits, de courtines, en un mot de tout le confortable du siècle, abandonna pour elle le vieux château, et se consola de ses infortunes en se livrant là, surtout vers la fin de ses jours, à cette vie de roi pasteur qui faisait dire aux poëtes contemporains :

> « J'ay un roy de Cecile
> « Veu devenir bergier,
> « Et sa femme gentille
> « De ce propre mestier
> « Portant la pannetière,
> « La houlette et chapeau,
> « Logeant sur la bruyère
> « Auprès de leur troupeau [1]. »

Une quantité de ses lettres, datées du Jardin d'Aix, prouvent qu'il en aimait de passion le riant séjour, et qu'il dirigeait du fond de cette retraite l'administration de ses États. Ce jardin avait son gardien ou gouverneur, distinct de celui du palais; quelques-uns des logis qui en dépendaient étaient concédés à de fidèles serviteurs, dont le maître aimait à s'entourer.

En 1452 et 1469, René fit encore exécuter des travaux au palais d'Aix. C'est à l'une de ces dates qu'il faut, apparemment, rapporter l'extension de l'édifice vers l'orient et la reconstruction de la façade dont parle son historien [2]. On ne trouve trace, à l'époque de sa retraite en Provence, que de menues répara-

---

[1] Bourdigné dit la même chose en prose du XVIe siècle : « Se mit à planter, enter arbres, édifier tonnelles, pavillons, vergiers, galeries, jardins, faire bescher et parfondir fossés, rivières et piscines.... Entre ces louables passe-temps usant le vieux prince ses jours, entroublioit et mettoit arrière les causes de sa mélancolie, et dist plusieurs fois aux princes et ambassadeurs qui le venoyent visiter qu'il aymoit la vie rurale sur toutes les aultres, parce que c'estoit la plus seure façon et manière de vivre, et la plus loingtaine de toute terriène ambition. » (Vill. Barg., II, 222, 225.)

[2] Vill.-Barg., II, 89 ; III, 60. Archives des Bouches-du-Rhône, B 688.

tions, telles que l'adaptation de losanges de verre aux fenêtres des *chambres de parement* et des *chambres de Madame*[1]. Mais il essaya alors d'amener dans les cours l'eau des bains thermaux d'Aix, dont il fit l'acquisition avec la pensée de les remettre en état. Son projet, toutefois, n'eut pas plus de suite que celui des fontaines du château d'Angers. Il reconnut qu'il était plus avantageux de construire de nouvelles étuves auprès du palais royal, et, afin d'en couvrir les frais, il recéda les bains à son barbier Alain Le Haut, pour le prix qu'ils lui avaient coûté (quatre cent cinquante florins)[2]. Sa sollicitude s'étendit également au reste de la cité, aux prisons, aux églises : on le voit donner une fois cent vingt-cinq florins pour celle des frères Prêcheurs, devant laquelle il établit une place publique. Enfin la capitale de la Provence, ornée déjà de fontaines par sa mère Yolande, reçut, du temps de René, des embellissements très-divers, dont quelques-uns survivent encore[3]. En dehors de la ville, il avait une bastide qu'il fit agrandir, en 1478, au moyen d'une grande galerie, donnant sur le jardin et le jeu de paume. Simon Baudet, architecte, Pierre Michel, *fustier* ou menuisier, en furent les constructeurs[4].

Les habitants de Tarascon ne semblent pas avoir été moins favorisés que ceux d'Aix. Affranchis par le bon roi de toutes tailles pendant cinq ans, ils lui durent aussi l'achèvement de leurs principaux édifices. Le château, commencé au treizième siècle sur les débris d'une citadelle antique, passait pour avoir été

---

[1] Arch. des Bouches-du-Rhône, B 215 (pièces justificatives, n° 88).

[2] René avait acheté les bains thermaux le 26 février 1469. Il les revendit le 31 juillet 1475, en expliquant ainsi ses motifs : « *Cùm, superioribus annis, emi et curie nostre acquiri fecerimus certa balnea et caudanas ac quedam viridaria simul contigua intrà eandem civitatem, loco vulgariter appellato à las Caudanas..., et hoc animo et intencione faciendi dicta balnea et caudanas in melius reparari; cùmque exinde, saniori usi consilio, disposuerimus predeclarata balnea, caudanas et viridaria vendere, et pecunias ex illis proveniendas utilius, propiciis et sulcius exponere et exbursare in et pro aliis balneis et caudanis, sive galicè* estuves*, apud nostrum regale palacium Aquensem conducendis et derivandis....* » (Arch. des Bouches-du-Rhône, B 17, f° 152.)

[3] *Comptes et mém.*, n°ˢ 340-356.

[4] Arch. des Bouches-du-Rhône, B 216 (pièces justificatives, n° 89).

terminé sous son règne, sur les plans de l'architecte André de Sainte-Marie[1]. Mais, dans les textes que j'ai recueillis, il n'est question que de Jean Robert, maître des œuvres du roi de Sicile. Cet artiste est certainement l'auteur de la chapelle, dont on ignorait l'âge, et qui se voit toujours près de l'appartement connu sous le nom de *chambre de René et de Jeanne de Laval*. Il reçut pour sa construction, de 1447 à 1449, différentes sommes s'élevant à sept cent quarante-six florins. Ce travail, comme les autres réparations du château, s'exécuta sous la surveillance du capitaine Jean de Séraucourt, un des écuyers les plus fidèles de René, qui, vers la même époque, lui donnait douze cents ducats en faveur de son mariage, et plus tard l'employait comme ambassadeur auprès de Louis XI. Sa capitainerie lui valait sept cents florins par an. Il avait pour lieutenant, en 1449, un membre de sa famille, Regnauld de Séraucourt, chargé en cette qualité du payement des travaux. Le roi de Sicile restaura, de plus, les prisons de Tarascon et l'église de Sainte-Marthe, à laquelle il fit ajouter une sacristie. Il venait souvent avec la reine Jeanne habiter cette petite ville, qui n'a pas oublié leur nom. C'est là qu'il donna le fameux pas de la Pastourelle, et, quand l'âge eut refroidi ses goûts chevaleresques, il y retourna chercher des plaisirs plus tranquilles, dans un retrait ou *escriptoire* qu'il avait fait aménager pour l'étude et décorer de verrières[2].

Nous le retrouvons avec la même préoccupation au manoir de Pertuis (Vaucluse), où il fait, en 1448, entourer de boiseries un cabinet de travail, percer des fenêtres et établir des cheminées. Cette résidence, qu'il fréquenta moins que les précédentes, fut léguée à Jeanne de Laval avec divers domaines d'Anjou et de Provence. Il y allait quelquefois fuir les grandes

---

[1] Vill.-Barg., I, 428. Cette supposition n'a peut-être d'autre fondement qu'un passage de Nostredame, où il dit qu'André de Sainte-Marie, peintre et architecte, fit le plan et le tableau du château de Tarascon pour les envoyer au roi René dans sa prison (p. 594).

[2] *Comptes et mém.*, nos 357-375. Arch. de Tarascon, BB 8, CC 1 et 3. René acquit aussi des jardins à Tarascon en 1478 et 1479. (Arch. des Bouches-du-Rhône, B 273, fos 194, 195 v°.)

chaleurs, ainsi qu'à Peyrolles, situé tout à côté, sur les bords de la Durance. Le château de cette dernière localité fut également restauré par lui : il y bâtit un aqueduc et la chapelle du Saint-Sépulcre. Ceux d'Yères et de Toulon lui durent aussi des agrandissements. Ceux des Baux et de Brignolles furent refaits dans leurs parties essentielles par la reine Jeanne de Laval, à qui il les avait cédés, et qui y dépensa plus de trois mille florins [1].

A Marseille, René possédait une maison royale, dont les salles basses furent réparées, en 1475, par l'intendant Claux de Belmont, qui avait été son tailleur ou couturier. Mais ce sont des travaux d'utilité publique qu'il fit principalement exécuter dans cette ville. Le plus important est la reconstruction de la tour Saint-Jean, qui protégeait le port. Le devis en fut dressé par Jean Robert, l'architecte de la chapelle de Tarascon, au mois de septembre 1447 ; mais il y avait déjà d'autres ouvrages entrepris antérieurement dans le port même de Marseille [2]. Les sommes remises pour ce double objet au clavaire Jacques de Passy et au marchand Jacques de Remegen, chargés de la distribution des fonds, atteignirent, de 1447 à 1449,

---

[1] *Comptes et mém.*, nos 384, 385, 200. Arch. des Bouches-du-Rhône, B 215, 216 (pièces justificatives, nos 88, 89) ; 273, fo 172 ; 690. Villeneuve-Bargemont, III, 44 et suiv. Le capitaine du château de Peyrolles qui fit exécuter les travaux en 1478 était Jean Oche, peut-être le même que Jean Ouche de Hatine, à qui Louis XI donna, trois ans plus tard, la capitainerie de Launay et du Palis, en Anjou. (*Comptes et mém.*, no 324.) Indépendamment des manoirs ci-dessus, René habita encore en Provence celui de Gardanne, près d'Aix ; mais je n'ai trouvé aucun texte relatif à sa construction ou à son entretien. Il paraît, du reste, n'avoir été acquis que fort tard par le roi de Sicile, car ce prince paya, le 18 juillet 1478, à Olzyas Roux, capitaine de Saint-Cannat, un premier à-compte de deux cents florins sur le prix de vente du domaine de Gardanne. Ceci est en contradiction avec la légende qui veut qu'une des filles de René, appelée Anne, ait été élevée dans ce château et lui ait donné son nom (Garde-Anne). Mais, comme on ne retrouve pas ailleurs la trace de cette fille, il y a tout lieu de croire que l'amour des jeux de mots a fait inventer et le fait et l'étymologie. (V. Vill.-Barg., II, 244.)

[2] Une somme de 333 florins fut prélevée pour ces travaux sur le prix de certaines marchandises enlevées aux Catalans et déposées au port de Marseille. (Arch. des Bouches-du-Rhône, B 274, fo 5.)

huit mille florins, sans compter les faux frais, indemnités, dons aux ouvriers, etc. La tour était une défense de premier ordre, que René voulait opposer aux attaques par mer des Catalans et des Aragonais, ses ennemis ; aussi, par lettres patentes du 22 février 1465, en donna-t-il le gouvernement à Ferry de Lorraine, son gendre, capitaine éprouvé, qui avait déjà combattu avec succès pour sa cause. Une autre tour « séant sur le port de Marseille » avait été cédée à un *bombardier* de la ville, appelé Jean Chevalier, pour y établir sa demeure. Ce concessionnaire reçut de lui, en 1477, une somme de cent florins pour la rebâtir, parce qu'elle tombait complétement en ruine. Parmi les embellissements dont il dota la capitale maritime de la Provence, il faut citer, en outre, la chaussée de certaines rues, dont il confia encore l'exécution à Claux de Belmont, les édifices de l'ermitage de Saint-Jérôme et de la bastide du même nom, située aux portes de la ville et qu'il habita quelquefois, enfin la réparation de l'église des Augustins et du monastère de Saint-Louis, à laquelle il contribua par des offrandes ou des démarches personnelles [1].

Un couvent qui lui est beaucoup plus redevable est celui de Saint-Maximin. Ayant pour sainte Madeleine une dévotion particulière, il avait assigné aux moines de ce lieu cent vingt livres de rente pour célébrer une messe en son honneur à la Sainte-Baume. Non content de cette fondation, il rebâtit à ses frais leur église, dédiée elle-même à la Madeleine, et remit notamment au prieur, en 1447, cent florins pour une partie de l'ouvrage. La construction n'était pas achevée en 1474, car, dans son testament, le roi de Sicile légua pour la continuer, tant aux syndics de la ville qu'au monastère, une somme de six mille six cents florins [2].

L'église de Notre-Dame de la Mer fut aussi restaurée par

---

[1] *Comptes et mém.*, nos 376-383. Arch. des Bouches-du-Rhône, B 215, 216 (pièces justificatives, nos 88, 89); B 273, fo 170. Bibl. d'Aix, ms. 1064, p. 115, 151 (pièces justif., n° 70). Ruffi, *Hist. de Marseille*, fos 301, 387.

[2] *Comptes et mém.*, nos 386-389. Arch. des Bouches-du-Rhône, B 25. Ce legs figure déjà dans les testaments de 1453 et de 1471 (*Ibid.*, B 205, 000).

ses soins ; il y fit élever une chapelle basse à la suite de la découverte et de la translation des restes des saintes Maries. Cette chapelle était en cours d'exécution dès le mois de janvier 1449, d'après les termes d'un mandement de l'évêque Nicolas de Brancas, relatif à l'exposition de ces reliques et rendu à cette date. Elle fut faite par l'architecte Robert, sur les indications du prince, avec le concours du Florentin Frozino d'Andréa et de Gaillard Nicon, *pérolier* d'Avignon, qui fabriqua pour elle un autel de cuivre pesant plus de quatre quintaux[1].

Hors du territoire provençal, mais dans ses anciennes dépendances, René avait une résidence royale où il vint séjourner à plusieurs reprises durant les dernières années de sa vie. Elle était située à Avignon, et se composait primitivement d'une maison achetée en 1476 aux Chartreux de Villeneuve, moyennant trois mille florins. Le concierge du jardin d'Aix fut chargé de la meubler et d'y faire faire des travaux assez considérables. Il y avait, là encore, une volière entretenue par l'intendant. D'autres maisons, acquises postérieurement, s'ajoutèrent à la première, et le roi de Sicile avait sans doute conçu la pensée de fonder à Avignon un domaine important, lorsque la mort vint arrêter ses projets[2].

[1] Il est un autre genre d'ouvrage qui se rattache directement à l'architecture, tout en sortant de la classe des monuments proprement dits : ce sont les ponts et les digues. En Anjou, la nature du pays leur donnait une importance considérable. Les cours d'eau y sont nombreux, les vallées plates et basses, et le grand fleuve qui coupe en deux la province est un des plus terribles dans ses débordements. Les inondations de la Loire ont de tout temps été périodiques, et l'on imagine aisément, par les désastres arrivés de nos jours, ceux qu'elles pouvaient produire dans les siècles où les arts, l'in-

---

[1] *Comptes et mém.*, nos 700-715. F. Reynaud, *la Tradition des saintes Maries*, p. 69. V. ci-après, ch. IV.

[2] Arch. des Bouches-du-Rhône, B 216, fo 14 ; 273, fos 170 vo, 181 vo, 191. V. l'Itinéraire.

dustrie, la mécanique ne fournissaient que des éléments de résistance très-rudimentaires. L'histoire de cette lutte de l'homme contre une force naturelle des plus redoutables offrirait un vif intérêt. M. Port en a tracé l'esquisse, en se bornant au département de Maine-et-Loire, dans une notice déjà fort curieuse, où il passe en revue les grandes crues de la Loire mentionnées par les historiens depuis l'origine jusqu'à la Révolution [1]. La première connue est du sixième siècle; Grégoire de Tours lui a consacré quelques mots dans sa chronique. Au quinzième, on cite celles des années 1407, 1414, 1428, 1438, 1496; mais c'est là une liste bien incomplète, et l'on pourrait presque arriver à démontrer qu'elles se renouvelaient dès lors, comme aujourd'hui, à peu près tous les dix ans. Au mois de décembre 1456 notamment, juste quatre cents ans avant la plus forte inondation de notre siècle, il y en eut une particulièrement formidable. Les ponts de Cé furent submergés, ceux de Saumur emportés, le comté de Beaufort dévasté, les digues rompues en maint endroit. Certaines terres ensablées furent laissées vagues et abandonnées par leurs propriétaires, fait qui se passait à la même date en Bourbonnais, « *propter maximam inundationem et impetum fluvii Ligeris* ». Dans l'hiver de 1458, nouveau débordement, mais amené cette fois par la débâcle : les glaces accumulées renversent tous les ponts depuis Gien jusqu'à la mer, excepté ceux d'Orléans et de Saumur. En 1466 et 1467, grande crue, qui endommage encore la Vallée. En 1476, je ne retrouve pas la trace de l'inondation de la Loire, mais de celle du Rhône, qui avait souvent lieu à la même époque, sous l'in-

---

[1] *Revue de l'Anjou*, 5ᵉ année, I, 360. Le même érudit a publié, dans ses *Notes et Notices* (p. 217), un autre travail sur les changements de cours de la Loire. Il combat, sur ce point, les traditions et les données historiques acquises jusqu'à présent. Mais, si, comme il le dit, la Loire ne changea pas de lit en Anjou, elle en changea certainement plus haut : on en a des preuves toujours visibles, notamment auprès de Blois; nous possédons aussi le bail, passé en 1418, d'un terrain sis près de Chambéon, en Forez, « *super fluvium veterem aque Ligeris* ». (Arch. nat., P 1402², cote 1328.) On ne peut donc contester d'une manière générale ces changements de cours, qui formeraient l'objet d'une étude non moins intéressante.

fluence des mêmes temps et des mêmes causes; elle se fit sentir jusque dans l'étang de Berre. La crue de 1496 a déjà été signalée. C'est ainsi que notre génération a vu les désastres répétés de 1846, 1856, 1866, contre lesquels toute la science des ingénieurs a été impuissante, et qui ne seront pas les derniers.

De très-bonne heure, les princes qui régnèrent sur l'Anjou ordonnèrent des travaux d'endiguement pour protéger les habitants et les propriétés. Sans remonter, comme on l'a fait, à Charlemagne et à Louis le Débonnaire, on peut regarder le roi Henri II d'Angleterre comme le véritable fondateur de la *levée*. Les levées ou *turcies* sont des élévations de terre maintenues par la pierre ou le bois, consolidées par des plantations, et bordant les deux rives de la Loire, de manière à servir à la fois de chemin public. Vers 1160, Henri II en fit établir dans la vallée d'Anjou par des troupes à sa solde et par les cultivateurs riverains, en exemptant d'impôts, de corvées et de service militaire ceux qui viendraient y travailler ou y fixer leur domicile[1]. Alors on relia les unes aux autres les digues isolées déjà construites, et la levée offrit un ensemble vraiment imposant. Les gouvernements suivants perfectionnèrent cette défense, qui permit, sous le règne de Philippe de Valois, d'entreprendre le desséchement de la vaste plaine appelée la Vallée ou le comté de Beaufort. Charles IX confia aux échevins et au maire d'Angers la surveillance des turcies. Louis XIV, qui mit la main à tout, les fit inspecter par Charles Colbert, frère du ministre, et, à la suite de son rapport, institua dans chaque paroisse des commissaires spéciaux chargés de les entretenir et de faire exécuter aux propriétaires riverains les mesures de précaution prescrites. En 1740 et 1774, on travaillait encore à substituer aux anciens murs à talus des empatements en forme de glacis, comme on les voit aujourd'hui[2]. Peu à peu, les levées s'étendirent tout le long du fleuve; elles commencent actuel-

[1] Bodin, *Recherches sur l'Anjou*, I, 327.
[2] Marchegay, *Archives d'Anjou*, I, 166 et suiv. Bodin, *op. cit.*, 427.

lement plus haut qu'Orléans et finissent bien au-dessous d'Angers.

Le roi René, qui n'était jamais indifférent au bien-être de ses sujets, ne pouvait manquer de prendre une part active à des travaux si utiles. Dans les mesures prises par lui, il se montre à la fois le successeur de Henri II et le précurseur de Louis XIV. Il a un inspecteur ou *ministre des levées* en fonctions permanentes, et, de plus, il délègue, à certains moments, des visiteurs extraordinaires pour forcer de contribuer aux réparations tous ceux qui devaient le faire, « considéré que c'est pour le bien commun ». Les riverains sont obligés d'y collaborer s'ils le peuvent, sous peine de voir adjuger leurs héritages à d'autres ; et, s'ils ne le peuvent pas, on prend à leur place les propriétaires les plus proches, en déterminant la part d'ouvrage incombant à chacun. L'abbaye de Fontevrauld est tenue aussi d'apporter son concours : la Chambre retient pour ce motif quarante livres par an sur les rentes dues aux religieuses, qui y consentent.

Diverses portions de la grande levée, entre la Loire et l'Authion, sont acensées, à la charge pour le preneur de les entretenir en bon état. De même, les fermiers des pêcheries de Sorges s'obligent à planter des saules et d'autres arbres de chaque côté de la nouvelle levée qui relie ce bourg au port, afin de la fortifier. Jeanne de Laval, mise en possession du comté de Beaufort, nomme à son tour un ministre des levées, et cet office est maintenu plus tard par Louis XI, après une courte interruption à la mort de son oncle. Le titulaire, indépendamment de sa mission de surveillance, avait la direction des travaux d'entretien ou de préservation. Il employait quelquefois cent ouvriers sur un même point, au prix de quinze deniers par homme et par jour. Les habitants étaient appelés à donner leur avis sur ces travaux ; mais ils ne conseillaient pas toujours des mesures bien efficaces, par exemple lorsqu'ils faisaient lier les ponts, sur les *estapes* ou pilotis qui les portaient, « avecques cordes et autres habillemens ». Les gens des comptes allaient, en outre, activer et contrôler la besogne sur les lieux. Non content d'agrandir et de raffermir les levées, René continua le desséchement de la Vallée : son conseil décida, en 1460, l'établissement de tranchées ou de fossés pour faciliter l'évacuation des eaux ; des amas de bois et de branchages versés, qui retardaient l'écoulement, furent abandonnés aux particuliers qui voulurent bien en débarrasser le terrain [1].

La construction des ponts occupa encore plus le roi de Sicile. Les plus importants de l'Anjou étaient les ponts de Cé, qui ont donné leur nom à la ville voisine, de sorte qu'on ne sait plus si l'on doit dire les ponts de Cé ou les ponts des Ponts-de-Cé. Mais, primitivement, c'est plutôt le nom de la localité qui a passé aux ponts. Il ne faut pas, en effet, s'arrêter à l'étymologie ridicule de *Pontes Cæsaris;* car, lors même que César aurait bâti un pont dans ces parages, on doit reconnaître que les textes anciens ne fournissent jamais la leçon *Cé*, mais toujours la forme *Sée, Sagium, Sageum*, contraction probable de *Sabiacus*, nom commun à deux ou trois petits villages qui s'élevaient dans les îles adjacentes [2]. C'était là un des passages du fleuve les plus fréquentés, depuis une époque reculée ; il servait de communication entre les deux parties de la province, et même entre les deux moitiés de la France. Aussi y trouve-t-on un péage établi avant l'an 1175, date du tarif réglé par le roi Henri II [3]. Le produit en appartenait alors à l'abbaye de Fontevrault, dont saint Louis confirma le privilége au mois de janvier 1230, malgré les prétentions du monastère de Saint-Aubin d'Angers, qui possédait au même lieu des moulins et pêcheries. Celui-ci, en retour, obtint le droit d'entretenir et de rebâtir les quatre arches sous lesquelles étaient ses dépendances [4].

[1] *Comptes et mém.*, n°⁸ 390-399, 416, 431 ; Arch. nat., P 1334¹, f° 135 v°. René fit aussi construire une levée en Provence, entre Arles et Tarascon, dans le courant de l'année 1465. (Arch. des Bouches-du-Rhône, B 214, f° 19.)
[2] Bodin, *op. cit.*, p. 340.
[3] Trésor des Chartes, Anjou, n°⁸ 49 et 50, publiés par M. Marchegay (*Archives d'Anjou*, II, 255).
[4] Trésor des Chartes, Anjou, n° 7. Marchegay, *op. cit.*, II, 158.

Au quinzième siècle, le péage était revenu aux ducs d'Anjou, qui percevaient de plus, en cet endroit, le *trespas de Loire* et une portion de la *cloison* d'Angers, dont les deniers étaient affectés aux réparations du pont. Ce pont comprenait dès lors plusieurs tronçons distincts, séparés par des îles et bâtis à des époques diverses : tous ensemble s'appelaient les ponts de Cé ; mais quelques-unes avaient une dénomination particulière, comme le pont de Saint-Maurille d'Esme, le pont de Louet, le pont des Marchands, etc. Construits en bois, comme ils l'étaient encore en partie au siècle dernier, ils se composaient de *chaières* ou chaires de charpente représentant les piles, appuyées sur des *estapes* ou pilotis, et *enchapellées* de chapeaux d'un pied et demi environ. Le dessus était carrelé ou pavé, et recouvert par endroits d'une toiture. On comptait plus de soixante-cinq *voies* ou arches d'une extrémité à l'autre, et quarante-quatre « depuis la chapelle de Louet en alant droit à la roche d'Arigné ». Mais la reine Yolande et son mari avaient déjà commencé à les consolider par des éléments de pierre. Son fils poursuivit cette transformation avec vigueur, indépendamment des réparations de charpenterie dont le besoin se renouvelait sans cesse. Des piliers, entrepris en 1465, s'élevèrent successivement à la place des *chaières*. Les carrières de Juigné et de Sainte-Maure fournirent pour cet ouvrage des pierres dures, du *mazerau*, du *tuffeau*, qu'on amenait par six cents charretées à la fois, et l'on employa une chaux spéciale, « de la façon de Jarzé » ou de « la Rarie[1] ». Une pareille innovation ne se fit pas sans coûter des sommes énormes. Aussi René recommandait-il souvent dans ses lettres de prélever sur tous ses revenus ordinaires ou extraordinaires, sur les rachats de fiefs, sur l'imposition foraine, une première part pour l'œuvre des ponts de Cé : il faisait flèche de tout bois pour arriver au but, et ses officiers, de leur côté, pressaient les ouvriers en leur faisant craindre le mécontentement du maître à sa prochaine visite[2].

[1] Les Rairies, commune de Montigné (Maine-et-Loire).
[2] *Comptes et mém.*, nᵒˢ 400-451.

Les ponts de Saumur venaient en seconde ligne et n'avaient pas une moindre antiquité. Les chevaliers et les bourgeois du lieu les avaient élevés, au douzième siècle, pour le salut de leurs âmes. Henri II, se trouvant dans leur ville en 1162, admira l'ouvrage de ses sujets et les remercia. En même temps, il confirma aux moines de Saint-Florent les droits de bac et de péage; cependant les individus et les objets étrangers au commerce en furent exemptés, ainsi que tous les habitants de Saumur, à la condition qu'ils institueraient des legs pour la réédification du pont. Effectivement, les religieux s'étaient engagés, en retour, à bâtir chaque année une arche de pierre à la place d'une arche de bois, jusqu'à l'entier renouvellement. Mais la difficulté des temps les empêcha d'exécuter ce beau projet. C'est pourquoi, en 1264, Charles, comte d'Anjou, les fit citer à sa cour et leur réclama le produit du péage durant un siècle, montant à peu près à dix mille livres de monnaie angevine. Ils protestèrent de l'impossibilité où ils se trouvaient de remplir leurs obligations, tout en reconnaissant que l'œuvre était pieuse et nécessaire. On finit par transiger, en stipulant que le monastère payerait cinq cents livres par an jusqu'à l'achèvement du pont, et que des commissaires, nommés, partie par le comte, partie par les bourgeois, organiseraient immédiatement les travaux [1].

L'abbaye de Saint-Florent était encore en possession du *pontonage* au quinzième siècle. René le leur reconnut; il y ajouta même, en 1458, le don de tous les droits sur les « voies et attaches des moulins des ponts de Saumur es rivières de Loire et de Vienne », moyennant la fondation de certains anniversaires et à la charge d'entretenir lesdits ponts en bon état [2]. Ainsi s'explique l'absence de toute dépense pour cet objet dans les comptes du roi de Sicile postérieurs à cette date. Mais, deux ans auparavant, les ponts de Saumur ayant été détruits par la grande inondation de 1456, le prince, « voulant principalement, en faveur de la chose

---

[1] Trésor des Chartes, Anjou, n° 3; Marchegay, *Archives d'Anjou*, II, 155, 172.
[2] Arch. nat., P 1334¹, f° 4.

publique, aider à la repparacion d'iceulx », abandonna pour elle tous les deniers à provenir des mêmes droits sur les attaches des moulins durant l'exercice courant, à quelque somme qu'ils se pussent monter [1]. Ces ponts étaient alors surmontés de maisons et de boutiques acensées aux marchands. Une bastille, placée entre deux ponts volants, couverts et barricadés, les défendait et servait à l'acquit des péages ; elle était commandée par un capitaine et avait été construite, au moins en partie, l'an 1410, par le maître des œuvres André Lévesque [2].

Sur les cours d'eau moins importants, plusieurs ouvrages du même ordre furent exécutés sous le gouvernement du roi René. La restauration des ponts d'Angers, en 1452, offre cela de particulier, que des « ouvriers jurés, cognoissans en édifices », furent chargés de constater les dégradations et de faire un rapport. Ils émirent l'avis que le mal provenait des marchands, qui, en montant et en descendant le cours de la rivière, entamaient avec leurs bâtons ferrés la voûte de bois des arches. Le conseil ordonna, en conséquence, de mettre au compte de ceux-ci un tiers de la dépense, savoir la somme de cent livres. Cette justice rigoureuse s'exerçait aux dépens de tous : l'année précédente, le temporel de l'abbaye de Bellefontaine, près de Baupreau, avait été saisi parce que l'abbé n'avait pas réparé, comme il y était tenu par une sentence des assises d'Angers, les ponts de Chaudefonds, sur le Layon. Les riverains ou les concessionnaires des terres voisines acceptaient quelquefois des charges semblables : au gué de Montouvron, dans la paroisse de Mazé, un pont de pierre d'une arche, de dix pieds de largeur, fut élevé de cette manière sur l'Authion, à la place d'un pont de bois qui rendait la route impraticable. Il fallait bien recourir à des moyens détournés ; car les finances royales n'étaient pas toujours en état de suffire à tant d'entreprises. Ainsi la construction du pont de la Motte-de-Bourbon, entre Loudun et Montreuil-Bellay, sur la Dive, resta suspendue faute d'une

[1] *Comptes et mém.*, n° 416.
[2] *Ibid.*, n° 211.

légère somme de deniers. On y pourvut par l'établissement d'une taxe momentanée sur les paroisses environnantes et sur les marchandises qui passaient par là [1].

Le service de la navigation avait, du reste, pour René un intérêt tout particulier. Les fréquents voyages qu'il était obligé de faire d'Anjou en Provence et *vice versâ*, avec sa cour, sa maison et un matériel considérable, avaient lieu par eau entre Roanne et Angers. Ses bateaux stationnaient à proximité de cette dernière ville, et, quand ils remontaient le cours de la Loire, il fallait parfois, comme je l'ai observé, déranger les solives des ponts pour leur permettre de passer [2]. Il leur arrivait aussi de moisir entre deux voyages : alors on les calfatait, on les goudronnait, on les repeignait, et le bon roi les offrait au duc de Bretagne, à la reine de France, à tous ceux qui pouvaient en avoir envie, jusqu'à ce que, de guerre lasse, ne trouvant pas d'amateurs, il les fît démolir et enfermât les matériaux au fond de son château [3]. Mais une pensée plus élevée inspirait ordinairement les travaux publics qu'il faisait entreprendre. Le bien de ses sujets, le développement du commerce et de l'industrie étaient son principal objectif lorsqu'il faisait déplacer le port de Sorges, sur la Loire, lorsqu'il obtenait, surtout, du duc de Bretagne cette curieuse promesse, déposée dans ses archives, « de faire une voye au pont de Nantes, ensemble ung pont levis, en manière que les vaisseaux de mer à hune y puissent passer pour aller contremont à Angiers ou ailleurs [4] ». Angers port de mer ! Voilà, certes, un projet hardi, et bien digne du prince qui, à une époque dénuée des secours de la science, traitait avec le marquis de Saluces pour le percement du mont Viso, afin de faciliter les relations commerciales entre le Dauphiné et la Provence d'une part, le Piémont et la Lombardie de l'autre [5].

---

[1] *Comptes et mém.*, nos 400, 407, 414, 419.
[2] *Ibid.*, no 417; Arch. nat., P 1334¹¹, 2ᵉ partie, fos 85, 86, 91.
[3] *Comptes et mém.*, nos 420, 428, 432, 433.
[4] *Ibid.*, nos 418, 421, 431.
[5] Arch. des Bouches-du-Rhône, B 18, fo 113 vo.

Dans tous ses travaux d'architecture, le roi René avait pour collaborateur et pour premier auxiliaire son maître des œuvres. A ce titre, quelques lignes sont bien dues et à la fonction et au titulaire. Le maître des œuvres d'Anjou était, pour ainsi dire, un architecte officiel, prêtant serment, dirigeant les autres, et entreprenant en même temps pour son compte. On le voit dresser des devis et passer des marchés au nom du roi de Sicile avec des maçons, des charpentiers, des menuisiers, des couvreurs. Il va en expertise, constate les besoins et les défectuosités, donne ses avis, surveille et garantit l'exécution des ouvrages. Il sert aussi d'intermédiaire pour le payement des ouvriers, et, quand la distribution des fonds n'est pas faite exactement, le prince ou les gens des comptes l'en rendent responsable. Assez souvent, il se fait adjuger les constructions au rabais, ou bien traite à forfait avec la Chambre, surtout lorsqu'il s'agit d'œuvres artistiques ou délicates qu'on désire lui confier personnellement [1].

Cette charge existait déjà sous Louis II. André Lévesque, demeurant à Saumur, s'intitulait, en 1410, « maître des œuvres du roy de Sicile en ses païs d'Anjou et du Maine ». Elle fut occupée, dans la première partie du règne de René, par Guillaume Robin, mentionné plus d'une fois ci-dessus. Cet artiste prit part à la restauration du château d'Angers, de la Chambre des comptes, des édifices des Ponts-de-Cé, de Saumur, de la Baumette; il bâtit les manoirs de la Ménitré et de Rivettes. En 1458, après le décès de Guillaume Ruelle, directeur ou surveillant des travaux de la sépulture du roi de Sicile, il hérita de ses fonctions, qui consistaient en visites et en rapports fréquents, et reçut pour cela un supplément d'appointements. A la même époque, il travaillait pour le chapitre de Saint-Maurice : il exécuta pour lui, en vertu d'un marché passé le 23 mars 1451, quatre autels portant sur des piliers, dans la croisée de la cathé-

---

[1] *Comptes et mém*, n°s 233, 240, 283, 290, 334, 335, etc.

drale appelée la chapelle des Chevaliers; il refit aussi en marbre, dans cette église, l'autel de saint René. Au moment de sa mort, arrivée en 1463, il écrivit un testament contenant des instructions sur les ouvrages qu'il laissait inachevés et sur les sommes dont il redevait le compte. Un de ses homonymes, peut-être son fils (car les métiers se transmettaient le plus souvent du père aux enfants), fit, en 1467, quelques réparations aux dépendances du château d'Angers, et commença, en 1485, la fontaine Godeline, dans la même ville [1]. Un autre Robin, portant le prénom d'André, maître vitrier, c'est-à-dire peintre sur verre, et auteur des vitraux qui décorent les chapelles des Évêques et des Chevaliers, à Saint-Maurice, assit, en 1452, les verrières de celle de la Chambre des comptes. Il appartenait vraisemblablement à la même famille, ainsi qu'un troisième architecte, Alexandre Robin, qui exerçait un peu plus tard (entre 1550 et 1554) la charge de maître des œuvres de la ville de Tours [2]. Jean Gendrot, qui succéda à Guillaume Robin, bâtit la maison de Reculée et la sacristie du couvent de la Baumette.

En Provence, il y avait un maître des œuvres spécial pour le comté, Jean Robert, dont j'ai déjà cité les travaux. Chaque ouvrage entrepris par le roi de Sicile occupait, en outre, un employé secondaire, appelé généralement *commis aux œuvres* ou *contrerôleur*.

Les pavages et barrages formaient un service à part, dont le chef exerçait ses attributions dans toutes les villes d'Anjou et jusqu'à Vendôme. Le pavé commençait alors à se répandre partout : il en fut posé beaucoup à Angers, notamment dans la grande rue Baudrière, devant la *maison aux ladres*, voisine de la Madeleine, au carrefour des halles, et sur le chemin de la Barre, au-delà du pont de Brionneau.

---

[1] *Comptes et mém.*, nos 10, 79, 163, 209, 233, 240, 290, 305; Comptes de fabrique, cités par M. Brossier dans la *Revue de l'Anjou*, 4e année, II, 249 et suiv.; Port, *Dict. hist.*, p. 108.

[2] Port, *les Artistes peintres angevins*, p. 62; Grandmaison, *Documents pour servir à l'histoire des arts en Touraine*, p. 140.

Cette opération n'était pas entièrement à la charge du roi de Sicile. Elle produisait même un revenu que l'on affermait tous les trois ans; le fermier délivrait les deniers nécessaires aux paveurs et au maître des pavages, qui était tenu de rendre ses comptes à la Chambre. En 1454, Pierre Vélier fut suspendu momentanément pour n'avoir pas rempli cette obligation. Son office, rempli après lui par Alain Léaud ou Le Haut, barbier de René, fut plus tard transféré par Louis XI à un arbalétrier du château d'Angers, Perrot Bourillon, que le Roi voulait récompenser d'avoir gardé sa personne; il n'était pas encore supprimé en 1532 [1].

---

[1] *Comptes et mém.*, n°s 283, 335, 452-461. Arch. nat., P 1334¹, f°s 69, 182; P 1334¹¹, f° 12; J 747, n° 8.

CHAPITRE II.

PEINTURE ET SCULPTURE.

René peintre; tableaux à lui attribués. Le *Roi mort*; le *Pas de Saumur*; la *Madeleine*; le *Crucifix*; peintures décoratives. — Tableaux inventoriés dans les châteaux d'Anjou. — René enlumineur. — Peintres du roi de Sicile : Barthélemy, Georges Trubert, Coppin Delf, Pierre du Villant; Jean Chapuis, Gentil, Hervian, Pierre Garnier, Victor Haller, Colin Descourtils, Jean Lemaître, Adenot; anonymes français, provençaux et espagnols. — Sculpteurs : Jean Poncet, Pons Poncet, Colin de Hurlon, Jacques Moreau; auteur du *Domine quò vadis*; Francesco Laurens, Jacotin. — Statues et sculptures diverses.

La peinture est de tous les arts celui qui passe pour avoir été le plus cultivé par René d'Anjou : on peut même dire que ce prince est beaucoup plus connu dans l'histoire comme peintre que comme souverain. Mais est-il bien connu, et a-t-on déterminé au juste la part prise par lui à cette éclosion du grand art, qui commença de son temps pour aboutir, bientôt après, à un luxuriant épanouissement ? Je ne le crois pas, et je reconnais que la tâche est des plus ardues, même avec le secours des textes tirés de ses archives. On peut cependant dégager de ces matériaux des éléments sûrs pour l'éclaircissement de la question.

La popularité de René et l'exagération naturelle des traditions locales lui ont fait attribuer une quantité de tableaux d'origine incertaine. En Anjou, et surtout en Provence, il est peu de toiles anciennes dont on ne lui ait fait honneur ou dont on ne l'ait rendu responsable. Le *Buisson ardent*, œuvre de mérite conservée dans la cathédrale d'Aix; le tableau des Chartreux de Villeneuve-lez-Avignon, passé à l'hôpital de cette ville et représentant l'Église militante, l'Église souffrante et l'Église triomphante ; la bizarre peinture qui surmontait le grand autel des Célestins d'Avignon, et qui offrait aux regards, disait-on, le squelette d'une femme autrefois aimée du roi de Sicile ; la *Prédication de la Madeleine*, déposée au musée de Cluny ; le panneau du cabinet de M. Roux-Alphéran, où est figurée une charmante *Adoration des mages* ; tels seraient les principaux monuments du talent du royal artiste. Mais leur authenticité est plus ou moins contestable, et nul document positif ne vient la confirmer [1]. L'un d'eux, au contraire, celui des Célestins d'Avignon, se trouve mentionné dans les devis ou mémoires relatifs à une commande faite par René à un Italien, nommé Francesco [2]. Quelques critiques, réagissant contre les amplifications de la légende, ont considérablement restreint l'œuvre artistique de ce prince : on a voulu même réduire son rôle à celui d'enlumineur [3]. L'opinion moderne inclinerait plus volontiers vers cet excès d'un autre genre.

Il ne paraît pas douteux, cependant, que René ait su peindre. D'abord, il n'y a pas, suivant le proverbe, de fumée sans feu, et l'on n'aurait pas prêté à son pinceau tant de fécondité s'il n'avait réellement produit quelques ouvrages. Des témoignages presque contemporains nous certifient le fait, entre autres ces mots souvent cités d'une lettre de Summonte :

[1] V. sur ces peintures l'étude de M. Renouvier (*les Peintres et enlumineurs du roi René*). Ce critique attribue le *Buisson ardent* à plusieurs mains différentes, entre autres à celle de Jean van Eyck, et la *Divine Comédie* ou le tableau de Villeneuve-lez-Avignon à Jean Fouquet ; il regarde l'origine des autres comme douteuse. Il faut avouer toutefois que les raisons qu'il invoque ne sont pas plus probantes que la tradition qu'il combat. V. aussi Vallet, *Archives de l'Art français*, V, 209-212 ; Alex. Lenoir, *Mon. des arts libéraux*, p. 40 ; Villeneuve-Bargemont, III, 8-12. Plusieurs parties de ces tableaux ont été reproduites dans l'édition des *Œuvres du roi René*, t. I, p. CXLVIII et suiv. M. de Quatrebarbes, à l'exemple de l'historien du prince, accepte tout, et autre chose encore, comme émané de René lui-même.

[2] V. ci-après, p. 105.

[3] V. notamment une lettre de M. Boisserée, dans le *Bull. du Com. histor. des arts et monuments*, I, 106.

« *Etiam de mano soa pinse bene, et à questo studio fu sommamente dedito, pero secundo la disciplina di Fiandra* [1]. »
Ce sont, en effet, des artistes flamands qu'on lui donne pour maîtres. Il avait pu en connaître à la cour de Bourgogne, centre du luxe et des arts, durant la captivité qui remplit une partie de sa jeunesse, de 1431 à 1437. C'est alors qu'il se rencontra probablement avec Jean van Eyck, non pas à Lille ni à Bruges, comme on l'a dit [2], car il n'y alla guère, mais plutôt à Dijon, où il passa la plus grande partie de cette triste période. Il avait pu aussi, à une époque antérieure, voir le fondateur de l'école flamande à la cour de France, qui protégea ses débuts. Toujours est-il qu'il semble avoir été en rapport avec lui en 1448, date où il écrivit à « maître Jehanot le Flament » pour lui demander de lui envoyer deux artistes nouveaux, en remplacement de deux autres dont il était mécontent [3]. Il eut des relations plus certaines avec des *ouvriers* (comme on les appelait alors) venus de Flandre à Bourges, où le Roi les occupait au monument funèbre du duc de Berry. Il voulut même les faire travailler au sien, à Saint-Maurice d'Angers, et manda par deux fois à ses gens des comptes de les envoyer chercher : ceux-ci ne jugèrent pas à propos de donner suite à son projet, parce que, répondirent-ils, l'ouvrage était presque entièrement terminé et qu'il n'y manquait plus qu'une main [4]. Il s'agissait là, il est vrai, moins de peinture que de sculpture ; mais on sait combien ces deux arts étaient étroitement unis au moyen âge, et les statues de la sépulture de René devaient précisément être peintes.

L'école d'Italie ne lui fut pas étrangère non plus. Son long séjour au royaume de Naples le mit à même d'apprécier Colentino del Fiore, Angelo Franco, Antonio Solario, dit le

[1] Renouvier, *les Peintres et enlumineurs du roi René*, p. 10.

[2] Villeneuve-Bargemont, I, 18, 383 ; de Laborde, *les Ducs de Bourgogne*, t. I, p. XXVI ; Renouvier, *loc. cit.*

[3] *Arch. de l'Art français*, V, 214. Cette lettre n'est pas datée, mais les *Extraits des comptes et mémoriaux* (n°s 407 et suiv.) déterminent l'époque où elle fut écrite.

[4] V. plus haut, p. 22.

Zingaro, et d'autres artistes du pays. Les échos de la renommée durent aussi lui apporter le nom de premiers maîtres de Florence et de Rome, et, du fond de sa retraite de Provence, il vit plus tard briller l'aurore du grand siècle de la peinture dans la personne des Pérugin, des Botticcelli, etc. [1]. Mais cette école paraît avoir exercé moins d'influence sur son talent ; on assure qu'au contraire il importa en Italie les goûts et les procédés flamands, et qu'il contribua en particulier à y répandre l'invention ou plutôt le perfectionnement de la peinture à l'huile, dont il recommandait en effet l'emploi à ses artistes d'Anjou [2]. Tous les tableaux qui lui ont été attribués respirent, du reste, l'imitation de l'école de Flandre ; il y joignit ce caractère de mélancolie, d'allégorie philosophique, qui était dans sa nature et qui éclate dans ses œuvres écrites.

Tel est bien aussi le genre de cette originale composition qui surmontait son tombeau et que les textes du temps appellent le *Roi mort*. Le roi de Sicile (l'écusson mis au-dessus de sa tête accuse clairement l'intention de représenter sa personne) y figure sous la forme d'un cadavre encore revêtu d'une partie de ses chairs, assis sur un trône et couvert du manteau d'hermine ; le globe et le sceptre, échappés de ses mains, gisent à terre ; la couronne est prête à tomber aussi de sa tête, inclinée sur l'épaule gauche. L'inscription complète la pensée de l'artiste :

« *Regia sceptra tuis rutilis fulgentia thronis,*
« *Dùm quondam recolis pressa et nunc pulvere cernis.*
« *Marcescunt flores, mundi laudes et honores,*
« *Gloria, fama levis, pomparum fastus inanis.*
« *Una parit reges et vulgus terra potentes :*

---

[1] V. Villeneuve-Bargemont, III, 4 et 5. Botticcelli est appelé à tort *Botinelli* par cet historien. Il naquit trop tard pour que René ait pu le connaître en Italie, et il en est de même d'Antonello de Messine, malgré l'assertion du biographe du roi de Sicile.

[2] *Comptes et mém.*, nos 176, 202. V. Dehaisnes, *l'Art chrétien en Flandre*, p. 254 et suiv.

« *Quod dedit, hæc repetit ; mortalia cuncta recondit.*
« *Mors dominis servos et turpibus æquat honestos;*
« *Unus erunt tumulus rex, pastor, inhersque peritus.* »

La tradition veut que René ait commencé lui-même ce tableau, et qu'après sa mort ou son départ de l'Anjou, Gilbert Wandeland l'ait achevé [1]. Ici, elle me semble avoir raison, du moins pour la première partie de la proposition. L'objection, faite par M. Godard [2], que l'ouvrage présente certains caractères propres à la Renaissance et contient même l'image de la coupole de Saint-Maurice, construite en 1540, ne saurait m'arrêter ; car on a vu que le monument de la sépulture avait été remanié et transféré postérieurement. Un indice assez probant, c'est que, dans le devis des peintures du tombeau, dressé en 1472 pour le peintre Coppin, le *Roi mort* est mentionné comme déjà fait : Coppin n'est chargé que de l'arc, des chapiteaux, de l'écusson et de l'entourage [3]. Si le tableau eût été l'œuvre de cet artiste ou de quelque autre employé par René, on en retrouverait certainement la trace dans les devis ou les comptes de la Chambre d'Angers. Mais leur série entière est muette : donc, il n'y eut ni commande ni dépense faite pour cet objet, comme nous le voyons pour d'autres peintures. A cette époque, d'ailleurs, un prince ne pouvait encore faire parade de sa familiarité avec le pinceau : le manier, c'était une occupation servile, c'était déroger ; et ce qui

---

[1] Vill.-Barg., III, 343 ; de Quatrebarbes, II, p. CLII. Ces deux écrivains ont avancé que la peinture était à fresque, et la Société d'agriculture, sciences et arts d'Angers a fait, en 1808, une reconnaissance dans l'église pour éclaircir ce point, sans pouvoir arriver à une solution. Mais il y a tout lieu de penser qu'elle était à l'huile et sur bois, comme le disent les manuscrits de Bruneau de Tartifume et de Berthe (Bibl. d'Angers, n°s 871 et 897), et comme en témoignent des trous encore visibles dans la muraille, qui paraissent avoir servi à la suspension du tableau. La meilleure preuve, d'ailleurs, c'est que l'entourage peint par Coppin devait être fait à l'huile, comme le dit formellement le devis. V. la reproduction du sujet dans les dessins de la sépulture de René conservés à Oxford et à la Bibliothèque nationale.

[2] *Le château d'Angers*, etc., p. 125.

[3] *Comptes et mém.*, n° 176.

est à nos yeux un titre d'honneur paraissait plutôt à la noblesse contemporaine un titre de mépris. On rencontre, en effet, l'expression de ce sentiment chez plusieurs chroniqueurs. Le bon roi, malgré son libéralisme et son peu d'orgueil, était trop de son temps pour échapper à l'influence d'un préjugé universel : s'il se livrait à son goût pour les arts, c'était dans le mystère d'un cabinet retiré, à l'abri des regards curieux et de la médisance [1]. C'est ce qui explique, à mon avis, le silence de ses archives, non-seulement sur l'exécution du tableau en question, mais sur celle de la plupart des produits de son talent. Ainsi, lorsqu'il voulait peindre des *heures* ou des *matines*, il faisait acheter par son secrétaire le parchemin ou le papier qu'il lui fallait; mais la destination et le motif de la dépense, si explicitement déclarés dans les autres articles des comptes, étaient indiqués en deux mots et sans aucune mention de la main qui devait exécuter le travail [2]. Il est certain cependant, et personne ne l'a contesté sérieusement, que René s'amusait à enluminer lui-même des livres de ce genre. Je crois donc qu'on peut laisser à son actif le *Roi mort*, dont la conception répond, du reste, parfaitement à son caractère et à ses idées; et, si l'on veut absolument qu'un Wandeland y ait travaillé, j'admettrais plutôt, avec M. Godard [3], une retouche faite par Adam, fils de Gilbert, lors du remaniement qui eut lieu au seizième siècle. Cet artiste, né à Angers, vivait encore en 1574, et la tradition l'aura facilement confondu avec son père. Le testament de René, en ordonnant l'achèvement des ouvrages commencés à Saint-Maurice ou ailleurs, ne désigne pas le tableau en particulier,

---

[1] Cf. la dédicace du *Mortifiement de vaine plaisance*, où René, à propos de la composition de ce traité, parle de ses « petites et secrètes occupations ». (De Quatrebarbes, IV, 1.)

[2] « A Hervé Giellin, secrétaire du roy, la somme de dix florins VI gros, pour acheter du parchemin à faire unes heures dudit seigneur. » (*Comptes et mém.*, n° 489.)

« A Hervé Giellin, pour parchemin pour complir unes heures dudit seigneur, ung florin IX gros. » (*Ibid.*, n° 493.)

[3] *Op. cit.*, p. 126.

mais l'ensemble de la sépulture : on ne saurait donc en tirer un argument contre le devis de 1472.

Il en est tout autrement d'une toile également disparue et attribuée au roi de Sicile, qui représentait le tournoi ou le pas de Saumur tenu en 1446, et qui fut offerte à Charles VII. Pour celle-ci, les comptes sont plus explicites. Ils nous apprennent que René se contenta d'en diriger l'exécution par l'entremise de son conseiller Gui de Laval, sire de Loué. Cet officier recevait une subvention annuelle de trente-cinq florins pour payer les artistes auxquels l'ouvrage était confié et les autres frais. La somme lui fut comptée régulièrement tous les mois, du 26 octobre 1447 au 25 juillet 1449, et peut-être plus tard [1]. Le tableau se faisait en Provence, et sur bois, comme le précédent. Quant aux noms des peintres, ils ne sont pas désignés; mais une lettre de René, dont j'ai déjà parlé [2], prouve qu'ils étaient Flamands et qu'ils lui avaient été envoyés par un maître de la même école, appelé Jean ou Jeannot (peut-être Jean van Eyck). Ils étaient deux, qui furent bientôt remplacés par deux autres, sur la demande de René, très-difficile en pareille matière. Le motif de son mécontentement, c'est, dit-il à maître Jeannot, qu'ils « n'ont prins boys bien sec ne para« vant séchié, ouquel est jà fente; et n'est pourtant faulte de « bon soleil en ces parties ad ce faire. Et sy auront mieulx à me « mectre que le dit boys; quy me vous les fait renvéer, non tant « pour tomber en rude cerveil que en melleur enseignement de « painture (c'est-à-dire pour qu'ils apprennent mieux leur mé« tier). Et hastez de m'envoier les deux aultres bons, dont en « ai bien à faire. » L'ouvrage est appelé dans cette lettre « le tableau de la joûte », et dans les comptes « la peinture du pas de Saumur ». Ces deux dénominations n'en font évidemment qu'une et ne sauraient se rapporter à deux sujets différents. La scène représentée était peut-être celle de la distribution des récompenses décernées aux vainqueurs, ou une autre cérémonie se passant dans le château; car un des articles

---

[1] *Comptes et mém.*, nos 467-479.
[2] Publiée par M. de Montaiglon dans les *Archives de l'Art français*, V, 214.

de la dépense parle de la « painture de la grant salle de Saumur pour le pas dudit lieu [1] ».

Le roi de Sicile exerçait volontiers son pinceau à des sujets de piété. A la fin de l'année 1447, voulant envoyer à la reine, sa femme, un cadeau digne d'elle, il fit acheter chez un brodeur de la toile fine et lui peignit une Madeleine, personnage qui lui inspirait toujours une grande dévotion. Quoique le nom de René ne soit pas exprimé dans l'article où est constaté cette emplette, le contexte paraît indiquer que le tableau devait être exécuté par lui. Sa dimension est à peu près fixée par celle de la toile achetée, qui mesurait une canne et demie de long, c'est-à-dire environ deux aunes [2]. Mais, malgré cette étendue, on ne saurait, je crois, l'identifier avec la *Prédication de sainte Madeleine* du musée de Cluny; car cette dernière est une œuvre d'ensemble très-différente de la représentation d'*une Madeleine*.

Une autre composition du même ordre, émanée de la main de René, fut donnée par lui, vers 1456, aux frères Mineurs de Laval, dont le patron, saint François, était également vénéré de lui. Les religieux l'en remercièrent par une longue lettre pleine de morale et de compliments, datée du 20 juillet de cette année. Ils appellent son tableau une *image de pitié*, et leurs paraphrases donnent à entendre qu'il représentait le crucifie-

---

[1] *Comptes et mém.*, n° 479. La rédaction équivoque de cet article pourrait faire croire, si on le prenait isolément, qu'il s'agissait de décorer la grande salle en vue de la cérémonie; mais le contexte, les dépenses précédentes, et surtout la date de l'article, postérieure de deux ans au tournoi, font plutôt supposer que la plume du clerc a mal rendu sa pensée. D'après le récit laissé par Wulson de la Colombière (analysé par M. de Villeneuve-Bargemont, II, 20 et suiv.), le pas d'armes aurait eu lieu dans une plaine voisine de Saumur, où René avait fait élever exprès un château de bois somptueusement décoré. Il n'est pas probable pourtant qu'il s'agisse ici de la salle de ce donjon artificiel; mais comme, suivant le même auteur, le cortège revint à Saumur après les joutes, c'est plutôt la salle du château de cette ville qui est désignée dans l'article obscur.

[2] « A maistre Pierre le brodeur, pour une canne et demie de toille fine, à raison de XVI gros la canne, pour paindre une Madaglaine pour envoyer à la royne. » (*Comptes et mém.*, n° 469.) L'objet de la dépense est donc la toile, et non la peinture.

ment ou l'arbre de la croix : « O qui pourroit, s'écrient-ils, dignement récompenser vostre très-haulte et profonde chérité, par laquelle avez prins tel labour de nous composer ung ymage de pitié portant ladite croix, le plus piteux, le mieulx portraict selon la réale vérité du fait, que tous ceulx qui le regardent en font grant admiracion, et en le regardant ont de leur rédempteur moult grand compassion [1] ! » Ces mots ne laissent aucun doute sur l'auteur, bien qu'ils sentent un peu la flatterie. Quant à la nature du sujet, elle est encore plus clairement indiquée par un article des comptes de Jeanne de Laval. Cette princesse, par l'entremise de laquelle les frères Mineurs avaient probablement obtenu le don du tableau, fit faire elle-même dans leur église, au mois de novembre suivant, un encadrement de menuiserie pour une *ymaige du crucifix* que son mari leur avait envoyée [2]. Malheureusement ce monument authentique est encore perdu. Les comptes et mémoriaux de René sont muets aussi à son égard ; mais peut-être, comme je l'observais tout à l'heure, ce silence est-il lui-même une raison confirmative.

On peut en dire autant des peintures décoratives qui ornaient plusieurs chambres des manoirs de Chanzé et de Reculée. Les devis et les dépenses qui concernent ces habitations se retrouvent au complet dans les registres de la Chambre des comptes : or aucun artiste ne fut chargé d'y peindre la *chambre aux chaufferettes*, la *chambre aux sèches*, la *chambre aux gougourdes*, la *chambre aux groseilles rouges*, mentionnées dans les inventaires de 1456 et de 1479 [3]. Les chroniqueurs et les historiens ont répété, en effet, que René aimait à couvrir d'emblèmes analogues les lieux où il résidait. On le voit, jeune et captif, peindre des oublies sur les murs de la prison

---

[1] Lettre publiée par M. Fillon dans les *Archives de l'Art français*, I, 321.

[2] « A Jehan de la Materaye, escuier, la somme de 9 l. 12 s. 6 d. t., laquelle somme nous lui avons fait bailler par nostredit argentier pour certaine menuyserie faicte en l'église des frères Mineurs de Laval, pour clorre ung ymaige du crucifix à eulx donné par mondit seigneur, laquelle somme nous avons donnée auxdits frères pour paier ladite menuyserie. » (Bibl. nat., acq. nouv. fr. 894, n° 286.)

[3] *Comptes et mém.*, n°⁸ 643, 644.

où il se croit abandonné de tous, au château de Bracon, près de Salins. Transféré à Dijon, il décore de sa main la chapelle fondée par lui à côté du palais de son vainqueur et geôlier[1]. Plus tard, un autre symbole, la chaufferette aux charbons enflammés, avec les devises *Ardent désir, Dévot lui suis*, témoigne partout de sa tendresse conjugale : on rencontre cette chaufferette à la Baumette, à Launay, à Baugé, à Saint-Pierre de Saumur aussi bien que sur son tombeau et dans ses livres d'heures. A Reculée, l'abbé de Marolles, célèbre amateur d'estampes, la retrouve encore en 1633. Les explorateurs de la cathédrale d'Angers la reconnaissent même en 1866 derrière la boiserie du chœur[2]. A Arles, dans la salle du roi, un menuisier dressa, au mois de septembre 1476, un échafaudage « pour paindre la chauffette et le sur (dessus) ». A côté de la somme payée à cet ouvrier ne figure, dans les comptes, aucune dépense pour la peinture elle-même; d'autre part, René séjourna dans cette ville à la fin du même mois et au commencement du suivant : on peut donc avec assez de vraisemblance en conclure que, là aussi, il reproduisit de sa main son emblème favori, malgré son âge avancé[3]. A l'époque de son veuvage, il remplaça parfois la chaufferette par un arc brisé, accompagné de la devise italienne : *Arco per lentare, piaga non sana.* Puis, lorsque la mort faucha tour à tour ses enfants, ses petits-enfants, le vieux prince, resté seul avec son malheur, représenta sa maison par une souche d'or d'où part un unique rejeton, avec les mots : *Vert meurt.* Évidemment, il ne suffirait pas de constater la présence d'un de ces emblèmes pour pouvoir dire : Voici l'œuvre du roi René. Mais le fait est qu'il en peignit beaucoup lui-même, et qu'il se plaisait à les multiplier autour de lui. Du reste, le goût de ces décorations allégoriques ne lui était point particulier : il était fort répandu de son temps, et la mode existait depuis plusieurs siècles d'orner les chambres des châteaux de

[1] Vill.-Barg., I, 185, 223; de Quatrebarbes, t. I, p. xxxvii.
[2] *Arch. de l'Art français*, I, 326; Godard-Faultrier, *op. cit.*, p. 136.
[3] Arch. des Bouches-du-Rhône, B 215; pièces justificatives, n° 88.

peintures murales, représentant des fleurs, des animaux ou d'autres objets [1].

Le roi de Sicile, qui aimait tant ses jardins et sa ménagerie, ne pouvait manquer d'y trouver de quoi exercer ses pinceaux. On se rappelle et j'ai déjà cité la légende de la bartavelle, qu'il était en train de dessiner quand on vint lui annoncer la perte de son duché d'Anjou, et qu'il continua sans se troubler. Ce trait n'a aucune valeur historique, puisqu'on le raconte également à propos de la perte du royaume de Naples [2]. Mais il n'en prouve pas moins que René avait l'habitude de peindre des volatiles et passait pour se délecter dans cette occupation. Il est curieux de rencontrer précisément, parmi les objets inventoriés dans ses armoires ou dans son cabinet de travail, quatorze *formes d'oiseau*, qui devaient lui servir de modèles, « ung petit oiseau fait d'esclisse », qui avait probablement le même emploi, et surtout « troys petites toilles à mectre en une chambre, dont en l'une a peint ung paon, un faisant et deux *perdrix*, une chevêche, ung cinge et plusieurs autres choses »; sur la seconde, « ung paon, un fesant, ung oiseau de rivière »; sur la troisième, « plusieurs petiz personnaiges à pié et à cheval, ung faulcon, ung connin blanc et une ville [3] ». Ces tableaux de genre reproduisaient, comme on le voit, plusieurs des animaux figurant dans sa ménagerie. Rien de trop téméraire, d'après ces indications, à le regarder comme leur auteur.

Le même inventaire mentionne, du reste, un certain nombre d'autres sujets peints ou dessinés que je dois énumérer sans me prononcer sur leur origine, bien que quelques-unes répondent assez aux idées et aux préférences de leur propriétaire pour pouvoir lui être attribués. S'il n'y a pas là des éléments

---

[1] V. Francisque Michel, *Recherches sur les étoffes*, etc. II, 154.

[2] Le premier écrivain qui en ait parlé est Pierre Mathieu, historien de Louis XI (1610). Il l'applique, en effet, à la perte du royaume de Naples; mais où l'a-t-il pris?

[3] Inventaire du château d'Angers (*Comptes et mém.*, n° 612).

pour le catalogue de ses œuvres, il y en aura du moins pour celui de sa collection.

1° Dans la chambre du roi, « ung beau tableau paint où est *Nostre-Seigneur que on descend de la croix* ».

2° Dans le petit retrait, un tableau de l'*Annonciation*, et un autre de « *Nostre-Dame qui tient son enfant* ».

3° Dans l'oratoire de la reine, « une toillete où sont pains *Nostre-Dame et saint Jehan* ».

4° Dans une des chambres basses, « ung tableau de boys enchassillé, ouquel est paint une *Morisque* en toille ».

5° Dans la garde-robe du roi, un grand tableau à plusieurs pans, fermant « à couplets, ouquel a une mapemonde [1] ».

6° Dans les grandes armoires de la même garde-robe, « ung bois de lance creux où il y a dedans ung rollet de parchemin, ouquel c'est dedans la *pourtraicture de la royne de Sicile* » (c'est Jeanne de Laval qui était enfermée dans cet ingénieux étui, car Isabelle est appelée ordinairement *la feue reine*); un grand drap « où sont paintes les *villes de Prouvence et les villes qui sont depuis Prouvence jusqu'à Gennes* », et une pièce de toile « où est la *ville de Gennes* en peinture ». (Ces magnifiques toiles peintes, qui rappelaient des contrées chères au roi René, servaient probablement de tentures, suivant l'usage de l'époque.)

7° Dans les armoires basses, « deux toilles où il y a en chascune ung homme paint tenant ung vouge (espèce de serpe) ».

8° Dans un des coffres de la galerie, « quatre empraintes en plomb » de différente grandeur, sans autre désignation, et un cahier de papier « où sont portraiz plusieurs mors de chevaulx (album de modèles) ».

9° Dans un autre coffre, « une tablette de boys à huit feuilletz, où sont les pourtraitures tirées de plombt (dessinées au crayon) du *roy de Sicille*, de *la royne*, de *feu mons' de Ca-*

---

[1] M. de Villeneuve-Bargemont prétend que René composait des cartes géographiques; il avait tracé celle de l'Anjou et fait une description détaillée de la Provence (III, 29). Plusieurs autres mappemondes, citées plus bas, ornaient ses appartements d'Angers et de Chanzé.

labre et autres seigneurs », et un rôle de parchemin « paint en façzon de mapemonde (avec les douze signes du zodiaque), rolé en un baston ».

10° Dans un troisième coffre, un « tableau ront double, coupplé à deux coupplez, dont en ung des costez est l'imaige de *Nostre-Dame qui tient son enfant*, et de l'autre costé y a la pourtraicture d'*un ancien seigneur* ».

11° Sur les dressoirs ou comptoirs de l'*estude* du roi, encore un dessin au plomb représentant le *feu duc de Milan* (François Sforza, allié et ami de René); une nouvelle mappemonde peinte sur parchemin; un livret de papier couvert de parchemin, « ouquel a certaines figures [1] ».

12° Dans la chapelle du roi, « un petit tableau où a *ung crucifix, Nostre-Dame et saint Jehan* ».

Dans l'inventaire de Chanzé figurent aussi une « toile de *Morisque* », pendue contre la cheminée d'une salle basse; un « tableau de *Nostre-Dame* », ornant la chapelle; puis une peinture d'un genre tout différent, représentant *Pâris, Vénus et autres choses*, et placée dans la chambre du roi.

A la Ménitré, une des chambres avait un « tableau de *Nostre-Dame* paint en toille, ataché en ung chasseis de boys contre la cheminée ». La salle à manger en renfermait un autre, encadré et placé de même, appelé « le tableau de *Gaultier* (est-ce le nom du peintre ou le sujet?), paint à parsonnages ». Enfin, dans la chapelle, outre les images ou statues de la Sainte-Vierge, de sainte Marthe et de saint Sébastien, les yeux étaient attirés par une curieuse allégorie rappelant le *Roi mort* et le squelette peint des Célestins d'Avignon : c'était *la Mort qui pique l'amoureux*, toile entourée d'un châssis de bois et suspendue à la muraille [2].

[1] Je ne crois pas qu'il faille, avec M. Godard (*op. cit.*, p. 31), ranger dans la classe des peintures et dessins un cahier de papier trouvé dans la même *estude* et contenant « le commencement d'ung tournoy ». C'est plutôt une œuvre de plume, et peut-être l'ébauche du *Livre des tournois* composé par René.

[2] En Provence, René possédait aussi un certain nombre de toiles : mais celles-ci, à part un grand tableau de Notre-Dame qui ornait le château de Tarascon, un taureau portant au cou l'écusson de Sicile, placé dans l'hôtel du jardin d'Aix, et

Quelle que soit la part prise par René à l'exécution des différents tableaux dont je viens de parler, on ne peut guère lui refuser le mérite d'avoir enluminé des manuscrits et des livres d'heures. Un de ses secrétaires, Hervé Giellin, était ordinairement chargé de l'approvisionner des matériaux nécessaires pour ce travail, et les comptes ne mentionnaient, comme je l'ai dit, que le nom de ce personnage, qui, d'ailleurs, n'est désigné nulle part comme peintre ou enlumineur. C'est donc bien la main de son maître qui enrichissait le parchemin des plus brillantes couleurs de sa palette, pour en faire hommage à la sénéchale d'Anjou ou à quelque autre de ses fidèles. Cependant il n'exécutait pas lui-même toutes ses miniatures, et nous lui trouverons, même pour cette sorte d'ouvrage, plusieurs auxiliaires. Il est donc bien difficile de prononcer, à la vue d'un manuscrit sorti de sa maison et orné de ses armes ou de ses emblèmes, s'il est son œuvre personnelle. Cinq ou six livres d'heures, qui ne portent pas de marques plus authentiques, lui ont été attribués, et sont connus encore aujourd'hui sous le nom d'*Heures du roi René*. Mais l'un d'eux, au moins, celui qui est intitulé *Diurnal*, et qui contient, avec les offices sacrés, différentes figures de saints richement peintes, doit être exclu du nombre de ses productions et même du catalogue de ses livres. On lit, en effet, à la fin du manuscrit, une note écrite en 1519, constatant que Philippe de Gueldres, « jadis reine de Sicile et de Jérusalem, espouse de très-illustre le feu roy René », fut reçue cette année-là au couvent des sœurs de Sainte-Claire de Pont-à-Mousson, et qu'elle y apporta le présent diurnal, « lequel estoit audit feu roy, et l'avait faict faire pour dire son office canoniaulx [1] ». Or, l'époux de Philippe de Gueldres était René II, petit-fils de notre roi René et duc de Lorraine de 1473 à 1508, lequel prit aussi le titre de roi de Si-

quelques sujets insignifiants, sont désignées dans les textes comme achetées ou commandées à divers artistes. D'autres lui avaient été léguées par un juge-mage de Provence, Jean de Barthélemy. (V. Vill.-Barg., III, 102-104).

[1] Bibl. nat., ms. lat. 10491, *in fine*. V. la *Notice sur le diurnal du roi René*, par M. Champollion.

cile après la mort de son grand-père, éleva des prétentions sur la Provence et le royaume de Naples, et fut même appelé en Italie par les barons napolitains [1]. Ce qui achève de prouver qu'il s'agit bien de ce prince, c'est que l'écusson placé au-dessous de la miniature représentant les Apôtres dans le cénacle (folio 221) offre les armes de Hongrie, d'Anjou, de Jérusalem, d'Anjou-Sicile, de Bar et d'Aragon *recouvertes* des armes de Lorraine, qui étaient le blason principal de René II, et que René I non-seulement ne porta jamais ainsi, mais ne porta plus du tout à partir de la mort de la reine Isabelle. Enfin, les initiales entrelacées R E, qu'on remarque dans l'encadrement de plusieurs pages [2], ne sauraient se rapporter à René d'Anjou, dont les manuscrits sont ordinairement marqués aux lettres R I (René-Isabelle ou René-Jeanne), semées à profusion et toujours séparées. Voilà donc un livre d'heures dont l'origine est certaine, et qui ne peut remonter qu'aux environs de 1480.

Celui qui est conservé à la bibliothèque de l'Arsenal sous le titre de *Bréviaire du roi René*, et qui a été la propriété d'un couvent de frères Mineurs [3], me paraît être de la même provenance. En effet, les armoiries de la maison d'Anjou, qu'on remarque dans une de ses miniatures (folio 44), sont disposées comme dans le premier, c'est-à-dire que l'écu de Lorraine est posé sur le tout. Bien plus, celles qui ornent le dais de la procession de la Fête-Dieu (folio 326 v°) contiennent un écu mi-parti de Flandre et de Gueldres (un lion d'or sur champ d'azur et un lion de sable sur champ d'or), qui ne peut nullement avoir appartenu au roi René et qui convient parfaitement, au contraire, au mari de Philippe de Gueldres. Comme René II n'épousa cette princesse qu'en 1485, le volume ne saurait alors être antérieur à cette date. Le titre de *Bréviaire du roi René*, s'il est authentique, n'infirme en rien ma conjecture ; car la qualité de roi fut prise, comme on vient de le voir, par le petit-fils aussi bien que par l'aïeul.

[1] V. D. Calmet, II, 1098.
[2] F°ˢ 75 v°, 188 v°.
[3] Arsenal, ms. T L 139 b. Catalogue d'Haenel, col. 301.

Mais deux autres livres d'heures ont été, selon toute vraisemblance, à l'usage du roi de Sicile, et sont dus, sinon à ce prince, au moins à quelqu'un de ses artistes. Ils renferment l'un et l'autre des notes historiques relatives à sa famille et surtout à lui-même, inscrites en regard de certains jours du calendrier. Ces notes qui, à la vérité, ne concordent pas toujours entre elles ni avec les autres sources, n'ont guère pu être placées là que par le principal intéressé ou par un de ses secrétaires : leur écriture a, en effet, une grande analogie avec celle d'un bon nombre d'actes émanés de la chancellerie de René. L'un des deux livres en question[1] présente des indices encore plus probants. On y voit, en tête de l'office de saint René (folio 64), une miniature représentant la statue de ce saint, et, en face, un personnage qui doit être le roi de Sicile, imberbe, coiffé d'une toque rouge avançant sur le front, vêtu d'un manteau de pourpre et d'or fourré au collet, encadré enfin dans un semis de fleurs de lis sur fond d'azur ; plus loin (folio 84 v°), un second portrait, celui d'un homme jeune, portant la barbe longue et séparée en deux, vêtu comme le précédent, avec un écusson pareil à celui de René et la devise : *En Dieu en soit*. Cette dernière figure semble être celle de Jean d'Anjou, à qui le volume a peut-être appartenu[2]. Mais cela n'empêcherait pas son père d'avoir travaillé à l'embellissement de ces heures ou de les avoir fait peindre sous ses yeux, ce qui est d'autant plus probable, qu'on y remarque, en regard de l'office des défunts (folio 113 v°), une réduction de son tableau du *Roi mort*, dont j'ai parlé tout à l'heure. Quant à la date de leur exécution, on peut la fixer vers le milieu du siècle ; car les notes s'arrêtent à l'an 1446 et les armes de Lorraine figurent encore sur les écussons

---

[1] Bibl. nat., ms. lat. 1156⁴.
[2] C'est la conjecture émise par M. Delisle dans son précieux ouvrage sur le *Cabinet des manuscrits de la bibliothèque*, I, 50. M. Vallet a prétendu que le volume portait les armes de René II, qu'il appelle le successeur du roi de Sicile (*Arch. de l'Art français*, V, 211) : peut-être a-t-il voulu dire Jean d'Anjou ; en tout cas, l'écu de Lorraine, qui ne se trouve qu'en deux endroits, ne recouvre pas les autres armoiries et ne saurait être l'attribut particulier de René II.

des miniatures, ce qui annonce une époque antérieure à la cession du duché faite par René au duc de Calabre (1453) ou au moins à la mort de ce dernier (1470), si l'on veut que ces armes désignent plutôt le fils que le père. Sur le second manuscrit[1], le mémorial de famille a été continué un peu plus tard : le plus récent des faits mentionnés est le mariage de René et de Jeanne de Laval (10 septembre 1454). L'écusson placé en regard de la belle tête de vierge qu'on admire au commencement ne contient plus, cette fois, les armes de Lorraine, et, dans les encadrements des pages, on lit la devise : *Arco per lentare piaga non sana*, prise par René au moment de la mort de la reine Isabelle. Le livre est donc postérieur à cet événement, mais de très-peu sans doute[2]; car il fut donné de bonne heure à Jeanne de Laval, pour passer ensuite à la famille de la Trémoïlle, comme le constatent les armes d'Henri, duc de Thouars, placées en tête.

Les heures de Vienne, d'Aix, d'Angers, de Poitiers, citées par M. de Quatrebarbes comme étant l'œuvre du roi René[3], n'offrent pas de caractères d'authenticité plus positifs. En définitive, il se présente ici la même singularité que pour les tableaux : c'est une vérité que René a enluminé et fait enluminer des manuscrits ; mais c'en est une aussi qu'une partie de ceux dont on lui a fait honneur ne sont pas de lui, et que les autres ne peuvent lui être attribués avec une pleine certitude. Au-delà de cette double proposition, il est impossible de rien affirmer.

Le prince se servait journellement de ces heures illustrées. Il y ajoutait des feuillets « de fin parchemin non escript », destinés à devenir les confidents de ses pensées ou

---

[1] Bibl. nat., ms. lat. 17332 (ancien ms. La Vallière 201). V. la description de ce volume dans le catalogue des livres du duc de la Vallière, 1ʳᵉ partie, I, 98, n° 285.

[2] M. de Villeneuve-Bargemont, qui le mentionne sous le titre de *Preces piæ*, lui assigne la date de 1454 ; mais il ne dit pas où il a pris cette indication.

[3] *Œuvres du roi René*, t. 1, p. CXLIII. V. aussi Villeneuve-Bargemont, II, 307, 310.

de sa vie intime, et les faisait élégamment relier en damas brodé d'or, avec des fermoirs d'argent. A force d'être ainsi enrichies, elles devenaient une valeur mobilière, et, dans les moments de détresse financière, qui revenaient souvent pour lui, il lui arrivait de les aliéner à la place d'une terre ou d'un joyau : et voilà comment l'évêque d'Orange dut un jour racheter, moyennant cent florins, les heures du roi de Sicile, « qui avoient été engagées pour aucuns affaires dudit seigneur [1] ».

J'aurai à parler plus loin des manuscrits de ses ouvrages littéraires, dont plusieurs sont des chefs-d'œuvre d'exécution ; selon toute vraisemblance, il ne fut pas complétement étranger à leur embellissement. L'historien Nostredame rapporte qu'il enlumina non-seulement des livres, mais des actes sur parchemin, tels qu'une donation du comté de Provence à Louis XI et des lettres de noblesse accordées à quelques favoris [2]. Aucun de ces actes, à la vérité, ne se retrouve, et, si ses archives renferment des pièces ornées de vignettes ou d'initiales peintes, comme les aveux de Baupreau et de la Haie-Joullain, rendus en 1466 et 1469, on peut tout au plus voir là une attention de vassaux courtisans, désireux de flatter le goût de leur seigneur [3].

---

[1] *Comptes et mém.*, n⁰ˢ 488-504. Une autre fois, René céda contre une forte somme à Guillaume Heurteloup, habitant d'Angers, des heures enjolivées de rinceaux et de culs-de-lampe, en même temps que deux daims, trois taureaux des Mauges et cinq cavales de la Gastine. (V. de Quatrebarbes, t. I, p. CXXI.) Sur les enluminures et les reliures de la bibliothèque du roi René, v. ci-après le chapitre V.

[2] Nostredame, p. 635 et suiv.

[3] De ces deux aveux, conservés aux Archives nationales, l'un, celui de la baronnie de Beaupreau, a sa première page encadrée de fleurs et d'enroulements, au milieu desquels on voit des animaux, des oiseaux et un personnage à mi-corps tirant de l'arc ; au bas sont les armes du sire de Beaupreau, Jean de Montespedon ; dans l'intérieur du D initial est l'écusson du roi René, aux armes d'Anjou, de Sicile, de Bar, de Hongrie et de Jérusalem. L'aveu rendu par Jean de Sainte-Maure pour la baronnie de la Haie-Joullain contient une miniature qui représente le vassal à genoux, la tête nue, devant son seigneur : celui-ci est assis sur un trône et revêtu d'un manteau fourré d'hermine, avec les armes d'Anjou ; l'artiste a voulu lui donner les traits de René. Au-dessus de lui est un dais avec l'écu de France et la livrée tricolore (bleue, blanche et rouge). Six personnages en différentes atti-

Un dernier genre de peinture cultivé, dit-on, par le roi de Sicile est la peinture sur verre. Les portraits des ducs de Bourgogne Jean et Philippe, qu'il passe pour avoir faits dans sa prison, étaient des vitraux, qui servirent à décorer l'église des Chartreux de Dijon[1]. Mais ils ont disparu, et nul document authentique n'est venu jusqu'ici confirmer l'habileté du royal amateur dans cette branche intéressante de l'art.

En dehors de son talent personnel, le roi René a d'autres titres, et de plus solides même, pour occuper une place honorable dans l'histoire de la peinture. Il fut un maître dans la plus large acception du mot, c'est-à-dire qu'il forma une école; et la réputation de cette école était si bien établie de son temps, qu'un poëte français, écrivant peu d'années après, la plaçait, sans aucune intention de flatterie, sur le même rang que le Pérugin. Jean Robertet, voulant faire la satire d'un mauvais peintre, lançait contre lui cette fine épigramme, l'une des plus anciennes de notre langue :

« Pas n'approchent les faictz maistre Rogier
« Du Pérusin, qui est si grant ouvrier,
« *Ne des painctres du feu roy de Cecille...*
« En perspective est ung peu inutile,
« Pareillement à faire un doulx visaige;
« Mais il m'a dit qu'à Sainct-Lô est l'usaige
« D'ainsi le faire par les hostelleries,
« Et qu'au mestier fut en apprentissaige
« Trente-six ans, non compris les féries[2]. »

Ainsi, ces artistes étaient déjà plus connus sous l'appellation générique de *peintres du roi de Sicile* que sous leur nom propre. De là à mettre au compte de leur maître la plu-

---

tudes occupent le fond du tableau. (Arch. nat., P 360, n° 1513; P 338, n° 914. V. le fac-simile reproduit dans l'*Inventaire du Musée des Archives*, p. 278.)

[1] D. Plancher, *Hist. de Bourgogne*, IV, 158; Vill.-Barg., I, 172.
[2] *Bibl. de l'École des Chartes*, 2° série, III, 69.

part de leurs ouvrages, il n'y avait qu'un pas ; on s'explique fort bien que ce pas ait été franchi par la tradition, et de très-bonne heure. René les attirait de pays lointains, comme la Flandre, les choyait, les entretenait, les logeait dans ses châteaux, travaillait avec eux dans l'atelier installé à côté de sa chambre : comment définir la part revenant à chacun dans cette collaboration intime ? Tel tableau était sorti de la maison du prince : on le croyait ou on le disait sorti de ses mains, et cela pouvait se trouver vrai en partie. Les *ouvriers* étaient encore trop peu amoureux de la gloire pour signer toujours leurs toiles ou pour en revendiquer la paternité devant l'opinion publique. Du reste, lors même que leur protecteur les laissait opérer seuls, il ne cessait pas de les diriger, de leur donner des avis ou des modèles ; il leur imposait même son goût, et les faisait volontiers recommencer quand l'exécution ne répondait pas à ses désirs. C'est ainsi qu'il fournit lui-même la *pourtraicture* de son tombeau, et la déposa aux archives de sa Chambre des comptes pour que les entrepreneurs s'y conformassent strictement. Quand il ne dressait ni plan ni modèle, il rédigeait un devis dans lequel aucun détail n'était oublié, recommandant l'emploi de telle substance ou de tel procédé, comme la peinture à l'huile, l'azur d'Allemagne, l'or fin, etc. [1]. On pourrait donc lui laisser la qualité de maître et d'artiste quand même il serait prouvé qu'il n'ait rien exécuté par lui-même : car son rôle fut à la fois celui d'un Mécène et d'un chef d'école.

Ce n'est pas une raison, cependant, pour rejeter dans l'ombre les hommes du métier qui gravitèrent autour de lui. Plusieurs sont sans doute oubliés pour toujours : mais ses comptes et mémoriaux en feront au moins revivre quelques-uns. C'est d'abord Barthélemy, le familier du prince, appelé *de Cele, de Gils,* et plus souvent *de Cler.* Cette indécision sur l'orthographe de son nom de famille donne lieu de supposer qu'il était d'origine étrangère. Aussi ne lui donnait-on

---

[1] *Comptes et mém.,* nos 160, 173, 176, 540, etc.

ordinairement que le nom de Barthélemy, sous lequel il figure à côté du célèbre Fouquet dans les vers de Pellerin :

> « Décorans France, Almaigne et Italie,
> « Geffelin, Paul et Martin de Pavye,
> « *Berthélemi*, Fouquet, Poyet, Copin [1].... »

Peut-être était-il Flamand et avait-il passé de la cour de Bourgogne à celle de Sicile ; car, en 1440, on voit le comte de Charolais donner une somme de six francs à « Barthélemi le peintre, pour sa peine et salaire d'avoir fait la couverture et houssure d'un pasté » présenté à Philippe le Bon [2]. Quoi qu'il en soit, il se livra bientôt à des travaux d'un genre plus relevé, et on le retrouve, en 1447, *besognant* dans un des retraits du château de Tarascon, où René fait faire pour son installation un *tournement* et d'autres ouvrages de menuiserie. La même année, il reçoit en don différentes sommes, dix florins, vingt florins, cinquante florins, et il est chargé d'acheter, moyennant six florins un gros et demi, une image ou tableau de saint Michel destiné à orner l'appartement royal. En 1448 et 1449, nouveaux dons plus considérables. Barthélemy réside toujours au château de Tarascon, et à la qualification de peintre du roi de Sicile joint celle de son valet de chambre, titre honorifique longtemps recherché, comme l'on sait. Il paraît avoir été versé dans l'art de la miniature sur vélin, car il employait un enlumineur d'Avignon à l'embellissement des livres d'heures de son maître ; et c'est peut-être à cette communauté de goût et de talent qu'il devait la faveur toute spéciale dont celui-ci l'honorait [3]. Mais

---

[1] C'est ainsi, du moins, que je propose de ponctuer le texte, bien que plusieurs de ceux qui l'ont édité (Port, *les Artistes peintres angevins*, p. 15; Arnauldet, *Archives de l'art français*, VI, 65, etc.) aient supprimé la virgule entre *Berthélemi* et *Fouquet* : le peintre Fouquet, bien connu depuis les travaux de M. Vallet, s'appelait Jean et non Barthélemy, et ce dernier prénom ne peut s'appliquer à un autre qu'à l'artiste dont il est question ici.

[2] De Laborde, *les Ducs de Bourgogne*, n° 1354.

[3] Barthélemy n'est cependant pas nommé par M. Renouvier dans sa notice sur les *Peintres du roi René*. Ce travail ne mentionne que deux enlumineurs, Turlère

il ne faudrait pas, comme l'a fait le savant M. Vallet[1], induire de cette seule particularité que René n'enluminait jamais de sa main et se servait constamment de celle d'autrui, assertion contredite d'ailleurs par les indices recueillis plus haut. Un peu plus tard, lorsque ce prince revint en Anjou, il emmena avec lui son fidèle compagnon de travail, et lui donna dans le château d'Angers la même place qu'à Tarascon : là, Barthélemy occupait la « chambre du petit retrait du roi »; assis sur une « chaise à coffre et à ciel », il peignait ou écrivait sur « un petit basset en forme d'escabeau », qui, suivant l'inventaire, étaient l'un et l'autre à son usage, et il s'adonnait à son art au milieu des curiosités de tout genre réunies dans ce royal séjour[2]. La reine Jeanne de Laval l'honora aussi de ses bonnes grâces : elle lui donna notamment, en 1456, un costume de satin figuré[3]. On est en droit de supposer, en raison de l'intimité dont il jouit auprès d'elle et de son mari, que ce fut lui qui exécuta ou fit exécuter sous sa direction deux des livres d'heures parvenus jusqu'à nous sous le nom de René, et qui datent précisément, comme on l'a vu, de l'époque où il travaillait avec ce prince.

Vers la fin de sa vie, après sa retraite en Provence, le roi de Sicile s'attacha également en qualité de valet de chambre un autre enlumineur, appelé Georges Trubert, dont la trace se retrouve dans les mémoriaux de la Chambre des comptes d'Aix, mais qui ne paraît pas avoir eu la qualité de peintre. Cet artiste ne doit faire qu'un avec le *Turlère* mentionné par M. Renouvier et le *Georges Turlery* cité par Villeneuve-Bargemont, d'après une autre source où le nom véritable était sans doute altéré[4]. Il épousa, en 1476, une Arlésienne

---

et Bertrand le Berger, déjà cités dans le livre de M. de Villeneuve-Bargemont (III, 203).

[1] *Arch. de l'Art français*, V, 210.

[2] *Comptes et mém.*, n°ˢ 462-464, 466, 471, 476-478, 494, 495, 642.

[3] Lambron de Lignim, *Mélanges historiques*, n° 7; Arnauldet, *Arch. de l'Art français*, VI, 65; Port, *les Artistes peintres angevins*, p. 15; de Montaiglon, *Notice sur Pèlerin*, p. 68.

[4] De Laborde, *les Ducs de Bourgogne*, n° 1347.

du nom de Marguerite, qui était nièce de Jeanne Bonnate, et à cette occasion son protecteur, voulant le récompenser, dit-il, de ses services assidus, lui assigna une pension viagère de cent florins sur les droits que la même Jeanne payait au fisc pour l'exportation de ses blés. Trubert menait un assez grand train à la cour de Sicile. Il avait un valet à ses ordres et un cheval; l'entretien de l'un et de l'autre figure, comme celui de leur maître, sur l'état des dépenses quotidiennes de la maison royale en 1478. On voit que René ne traitait plus les artistes comme des ouvriers. Il avait même soin de l'équipement de celui-ci, et lui avait fait cadeau d'un superbe cheval en *poil bai*, d'une valeur de cent florins. Il le chargeait parfois d'acquisitions d'objets d'art pour son compte. Mais ses productions ne sont pas plus connues que celles de Barthélemy [1].

Le nom et l'œuvre de Coppin Delf sont moins obscurs. Des notices récentes ont jeté déjà quelque lumière sur cet émule de Jean Fouquet et de Jean Poyet, cité avec eux par Pellerin comme une des illustrations de l'époque [2]. Il semble, comme on l'a dit, avoir emprunté le nom de Delf (ou Delft) à sa ville natale; dans tous les cas, ce nom était flamand, car on le trouve porté, en 1440, par un orfèvre de Bruges, peut-être son parent, Claiz de Delf [3]. On a pu croire que c'était une abréviation du mot *Delfinus* (Dauphin), adoptée en l'honneur de Charles VIII, qui employa notre artiste avant son avènement au trône; mais un devis de 1472 l'appelle déjà Coppin Delf, alors que Charles VIII n'avait encore que deux ans. Il faut donc plutôt voir là son véritable nom, quelle qu'en soit l'origine, et dans Coppin un surnom, très-commun autrefois parmi les artisans.

---

[1] Compte de Jeanne de Laval (Bibl. nat., acq. nouv. fr. 894, n° 178).

[2] Renouvier, *les Peintres du roi René*, p. 31; Vill.-Barg., III, 203. Bertrand le Berger, que ces deux écrivains citent seul avec celui-ci comme enlumineur du roi de Sicile, ne figure pas sur les registres officiels.

[3] Arch. des Bouches-du-Rhône, B 215 (pièces justificatives, n° 88); B 273, f°s 168 v°, 194 v°, 191; B 698.

Ce peintre s'établit de bonne heure en Anjou. Dès 1456, il travaillait pour la reine de Sicile, qui lui faisait remettre huit livres cinq sols par son argentier, contre « ung tableau à elle baillé et livré pour envoïer à sa belle-mère de Laval [1] ». Ce tableau, conjecturait M. Grille, devait être un portrait de Jeanne de Laval elle-même ; mais rien ne peut le prouver. La trace de Coppin se perdait ensuite pendant un laps de seize années. Des lettres de René nous le font retrouver, en 1459, à Saint-Florent, où il exécutait sans doute quelques ouvrages pour le riche monastère de ce lieu. Le roi de Sicile avait alors l'intention de faire copier « en une belle peau de parchemin » un tableau de la généalogie de France, qui ornait la Chambre des comptes d'Angers ; il voulait l'avoir avec lui en Provence, et cette pensée se rattachait à des projets de recherches plus générales sur l'histoire des comtes et ducs d'Anjou. Ses officiers se mirent en quête d'ouvriers assez habiles pour le satisfaire : il fallait à la fois un peintre, un enlumineur et un écrivain. Mais les artistes d'Angers leur parurent trop insuffisants, et, au bout de trois mois de vaines tentatives, ils lui répondirent : « Sire, nous avons fait venir des paintres et enlumineurs, et n'avons trouvé personne en ceste ville qui sceust approcher de le faire comme l'autre ; et toutesvoyes ilz en demandent vingt escuz, sans l'escripture qui est dedans ; vous nous ferez sur ce savoir vostre bon plaisir. » C'est alors que René se souvint de Coppin et qu'il écrivit de l'envoyer chercher à Saint-Florent. Mais d'autres préoccupations et la pénurie de ses finances s'opposèrent à l'exécution de l'ouvrage ; le 8 novembre de la même année, arriva un contre-ordre, et il ne paraît même pas que le marché ait été conclu avec l'artiste.

Une autre occasion se présenta bientôt d'utiliser son talent d'une manière honorable. La sépulture du prince, après de longs tâtonnements, venait d'être assise. Au-dessus, l'on admirait déjà l'allégorie du *Roi mort* et un précieux reliquaire :

[1] Compte de Jeanne de Laval (Bibl. nat., acq. nouv. fr. 894, n° 230). Arnauldet, *Arch. de l'Art français*, loc. cit.

il s'agissait d'orner celui-ci des plus éclatantes couleurs, suivant l'usage consacré, et de peindre autour du tableau des écussons, des arcs, des chapiteaux, des piliers. René en dressa lui-même le devis et chargea Coppin de l'exécuter. Dans le marché, signé le 3 juillet 1472, en présence de toute la Chambre, le peintre s'engage à faire « le champ du derrière [du reliquaire] de bon fin asur d'Almaigne, semé de fleurs de lis d'or fin ; ledit reliquière et les ymaiges qui y sont seront dorez aussi de fin or ; pareillement les chappitreaux de dessus le *Roy mort* seront dorez aussi de fin or ; les troys gros pilliers ronts seront pains et enrichiz à la devise que ledit seigneur lui a ordonné (les chaufferettes et autres emblèmes) ». Ces peintures se feront à l'huile, selon l'expresse recommandation du prince ; Coppin fournira les couleurs et autres menus objets ; il payera, de plus, les compagnons qu'il s'adjoindra comme auxiliaires. Pour « paindre et estoffer richement » le tout, il demandait une somme de quatre cents livres tournois : elle lui est accordée, contre l'obligation prise par lui et ses hoirs d'accomplir fidèlement le marché, et Thomin Guiteau, commis aux œuvres de la sépulture, est chargé de la lui payer sur le produit des francs-fiefs et nouveaux acquêts du pays d'Anjou. Aucun délai ne lui était imposé pour terminer l'œuvre : aussi paraît-il ne s'être pas pressé. Quinze mois après, malgré les instances du roi de Sicile, qui, sous le double poids de l'exil et de la vieillesse, sentait approcher le moment où il viendrait occuper son tombeau, le reliquaire demeurait encombré d'échafaudages et les travaux étaient presque entièrement suspendus.

Coppin termina-t-il sa part d'ouvrage ? On ne sait ; car le monument ne fut achevé qu'après la mort de René, et, dans l'intervalle, il entreprit d'autres peintures. Un superbe groupe sculpté ayant été placé dans l'église Saint-Pierre de Saumur, ce fut lui qui reçut la mission de le revêtir de couleur, suivant la mode d'alors. Ce groupe, surmontant l'autel, s'appelait le *Domine quò vadis* et représentait saint Pierre rencontrant Jésus-Christ à la porte de Rome, au moment où il quitte la ville pour se dérober au supplice. Il comprenait aussi les statues du roi et de la reine de Sicile, agenouillés de chaque côté. Dans une lettre du 16 mai 1477, René, qui en était le donateur, ordonne de « bailler à Coppin l'argent qui reste à avoir pour parachever la poincture de *Domine quò vadis* ». Il recommande que cette somme soit prélevée avant toutes les autres dépenses, afin que l'artiste ne puisse avoir d'excuse. Ces mots signifient pour M. Arnauldet que Coppin Delf eut seulement à finir la peinture commencée par un autre; mais on doit plutôt en conclure le contraire, et l'absence de tout autre nom nous autoriserait, d'ailleurs, à laisser l'œuvre entière à son compte. Commencée avant 1474 (car René en parle dans son testament, rédigé à cette date), elle fut vraisemblablement achevée peu de temps après la lettre que je viens de citer, et pendant plusieurs siècles elle fit l'admiration des visiteurs [1].

Coppin passa plus tard, comme je l'ai dit, au service du Dauphin. En 1482, il exécuta pour ce prince les peintures murales d'une chapelle de l'église Saint-Martin de Tours, qui comprenaient une Trinité sur un champ d'or, des chérubins rouges, des séraphins d'azur, les quatre évangélistes, des armoiries, des décorations de voûte, etc. Le marché passé pour cet objet avec lui, et malheureusement incomplet, indique que plusieurs des personnages en question avaient été déjà peints par une autre main. Il est appelé, dans le titre du document, « maistre paintre du Roy nostre sire et de mondit seigneur le Daulphin [2] ». Enfin, en 1488, il reparait à Angers, où le conseil de ville le mande avec le fameux Jean Michel, docteur en médecine, « pour adviser et escripre les fainctes et esbatements qu'il conviendra faire es carrefours de la ville et ailleurs pour la venue du Roy [3] ». Les mystères et les cérémonies rentraient,

---

[1] *Comptes et mém.*, nos 176, 177, 480-484, 486. Testament de René (Arch. des Bouches-du-Rhône, B 000); v. ci-dessus, p. 24.

[2] Bibl. nat., mss. Gaignières, no 039-040, p. 247; Lambron de Lignim, *op. cit.*, p. 1; Arnauldet, *Arch. de l'Art français*, VI, 13.

[3] Archives d'Angers, BB 5, fo 2; Inventaire rédigé par M. Port, p. 345.

en effet, dans le domaine des arts ; c'étaient des représentations vivantes, comme les tableaux ou les statues étaient des représentations inanimées, et les unes n'allaient guère sans les autres dans les fêtes publiques.

Les ouvrages de Coppin Delf ne sont pas perdus tout à fait. Si nos révolutions ont effacé la trace des originaux ou en ont dispersé les débris, ils revivent en partie dans les dessins qui nous ont été conservés du tombeau de René et du groupe de Saumur [1]. Sans doute, ce sont là des éléments bien faibles pour apprécier son talent, puisque la couleur en est absente ; mais, parmi les peintres de son siècle, combien peu ont eu la bonne fortune d'en transmettre autant à la postérité !

Un artiste moins heureux (car il n'a laissé que des vestiges beaucoup plus effacés) figure dans les comptes de René en 1447. Il est appelé Pierre du Villant, et qualifié également « peintre du roi de Sicile ». Le 1ᵉʳ août de cette année, il reçoit une somme importante (deux cent dix-huit florins, équivalant à cent soixante-quatorze livres dix sols deux deniers), « pour plusieurs choses de son mestier, contenuz en ung rolle » joint au mandement [2]. L'objet n'est malheureusement pas spécifié, et, ne possédant ni le rôle ni le mandement, nous en sommes réduits aux conjectures. Pierre du Villant fournissait au prince de la toile fine pour ses tableaux [3]. Lui-même s'occupait à la fois de peinture et de broderie, deux arts étroitement unis au moyen âge. Il avait aussi le titre de brodeur du roi de Sicile, et lui fit en cette qualité, en 1448, quatre croissants brodés pour son nouvel ordre de chevalerie [4]. Huit ans après, en Anjou, il broda deux écussons aux armes de Jeanne de Laval pour des couvertures de mules, et deux bâtons

---

[1] Bibl. nat., Estampes, portefeuille Vᵉ, 142 ; dessins du portefeuille d'Anjou n° 29 et de la bibliothèque d'Oxford, dans Godard-Faultrier, *op. cit.* V. aussi une description écrite du *Domine quò vadis* dans les *Recherches sur l'Anjou*, par Bodin, I, 559.

[2] *Comptes et mém.*, n° 465.

[3] *Ibid.*, n° 469.

[4] *Ibid.*, n° 632. Le nom de l'artiste est écrit par erreur Pierre *Debillant* dans cet article des comptes du roi de Sicile ; mais l'identité n'est pas douteuse.

à la devise de cette princesse sur une robe donnée par elle à un serviteur du roi de Navarre[1]. Plus tard, il exécuta toute une chapelle de broderie, que René donna à l'église de Saint-Maurice d'Angers. Cet ouvrage avait une valeur considérable ; le compte n'en fut définitivement réglé qu'après la mort de l'artiste, par le payement d'un reliquat de quatre mille sept cent quatre-vingt-deux florins et huit gros, versé, le 28 mars 1472, entre les mains de sa fille, qui était son unique héritière[2].

Indépendamment des peintres attachés au roi René, il en est plusieurs qui furent employés accidentellement à son service, et que je dois au moins mentionner ici. Jean Chapuis, peintre d'Aix, fut occupé, en 1448, à la « façon de deux bannières, l'une grande et l'autre petite, aux armes dudit seigneur », pour mettre sur un de ses bateaux. Il fournit aussi, à cette occasion, des toiles de plusieurs couleurs, des franges, des étoffes diverses ; une somme de quinze florins lui fut allouée pour le tout[3]. René faisait souvent peindre ainsi des tentures, des couvertures de bateaux, des étendards. « Maistre Gentil, paintre », décora de ses écussons, en 1476, une bannière qui fut donnée aux habitants d'Auriol, en Provence[4]. Un artiste anonyme reçut, en 1449, cinquante-quatre florins pour lui avoir peint entièrement six bannières de combat en taffetas de Florence[5].

Des ouvrages plus importants, une *Descente de croix* et une *Annonciation*, furent achetés ou commandés, avec six crucifix

---

[1] Compte de Jeanne de Laval, ms. cité, nos 58, 79.

[2] Arch. des Bouches-du-Rhône, B 273, fo 100. Pierre est donné, dans cette pièce, comme mort depuis longtemps. C'est peut-être aux mêmes ornements d'église que se rapporte une lettre de René mentionnée dans les registres du chapitre d'Angers à la date du 2 novembre 1470, et dans laquelle il mande qu'il a fait continuer et terminer, depuis son départ de cette ville, le parement d'autel, les orfrois, chapes, chasubles, etc., donnés jadis par lui à Saint-Maurice ; les chanoines sont priés d'envoyer quelques-uns de leurs frères pour recevoir et rapporter ces divers objets. (Bibl. nat., ms. lat. 22450, p. 135.) Dans ce cas, l'ouvrage aurait été fini ou complété en Provence.

[3] *Comptes et mém.*, no 474.

[4] Arch. des Bouches-du-Rhône, B 215 (pièces justificatives, no 88).

[5] *Comptes et mém.*, no 475.

dorés, à un peintre du nom d'Hervian, qui toucha pour le tout, le 18 octobre 1476, une somme de onze florins et six gros. Comme le roi de Sicile se trouvait à cette date dans la ville d'Avignon, il est probable que l'artiste était de ce pays, et peut-être était-ce le même que le « peintre d'Avignon » désigné dans les comptes comme ayant fourni au prince, quelques mois avant, un *Saint Christophe,* deux poires muscades et diverses peintures offertes à la dame de la Jaille [1].

Pierre Garnier et Victor Haller figurent avec le titre de peintres sur l'état des gens de l'hôtel royal, en 1478. Le premier reçut, au mois d'avril de la même année, vingt-cinq florins pour « plusieurs menues paintures qu'il avait faictes pour le roy, oultre les grosses » déjà exécutées par lui [2]. La mention de ces deux personnages paraît cependant fortuite, et ne saurait suffire à les faire considérer comme des peintres ordinaires du roi René.

Un Angevin, que les gens des comptes chargèrent, en 1481, de « peindre d'or et d'azur l'écusson étant à la porte de la Chambre et le devant de ladite porte tout à l'entour », dut sans doute travailler aussi pour leur maître dans les années précédentes : les mémoriaux l'appellent Colin Descourtils [3]. En 1522, un peintre du même nom demeurait à Angers, dans la rue Chef-de-Ville ; mais il portait le prénom de Pantaléon [4]. Si ce n'est lui, c'est probablement son fils ; car la stabilité des professions dans une même famille était une règle qui souffrait rarement des exceptions.

Dans la même cité habitaient deux artistes qui travaillèrent, en 1456, pour Jeanne de Laval. Le premier, Jean Lemaître, décora d'écussons, de dorures et de motifs variés des *chariots* appartenant à cette princesse, et les repeignit à sa devise, c'est-à-dire à ses couleurs. Le second, nommé simplement Adenot, était un enlumineur qui enrichit d'une miniature et

---

[1] Arch. des Bouches-du-Rhône, B 215 (pièces justificatives, n° 88).
[2] *Ibid.*, B 098 et 216 (pièces justificatives, n° 89).
[3] *Comptes et mém.*, n° 487.
[4] Port, *les Artistes peintres angevins*, p. 22.

de plusieurs lettres ornées un des livres de sa bibliothèque, le *Miroir des dames;* il lui fut alloué, pour cet objet, cinq écus d'or. Jeanne occupa aussi à l'embellissement de ses heures un religieux de l'abbaye de Saint-Florent, dans laquelle s'était perpétué le culte des arts; elle rémunérait son talent comme celui des laïques [1].

Pour terminer, citons plusieurs anonymes désignés tout au plus par le nom de leur pays, et dont les œuvres ne semblent cependant pas les moins importantes. Dans le voyage qu'il fit à Lyon en 1476, René acquit d'un peintre de cette ville deux toiles étranges (*Un homme qui étrille une femme* et *Une femme qui étrille un homme*), et deux tableaux de piété (une *Notre-Dame* et un *Jardin des Oliviers*) : les premiers ne lui coûtèrent que trois florins, les autres quatorze. Durant le même voyage, un artiste de Vienne lui peignit des *patenostres* à sa devise. C'est aussi vers ce temps qu'une vue de *Rome* fut exécutée pour son compte à Aix : on n'a pas l'indication de la somme qu'il paya à l'auteur, mais seulement celle de la dépense faite pour le bois sur lequel on avait tendu la toile et pour les crampons de fer qui maintenaient le chevalet [2]. Ce paysage devait, sans doute, être joint à la collection des villes de Provence et d'Italie qui avait orné antérieurement le château d'Angers. Enfin, deux peintres espagnols traitèrent pour le roi de Sicile, en 1476 également, d'autres sujets pieux. L'un, qui était Catalan, exécuta cinq toiles qui furent placées dans sa chapelle d'Avignon. L'autre était venu de Castille, et lui fit quelques portraits de saints [3]. Il est regrettable que ces ouvrages ne soient pas plus clairement spécifiés ; car leur titre aurait peut-être fait découvrir la véritable origine de quelqu'une des peintures d'Avignon attribuées par la tradition

---

[1] Compte de Jeanne de Laval, ms. cité, n°ˢ 31, 198, 295, 442. A ces peintres angevins il faut ajouter pour mémoire, et sous toutes réserves, le nom de *Gautier*, auteur problématique du tableau à personnages qui ornait, comme on l'a vu plus haut, la salle à manger de la Ménitré.

[2] Arch. des Bouches-du-Rhône, B 215 (pièces justificatives, n° 88).

[3] *Ibid.*

à René lui-même. Mais, telle qu'elle est, la mention faite par les comptes royaux ne laisse pas que d'offrir un vif intérêt, puisqu'elle nous révèle cette particularité, que le prince fut en rapport avec l'école d'Espagne aussi bien qu'avec celles de Flandre et d'Italie. L'expédition de son fils en Catalogne et sa domination éphémère dans cette contrée, antérieures aux travaux faits pour son compte par les deux anonymes, purent le mettre en relations avec eux et avec les autres artistes de leur pays. Il profita, en effet, de l'occupation de Barcelone pour protéger ceux de ses nouveaux sujets qui s'adonnaient à l'étude des beaux-arts, notamment Philippe, fils naturel du prince de Navarre, qui était tombé dans une misère profonde, et en faveur duquel il écrivit plusieurs lettres à son lieutenant général, à son trésorier, et même au pape [1].

A côté des peintres, une série de sculpteurs totalement inconnus vient se grouper autour du roi René. Bien qu'il fût par lui-même étranger à leur art, il ne laissait pas de leur donner, comme aux premiers, des devis et des indications. C'est surtout à son tombeau qu'il les fit travailler. On a vu plus haut en quoi consistait l'ensemble de ce somptueux monument, qui réunissait en lui les trois arts de peinture, sculpture et architecture. Le sculpteur qui paraît avoir entrepris les premiers ouvrages est Jean Poncet [2], dont la famille était originaire d'Anjou, ou du moins possédait des biens dans ce pays. Le 31 août 1450, il passa un marché pour l'exécution ou l'achèvement des parties suivantes de la sépulture : embassements de la tombe; cercueils du roi et de la reine avec leurs ornements, philatières, piliers, voûtes, tabernacles; table d'autel; statues couchées de René et d'Isabelle; groupe sculpté, composé de *Dieu en la croix*, de *Notre-Dame*, de *saint Jean*, de *saint Michel présentant le roi*, et de la *Made-*

---

[1] Ces lettres, qui se trouvent dans le ms. 1064 de la bibliothèque d'Aix, ont été insérées dans l'édition de M. de Quatrebarbes, I, 40, 41, 45.

[2] Ou *Poncet*; mais la forme Poncet est, je crois, préférable; car le fils de cet artiste est appelé *Pons Poncet*.

leine présentant la reine, avec des angelots autour ; autre groupe de trois chevaliers debout, portant bannières et étendards, et de trois dames assises, lisant leurs heures ; pignon du reliquaire. Jean Poncet devait fournir tous les matériaux, sauf le marbre noir et l'albâtre, entretenir des ouvriers en nombre suffisant, les occuper sans relâche, et terminer l'œuvre pour le 1er octobre 1454. Une somme de deux mille cinq cents livres tournois, payables en sa maison d'Angers par termes trimestriels, formait sa rémunération. Mais, moins de deux ans après, vers le mois de mai 1452, l'artiste mourait, sans avoir avancé beaucoup sa besogne. Sa lenteur, ou plutôt des infidélités aux devis arrêtés, décidèrent les gens des comptes à saisir tous ses biens meubles et immeubles et ceux de sa femme Macée, décédée presque en même temps, biens qui servaient de garantie à l'exécution du contrat [1].

Son fils, Pons Poncet, qui était *imagier* comme lui, et qui avait souscrit aussi l'engagement du 31 août 1450, continua l'ouvrage en son nom seul. On marqua alors sur le devis toutes les parties achevées par le père, qui comprenaient douze philatières, les tabernacles et les piliers, les deux statues couchées et une claire-voie d'albâtre pour border tout à l'entour la table d'autel. Ainsi, ces dernières sculptures appartiennent seules à Jean Poncet, qui les exécuta séparément dans son atelier. Pons reçut, dès le mois de juin de la même année, une somme de trois cents livres pour payer les « compagnons et ouvriers » et reprendre les travaux. Il montra d'abord une certaine activité, qui lui valut bientôt, à la suite de plusieurs démarches auprès du juge d'Anjou, la main-levée de son héritage ; mais il dut faire, pour l'obtenir, le serment de « réparer toutes les faultes trouvées en ladite sépulture » ; encore ne fut-il autorisé à jouir de la succession paternelle qu'en qualité de tuteur de ses frère et sœur. Mais, en 1459, soit lassitude, soit irrégularité dans les payements, il abandonne sa tâche et part pour Nantes. René, mécontent, mande aussitôt

---

[1] *Comptes et mém.*, n°s 159, 161, 165.

de le confronter avec l'officier comptable, et, si les torts sont de son côté, de le contraindre « à parachever la sépulture, en quelque lieu qu'il soit ». Le fugitif ne tarde pas à revenir, et, pour l'encourager, le roi de Sicile lui commande de plus l'autel de l'église des Carmes d'Angers, qui était en construction. Grâce à la collaboration d'autres sculpteurs dont je parlerai tout à l'heure, l'exécution du tombeau avance peu à peu. Poncet installe son atelier au château, et « fait ce qu'il peut, écrivent les gens des comptes; mais à grant peine povons croyre qu'il puisse parachever. Il est entretenu d'ung pou d'argent que on luy baille par sepmaine pour luy et son mesnaige, et autrement n'auroit de quoy vivre ». Ainsi la misère, cette grande ennemie des artistes, entravait déjà leur carrière, et les finances du bon roi n'étaient pas en état d'y remédier. D'après une autre lettre, on voit que Poncet travaillait absolument seul aux parties dont il était chargé, et ne trouvait pas un ouvrier. Le 5 février 1460, il passe un marché spécial pour la façon et l'assiette du reliquaire, et touche pour cet ouvrage quarante sols chaque samedi, pendant quatre semaines; puis, pour douze *images* qui doivent l'accompagner, vingt sols par semaine, durant quinze jours. Bientôt c'est tous les soirs qu'il faut lui remettre son salaire, « car autrement il ne besongneroit, pour ce que c'est toute pauvreté de luy ». Il assure toujours qu'il viendra à bout de sa tâche, mais il demande cent écus de supplément; et l'on n'a plus aucun recours contre lui, car ses biens sont mangés, et il ne lui reste pas un sou vaillant.

Il est difficile de croire que la dissipation, trop commune dans la profession d'artiste, n'ait pas contribué à réduire Poncet à une pareille détresse. René, voulant encore lui venir en aide, lui confia, vers la même époque, le monument de sa nourrice Tiphaine, que nous lui avons vu fonder dans l'église de Notre-Dame de Nantilly, à Saumur. Ce tombeau remarquable, dont on ignorait jusqu'à présent l'auteur, fut achevé plus vite et paraît dû tout entier au ciseau de Poncet. Les mémoriaux n'indiquent pas la totalité de la somme qu'il lui rapporta; ils contiennent seulement la mention d'un payement partiel de six écus d'or, qui lui fut fait le 29 mars 1462. A partir de cette date, le nom de Poncet n'apparaît plus; mais les objurgations de René, les interruptions continuelles des travaux de sa sépulture et l'état d'inachèvement où elle se trouvait au jour de sa mort prouvent assez que l'artiste avait mal mesuré ses forces, et qu'il n'exécuta jamais toute la tâche qu'il avait assumée [1].

Un sculpteur ou marbrier du nom de Colin de Hurion fut appelé, dès 1452, à collaborer au même monument. Ayant offert un rabais plus considérable que Poncet sur le marché des pierres de marbre qu'on voulait faire venir de Dinan ou de Liége, il en *obtint la commande, le 17 octobre de cette année, au prix de trois cents écus.* Mais, au lieu d'être livrées le premier août suivant, aux termes du marché, ces pierres n'arrivèrent qu'après le mois de mars 1454, sous prétexte que les payements n'avaient pas eu lieu aux dates convenues. La grande table de marbre destinée à recouvrir la tombe passait pour la plus belle du royaume; il fut, un moment, question de la scier en deux (la mesure indiquée était de neuf pieds et demi de long sur cinq et demi de large, et elle la dépassait) : heureusement la difficulté et la cherté de l'opération firent épargner ce magnifique morceau, qu'on eut bien du mal à transporter, à grand renfort de bœufs, de câbles et de « bons compaignons », de l'hôtel de la Pie, voisin de la Poissonnerie, jusqu'à Saint-Maurice. Cet hôtel était sans doute le domicile de Colin de Hurion : mais il l'avait alors quitté pour s'en aller demeurer au Mans, et les marbres avaient été confiés à la garde du nouvel habitant. La famille de Hurion paraît aussi avoir appartenu à l'Anjou : car un de ses membres, Pierre de Hurion, à la fois écrivain et héraut d'armes du roi de Sicile, qui l'avait surnommé *Ardent-désir*, possédait une demeure auprès des fossés du château d'Angers [2].

Une grande réputation s'attachait alors à la personne et aux œuvres de Jacques Moreau, sculpteur chargé des groupes de

---

[1] *Comptes et mém.*, nos 161, 162, 165, 166, 168-174, 219.
[2] *Ibid.*, nos 162, 164, 169, 170, 175. V. ci-après, ch. V.

la sépulture après la mort de Jean Poncet. Cet artiste est bien oublié aujourd'hui ; mais il ne fait qu'un, je crois, avec l'auteur du tombeau du duc Charles de Bourbon, érigé à Souvigny en 1448. Le marché de ce dernier monument, qui nous est parvenu, est passé avec *Jacques Morel*, de Montpellier, *tailleur d'images*, pour le prix de trois mille cinq cents écus d'or. Jacques, arrivant de son pays, aura d'abord conservé la désinence méridionale de son nom ; puis, après quelque temps de séjour dans les provinces de langue d'oil, cette forme aura suivi la flexion naturelle, et on ne l'aura plus appelé autrement que Moreau. Ce qui autorise encore l'identification, c'est que le tombeau de Souvigny, toujours debout, est lui-même un chef-d'œuvre de goût et d'élégance, justifiant la renommée du sculpteur et le choix de René[1]. Ce prince, étant en relations de famille avec le duc de Bourbon, dont la fille Marie avait épousé son fils aîné, aura nécessairement entendu parler de l'artiste et de l'ouvrage, et aura mandé le premier auprès de lui, comme il fit pour les ouvriers flamands qui travaillaient à Bourges à la sépulture du duc de Berry. En effet, Jean Poncet venait de mourir lorsque fut achevé le monument de Souvigny, et son fils ne le remplaçait pas avantageusement. Jacques Moreau reprit donc le groupe des chevaliers et des dames, qui, en 1451, se trouvait presque entièrement exécuté par ses soins. « Nous le visitons souvent, écrivaient au roi ses gens des comptes, et est très-belle et riche besongne. Le maistre de voz œuvres dit que, en ce royaume, n'a ouvrier qui sceust approucher en ce cas dudit maistre Jacques. Il est seul et besongne tout de luy, et par ce convient que l'ouvraige prenne long train. »

Mais voici que, la même année, Moreau se laisse mourir à son tour. C'est alors que René, qui ne connaît non plus nul ouvrier de sa force, veut envoyer à Bourges ; il tient à ce que son œuvre soit « parachevée par quelque bon maistre ». Heureusement les sculptures étaient trop avancées pour qu'il fût besoin de

[1] On peut en juger par le devis, conservé aux Archives nationales (P 1373¹, n° 2196) et publié dans les *Archives de l'Art français* (IV, 313).

recourir à un artiste éloigné : il ne restait plus, en tout, qu'une main à faire. Ce détail constaté, Poncet reçut la mission de donner au groupe le dernier coup de ciseau [1]. Les statues de Jacques Moreau n'ont même pas eu, comme les autres parties de la sépulture, la bonne fortune de nous parvenir sous la forme de dessins. Peut-être ne furent-elles jamais mises en place, puisqu'elles ne figurent sur aucune des reproductions du monument. Enfermées au château d'Angers, elles y moisirent probablement sans recevoir les peintures qui devaient les recouvrir, car il n'en est plus question dans les pièces relatives au tombeau de René.

C'étaient aussi des statues peintes qui avaient été commandées par ce prince pour le rétable de Saint-Pierre de Saumur. On a vu qu'elles avaient emprunté à leur sujet le nom de *Domine quò vadis*, et que le pinceau de Coppin Delf les avait décorées. Elles furent placées dans l'église avant cette opération, et antérieurement au mois de mai 1477 [2]. Malheureusement, aucun texte n'est encore venu nous révéler l'auteur de ce groupe imposant, qu'un écrivain local a décrit ainsi *de visu* : « La figure de René et celle de son épouse sont à genoux sur le grand autel, au milieu duquel est la figure d'un ange couvert d'une chappe, tenant une grande croix dans la main droite. A son côté gauche, on voit la figure de Notre-Seigneur Jésus-Christ, montrant ses mains percées de clous et son côté, aussi percé, découvert ; à la main droite de cet ange, on voit la figure de saint Pierre dans la figure d'un homme étonné [3]. » Les deux images du roi et de la reine de Sicile nous ont seules été conservées dans une estampe médiocre de la collection Gaignières [4].

Un autre rétable en marbre, représentant aussi une rencontre de Jésus-Christ, mais avec les saintes femmes et sur le

---

[1] *Comptes et mém.*, n°ˢ 169, 172, 174.
[2] *Ibid.*, n° 486.
[3] Mss. Grille, à la bibl. d'Angers, n° 2773, p. 68 ; *Union de l'Ouest*, avril 1854.
[4] Bibl. nat., Estampes, V⁴, 142.

chemin du Calvaire, avait été donné par le même prince à l'église des Célestins d'Avignon. Il le fit exécuter par un Italien, nommé simplement François ou *Francesco* dans un titre des archives du département de Vaucluse. Ce titre est la commission donnée à trois officiers par Charles d'Anjou, neveu et successeur de René (et non son fils, comme le dit l'éditeur du texte [1]), pour visiter l'ouvrage et le faire perfectionner suivant les conventions arrêtées. Sa teneur nous apprend déjà que le groupe fut ciselé dans les dernières années du règne du roi de Sicile, et qu'il ne fut complétement terminé qu'après sa mort. Mais un document plus précis, en nous révélant le nom complet de l'auteur, nous fournit la date exacte à laquelle il entreprit son travail : on lit, en effet, dans un article des comptes royaux, que « Francisco Laurens, tailleur d'ymaiges », vint trouver le prince à Marseille, en mars 1478, pour « lui monstrer certains ouvraiges d'ymaigerie en painture [2] ». Une telle coïncidence m'autorise, je pense, à appliquer ce texte au retable des Célestins. L'artiste en avait sans doute dessiné l'avant-projet pour le soumettre à René. Il dut en commencer l'exécution aussitôt après avoir obtenu son approbation. Les frais furent supportés en commun par le couvent et par le roi : lorsque celui-ci mourut, en 1480, Francisco avait déjà reçu de lui six cent vingt-deux écus, et des religieux trois cents écus. Son œuvre, plus heureuse que les précédentes, a survécu ; on peut la voir aujourd'hui dans l'église de Saint-Didier d'Avignon.

C'est encore à Avignon que René fit faire deux grandes statues destinées à l'ermitage de Saint-Jérôme, ou à « l'église de l'Observance fondée dudit saint Jérôsme » près de sa bastide de Marseille. L'une représentait ce saint lui-même, l'autre une *Annonciade*, c'est-à-dire la Vierge au moment de l'Annonciation. Le sculpteur qui les tailla n'est désigné, dans le compte qui le mentionne, que sous le nom de *Jacotin, imagier d'Avi-*

---

[1] *Arch. de l'Art français*, IV, 182. C'est par erreur aussi que la pièce est datée, à ce même endroit, du 9 novembre 1421.

[2] Arch. des Bouches-du-Rhône, B 216 (pièces justificatives, n° 89).

gnon. Son travail lui valut la somme de cinquante écus, qui lui furent payés en plusieurs fois¹.

Pour compléter le chapitre de la sculpture, j'énumérerai très-brièvement les sujets sculptés qui ornaient les appartements du roi René, comme j'ai fait plus haut pour les peintures. Le château d'Angers renfermait plusieurs petites images en terre molle de la *Passion de Notre-Seigneur* et des *Douze apôtres*; un coffret, déjà ancien, couvert de personnages en ivoire; une figure en albâtre de *Saint Nicolas*, tenant dans sa main une crosse de laiton; un grand tableau d'ivoire, « bien marqueté, ouvré à bestes et feuillages »; un bénitier de racine de buis également « ouvré à images », avec une figurine de *Notre-Dame de Pitié*; des couteaux à manches d'ivoire représentant des *Barbarins*, des têtes, un lion qui tient un petit enfant; une *merche* ou poinçon d'ivoire avec une fleur au milieu; une paix d'ivoire où est figurée l'*Annonciation*. Dans la chapelle de la Ménitré, on remarquait trois images « assises sur corbeaux », près de l'autel: une *Vierge*, une *Sainte Marthe* et un *Saint Sébastien*. Celle de Chanzé en possédait deux : *Notre-Seigneur et Madeleine*¹. Les sujets désignés sous ce nom d'images sont plutôt des sculptures que des tableaux; en effet, le sculpteur ne s'appelait pas autrement que tailleur d'images. Il faut signaler encore deux statues de *Saint Christophe*, dont l'une décorait la Chambre des comptes d'Angers et l'autre la ontaine du Pié de Boulet, dans la même ville; la seconde fut flanquée de chaque côté, en 1459, des écussons du roi et de la reine de Sicile, peints à l'huile sur sa recommandation².

En Provence, quelques curieux échantillons de la sculpture locale furent acquis par René après qu'il se fut retiré dans ce pays : un petit enfant d'albâtre, un petit dieu, en albâtre également, une *Sainte Madeleine*, deux *Sainte Catherine*, des

---

¹ Archives des Bouches-du-Rhône, B 216 (pièces justificatives, n° 89). L'écu d'Avignon, qui servit à ce payement, n'avait pas la même valeur que l'écu français : il équivalait à trente gros ou deux florins et demi de Provence.

² *Comptes et mém.*, n°ˢ 642, 643, 645.

³ *Ibid.*, n°ˢ 67, 78, 202.

Vierges et des *Saint Christophe*, des coffres d'ivoire, et plusieurs images « faictes en mosle », non spécifiées[1]. Une partie de ces objets d'art provenaient de Lyon, où l'argentier du prince allait faire des emplettes de toute espèce à l'époque de la foire de Pâques. Ils étaient quelquefois offerts en présent aux familiers de la cour, aux princes, aux églises même ; car ils se composaient surtout de sujets religieux, et l'on peut remarquer à cette occasion, comme à propos des peintures, que l'élément païen ou mythologique ne figure encore qu'à l'état d'exception dans les collections du roi de Sicile.

[1] Arch. des Bouches-du-Rhône, B 215, 216 (pièces justificatives, n°s 88, 89).

CHAPITRE III.

OBJETS MOBILIERS.

Tapisseries. L'*Apocalypse*. Tapissiers du roi de Sicile. — Orfévrerie. Atelier de René. Ses orfévres : Jean Nicolas, Guillaume Le Peletier, Jean Aragon, Jean Le Gracieux, Jeannin Desperit, les Raoulin, Ligier Rabotin, Jean Coste, Hennequin, Jacques Scalles, Jean de Valois, Pierre Adam, Jean Chevineau, Jean Yvon. Joyaux du roi et de la reine de Sicile. Reliquaires. Garde des joyaux. Médailles. — Costume : armures ; vêtements masculins et féminins. — Meubles et ustensiles ; objets du Levant.

Le goût des riches tapisseries, si général au moyen âge, avait fait de ce genre d'ouvrage un art véritable, rival souvent heureux de la peinture. Ce goût était héréditaire, en particulier, dans la maison d'Anjou. Louis I et Louis II contribuèrent à son développement et à la prospérité des manufactures françaises, les premières du monde dès l'origine. La Flandre et l'Artois passaient alors pour avoir la supériorité dans cette industrie. Mais il y avait à Paris, depuis le quatorzième siècle au moins, des fabriques peu connues aujourd'hui, ne dépendant pas plus que les autres de l'État ni des princes, et d'où sortaient des produits très-estimés. La façon toute spéciale des tapisseries de Paris a déjà été constatée par M. de Laborde, sans qu'il ait pu déterminer en quoi elle consistait [1]. Les « tappis vers de l'ouvrage de Paris » achetés, en 1416, par le duc de Berry représentaient un oranger aux bran-

---

[1] *Notice des Émaux du Louvre*, II, 512 ; du Cange, au mot *Tapicium*. Une ancienne tenture du chœur de Saint-Maurice d'Angers avait été faite à Paris en 1461 par Jean d'Espaigne. (*Description d'Angers*, éd. Port, p. 64.)

ches duquel pend un écu. La même année, Louis II d'Anjou avait commandé dans cette ville, par l'entremise du banquier florentin Michel de Pazzi, « une chambre blanche de satin, à devise de faucons et autres oyseaulx volans, garnie de six tappis de laine, chascun de vingt-une aulnes en carré, qui devoit couster quatre mille livres tournois », somme considérable pour l'époque et montrant bien la valeur des ouvrages en question. Les fabriques de Paris devaient aussi livrer au duc une chambre cramoisie. Toutefois la première seule paraît avoir été exécutée. Yolande d'Aragon la reçut après la mort de son mari; plus tard, en 1458, son fils René, ne la retrouvant pas, fit ouvrir une enquête à ce sujet : mais on reconnut que la chambre blanche avait été donnée à son frère cadet, le comte du Maine.

C'est que le roi de Sicile recherchait les belles tapisseries autant et plus que son père et son aïeul. Sa passion pour elles se trahit dans un de ses poëmes, intitulé *le Cuer d'amour épris*, où il imagine une série d'appartements décorés par leur moyen, afin d'avoir le plaisir d'en décrire quelques-unes. Il en fit fabriquer à son tour à Paris, notamment en 1442, pour les salles de la Chambre des comptes d'Angers. Il en faisait même venir du Levant, et les vaisseaux de l'argentier Jacques Cœur les lui apportaient avec d'autres curiosités de ce pays. Ses châteaux renfermaient un grand nombre de pièces de muraille ou *dossiels* (*dorsalia*), de *ciels*, servant à cacher le plafond, de *banchiers* (couvertures de bancs), de *carreaux* ou coussins, posés, soit à terre, soit sur les siéges. Il avait en Provence une tapisserie vermeille à dessins noirs, à Angers une chambre de broderie d'or, des tentures à fleurs de lis et aux armes d'Anjou, et surtout une merveille de travail appelée l'*Apocalypse*.

On sait que les sujets de ces œuvres d'art étaient ordinairement fournis par l'histoire ou par les livres sacrés. L'Apocalypse était une des mines où les artistes aimaient le plus à puiser : en Anjou, elle était reproduite à la fois sur les vitraux de Saint-Maurice d'Angers, composés par André Robin, et sur les tentures du chœur de Saint-Florent de Saumur [1]. Philippe le Bon possédait, en 1420, « huit tapis de haulte lice, de file d'Arras, ouvrez de l'Apocalipse [2] ». La tapisserie analogue qui appartenait à René avait été fabriquée, par ordre de Louis I, d'après un magnifique exemplaire illustré du livre de saint Jean, que le roi Charles V lui avait prêté à cet effet avant 1373, et que l'on conserve religieusement aujourd'hui parmi les plus précieux échantillons de la peinture du douzième siècle [3]. Elle avait été léguée au roi de Sicile, en 1442, par sa mère Yolande d'Aragon [4], et elle décorait sans doute dès cette époque le château d'Angers, où on l'admirait certainement avant 1458. Elle comprenait six immenses pièces, ayant chacune vingt aunes de long sur cinq de hauteur, et représentant les différentes visions de saint Jean. Cette magnifique tenture servait dans les cérémonies et dans les réceptions princières, pour lesquelles René faisait toujours venir ses plus beaux *tapis*, comme on disait alors. Lorsqu'elle était démontée, elle remplissait de vastes armoires, établies par le tapissier dans une salle spéciale, appelée la *chambre de la tapisserie* [5]; il y avait

---

[1] Port, *Dict. de Maine-et-Loire*, p. 52; Martène, *Ampl. Coll.*, V, 1130. Il y avait eu, d'après le texte tiré de ce dernier recueil par M. Francisque Michel, une manufacture de tapisseries dans le monastère de Saint-Florent; mais l'époque de son existence n'est pas désignée.

[2] De Laborde, *les Ducs de Bourgogne*, n° 4272.

[3] On lit dans le catalogue des livres de Charles V, dressé en 1373 : « L'*Apocalypse* en françois, toute figurée et ystoriée, et en prose. — Le Roy l'a baillé à monss. d'Anjou pour faire faire son *beau tappiz*. » Ce manuscrit, qui porte actuellement le n° 7013 du fonds français, avait passé dans la collection du sire de la Gruthuyse, d'où il est revenu à la Bibliothèque nationale.

[4] « Item, nous donnons et laissons à nostredit filz le roy de Sicile la tapicerie de l'Apocalypse. » Testament d'Yolande (Arch. nat., P 1334¹¹, n° 52). Cette princesse possédait d'autres chefs-d'œuvre du même genre, qu'elle légua à sa fille la reine de France et à sa petite-fille la reine d'Angleterre : « Item, nous donnons et laissons à ma très-chère dame et fille la Royne la chambre de la tapicerie de cerf et les tapis de saincte Loys et de saincte Hélaine, qui sont entre noz biens meubles. Item, donnons et laissons à nostre très-chère et très-amée fille Marguerite, fille de nostredit filz le roy, sur noz biens meubles, la chambre de groz fille, ung collier d'or, etc. » (*Ibid.*)

[5] Suivant M. Godard-Faultrier (*le Château d'Angers*, p. 10), la chambre de la

là, pour la réparer ou pour la montrer, une *tapissière* que l'on dressait sur une grande table organisée exprès. Quand le roi de Sicile eut quitté définitivement l'Anjou, il fit conduire ses tapis en Provence avec des précautions minutieuses, recommandant que son tapissier fût toujours « pié à pié » avec les voituriers. Une partie fut tendue, au moyen de crochets, dans les appartements du château de Tarascon ; d'autres furent portés à Avignon[1]. Mais l'*Apocalypse* était d'un volume et d'un poids beaucoup trop considérables pour un long voyage. Afin de ne pas la laisser à la merci de Louis XI et des officiers royaux qui occupaient le château, il envoya l'ordre de la transférer à Baugé : ce déménagement eut lieu en 1476, et coûta plus de vingt et une livres. Là, les tapisseries furent confiées aux soins d'un homme du métier, Guillemin Cessault, qui reçut une allocation spéciale pour les rhabiller et les entretenir[2]. Louis XI engagea les chanoines d'Angers à les réclamer à son oncle, qui les avait léguées à leur église par son testament. Toutefois elles restèrent à Baugé jusqu'à la mort de René, et ce n'est qu'en 1480 qu'elles furent ramenées et tendues à Saint-Maurice, aux frais de la fabrique[3]. Une septième pièce fut ajoutée plus tard aux six premières par le duc de Bourbon. Aujourd'hui encore, à certaines fêtes, la série entière de ce magnifique ouvrage est déroulée dans la cathédrale d'Angers aux yeux des fidèles.

tapisserie serait simplement une chambre ornée de tapisseries ; mais le texte de l'inventaire ne permet pas d'accepter cette interprétation.

[1] Arch. des Bouches-du-Rhône, B 215 ; pièces justificatives, n° 88.

[2] En 1477, cinquante livres tournois lui furent payées au nom du roi de Sicile « pour rahiller sa tapisserie estant à Baugé ». On lui donna trente livres pour l'année 1478 ; puis, en 1479, une allocation annuelle et fixe de cinquante livres lui fut accordée « pour revisiter et repparer la tappicerie du roy et la garder de dommaige ». (Arch. des Bouches-du-Rhône, B 274, f°s 24 v° et 42 v°.)

[3] « *Guillelmo Cessaud, tapisserio defuncti regis Siciliæ, qui deportavit Apocalypsim de Baugeyo usque ad ecclesiam et tetendit dictam Apocalypsim in dictâ ecclesiâ*, X l. *Item, Jacobo Godebelle, qui etiam tetendit dictam Apocalypsim*, III l. XV s. — *Item, pro expensis et penis duorum quadrigariorum, qui deportaverunt Apocalypsim de Baugeyo usque ad predictam ecclesiam*, VI l. » (Comptes de fabrique de Saint-Maurice, année 1480-1481, f° 8 ; *Revue de l'Anjou*, 5° année, I, 92.) V. les extraits des registres capitulaires (Bibl. nat., ms. lat. 22450, p. 136).

Les tapissiers que René entretenait à sa cour n'étaient pas des fabricants, mais simplement, comme ceux de plusieurs autres princes, des réparateurs et aussi des conservateurs. Le président de la Chambre des comptes, Alain Lequeu, avait d'abord eu la garde des tapisseries ; mais on reconnut à sa mort, en 1450, qu'il s'en était égaré chez lui, et c'est à cette occasion, sans doute, que fut créée une charge spéciale de tapissier, occupée successivement par deux individus nommés Thomassin et Nicolas, puis par Guillemin Cessault, qui obtint en récompense la concession d'un étal à la poissonnerie d'Angers et ensuite l'intendance du château de Baugé. Cessault avait aussi le titre de valet de chambre du roi de Sicile. En même temps que lui figure un garde de la tapisserie appelé Jean Delacroix, qui faisait également les réparations. Ces employés devaient coucher la nuit auprès des objets précieux confiés à leurs soins ; car on ne s'explique guère autrement la présence d'un lit dans la chambre de la tapisserie du château d'Angers.

Un des procédés usités par eux pour rendre ou pour conserver aux tentures de laine leur fraîcheur première consistait à les faire *buander*, c'est-à-dire lessiver. Ce traitement, ou même d'autres réparations plus importantes, étaient parfois rendus nécessaires par les transbordements qu'on leur faisait subir. Lorsque le prince voyageait par eau, ce qui lui arrivait souvent, notamment pour aller d'Angers à Roanne afin de gagner la Provence, on recouvrait ses bateaux de riches tapisseries à l'extérieur, et on les garnissait au dedans de carreaux et de *banchiers;* des bannières, des écussons complétaient la décoration. Il en était de même lorsque le duc de Calabre naviguait sur les bateaux de son père ; ce qui amenait nécessairement des dégradations plus ou moins graves. Le dernier transport de toutes ces richesses eut lieu en 1473, lorsque René les fit venir, comme je l'ai dit, d'Anjou en Provence, où elles restèrent définitivement avec lui [1].

[1] *Comptes et mém*, n°ˢ 508-534 et 642.

Le luxe d'orfévrerie déployé à la cour des ducs d'Anjou est assez démontré par le curieux inventaire de Louis I qu'a publié M. de Laborde dans sa *Notice des émaux du Louvre*. Les joyaux énumérés dans cet inventaire ne se conservèrent malheureusement pas longtemps dans la famille de leur possesseur. Son expédition d'Italie en consuma une bonne partie, et le Roi dut même ajouter, à titre de prêt, une quantité de vaisselle précieuse pour couvrir les frais de cette expédition [1]. Louis II laissa encore à sa veuve un grand nombre de bijoux et d'objets précieux. Mais Yolande, lorsqu'elle rédigea à son tour son testament, déclara qu'elle avait dû tout employer pour le payement des dettes de son époux, les campagnes de son fils aîné et la défense du pays d'Anjou [2]. La part d'héritage qui advint à René fut donc, de ce côté, presque nulle. Mais il y remédia vite, car son goût naturel le portait autant vers l'orfévrerie que vers la peinture, et il s'adonna lui-même à la culture de cet art si merveilleusement développé de son temps. On ne peut guère douter, en effet, que l'établi et les instruments inventoriés dans le haut retrait de son appartement d'Angers n'aient été à son usage. Tout au moins collaborait-il là avec ses orfèvres, comme il le faisait avec ses peintres, et y logeait-il un de ces ouvriers qu'il tenait à avoir constamment à sa disposition. Dans cette pièce étaient installés « un basset de bois sur lequel est ung fourneau pour ung orfeuvre et quatre petites tenailles de fer; une celle à quatre piez en laquelle a ung petit tour; une petite establye pour ung orfeuvre, sur la-

---

[1] Inventaire de 1385, dans les *Comptes et mém.*, n° 535.

[2] « Item, pour ce que par aventure aucuns pourroient avoir en ymaginacion, considéré la quantité de meuble, tant d'or, d'argent, vesselle, joyaux et autres biens et choses que nous demourèrent après le décès de nostredit feu seigneur et espoux, et encores en deussions avoir en grant nombre, nous disons et declairons, pour rendre contens ceulx qui en pourroient doubter, que tout le plus bel et le meilleur a esté employé pour le fait du royaulme d'Italie et baillé au roy Loys, nostre ainsné filz, dont Dieu ait l'âme, pour sa conqueste, autre partie en acquiet de doibtes de nostredit feu seigneur et espoux, dont nous demourasmes chargée; et aussi en avons mis grant nombre pour la deffence du pays, durant que avons eu le bail de noz enfans. » Testament d'Yolande d'Aragon (Arch. nat., P 1334¹, n° 52, f° 21).

quelle a deux leaites (tiroirs) qui se tirent, l'une de çà, l'autre de là, avec marteaux, tenailles et autres petiz ferremens ; une couchete de boys foncée de tous les costez, sur laquelle a ung sac de toille plein de paille ; ung fourneau de terre sur une celle de boys à quatre piez ; ung bloc de boys sur lequel a ung petit enclumeau d'acier ». A côté de ces instruments se trouvaient, au moment de la rédaction de l'inventaire, certains objets récemment fabriqués ou en réparation : « deux grans coquemars, l'un de léton, à tuau, l'autre à la façzon de Turquie, dont le tuau est dessoudé ; deux bacins à l'ouvraige de Turquie ; deux petites boëtes rondes à la façzon de Turquie, en manière de petits drajouers [1], » etc.

L'orfévre attaché à la personne du roi de Sicile à Angers s'appelait Jean Nicolas. René dit formellement, dans une de ses lettres, que cet artiste était continuellement occupé *avec lui* à l'occasion des étrennes [2]. C'est que les cadeaux » du premier jour de l'an », qui se donnaient déjà au 1ᵉʳ janvier, bien que l'année commençât encore à Pâques, procuraient beaucoup de besogne à ses fournisseurs et faisaient à sa bourse une brèche considérable ; car, à l'opposé de beaucoup de princes de son temps, il en distribuait plus qu'il n'en recevait, et même le carnaval lui servait parfois de prétexte pour les renouveler. Les vêtements et les objets d'orfévrerie, bijoux, bagues, parures, miroirs, formaient la majorité de ces présents. La reine de Sicile recevait les plus somptueux : un tableau d'or (espèce de reliquaire) garni de perles, de rubis, de saphirs et d'émeraudes ; une *Madeleine* en or, tenant une boîte de cristal où était renfermée une parcelle du chef de cette sainte, etc. En 1456, Nicolas passa les deux derniers mois de l'année à « besogner sur le fait des estraines », et dépensa deux cents écus, qu'il dut avancer en attendant que le fermier de la prévôté d'Angers fût en mesure de les lui remettre. Jeanne de Laval, qui, au commencement de l'année, offrait de son côté des cadeaux à son mari, à la reine de France, aux princes et aux familiers

---

[1] *Comptes et mém.*, n° 642.
[2] *Ibid.*, n° 576.

de la maison d'Anjou, avait également recours à son talent dans cette circonstance : elle lui faisait faire des fleurs de lis d'or, des *naves* de même métal, des ceintures d'argent doré. Mais l'ouvrage le plus remarquable qu'elle lui commanda fut un *signet* (anneau servant de sceau) en or et en émail, où était gravé le portrait du roi, et qu'elle lui paya onze livres ou huit écus. De même que René portait l'image de sa femme roulée dans un bâton creux, Jeanne voulait avoir dans ses bijoux celle d'un époux qu'elle chérissait [1]. Cette princesse employa encore, à Angers, plusieurs orfévres : Guillaume Le Peletier, qui exécuta des émaux à ses armes ; Jean Aragon, qui grava son nouveau sceau à ses armes et à sa devise; Jean Le Gracieux, qui confectionna pour elle des bassins et des écuelles d'argent, des drageoirs, des émaux ; Jeannin Desperit, qui faisait des *gennettes* d'argent pour ses haquenées [2]. Ce dernier obtint aussi le titre d'orfévre du roi, qui lui est donné dans un compte de 1465 [3].

Mais René lui-même en occupa un bien plus grand nombre, en Provence surtout. Charlot Raoulin lui façonna entre autres, en 1447, plusieurs bagues ornées de roses d'or, d'émail ou de rubis, pour donner à Hervée de Montplace, dame d'honneur de la reine Isabelle, puis de la reine Jeanne, mentionnée dans plusieurs articles des comptes royaux, ainsi que sa sœur Catherine de Montplace. Le même artiste fabriqua les sceaux en argent du Croissant, lors de la création de cet ordre de chevalerie, en 1448. Ces sceaux étaient au nombre de deux, un grand et un petit ; le premier portait une devise latine que l'orfévre dut refaire une seconde fois, parce qu'il l'avait d'abord gravée en français [4]. Ce Raoulin était d'une famille nombreuse,

---

[1] « Pour six gros d'or, mis en œuvre d'un signet qu'avons fait faire, ouquel est gravé le visaige de Monseigneur, lequel signet ledit Jehan Nicolas a baillé et livré, et tant pour l'or que pour la façon et esmailleure avons fait faire pris avecques luy à la somme de huit escuz; pour ce, xi livres. »(Compte de Jeanne de Laval, *loc. cit.*, n° 240. V. *ibid.*, n°s 80, 315 et suiv.)

[2] *Ibid.*, n°s 16, 187, 400, 420-422.

[3] Arch. des Bouches-du-Rhône, B 214 (pièces justificatives, n° 56).

[4] La devise de l'ordre était cependant française (*Los en croissant*) ; le roi

dont les membres exerçaient tous la même profession. Antoine, son fils, fut plus tard joaillier et valet de chambre du roi de Sicile, et reçut de lui, en 1478, une allocation de cinquante livres par an, payable jusqu'à l'extinction de la somme de deux mille huit cent soixante-quatre florins et deux gros, dont il lui était redevable [1]. Guillaume ou Guillemin travaillait en même temps que Charlot pour les étrennes de ce prince; Pierre Raoulin, leur père peut-être, était employé en 1392 par le Dauphin de France [2].

Un orfévre d'Avignon, du nom de Ligier Rabotin, exécuta plusieurs commandes pour le compte de René, notamment six tasses d'or et un *breingal* pareil pour les accompagner. Ce terme inconnu désigne probablement un plateau (un porte-tout, *bring-all*); mais le texte qui le contient nous apprend une autre particularité remarquable, c'est que la façon des tasses ne satisfit pas le prince, que l'artiste dut, pour lui soumettre son travail, se rendre plusieurs fois à Marseille, à Aix, à Tarascon, à Saint-Remi, et finalement refondit le tout sur de nouvelles indications. Un exemple encore plus significatif de la part que le bon roi prenait aux travaux de ses orfèvres et de la direction qu'il leur donnait nous est offert par un article de compte relatif à Jean Coste, Provençal, qu'il chargea de fabriquer une chaîne d'une certaine façon pour la damoiselle de Beauvau : cette chaîne fut non-seulement payée, mais *devisée* par lui-même, c'est-à-dire qu'il en traça le modèle, comme on le lui a vu faire pour des objets d'art d'un autre genre [3]. Ligier Rabotin, dont je viens de parler, exécuta aussi par son ordre des enseignes ou médailles d'or et d'argent, destinées à être distribuées au jour de l'an aux chevaliers et aux serviteurs de son hôtel, qui les portaient sur eux, au chapeau

d'armes du Croissant s'appelait *Los*, et reçut en 1449 cent vingt florins pour faire un émail.

[1] Arch. des Bouches-du-Rhône, B 274, f° 11. Dans cette pièce, dix-huit gros sont comptés pour un franc.

[2] *Les ducs de Bourgogne*, n° 5531.

[3] Arch. des Bouches-du-Rhône, B 216 (pièces justificatives, n° 89).

ou ailleurs, en signe de vassalité, et « deux bouteilles d'argent à gicter eau rose », servant sans doute à parfumer les appartements.

Un Allemand établi en Provence, Anequin ou Hennequin, frappa pour lui, à diverses reprises, des pièces d'argent d'une autre espèce, mais d'un usage non moins répandu : ce sont des *comptoirs* ou jetons à compter, marqués *à la souche et à la voile* (c'est-à-dire d'un mât et d'une voile), et qui se mettaient dans une bourse de cuir. Le même fabricant fit encore un miroir d'or, destiné à la sénéchale d'Anjou, femme de Louis de Beauvau. Il est à présumer qu'il n'était pas sans quelque lien de parenté avec un autre Hennequin, orfèvre comme lui, qui, en 1390, orna de fermoirs deux livres donnés par le pape au duc de Bourgogne [1].

Il faut citer encore, parmi les artistes que René employa dans sa retraite de Provence, vers la fin de sa vie, Jacques Scalles, Jean de Valois, Pierre Adam, Jean Chevineau, Jean Yvon. On verra, dans les extraits de comptes reproduits à la fin de ce livre, quelques-unes des œuvres d'orfévrerie qu'il leur fit faire. Les deux derniers paraissent lui avoir été attachés d'une façon intime, comme autrefois Jean Nicolas. Il leur témoigna son contentement par des générosités princières : Chevineau reçut une pension viagère, destinée à lui faciliter l'entretien de sa famille ; Yvon fut encore mieux traité, et obtint la seigneurie de Taradeau, dans la viguerie de Draguignan. En la lui conférant, le 29 janvier 1473, le roi l'appelle son orfèvre et son serviteur familier (*familiaris domesticus noster*), et, avec un spirituel à-propos, assez rare dans les actes officiels, il lui dit qu'il a souvent contemplé l'éclat de ses mérites dans l'écrin de sa pensée (*in scrineo nostre mentis*) [2].

En dehors des objets fabriqués par les orfévres du roi de Sicile, on trouve la trace d'une quantité de pièces des plus précieuses et des plus riches acquises par lui ou par ses repré-

---

[1] *Les ducs de Bourgogne*, t. I, p. LXXIII.
[2] Arch. des Bouches-du-Rhône, B 16, f° 191 ; 273, f°⁸ 144, 196 ; 215 (pièces justificatives, n° 88).

sentants. Le banquier florentin Michel de Pazzi et les membres de sa famille se firent ses intermédiaires pour plusieurs achats de cette espèce, comprenant des coupes et des aiguières qui provenaient du cardinal de Foix, de grands candélabres d'airain, des coffrets, des flacons, des vases de différente sorte. Son trésorier Jean de Vaux lui procura un bijou d'une valeur inestimable, qui ne coûta pourtant que deux cents écus : c'était « une croix d'or de huit pièces de dyamans et d'une fleur de pencée aussi de dyamans, de cinq pièces assises ou meillieu d'une paternostres d'or, merchées de cinq rubiz ». Il paya, une autre fois, trois cent soixante-douze écus « une croix double de Jherusalem d'or, à dix tables de diamans, pour la reine, et une autre croix d'or à quatre tables de diamens, [avec] quatre groisses perles aux quatre cantons de ladite croix, donnée par le roy au marquis du Pont », son petit-fils, et soixante-douze écus « ung camahieu fait en la semblance du roy, enchâssé en or, avecques l'une de ses devises, ung ruby en teste et ung diament à pointe pendant au flot des patenostres[1] ». Ce dernier joyau fut offert à la dame de la Jaille, qui appartenait à une des familles les plus attachées au prince, et qui avait un appartement dans le château d'Angers ; des bijoux de ce genre, où brillaient à l'envi les rubis, les diamants, les émeraudes, lui furent offerts plus d'une fois, ainsi qu'à la dame de Beauvau, aux duchesses de Calabre et de Lorraine, etc. Un marchand de Valence, Nicolas Palmier, vendit à René des anneaux et des tablettes d'or, des saphirs, des camaïeux en grand nombre. Les anneaux d'or servaient aux épousailles, ce qui ne les empêchait pas d'être ornés de pierreries. Celui qui fut mis au doigt de Jeanne de Laval était émaillé aux armes d'Anjou et supportait un magnifique diamant « taillé en fleur de liz, tout d'une pièce ». Son mari lui donna en même temps deux autres anneaux, l'un de « petit fil d'argent », l'autre d'or avec « un petit cueur my-party de diamant et de ruby, esmaillez

---

[1] Arch. des Bouches-du-Rhône, B 273, f° 157 v°; 274, f°s 17 v°, 58.

de gris en petites roses de rouge cler ». Lui-même portait au doigt une bague d'or « à pierre estrange », et possédait trois anneaux pontificaux : un saphir, un grenat et une émeraude. Les pierres les plus précieuses n'étaient déjà plus, comme on le voit, l'apanage exclusif des reines. La sénéchale d'Anjou, une des élégantes du temps, avait un gros diamant en table (c'est-à-dire taillé sur les deux faces, avec des tranches en biseau) qui lui causa bien du souci. Un certain jour de l'an, tandis qu'elle écoutait trop attentivement une farce représentée devant la cour, le bijou disparut, et plus n'en eut de nouvelles. Deux mois après, un religieux, le prieur des Augustins d'Aix, se présenta devant le roi de Sicile et lui dit : Sire, un de mes pénitents m'a révélé, sous le sceau de la confession, qu'il avait le gros diamant de madame la sénéchale ; je dois taire son nom, mais, en lui donnant un pot-de-vin, vous obtiendrez facilement qu'il le restitue. Le bon roi, toujours généreux, remit vingt-cinq florins au prieur, et bientôt le brillant para de nouveau le front de sôn heureuse propriétaire. Cette petite aventure est contenue tout entière dans un article de comptes de trois lignes [1].

Il serait trop long de reproduire ici la description de tous les joyaux mentionnés dans les registres des Chambres d'Aix ou d'Angers. On pourra se reporter, pour le détail, au volume des *Comptes et mémoriaux* et aux nouveaux extraits publiés ci-après. J'ajouterai simplement quelques mots sur une branche de l'orfévrerie qui eut, dans tout le moyen âge, une importance exceptionnelle et que René contribua pour sa part à développer. Il s'agit de l'ornementation des châsses ou des reliquaires. Celui que le roi de Sicile fit faire pour l'église d'Andard, en Anjou, était particulièrement remarquable : il en avait tracé lui-même le *pourtrait* (et ici il ne s'agit plus seulement d'une description écrite, mais d'un modèle dessiné) ;

---

[1] Le diamant en table de la dame de Beauvau devait être le même bijou que le *frontenu* de diamant qui fut plus tard parfait ou complété pour elle par l'orfèvre Adam, aux frais de René (Arch. des Bouches-du-Rhône, B 215 ; pièces justificatives, n° 89).

il s'y était représenté en personne, offrant à un ange les reliques de saint Symphorien, qu'il avait obtenues du cardinal d'Autun. Le tout fut exécuté en argent par l'entremise de Guillaume Tourneville, secrétaire du prince et curé d'Andard, et placé au-dessus d'un autel également commandé et devisé par le donateur, ainsi qu'une fenêtre décorée de vitraux à ses armes. La dépense fut de cent vingt écus, et l'ouvrage était achevé au mois d'avril 1456[1]. Un autre reliquaire, d'un genre différent, fut offert, en 1471, au célèbre sanctuaire de Saint-Nicolas de Port, en Lorraine : il était en vermeil, de la grandeur et de la forme d'un bras, et renfermait une phalange du doigt du saint évêque de Myre. La main portait un anneau épiscopal, composé d'un gros rubis taillé en table. Mais ce qui avait un caractère tout particulier, c'était la décoration du socle qui supportait le bras : elle consistait en ornements d'or, en pierres fines, et surtout en camées d'une rare délicatesse. Plusieurs de ces camées étaient des antiques, recueillis sans doute par René, et représentant des sujets tout profanes : un Amour, un Bacchus, un Hercule, un Adrien, un Centaure, et jusqu'à une Vénus nue, se regardant dans un miroir. Comme ces premiers chrétiens qui purifiaient les édifices païens en les convertissant à leur usage, le moyen âge aimait à sanctifier les produits de l'art de l'antiquité par une destination pieuse ; on prétend même que les fidèles révérèrent longtemps, dans cette Vénus entourée de deux colombes, la figure de la Vierge et de ses attributs. A côté des anciens, quelques camées modernes, taillés au quinzième siècle ou un peu plus tôt, offraient l'image du Christ et de certains saints ; des émaux d'un travail admirable reproduisaient les armes du roi et de la reine de Sicile, les deux donateurs. Le reliquaire a subsisté jusqu'à la Révolution : mais la Vénus, enlevée par les Bénédictins du lieu pour être envoyée à Louis XIV, avait été remplacée par un saint Nicolas en émail ; elle est conservée à Paris, parmi les pierres gravées de la Bibliothèque nationale. Deux ou trois

---

[1] *Comptes et mém.*, n° 717.

autres débris, des planches et des descriptions écrites, voilà tout ce qui reste aujourd'hui de cette merveille artistique, à l'exécution de laquelle René avait peut-être aussi collaboré [1].

On peut voir encore, par les châsses qu'il fit faire pour les corps des saintes Maries retrouvées en Provence, par l'or et l'argent dont il enrichissait de simples images de la Vierge et des saints [2], à quel degré ce prince poussait le luxe de l'orfévrerie sacrée. Il employait aussi les métaux précieux à orner le bois de la vraie croix, dont il possédait deux notables échantillons : l'un, renfermé dans une grande croix d'or, reposant sur un pied d'argent doré en forme de rocher, servait dans les cérémonies solennelles de sa chapelle d'Angers, et lui fut porté plus tard en Provence, d'où il revint à l'église de Saint-Maurice, à laquelle il l'avait destinée par son testament; l'autre, qui passait pour avoir été apporté à Marseille par Lazare, et qu'il se procura dans la cathédrale de cette ville, fut donné, le 29 janvier 1477, aux Célestins d'Avignon, à la condition que le reliquaire, composé également d'une croix d'or, avec un pied émaillé à ses armes, ne fût jamais enlevé ni transporté hors de leur couvent [3].

[1] Pour plus de détails sur le reliquaire de Saint-Nicolas, voyez la notice de Mory d'Elvange, reproduite avec de nouvelles explications par M. Bretagne, dans les *Mémoires de la Société d'archéologie lorraine* (1873). « L'orfévrerie pouvait se vanter du travail de ce reliquaire, dit le premier, qui en parlait *de visu* à l'époque de sa destruction par les vandales révolutionnaires. La dorure du bras avait conservé tout son éclat, le platinage de l'argent offrait une grande égalité unie à la solidité. L'art de l'ouvrier était marqué par le ménagement des nuances d'épaisseur destinées à imiter les contours et les plis du vêtement. La retreinte surtout était admirable par la précision imitatrice de la nature dans l'exécution de la main. Les soudures étaient portées à un point de perfection assez rare dans l'orfévrerie de notre siècle; artistement cachées, elles ont résisté au marteau, au point de faire douter un instant de leur existence. »

[2] *Comptes et mém.*, nos 689 et suiv. Arch. des Bouches-du-Rhône, B 215 (pièces justificatives n° 88).

[3] « *Quam sanctam crucem de preciosissimo ligno predicto asseruit et in verbo veritatis dixit prefatus serenissimus dominus rex habuisse ab ecclesiá cathedrali Beate Marie Majoris antiquissime sue urbis inclite Massilie, in eandem ecclesiam et ad ipsam civitatem, famá publicá refferente et cronicis auctenticis attestantibus,*

J'en ai dit assez pour montrer l'impulsion que recevait, à la cour du roi de Sicile, l'art de l'orfévrerie. Ce qui aidait particulièrement René à lui donner ce développement, c'est que ses domaines lui fournissaient à peu de frais une bonne partie des matières premières : sur les côtes de Provence et d'Italie, on lui pêchait du corail, qu'il employait en quantité considérable et qu'il faisait brunir ou apprêter à Marseille[1] ; les mines de ses duchés de Bar et de Lorraine, pour l'exploitation desquelles il s'associa, en 1463, avec l'évêque de Verdun, celles des montagnes provençales, qu'il concéda, cinq ans plus tard, à un habitant d'Aix, nommé Jean Botaric, lui procuraient de l'or, de l'argent, du cuivre, de l'étain[2]. Le métal qu'on lui envoyait de ces contrées était éprouvé, à son arrivée, par des orfévres. Des mesures de même nature étaient prises pour constater l'authenticité des produits de ces fabricants : à Angers, leurs noms et les poinçons dont ils marquaient « toute manière de vesselle d'argent » étaient gravés sur un tableau de cuivre déposé par eux à la Chambre des comptes,

---

apportatam per beatum Lazarum, dicte ecclesie patronum, post passionem prefatam domini nostri Jhesu Christi, dùm ad has provincias unà cum sanctà Marià Magdalenà, sanctà Marthà, ejus sororibus, et sanctis Marià Jacobi et [Marià] Salome ad evangelizandum verbum Dei venerunt. Que quidem crux sancta ligni prefati gloriosissimi est longitudinis in longum septem pollicum hominis cum dimidio, et in transversum quinque pollicum, reposita seu incastrata in quàdam cruce de auro purissimo constructà cum vitro ante, sic quod lignum ipsum sanctissimum apertissimè videtur et videri potest ; cruxque ipsa aurea est longitudinis duorum palmorum canne cum quarto, et latitudinis in transversum unius palmi canne cum quarto, cum pede magno argenti supràdeaurato, circumcircà esmallato et armis dicti serenissimi domini regis insignito, longitudinis unius palmi cum dimidio et latitudinis trium quartorum palmi et altitudinis totidem, ad modum montis... » (Arch. des Bouches-du-Rhône, B 697.) Sur la *Vraie croix de René d'Anjou*, cf. Godard-Faultrier, *Répertoire archéologique de l'Anjou*, an. 1866.

[1] Le privilège de la pêche du corail sur les côtes de Provence était primitivement réservé aux habitants de ce pays. En 1468, il fut étendu à deux négociants florentins, Jean de Martinis et René de Pazzi (le filleul du roi de Sicile), et à deux Vénitiens, Mathieu et Ambroise de Contarenis, moyennant un cens annuel de quatre écus par quintal de corail, et pour une durée de dix ans. (Arch. des Bouches-du-Rhône, B 15, f° 222.)

[2] Arch. nat., KK 1127, f° 894. Bibl. d'Aix, ms. 1064, p. 201.

et nul ne pouvait, sans encourir des peines graves, employer d'autres marques.

Une autre précaution utile consistait dans l'institution d'un garde des joyaux, que l'on retrouve, du reste, dans toutes les cours au moyen âge. René et sa première femme Isabelle avaient donné ce poste de confiance à une de leurs dames d'honneur, appelée seulement Odile dans les pièces assez nombreuses qui la mentionnent. Quel rôle joua ce personnage obscur, dont l'importance paraît avoir eu un caractère tout intime? Rien ne permet de l'affirmer; mais on voit Odile figurer d'abord avec Agnès Sorel et Hervée de Montplace dans la maison de la reine de Sicile. Cette princesse lui confie même ses papiers précieux. René lui fait divers présents, une *samarre* ou pelisson espagnol pareil au sien, un autre pelisson de fourrure pareil à celui d'Hervée, du drap gris pour une robe à relever. Il recourt à son tour à sa bourse dans un moment de gêne; puis il la marie à Spinola, maître de son hôtel, un des seigneurs les plus dévoués à sa personne, et elle se trouve veuve en 1460. Elle ne devait plus être jeune lorsque, six ans après, elle se démit, volontairement ou non, de ses fonctions, et reçut de René et de Jeanne de Laval une double quittance, attestant qu'elle avait rendu bon et loyal compte de l'administration des bagues et joyaux, qu'elle les avait remis, accompagnés d'un inventaire, au premier valet de chambre, et qu'elle en demeurait déchargée. Son nom ne reparaît plus ensuite. Il est probable que son emploi fut supprimé, et que ce valet de chambre, Charlot Pierre, resta de fait gardien des joyaux de la couronne[1].

A l'art de l'orfévrerie se rattache une branche des plus intéressantes, celle de la fabrication des médailles. On sait que la numismatique est redevable au roi René d'une série de médailles italiennes d'un goût bien supérieur à celles qui ont été frappées avant lui : l'art de la gravure sur bronze, réveillé par son influence, alla depuis en se perfectionnant; mais les spé-

---

[1] *Comptes et mém..* nᵒˢ 531-578, 615, 633, 638, 642, etc.

cimens qu'il fit exécuter sont déjà fort beaux. Il en subsiste plusieurs à la Bibliothèque nationale de Paris et au cabinet impérial de Vienne. Le premier de ces dépôts en renferme trois, dont l'un, daté de 1461, offre le buste du roi de Sicile et la signature de Pierre de Milan, avec la légende : RENATUS DEI GRACIA JHERUSALEM ET SICILIE REX, etc. [1]. La seconde médaille est du même artiste et porte la date de 1462 ; on y voit les bustes conjugués de René et de Jeanne de Laval, entourés de ces mots assez obscurs : LILII FLORES CONCORDES ANIMI JAM CECO CARPIMUR IGNI ET PIETATE GRAVES ET LUSTRES ; la face opposée représente le prince assis devant le portique d'un palais et tenant un sceptre, à ses pieds un chien, à droite et à gauche des personnages debout [2]. Enfin la troisième, qui est de l'année suivante, est l'œuvre de François Laurana, un des graveurs les plus renommés du temps ; elle est aux mêmes effigies, avec la légende suivante : DIVI HEROES FRANCIS LILIIS CRUCEQUE ILLUSTRIS INCEDUNT JUGITER PARANTES AD SUPEROS ITER. Au revers, la Paix debout, tenant un rameau et un casque, a auprès d'elle une cuirasse et un vieux tronc d'où part un seul rameau (emblème de la maison d'Anjou décimée [3]). Il serait difficile de dire en quelles circonstances ces médailles ont été frappées ; mais elles respirent l'esprit pacifique qui domina chez le roi de Sicile à partir de son âge mûr, et qu'il avait à cœur de manifester au début du règne de l'ombrageux Louis XI. Le ciseleur n'a pas donné à sa physionomie les mêmes traits que les miniaturistes : dans les manuscrits, dans le triptyque du *Buisson ardent*, l'expression est plus majestueuse, le nez presque aquilin ; ici, la figure est légèrement bouffie et le nez plutôt relevé. La tête est coiffée d'un bonnet rond, sans ornements. La reine a la figure longue et un peu roide. Mais l'instrument et la matière étaient plus rebelles pour les graveurs que pour les peintres, et il est à croire que l'artiste n'aura pu reproduire exactement son modèle. Ces por-

---

[1] Cabinet des médailles, n° 2090 (diamètre de 82 millimètres).
[2] *Ibid.*, n° 2098 (100 millim.).
[3] *Ibid.*, n° 2099 (86 millim.).

traits, bien qu'imparfaits, sont néanmoins précieux par leur authenticité incontestable [1]. On a prétendu que René avait lui-même gravé des médailles : sans doute, ce travail offre beaucoup d'analogie avec les travaux manuels dont il s'occupait ; mais une telle assertion demanderait à être appuyée sur des indices plus positifs, et c'est assez déjà d'avoir rapporté d'Italie la tradition de cet art classique.

Une des catégories d'objets mobiliers qui tiennent la plus grande place dans les comptes du roi de Sicile est, sans contredit, le costume. Ce n'est point ici le lieu d'entrer dans la description des vêtements si variés du quinzième siècle, ni même de ceux qui sont désignés dans ces documents. Ne m'occupant que de l'influence exercée par René sur les arts de son temps, je signalerai seulement la tendance qu'il imprima aux modes et le cachet artistique dont il savait revêtir tout ce qui le touchait ou l'entourait. Sa préoccupation des lois du costume se trahit dans les recherches prescrites à ses gens des comptes au sujet de ses prédécesseurs, dont il voulait connaître, en particulier, les habillements [2]. D'autre part, son goût passionné pour les tournois et les fêtes, sa recherche continuelle du beau, avaient fait de sa cour l'une des plus élégantes de l'époque. La chevalerie expirante revivait, par certains côtés, dans les brillants pas d'armes de Razilly, de Tarascon, de Saumur ; et, de même qu'il traçait, dans son *Livre des tournois*, des règles fixes pour la marche de ces emprises traditionnelles, il soignait également la mise en scène de chacune d'elles et le costume des chevaliers ou

---

[1] On peut leur comparer une médaille conservée à Vienne et d'autres portraits peints ou dessinés, reproduits dans l'*Iconographie historique* de M. Vallet (fig. 7), dans le *Trésor des numismatiques* (*Méd. Ital.*, 2e partie, pl. XIV), dans l'édition de M. de Quatrebarbes (t. I, p. CLII, et IV, 108), et en tête du premier volume de M. de Villeneuve-Bargemont. V. aussi *Biographie générale*, art. *René d'Anjou*; *Magasin pittoresque*, 1853, p. 208. Dans les manuscrits, ce sont les livres d'heures dont j'ai parlé plus haut et le registre de la confrérie de Sainte-Marthe, aux archives de Naples, qui renferment les plus beaux portraits de René.

[2] Arch. nat., P 1334¹⁰, f° 157. Marchegay, *Notices*, p. 50.

des dames qui y figuraient. Parfois même il les équipait ou les habillait à ses frais, donnant à Ferry de Lorraine un heaume, au sire de Loué une épée dorée, à Isabeau de Lénoncourt une robe de pastourelle, etc. Ses propres armes avaient une façon et une ornementation très-riches, dans le style oriental : les épées et leurs garnitures, les éperons, les écus, étaient *à la morisque;* et, bien que ce terme s'appliquât souvent à tout un genre de décoration, il semble qu'il ait ici une valeur plus précise, les relations du prince avec l'Italie et le Levant lui permettant de faire venir de ces contrées, comme il le fit en effet, une quantité d'objets de curiosité. Il tirait aussi de Barcelone des arbalètes fabriquées par un Sarrasin qui avait une recette secrète pour les faire porter plus loin que toutes les autres[1]. Sans doute, il n'avait pas que des armes de provenance orientale ou mauresque; mais ces armes lui servaient de modèles et inspiraient ses armuriers. Ceux-ci étaient à la fois des fabricants d'armes et des fournisseurs d'habits militaires. Un armurier en titre, Thomassin Baigneux, avait le soin de l'armurerie, installée, comme on l'a vu plus haut, dans les *galatas* du château d'Angers : il recevait cent dix sols de gages par mois; sa négligence le fit remplacer, plus tard, par le concierge Croissant. Indépendamment de cette collection, René avait dans ses chambres une partie de son *harnois*, probablement celle qu'il portait le plus souvent sur lui, et, près de son lit, un meuble spécial pour la déposer. L'intérêt qu'il témoignait pour les armes et les armures s'étendait aussi aux perfectionnements de l'artillerie; car il les répandit en Italie, comme nous l'avons vu plus haut, et les protégea en France. En 1465, notamment, il donna des logis dans les halles d'Angers à deux fabricants émérites, « artilleurs, canonniers, ouvriers d'artillerie et d'autres habillements de guerre », afin qu'ils pussent y résider continuellement, pour le plus grand avantage de la

[1] V. la lettre qu'il écrivit à M. du Plessis pour lui envoyer une de ces arbalètes, publiée, d'après l'original de la collection Feuillet de Conches par M. de Quatrebarbes, t. I, p. cxl.

chose publique. L'artillerie de la ville occupait dès lors, en cet endroit, un local réservé [1].

Si l'on regarde le costume civil, masculin ou féminin, les mêmes goûts exotiques se font remarquer. Les draps de Turquie ou de Damas, les taffetas de Florence, les *journades* et les *carmagnoles* (jaquettes italiennes), les manteaux *à la romanesque* ou à la romaine, les *capes* de Portugal, les *samarres* ou pelissons espagnols, les couvre-chefs catalans sont distribués de préférence aux princes, aux courtisans et aux dames d'honneur, en même temps que le roi de Sicile les emploie pour lui. Les uns lui viennent du Levant [2], les autres sont des modes rapportées du royaume de Naples; ce qui prouve que les usages italiens commencèrent à se répandre en France bien avant la Renaissance. Mais cela n'empêchait pas René de favoriser l'industrie nationale et d'en estimer les produits. Les vêtements de sa cour étaient taillés dans les draps de Rouen, de Montivilliers, de Lille, de Béziers, aussi bien que dans les étoffes d'Italie ou d'Angleterre. Il avait même fait venir à Angers, comme je l'ai déjà dit, plusieurs fabricants de draps normands, dont il avait eu l'occasion d'apprécier l'habileté dans la campagne de Normandie, en 1450, et qui, favorisés en Anjou par des priviléges spéciaux, y propagèrent les procédés, la *façon* de leur pays [3].

Les étoffes de luxe, les draps d'or, la soie, le satin, le velours, unis ou figurés, les fourrures de prix, n'entrent pas non plus pour une petite part dans l'habillement de la cour de Sicile. La princesse Marguerite, pour recevoir les ambassadeurs d'Allemagne, est vêtue de drap d'or, violet, cramoisi et

---

[1] *Comptes et mém.*, n⁰ˢ 579-604.

[2] Une somme de 250 florins est payée, le 18 novembre 1478, à Regnault Dalteuit, « pour certains habillemens estranges qu'il a aportez du Levant et donnez audit seigneur ». (Arch. des Bouches-du-Rhône, B 273, f⁰ 192.) René achète à un Génois, la même année, des « *albernous* (burnous), *alias* manteaulx de serge », venant de Barbarie et destinés sans doute aux Maures de sa cour. (*Ibid.*, B 216, f⁰ 17 v⁰.)

[3] Arch. nat., P 1334⁵, f⁰ˢ 21 v⁰, 86 v⁰, 87. V. la deuxième partie de cet ouvrage.

doré. Blanche d'Anjou, dont la tête est chargée d'un *rigolier*, sorte de coiffure postiche à la mode provençale, surmontée de volumineux atours, porte aussi des tabliers ou *demi-saints* garnis d'argent doré. Les dames d'honneur reçoivent du roi, aux étrennes, des chaperons de velours noir, dont les cornettes sont doublées de taffetas renforcé, et des robes de fin gris, rehaussées de blanc ou de rouge. Afin d'acquérir une tournure plus élégante, elles se font donner des « atachettes et crochets à trousser robes », qui devaient rendre leurs jupes assez semblables à celles des femmes d'aujourd'hui. Odile obtient du drap gris pour faire également « une robe à relever ». Le prince lui-même, érigé en arbitre du bon ton, dirige quelquefois leur goût : on le voit, par exemple, *deviser* une coiffure ou « habillement de tête » pour madame de Bourbon. Un tel soin, une telle recherche peuvent expliquer l'admiration des officiers de Léon de Rosmital, qui, dans la relation de leur voyage, vantent l'éclat de la cour de Sicile et la beauté des suivantes de la reine [1].

Quant au costume masculin, il n'est guère moins somptueux. Les officiers, les médecins, les courtisans portent des habillements d'écarlate ou aux couleurs de René (gris, blanc et noir). Le roi, qui revêt d'ordinaire un habit neuf à chaque grande fête, pousse le raffinement jusqu'à le faire parfumer d'*eau muscade*; du reste, ce goût prononcé pour les odeurs fortes ne lui est point particulier, car le musc était alors en grande faveur et se prodiguait de toutes les manières, en tableaux, en pommes, en sachets; l'eau de rose lui faisait concurrence, et on en arrosait même les appartements [2]. Les vêtements de René se distinguaient généralement de ceux de son entourage par une nuance plus foncée : jaquettes noires, grises, tannées, violettes ; chausses assorties ; chapeaux de satin noir ou gris, garnis de fourrures, de coquilles, de patenôtres, ou bonnets noirs à la mode du temps, également fourrés ou doublés. Des bordures de *menu vair* garnissaient aussi sa robe de nuit;

---

[1] *Bibliothek des literarischen Vereins*, Stuttgard, 1844, n° 7, p. 162.
[2] *Comptes et mém.*, n° 555.

car, même sous le climat de la Provence, l'usage des ourrures, comme tant d'autres habitudes angevines ou françaises, se conservait à sa cour. Une gibecière de satin pendait quelquefois à son côté, par-dessus ses habits. Enfin, pour compléter son portrait extérieur, il faut bien dire qu'à l'âge de quarante ans il portait des lunettes, ce qui ne devait pas contribuer à le rendre séduisant ; mais peut-être ne s'en servait-il que pour ses travaux d'art et d'écriture [1].

Pour les meubles et ustensiles, je me bornerai, comme pour le costume, à signaler quelques particularités intéressantes. Il faut lire le texte entier des longs inventaires des châteaux d'Angers, de Chanzé, de Reculée, de la Ménitré, pour se faire une juste idée de l'ameublement de ces différentes résidences. Encore n'est-il pas décrit d'une manière très-complète, n'ayant été inventorié qu'après le départ de René pour la Provence, où il avait emporté avec lui une partie de ses objets précieux [2]. Mais il en était resté assez en Anjou pour que ces documents constituent l'une des sources les plus fécondes de l'histoire du mobilier, surtout si on les complète au moyen des comptes des Chambres d'Aix et d'Angers, dont j'ai reproduit des extraits. Je n'en veux pour preuve qu'un détail, dont on ne trouve la mention dans aucun des répertoires publiés jusqu'à présent : il est relatif à la forme

---

[1] *Comptes et mém.*, nos 605-641 et 674. Arch. des Bouches-du-Rhône, B 215, 216 (pièces justificatives, nos 88, 89). On trouvera dans ces documents beaucoup d'autres détails intéressants sur le costume. Le terme de *lunettes*, employé pour désigner un instrument d'optique, n'est pas beaucoup plus ancien que la date du compte que je cite ici (1449). Mais peut-être est-ce aller trop loin que de dire, comme a fait M. de Villeneuve-Bargemont (III, 297), que les lunettes sont mentionnées pour la première fois dans les sermons de Pierre de Marini, confesseur du roi de Sicile. Le mot *buricle*, qu'on rencontrera aussi plus loin dans le compte de 1470, semble mis pour *bericle*, forme ancienne de besicle : dans ce cas, il confirmerait l'usage que René faisait des lunettes.

[2] Les meubles demeurés au château d'Angers, après avoir été laissés dans le désordre, furent remis en place, ainsi que la vaisselle, et confiés aux soins de Croissant, l'intendant de René, par ordre de M. de Jarzé, capitaine institué par Louis XI. Bibl. nat., ms. fr. 20193, fo 61.

et à la disposition des lits. A côté des châlits « non foncés » ou dépourvus de fond, c'est-à-dire dont la literie descendait jusqu'à terre, et de ceux dont le dessous était rempli par des coffres ou tiroirs, on remarque, dans les appartements du roi de Sicile, des lits bas, à roulettes, se glissant sous les premiers durant le jour et occupant ainsi la place des coffres : ces lits, qui rappellent certains expédients imaginés de nos jours pour économiser la place dans les logements étroits, sont nommés *chariolles, sourlits roullerez, couchettes rouleresses ;* on les rencontre dans toute espèce de chambres, et ils paraissent avoir été destinés de préférence aux serviteurs des princes ou aux femmes des princesses. Au reste, la variété des lits et des garnitures de lits décrits dans les mêmes inventaires est extrême : chaque pièce, quelle que fût d'ailleurs sa destination, en contenait au moins un, qui ne servait parfois que pour s'asseoir. René faisait souvent recouvrir ses lits de pavillons, de filets ou éperviers, et même de treillis de bois, ayant pour but, dit l'inventaire d'Angers, de « garder que les chiens ne se couchent dessus ». Mais cela paraît plutôt une imitation des *moustiquaires* de Provence, rapportée de ce pays par le bon roi.

Les mêmes documents indiqueront aux archéologues la destination et la forme de mille autres objets plus ou moins connus, dont beaucoup présentent un caractère artistique. Mais je dois également noter ici un genre de curiosités dont le prince était grand amateur : les poteries. Il estimait particulièrement les produits célèbres de l'île Majorque, qui lui étaient apportés par des vaisseaux espagnols. La vaisselle d'albâtre n'avait pas moins de prix à ses yeux ; car un religieux, qui semble avoir été attaché à sa cour, lui en fabriquait d'une façon toute spéciale. Il employait en même temps de la vaisselle de verre, qu'il se procurait, soit dans la verrerie d'Agout, dont il avait la propriété, soit par des marchands italiens.

Dans ses inventaires mobiliers figure encore une quantité considérable de produits du Levant ou d'ustensiles à la façon orientale : bassins, coquemarts, pots, bouteilles, cuillers, écritoires, chandeliers, émouchails, gibecières, carquois, arcs, éperons, patins, nattes, tapis et cuirs de Turquie, etc. ; *tout cela s'accorde avec* les *touailles* et couteaux *morisques,* les bassins et chandeliers *d'ouvrage de Damas*, mentionnés d'autre part dans les comptes, pour confirmer la prédilection que j'observais tout à l'heure au sujet des costumes et des armures. Ces objets, qui formaient la note dominante dans l'harmonie de l'ameublement du château d'Angers, y avaient été apportés de Tarascon, au mois de novembre 1448, par un homme de confiance du prince. Un certain nombre d'entre eux étaient venus d'Orient sur les vaisseaux de l'argentier Jacques Cœur, que René affectionnait et dont il osa protéger la famille contre la colère de Charles VII; d'autres, comme les *targettes* ou boucliers de cuir bouilli, arrivaient de Tunis. Plus tard, un Génois, Grégoire de Laignet, apporta de Barbarie en Provence divers produits africains qu'il vendit au roi de Sicile. Les occasions de ce genre ne manquaient pas; car, ainsi qu'on l'a vu plus haut, un commerce fréquent reliait ces contrées entre elles. Le royaume de France en profitait, et Louis XI lui-même, à l'instar de son oncle, faisait venir des États barbaresques, par l'intermédiaire des Provençaux, des animaux ou des objets « estranges [1] ».

[1] *Comptes et mém.,* nos 612-677; Arch. des Bouches-du-Rhône, B 215, 216 (pièces justificatives, nos 88, 89); Commines, II, 233.

CHAPITRE IV.

MUSIQUE ET FÊTES.

Chapelle du roi de Sicile. Ménestrels et tabourins. Instruments de musiques usités. — Fêtes religieuses : le *Sacre* d'Angers; la Fête-Dieu d'Aix; fête de l'*Ydrie*; translation et fête des saintes Maries. — Mystères : la *Passion*, la *Résurrection*, le *Roy Advenir*, les *Actes des Apôtres*; le mystère de saint Vincent. Moralités et farces. — Fêtes profanes : tournois de Nancy, de Razilly, de Saumur, de Tarascon. Ballets et danses. Fous et Maures.

La musique passe pour avoir été un des arts cultivés par le roi de Sicile, qui l'aurait apprise, dit-on, à la cour du duc Charles de Lorraine, son beau-père, musicien lui-même [1]. On trouve, en effet, parmi les objets mobiliers inventoriés dans les appartements particuliers de René, plusieurs instruments de musique. Mais c'est surtout dans la composition de sa chapelle que l'on peut reconnaître son goût musical. Il avait fondé avec sa femme Isabelle une maîtrise de douze chantres, entretenue par le produit des *tabliers* de Provence, sorte d'impôt ou de péage sur les marchandises; le receveur général, Jean de Vacincourt, était chargé de recueillir ces fonds et de les distribuer aux titulaires, entrés en fonctions au mois de mai 1449. Les chapelains et chantres devaient faire chaque jour « beaux services » devant le roi et la reine, ou devant l'un d'eux; ils les suivaient dans la plupart de leurs voyages, non-seulement lorsqu'ils allaient d'Anjou en Provence et *vice versâ*, mais lorsqu'ils faisaient de simples tournées, ce qui occasionnait des dépenses souvent difficiles

---

[1] Villeneuve-Bargemont, I, 37.

à couvrir. Pour les emmener d'Angers à la Roche-sur-Yon, en 1456, il fallut leur assigner un supplément de cent cinquante livres sur le trésorier d'Anjou, qui les renvoya au receveur ordinaire d'Angers, qui les renvoya au prévôt. La somme de quatre mille deux cent trente-huit livres, produite par les tabliers de Provence de 1450 à 1452, ne put suffire au budget de la chapelle pour ces trois années : on dut y ajouter quatre cent soixante-sept livres de recettes extraordinaires. Ce détail et tous ceux qu'on trouve dans le compte de Jean de Vacincourt, afférent à la même période, montrent quelle importance était attribuée à la fondation de René et d'Isabelle. Les chantres ordinaires touchaient six écus par mois, plus une robe ou cadeau d'une valeur parfois bien supérieure. Mais les ténors recevaient davantage encore, et leurs gages fixes étaient au moins de huit écus par mois. Le roi et la reine se montraient fort difficiles pour le choix de ces derniers et le recrutement de la chapelle en général. Philippe Maydon, qu'ils avaient fait venir à Saumur (probablement de Seigneulle, dans le duché de Bar), fut renvoyé « pour aucunes causes » presque aussitôt après. Ils cherchèrent d'autres chanteurs à Paris, en Picardie, en Bretagne. Un des ténors, Tassin, paraît même avoir été mandé d'Aversa, en Italie ; il fut récompensé par la cure de Villebernier, près Saumur. Un de ses confrères, Pierre Lescandet, fut nommé *clavaire* de Barjols et de Saint-Maximin, en Provence. L'organiste Girardin et le clerc de chapelle Jean Néron étaient entretenus dans l'hôtel royal sur le même pied que plusieurs officiers et employés.

Les princes voisins prêtaient quelquefois au roi de Sicile un des artistes de leur chapelle, qui était toujours sûr d'être festoyé, car on savait combien René tenait à charmer les oreilles de sa cour et à faire entendre de bonne musique : aussi est-ce là un des agréments qui séduisirent les seigneurs bohémiens de passage à Angers en 1466. Les chantres et chapelains portaient des costumes à la livrée du roi de Sicile, ou des robes de *migraine* (demi-écarlate) doublées de fourrures de gris. Ils étaient sous la direction de l'évêque d'Orange, qui recevait, comme maître de la chapelle, vingt écus par an [1]. Après la mort du prince, Louis XI, qui venait de fonder à Paris une messe quotidienne en musique, les prit à son service, parce qu'il savait, dit Bourdigné, que c'étaient les meilleurs qu'on pût trouver [2].

Même à l'étranger, René protégeait les musiciens et s'intéressait au perfectionnement de leur art. Ayant appris que les chanoines de Barcelone avaient affecté deux prébendes au maître du chant et à l'organiste de leur église, il écrivit au pape une lettre très-pressante pour le prier de ratifier leur fondation et de confirmer la collation d'un de ces bénéfices à Gabriel Tarraca, qui déployait sur les orgues un talent merveilleux. L'éclat du culte divin et la dévotion des fidèles devaient y gagner également, disait-il, et les vertus personnelles du candidat ne plaidaient pas moins en sa faveur que sa rare habileté [3].

En dehors de la musique sacrée, René aimait à récréer son entourage par les chants des ménestrels ou les accords des instruments. Ses comptes fournissent des exemples assez fréquents de gratifications aux *tabourins* et autres musiciens qui venaient à la cour, surtout au moment des fêtes ou des tournois. Mais il en avait un certain nombre attachés constamment à sa personne. On voit, par une lettre d'Isabelle de Lorraine à son beau-frère le marquis de Bade, qu'une partie de ceux-ci étaient originaires du royaume de Naples ou au moins qu'ils y avaient séjourné [4]. Un des tabourins attitrés était Suisse; un autre, Pierre Jarriel, était en même temps chevaucheur de l'écurie royale et jouissait d'un logis aux halles d'Angers; un troisième, François Roussel, reçut, en récompense de son talent, une pension annuelle de vingt livres

---

[1] *Comptes et mém.*, n°ˢ 078-088. Arch. des Bouches-du-Rhône, B 14, f° 221 v°, et B 698. *Bibliothek des literarischen Vereins*, loc. cit.

[2] Bourdigné, II, 248.

[3] Bibl. d'Aix, ms. 1604, p. 169; pièces justificatives, n° 73.

[4] Bibl. nat., Lorraine, 20 *bis*, n° 11.

tournois et de deux *pipes* de vin. Les instruments qui résonnaient le plus souvent dans les châteaux de René ou qui se trouvaient dans ses appartements sont les suivants :

Le *doux de mer* ou *doulcemer*, qui n'est autre que la douçaine, instrument dont la nature est peu connue, mais qui semble avoir été une espèce de flûte ; on en joua durant le pas d'armes de la Pastourelle, tenu à Tarascon.

La *flûte* proprement dite, ou le *jeu de flûtes*, que le prince aimait à mettre entre les mains de ses tabourins, de ses pages, de ses Maures.

La *musette* et le *chalumeau de cornemuse*, qui s'harmonisaient avec ses goûts champêtres, et dont il faisait également jouer par ses serviteurs.

Les *tambourins*, *cymbales* et *trompettes*, qui servaient de préférence dans les cérémonies militaires ; les premiers étaient employés aussi pour accompagner la danse.

La *harpe*, estimée particulièrement du roi de Sicile, qui en acheta une, en 1448, à Veri de Médicis, et le luth, qui en est une variété.

Le *choro*, ou du moins un instrument de bateleur en approchant. (Le choro était, selon M. Viollet-le-Duc, un chalumeau à anche percé de trous, dans le genre de la chevrette.)

Le *manicordion*, différent du *monocordum*, car il avait, contrairement à celui-ci, plusieurs cordes ; cet instrument figure, ainsi que le précédent, parmi les objets de curiosité qui meublaient le haut retrait du château d'Angers.

La *timbale*, variété du tambourin ; la garde-robe de René en contenait un spécimen couvert de cuir noir.

Le *cor*, qui était en verre émaillé, en corne ou en bois garni de *serrants* d'or.

La *quiterne* ou guitare, en bois peint, décoré ordinairement de feuillages ou de rinceaux d'une couleur tranchant sur le fond.

Les deux derniers instruments se trouvaient également dans les armoires de la garde-robe du château d'Angers, avec quantité d'objets à l'usage du prince. René, qui composait des poésies et qui avait dans sa librairie des recueils de chansons du temps, a été appelé quelquefois le dernier des trouvères : il n'y a donc rien d'étonnant à ce qu'il ait joint l'art du musicien à ses autres talents, et les textes confirment plutôt qu'ils ne combattent la réputation qu'on lui a faite à cet égard [1].

Les cérémonies de toute espèce étaient, aux yeux de René, du domaine de l'art. Il aimait à en fonder de nouvelles, à en tracer lui-même le programme, et à frapper l'imagination de ses sujets par des spectacles symboliques minutieusement réglés. A Angers, les solennités de l'ordre du Croissant, institué par lui sous le patronage de saint Maurice, la fête du Sacre (ou du Sacrement), établie antérieurement pour expier l'hérésie de Bérenger sur la place même où il l'avait prêchée (au tertre Saint-Laurent), lui donnaient l'occasion de déployer une pompe toute royale. Dans la seconde figuraient, longtemps encore après lui, les poissonniers et pêcheurs de Reculée, son manoir favori, puis des bedeaux portant sur leurs tuniques de velours rouge ses armoiries et celles du chapitre d'Angers, et la statue de saint Maurille ressuscitant saint René, son patron. En réminiscence de cette procession du Sacre, qu'il avait restaurée, il fonda plus tard à Aix les célèbres jeux de la Fête-Dieu, dans lesquels le mélange du sacré et du profane, du plaisant et du sérieux, offrait aux Provençaux un divertissement plus approprié à leur caractère [2]. Mais pour les Angevins, plus graves, il imaginait des

[1] *Comptes et mém.*, nos 242, 731, 733, 741 et suiv. Arch. des Bouches-du-Rhône, B 215, 216 (pièces justificatives, nos 88, 89), et B 274, fo 35. Cf un document publié par M. Marchegay sur les gages d'un organiste, d'un *herpeur* et d'un tabourin du roi de Sicile (*Revue des Soc. sav.*, 4e série, IV, 505). L'office de roi des ménestrels, institué dans le royaume de France, et qui n'était point, comme l'on sait, de pure cérémonie, existait aussi dans les États de René ; en 1478, Jean de Courcelles fut nommé par lui roi des ménestrels du duché de Bar, en remplacement de Jean Durand, décédé. (Arch. des Bouches-du-Rhône, B 274, fo 112 vo).

[2] Je crois inutile de reproduire ici la description de ces cérémonies, qu'on peut lire dans l'édition de M. de Quatrebarbes (IV, 170) et dans le livre de M. de Villeneuve-Bargemont (II, 245 et suiv.). On trouvera aussi là des détails sur les

représentations religieuses qui, bien qu'ayant encore un côté joyeux, comme la plupart des fêtes et des mystères de l'Église au moyen âge, ne répandaient néanmoins que l'édification. La plus curieuse est celle qui avait pour prétexte une des urnes de Cana, donnée par lui à l'église de Saint-Maurice. On a prétendu qu'il s'était fait apporter cette relique de Jérusalem [1]. Mais une de ses ordonnances nous apprend qu'il l'acheta simplement aux religieuses de Saint-Paul de Marseille, en 1449, moyennant deux cents florins. Les possesseurs expliquaient sans doute sa présence dans le pays par le séjour de sainte Madeleine, qui avait pu l'apporter avec elle de Judée. René ne paraît pas avoir eu une foi entière dans l'authenticité de cette origine, car il appelle le vase en question « l'ydrie dans laquelle *on dit* que Jésus-Christ changea l'eau en vin ». Mais la tradition était alors si religieusement écoutée, qu'il l'accepta et fit prendre de son propre mouvement l'urne de Cana au couvent de Saint-Paul. C'était une superbe antique, en porphyre rouge, orné d'or et de pierreries, ayant à peu près la forme d'une aiguière et portant un double masque de Jupiter. Transporté à Angers dès l'année suivante [2], et placé à côté du maître autel de la cathédrale, il y devint l'objet d'une fête particulière, dont la mention, toutefois, ne figure dans les documents qu'à partir de 1459. Depuis cette époque, on voit le roi de Sicile recommander souvent dans ses lettres la solennité de l'*ydrie* et l'assignation des sommes nécessaires pour sa célébration. Elle avait lieu le 28 janvier, et consistait en une sorte d'imitation de la scène évangélique, avec procession, station, illumination, distribution de gâteaux, de vin et de chapeaux ; ceux-ci étaient sans doute destinés à rappeler le

jeux de la Tarasque et sur quelques autres usages que la tradition provençale fait remonter, comme beaucoup de choses, au roi René.

[1] Vill.-Barg., III, 109.

[2] « *Fuit per serenissimum principem regem Sicilie datum quoddam vas lapideum pulchrum, munitum auro et lapidibus pretiosis, simile cuidam aquarie, et per quemdam dominis in revestiario presentatum.* » (Compte de fabrique de l'église Saint-Maurice, 1450-51 ; *Revue de l'Anjou*, 5ᵉ année, I, 91). V. encore, sur cette urne, Villeneuve-Bargemont, III, 374 ; *Description d'Angers*, éd. Port, p. 95.

costume juif, et, quant au vin, on le servait, pour mieux observer la couleur locale, avec l'urne même. Le chapitre, les différents colléges, le peuple de la ville prenaient part à la cérémonie, qui, même après l'éloignement de René, se passait « en la fourme et manière que ledit seigneur l'avoit ordonné et autresfoiz fait faire en sa présence ». Ce prince, dans son testament, renouvela le don de *l'ydrie* à l'église de Saint-Maurice et la fondation de la fête, pour laquelle il assigna trente livres de rente perpétuelle [1]. Mais il paraît qu'après sa mort la rente ne put être servie ; car un des chanoines, Amaury Deniau, fidèle à la pieuse pensée de son seigneur, fit célébrer la solennité à ses frais et y consacra même une fondation nouvelle. Rien n'indique jusqu'à quelle époque se perpétua cette espèce de mystère liturgique ; mais l'urne de Cana, dégradée et réparée à différentes reprises, et placée plus tard au Jardin des plantes d'Angers, se voit encore dans le musée de cette ville [2].

Tous les souvenirs qui se rattachaient aux personnages évangéliques venus en Provence étaient pour René l'objet de la même vénération. On a vu qu'il avait voué un culte spécial à sainte Madeleine et à son ermitage de la Sainte-Baume. Il avait également donné à l'église cathédrale d'Angers un baptistère dans lequel la légende voulait que cette sainte eût conféré le baptême au roi Marsile [3]. Ses comptes sont remplis de détails sur la découverte et la translation, opérées par ses soins, des compagnes de Madeleine, Marie Jacobé, Marie Salomé et leur servante. Les fouilles qu'il entreprit au printemps de l'année 1448 pour retrouver leurs restes à Notre-Dame-de-la-Mer (petite ville qui reçut en l'honneur de l'é-

---

[1] « Item, nous voulons... que les services de procession, stacion, luminaire, chappeaux, administration de pain et vin par nous institués et acoustumés de fere en l'église d'Angiers à cause de l'une des ydries esquelles Notre Seigneur feist miracle en conversion d'eau en vin es nopces d'Archetreclin.... soient entretenus et continués à toujours mes perpétuelment, en la forme par nous instituée et compousée. » (Arch. nat., J 932, n° 14.)

[2] *Comptes et mém.*, n°s 718, 719-721, 724, 726.

[3] *Revue de l'Anjou*, 5e année, I, 91.

vénement le nom de Saintes-Maries), lui avaient été conseillées, selon les uns, par le Dauphin, venu en Provence peu de temps auparavant[1], et, selon d'autres, par son propre confesseur, qui lui aurait démontré, à l'aide d'une suite de témoignages non interrompus, la solidité de la tradition relative au lieu de la sépulture des trois saintes[2]. Quoi qu'il en soit, elles furent couronnées de succès. René sollicita et obtint du pape une bulle de relèvement, enferma dans de magnifiques châsses les reliques retrouvées, et les transféra dans la chapelle neuve élevée et décorée par son ordre. Dans un accès de zèle rappelant celui de Suger, qui voulait se faire apporter par les vaisseaux des Sarrasins les matériaux de la basilique de Saint-Denis, on le vit employer à ces travaux jusqu'aux Juifs de Provence. La translation des saintes Maries fut faite par le cardinal de Foix en 1449, avec une pompe et un éclat dont le procès-verbal contemporain nous a conservé le reflet[3]. Jean Eustache, abbé de Nizelle et conseiller du prince, rédigea sur sa demande une autre relation officielle de la cérémonie, où la forme poétique s'allie, par un bizarre assemblage, au style des actes notariés. L'auteur raconte en cinq cent soixante-quatre vers latins, qui furent presque improvisés, toutes les démarches faites par René, la proclamation de l'authenticité des reliques, la messe solennelle, servie par Ferry de Lorraine et le sénéchal de Provence, le dépôt des corps saints dans les châsses, la fermeture de celles-ci, la remise des clefs au roi de Sicile et au prieur, enfin le festin offert aux prélats et l'exposition publique des restes vénérés des Maries. Il entreprend de prouver que son souverain était prédestiné à mener à bonne fin cette pieuse entreprise, et il

[1] On a vu dans le volume précédent que Louis XI était allé à la Sainte-Baume et avait même porté une offrande à Notre-Dame de la Mer au mois de mai 1447, comme il résulte d'un article des comptes du roi de Sicile (Arch. nat., P 1334¹¹, 1ʳᵉ partie, f° 18).

[2] Vill.-Barg., II, 18; *Notice sur les saintes Maries*, par dom Bérengier, dans la *Revue de l'Anjou*, an. 1870, p. 161.

[3] Ce procès-verbal a été imprimé avec les *Monuments de l'apostolat de sainte Madeleine*, dans la collection Migne.

appuie son opinion sur un jeu de mots dans le goût du temps :

« *Reor profectò, Renate,*
« *Fuisse predestinatum*
« *Quòd per te essent renate,*
« *Velut per regem inclitum* [1]. »

C'est très-probablement cet événement qui donna lieu à l'institution, dans la cathédrale d'Angers, d'une autre fête commémorative, appelée par M. Port la *scène des trois Maries*, et offrant aussi le caractère d'un drame liturgique [2].

C'est également en mémoire des saintes Maries et de leur contemporaine sainte Marthe que furent établis à Tarascon les jeux annuels de la Tarasque. Mais cette fondation avait en même temps pour but d'apaiser les discordes continuelles des habitants; car, malgré les joyeusetés qui émaillent le programme des divertissements réglés par le bon roi, une pensée d'ordre y présidait, et la morale, l'instruction comme la tranquillité publique, ne pouvaient guère que gagner à de pareilles fondations [3].

On devine, d'après tout ce qui vient d'être rapporté, que les mystères proprement dits ne rentraient pas moins dans les goûts de René. Son nom se lie, en effet, aux premières représentations du mystère de la *Passion*, qui eurent lieu à Angers sous ses auspices, et quelques écrivains ont même avancé qu'il avait honoré d'une protection spéciale un des auteurs de ce drame fameux, Jean Michel. Mais rien ne prouve d'une manière précise ce fait fort vraisemblable, et, du reste, on a souvent confondu le dramaturge, docteur régent en l'u-

---

[1] Cette curieuse relation a été publiée tout récemment par M. F. Reynaud, avec un règlement de l'évêque de Marseille pour l'exposition des reliques des trois saintes, d'après une copie faite sur l'original et conservée aux Archives des Bouches-du-Rhône. (*La Tradition des saintes Maries*, p. 51 et suiv.)

[2] Port, *Dictionnaire de Maine-et-Loire*, p. 89.

[3] Sur ces différentes fêtes, voir les *Extraits des comptes et mémoriaux*, n°s 089-726.

niversité d'Angers, médecin et conseiller de la ville, avec l'évêque son homonyme, mort dès 1447 [1]. Les documents publiés par M. Port sur le théâtre d'Angers ne parlent pas de représentations de la *Passion* antérieures à celle de 1486, qui a acquis une célébrité historique. Ils mentionnent d'autres drames joués dans cette ville en 1454 et en 1456, et, à cette dernière date, celui de la *Résurrection*. Les mémoriaux en signalent aussi dans les années 1455 et 1458, notamment lors de la visite du duc de Bretagne [2]. Mais ils nous fournissent des indications plus précieuses en nous révélant qu'un mystère de la *Passion* fut représenté, dès le mois d'octobre 1462, à Saumur, et sous la direction de René. A cette occasion, celui-ci remit aux bourgeois et habitants du lieu six cents livres tournois sur la taille qu'ils lui devaient, ce qui équivalait à quatre années de la même contribution; mais une telle récompense ne lui semblait pas trop forte pour les dédommager des frais qu'ils avaient supportés, « tant pour faire les chauffaux, feintes d'abbiz honnestes et raisonnables, pour les gens de laditte ville, que autrement [3] ». Il est dit formellement, dans l'acte qui la leur accordait, que l'intention du prince, en donnant de semblables spectacles à ses sujets, était d'exciter « leur courage à dévocion ».

Il semblerait téméraire d'attribuer ce mystère « de la *Passion* et de *Saint Jean-Baptiste* », joué en 1462, au docteur Jean Michel, mort en 1501 et auteur du grand drame représenté en 1486. Son nom ne figure pas non plus dans les documents qui mentionnent les rédacteurs ou collaborateurs du mystère de la *Résurrection*, donné à Angers en 1456 : on n'y lit que ceux de Jean Daveluys, qui avait fait mettre au net le manuscrit et l'avait complété, et de Pierre de Hurion, gratifié « pour avoir pareillement habillé les personnages de la *Résurrection*

---

[1] M. Port est un de ceux qui ont rétabli la distinction (*Bibl. de l'École des chartes*, 5ᵉ série, II, 69, et *Inventaire des Archives de la ville d'Angers*). Sur les origines du théâtre d'Angers, cf. Bodin, *Recherches sur l'Anjou*, II, 24.
[2] *Comptes et mém.*, n° 735, et Arch. nat., P 1384⁶, f° 223 v°.
[3] *Comptes et mém.*, nᵒˢ 737, 738.

et y avoir adjousté aucunes adicions[1] ». Le roi de Sicile, qui passe pour avoir écrit des pièces de ce genre, pouvait être lui-même un des collaborateurs; mais, à coup sûr, il y avait fait travailler son héraut d'armes et son écrivain favori, car c'est lui qui s'appelait Pierre de Hurion. Cet auteur oublié portait à la cour le surnom d'*Ardent-Désir*, devise de son maître, qui le lui avait donné par amitié. René, pour l'avoir plus près de sa personne, lui avait concédé un logis attenant aux fossés du château d'Angers, et qui était particulièrement propice pour écrire et étudier[2]. Il est probable que l'homme de lettres collabora plus d'une fois avec le prince, et qu'il écrivit pour lui autre chose que des additions au mystère de la *Résurrection* : il lui offrit notamment un traité, inventorié plus tard dans la librairie royale, dont le sujet n'est pas spécifié, mais qui était vraisemblablement de sa composition[3]. Pierre de Hurion devait être parent de Colin de Hurion, sculpteur ou marbrier, qui prit part aux travaux de la sépulture du roi de Sicile et dont j'ai parlé plus haut.

D'autres mystères, celui de *Josaphat* ou du *Roi advenir*, et celui des *Actes des Apôtres*, ont été signalés par les historiens comme joués à Angers sous le règne de René. Le premier, dont le texte a été conservé, fut composé, d'après le prologue, par son valet de chambre Jean Le Prieur, à qui l'on doit deux autres œuvres du même genre, les *Trois Rois* et la *Nativité de Notre-Seigneur*, écrites vers 1450[4]. Le second, qui a été attribué aux frères Greban, du Mans, était, selon toute apparence, du même auteur; car un article de comptes, qui nous donne en même temps son vrai nom, nous apprend que « Jehan du Périer, dit Le Prieur, mareschal des logeys du roi », reçut, le 26 décembre 1478, « la somme de deux cent cinquante florins... en considération des bons et agréa-

---

[1] *Bibl. de l'École des Chartes*, tome cité, p. 75.
[2] Arch. nat., P 1334⁹, f° 186 v°.
[3] « Item, ung petit traicté en parchemin, que Ardent-Désir donna au roy. » (*Comptes et mém.*, n° 642, p. 262.)
[4] Villeneuve-Bargemont, III, 87 et 280.

bles services qu'il luy faisoit chascun jour, et mesmement pour certain livre ou histoire des Apostres, qu'il avoit naguières dressié et mis en ordre selon la matière que ledit seigneur luy avoit baillée [1] ».

Il est difficile de ne pas reconnaître dans cette histoire des Apôtres le mystère en question. Ainsi Le Prieur l'aurait tout au moins remanié et refait sous la direction de son maître. Il semble aussi, d'après la date de l'article, que les *Trois Rois* et la *Nativité*, s'ils sont son ouvrage, ne peuvent pas être aussi anciens qu'on le supposait. Leur âge doit se rapprocher plutôt des dernières années du roi de Sicile; car on n'a pas d'autre indice certain de l'époque où écrivait Jean du Périer que celui que je viens de produire, si ce n'est une deuxième mention que je trouve également dans les comptes à une date très-voisine de la première, le 3 septembre 1476 : ce jour-là, il prenait part, en qualité d'auteur sans doute, à une représentation donnée devant la cour à Tarascon, et dont le sujet n'est pas précisé ; il fut conduit par la ville avec tous les « joueux », au son de la musique, jusque devant le théâtre érigé en plein air [2].

Les représentations, en effet, avaient presque toujours lieu au dehors, en raison du grand nombre des spectateurs. Une place publique leur était ordinairement affectée. A Angers, elles avaient lieu sur un terrain voisin des halles, appelé le *Marché aux bêtes* [3]. En concédant l'usage de ce terrain à la fille de son tapissier, en 1463, René s'était réservé le droit d'y faire jouer des mystères, comme on en avait la coutume, toutes les fois que ce serait son bon plaisir [4]. L'espace ne devait pas y manquer, à en juger par les échafaudages cons-

---

[1] Arch. des Bouches-du-Rhône, B 273, f° 193. V., sur le mystère des *Actes des Apôtres*, le *Dict. des Mystères* de M. de Douhet, éd. Migne, col. 79.

[2] Arch. des Bouches-du-Rhône, B 215 (pièces justificatives, n° 88). C'est lui, du moins, que je crois désigné par cet article : « Aux menestrez qui ont mené le Prieur et les joueux par la ville,... III gros. »

[3] C'est probablement le même emplacement que le *Parc des jeux* mentionné par M. Port dans son édition de Péan de la Tuillerie (p. 350).

[4] *Comptes et mém.*, n° 520.

truits pour un drame dont personne n'a parlé et qui fut joué là en 1471, le mystère de *Saint Vincent*. Le menuisier chargé d'installer le théâtre avait élevé « ung chauffault pour ledit seigneur roy de Sicile, de vingt et quatre piez de long et trente de large, tout planché d'essil, et oudit chauffault avoit la grant salle, la chambre de retraict pour ledit seigneur, et, entre deux, cloaison d'essil, logeis pour l'eschanzonnerie, chambres et retraicts segrés, cousues aussi à grans clox de fer ». Ce luxe de constructions n'empêcha pas l'entrepreneur d'attendre trois ans le règlement de son compte : il ne l'obtint qu'après avoir intenté un procès au prévôt de la ville, qui était chargé de le payer, procès renvoyé par le maire et les échevins devant la Chambre des comptes, et terminé enfin par une retenue de quinze livres sur la ferme de la prévôté au profit du demandeur [1]. Les travaux de menuiserie comme ceux dont on vient de voir le détail ne composaient pas toujours toute la mise en scène : elle était parfois complétée par des peintres décorateurs. Quelques articles de comptes indiquent, en effet, que René fit exécuter, dans des circonstances semblables, des châssis ou décors et différentes peintures.

En dehors des mystères, certaines pièces dramatiques d'un ordre secondaire, telles que des moralités ou des farces, étaient souvent représentées à la cour de Sicile. La reine Yolande aimait ce genre de spectacle : elle y prêtait une si grande attention, qu'un adroit voleur en profita une fois pour lui couper, sans qu'elle s'en aperçût, la manche de sa robe et lui dérober son argent avec son sceau royal [2]. Jeanne de Laval l'appréciait aussi, car elle accorda aux enfants de chœur de l'église de Saint-Laud d'Angers, qui avaient joué une farce devant elle, cinquante-cinq sols de gratification ; exemple assez rare, je crois, de rôles confiés à des acteurs si jeunes [3]. La moralité de l'*Homme mondain*, qu'on croyait composée au commencement du siècle suivant par Simon Bourgoing, devenu

---

[1] *Comptes et mém.*, n° 740.
[2] *Ibid.*, n° 727.
[3] *Compte de Jeanne de Laval*, Bibl. nat., acq. nouv. fr. 894, n° 278.

plus tard valet de chambre de Louis XII, fut représentée à Aix le 11 juin 1476 : une somme de deux florins pour costumes de toile et une autre somme pareille pour travaux de menuiserie ont été portées, à cette occasion, sur les comptes royaux[1] ; mais il y a lieu de penser que ce n'était là qu'une partie des frais. La série des comptes n'étant pas complète, beaucoup d'autres dépenses analogues doivent nous échapper.

Les mystères forment un trait d'union naturel entre les fêtes religieuses et les fêtes purement profanes. Celles-ci furent d'abord recherchées par René, qui, dans sa jeunesse, aux cours de France et de Lorraine, obtint par sa bonne mine et son air chevaleresque les succès les plus flatteurs. A Nancy, au moment des mariages de Marguerite et d'Yolande d'Anjou, nous l'avons vu offrir à Charles VII des divertissements variés, publier des tournois et descendre lui-même dans la lice. L'année suivante, à Razilly, près Chinon, l'emprise de la Gueule du dragon, qui réunit l'élite des princes et de la noblesse, lui fournit une nouvelle occasion de se distinguer. Il y combattit couvert d'une armure noire, portant un écu de sable semé de larmes et une lance noire, monté sur un cheval caparaçonné de noir (sans doute à cause de la perte de son fils Louis, encore assez récente) : le prix lui fut adjugé. Vers le même temps, il convoqua sur ses propres terres, en Anjou, le ban et l'arrière-ban de la chevalerie. Dans la plaine de Launay, aux portes de Saumur, un palais de bois, décoré de tapisseries, fut improvisé pour recevoir les seigneurs et les dames. Un cortège pompeux, dans lequel figurèrent deux lions de la ménagerie royale, se déploya devant l'estrade où était assise la reine Isabelle. Puis les tenants se firent face, et mainte lance fut rompue. Malheureusement la fête fut ensanglantée, comme il arrivait souvent : un gentilhomme y perdit la vie, plusieurs furent blessés. Ferry de Vaudemont, proclamé vainqueur, reçut néanmoins

[1] Arch. des Bouches-du-Rhône, B 215 (pièces justificatives, n° 88). Sur la moralité de l'*Homme juste et l'homme mondain*, cf. de Douhet, *Dict. des Mystères*, éd. Migne, col. 408.

les honneurs accoutumés. Le souvenir de ce tournoi, appelé dans les textes officiels le pas de Launay ou du Perron, mérita, comme l'on sait, d'être consacré par l'art contemporain dans un tableau offert au roi de France. Wulson de la Colombière en a donné, ainsi que du pas de Razilly, une relation intéressante, empruntée à un ancien manuscrit aujourd'hui disparu, qui le désignait sous le nom d'*emprise de la Joyeuse garde;* mais ce récit ne paraît pas exact dans tous ses détails, car il cite comme l'héroïne des deux fêtes Jeanne de Laval, dont le roi de Sicile aurait dès lors été secrètement épris : or, ainsi que je l'ai montré, René et Jeanne ne se virent pas avant l'époque de leur mariage, célébré beaucoup plus tard, et d'ailleurs cette princesse devait être encore d'une extrême jeunesse (treize ans à peine) au moment des tournois en question. L'un et l'autre, en effet, eurent lieu en 1446. Cette date n'est pas précisée dans la relation; mais elle est généralement admise pour celui de Razilly, et elle est la seule possible pour celui de Launay. M. de Villeneuve-Bargemont place ce dernier en 1447 : il est cependant constant, d'après l'itinéraire du prince, qu'il partit en Provence au mois de février de cette année, et qu'il ne pouvait être en Anjou aux environs de la semaine sainte, moment désigné par Wulson de la Colombière, tandis qu'on le trouve, au contraire, résidant à Launay et à Saumur dans les premiers mois de 1446. C'est donc bien alors, c'est-à-dire vers le milieu d'avril 1446, que se donna l'emprise de la Joyeuse garde. Au lieu d'être postérieure à la réunion de Razilly, elle la précéda peut-être de quelques mois; car cette dernière, suivant le même auteur, se tint « dans le plus beau de la saison [1] ».

Au mois de juin 1449, les Provençaux purent jouir à leur tour de ce spectacle si recherché. Le pas de la Bergère ou de la Pastourelle, tenu à Tarascon, eut un éclat extraordinaire et

---

[1] V. tome I, p. 298; *Comptes et mém.*, nᵒˢ 467-473, 733, 736, 739; Vill.-Barg., II, 21, 22; Mathieu d'Escouchy, cité par M. de Beaucourt (*Rev. des Quest. hist.*, 27ᵉ livraison, p. 105-108); Itinéraire. Le récit de Wulson de la Colombière est analysé dans l'*Histoire de René d'Anjou* (II, 7-14 et 19-33).

dura trois jours. Nous possédons, pour celui-ci, une relation contemporaine et authentique, écrite par Louis de Beauvau, grand sénéchal de Provence, et publiée par M. de Quatrebarbes[1]. Ses préparatifs sont aussi constatés dans les comptes par des achats d'habillements et d'armures. René parut à la première journée vêtu d'un pourpoint de damas vert, armé d'une cuirassine noire, d'un jaseran, d'une main de fer, d'un *gagnepain* et d'une lance ; sa monture était couverte d'un harnois de velours noir, garni de franges d'or. Son gendre Ferry de Lorraine, qui fut de nouveau au nombre des vainqueurs, avait une *journade* ou jaquette italienne de velours noir, *défrapée* de vert et de blanc et munie d'ailes ; les étendards de ses lances, qui devaient être peints et dorés, ne furent pas prêts à temps. La pastourelle qui présidait aux jeux, et dans laquelle on a encore voulu voir Jeanne de Laval, était Isabeau de Lénoncourt, la fille ou la sœur d'un des seigneurs de Lorraine les plus dévoués à la maison d'Anjou, qui lui-même prit part au tournoi. Elle était habillée d'une robe de bergère en damas gris et coiffée d'un chaperon d'écarlate. Une bonne partie des chevaliers et de leurs écuyers ou serviteurs portaient également des jaquettes grises en drap de Béziers ; leur costume imitait celui des bergers provençaux[2]. Ainsi ce

---

[1] Bibl. nat., ms. fr. 1974.; *OEuvres du roi René*, II, 43 et suiv. Analysé dans Villeneuve-Bargemont (II, 46 et suiv.) et dans Papon (*Hist. de Provence*, III *in fine*).

[2] La description de Louis de Beauvau concorde étonnamment avec ces indications fournies par les comptes :

« La bergière portoit ung vestement
« Qui bien estoit à son corps mesuré,
« Et au costé lassié moult gentement :
« Et si estoit *de damas figuré*,
« [*D'*]*ung très-beau gris*, non pas trop obscuré,
« Très-bien fourré et bordé à l'entour
« De menu vair ; mais point n'avoit d'atour,
« Fors ung gentil chapperon de bourgoise,
« *De rosée*, qui bien, comment qu'il voise,
« Lui afféroit, au gré de mainte gent....
« La houssure des *pastours* dessusdis

pas d'armes, auquel prit part presque toute la noblesse de Provence et de Languedoc, se distingua des précédents par un caractère à la fois militaire et pastoral. La tournure d'esprit de son organisateur s'y reflétait tout entière : la chevalerie finissait en bergerie. Ce fut, du reste, la dernière fête de ce genre donnée par le roi de Sicile, que l'âge, le malheur et des goûts nouveaux allaient détourner, bientôt après, des plaisirs bruyants [1].

Ces réjouissances guerrières, accompagnées déjà de musique, se continuaient le soir par des concerts et des danses. Ainsi, après le pas de Launay, les chevaliers et les dames rentrèrent au château de Saumur pour danser une partie de la nuit. A Tarascon, la pastourelle qui avait distribué les prix fut conduite au prince par les juges du combat pour danser avec lui [2]. Les danses du monde, au quinzième siècle, avaient déjà quelque chose de l'allure qu'elles ont prise dans les siècles modernes, et les têtes couronnées ne craignaient plus de s'y mêler. M. Vallet (de Viriville) a découvert et expliqué le curieux programme d'un ballet donné précisément par le roi et la reine de Sicile à Nancy, devant toute la cour de France, à l'occasion des noces de la princesse Marguerite d'Anjou avec le roi d'Angleterre [3]. La reine Isabelle de Lorraine, Marie de

« N'estoit autre fors seulement *de gris*,
« Brodée d'or; barrilles et holettes
« Y furent bien doucettement compris,
« Panetières, fusels, fleutes, musettes. »
(De Quatrebarbes, II, 57, 58.)

La miniature placée en tête du manuscrit de la Bibl. nat. représente aussi la pastourelle vêtue d'une robe grise et coiffée d'un chaperon rouge.

[1] *Comptes et mém.*, n⁰ˢ 598, 731-734. On trouve encore, cependant, la trace de joutes données à Aix, sur la place des Frères-Prêcheurs, dans la vieillesse de René, en 1478 (Arch. des Bouches-du-Rhône, B 210, pièces justificatives, n° 89) : mais elles ne paraissent pas avoir eu autant de solennité.

[2] Relation de Louis de Beauvau (De Quatrebarbes, II, 82).

[3] *Chronique de la Pucelle*, Notice, p. 98. Ce programme a été écrit sur le premier feuillet d'un manuscrit de la *Geste des Nobles*, avec force abréviations, par une main que M. Vallet croit être celle de Jean d'Orléans, comte d'Angoulême.

Bourbon, duchesse de Calabre, la Dauphine Marguerite d'Écosse et d'autres personnages de haut rang y dansèrent, outre la fameuse basse-danse de Bourgogne, différents pas simples, doubles, reculés, etc., qui ne sont pas sans analogie avec la contredanse inventée depuis. En Provence, René payait des joueurs de tambourin pour faire danser les dames. Mais en même temps la danse continuait à n'être souvent qu'un spectacle offert aux courtisans et aux princes par des artistes de profession, par des fous, par des esclaves maures. La *morisque*, pas en vogue à cette époque, fut plus d'une fois exécutée sous les yeux du roi de Sicile. On ignore en quoi elle consistait au juste; mais on la voit dansée tantôt par un seul individu, tantôt par plusieurs ensemble, et assez souvent par des enfants. Les termes d'une ordonnance de payement rendue dans une de ces occasions laissent entendre qu'elle avait un peu de ce caractère oriental (*more Ethiopum*) que le bon roi aimait à retrouver partout. La morisque semble avoir été aussi une espèce de scène jouée ou de pantomime, dans laquelle figuraient jusqu'à des bêtes fauves, ou du moins des acteurs recouverts de leurs peaux [1].

Les fous servant aux divertissements des princes commençaient alors à se multiplier singulièrement. Les cours de France et de Bourgogne en possédaient; René n'en manquait pas non plus. On lui en a prêté un du nom de Philippe ou Phelippot [2], et l'on trouve effectivement un nain appelé ainsi sur un état de dépenses de 1476; mais celui qui a laissé le plus de traces dans les comptes se nommait Triboulet. Il est curieux de rencontrer dès le milieu du quinzième siècle, et porté par un personnage de la même catégorie, ce sobriquet illustré au siècle suivant par un autre fou royal. Recueilli sans doute par pitié, comme le Triboulet de Louis XII et de François I, celui du roi de Sicile était un pauvre nain difforme, ayant, contrairement à la plupart de ses pareils, la plus petite tête qu'on eût

---

[1] *Comptes et mém.*, n⁰ˢ 742, 757, 763. Arch. des Bouches-du-Rhône, B 215, 216 (pièces justificatives, n⁰ˢ 88, 89).

[2] Vill.-Barg., III, 80.

jamais vue. Telle est, du moins, l'impression qu'il fit sur les seigneurs bohémiens qui visitèrent Angers en 1466, et qui écrivent son nom *Tuybelim*. Ils admirèrent la barrette qui lui servait de coiffure, et qui n'était pas plus volumineuse qu'une grosse orange [1]. Or, on trouve précisément l'acquisition d'une barrette rouge à son usage dans les comptes de 1447; ce qui prouve qu'il demeura fort longtemps au service de René et qu'il portait toujours à peu près le même costume. Le reste de son habillement, fort riche d'ailleurs, se composait de robes de drap gris ou de satin cramoisi, fourrées la plupart du temps, et de chausses noires. On y ajoutait, pour le préserver du froid, des chaussons et un caban de peau d'agneau. Son maître lui avait donné un valet nommé Jacquet, qui lui servait en même temps de gouverneur ou d'instituteur. Triboulet reçut, de plus, un logement dans les bâtiments des halles d'Angers. La reine Jeanne de Laval lui faisait fréquemment des cadeaux, et le duc d'Orléans, qui eut occasion de le voir en 1464, lui offrit un cheval valant dix livres tournois. A côté de lui figurent, parmi les gens entretenus à la cour de Sicile, plusieurs nains ou *petits sots*, qui parfois avaient aussi un page à leur service [2].

René aimait trop la représentation pour ne pas retenir également auprès de sa personne quelques-uns de ces Arabes ou de ces Turcs à la mine étrange, à la prestance imposante, qui venaient trafiquer dans ses ports de Provence et d'Italie. C'était là une de ces curiosités dont il était si friand. Falcon, son Maure favori, lui fut amené de Solliès, petite ville provençale, au mois de septembre 1447. Il lui donna aussitôt des *robes de Sarrazin*, un couteau turquois, et tout l'accoutrement de ses compatriotes. Plus tard, il l'emmena à Angers, où, pour surcroît de couleur locale, il l'exhibait dans ses jardins en com-

---

[1] *Bibliothek des literarischen Vereins*, n° 7, p. 161. Compte de Jeanne de Laval, ms. cité, *passim*.

[2] *Comptes et mém.*, n°s 743, 749-751, 758, 759. Arch. des Bouches-du-Rhône, B 215 (pièces justificatives, n° 88) et B 608. De Laborde, *les Ducs de Bourgogne*, n° 7029.

pagnie de ses dromadaires et de ses chèvres de Barbarie. Falcon mourut là en 1463, et la pension dont il jouissait fut attribuée à une Mauresque venue sans doute avec lui, nommée Cresselle, et mariée à Bertrand Gosmes, gardien des oiseaux du prince.

Le roi de Sicile entretenait encore plusieurs autres individus de la même race : un vieux Maure, vêtu ordinairement d'une robe longue de bleu turquin ; deux petits Maures, habillés de robes vertes, de jaquettes ou de pourpoints de futaine, de chemises « garnies de petits draps linges », de chausses blanches et de bonnets de la même couleur ; enfin un *Maure blanc*, Monnet Alibert, qui avait la liberté de circuler dans le pays pour ses affaires particulières. Au reste, tous ces personnages, bien qu'ils fussent parfois achetés comme esclaves, c'est-à-dire délivrés de l'esclavage par le roi de Sicile, trouvaient à sa cour une vie douce et paisible. Quelques-uns se faisaient chrétiens, et Cresselle était sans doute du nombre. On voit René encourager l'un d'eux à faire ses Pâques en lui donnant un florin, de même qu'il accordait une gratification à ses pages et à son nain Phelippot « pour soy confesser et soy ordonner ». Ces étrangers, de leur côté, pouvaient lui rendre des services de plus d'un genre, comme ces ouvriers turcs cédés par un seigneur espagnol à Jean de Saintré, qui savaient parfaitement tisser la soie, et que Jean offrit à son tour à la reine de France, enchantée d'un pareil présent. Deux Maures, par exemple, étaient employés à la fourrière du roi de Sicile. Presque tous avaient une monture à eux, cheval, âne ou mulet, et servaient au besoin de courriers. Enfin on les utilisait comme interprètes, et, au milieu des livres ou des produits de leur patrie, dont leur maître s'entourait, c'est à peine s'ils devaient se trouver dépaysés [1].

---

[1] *Comptes et mém.*, n°s 92, 129, 741-746, etc. Arch. des Bouches-du-Rhône, B 215 (pièces justificatives, n° 88). Villeneuve-Bargemont, III, 351. Fr. Michel, *Recherches sur les étoffes*, II, 371.

CHAPITRE V.

LITTÉRATURE.

OEuvres littéraires de René. Prose : le *Livre des tournois*; lettres missives. — Prose mêlée de vers : le *Cœur d'amour épris*; le *Mortifiement de vaine plaisance*; l'*Abusé en cour*. — Poésie : *Regnauld et Jeanneton*; rondeaux; cantiques et mystères.
Écrivains attachés au roi de Sicile : Pierre de Hurion; Jean du Périer; Antoine de la Salle; Louis de Beauvau. — Littérateurs et savants en relations avec lui : Charles d'Orléans; Alain Chartier; Villon; Philelphe; Antoine Marcello; Junien Maggio; Laurent Valla; etc.
Catalogue de la bibliothèque de René. — Ses connaissances en littérature, en langues, en histoire, en géographie, en sciences naturelles. — Son goût pour l'imprimerie et pour les reliures.
Conclusion.

 René d'Anjou cultiva les lettres de la même manière que les arts, par lui-même et par la main d'autrui, en écrivant et en faisant écrire, en étudiant et en répandant l'instruction. Ses ouvrages littéraires ne sont pas sujets à contestation autant que ses ouvrages artistiques : ils portent pour la plupart son nom, et nous en possédons, sinon les originaux, au moins des exemplaires contemporains. L'édition de luxe publiée par M. de Quatrebarbes en 1845, avec le concours de M. Paulin Paris, les a fait connaître au public. Il ne me reste plus ici qu'à les apprécier au point de vue de leur degré d'authenticité, de leur composition, de leur valeur intrinsèque : l'examen des manuscrits m'aidera à compléter les indications données à ce sujet par l'éditeur.
 Il serait difficile de dire si René fut un poète ou un prosateur, un moraliste ou un romancier; car son talent souple et varié s'essaya dans presque tous les genres. Ses productions

contiennent un mélange de prose et de vers. La didactique, le discours moral, l'églogue, la satire, le roman allégorique y sont à la fois représentés. Cependant ce dernier genre domine, et la forme poétique est celle que l'auteur a le plus souvent employée. On peut répartir ses ouvrages en trois catégories : ceux qui sont écrits uniquement en prose, ceux où la prose alterne avec les vers, et ceux qui sont entièrement versifiés. C'est dans cet ordre que je vais les passer en revue.

Dans la première catégorie se place le *Livre des tournois*, dont le vrai titre est celui-ci : *Traictié de la forme et devis comme on fait les tournois*. Le prince qui s'était distingué dans tant de pas d'armes, et qui observait si religieusement les règles de la vieille chevalerie, était mieux placé que personne pour établir cette espèce de code ou de théorie. La dédicace ne laisse aucun doute sur son authenticité : le roi de Sicile y a inscrit son nom après celui de son frère Charles d'Anjou, pour qui le livre est spécialement composé[1]. Cette dédicace est reproduite dans tous les manuscrits, qui sont au nombre de cinq, dont trois écrits au quinzième siècle[2]. Un de ces derniers a

---

[1] « A très-hault et puissant prince mon très-chier, très-amé et seul frère germain Charles d'Anjou, conte du Maine, de Mortaing et de Guyse, je, René d'Anjou, vostre frère, vous faiz savoir que, pour le plaisir que je congnois depieça que prenez à veoir hystoires nouvelles et dittiez nouveaulx, me suis advisé de vous faire ung petit traictié, le plus au long estendu que j'ay sceu, de la forme et devis comme il me sembleroit que ung tournoy seroit à entreprendre à la court ou ailleurs en quelque marche de France, » etc.

[2] Voici l'indication sommaire de ces manuscrits, auxquels M. Paulin Paris a consacré une notice spéciale (*OEuvres du roi René*, t. V, p. cv-cx), mais qui ont reçu depuis des cotes nouvelles dans le classement du fonds français de la Bibliothèque nationale : 1. N° 2692 (ancien n° 8351). Ms. sur parchemin, grand in-f°, de 74 feuillets, exécuté par l'ordre du sire de la Gruthuyse, à la fin du XV° siècle, pour être offert à Charles VIII. La première des trente-trois grandes miniatures qui le décorent représente ce seigneur offrant le volume au Roi. Sur une autre sont réunies les armes des divers chevaliers qui prirent part au tournoi de Bruges, donné en 1392 par le père du sire de la Gruthuyse. — 2. N° 2693 (ancien 8351²). Exemplaire analogue au précédent, de 68 feuillets, destiné à la collection particulière du sire de la Gruthuyse, ayant appartenu ensuite à Hector Le Breton, sieur de la Doyneterie, roi d'armes de France, puis à Gaignières. — 3. N° 2691 (ancien 8351² bis). Copie faite au XVII° siècle sur un des mss. précédents;

même passé pour être l'original, opinion basée sur une note mise en tête du volume au siècle suivant et conçue ainsi : « Ce présent livre a esté dicté par le roy René de Sicille et painct de sa propre main. » L'écriture offre, en effet, beaucoup d'analogie avec celle des actes de sa chancellerie, et, bien que le mot *dicté* ne signifie ordinairement que *composé*, il n'y aurait rien d'impossible à ce que cet exemplaire ait été exécuté sous la dictée du prince par un de ses secrétaires. Quant à l'avoir écrit lui-même, comme on l'a prétendu et comme l'a soutenu M. Champollion, c'est une impossibilité également démontrée par la nature des caractères et par les termes mêmes de la note qu'on vient de lire. M. Paulin Paris a combattu avec raison une telle attribution, et l'origine des peintures, très-intéressantes du reste, n'est pas autrement attestée, car elles ne renferment même pas, comme celles des livres d'heures examinés plus haut, les armes du roi de Sicile.

La date de la composition du *Livre des tournois* ne saurait être antérieure à 1444, Charles d'Anjou étant qualifié, dans la dédicace, du titre de comte de Guise, qui ne lui appartint qu'à partir de son mariage avec Isabelle de Luxembourg et de sa prise de possession du comté, autorisée par le Roi le 9 janvier de cette année [1]. Il fut sans doute écrit quelque temps après la brillante série de joutes auxquelles le pas de Tarascon servit de clôture, et lorsque la fin de la campagne de Normandie eut

---

grand in-folio sur papier, de 101 feuillets. Le langage est quelque peu rajeuni. Les peintures du n° 2692 ont été reproduites, et l'on y a ajouté quinze gravures de Melchior Tavernier, destinées à accompagner l'édition des œuvres de René que Peiresc préparait et qui n'a pas vu le jour. — 4. N° 2695 (ancien 8352). Exemplaire contemporain de René; grand in-folio de 109 feuillets, sur papier. C'est celui dont il est question ci-dessus. Il a appartenu à Marie de Luxembourg, comtesse de Romont. — 5. N° 2696 (ancien 8352²). Ms. sur papier, de 59 feuillets, grand in-folio, écrit vers la fin du XV° siècle; il a été la propriété d'un sieur de Salenove, dont la signature se lit à la fin, et ensuite de Gaston d'Orléans. — Le *Livre des tournois* avait été publié, avant M. de Quatrebarbes, dans l'histoire de la chevalerie de Gassier, et en partie dans le *Théâtre d'honneur* de Wulson de la Colombière. M. Champollion-Figeac en a aussi donné une édition de luxe, avec dessins coloriés, en 1826 (Paris, Didot, un vol. grand in-folio).

[1] Arch. nat., P 1334¹⁵, n° 89.

laissé à René le loisir de se livrer à des travaux paisibles, c'est-à-dire dans les années 1451 ou 1452.

L'auteur déclare, en commençant, que ce sont les tournois d'Allemagne, ceux de Flandre ou de Brabant et ceux de France qui lui ont servi de modèles, et qu'à l'aide de ces trois types, en choisissant dans chacun ce qui lui semblait le meilleur, il en a formé un quatrième, purement conventionnel, mais constituant en quelque sorte l'idéal du genre. Afin de donner plus de vie à son œuvre, il prend pour ses héros, ou pour chefs du tournoi, les ducs de Bretagne et de Bourbon : le premier est l'*appelant*, le second le *deffendant*. Il décrit d'abord l'invitation faite par le roi d'armes de Bretagne; le duc de Bourbon accepte, pour faire plaisir à son cousin « et aux dames esbatement »; il désigne quatre *juges diseurs*, fait peindre sur parchemin la figure des deux chefs, à cheval et armés de pied en cap, et attache cette peinture sur une grande pièce de drap d'or, de velours ou de satin, destinée à couvrir les épaules du roi d'armes; puis le tournoi est *crié* ou publié en divers lieux par des poursuivants, qui annoncent les noms des tenants, les prix à décerner, etc. Suit une description détaillée des armures (harnois de tête, de corps et de bras, timbres, lambrequins, cottes d'armes, selles, *houssures* de chevaux, masses et épées), description où l'archéologue peut puiser des notions d'autant plus précieuses, qu'elles sont complétées par des peintures placées en regard. Les lices, les échafauds sont minutieusement *devisés* à leur tour. La fête commence : les chefs du tournoi, les juges, les *tournoyants* arrivent au lieu désigné, précédés de trompettes et de hérauts, et se réunissent, la veille de l'action, vers le soir, dans une grande salle préparée tout exprès, où les dames sont assemblées; on procède aux derniers préparatifs, et l'on danse pour terminer la soirée. Le lendemain, l'appelant et le défendant font leur *montre* et reçoivent les serments des combattants; les dames élisent leur chevalier d'honneur. Le troisième jour, l'assemblée prend place sur les tribunes, et le cortége du tournoi défile solennellement dans les lices.

Après les sonneries et les avertissements du roi d'armes, les joutes commencent. Les chevaliers, rangés sous la bannière des deux chefs, s'élancent les uns contre les autres avec leurs varlets, et luttent jusqu'à ce que les trompettes retentissent de nouveau. Le vainqueur est jugé, mais il n'est proclamé que le soir : une des dames, accompagnée de deux damoiselles, lui décerne le prix de la vaillance ; il les embrasse « si c'est son plaisir », et les fait danser après. Les joutes recommencent le jour suivant, et des prix spéciaux sont distribués : une verge d'or au plus beau coup porté, un rubis à celui qui a rompu le plus de lances, un diamant à celui qui a combattu le plus longtemps. La fête se termine, comme la veille, dans les festins et les bals.

Malgré tout son intérêt, ce traité n'est qu'un manuel du cérémonial, ne comportant pas beaucoup de frais de style ni d'imagination. Il est surtout curieux par les descriptions minutieuses qui font revivre à nos yeux le monde de la chevalerie, ses usages, son étiquette. Mais c'est moins une œuvre de littérature qu'un règlement à consulter. Son seul mérite intrinsèque est la clarté : pour connaître et pour apprécier le génie de l'auteur, on doit l'étudier dans ses autres productions.

Il convient de mentionner aussi, dans la classe des écrits en prose, les nombreuses lettres missives que le roi René adressait aux princes, à ses officiers, à ses amis. On en trouvera divers échantillons, soit dans le cours de ce livre, soit parmi les pièces justificatives qui le terminent, soit enfin dans les *Extraits des comptes et mémoriaux*[1]. Ces lettres sont généralement courtes et simples. Leur rédacteur, qui n'était peut-être que le secrétaire dont la signature accompagne celle du roi, ne se met pas en frais de style ; rarement il lui échappe un de ces traits incisifs ou spirituels, si fréquents dans les missives de

---

[1] V. aussi les trente-sept lettres traduites par M. de Quatrebarbes (tome I, p. 1-41) d'après le recueil appartenant autrefois à M. Lautard et conservé aujourd'hui à la bibliothèque d'Aix (n° 1064). Il est regrettable que cette traduction ne soit accompagnée que par exception du texte original.

Louis XI, par exemple [1], et dont les actes publics de la chancellerie de René nous offrent cependant plus d'un spécimen [2] : mais il va droit au but, sans détour et sans digression. Il est vrai que ce sont surtout des lettres d'affaires qui nous restent, et que cette sorte d'écrits comporte nécessairement un peu de sécheresse. Quelquefois, néanmoins, elles sont empreintes d'une bonhomie caractéristique, qui se traduit en expressions ou en tournures familières ; on y rencontre aussi certaines réminiscences classiques attestant un esprit lettré. La plupart sont écrites en français, quelques-unes en italien ou en catalan, suivant leurs destinataires. Quant à leur forme extérieure, j'en ai parlé suffisamment dans la seconde partie de ce travail.

Parmi les ouvrages mêlés de prose et de poésie, il faut d'abord ranger le *Livre du Cueur d'amours espris*. D'après les deux derniers vers de ce roman, sa composition remonterait à l'an 1457 [3], c'est-à-dire au temps où René goûtait à Angers, avec sa nouvelle épouse Jeanne de Laval, un calme assez rare dans son existence. Il partit pour la Provence au mois de février de la même année ; mais le livre ayant une certaine étendue, et la date finale désignant l'époque de son achèvement, il y a lieu de croire qu'il fut écrit, ou du moins que la plus grande partie fut écrite avant ce départ. L'auteur était alors sous l'influence d'idées quelque peu romanesques ; son mariage lui avait refait une nouvelle jeunesse, et il n'est pas étonnant qu'il ait épanché dans une œuvre de pure imagination les sentiments qui le dominaient.

On conserve à Paris deux manuscrits du *Cœur d'amour épris*, l'un contemporain de l'auteur, l'autre postérieur d'un quart de siècle au plus [4]. L'exécution du premier, écriture et

---

[1] Lorsque l'édition des lettres de Louis XI, préparée depuis si longtemps par Mlle Dupont, aura enfin vu le jour, on reconnaîtra chez ce prince un style épistolaire véritablement personnel et original : ce sera, je crois, une révélation.

[2] V. notamment p. 118.

[3] « Fors que cest livre cy fut fait
« Mil quatre cens cinquante-sept. »

[4] 1. Bibl. nat., ms. fr. 24399 (ancien ms. La Vallière 30) : grand in-4° de 138 feuillets, sur parchemin ; 70 miniatures ; écriture du XVe siècle. — 2. Même

peinture, a été, comme de coutume, attribuée au roi de Sicile lui-même, sans raison plausible[1]. Les caractères rappellent cependant ceux de certains scribes de sa chancellerie. Les miniatures sont fort riches, et le second manuscrit en contient aussi quelques-unes dont l'élégance nous fait regretter que la décoration de ce volume soit demeurée incomplète. L'ouvrage est adressé à un prince que René, dans une lettre reproduite à la fin des deux exemplaires, appelle son « très-cher et très-amé neveu et cousin ». On suppose qu'il s'agit de Jean, duc de Bourbon, qui avait épousé Jeanne de France, fille de Charles VII et de Marie d'Anjou; c'est lui qui avait contribué à la délivrance du prisonnier de Philippe le Bon en mariant sa propre sœur au duc de Calabre.

Le roman du roi de Sicile est le récit d'un songe. Il a pour sujet les aventures du *Cœur*, transformé en galant chevalier, dans la conquête de la dame de ses pensées, personnifiée par *Doulce-Mercy*. Est-ce l'histoire de deux amants véritables, déguisée sous un voile transparent? Est-ce une simple allégorie, appartenant, comme tant d'autres, à l'innombrable famille du *Roman de la Rose?* La seconde opinion est plus vraisem-

---

fonds, n° 1509 (ancien ms. Cangé 33) : in-4° de 105 feuillets, sur parchemin; écriture droite, paraissant remonter à la fin du XV° ou au commencement du XVI° siècle; les miniatures diffèrent de celles du précédent, et les premières seules (jusqu'au folio 10) ont été exécutées. Dans ces deux exemplaires, le texte ne contient pas le quatrain final cité par M. de Villeneuve-Bargemont (II, 145) :

« Celui qui a escript ce livre
« Ne vous requiert chasteau ne place,
« Mais que pour vous il puisse vivre
« Et soit toujours en vostre grâce. »

L'auteur n'est pas nommé non plus dans le texte; mais, sous une des miniatures du second manuscrit, qui le représente endormi et rêvant, on lit cette rubrique : « Rex Siciliæ dormit. » Un troisième manuscrit, du XV° siècle, est conservé à la bibliothèque du Vatican, sous le n° 1629.

[1] Villeneuve-Bargemont, II, 117, 394; de Quatrebarbes, t. III, p. xxix. Ce dernier ne fait que reproduire l'appréciation de l'historien de René. Tous deux citent, indépendamment des manuscrits, une édition perdue qui aurait paru en 1503, sous le titre suivant : *La Conqueste qu'un chevalier nommé le Cuer d'amour espris fist d'une dame appelée Doulce-Mercy.*

blable, et l'auteur lui-même avoue qu'il s'est souvenu de Lancelot, de Gauvain, de Tristan, de Palamède et autres chevaliers de la Table ronde. Il suivra, ajoute-t-il, « les termes du parler du livre de la conqueste [du Saint-Gréal] [1] ». Effectivement, dès le début, le Cœur part en conquérant avec son écuyer Désir, qui le conduit, par monts et par vaux, dans des contrées inconnues. Ils rencontrent le manoir de dame Espérance, l'ermitage de la naine Jalousie, la forêt de Longue attente, la fontaine de Fortune, etc. Culbuté dans une rivière par un guerrier effrayant, nommé Souci, le Cœur se retrouve au château de Tristesse, où il est plongé dans un affreux cachot. Désir court à son tour les aventures, afin de chercher aide et assistance pour son maître; puis il vient le retrouver, et, après une série de malheurs et de succès, de déboires et d'encouragements dont l'énumération serait fastidieuse, ils finissent par atteindre leur but. Ce thème n'a donc, par lui-même, rien de neuf ni d'original. Les détails seuls sont quelquefois intéressants. Les descriptions sont particulièrement bien traitées, et l'on y reconnaît le goût du prince pour les beautés de la nature. Tel est ce tableau du matin, dans l'île d'Amour : « Si vi-
« rent lors l'air nect et pur, sans vent et sans nuée; et le jour
« gaignoit la nuyt forment en soy esclardissant, par façon que
« la lune n'avoit clarté qui peust plus le jour surmonter; et jà
« les oyselets s'appeloient l'un l'autre. D'autre part, la mer es-
« toit coye et seraine, et ne bruyoit en façon nulle ne que fist
« ung estang; les mouetes aussi commencèrent à voler par
« dessus la marine, et d'autres se troctoient sur le sablon
« menu que beau les faisait veoir. Le jour tant s'efforça, qu'il
« envoya couchier la lune et les estoilles, sic que plus nulles
« ou ciel n'apparoissoit; et lors les vavasseurs, quand ilz vi-
« rent le jour, eurent un pou vergogne de ce que tant ilz avoient
« mis à eulx mectre en point, vestir et abiller [2]. »

La description du château de Plaisance offre un attrait d'un autre genre : l'or, les pierreries précieuses, les œuvres d'art

[1] De Quatrebarbes, III, 3.
[2] *Ibid.*, 89 et suiv.

y sont semées à profusion ; la grande salle, pavée de mosaïque, est décorée de « dix grans tapis de soye et tous batuz à or, de l'ouvraige d'Arras », représentant autant de personnages allégoriques. On retrouve dans ce manoir imaginaire les meubles élégants, les objets *morisques* et tout le luxe intérieur dont le bon roi aimait à s'entourer dans ses résidences favorites ; l'on dirait qu'il a pris modèle sur l'une d'elles, et le château de Plaisance est, en effet, comparé à celui de Saumur, assis sur les bords de la Loire. En conduisant son héros à l'hôpital d'Amour, le romancier fait l'énumération des écussons appendus dans son enceinte, c'est-à-dire des nobles hommes qui ont été victimes de la passion amoureuse. Ici l'allégorie devient une satire ; car, après avoir nommé plusieurs illustrations de l'antiquité et des poëmes de chevalerie, il arrive à ses contemporains et désigne successivement, en leur attribuant des devises fort indiscrètes, *le petit Arthur*, duc de Bretagne, Louis, duc d'Orléans, Jean, duc de Berry, Louis, duc de Bourbon, Philippe, duc de Bourgogne, Charles Quint, roi de France, Charles, duc de Bourbon, Louis de France, Dauphin de Viennois, Charles d'Anjou, comte du Maine, Gaston de Foix, Louis de Luxembourg. Pour montrer qu'il n'y entend pas malice, il s'ajoute lui-même à la liste, et met sous son blason des vers non moins significatifs :

« Je suis René d'Anjou, qui se vieult acquiter
« Comme coquin d'amours, servant de caymander,
« En cuidant mainte belle à moy acoquiner... [1] »

[1] De Quatrebarbes, III, 122. René décrit ainsi son propre blason (il faut se souvenir qu'il n'était plus duc de Lorraine à l'époque où il écrivait ce roman) : « Ou dessus avoit une couronne d'or, lequel estoit à une souche d'or painte par semblant, là pendu ; et n'avoit ladicte souche que ung seul et vert cyon. Lequel escu estoit en chief de trois royaumes, parti de Hongrie, de Sicile et de Jérusalem ; et en pié aussi de deux duchez, c'est assavoir d'Anjou et du Bar. Et pour Hongrie, estoit fessé de huit pièces d'argent et de gueules ; pour Sicile, d'azur semé de fleurs de lis d'or à ung rateau de gueules ; et pour Jérusalem, d'argent à une croix d'or potencée et quatre croix d'or dedans les quatre quartiers. Et pour Anjou, d'azur semé de fleurs de lis d'or à une bordeure de gueules ; et pour Bar, d'azur à deux barres d'or, semé de croisettes croisetées d'or au pan fiché. » (*Ibid.*, 121.)

La prose et les vers sont mélangés, dans le *Cœur d'amour épris,* en proportion à peu près égale. La première est réservée pour certains passages mis dans la bouche de l'*acteur,* et qui forment une série de récitatifs alternant avec le *chant,* composé principalement des paroles ou discours prononcés par les héros du livre. Ce singulier amalgame est une transition entre les poëmes qui ont servi de modèles à l'auteur et les romans de chevalerie en prose qui firent les délices des âges suivants. La partie versifiée est généralement d'une lecture moins facile et moins attrayante que l'autre; on y sent trop les entraves imposées à la pensée par la mesure et la rime, et, pour quelques tirades d'une vivacité agréable, on y rencontre une quantité de longueurs et de chevilles mal dissimulées.

La poésie tient moins de place dans le *Mortifiement de vaine plaisance,* ouvrage bien différent du précédent, par le fond, sinon par la forme. C'est un traité de morale chrétienne, j'allais dire de théologie, où les allégories raffinées, employées ailleurs pour la peinture de l'amour profane, servent à rendre les sentiments d'une âme pénitente. Selon M. de Quatrebarbes, il aurait été écrit en expiation du roman dont on vient de voir l'analyse, et à la suite des remontrances de Pierre Marini, confesseur du roi de Sicile. Ce religieux se serait écrié du haut de la chaire : « Les rois de notre temps, au lieu de lire chaque jour l'Écriture sainte et la *Cité de Dieu,* comme le faisaient Robert le Bon et l'empereur Charlemagne, préfèrent les livres pleins de paroles oiseuses, de sujets d'amour, de vanités et de mensonges, tels que les romans de Lancelot et d'Amadis, qui portent plutôt l'esprit à la volupté qu'à la dévotion [1]. » Et le prince aurait pris ces mots pour une allusion directe à sa récente composition. Mais le titre de deux des manuscrits du *Mortifiement,* titre à peu près contemporain de l'auteur et que M. de Quatrebarbes a négligé de reproduire, détruit complétement cette supposition. Il nous apprend, en

---

[1] *Œuvres du roi René,* t. IV, p. 11.

effet, que l'ouvrage est antérieur de deux ans au *Cœur d'amour épris :* « Ensuit ung petit traictié d'entre l'âme dévote et le « cuer, lequel s'appelle le Mortifiement de vaine plaisance, fait « et composé par René, roy de Cecille et duc d'Anjou, par luy « mandé et intitulé à très vérend (*sic*) père en Dieu l'arche- « vesque de Tours, *lequel traictié fut fait en l'an mil iiiie cin- « quante et cinq*[1]. » Cette date est sans doute, ici encore, celle de l'achèvement du livre ; car la majeure partie de la ré- daction dut être faite pendant le veuvage du prince, avant que son esprit, absorbé par de pieuses et mélancoliques pensées, eût été ramené par un nouvel amour vers les sujets profanes, c'est-à-dire de 1452 à 1454.

Si, dans le *Mortifiement*, le style se ressent encore du mau- vais goût de l'époque, si la mode des allégories mystiques y est poussée jusqu'à l'abus, l'élévation des sentiments, l'éner- gie de l'expression, la justesse de certaines sentences, en font une œuvre bien supérieure aux précédentes. Dans une dédi- cace adressée à son ami et familier Jean Bernard, archevêque de Tours, l'auteur annonce qu'il écrit pour l'édification des « sim- ples gens laiz », et non pour les « grans clercs fondez en haulte science[2] ». Il prie, du reste, le prélat et tous les autres ecclé- siastiques de corriger ses paroles, s'ils y trouvent quelque

---

[1] Bibl. nat., mss. fr. 960 et 19039. Le n° 960 (autrefois 7293²) est un ms. in-4°, de 39 feuillets, sur papier ; il paraît écrit à la fin du XVe siècle, et ne contient ni miniatures ni ornements. Une copie moderne, faite sur cet exem- plaire au XVIIIe siècle, et portant le n° 12443, renferme quelques corrections. Le n° 19039 a appartenu au chancelier Séguier et à l'abbaye de Saint-Germain. Le *Mortifiement* y est joint aux *Chroniques de plusieurs sages philosophes*. Ce second manuscrit est illustré : on y voit notamment le portrait de l'auteur com- posant son livre, la couronne sur la tête. Il a été exécuté, d'après l'explicit, « par la main de Jehan Coppre, prebstre de Varroingnes, au commandement de monsieur de Flagy en Miliare, l'an XVe et XIIII ». Outre la notice de M. de Quatrebarbes, on peut consulter, sur le *Mortifiement de vaine plaisance*, l'analyse de M. de Villeneuve-Bargemont, qui cite deux autres manuscrits : le premier à la bibliothèque de Vienne (Autriche), l'autre acheté par lui à Nancy (II, 383-393). M. Viollet a reproduit deux fragments de ce traité dans les *Œuvres chrétiennes des familles royales de France*, p. 155.

[2] De Quatrebarbes, IV, 2.

chose à reprendre ». Et, joignant à cette touchante modestie un humble repentir, il lui demande, à la fin du livre, de crier à Dieu pour qu'il lui pardonne ses fautes, « à l'exemple de la lyonnesse, qui, quant elle voy qu'elle a faonné ses petis lyonceaulx tous mors-nez, sans vie, sa voix efforce sur eulx, et si hault crye et brait, que le ton de sa voix, au bout de certains jours, aide à avoir vie à ses petits lyons [1] ». Ne dirait-on pas que dans ces lignes, comme dans beaucoup d'autres passages, se reflètent l'existence et les distractions favorites du royal écrivain? Avant d'entrer en matière, il fait lui-même, en deux mots, le résumé de son traité : « Fictionnellement raconteray
« comment l'âme dévote à seule Crainte de Dieu et à par-
« faicte Contrition se complaint piteusement du Cuer plain
« de vaine plaisance, qui la tourmente fort. Et lors seule
« Crainte et parfaite Contrition se saisirent du Cueur, et puis
« le baillirent à souveraine Amour, à vraye Espérance et à
« ferme Foy; lesquelles, pour du tout le joindre à la passion
« de son Sauveur, le clouent sur l'arbre de la croix, et Grâce
« divine, pour mortifier sa vaine plaisance, luy met le fer de
« la lance au costé. Et par ainsi, l'Ame dévote vit en ce
« monde en grant contentesse et repos avecques son Cuer [2]. »

Toutes ces abstractions, Crainte, Contrition, Amour, Espérance, Foi, Grâce divine, deviennent, on le voit, des êtres vivants, qui agissent et se meuvent comme dans un drame ; c'est encore là une espèce de roman, mais de roman religieux dans son esprit et pratique dans son but. Le texte est émaillé de quelques versets de l'Écriture, suivis de leur paraphrase en prose française. Un petit nombre de strophes rimées sont mises dans la bouche des personnages. Trois paraboles, empruntées à la vie militaire ou villageoise, donnent de l'animation au récit. Il se termine par une fervente prière de l'âme reconnaissante: « Sire Dieu, sire et seigneur, seul souverain
« très-doulx, très-humain et très-débonnaire, comment te
« pourroy-je rendre grâces si grandes comme à ta majesté

[1] De Quatrebarbes, IV, 60.
[2] *Ibid.*, 2, 3.

« vrayement il appartient, ou encoires si grandes qu'elles
« puissent et doient estre souffisantes, selon les très-grandes
« et innumérables grâces que par ta bénignité il a pleu à
« ta bonté me faire? Hellas! Sire, je ne sçauroye, ne point
« ne me seroit possible certainement; dont me viendroit
« loenge pour toy souffisamment loer, se de ta souveraine
« et parfaicte souffisance ne vient?... Tu es mesmes ta loenge,
« tes œuvres te louent selon la multitude de ta grandeur, car
« ta loenge ne peut estre comprinse... Or, suis resuscitée en
« ta miséricorde, toy qui es Dieu, mon miséricordieux père,
« faisant tousjours et sans cesser miséricorde tant et si très-
« largement à ceulx qui voir te aiment. Et pour ce, Sire,
« mon Dieu très-débonnaire et mon satisfieur, tu m'as com-
« mandé en ta loy que je te aime de toute ma pensée, de
« toute ma puissance, de toute ma force et de toutes mes
« vertus, aussy à toutes heures. De feu qui tousjours art et
« ne fus oncques estaint, d'amour qui est tousjours sans ces-
« ser très-boulante et ne devins oncques froide ne tiède, em-
« brase moy bien fort de charité, qui es mon Dieu; embrase
« moy, Sire, je désire estre toute embrasée de toy, si que je
« t'aime tant seulement. Car je congnois bien que cellui
« t'aime de tant moins, qui aime aultre chose avec toy, la-
« quelle il n'aime pas pour toy, hellas[1] ! » Ces paroles sont
bien celles d'une âme que n'occupe aucune passion terrestre;
on croit entendre, en les lisant, un écho de la voix du célèbre
inconnu auquel est due l'*Imitation de Jésus-Christ.*

Le dégoût du monde et surtout le mépris des grandeurs se
font sentir davantage encore dans l'*Abuzé en court*, autre
traité moral et allégorique confinant à la satire. Ce livre, dont
il reste plusieurs manuscrits du quinzième siècle, a été imprimé vers la même époque, sans nom d'auteur[2]. Il a été quel-

---

[1] Ms. 19039 ; de Quatrebarbes, IV, 56-58.

[2] Les manuscrits sont conservés dans le fonds français de la Bibliothèque nationale, sous les n^{os} suivants : 1. N° 1695 (ancien n° 7674), actuellement absent : in-folio
de 55 feuillets, sur parchemin ; écriture du XVe siècle ; la place des miniatures est
demeurée en blanc. — 2. N° 1980 (ancien n° 7912) : in-8° sur parchemin, avec mi-

quefois attribué à dom Jean, moine de l'abbaye de Haute-Seille, en Lorraine, et un des exemplaires, transcrit au seizième siècle, se termine par un explicit qui désigne un troisième personnage : « Cy fine l'Abuzé en court, compouzé par noble homme Charles de Rochefort¹. » Mais ces mots, où M. Vallet a cru trouver la révélation du véritable auteur², ne se rapportent peut-être qu'à la transcription de l'ouvrage, et non à sa rédaction; et, en présence d'un tel désaccord, il vaut mieux ajouter foi aux indications du manuscrit qui passe pour l'original, et qui donne, avec le nom du roi de Sicile, la date de 1473³. Le sujet traité convient, d'ailleurs, parfaitement à la situation où René se trouvait à cette époque. En butte aux tracasseries, à l'hostilité de Louis XI, il était allé chercher au fond de la Provence un abri éloigné. Les plaintes amères exhalées par le héros semblent l'expression du désenchantement et du déboire que faisait éprouver au vieux prince la conduite

niatures et encadrements; écriture du xv° siècle; l'*Abuzé en court* fait suite à la *Danse des aveugles*, poëme de Pierre Michaut, et va du folio 57 à la fin du volume. — 3. N° 12775 (ancien n° 1907 du suppl. franç.): grand in-4° de 69 feuillets, sur papier; écriture de la fin du xv° siècle ou du commencement du xvi°; pas d'ornements; le traité est suivi du *Débat du vin et de l'eau*. — 4. N° 25293 (ancien n° 58 du fonds Gaignières) : in-4° sur parchemin; écriture droite, qui parait de la fin du xv° siècle; riches miniatures et lettres ornées; à la suite de l'*Abuzé*, qui occupe les 19 premiers feuillets, viennent les *Aventures d'un comte d'Artois* et d'autres opuscules anonymes. Un exemplaire de « l'*Abuzé en court*, en parchemin, couvert de roge », faisait partie de la bibliothèque de Charlotte de Savoie. (*Bibl. de l'École des chartes*, 6° série, I, 301. V. aussi le n° 9 du catalogue de la bibliothèque de François I, publié par M. Michelant.) Deux éditions, parues, l'une à Vienne en 1484, l'autre vers 1475, sont citées par M. de Villeneuve-Bargemont dans la notice consacrée à ce livre (II, 416). La seconde, qui est la première par l'ancienneté, est sans doute celle qu'on attribue à Colard Mansion, de Bruges, et qui, d'après les termes de l'explicit, aurait été imprimée du vivant même de l'auteur (in-folio gothique). Deux autres ont été publiées peu de temps après, sans lieu ni date. (V. Brunet, *Manuel du libraire*.)

¹ N° 12775.

² *Biographie générale*, art. *René d'Anjou*.

³ N° 1095. L'explicit dit même que le livre de l'*Abuzé en court* fut *fait* le 12 juillet 1473; ce qui indique bien que les dates inscrites à la fin des manuscrits sont seulement, comme je l'ai dit plus haut, celles de l'achèvement du travail, car il est évident que cet ouvrage n'a pu être fait en un jour.

de son redoutable neveu. Et, en effet, lorsque l'auteur suppose qu'il fait la rencontre d'un pauvre homme appelé l'Abusé, et que celui-ci lui demande à son tour quel il est, il lui répond : « Je me suis tenu en court jà peut avoir l'espace de quinze ou vingt ans, en laquelle j'ay assez peu ou rien prouffité; et quant je vous ay oy de vous mesmes nommer le pouvre homme Abuzé en court, ung doute m'est entré soubitement ou cuer, *comme si ce cas me touchoit en partie*[1]. » René paraît donc avoir voulu se mettre personnellement en scène, et ce demi-aveu achève en même temps de montrer qu'il est bien le père de l'*Abuzé*, car il passa effectivement, sans y rien gagner, quinze ou vingt années à la cour de France, ou du moins dans l'intimité du Roi (depuis son retour de Naples jusqu'à l'avénement de Louis XI). Dès lors, il n'y a rien que de rationnel à voir dans le récit des mésaventures de l'Abusé la reproduction de celles du prince lui-même. L'infortuné raconte d'abord qu'il a été élevé par un sien parent et ami, grand clerc, déjà âgé, qui l'instruisait de ses devoirs : l'éducation de René, on se le rappelle, avait été achevée ainsi par le cardinal de Bar, son oncle. Abus et Fol-Cuider, l'époux de Folle-Bombance, essayent de séduire le jeune innocent, qui les écoute et se laisse entraîner à la cour : là, il obtient quelques succès auprès des dames ; il compose pour elles des ballades, qu'elles cachent dans leur ceinture et que les flatteurs comparent aux poésies d'Alain Chartier. La Cour lui fait ordonner une certaine somme de deniers par mois et lui fait mille promesses alléchantes. En vain le Temps, vieillard morose, lui affirme que nul marchand de Paris ne lui prêterait quatre aunes de drap sur un plein panier de promesses pareilles : il est captivé par le goût des modes élégantes, des bonnets fendus, des jaquettes écourtées, et plus encore par les charmes d'une jeune demoiselle, nommée Folle-Amour. Bientôt son escarcelle se vide, son crédit baisse ; il recourt aux *regratteux* et aux *radoubeux* de pour-

[1] De Quatrebarbes, IV, 70. M. Vallet, dans la *Biographie générale*, ne veut pas que l'*Abuzé* soit le récit, même allégorique, de la vie de René ; mais une lecture attentive du texte l'eût certainement fait changer d'avis.

points. La Cour, qu'il supplie de lui venir en aide, lui fait une réponse digne de la fourmi sollicitée par la cigale :

> « Puisque tant avez actendu,
> « Actendez jusques à demain [1]. »

Ses amis ne sont pas plus généreux, et le payent de prétextes invraisemblables, comme les convives de la parabole évangélique. Un seigneur, qui a été chargé d'examiner sa supplique, et dont il cherche à gagner la faveur par des courbettes, le renvoie en disant que la lettre est égarée. Dans une dernière audience, la Cour, sa maîtresse, qui a changé de résidence, lui donne un congé peu poli. Il prend son bâton et se retire en lointain pays, sans pages et sans escorte. Il ne lui reste plus pour soutien que dame Patience, qui ne l'empêche pas de tomber entre les mains de Pauvreté et de Maladie, et d'être conduit par elles à l'hôpital.

Que d'allusions transparentes dans cette courte histoire ! Quiconque aura lu la vie du bon roi les saisira facilement. Mais il faut se reporter au texte même de l'*Abuzé* pour avoir une juste idée de l'esprit satirique, et enjoué malgré tout, qui anime son auteur. Là seulement on pourra voir de combien d'épigrammes il poursuit le monde de la cour, ce séjour dangereux où trois choses sont surtout nécessaires :

> « Tout regarder, et faindre riens ne veoir;
> « Tout escouter, monstrant riens ne sçavoir;
> « Mot ne sonner des cas qu'on sçait et voit [2]. »

Somme toute, ce petit poëme mêlé de prose sort, en dépit de sa forme, de la froide allégorie. René, en l'écrivant, est arrivé à donner une vie nouvelle et un charme inattendu à un genre usé, trop souvent fastidieux.

Dans la classe des poésies proprement dites, on ne trouve, sous le nom du roi de Sicile, qu'un seul ouvrage de quelque

---

[1] De Quatrebarbes, IV, 124.
[2] Je remets en vers ce passage, confondu avec la prose par l'éditeur des Œuvres du roi René (IV, 96).

étendue ; mais il en vaut, à lui seul, plusieurs autres. *Regnault et Jeanneton* (c'est le titre qui lui est donné ordinairement) peut être regardé comme le chef-d'œuvre de l'auteur. J'ai déjà parlé de cette fraîche idylle à propos du mariage de René et de Jeanne de Laval. Ce mariage lui-même, avec les circonstances qui le précédèrent ou le suivirent, en fait le sujet. Les écussons des deux époux, placés à la fin du seul manuscrit qui nous soit parvenu [1], donnent non-seulement la preuve de l'authenticité du poëme, mais la clef de l'ingénieuse fiction sous laquelle sont légèrement déguisés, comme dans certaines églogues de Virgile, des personnages et des faits réels. René s'est délicatement désigné en inscrivant sous ce blason les mots suivants :

« Icy sont les armes, dessoubz ceste couronne,
« Du bergier dessusdit et de la bergeronne. »

Les noms mêmes des deux héros du livre sont la reproduction, à peine altérée, de ceux des royaux amants. Enfin, pour ne laisser aucun doute, une main plus récente a brutalement traduit cette facile énigme et tracé, en tête du même exemplaire, le titre que voici : « Les amours de René, roi de Naples et de Sicile, et de Jeanne, fille de Guy, comte de Laval, qu'il épousa en secondes noces. »

Le poëme de *Regnault et Jeanneton*, composé nécessairement après 1454, ne doit pas être postérieur de beaucoup à cette date. La passion qui l'inspira devait être encore dans toute son ardeur et dans toute sa nouveauté. C'est l'œuvre d'un cœur que les glaces de l'âge n'ont pas atteint. Si elle dépeint, comme le veut la tradition, les promenades champêtres des deux époux sur les rives de la Durance, pays qu'effectivement

---

[1] Ce manuscrit, après avoir appartenu au chancelier Séguier, au duc de Coislin, puis à l'abbaye de Saint-Germain-des-Prés, a passé, on ne sait comment, à la bibliothèque impériale de Saint-Pétersbourg. La Bibliothèque nationale de Paris en possède une reproduction exacte, sur laquelle M. de Quatrebarbes a établi son texte (II, 105 et suiv.) et qui porte, dans le fonds français, le n° 12178. V. aussi l'analyse du poëme faite par M. de Villeneuve-Bargemont (II, 229-239).

Jeanne de Laval prit en affection, il est probable qu'elle fut écrite durant le premier séjour de cette princesse chez les Provençaux, de 1457 à 1461.

Le livre débute par un tableau du printemps, empreint d'une sorte de réalisme poétique et d'un vif sentiment de la nature :

« Vers my avril, ou temps que la verdeur
« Ja apparoist, commençant, par doulceur
« Du renouveau, issir la fueille et fleur
« En boutonnant, de laquelle l'odeur
« Fait devenir l'air serain trop meilleur...

« Lors ung pasteur doulcement escouter
« Va pas à pas, et les verbes noter
« Des oisillons, pour au vray raporter
« Par bien choisir et aux autres compter
« Où est le ny de l'oiseau chantant cler;
« Et, pour mieulx veoir, dessus l'arbre monter
« Tantost ira, savoir que dedans a...

« Puis, en chantant, aux autres s'escrira :
« Je l'ay trouvé, le ny où [d']oiseaux a
« Foison petiz; si viengne qui pourra.
« La bergière qui mieulx courir sara
« Et qui plustost à moy tout droit vendra,
« Savoir lui fais certes que les ara
« Pour ung baiser plaisant et gracieulx.

« Lors chascune de courir si fera
« Tous ses effors, et si retruchera
« Son chemison ou la cote qu'ara
« De bureau gris, que plus inaux sera :
« Et sur son chef ja ne demourera
« Coeffe ne linge, mais trestoute cherra
« Sur les espaules la tresse des cheveux;

« Lesquelz sont beaux et blons, voir et tieux
« Que princesse, pour vray dire sans jeux,
« Ne les a pas, et bouquetez par lieux,

« En lieu de perles ou rubiz précieux,
« De violetes, car faire ne peut mieulx[1]... »

Cette description, qui rappelle les vers célèbres de Charles d'Orléans sur le renouveau, se prolonge durant une dizaine de pages avec une heureuse variété de rhythmes et de pensées; c'est toute une symphonie pastorale. Suit l'entrée d'un pèlerin, puis la rencontre d'un berger et d'une bergère, qui, sous ses regards, s'assoient l'un à côté de l'autre, à l'ombre des bois, et se partagent un frugal repas. Deux tourterelles, qui roucoulent près de là, leur inspirent de tendres propos. Regnault dit que cet oiseau aime avec tant de fidélité, que souvent il en meurt : mais les femmes, se hâte-t-il d'ajouter, n'en font jamais autant. Jeanneton se plaint et accuse à son tour les hommes. Alors le berger entame, pour se justifier, l'histoire de ses amours. Il rappelle à son amie comment il l'a recherchée le premier, comment il l'a aimée même avant de l'avoir vue, sur le rapport qu'on lui a fait de sa beauté, comment il a quitté le service, ses troupeaux, ses amis, pour passer secrètement les monts et venir la retrouver au beau pays de France. Toute cette histoire, que René retrace avec complaisance, est, comme nous l'avons reconnu, celle de son retour de Lombardie; l'allégorie est transparente, et l'on ne sait comment elle a échappé jusqu'ici aux éditeurs et aux historiens. La pastourelle ouvre ensuite son cœur, et prétend que son amour a bien plus de prix, parce qu'elle n'en a pas encore éprouvé d'autre. Le pèlerin, survenant, est pris pour juge du débat; mais, comme il est tard, il remet sa sentence au lendemain, et sa retraite amène une charmante peinture de la campagne à l'heure du soir. Le jour revenu, il se met à la recherche des jeunes amants ; mais ils ont disparu, ils sont allés cacher plus loin leur bonheur. Il les appelle, il les attend jusqu'au moment où le soleil devient brûlant, et, ne les voyant pas, il continue sa route. L'imitation de l'antiquité est visible dans cette bucolique. C'est un premier pas hors des sentiers battus ; c'est une transition entre les sub-

[1] Ms. 12178; de Quatrebarbes, II, 105 et suiv.

tilités galantes du moyen âge et la poésie naturaliste de la renaissance. En même temps que l'expression des goûts et des tendances d'une personnalité, il faut y voir l'annonce et l'inauguration d'une littérature nouvelle.

Au recueil manuscrit des œuvres de Charles d'Orléans sont mêlées beaucoup de poésies fugitives qui furent adressées à ce prince par de nobles contemporains, pour répondre à celles qu'ils avaient reçues de lui. L'auteur est désigné en tête de chaque pièce par le nom de sa seigneurie : Orléans, Bourbon, etc. Or, on trouve, dans le nombre, six rondeaux précédés du mot *Secile*, et qui ne peuvent émaner que de René. M. Champollion en a effectivement publié quatre comme étant son ouvrage, dans l'édition des poésies du duc d'Orléans. M. de Quatrebarbes, à son tour, en a reproduit cinq dans sa publication des œuvres du roi de Sicile. On ne voit pas pourquoi il a exclu le sixième, qui a le même degré d'authenticité que les autres. Le poëte se plaint, dans cette composition, d'une séparation douloureuse qui lui est imposée :

« Si dolant je me treuve à part
« De laisser ce dont mon bien part,
« C'est celle en qui n'a que redire,
« Que ne fus onques si plain d'yre,
« Ou jamaix Dieu n'ait en moy part!

« Car, quant je pense en mon départ
« Et qu'aler me faut autrepart,
« Je ne sçay plus que je dois dire,
« Si dolant je me trouve à part!

« Fortune, qui les lotz départ,
« M'a baillé ce dueil pour ma part,
« Qu'est pis qu'on ne sauroit redire ;
« Et si ne lui puis contredire ;
« Dont à peu que mon cuer n'en part,
« Si dolant je me trouve à part [1] ! »

[1] Bibl. nat., ms. fr. 25158, n° 143 (page 326). M. de Villeneuve-Bargemont (III, 25 et suiv.) a donné un texte fautif de ce rondeau et indiqué d'une manière inexacte les n°⁵ que portent les autres dans le recueil manuscrit. Ces n°⁵ sont les

Les cinq autres rondeaux portent également sur des sujets galants, qui faisaient l'objet d'une sorte de concours littéraire entre les deux princes; pourtant l'expression y est toujours décente et réservée, qualité commune, du reste, à toutes les productions de la plume de René, quoiqu'elle soit assez rare chez les écrivains de son temps. Ces petits morceaux, composés sans doute vers 1450, et, à coup sûr, avant 1465, date de la mort de Charles d'Orléans, n'ont pas la même valeur que le poëme de *Regnault et Jeanneton*. Ils n'ont guère d'autre charme que l'harmonie particulière à l'espèce, harmonie produite par la répétition du premier vers et l'agencement ingénieux des rimes. Dans l'un d'eux, toutefois, l'auteur a jeté un grain de sel sur les fadeurs à la mode. En tirant au sort sa Valentine, suivant un vieil usage qui subsiste encore en Angleterre, il était tombé sur une dame d'un âge très-mûr, que la discrétion l'a empêché de nommer. Pour se venger de cette male chance, il exhala son dépit dans le plaisant rondeau qui commence ainsi :

« Je suis desja d'amours tanné,
« Ma très-douce Valentinée,
« Car pour moy fustes trop tost née
« Et moy pour vous fu trop tard né [1]... »

René, d'après Lacroix du Maine, aurait encore rimé des cantiques sur les hauts faits de sa fille Marguerite et des distiques sur la Passion, qui se lisaient autrefois dans la chapelle de Saint-Bernardin d'Angers ; mais il n'en subsiste pas d'autre vestige que cette simple mention [2]. Enfin, il faudrait ajouter

---

suivants : 133, 134, 138, 139, 141 (pages 321, 324, 325). Cf. de Quatrebarbes, III, 199 et suiv.; Champollion, *les Poésies du duc Charles d'Orléans*, p. 430-432.

[1] Ms. cité, n° 134; de Quatrebarbes, III, 205.

[2] V. de Quatrebarbes, III, 199. Il se peut cependant que les distiques de la Passion se soient conservés dans une exhortation rimée, inscrite sur le catalogue des manuscrits de la bibliothèque de Troyes (n° 703) sous le titre suivant : « Exhortation en la personne de nostre benoist Saulveur Jésus, incitant plusieurs, à l'exemple de luy, de porter patiemment leurs tribulations et, luy aidant, à porter sa croix, composé par le feu bon roy René, roy de Sicile. » Cette pièce, qui

à la liste de ses œuvres poétiques certains mystères, à la composition desquels il prit au moins part. Jean Bouchet, dans ses *Annales d'Aquitaine*, prétend qu'il en écrivit lui-même plusieurs [1]. Il est certain, et j'en ai fourni la preuve dans le chapitre précédent, qu'il collaborait quelquefois avec les dramaturges entretenus à sa cour. Il fournit notamment à Jean Le Prieur le plan du mystère des *Actes des Apôtres*, attribué aux deux Greban, ou du moins d'un remaniement de cet ouvrage, et le lui fit « dressier et mettre en ordre selon la matière qu'il luy avait baillée [2] ». Ce travail s'exécuta sous sa direction et sous ses yeux, en 1478. Il fut aussi pour quelque chose dans la rédaction du *Roy Advenir*, drame sacré tiré de l'*Histoire de Josaphat, fils d'Avenir, roi des Indes et de Barlaam*, et qui nous est parvenu sous le nom du même Jean Le Prieur. On lit, en effet, dans le prologue de cette pièce :

« Il est vrai que le noble roy
« René, que Dieu vueille garder,...
« S'avisa, pour plus augmenter
« La vie du roy Advenir,
« Que ung mystaire en feroit ouvrer,
« Pour jouer ou temps à venir.
« Lors, pour expédier ce fait,
« Quoyque bien eust trouvé meilleur,
« Lui ayant vouloir au parfaict,
« Il appella ung sien varlet
« De chambre, nommé Le Prieur,...
« Et luy commanda de l'ouvrer [3]. »

Le *Roy Advenir* est l'œuvre d'un esprit inventif et surtout fécond, car il comprend deux journées et environ dix mille

comprend quatre-vingts vers et qui est mêlée à divers opuscules de piété dans un recueil du XVIe siècle, ne parait pas autrement authentique.

[1] *Ibid.*, 168.
[2] Arch. des Bouches-du-Rhône, B 273, f° 193. V. ci-dessus, p. 143 et suiv.
[3] Bibl. nat., ms. fr. 1042, f° 1. De Quatrebarbes, IV, 169. Ce mystère est analysé dans l'*Histoire de René d'Anjou* (III, 280 et suiv.) et dans le *Dictionnaire des Mystères* de M. de Douhet, éd. Migne.

vers. Il y avait là, comme on le voit, de quoi occuper plusieurs collaborateurs.

D'après ce qui précède, il est évident que René employait pour ses travaux littéraires la même méthode que pour ses travaux artistiques. Il avait auprès de lui des écrivains ou des secrétaires, auxquels il *devisait* ce qu'ils avaient à écrire, quand il ne le leur dictait pas. Quelques-uns étaient logés dans ses châteaux ou dans leurs dépendances. Tel était ce Pierre de Hurion, dont j'ai déjà parlé, et qui occupait une tourelle voisine des fossés du château d'Angers. Ce personnage obscur, qui rendit peut-être de grands services au prince, était en même temps son poursuivant d'honneur et portait comme surnom une de ses devises : *Ardent-Désir* ; ce qui ne l'empêchait pas de posséder, par une alliance assez rare des dignités militaires et littéraires, les titres de maître ès arts et de bachelier ès lois. Sa demeure lui fut donnée comme étant propice pour écrire et étudier, en raison de son isolement; un jardin en dépendait[1]. Pierre devait être parent de Colin de Hurion, le sculpteur ou marbrier qui fut employé aux travaux du monument funèbre de Saint-Maurice. Un de ses frères était dans les ordres, et le roi de Sicile étendit sa protection jusqu'à lui en le recommandant, pour un bénéfice, à l'archevêque de Reims, qui était lui-même frère de Jeanne de Laval[2]. Ardent-Désir, afin de témoigner sa gratitude à son maître, lui offrit « ung petit traicté en parchemin », qui était probablement son ouvrage et qui figurait, en 1471, parmi les livres du roi de Sicile conservés à Angers[3].

Jean du Périer, dit Le Prieur, poëte et dramaturge, dont il vient d'être question, était attaché non moins étroitement à la personne de René, puisqu'il fut son valet de chambre et son maréchal des logis. Il vivait à sa cour en Provence, dans les dernières années de son règne. Son actif littéraire se compose des *Trois Rois*, de la *Nativité*, du *Roy Advenir* et des *Actes des Apôtres*, arrangés en drame avec la collaboration

---

[1] Arch. nat., P 1331⁹, fᵒ 186 vᵒ.
[2] Vill.-Barg., III, 71.
[3] *Comptes et mém.*, p. 262.

du prince. Il paraît avoir pris part lui-même, comme Molière, à la représentation de ses pièces[1].

Un autre poëte, beaucoup plus célèbre, est connu pour avoir fait partie de la maison du roi de Sicile. C'est Antoine de la Salle, l'auteur du *Petit Jehan de Saintré* et de la *Sallade*. Après la mort de Louis III, qu'il avait accompagné en Italie, il passa au service de son frère, qui lui donna une marque de la plus haute confiance en le chargeant de l'éducation de Jean, duc de Calabre. Dans la dédicace de la *Sallade*, adressée à son ancien élève, il rappelle lui-même l'office qu'il remplissait auprès de sa personne et qu'il tenait de la bonté de son père. Antoine avait en même temps la qualité d'écuyer du roi, et fut choisi à ce titre pour l'un des juges du tournoi de Saumur. Il quitta la cour de Sicile au mois de juin 1448, pour suivre Louis de Luxembourg, comte de Saint-Pol, auprès du duc de Bourgogne[2]. Ce n'est qu'après ce départ qu'il écrivit le *Petit Jehan de Saintré* et les *Quinze Joies du mariage*. On peut cependant présumer qu'un esprit aussi sceptique et aussi facétieux ne dut pas donner au jeune prince d'Anjou des leçons d'une morale bien pure, quoique l'ouvrage qu'il lui dédia soit d'un genre plus sérieux et contienne des maximes plus saines. René, en lui remettant le soin d'instruire son fils, avait cédé plutôt à sa sympathie pour les littérateurs qu'à un sentiment de prévoyance paternelle. Il est vrai que le duc de Calabre avait eu pour premiers maîtres des personnages plus graves et plus vénérables, notamment l'évêque Henri de Ville, si dévoué à lui et aux siens, et Jean Manget, doyen de Saint-Dié, que Nicolas de Lorraine appelle, dans une de ses lettres patentes, le « maistre d'escole de son très chier seigneur et père[3] ». Jean de la Salle, sans doute un proche parent d'An-

---

[1] V. ci-dessus, p. 143.

[2] « *Item, Anthonio de Salla, nostro scutifero et familiari, florenos centum, quos eidem graciose dedimus dum novissime a domo nostra recessit.* » Comptes de René, 19 juin 1448 (Arch. nat., P 1334¹¹). V. l'intéressante notice consacrée par M. Vallet à Antoine de la Salle dans la *Nouvelle Biographie générale*.

[3] Vill.-Barg., I, 237, 432.

toine, fut, comme lui, protégé par le roi de Sicile, qui le nomma son maître d'hôtel, l'envoya plusieurs fois en ambassade et lui concéda, en 1478, la capitainerie des Ponts-de-Cé[1].

Un des premiers officiers du prince, Louis de Beauvau, grand sénéchal d'Anjou et de Provence, cultivait avec succès la littérature. On lui doit une relation intéressante du tournoi de Tarascon, donné en 1449[2], et une traduction du *Philostrate* de Boccace[3]. Ce chevalier érudit était admis dans le retrait de son maître, où il demandait à la lecture des romans et des livres le soulagement des peines d'amour « qui le séchaient sur pied[4] ».

Ainsi, dans tout l'entourage de René, le culte des lettres était en honneur, et sa cour a pu être, à bon droit, regardée comme un des centres littéraires du temps. Mais la faveur qu'il témoignait aux savants et aux écrivains s'étendait bien plus loin que l'enceinte de ses palais. Sa sympathie allait les chercher hors de ses domaines, et même hors de France. Au premier rang des célébrités du quinzième siècle dont il cultiva l'amitié, il faut placer son cousin Charles d'Orléans, qui échangeait avec lui, comme on l'a vu tout à l'heure, une sorte de correspondance poétique. Il s'était lié avec ce prince à la cour de France, où ils se trouvèrent réunis pour la première fois en 1443, au moment du retour du Roi en Poitou. La communauté de goûts donna bien vite à leurs relations un caractère intime. Les comptes de René renferment plus d'une trace de l'affection qui les unissait. En 1447, il reçut en Provence la visite de Charles et lui offrit l'hospitalité dans le château de Tarascon, où il affecta à son usage un retrait spécial, destiné sans doute à l'étude et au travail. Deux ans

---

[1] Arch. nat., P 1334¹⁰, f° 119 v°; KK 246, f° 5 v°. Bibl. nat., ms. Dupuy 760, f° 81; etc.

[2] Bibl. nat., ms. fr. 1974. De Quatrebarbes, II, 49 et suiv.

[3] Bibl. nat., mss. fr. 1496, 1501.

[4] Roman de Troïle et Criséida (Bibl. nat., ms. fr. 25528); Marchegay, *Bull. de la Soc. industr. d'Angers*, n° 1, 24ᵉ année.

plus tard, en regagnant l'Anjou, il s'arrêta à son tour au château de Blois, où le duc et la duchesse d'Orléans le retinrent quelques jours par des distractions littéraires et musicales. Les deux princes se faisaient de temps en temps des cadeaux, et les serviteurs de l'un étaient toujours traités par l'autre avec générosité[1]. Le roi de Sicile contribua même, malgré le triste état de ses finances, au payement de la rançon du duc d'Angoulême, frère de Charles, qui lui signa, pour cette raison, une reconnaissance de quinze mille saluts d'or[2]. Enfin, leur étroite union nous est attestée par une réponse des gens des comptes d'Angers au duc d'Orléans, qui demandait une recherche dans leurs archives : ils se mettent, dans cette lettre, à son entière disposition ; car, disent-ils, « nostre très-redoubté seigneur et maistre ne prendroit pas à plaisir que vous eussions reffusé ou délayé de donner enseignement à vous et à vos officiers des choses estans en nostre garde qui pourroient servir au bien de vous et de vos seigneuries[3]. »

On a moins de preuves des rapports qui ont été prêtés à René avec Olivier de la Marche, Martial d'Auvergne, les frères Greban et quelques autres, bien que ces rapports soient par eux-mêmes très-vraisemblables. Mais il connut certainement Alain Chartier, qui se trouva en même temps que lui à la cour de Charles VII. Il faisait le plus grand cas de ce poëte favori des princes ; car, dans un de ses livres, il le place à côté d'Ovide, de Pétrarque, de Jean de Meung, et, un peu plus haut, il le déclare supérieur à tous ceux qui ont rimé depuis[4]. Il dut le rencontrer également aux fêtes de Nancy, où brilla la Dauphine Marguerite d'Écosse, l'élève et l'admiratrice du célèbre

---

[1] *Comptes et mém.*, n°s 509, 584, 657, 683, 743, 771. Itinéraire. Cf. Champollion *les Poésies du duc Charles d'Orléans*, préface.

[2] Arch. nat., K 72, n° 56³.

[3] *Ibid.*, P 1334⁶, f° 178 v°.

[4] « ..... Alain Charretier,
« Qui tant sceust d'amours le mestier,
« Qu'il en fist les très plus beaux ditz
« Qu'oncques puis son temps furent ditz. »

De Quatrebarbes, III, 96. Cf. *ibid.*, 132.

écrivain, qui l'accompagnait souvent; et peut-être est-ce là que fut donné à maître Alain le fameux baiser dont l'écho retentit encore dans l'histoire [1].

Il est également probable que René vit et connut l'un des plus célèbres précurseurs de notre renaissance poétique, François Villon. Cet écrivain nous apprend lui-même qu'il se rendit à Angers vers la fin de l'année 1456. Le roi de Sicile s'y trouvait précisément à cette époque, contrairement à l'assertion d'un récent critique, qui a combattu la possibilité d'une rencontre entre les deux poëtes. Le récit que nous avons fait de la vie du prince, son itinéraire, démontrent surabondamment qu'il ne partit que deux mois plus tard pour la Provence, où M. Longnon le fait dès lors résider. L'ordre des événements est trop bouleversé dans le livre de M. de Villeneuve-Bargemont pour que son témoignage, invoqué à l'appui de cette opinion, puisse faire autorité dans la matière [2]. Il est donc certain que Villon et René séjournèrent simultanément dans la capitale de l'Anjou. C'était le moment où l'époux de Jeanne de Laval, inspiré par une tendresse toute nouvelle encore, consacrait ses loisirs à versifier. Il recherchait avec empressement tous les gens habiles dans cet art du « bien dire ». Villon, qui fuyait, nous raconte-t-il, l'objet d'une passion malheureuse, mais qui était aussi et surtout en quête de faveurs, aura été attiré auprès de lui par sa réputation de Mécène et par l'espérance de trouver à sa cour une position. Mais il était personnellement trop peu estimable pour être admis à l'intimité des grands, et, s'il obtint l'honneur d'une entrevue, ce fut sans résultat et par une sorte

[1] Cf. Vallet, *Hist. de Charles VII*, III, 83 et suiv. La mort d'Alain a été placée en 1452, 1449 et 1434 ; mais cette dernière date est peu vraisemblable.

[2] Villon, *Petit Testament*, huitains 1 et 2. Aug. Longnon, *F. Villon et ses légataires* (*Romania*, II, p. 212 et suiv.). Vill.-Barg., II, 117. « On ne peut assurer, dit M. Longnon en parlant du voyage de Villon à Angers, qu'il y soit parvenu. » Mais on peut encore bien moins assurer, en l'absence de tout indice, qu'étant parti de Paris pour Angers, il soit resté en route. L'éditeur du poète a été mieux inspiré en rejetant la supposition qu'il ait assisté à un pas d'armes donné en Anjou par le roi de Sicile ; mais il place à tort, à ce propos, le tournoi de Saumur en 1448.

de concession à la renommée qui l'avait précédé. En tout cas, ses œuvres, sinon sa personne, ne purent manquer d'exciter l'intérêt de son royal confrère.

Plusieurs littérateurs italiens entretinrent des relations avec le roi de Sicile, même après qu'il eut quitté leur pays. La renaissance des lettres jetait alors son premier éclat en Italie : on exhumait les papyrus, on tirait de la poussière des auteurs ignorés, on admirait, avec un enthousiasme dont l'excès devait bientôt produire une sorte de néo-paganisme, jusqu'aux moindres restes de l'antiquité. Par son savoir comme par sa position, René était nécessairement appelé à participer à ce mouvement, à le seconder, à l'activer : on peut dire qu'il en fut un des principaux promoteurs, et qu'il eut le bonheur de s'y associer avant que la passion des classiques tournât à l'exagération et à l'abus. Tout en poursuivant la conquête du royaume de Naples, il s'était lié avec le doge Thomas de Campofregozzo, avec le grammairien Philelphe, avec Antoine Marcello et d'autres érudits distingués. Le premier correspondait fréquemment avec lui, et ses lettres se ressentaient, dans le fond comme dans la forme, du culte des anciens. Le second, bien qu'il fût le protégé d'Alphonse d'Aragon, noua également un commerce littéraire avec le prince français, et fut appelé auprès de sa personne dans l'expédition de 1453 : son fils Marius obtint, sur sa recommandation, l'office de juge du palais dans le comté de Provence [1]. Quant à Marcello, il paraît avoir été encore plus avant dans l'intimité de René. Créé chevalier du Croissant, il écrivit un poëme latin en l'honneur de cet ordre nouveau. Par dévouement pour son fondateur, il s'était fait le défenseur de la cause angevine en Italie ; son crédit était à la hauteur de son zèle : aussi François Sforza engageait-il son allié à ne pas le négliger et à profiter le plus possible de son ardente sympathie [2]. Plus tard, les circonstances voulurent que ces deux savants personnages, unis par la communauté de goûts et par une vieille affection, se rencontrassent

[1] V. Papon, *Hist. de Provence*, III, 351; Villeneuve-Bargemont, II, 106.
[2] Lettre du 24 février 1448 (Bibl. nat., mss. ital. 1585, f° 61).

à la tête de deux armées ennemies : ce fut Marcello, devenu *providitor* de la république de Venise, qui reçut la déclaration de guerre envoyée à cette puissance par le roi de Sicile, et qui se fit battre par lui dans les plaines lombardes. On ne voit pas que cette hostilité officielle ait altéré leurs sentiments réciproques ; car le noble Vénitien, quatre ans plus tard, envoyait à son royal ami un exemplaire de la *Cosmographie* de Ptolémée, accompagnée d'une lettre des plus affectueuses. « En parlant avec le chevalier Louis Marcello des affaires de Votre Majesté, lui écrivait-il, j'appris qu'il cherchait pour elle une belle et bonne mappemonde. Désirant par-dessus toutes choses complaire à vos désirs, et sachant qu'Onofrio Stroza, personnage noble et des plus considérés, fils de l'illustre chevalier Pallanti, citoyen de Florence, était grand amateur de cette sorte d'objets, c'est-à-dire de tout ce qui sert aux études dignes d'un homme libre, je m'informai auprès de lui de la manière dont je pourrais me procurer une mappemonde plus complète et plus soignée que toutes les autres. J'ai votre affaire, me dit-il en souriant ; en voici une qui vous était précisément destinée et qui est décorée de vos armes : mais elle n'est pas tout à fait terminée. Je la pris et la fis achever. Les savants compétents la jugent parfaite. Elle a été faite sur le modèle d'une vieille mappemonde à lettres grecques, remontant à huit cents ans environ, et que plusieurs même croient du temps de Ptolémée, l'inventeur de cette science. » C'est pourquoi Antoine joignait à son envoi le traité du célèbre astronome, corrigé sur les exemplaires retrouvés depuis peu ; plus une sphère couverte de caractères étrangers (*peregrinis litteris*), qui passaient pour être chaldéens, car il savait, disait-il, que René se plaisait à rechercher tout ce qui provenait de cette nation (allusion à ses collections d'objets du Levant) ; enfin une description de la Terre-Sainte, écrite de la main de Lombard, le compagnon de François Pétrarque, qui, à ce que l'on pensait, y avait collaboré lui-même[1].

---

[1] Cette lettre, que j'abrége, est datée du 1ᵉʳ mars 1457. Elle se trouve en tête

Une autre fois, Marcello, ayant pu avoir la transcription d'une homélie de saint Jean Chrysostome, récemment découverte, s'empressa de la communiquer au roi de Sicile comme à l'un de ceux qu'une pareille trouvaille devait le plus intéresser. « Sire, lui mandait-il à ce propos, votre rang et la célébrité que vos vertus et vos belles actions vous ont acquise donnent tant de prix à la bienveillance dont vous m'honorez, que je serais le plus ingrat des hommes si je ne continuais à la mériter. Un savant de ma connaissance a découvert, parmi les manuscrits grecs, un ouvrage également propre à nous instruire sur les devoirs de la religion et à nous consoler dans les misères de la vie. Je l'ai prié de me le traduire en latin, afin de vous l'envoyer après l'avoir lu, s'il me paraissait digne de vous être adressé. Je vous l'envoie en grec et en latin ; vous le lirez sûrement avec plaisir et même avec fruit[1]. » René se procura aussi, par l'entremise de Marcello, une copie du texte de Quintilien, nouvellement retrouvé par le Pogge, le traité de Pomponius Lælius *de Arte grammaticæ*, et la première traduction latine du géographe Strabon, faite par Guarini de Vérone[2]. On peut mettre encore au nombre des érudits italiens qui jouirent de sa faveur Junien Maggio, éditeur de Pline, auquel il fit des offres pressantes pour l'attirer en Provence[3], et le philologue Laurent Valla, qui séjourna longtemps à Naples et devint l'historiographe du roi Alphonse. Sa bibliothèque renfermait un des ouvrages de ce dernier écrivain, qu'il avait sans doute rapporté d'Italie en France.

Rien ne peut mieux, au reste, donner la mesure de son instruction et de la part qu'il prit au développement des lettres que le catalogue des livres collectionnés par ses soins. Ce catalogue peut être rétabli au moyen de trois sources diffé-

de l'exemplaire de Ptolémée qui est conservé aujourd'hui à la Bibl. nat. (ms. lat. 17542) et qui paraît écrit de la même main.

[1] Ms. du Vatican cité par Papon, *op. cit.*, III, 386.

[2] Ms. lat. 17512 de la Bibl. nat. Ms. de la bibliothèque d'Albi cité par M. de Quatrebarbes, IV, 198. Villeneuve-Bargemont, III, 23.

[3] Lettre de Maggio, citée dans les mémoires de Saint-Vincens (Vill.-Barg., III, 21).

rentes : l'inventaire du château d'Angers ; la nomenclature des volumes dont Charles d'Anjou, comte du Maine, hérita de son oncle et que celui-ci avait fait venir en Provence avec ses tapisseries, en 1473 ; enfin les articles de comptes mentionnant des acquisitions. Avant que le roi de Sicile quittât définitivement son duché, en 1471, sa librairie était installée au château d'Angers, dans la galerie neuve qui avoisinait son oratoire et le petit jardin. Des coffres soigneusement clos l'abritaient ; ils furent presque tous vidés à son départ : cependant quelques-uns restèrent fermés à clef, et le contenu n'en put être inventorié[1]. Les livres transportés à Aix, qui formaient la majorité, furent rangés dans une salle qui garda le nom de *bibliothèque du roi René et de Charles d'Anjou* : la liste en fut dressée sous ce dernier prince ou peu de temps après sa mort. Ceux qu'il y avait ajoutés durant la seule année qu'il régna en Provence ont été heureusement désignés sur cette liste, de sorte qu'on n'a qu'à les retrancher pour avoir celle des livres de son oncle[2]. Les comptes n'apportent qu'un faible appoint à ces éléments ; mais ils permettent du moins d'arriver à un résultat à peu près complet[3].

---

[1] Inventaire de 1471 (*Extraits des comptes et mémoriaux du roi René*, n° 642).

[2] « *Libri reperti in secundâ et novâ bibliothecâ que appellatur seu intitulatur regis Renati et Karoli de Andegaviâ.* » Document tiré des archives des Bouches-du-Rhône par M. Albanès et publié récemment dans le bulletin du Comité des travaux historiques. Neuf volumes seulement, sur le nombre total, provenaient de la bibliothèque particulière de Charles d'Anjou ; tous les autres lui avaient été laissés par René. M. Albanès, d'après une *Remontrance de la noblesse de Provence au Roy* (Aix, 1669, in-f°), dit que Charles légua à son tour ses livres au couvent des frères prêcheurs de Saint-Maximin, excepté les ouvrages de médecine, qu'il donna à son médecin et conseiller Pierre Maurel. Mais ces legs ne figurent pas dans le testament de ce prince. D'un autre côté, César de Nostredame prétend qu'une portion de la *librairie* de René demeura entre les mains de Fouquet d'Agoult, seigneur de Sault. Cette portion comprenait surtout des poëtes anciens et des troubadours, qui, en effet, ne se retrouvent pas parmi les livres échus au comte du Maine ; Peyresc écrivait, en 1631, qu'il n'en restait presque plus rien en Provence. (Vill.-Barg., III, 349.) Il serait donc difficile aujourd'hui, à moins d'un heureux hasard, de remettre la main sur cette précieuse collection.

[3] *Comptes et mém.*, n°s 501, 566, 697, etc. Arch. des Bouches-du-Rhône,

Voici donc, d'après ces divers documents et par ordre méthodique, le catalogue de la bibliothèque du roi René, comprenant deux cent deux volumes, sans compter ses propres ouvrages, énumérés plus haut, ses Heures, et quelques cahiers dont la quantité ne peut être déterminée.

LIVRES HÉBREUX.

Un volume en langue hébraïque, écrit en lettres d'argent (probablement la *Bible*).

Herbolista, traité de botanique, avec la peinture de différentes herbes.

LIVRES ARABES OU TURCS.

Vingt-quatre volumes non-spécifiés, en langue « turquine et morisque ».

LIVRES GRECS.

La *Bible* écrite en langue grecque et en lettres d'or.
Un autre volume en langue grecque et en lettres d'or (probablement un second exemplaire de la Bible).

LIVRES LATINS.

1° ÉCRITURE SAINTE.

Textus Bibliæ, avec enluminures.
Liber Genesis et Exodii, avec glose.
Glosa ordinaria super Genesim, cum libro Exodii.
Liber Josue, avec d'autres livres et une glose.
Libri Regum, cum libris Paralipomenon, glosés.
Libri Regum et Paralipomenon, avec glose.
Tres libri Salomonis (les *Proverbes*, l'*Ecclésiaste*, le *Cantique des cantiques*) *et liber Ecclesiastici*.
Libri Salomonis, avec glose.
Leviticus, Numeri, Deuteronomium, avec glose.
Liber Jeremie, avec glose.

B 215 (pièces justificatives, n° 88). Compte de Jeanne de Laval (Bibl. nat., acq. nouv. fr. 894, n°ˢ 97, 247, 442).

Ysaias, Jeremias et lamentationes Jeremiæ, avec glose.
Ysaias et Jeremias, avec glose.
Liber Ezechiel, Daniel, cum parvis prophetis.
Liber duorum parvorum prophetarum, avec glose.
Psalterium, avec glose.
Liber quatuor evangelistarum, avec les dix canons en tête.
Actus Apostolorum, cum Epistolis canonicis et Apocalypsi, glosés.
Liber Apocalypsis, avec miniatures [1].
Epistole Pauli, avec glose [2].
Liber dictus Magnificat, avec glose.

2° THÉOLOGIE.

Epistole sancti Jheronimi, imprimées.
Prima et secunda partes epistolarum beati Jheronimi (2 volumes).
Liber sancti Athanasii.
Homeliæ beati Johannis Chrysostomi, imprimées sur papier.
Homélie du même saint, récemment découverte [3].
Commentum sancti Johannis in Epistolâ ad Hebræos.
Exameron Ambrosii.
Orosius ad Augustinum.
Liber Augustini contrà Faustum.
Augustinus super Johannem.
Septem libri Lanctancii, avec les armes de René en tête.
Lactancius, avec armes et peintures.
Moralia beati Gregorii papæ.
Glosa Origenis, Aymonis et Remigii super Epistolis Pauli.
Cathena aurea S. Thomæ, imprimée.
Nicholaus de Lyra super totam Bibliam (3 volumes).
Rationale divinorum officiorum.
Panthaleon, sive dominus Raynerius (3 volumes [4]).

[1] Peut-être est-ce le bel exemplaire que Charles V avait prêté à Louis d'Anjou pour faire faire sa tapisserie de l'*Apocalypse*, et qui n'avait pas été réintégré dans la bibliothèque du roi. V. ci-dessus, p. 111.

[2] Ce volume est sans doute le même que le « livre en parchemin des Espistres saint Paoul, texte et glose », que René acheta cent ducats à Louis Daurie, en 1476. (Arch. des Bouches-du-Rhône, B 273, f° 171 v°.) C'est pourquoi je ne fais pas figurer ce dernier dans le présent catalogue.

[3] Envoyée par Marcello.

[4] Probablement la *Pantheologia* de Reynier de Pise, selon M. Albanès.

Summa Hostiensis.
Apparatus domini Archidiaconi.
Apparatus domini Pauli super Clementinis.
Summa quæ vocatur Catholicon, par le frère Jean de Gênes.
Summa doctoris irrefragabilis, de Deitatis et Trinitatis agnitione ac distinctione.
Summa Azonis.
Vita Christi, en quatre parties (4 volumes).
Vie de saint Denis[1].
Légendes des saintes Maries.
Plusieurs livres d'heures, matines et missels.

3° PHILOSOPHIE.

Phedon Platonis.
Glosa super Catonem.
Somnium Scipionis, de Cicéron, imprimé.
Liber Lucii Senecæ.
Boecius, de Consolatione.
Liber Porfirii.
Liber Guillelmi Parmensis de Universo.
Heuteticus Johannis Salisburiensis in Policratico.
Libri metaphisices (14 volumes).
Tractatus de puritate artis logice.
Liber de fortuná boná.
Liber de homine et naturá, commençant par les mots : *Ad laudem et gloriam.*

4° DROIT.

Digesta nova, avec gloses.
Liber Digestorum veterum, imprimé.
Decretum, imprimé.
Decretales, imprimées.
Apparatus domini Johannis Andreæ in sexto libro Decretalium.
Textus Sentenciarum, par Pierre Lombard.
Lectura [*librorum*] *Sentenciarum,* par le frère Grégoire de Heremmo, de l'ordre de Saint-Augustin.

---

[1] Manuscrit portant les armes de René et de Jeanne de Laval, conservé dans le fonds français de la Bibliothèque nationale sous le n° 2090.

Primus Sentenciarum Durandi.

Durandus de Sancto-Porciano super tertium librum Sentenciarum.

5° HISTOIRE ET GÉOGRAPHIE.

Liber Herodoti Halicarnassei, imprimé.
Sallustius, avec armoiries.
Titus Livius de secundo bello Punico, avec armoiries.
Justinus historicus, imprimé.
Historia de Alexandro Magno (Quinte-Curce).
Julius Florus.
Liber de temporibus Imperatorum, avec armoiries.
Mare historiarum.
Scolastica historia.
Speculum historiale de Vincent de Beauvais, avec armoiries.
Le même, *cum historiâ de Annuntiatione.*
Le même, avec enluminures et armes impériales.
Le même, sans ornements.
Tractatus historiarum dicti Speculi historialis, avec armoiries.
Liber capitulorum Speculi historialis, avec enluminures et armes impériales.
Capitula dicti Vincentii historialis.
Capitula tricesimi libri dicti Vincentii.
Repertorium ejusdem Vincentii.
Commentum Remigii in libro Marciani.
Strabon, traduit en latin par Guarini de Vérone.
Cosmographia ou Géographie de Ptolémée[1].

6° LITTÉRATURE PROFANE.

Marci Tullii Ciceronis Questiones Tusculanæ ad Marcum Brutum, imprimées.

Marcii Tullii Ciceronis oratio, avec les armes de René et dix autres écussons.

Tullius, de Genealogiâ deorum gentilium, imprimé.

Tullius, de Naturâ deorum, imprimé.

Antonius Lescius (?) super orationes Tullii, et commentum super

---

[1] Envoyé, ainsi que le Strabon, par Marcello. (Bibl. nat., ms. lat. 17542). V. ci-dessus, p. 181.

Lucanum, avec d'autres traités.
 Marius Caius, imprimé.
 Quintilien [1].
 Laurentius Valle [2], imprimé.
 Papinotus grammaticus [3].
 Liber Hugucii grammatici.
 Liber edictus ad grammaticam aut signifficationem et etymologiam vocabulorum habendam.

7° SCIENCES PHYSIQUES ET NATURELLES.

Speculum naturale fratris Vincentii.
 Liber subtilium speculacionum, de notitiâ diversarum impressionum aeris, qui dicitur Cyromancia.
 Liber de agregationibus septem stellarum et principiis celestium motuum.
 Liber physicorum Alberti.
 Liber in medicinâ.
 Libri anatomiæ (4 volumes).
 Tractatus de utilitate capitis et partibus ipsius.
 Liber de naturâ avium, avec un personnage royal en tête.
 Albertus de Vegetalibus et plantis, et de Juventute et senectute.
 Liber dictus Herbolista, avec la reproduction peinte de différentes herbes.

8° MATIÈRES DIVERSES.

Liber Alani (Alain de Lille).
 Precianus major (sic).
 Illius (?) *de re militari.*
 Livre commençant par les mots : *In desolatione et flectibus stabat Raymundus.*
 Traité commençant par les mots : *A veritate quidam.*
 Traité commençant par les mots : *Hic nota quedam definita.*
 Liber in pergameno descriptus (sans autre désignation).

---

[1] Envoyé par Marcello.
[2] Laurent Valla, philologue italien, mort en 1457.
[3] Très-probablement le traité *de Arte grammatica* de Pomponius (Lælius), qui avait été envoyé à René par Marcello, comme il est dit ci-dessus; le nom de l'auteur, écrit sans doute en abrégé, aura été mal lu. C'est pourquoi je n'ajoute pas ce traité au catalogue.

Mémoire en latin sur le comté de Beaufort, par le chancelier de Provence (à Jeanne de Laval).

LIVRES FRANÇAIS.

Les Histoires de la Bible, en français.

Les Actes des Apôtres, « dressés et mis en ordre » par Jean du Périer, dit Le Prieur, suivant les indications de René.

L'Apocalypse de saint Jean (à Jeanne de Laval).

Les Histoires des Belges.

Vie de saint Louis, par Joinville [1].

Relation du pas d'armes de Bruxelles tenu par Philippe de Lalain.

Volume contenant le commencement d'un tournoi [2].

Division générale de toute la terre.

Description des parties orientales [3].

Le Livre de Jean Boccace, philosophe (*in gallico italicorum* [4]), avec les armes de René.

Le Miroir des dames, enluminé (à Jeanne de Laval).

Le Pèlerinage de la vie humaine (mis en prose pour Jeanne de Laval [5]).

Théodolet.

Remédie [6].

Chansonnier commençant par le vers : *Amours et desirs m'y destroient.*

Chansonnier commençant par les mots : *Quant elle voy qui noccist* [7].

---

[1] Trouvée à Beaufort, après la mort de Jeanne de Laval, parmi des registres provenant du roi son époux. (Des Rieux, éd. de Joinville, in-folio, 1547, préface; Vill. Barg., III, 201.)

[2] Ce volume de grand format, demeuré au château d'Angers, était peut-être un manuscrit inachevé du *Livre des tournois* composé par René lui-même.

[3] Peut-être la description de la Terre-Sainte envoyée par Marcello.

[4] Sans doute en provençal.

[5] Aujourd'hui à la Bibliothèque nationale, fonds français, n° 1113.

[6] Ce livre et le précédent, quoiqu'ils fussent probablement des traités littéraires ou moraux, devaient être écrits en français, puisqu'ils étaient destinés aux petits enfants élevés dans le château d'Angers.

[7] Ce vers initial ainsi que celui du volume précédent ne se retrouvent en tête d'aucun des chansonniers actuellement connus. Un de ces deux manuscrits était peut-être le recueil de chansons françaises et provençales conservé à la Bibliothèque nationale sous le n° 1597, et qui contient les armes de René ou de Jean d'Anjou.

Traité offert au roi de Sicile par son héraut d'armes Pierre de Hurion, littérateur.

Le *Livre des blasons des chevaliers et écuyers de l'ordre du Croissant*, fait par Pierre de Mantes, aumônier de René.

Traité sur le jeu d'échecs, dédié à Bertrand Aubant, écuyer de Tarascon, par le traducteur Jean Ferron, frère prêcheur[1].

Livret intitulé : *Cy commance ung petit traicté*.

Livret commençant par les mots : *Sur le quart*.

Livret orné de figures et commençant par les mots : *Pour tel ouvraige* (manuel d'art).

Recueil administratif commençant par une ordonnance du roi de Sicile.

Autre recueil du même genre commençant par la formule : *Nous, René, par la grâce de Dieu*, etc.

Recueil de compositions et condamnations.

Papier du Conseil[2].

Plusieurs cahiers écrits en chiffres et autrement.

Divers papiers « qui guères ne vallent », enfermés dans un coffre d'ivoire.

LIVRES ITALIENS.

Le Dante de Florence.

Un volume en italien, en tête duquel on lit les mots : *In hoc volumine*.

LIVRES ALLEMANDS.

Un livre d'astrologie « escript en alman, historié et signé », envoyé par l'astrologue Nicolas Merlin.

Deux livres « escriptz en lettre d'Almaigne » (acquis, en 1476, d'un mercier d'Avignon).

Il est bien peu de branches des connaissances humaines qui ne soient représentées dans la curieuse collection dont on

---

[1] Ce volume porte les armes de René (Bibl. nat., ms. fr. 2000).

[2] Ce registre des délibérations du Conseil du roi de Sicile, qui portait encore son ancien titre au XVIe siècle, comme le constate un inventaire de cette époque, est conservé aujourd'hui aux Archives nationales sous la cote P 1334³ ; il contient 213 feuillets. Le volume précédent offre quelque analogie avec un « livre des finances et *compositions* » provenant également de René et coté, aux mêmes Archives, P 1334¹³ ; mais, pour celui-ci, l'identité ne peut être établie.

vient de lire l'inventaire. On peut tirer de là, comme je l'ai annoncé, des indications certaines sur le degré de culture intellectuelle où pouvait arriver, au quinzième siècle, un prince ami de l'étude. L'Écriture-Sainte et ses commentaires, les Pères grecs et latins, les grands théologiens du moyen âge étaient familiers au roi René. L'antiquité profane, dans la personne de ses plus illustres écrivains, Platon, Hérodote, Cicéron, Tite-Live, Salluste, Sénèque, Boëce, faisait également l'objet de ses lectures, comme l'indiquent d'ailleurs les citations dont ses propres ouvrages sont émaillés. Il est évident qu'il lisait les auteurs latins dans leur texte original. Pour les grecs, c'est moins démontré, puisqu'ils ne figurent dans sa bibliothèque que sous la forme de traductions latines, et qu'à part la Bible, dont il avait un ou deux exemplaires de luxe écrits en grec, il ne possédait aucun livre dans cette langue. Il pouvait cependant en avoir puisé les rudiments durant son séjour dans l'Italie méridionale, où cet idiome était, comme l'on sait, beaucoup moins oublié que chez nous. Quant aux deux livres hébreux contenus dans sa *librairie*, leur présence prouve simplement, outre ses goûts de philologue et de bibliophile, ses rapports intimes avec les médecins juifs de Provence, et son amour pour les sciences naturelles.

Les littérateurs plus rapprochés de son temps n'étaient pas moins appréciés de lui; il recherchait les genres les plus divers, depuis Dante jusqu'à Boccace, depuis les traités de grammaire jusqu'aux recueils de chansons. Pour ces livres modernes, il pouvait facilement les lire tous dans l'original, car il avait un remarquable talent de polyglotte, et bien peu de ses contemporains ont possédé à la fois autant de langues vivantes. Le français était son dialecte maternel ; le provençal le devint, pour ainsi dire, au même degré. L'italien, il l'avait appris dans ses campagnes, et non-seulement il le parlait et le lisait, mais il l'écrivait avec une pureté dont quelques-unes de ses lettres peuvent donner l'idée. L'espagnol, il l'avait bégayé sur les genoux de sa mère, l'avait parlé au royaume de Naples avec les Aragonais, et s'en servait également dans ses lettres à ses sujets de Catalogne, malgré la différence des dialectes locaux. Sa science de l'allemand est attestée par les ouvrages écrits en cette langue qu'il acquérait de temps à autre, par ses rapports fréquents avec la Lorraine et l'Empire, et surtout par le témoignage précis des seigneurs de Bohême qu'il reçut à sa cour. Les compagnons de voyage de Léon de Rosmital se sont plu à reconnaître, avec la bonne grâce et l'enjouement de leur hôte, l'aisance avec laquelle il conversait dans l'idiome de leur pays [1]. Celui de l'Angleterre ne pouvait lui être entièrement étranger, en raison de ses liens de parenté avec la famille royale des Plantagenêts, du mariage de sa fille Marguerite avec Henri VI et des ambassades échangées avec eux en différentes occasions; toutefois, nous n'avons sur ce point aucune preuve positive. Mais le savoir de René dans cette branche ne s'arrêtait pas à l'Europe. Son goût prononcé pour les choses du Levant s'étendait aux livres. Vingt-quatre volumes en langue turque ou maure, qui parurent aux rédacteurs de son inventaire autant de grimoires indéchiffrables, n'avaient certainement pas été rassemblés pour rien dans les coffres de la *librairie* d'Angers. Les Tunisiens avec lesquels il commerçait, les Orientaux qu'il entretenait dans ses palais, les Arabes qui fréquentaient les ports de la Provence et de l'Italie méridionale, l'avaient sans doute familiarisé avec leurs dialectes; et ce qui fait croire qu'il en avait au moins une notion sommaire, c'est la présence dans son cabinet de travail de cet ingénieux tableau « ouquel sont escriptz les A B C par lesquelx on peut escripre par touz les pays de chrestianté et sarrasinaïsme [2] ». Voilà, certes, un bilan de connaissances linguistiques de nature à effrayer plus d'un érudit de nos jours.

Si nous descendons aux sciences, nous trouvons, au premier rang de celles que cultivait le roi de Sicile, l'histoire, la géographie et les sciences naturelles. L'histoire ancienne, profane et sacrée, n'est pas seule représentée dans sa biblio-

---

[1] *Bibliothek des literarischen Vereins*, n° 7, p. 101.
[2] *Comptes et mém.*, p. 243.

thèque : plusieurs exemplaires de la vaste encyclopédie historique de Vincent de Beauvais, les annales des peuples nouveaux, en particulier celles des Belges, servaient aussi à ses études. Il possédait le premier de nos historiens nationaux, Joinville, et lui demanda sans doute plus d'une fois des enseignements salutaires. Lui-même s'occupa, vers la fin de ses jours, du passé des comtes d'Anjou et du Maine, et fit faire à leur sujet des recherches dans les archives de sa Chambre des comptes : peut-être avait-il l'intention d'en faire la matière d'un livre ou d'un mémoire; mais la maladie et la mort vinrent entraver son dessein. Ses officiers avaient cependant poussé leurs investigations jusque dans les chartriers des antiques églises du pays, et ce n'est pas un spectacle peu digne d'intérêt que celui d'un prince du quinzième siècle employant pour ses travaux personnels le procédé de critique que la science moderne s'enorgueillit d'avoir mis en faveur et presque découvert [1].

La géographie semble avoir eu pour lui encore plus d'at-

[1] Les gens des comptes d'Angers répondirent à sa demande, le 31 juillet 1478 : « Sire, nous nous recommandons à vostre bonne grâce tant et si très-humblement que plus povons. Et vous plaise savoir, Sire, que naguères avons receu voz lettres qu'il vous a pleu nous escripre, par lesquelles vous mandez que vous envoyons les noms des comtes qui ont esté d'Anjou et du Maine, et les causes d'iceulx, ensemble les abillemens qu'ilz portoient lors, et comme lesdites seigneuries sont escheues et descendues de degré en degré et puys venues à la couronne. Sire, en obéissant au contenu en vosdites lettres, incontinent icelles receues, avons serché par touz les livres et katherues de céans ; et n'avons trouvé aucune cronique ou livre qui nous en ait donné enseignement, fors seulement ung répertoyre en papier de plusieurs choses desclairées en iceluy, qui commance en l'an mil IIIe IIII^{xx} XVII, en la fin duquel sont escriptz les noms des princes qui ont esté contes d'Anjou. Et vous envoyons cy dedans enclous ce que avons trouvé escript oudit livre touchant ceste matière... Et pour ce, Sire, qu'il nous a semblé que ledit livre ne parle pas assez souffisamment, nous avons délibéré aller les aucuns de nous par les églises anciennes de ce pays, qui sont d'ancienne fondacion, pour savoir s'aucune chose se y trouvera qui puisse servir à vostre entencion et plaisir, et de ce que en trouverons vous advertirons le plus toust que possible nous sera. » Arch. nat., P 1331⁶, f° 157. Cette lettre a été publiée par M. Marchegay dans la *Revue de l'Anjou* et dans ses *Notices*, p. 50. V. aussi Villeneuve-Bargemont, III, 29. La liste des comtes d'Anjou dont elle parle est celle que j'ai reproduite au commencement de cet ouvrage (I, 8).

trait, à en juger non-seulement par les descriptions des diverses parties de l'univers qu'il avait réunies dans sa *librairie*, mais par le grand nombre de mappemondes ou de sphères qui ornaient ses appartements d'Angers et de Chanzé, par celles que ses amis recherchaient pour lui, par les vues panoramiques qu'il avait fait prendre des villes de Provence et d'Italie, par les cartes ou tableaux descriptifs qu'il passe pour avoir exécutés lui-même. La situation de ses États, ses voyages, ses collections d'objets de provenance lointaine développaient en lui le goût de ce genre d'étude, alors si peu répandu. Si la découverte de l'Amérique était arrivée quelques années plus tôt, il n'est pas douteux que sa curiosité scientifique eût trouvé dans cet événement capital un aliment et un essor nouveaux. Mais il en était réduit, en grande partie, aux données de Marcien, de Ptolémée, de Strabon. Le Vénitien Marcello, qui était dans le secret de ses sympathies, lui offrit, comme on l'a vu, la traduction de ces deux derniers auteurs. Celle de Strabon venait d'être écrite, sur l'ordre du pape Nicolas V, par Guarini de Vérone. Celle de Ptolémée paraît être l'œuvre de Marcello lui-même. On voit, par les épîtres qui les accompagnent et par la miniature qui orne la première, représentant l'hommage du livre au prince, que celui-ci était regardé comme directement intéressé aux progrès de la géographie, et qu'il recherchait avidement toutes les nouveautés qui s'y rattachaient [1].

Les sciences naturelles étaient encore plus en retard que les autres. Il en est deux, cependant, que René contribua pour sa part à faire avancer : la zoologie et la botanique. Ce n'était pas uniquement pour son amusement personnel ou pour celui de sa cour qu'il rassemblait des animaux rares, qu'il acclimatait des fleurs ou des plantes nouvelles. Il étudiait leur nature dans des traités spéciaux, accompagnés de figures

---

[1] La lettre et la miniature jointes à la traduction de Strabon ont été reproduites dans les *OEuvres du roi René* (IV, 198), d'après un manuscrit de la bibliothèque d'Albi. Voir, pour le reste, les *Extraits des comptes et mémoriaux*, n⁰ˢ 642, 643, et ci-dessus, p. 80, 81, 181, etc.

et de dessins (*de Naturá avium, de Vegetalibus et plantis, Herbolista,* etc.). Ce dernier, dont il avait un exemplaire en hébreu et un en latin, avait peut-être été traduit à son usage par quelqu'un des médecins juifs de son comté de Provence. Les *formes d'oiseau* qui figurent dans l'inventaire du château d'Angers semblent montrer aussi qu'il s'attachait, dans ses compositions artistiques, à reproduire exactement la structure des êtres animés. L'anatomie, la médecine, la physique le préoccupaient d'une façon moins particulière ; mais l'astronomie tenait une place et dans ses livres et dans son mobilier. Il avait à Angers, dans son cabinet d'étude, un de ces instruments qui servaient à mesurer la hauteur des astres et qu'on appelait des astrolabes. Il en acquit un autre beaucoup plus curieux d'un astrologue de Carpentras, qui était en même temps médecin : cet astrolabe, qu'il paya quarante-cinq écus, était de forme ronde, et l'on y voyait « les sept climatz l'un dedans l'autre [1] ». L'astrologie, à cette époque, est inséparable de l'astronomie, et René était trop l'homme de son temps pour ne pas en partager les travers. Il s'occupa donc aussi de cette fausse science, non-seulement à l'aide du livre allemand que lui transmit Nicolas Merlin, mais avec le concours de plusieurs astrologues attitrés. L'un d'eux, « maistre Arnoul de la Paluz », était attaché à la fois à la personne de Louis XI et à la sienne ; il recevait de lui cent livres de pension annuelle [2]. Un autre, Jean Laurent, touchait quinze écus par mois, sans compter les gratifications, les dons d'étoffe grise « pour faire manteaux et chaperons à la romanesque », etc. En 1477, il fut chargé d'aller à Lambesc pour « faire le jugement de ceste année », c'est-à-dire, selon toute vraisemblance, pour pronostiquer le temps. Ses prédictions ne furent pas très-goûtées, car il fut renvoyé en Lorraine, d'où il était venu [3]. Un de ses collègues, dont le nom est plus connu, fut successivement au service de Jean d'Anjou et de son père,

---

[1] Arch. des Bouches-du-Rhône, B 216 ; pièces justificatives, n° 89.

[2] Arch. nat., P 1334⁶, f° 172 v° ; P 1334⁴, f° 60.

[3] Arch. des Bouches-du-Rhône, B 216 ; pièces justificatives, n° 89.

qui l'honorait à cause de son expérience et lui accorda des lettres de noblesse : c'était Pierre de Nostredame, médecin juif, qu'il avait fait baptiser. Le fameux Michel Nostradamus, astrologue de Catherine de Médicis, était son petit-fils, et César, l'historien, son arrière-petit-fils [1].

Un des faits les plus intéressants qui nous soient révélés par le catalogue qu'on vient de lire est l'encouragement donné par René à l'art naissant de l'imprimerie. Les volumes imprimés qu'il avait réunis se trouvaient au nombre de seize, ce qui était déjà beaucoup pour l'époque. C'étaient les premières éditions de Cicéron, de Justin, d'Hérodote, de saint Jérôme, de saint Jean Chrysostome, de saint Thomas, de Laurent Valla et de quelques ouvrages de droit, éditions en partie disparues aujourd'hui. Ses comptes sont muets sur l'acquisition de ces raretés; mais leur seule présence dans ses armoires trahit un amateur éclairé, un partisan des progrès utiles. Au reste, ceux de ses livres qui n'offraient pas cet attrait nouveau de l'impression typographique le rachetaient largement par la beauté de l'ornementation ou de la reliure. Les exemplaires de Vincent de Beauvais étaient presque entièrement couverts d'enluminures « triomphales ». On a vu que sur beaucoup d'autres volumes, notamment sur les ouvrages du roi de Sicile et sur ses heures, le pinceau des miniaturistes avait épuisé ses richesses. L'or filé, le damas, le velours, le taffetas, la broderie étaient prodigués dans les reliures. Il n'est pas jusqu'au corail qui ne fût employé à leur décoration. Les recueils administratifs, la compilation des coutumes d'Anjou, par exemple, étaient eux-mêmes reliés avec une grande élégance, sur l'expresse recommandation du prince [2]. Tout ce luxe, toute cette sollicitude attestent que

[1] Histoire manuscrite des comtes de Provence, citée par M. de Villeneuve-Bargemont (III, 99, 300).

[2] *Comptes et mém.*, nos 500, 502, 660, 681. Arch. des Bouches-du-Rhône, B 215 (pièces justificatives, n° 88.) Arch. nat., P 1334¹, f° 105 v° (pièces justificatives, n° 40). C'est sans doute à des travaux de reliure que se rattachent quatre « presses à estandre livres » acquises en deux fois par René, et figurant parmi ses dépenses en 1447 (*Comptes et mém.*, nos 498, 660).

le possesseur de tant de chefs-d'œuvre n'était pas seulement un savant, mais un bibliophile, et qu'il traitait les livres comme ces objets aimés qu'on récompense, par une place d'honneur ou par une somptueuse enveloppe, du bonheur dont ils ont procuré la jouissance.

Nous voici arrivés au terme du chemin que nous nous étions tracé. Le monde politique, le monde administratif, le monde artistique et littéraire, en tant qu'ils se rattachent à la personnalité de René d'Anjou, ont successivement défilé sous nos yeux. En suivant les traces d'un homme, nous avons traversé tous les rangs de la société, rencontré tous les personnages et tous les événements marquants du quinzième siècle. C'est que cet homme était vraiment universel : rien de grand, rien d'utile, rien de beau ne lui fut étranger. Veut-on l'envisager comme prince ? On le voit inaugurer une carrière d'honneur et de loyauté par un acte où son caractère se révèle tout entier : il déserte une cour où sont ses intérêts les plus directs, mais asservie à l'influence anglaise, pour venir se ranger sous la bannière de Charles VII et de Jeanne d'Arc. C'était son devoir ; mais le devoir le plus simple, accompli d'une certaine façon, prend les proportions de l'héroïsme. Dans le camp français, il prend le parti de la Pucelle, qui est celui de la marche en avant ; il se bat à Montépilloy, sous les murs de Paris, où il sauve l'héroïne avec une poignée de chevaliers, à Chappes, où son impétuosité, jointe à la prudence de Barbazan, assure la victoire. Tombé à Bulgnéville, par l'effet d'une regrettable témérité, aux mains d'un ennemi sans clémence, il passe les plus belles années de sa jeunesse à languir dans un cachot ou à débattre les conditions d'une rançon écrasante. Libre enfin, il rejoint à Naples une épouse admirable, qui lui a préparé un trône. Pendant quatre ans, il lutte pour la cause de sa maison, pour celle de la France, avec une indomptable énergie, traversant presque seul les lignes aragonaises afin de rejoindre son armée, endurant stoïquement les souffrances d'un siége atroce, rendant à ses soldats le courage et l'entrain. Le manque d'argent, l'infidélité, la trahison, les habiles manœuvres d'un adversaire sans scrupule viennent seuls à bout de sa constance. De retour dans l'apanage de ses pères, il devient le bras droit du monarque dont il a jadis partagé les jeux. La trêve avec l'envahisseur, l'intronisation d'une reine française en Angleterre, la réorganisation des milices royales sont en grande partie son ouvrage. Au dehors, il travaille à l'extinction du schisme qui désole l'Église ; il protége contre la colère du Roi la famille de Jacques Cœur.

Mais au frère, à l'ami, succède un neveu redouté, qui se défie de ses plus fidèles serviteurs. La situation change de face : il ne s'agit plus de défendre la monarchie, il faut se défendre contre elle. Pourtant Louis XI, abandonné par la plupart de ses grands vassaux, y compris la maison d'Anjou, trouve dans le chef même de cette famille une glorieuse exception : à l'heure de la guerre civile, René se fait son avocat, son appui, même contre son propre fils. Le souverain est forcé de rendre hommage à ce noble dévouement, que rien ne peut altérer. Mais, une fois le danger passé, la défiance, la cupidité reprennent le dessus : les dernières possessions du roi de Sicile deviennent l'objet d'une convoitise impatiente. Attristé par ce refroidissement, par la chute d'un nouveau trône échafaudé en Aragon à la faveur d'une insurrection nationale, par la mort inopinée de ses enfants, de ses petits-enfants, le vieux prince se retire, dès 1471, dans le domaine indépendant qui lui reste, bien décidé à disputer jusqu'au bout les lambeaux d'héritage qu'on veut lui arracher. Attaqué par la violence, puis capté par la ruse et la flatterie, il finit par consentir à se dépouiller en partie, lui et les siens, dans l'intérêt futur de ses sujets et du royaume de France. A peine arrive-t-il à jouir, au seuil du tombeau, d'une tranquillité longtemps cherchée.

Au milieu de ces luttes, de ces agitations perpétuelles, René sait se créer le bonheur que la fortune lui refuse. Ce bonheur, il le demande d'abord à la bienfaisance et aux travaux d'une administration réparatrice. Qu'il réforme ses finances, qu'il diminue les impôts en en prenant une part à sa charge, qu'il développe le commerce, l'industrie, l'agriculture, qu'il corrige et codifie les coutumes de son duché, qu'il réprime les abus et les scandales, qu'il obtienne l'adoucissement des taxes militaires, qu'il institue un ordre nouveau pour relever les débris de la vieille chevalerie, qu'il multiplie les fondations pieuses et charitables, qu'il s'occupe enfin de répandre l'instruction parmi les enfants de ses vassaux, il agit toujours sous l'empire de la même pensée, celle du bien-être moral et matériel de ceux qu'il est chargé de gouverner.

Il cherche, en second lieu, des consolations dans le culte des arts et des lettres. Il répare des châteaux, embellit des églises, élève des manoirs, avec une telle profusion de décorations et d'élégance, qu'il se crée une place avantageuse dans la classe innombrable des rois constructeurs. Lui-même prend part aux travaux de ses architectes, en leur dressant des devis. Il fait encore mieux avec ses peintres : il leur donne à la fois l'impulsion et l'exemple ; il manie le pinceau, il forme une école. Il s'entoure de sculpteurs, de tapissiers, d'orfèvres, avec lesquels il collabore. Il n'est pas jusqu'aux modes, aux règles du costume, qui n'attirent l'attention de cet esprit éminemment artistique, à la fois sérieux et mondain. Le goût de la musique et des cérémonies, religieuses ou profanes, dénote encore chez lui la recherche perpétuelle du beau. S'il n'est pas un artiste consommé, il se montre du moins amateur passionné de toutes les branches de l'art. Son talent, son aptitude, après les éclaircissements qui précèdent, gagnent en étendue ce qu'ils peuvent perdre en puissance.

Écrivain inégal, spirituel parfois dans la satire, gracieux dans la pastorale, il arrive encore à nous intéresser et à nous plaire, après quatre cents ans de transformations dans la langue et la littérature. Il cultive en même temps la science et l'érudition : les savants de la France et de l'Italie sont en relations intimes avec lui ; l'histoire, la géographie, les sciences naturelles lui sont familières ; il encourage les découvertes d'auteurs anciens, les progrès intellectuels de tout genre. Que faut-il de plus pour justifier la qualification d'homme universel, et combien cet homme, si l'on envisage ses contemporains, n'est-il pas supérieur à l'immense majorité d'entre eux ?

Ce brillant tableau a ses ombres ; nous ne les avons point dissimulées. Mais elles sont moins épaisses qu'on ne l'a cru. On s'est souvent figuré, par exemple, René d'Anjou comme un autre roi fainéant, souverain sans royaume, presque sans souci, absorbé par ses peintures et désintéressé des grandeurs au point de vouloir se défaire de tous ses États. La fausseté d'une telle opinion est maintenant démontrée. Le bon roi n'était pas assez étranger aux faiblesses humaines pour vouloir abdiquer ; il tenait énormément à ses domaines, qui étaient aussi ceux de sa famille, et il ne professait pas un désintéressement que sa situation financière lui interdisait : mais sa physionomie n'est que plus naturelle ainsi. La faiblesse de son caractère est encore un de ces lieux communs qu'il faut cesser de répéter ; elle a été au moins fort exagérée. Restent les défauts signalés à la fin de son histoire politique, c'est-à-dire sa facilité de mœurs et l'insuffisance de ses talents militaires. C'est à peu près tout ce que peuvent lui reprocher les censeurs les plus exigeants.

En résumé, ce prince, si connu de nom et si peu connu de fait, a rempli dans son siècle une place considérable ; il est temps de la lui rendre dans l'histoire. Aujourd'hui surtout que les principes fondamentaux de la vie publique s'altèrent de plus en plus, que les traditions auxquelles la France doit sa prospérité s'engloutissent, que les sujets comme les monarques méconnaissent trop souvent le prix de la droiture et de la fidélité, il est bon de placer sous les yeux un modèle d'honnêteté politique. Il est bon de montrer aux grands qu'ils peuvent acquérir de la gloire en consacrant leurs loisirs à l'étude et au bonheur d'autrui ; il est bon de faire voir au peuple que les princes du sang, que l'aristocratie, lorsqu'ils comprennent leur mission, sont le plus ferme et le plus utile soutien d'un État. Il importe enfin de présenter à tous l'exemple de la sérénité dans le malheur et de la constance dans la défaite. René aussi fut victime de la force et de l'intrigue, tout en ayant la justice pour lui. Remettons donc sa mémoire en honneur, afin que ceux qui, comme lui, sont le jouet des caprices apparents de la fortune, se rappellent que le succès ne confère pas le mérite, ni les trophées la véritable grandeur.

PIÈCES JUSTIFICATIVES.

1.

ASSIGNATION DE L'APANAGE DE CHARLES D'ANJOU PAR SAINT LOUIS, SON FRÈRE.

Août 1246.

In nomine sancte et individue Trinitatis. Amen. Ludovicus, Dei graciâ Francorum rex, notum facimus quòd nos, de assensu et voluntate dilectorum fratrum et fidelium nostrorum R. Attrebatensis et A. Pictavensis comitum, dilecto fratri et fideli nostro Karolo, comiti Provincie, et ejus heredibus dedimus et pro parte terre assignavimus Andegavum cum pertinenciis in feodis et domaniis, Salmurum cum pertinenciis in feodis et domaniis, Baugiacum cum pertinenciis in feodis et domaniis, et id quod habemus apud Bellum Fortem cum pertinenciis in feodis et domaniis, tenenda ab ipso et heredibus suis de nobis et heredibus nostris in homagium ligium, salvis donis, feodis et elemosinis que in predictis locis usque in presens sunt facta ; retinentes nobis, ad voluntatem nostram faciendam, ea que post mortem genitoris nostri clare memorie Ludovici regis acquisivimus; retinentes etiam Losdunum cum pertinenciis in feodis et elemosinis. Item, dedimus eidem fratri nostro Karolo Cenomaniam cum pertinenciis in feodis ac domaniis, salvis similiter donis, feodis et elemosinis usque in presens ibi factis. Et quoniam civitatem Cenomaniam et Mauritaniam et Mannas karissime uxori nostre Margarite regine nomine dotalicii assignavimus, volumus et ordinamus quòd, si dicta regina uxor nostra nobis supervixerit, loco dicti dotalicii civitatem habeat Aurelianum, Castrum Novum, Checiacum, Novillam, sicut regina Isemburgis in dotalicium hec habebat, salvis et exceptis Clariaco et aliis donis et feodis et elemosinis usque in presens ibi factis, si hanc commutationem voluerit acceptare. Si autem ei non placuerit hec commutatio, habebit suum dotalicium sicut ei est assignatum, et dictus Karolus Aurelianum habebit cum Checiaco, Castro Novo et Novillâ quamdiu regina vixerit memorata, et post decessum ejusdem regine Aurelianum, Checiacum, Castrum Novum et Novilla ad nostros revertetur heredes, et tunc idem Karolus vel heredes ejus donum quod de Cenomanniâ cum pertinenciis in feodis et domaniis ei modò facimus rehabebunt. Sciendum etiam quòd nos regalia dictarum civitatum et abbatie Fontis Ebraudi nobis et heredibus nostris regibus Francorum retinemus. Hanc autem donationem et concessum fecimus salvo jure alieno, et salvo etiam quòd stabiles maneant littere, si que facte sunt à nobis vel antecessoribus nostris de rebus aliquibus que manum regiam non debeant extraire. Quod ut perpetuum, stabile, etc. Actum Aurelianis, anno incarnationis dominice M° CC° XL° sexto, mense augusto, regni vero nostri anno XX°, astantibus, etc.

(Arch. nat., J 775, n° 4.)

2.

DONATION DE L'ANJOU ET DU MAINE FAITE PAR LE ROI JEAN A SON FILS LOUIS ET A SES DESCENDANTS MALES.

Octobre 1360.

Jehan, par la grâce de Dieu, roy de France, savoir faisons à tous présens et à venir que, comme l'estat et honneur du filz soit gloire et vie du père, dont, pour le bon gouvernement que noz filz ont, par raison et par amour paternelle, doivons estre plus curieux et intentif à croistre l'estat et avancement et honneur et dignité d'iceulx nosdits filz; et pour ce, considérans en nostre cueur la vraye amour, parfaite honneur et filial obéissance que Loys, nostre très-cher second filz, nous a tousjours porté et le bon gouvernement de luy, et que à toute nostre ordonnance il s'est de grant voulenté exposé et offert à mectre son propre corps en hostages pour nous et pour nostre délivrance de prison, où nous avons esté par long temps en Angleterre, et avons ferme espérance que tousjours, en ensuivant son bon propos et commancement, il s'efforcera de soy tousjours avancer en honneur et en bien et à nous servir et obéir de tout son povair, et la bonne amour que nous luy avons et avoir devons de bonne voulenté et grant affection nostredit filz et ses hoirs estre avancez de nostre royal libéralité en toutes grâces, dignitez et honneurs, et pour pluseurs autres causes qui à ce nous ont esmeu, Nous, de nostre certaine science, auctorité royal et grâce espécial, pour nous et pour touz noz successeurs, avons donné et octroyé, donnons et octroions par ces présentes, par donation pure et simple, vallable entre les vifz à perpétuité, audit Loys, nostre secont filz, à héritaige perpétuelment tenir pour lui et pour ses enfans nez ou à naistre, masles, ses héritiers, ou engendrez de ses enfans malles, nez ou créez de loyal mariaige, les comtez d'Anjou et du Maine et le chastel et chastellenie et baronnie du Chastel du Loir, assis oudit conté du Maine, et le chastel et Chastellenie de Chasteauceaux, à tenir et perpétuellement possider et exploiter et ses enfans masles, si comme dessus est dit, paisiblement, avec toute juridiction, haulte, moyenne et basse, et toutes les citez, villes, chasteaulx, forteresses, cens, rentes, flez, arrèreflez, hommes, hommaiges, droiz de patronnaige et collacions de bénéfices, forestz, boys, terres, prez, vignes, estangs, garennes, moulins, eaues, pescheries, ports, et touz singuliers droiz et appartenances universelles quelzconques, quelque part que elles soient et par quelzconques noms soient nommées ; et tout le droit que nous avons ou avoir povons esdictes contez, baronnie, chastel et chastellenie et en chascune d'icelles, pour nous et pour noz successeurs, audit Loys nostre filz, pour lui et pour ses héritiers malles, comme dit est, cessons pardurablement et donnons ; et toutes les avantdictes choses et chascunes d'icelles transportons en nostredit filz de plain droit, non contrestans droiz, loys, usaiges, coustumes et statuz quelzconques au contraire, lesquelz ne voulons que en ce fait casser, irriter ou adnuller puissent avoir aucun lieu ; sauve toutesvoyes, retenu et réservé à nous les droiz de regalle et les exempcions des églises cathédraulx et autres quelzconques, desquelles la congnoissance appartient à nous seulement et à la couronne de France et à nostre court de parlement, et aussi réservée la féaulté, hommaige et le ressort, les monnoyes et autres droiz de souveraineté, lequel hommaige ledit Loys nostre chier filz nous a fait le jour de la date de ces lectres, auquel hommaige nous l'avons receu, sauf nostre droit et l'autruy. Et avec ce, ledit Loys, nostre filz, par davant nous personnellement présent, desdiz contez, baronnie et chastellenie et de toutes les choses dessus dites et de chascunes d'icelles avons investi royalment et de fait; et avons donné en mandement par ces présentes à touz et à chascun vassaulx, hommes de foy et à touz autres à qui puet appartenir, qui par cause desdictes contez, baronnie et chastellenie nous sont tenuz de faire foy et hommaige, que lesdits hommaige et seremens de féaulté facent à nostredit secont filz et à ses filz et hoirs masles, si comme dessus est dit; et des diz hommaiges et seremens de feaulté en quoy nous sont tenuz nous les quictons par ces présentes et les en voulons estre quictes, sans actendre autre mandement. Et donnons avec ce et octroyons par la teneur de ces présentes auctorité, povoir et espécial mandement audit nostre secont filz que, touttefoiz que il luy plaira, il puisse prendre la possession corporelle desdiz contez, baronnie et chastellenie et de touz leurs droiz et appartenances quelzconques, par luy ou par son procureur, de son auctorité propre, et ladicte possession prinse puisse retenir paisiblement. Et oultre ce, donnons en mandement à touz et chascun des subgiez desdiz contez et baronnie, et à touz ceulx à qui pourra appartenir, que des choses dessusdictes et de chascunes d'icelles facent audit Loys et à ses filz et hoirs masles, comme dit est, hommaiges, et respondent et sactifient des devoirs que ilz doivent pour cause desdiz contes, baronnie et chastellenie, et que ilz obéissent audit nostre secont filz de ci en avant perpétuellement et à ses filz hoirs masles, comme dit est, et entendent diligemment. Et avec ce, donnons en mandement à noz amez et féaulx les gens de la Chambre de noz comptes à Paris que les choses davantdictes et chascunes d'icelles, à nostredit secont filz données et transportées, déduisent des comptes de ceulx à qui appartendra sans aucune difficulté, non obstans dons ou grâces faictes à nostredit secont filz et quelzconques ordonnances faictes au contraire. Et affin que les choses dessusdictes demeurent perpétuellement en leur force et vertu ou temps avenir, nous avons fait mectre nostre seel à ces présentes, sauf nostre droit en autres choses et en toutes l'autruy. Donné en la ville de Calais, l'an de grâce mil ccc saixante, ou mois d'octobre. Ainsi signé sur le replet desdictes lectres : Par le Roy, Le Royer.

(Arch. nat., P 1334¹, n° 5.)

3.

ORDONNANCES DE LOUIS II, DUC D'ANJOU, SUR L'ORGANISATION DE SA CHAMBRE DES COMPTES ET L'ADMINISTRATION DE SON DOMAINE.

31 mai 1400.

Ordenances faictes par nous, Loys, par la grâce de Dieu roy de Jherusalem et de Sicile, duc d'Anjou, conte du Maine, à nostre première venue de nostredit royaume de Sicile en noz diz païs d'Anjou et du Maine, ou mois de mars l'an M CCC IIII^{xx} XIX.

Premièrement.

Nous ordenons que les homenages à nous faiz et affaire par noz barons et subgiz de nosdiz païs d'Anjou et du Maine soient escripz et enregistrez en deux livres, dont l'un demourra en nostre chastel d'Angiers et l'autre en la Chambre de noz comptes illeq.

Item, que les aveux que nosdiz barons et autres noz subgiez aront baillez et bailleront soient semblablement escripz en deux livres qui demourront comme dessus, et que par noz seneschal ou juge ordinaire d'Anjou et du Maine lesdiz barons et autres noz subgiz soient contrains à bailler leurs aveuz par déclaracion tout au long, ainsi comme il a esté ordenné estre fait pour le domaine de monseigneur le Roy.

Item, que noz cens, rentes, vinages et autres devoirs de nozdiz païs d'Anjou et du Maine soient tout de nouvel bien diligemment recerchez et refourmez, et mis et enregistrez en livres à mémoire perpétuel, ainsi qu'il appartient à faire.

Item, et pour ce que ou temps passé l'en a acoustumé bailler à fermes, aveucques noz prévostez de nosdiz païs, pluseurs de noz cens, rentes, vinages et autres devoirs nommuables, lesqueulx, par la négligence des prévostz qui ou temps passé ont tenu lesdictes fermes, sont moult diminuez, nous voulons et ordenons que doresenavant noz receveurs ordinaires desdiz païs reczoyvent à part iceulx cens, rentes, vinages et autres devoirs, et que ils les baillent par déclaracion sur leurs comptes.

Item, et que lesdites prévostez, quant au fait de la justice et desdiz cens, rentes et devoirs, soient gouvernées en nostre main par certaines personnes qui ad ce seront commis de par nous, et que le sourplus desdites prévostez soit receu en nostre main ou baillé à ferme, comme l'en verra que bon sera.

Item, que les cens qui anciennement furent baillez à la fondacion de la chappelle de nostredit chastel d'Angiers, lesqueulx, comme nous avons entendu, sont moult diminuez et aussi comme dépériz par la négligence des chappellains d'icelle, soient doresenavant receuz par nostre receveur d'Anjou, et que le chappellain de ladicte chappelle soit récompensé ailleurs jusques à la valeur desdiz cens, ainsi comme nostre conseil verra que sera à faire.

Item, pour ce que nous avons entendu que la charge d'un seul nostre procureur en nostre païs d'Anjou a esté et seroit trop grande, considéré la distance de nostredit païs, ouquel il a troys ressors, nous avons ordonné que en chascun desdiz ressors ait un nostre procureur, aux gages qui cy après sont déclairés, c'est assavoir cellui d'Angiers et du ressort L livres, et les autres deux chascun XXV livres par an.

Item, pour ce que par ordenance de monseigneur le Roy nous prenons le proufit des aides en nosdiz païs, et que nous voulons savoir la valeur d'iceulx, nous avons ordené que, après les tercoyemens et doublemens des fermes, ou au moins en la fin de l'an, les esleuz sur ledit fait baillent la valeur d'iceulx en nostre Chambre des comptes à Angiers.

Item, que les receveurs desdiz aides et les greneticrs, après ce que ils aront compté en la Chambre des comptes de monseigneur le Roy, apportent leurs comptes en nostredicte Chambre à Angiers, pour savoir leur estat et la distribucion des deniers de leurs receptes.

Item, pour ce que nous avons entendu que en nosdiz païs a trop grand nombre de commissaires sergens sur ledit fait des aides et de la gabelle, et peu savans, par quoy le puepple de nosdiz païs est moult grevé et oppressé en pluseurs manières, nous avons ordonné que sur ce soit pourveu par les gens de nostredit conseil à Angiers, au mieulx et plus proufitablement que faire se pourra.

Item, quant au fait de la Chambre de nosdiz comptes à Angiers, nous, conflans applain du sens, loyauté, prodommie et bonne diligence de noz bien amez conseilliers révérent père en Dieu nostre chancellier l'évesque d'Angiers, l'abbé de Saint-Aubin, maistre Jehan le Bègue, messire Jehan d'Escherbaye, Guillaume Aygnen, maistre Denis du Brueil, maistre Estienne Buynart et maistre Lucas Lefèvre et messire Brient Priour, et pour clers de ladicte Chambre Gillet Buynart et Jehan Fromont, et pour huissier de ladicte Chambre Jehan du Vivier, iceulx nozdiz conseilliers, clers et huissier avons ordennez et instituez pour le fait et gouvernement de nostredicte Chambre et des circonstances et deppendences; et voulons que quatre ou troys de nosdiz conseilliers puissent procéder et avant aller oudit fait, nonobstant l'absence des autres.

Lesquelles noz ordennances nous voulons et nous plaist estre tenues, gardées et observées en la manière cy dessus contenue.

En tesmoign desquelles choses, nous avons fait mettre et apposer nostre seel à ces présentes. Donné en nostre chastel d'Angiers, le darrain jour de may, l'an mil quatre cens.

Par le roy, la royne présente, Delacroiz.

(Arch. nat., P 1331¹, n° 12.)

4.

CLAUSES PRINCIPALES DE L'INVESTITURE DU ROYAUME DE SICILE CONFÉRÉE PAR LE PAPE MARTIN V A LOUIS, RENÉ ET CHARLES D'ANJOU ET A LEUR FAMILLE.

4 décembre 1419.

Post dicte Johanne obitum, vel aliàs quàmprimum ex ipsius personâ, eciam eâ in humanis agente, seu aliàs quovismodo, regnum et terram predicta ad Romanam ecclesiam devolvi contigerit, ex nunc pro tunc in feudum perpetuum tibi, carissimo in Christo filio nostro Ludovico tercio, Sicilie regi illustri, licet absenti, ac tuis heredibus jam natis et imposterum nascituris, ut infra describitur, sub infrascriptis condicionibus, motu proprio, ex nostrâ certâ scienciâ, auctoritate apostolicâ et de plenitudine potestatis, ac de venerabilium fratrum nostrum predictorum sancte Romane ecclesie cardinalium consilio, harum serie concedimus et donamus, atque in te et tuos predictos heredes totaliter et plenariè transferimus et transportamus per presentes, teque pro te et dictis tuis heredibus de ipsis regno et terrâ eorumque juribus et pertinenciis universis, in personam dilecti filii Nicolay Perrigaudi, canonici Andegavensis, licenciati in decretis, consiliarii et procuratoris tui, ad hoc à te personaliter constituti, per traditionem et impositionem anuli nostri, ipsius digito anulari impositi, presencialiter investimus, receptis tamen ab eodem procuratore pro te et tuo nomine, in formâ que sequitur, fidelitatis debite juramento ac pleno homagio et vassallagio ligio...

Si verò, in tuo vel tuorum in dicto regno heredum obitu, legitimum, prout subsequitur, heredem te aut ipsos heredes tuos, quod absit, non habere contigerit, regnum et terra prefata ad predictam ecclesiam Romanam ejusque dispositionem liberè revertantur. Descendentes autem ex te vel ipsis tuis heredibus Sicilie regibus mares et femine in eodem regno succedent, sic tamen quòd extantibus maribus usque ad quartum gradum, ut infrà describitur, femine non succedant, sed mares hujusmodi dumtaxat; et de liberis duobus maribus in eodem gradu per eamdem lineam concurrentibus, primogenitus preferatur. Et si aliquem de heredibus vel successoribus tuis regibus Sicilie sine legitimâ et masculâ prole sui corporis mori contigerit, succedent eidem, servatis gradibus, si superstites fuerint, hec persone, videlicet regis sine filio masculo legitimo ex suo corpore descendente frater aut collaterales superiores, mares tantùm, si superstiterint, ut patrui et avunculi, et sursùm usque ad quartum gradum duntaxat, illis collateralibus quos tu habes ad presens, preter tuos fratres germanos..., exceptis; collaterales eciam inferiores succedent similiter..., usque ad eumdem tantummodo quartum gradum. Deficientibus verò hujusmodi maribus, succedent femine ex tuo corpore legitimè descendentes...

Te verò decedente sine legitimâ prole ex tuo corpore descendente, dilecti filii nobiles viri Renatus ejusque heredes, ac ipsis deffleientibus Carolus, fratres tui germani, ejusque heredes legitimi ex suis corporibus descendentes, sexûs qualitate et ordine graduum servatis,... succedant. Personarum autem hujusmodi nullâ superstite, regnum et terra ipsa ad dictam Romanam ecclesiam ejusque dispositionem liberè revertantur.

(Arch. nat., J 513, n° 39.)

5.

ADOPTION DE LOUIS III PAR JEANNE II, REINE DE SICILE,
ET SERMENT D'ALLIANCE RÉCIPROQUE.

14 septembre 1423.

In nomine Domini nostri Jeshu Christi. Amen. Anno à nativitate ejusdem millesimo quadringentesimo vicesimo tercio, regnante serenissimâ dominâ nostrâ Johannâ secundâ, Dei graciâ Hungarie, Jerusalem, Sicilie, Dalmacie, Croacie, Romanie, Servie, Galicie, Lodomerie, Comanie, Bulgaricque regina, Provincie et Forcalquerii ac Pedimontis comitissa, regnorum verò ejusdem anno decimo, die quartodecimo mensis septembris, secunde indictionis, in reginali castro Averse. Nos, Antonellus de Theano, per totum regnum Sicilie ad contractus judex, Sanson de Conducto, de Neapoli, ubilibet per totum predictum regnum Sicilie regali auctoritate notarius publicus, et subscripti testes, ad hec specialiter vocati et rogati, presenti scripto publico declaramus, notum facimus et testamur quòd, predicto die, nobis judice, notario et subscriptis testibus convocatis et personaliter accersitis ad requisiciones et preces nobis factas pro parte dicte domine nostre regine et illustrissimi principis et domini Ludovici tercii, ducis Andegavie, Calabrie, etc., ac regni Sicilie futuri regis, ad presenciam ipsorum domine regine et dicti Ludovici sistentibus, in camerâ paramenti consilii ipsius domine regine, et existentibus ipsâ dominâ reginâ agente ad subscripta per se ex unâ parte, et dicto domino Ludovico tercio futuro rege agente ex alterà; prefata quidem domina nostra regina coram nobis, presente dicto domino Ludovico tercio, audiente et intelligente, sue vive vocis oraculo protulit et narravit quòd dudùm ipsa domina nostra regina, certis tunc causis et rationibus mota, arrogavit in suum filium et successorem regni Sicilie supradicti illustrem principem dominum Alfonsum, regem Aragonum, et, eundem regem Aragonum maternaliter et benigniter pertractans, honoribus, dignitatibus dicti regni quampluribus insignivit et etiam decoravit, secundùm quòd de hoc in toto pene orbe terrarum esse potest publica vox et fama; qui Aragonum rex, successu temporis, non contentus de hiis que sibi prefata domina nostra regina concesserat et tradiderat, immo ingratus tantorum beneficiorum sibi à predictà dominà nostrà reginà largifluè collatorum, ausu nefando et impio appetitu totum dominium predicti regni seu ipsius domine regni ad suas manus et potestatem convertendi impulsus et distractus presumpsit et actentavit, manu armatà et militari personam dicte domine regine capere et arrestare in castro Capuano Neapoli, deindeque ipsam dominam reginam malè et impiè pertractare et facere pertractari satagendo pro suis conatibus et impulsibus, pro suo libito [et] voluntate, sicut hoc est notorium et etiam manifestum in toto regno et etiam in totam Ytaliam; quà et certis aliis causis justè et rationabiliter mentem predicte domine regine ad hoc inducentibus, dicta domina regina, justè et rationabiliter, exigentibus demeritis ipsius domini regis Aragonum, eundem à dictà filiali arrogatione revocavit et ipsum etiam privavit dictis successione, honoribus, dignitatibus, officiis, donationibus, possessionibus, privilegiis et potestatibus omnibus antea sibi collatis; et demum, certis aliis rationibus et occasionibus justis et licitis moventibus mentem Sue Serenitatis, arrogavit et fecit suum filium adoptivum primogenitum predictum illustrissimum principem dominum Ludovicum tertium, ducem Andegavie Calabrieque ac futurum regem regni predicti. Et quia, prout ipse partes coram nobis predictis judice notario et testibus asseruerunt, nonnulli iniquitatis filii, cupientes et affectantes inter eosdem dominam reginam et dominum Ludovicum tertium, futurum regem, matrem et filium, differenciam et discordiam seminare, ferebant et dicebant quòd ipsa domina nostra regina occultè et sine consciencià dicti domini Ludovici tercii, filii sui, et ipse etiam dominus Ludovicus tercius clam occultè à dictà dominâ reginâ matre suâ tentabat et satagebat disentare et concordare cum predicto rege Aragonum et etiam cum illustri principe Grachio de Fortebrachiis, principe Capue et regni Sicilie magno comestabulo, etc.; ideò, ut penitùs de medio tollatur materia et occasio predictarum obloquutionum, et ut omnibus pateat et sit manifestus affectus sincerus qui inter predictam dominam reginam ut matrem ex unâ parte et inter predictum illustrem principem dominum Ludovicum tercium ut filium [ex alterâ est], et ad ostendendum quòd in omnibus sunt unanimes et concordes, divinâ sempergratiâ affluente, undè proceditur omne bonum, sponte, non vi, dolo vel metu coharti, colludio inducti aut aliter circumventi, sed corum et cujuscumque ipsorum purâ placidâ et spontaneâ voluntate, repulsato abinde omni materiâ obloquendi, prefata domina nostra regina et prefatus dominus Ludovicus tercius, futurus rex, mater et filius, et quilibet ipsorum sibiipsis ad invicem, una alteri et alter alteri, promiserunt et convenerunt per solennem et legitimam stipulacionem, coram nobis ac sub verbo et fide regali ac per pactum sollenne et vestitum, non se concordare nec aliquem actum concordie vel pacis facere, inducere vel finire cum dicto rege Aragonum nec alio sui parte, nec [1]..... to Grachio, magno comestabulo, vel alio sui parte, publicè vel occultè vel alio quovismodo, sine expressâ consciencià, beneplacito et licencià alterutrius ipsorum matris et filii oretenus vel in scri.......lio, quocunque ingenio vel colore, et in hoc non commictere aliquem dolum malignitatem vel fraudem, immo predictam concordiam, unitatem, maternalitatem et filialitatem jam contractam factam et sec.......ndem dominam reginam et dictum dominum Ludovicum tercium, filium unicum suum, futurum regem regni Sicilie, perpetuo ratas, gratas et firmas habere et tenere haberique et teneri facere...... et cujuslibet ipsorum subditos, familiares, vassallos atque gentes, et non contra facere, dicere, opponere vel venire, divertere vel pervertere, interrumpere vel violare aliquo quovis qu....., publicè vel occultè ubique locorum. Itaque hujusmodi unitas et concordia inviolabilem semper obtineat roboris firmitatem, et à presenti contractu dolum malum abesse futurumque... imo preterire seu preteriri facere quoquo modo; et pro predictis omnibus et corum singulis firmiter adimplendis et inviolabiliter

---

[1] Ces points et ceux qui suivent correspondent à un trou dans le parchemin.

observandis et contrà non veniendo, dicendo vel opponendo, sed quòd predicta omnia et singula vera sunt, prefata domina regina et dominus Ludovicus futurus rex, sponte et voluntarié, coram nobis, sibi ipsis ad invicem presentibus et recipientibus corporalia prestiterunt ad sancta Dei evangelia juramenta, volentes et jubentes quòd ad futuram rei memoriam et cautelam cujuscumque ipsorum fiant duo consimilia publica instrumenta. Unde, ad futuram memoriam et cautelam prefate domine regine, factum est exinde de premissis hoc presens publicum instrumentum, per manus mei notarii supradicti, signo meo solito signatum, subscriptione mei qui suprà judicis et nostrûm subscriptorum testium subscriptionibus roboratum ; quod scripsi ego prefatus Sanson, publicus, ut suprà, notarius, qui premissis omnibus rogatus interfui, ipsumque meo consueto signo signavi.

[Signum notarii.]

Ego qui suprà, Antonellus de Thean, judex, interfui et subscripsi. Ego G. S. N., Dei et apostolice sedis gratià episcopus Tropiensis, testor et subscripsi.

Sfforza manu propriâ subscripsi.

Tristan de la Jaille.

Elion de Glaudèves.

G. de Villanova.

Ego Franciscus Morunulis, miles, regni Sicilie marescallus, testis sum.

Ego Petrus quondam Bernardi de Montealcino, orator ducalis, testis fui et propriâ manu scripsi.

Ego Johannes Dentice, miles, testis subscripsi.

Ego G.... de Senis testo (sic) sum.

Ego Pippus Caracciolus, miles, testis subscripsi.

Ego Gauterius Cardola, miles, testis subscripsi [1].

Presentibus domino episcopo Tropiense, domino comite Pulcini, domino comite Caserte, domino comite Sancti Severini, etc.

(Arch. de Naples, Pergamene regie camere, vol. I, n° 29.)

[1] Toutes ces signatures sont autographes.

6.

HOMMAGE FAIT AU RÉGENT BEDFORD PAR LE CARDINAL DE BAR, EN SON NOM ET AU NOM DE RENÉ, SON NEVEU.

5 mai 1429.

Loys, par la grâce de Dieu cardinal de Bar, seigneur de Cassel, à tous ceulx qui ces présentes lettres verront, salut. Savoir faisons que nous, aians povoir espécial quant à ce de nostre très cher et très amé neveu le duc de Bar, marquis du Pont et conte de Guyse, par ses lettres desquelles la teneur sensuist : — René, filz de roy de Jherusalem et de Sicille, duc de Bar, marquis du Pont, conte de Guise, à tous ceulx qui ces présentes lettres verront, salut. Comme, pour le bien et conservation de la paix de noz subgiez et seignourie de la duchié de Bar et des marches d'environ, aians nagaires, par le moien de très révérend père en Dieu, nostre très chier et très amé oncle le cardinal de Bar, prins et acordé abstinence de guerre avecques nostre bien amé cousin messire Jehan de Lucembourg, seigneur de Beaurevoir, ou nom et comme lieutenant pour lors en ceste partie de très hault et puissant prince nostre très chier et très amé cousin Jehan, régent le royaume de France, duc de Bedford, et ainsy soit que nostredit oncle, lequel a entention d'aler briefment par devers nostredit cousin le régent au lieu de Paris, sachant que le temps de ladicte abstinence sera bien tost passé et expiré, nous ait remoustré les grans maulx et irréparables dommages que à l'occasion des guerres et divisions pourroient et ont acoustumé ensuyr, en nous exhortant d'y obvier par les meilleurs et plus convenables moiens que faire se pourra; Savoir faisons que nous, voulans en ceste partie et autres noz affaires obtempérer aux bons plaisirs et conseil de nostredit oncle, considérans que, à l'occasion des divisions qui ont esté et encores sont ou royaume de France, aucunes noz terres et seigneuries ont esté empeschiées, et mesmement nostre conté de Guise, et que, pour plusieurs occupations que nous avons présentement, ne pourrions bonnement besongner en nostre propre personne sur et des choses qui sensuivent, ayans souveraine et espéciale confiance en nostredit oncle, lequel, à nostre prière et requeste, a de sa courtoisie voulu sur ce prendre la charge, lui avons donné, baillié et ottroié, donnons, baillons et ottrions par ces présentes auctorité, licence et espéciale puissance de traictier, besoingner et accorder pour nous et en nostre nom avecques nostredit cousin le régent de et pour la délivrance de nostredicte conté de Guise et pour toutes les terres et seignouries quelxconques que nous avons, povons et devons avoir et tenir en fief en et du royaume de France, tout ainsy et par tele condition et manière comme bon semblera à nostredit oncle, et avecques ce de reprenre pour et ou nom que dessus de nostredit cousin le régent et lui faire les foy et hommage que nous devons à cause de toutes et chascunes nosdictes terres et seigneuries, tant de noz ville, chastel et prévosté de Bar et d'autres que en nostre duchié de Bar tenons de la couronne de France, comme de nostredicte conté de Guise et leurs appartenances quelxconques, selon qu'il est acoustumé faire en tel cas, et généralment de faire, besoingner, traictier, acorder et appoinctier en et sur les choses dessusdictes et leurs circonstances et deppendances, tout ainsi qu'il plaira et semblera meilleur à nostredit oncle et comme nous mesmes ferions et pourrions faire se présens y étions, promettans loyaument, en bonne foy, en parole de prince, avoir et tenir ferme et estable et aggréable à tous jours tout ce que par nostredit oncle sera fait, accordé, besoingué, reprins et appoinctié es choses dessusdictes et leursdictes circonstances et deppendances, sans ce que jamaiz nous puissions ou dolons aler ne faire au contraire en aucune manière. En tesmoing de ce, nous avons fait mettre notre seel à ces présentes. Donné à Nancey, le xiii° jour d'avril, l'an mil quatre cens vingt neuf, après Pasques.—Avons, pour et ou nom de nostredit neveu, fait es mains de nostre très chier seigneur et cousin, monseigneur le régent le royaume de France, duc de Bedford, les foy et hommage qu'il est tenuz de faire à monseigneur le roy de France et d'Angleterre des ville, chastel et prévosté de Bar et d'autres terres du duchié de Bar que nostredit neveu tient de la couronne de France, et tout en la forme et manière que les ducs de Bar, prédécesseurs de nostredit neveu, ont accoustumé faire aux roys de France, prédécesseurs de monseigneur le Roy. Et promettons, pour et au nom de nostredit neveu, foy, loyauté et service à mondit seigneur le Roy et à nostredit cousin monseigneur le régent durant sa régence, contre tous qui pevent vivre et mourir, saufs tous droiz; et de ce ferons avoir lettres de confirmation sur ce de nostredit neveu, lesquelles nous envoierons à Paris dedans la Saint-Jehan-Baptiste prouchain venant. En tesmoing de ce, nous avons fait mettre nostre seel à ces présentes. Donné à Paris, le cinquième jour de may, l'an de grâce mil quatre cens vint et neuf.

Par monseigneur le cardinal, Robert de Haroue et maistre Jehan de Bruillon présens, — Hébert.

(Arch. nat., J 581, n° 10.)

7.

DÉSAVEU DE L'HOMMAGE PRÉCÉDENT ADRESSÉ PAR RENÉ A BEDFORT.

3 août 1429.

A vous, hault et puissant prince Jehan, duc de Beddefort, je, René, filz du roy de Jherusalem et de Sicille, duc de Bar, marquis du Pont, conte de Guyse, vous faiz assavoir que, comme très révérend père en Dieu mon très chier et très amé oncle le cardinal de Bar se soit, puis pou de temps en ça, soy en sa personne transportez par devers vous pour plusieurs besoignes et affaires, et entre autres choses ait pour moi et en mon nom, et par vertu de certaines mes lettres de procuracion par moy à lui sur ce données, fait en voz mains, comme vous disant régent le royaume de France, foy et hommaige des terres et seignories que je tieng en fiedz de la couronne de France, et de ce vous en ait promis obéyssance, comme mes prédécesseurs ont acoustumé faire ou temps passé aux roys de France, ainsy comme mondit oncle m'a de ces choses certiffié par ses lettres closes; et avec ce, depuis ces choses ainsy faites, aye tout ce que en ceste partie a esté fait par mondit oncle, au resgard de ce que dit est, confirmé, rattiffié et approuvé par mes lettres patentes à vous sur ce envoyées; je, pour certaines causes qui ad ce m'ont meu et muevent, ay dès maintenant et pour lors renuncié et renunce par ces présentes plennement et absoluement à tous les fiedz, terres et seignories dont mondit oncle a et pourroit avoir reprins de vous comme régent, et à tous hommaiges, foy, seremens et promesses quelconques qu'il pourroit avoir faiz pour moi et en mon nom, en tant comme à moy pourroit toucher, à vous comme régent le royaume de France ; et pareillement d'aboindant renonce à toutes promesses et choses quelconques par moy faites et passées par mesdictes lettres patentes à vous envoyées, en quelconque manière que ce soit ou puist estre, et à toutes les circonstances et deppendances ; et parmi ces présentes renunciacions et la teneur de ces présentes lettres, weil et entendz de ce jour en avant moy estre et demourer quiete et deschargié du tout de tous lyens de foy, hommaige et promesses quelconques que mondit oncle pourroit avoir faiz en voz mains comme régent pour moy et en mon nom et par vertu de mesdictes lettres de procuracion à lui sur ce données et autrement, et moy par mesdictes lettres patentes à vous sur ce envoyées. Et ces choses vous signifie je et escrips par ces présentes, scellées de mon seel, pour y sauver et garder mon honneur. Donné le tiers jour d'aoust, l'an mil quatre cens vingt neuf.

(Arch. nat., J 582, n° 33.)

8.

RELATION DE L'AMBASSADEUR MILANAIS CANDIDO DECEMBRIO, ENVOYÉ AUPRÈS DU DUC DE BOURGOGNE.

13 novembre 1435.

... Poy me disse [1] : Espero che in breve el duca de Barri sera accordato con lo mio signor. El cancellero de Borgogna non va per altro à Digione ; per tanto conforta el tuo signor, se voglia intendere con lui presto, avante che Venetiani o Firentini lo vegnono à subornare cum sue ambassate.

[1] Il s'agit d'un conseiller de Philippe le Bon, que l'ambassadeur appelle *Latino da Conigliano*.

Queste parole mi fureno dite per li soprascripti el di de dominica, à xxv del mese de septembre, in la cita de Raxe [1]...

Da poi che fu gionto à Digione, como scrisse à la vestra Signoria, el duca de Barri mando li andasse à favellare, si che, presa licentia dal cancellero de Borgogna, inseme cum lui fu da la presentia sua, e si lo ritrovay in una camera molto guardato e destreto e con la barba grande; el quale, in presentia d'ogni persona, quasi lacrimando me disse queste parole : Te prego, mi voglie recommandare al signor mio cusino, e digli che o gran desiderio de vederlo. Ne altro disse, e de subito el cancellero de Borgogna me redusseseco de fora. La matina seguente, el dicto duca de Barri me fe dire secretamente, per uno de li suoi piu fedeli, che è li per la sua liberatione, che s'anoma el protonotario, e credo sia messer Jacobo Surich [2], queste parole : El re Rayneri non pote heri parlare como desiderava per li guardii cha dintorno. Io ho havuto licentia de conferire con lui per altre nostre pratiche che havemo con questi de Borgogna, si che m'a dito che tu referissi queste parole al tuo signor : como novamente l'a sentito de la liga fata tra la sua Signoria e lui, de che se ne conforta molto ; e prega el dito signor tuo voglia perseverare in questo bon principio, chel trovara per effecto chel sera sempre suo bon figlolo e amico, e potra disponere de le cosse del reame, e cossi de Venetiani et Firentini quanto lui proprio ; e digli che, quando li ambassadori che nuy expectamo de giorno in giorno seran ritornati qui cum li capituli de la dicta liga, chel re Rayneri, avisato li dicti capituli, de subito mandera dal prefato tuo signor uno messo proprio che l'avisara de tuta sua intentione à pieno.

Ancora vole el dicto re Rayneri che tu avisi el prefato tuo signor de tuto el suo stato, e como hoggi havemo obtenuta la liberatione de suo figlio, che era qui venuto per stare in loco del dicto re, e poi non volevano liberare ne l'uno ne l'altro, si che hoggi lo mandaremo in loco che sera ben securo, acio che questi non habieno casone de mutare proposito.

Apresso avisa el tuo signor como la liberatione del dicto re non po havere loco si presto : la casone si è chel duca de Borgogna si domanda tre milioni de ducati, poy è venuto à dui, e ultimate à

---

[1] Arras.
[2] Jacques de Sierck.

uno, e in questo persevera. E sa bene el re Rayneri non è possente à pagarli, ma domanda el pegno, e questo pegno si è chel vole el ducato de Barri, laquale dimanda al re pare troppo grande; sarene ben contento de fare le cosse rasonevole, ma non vorane condescendere à tanta dimanda; per tanto si despone de non venire si presto à l'acordo. E vole vedere se po havere megliore conditione; e per questa casone el duca de Borgogna, lassato el parentato del re di Francia, si cerca el parentato del dito re Rayneri, per havere el ducato de Barri. E quando sia pur deliberato d'averlo, disse che stara prima in presone continuamente, e che seguendo questo supplica chel signor habia recommandata sua mugliere e suoi figlioli.

Queste parole me fureno dite per lo dito protonotario à venerdi XXVIII d'otobre, in Digione, e monstra de volere venire in breve da la Signoria vestra.

(Arch. de Milan, *Dominio Visconteo*, an. 1435 [1].)

9.

SERMENT DE FIDÉLITÉ PRÊTÉ A LA REINE ISABELLE ET AU ROI RENÉ PAR LA NOBLESSE ET LE PEUPLE DE NAPLES.

27 novembre 1435.

Ligium juramentum datum à nobilibus et popularibus Neapoletanis regine Isabelle, uxori regis Renati, in anno 1435.

Die 27 mensis novembris, XIII indictione, Neapoli, accersitis ad regale castrum Capuane, Neapoli, et ibidem, in curti ejusdem castri, sedente serenissimà et illustrissimà dominà nostrà dominà Isabellà, Hierusalem et Sicilie reginà et procuratrice pro serenissimo domino nostro domino rege Renato, in eodem regno suà vicarià et locumtenente generali, pro tribunali sedente more regali, sistente

[1] Publié dans les *Documenti diplomatici tratti dagli Archivi Milanesi... di Luigi Osio, direttore degli Archivi di stato in Milano*, in-f°, 1872, vol. I, part. I, p. 142.

ad recipiendum ligium homagium à nobilibus Capuane et Nidi, ac sindicis et aliis hominibus trium sedilium, sc[ilicet] Montanee, Portûs et Porte-Nove, ac popularibus seu sindicis eorumdem, et ibidem sistentibus genuflexis, in presentiâ dicte domine regine, nobilibus et magnificis viris Joanne Castaro et Gabriele de Loffrido, sindicis sedilis Capuane, ac domino Marino Brancatio, militi et domino Nicolao de Alaneo, militi, sindicis sedilis Nidi, necnon aliis hominibus et sindicis aliorum trium sedilium et de populo, coram dictâ reginali majestate, et altercatione honoris jurandi habitâ inter alia sedilia et disceptatione dignitatis priùs jurandi, domina regina recessit : inde eorum differentias dicte domine nostre regine dicto sermone promiserunt stare, ut asseritur, per eandem. Igitur, electo per ipsam dominam nostram reginam domino episcopo Carnocente (sic), prefato orante, ibidem declaravit et vocavit eos ad hoc ligium homagium hoc modo, scilicet : Vos, nobiles de sedilibus Capuane et Nidi, et vos alii, de aliis tribus sedilibus Montanee, Portûs et Porte-Nove, et vos, populares, regina vult priùs, vestris servatis privilegiis, immunitatibus et dignitatibus, prout vobis sunt et fuerunt vetusto tempore, quòd in juramento et in isto ligio homagio servetis ordinem, morem et seriem que servantur in sedendo in curiâ bayulorum Sancti Pauli, ubi sedile Capuane obtinet et tenet primum locum.

Super quibus domini, hiis verbis dictis, de sedilibus Capuane et Nidi in modum quod sequitur protestati fuére, scilicet :

Per comandamento de la Majesta vestra si simo venuti inde la presencia de Vestra Majesta, et volermo fare ligio homagio secondo à la Majesta Vestra piacera, perche nui como ad figlioli de l'obedientia simo disposti fare ezio che la Majesta Vestra ce comanda, reservato omne nostro honore, priorita, dignita et preheminentia secondo se contene per li nostri privilegii, non ce derogando ne prejudicando per questo atto, lequale facimo mo à la sententia de la Vestra Majesta; inante volimo che mo et sempre et per omne tempo li nostri privilegii siano sempre salve et illese et agiano perfetto firmamento, como per lo passato è stato sempre mai observato, et custeagiano vigurali effetti et dignitate per lo advenire, et cussi per lo advenire intendiamo usare nostre ragiune.

(Bibl. Brancacciana de Naples, ms. 2 G 20, f° 47 et suiv.

10

CONVENTION PASSÉE PAR RENÉ, POUR SA DÉLIVRANCE,
AVEC PHILIPPE, DUC DE BOURGOGNE.

28 janvier 1437.

Regné, par la grâce de Dieu roy de Jherusalem et de Secile, duc d'Anjou, de Bar et de Lorraine, comte de Prouvance, de Forcalquier, du Maine et de Pimont, à tous ceulx qui ces présentes lettres verront, salut. Comme ja pieça avons esté prisonnier à nostre très amé cousin Phelippe, duc de Bourgoingne et de Brabant, etc., et ce pendant nous ait nostredit cousin par plusieurs foiz, de sa grâce, libéralité et courtoisie eslargy et donné terme et respit de rentrer et retourner son prisonnier, sur aucunes seurtez qu'il a eues et prinses de nous, et mesmement naguères et darrenièrement, nous tenans prison en sa ville de Dijon et en son hostel ileecques, nostredit cousin, de sa grâce et courtoisie, nous a fait eslargir de ladite prison pour venir devers lui, soubz espérance et en entencion de trouver moyen envers lui de nostre totale délivrance, moyennant certaines seurtez que lui avons baillées, au long contenues ou scellé qu'il a sur ce de nous ; selon lequel apointement nous soions trait devers nostredit cousin en sa ville de Lille en Flandres, acompaigné de pluseurs prélas, nobles, chevaliers et escuiers, clers et autres, noz parens, féaulx, vassaulx et subgetz ; d'autre part y ait envoié monseigneur le Roy nostre très chier et espécial ami l'arcevesque de Reins, son chancellier, et aussi y sont venuz, à nostre prière et requeste, nostre très chier et très amé cousin le duc de Bourbonnois et d'Auvergne, pour et afin de exorter et prier nostredit cousin le duc de Bourgoigne et estre moyen pour nous envers lui de nostredite délivrance ; Savoir faisons que, après pluseurs journées tenues entre nous et nostredit cousin le duc de Bourgoingne sur le fait de nostredite délivrance, par le moyen desdits seigneurs de nostre sang et avec iceulx et aussi lesdits prélaz, nobles, chevaliers, escuiers, noz parens, vassaulx, féaulx et subgetz, sur ce eue grant et meure délibéracion de conseil, avons traitié, accordé et concluduavec icellui nostre cousin Phelippe, duc de Bourgoingne et de Brabant, sur le fait de nostre totale délivrance et expédicion de prison, en la forme et manière et soubz les paccions et condicions que cy après s'ensuivent :

Premièrement, que, moyennant nostredite délivrance de prison et quictance de nostre foy que nous a accordé faire nostredit cousin le duc de Bourgoingne, nous lui avons convenancé et promis, pour nous, nos hoirs, successeurs et aians cause, de bailler, quictier, transporter et delaissier à tousjours en héritaige perpétuel, pour lui, ses hoirs, successeurs et aians cause, les villes, chasteaulx, terres et seigneuries de Cassel et du Bois de Niepe, sictuez ou pays de Flandres, et les appartenances et appendences quelzconques et qui de long et ancien temps ont appartenu à noz prédécesseurs ducz de Bar, et desdites cession, bail, quictance et transport faire et passer lettres devant notaires et tabellions royaulx, et pareillement devant notaires appostoliques et impériaulx se mestier est et requis en sommes, et aussi soubz nostre seel, contenant de nostre part promesses et obligacions de garantie au prouffit de nostredit cousin et de ses hoirs, le plus fort et en la meilleur et plus seurre manière que faire se pourra. Et en oultre avons esté et sommes d'accort de relever ladite terre et seigneurie de Cassel et du Bois de Niepe avecques toutes leurs appartenances de nostredit cousin, comme tenans et mouvans de lui en fief à cause de sa conté de Flandres ou de ses bailli et hommes de sa chambre de loy de Flandres, et tantost après par devant lesdits bailli et hommes nous en dessaisir et deshériter au prouffit de nostredit cousin et de ses hoirs, et icellui nostre cousin Phelippe, duc de Bourgoigne, et ses hoirs en fere adhériter et bailler la saisine et joissance paisible par lesdits bailli et hommes, et généralement de consentir, passer et fere toutes autres solennitez à ce requises, convenables et prouffitables, selon les usaiges et coustumes dudit pays de Flandres, tellement que toute ladicte terre et seigneurie de Cassel et du Bois de Niepe avec leurs appartenances soient et demeurent seurement et paisiblement à nostredit cousin Phelippe, duc de Bourgoingne, et à ses hoirs contes de Flandres, et à ceste fin lui faire accorder partout où il appartendra toutes telles lettres et promesses de garantie et desdommaigement en cas de éviction et autrement que icellui nostre cousin vouldra et nous requerra, et en la meilleur et plus seure manière que faire se pourra.

Et semblablement avons convenancé et promis de céder, transporter et delaisser à nostredit cousin de Bourgoingne, pour lui et ses hoirs, comme dessus, tout le droit, raison et action que à nous de présent peut ou pourroit cy après compéter et apartenir ou à noz hoirs en toutes les autres terres, chasteaulx, villes et seignouries, comme Dunkerke, Bourbourg et autres, oudit pays de Flandres, tant à cause et par le moyen de la succession de nostre très chière et très amée cousine la contesse de Saint-Pol, fille de feu nostre très chier oncle messire Robert de Bar, que Dieu pardoint, ou cas que elle iroit de vie à trespassement sans hoirs légitimes de son corps, comme autrement ensemble tout tel droit, raison et action que jamais ou temps avenir y pourrions avoir, à quelque tiltre, raison ou par quelque moyen que ce soit; et sur ce fère et passer, comme dessus, lettres à nostredit cousin, tant soubz nostre seellé comme devant notaires, telles et en telle forme qu'il lui plaira, en révocant tous traictiez et transpors que depuis nostredite prinse en pourrions avoir faiz à autres quelz qu'ilz soient, avec les renunciacions, promesses et submissions qu'il appartendra.

Et encores d'abondant avons promis et promectons à nostredit cousin de Bourgoingne de lui faire avoir de nostre très chière dame et mère Yolant, royne de Secile, lettres semblables que dit est dessus de cession et transport desdites terres et seignouries de Cassel et le Bois de Niepe, et aussi desdites terres de Bourbourg, Dunkerke et autres dessus déclarées, et tout par la forme et manière que l'avons promis cy dessus de nostre part, et que, se mestier est, elle relièvera de nostredit cousin de Bourgoingne ou de ses bailli et hommes de Flandres lesdites terres de Cassel et le Bois de Niepe, et tantost après s'en deshéritera et fera adhériter deuement et selon la coustume dudit pays de Flandres nostredit cousin de Bourgoingne et ses hoirs, tout ainsi et pareillement que l'avons promis fère de nostre costé. Et toutes ces choses fera et acomplira nostredite dame et mère dedans la feste de saint Jehan Baptiste prouchainement venant mil cccc trente et sept, et au plus tart dedens demi an après que requise en sera de la part de nostredit cousin duc de Bourgoingne, qui de ce la pourra requérir toutes les fois que mestier sera ou qu'il lui plaira.

Item, pour la finance de nostre rançon, avons promis et promectons par la foy et serement de nostre corps, en parole de roy et sur nostre honneur et obligacion de tous noz biens meubles et immeubles présens et avenir quelxconques, paier à icellui nostre cousin de Bourgoingne, ou à ses hoirs s'il estoit avant ledit paiement alé de vie à trespassement, la somme de quatre cens mil escuz d'or telz que mondit seigneur le Roy fait à présent forgier en ses monnoyes, assavoir de soixante dix de taille au marc de Troyes et à XXIIII karas d'aloy et à ung quart de remède, en la manière qui s'ensult : c'est assavoir, deux cens mil d'iceulx escuz simplement et sans aucune condicion, à deux termes et paiemens, assavoir cent mil escuz à la fin du mois de may prouchain venant mil CCCC XXXVII, et autres cent mille escuz telz que ditz sont à la fin du mois de may prouchain après ensuivant, qui sera en l'an mil CCCC trente et huit, et iceulx II^{c.m} escuz ausdits termes paier et faire paier en la ville de Dijon à noz despens, perilz et fortunes, et illecques les délivrer et bailler à icellui nostre cousin de Bourgoingne ou à ses gens et commis de par lui aux termes dessus diz ; et les autres deux cent mil escuz avons accordé et promis, accordons et promectons comme dessus de paier à nostre dit cousin le duc de Bourgoingne, ou à sesditshoirs, ou casque parviendrons et serons receu par nous ou par autre à la possession et joïssance de nostre royaume de Secile ou à la plus grant partie d'icellui, et que aurons l'obéissance de nostredit royaume ou de la plus grant partie d'icellui, c'est assavoir cent mil desditz escuz dedans la fin de la première année que aurons la possession et obéissance de nostredit royaume ou de la plus grant partie d'icellui, et les autres cent mil dedens la fin de la seconde année après ensuivant, et les paiemens desdits II^c mil escuz ausdits termes fère et acomplir à noz perilz et fortunes en la cité de Genève aux gens de nostredit cousin de Bourgoingne aians de lui povoir de les recevoir ; voulans et consentans en oultre que, se deffault avoit es paiemens des sommes dessusdites par la manière et aux termes dessus désignez, nous en ce, ou deffault dudit paiement, encourrons en la paine de vint escuz d'or telz que diz sont pour chascun jour que defauldrons de paier après chascun terme passé, à appliquer toutes icelles paines au prouffit de nostre dit cousin de Bourgoingne et de ses hoirs et en estre paié aussi bien que du principal. Et de ce baillerons à icellui nostre cousin de Bourgoingne noz lettres patentes seellées de nostre grant seel et signées de nostre main, par lesquelles le asseurrons desdits paiemens aux termes dessus déclarez par l'obligacion de nostre personne, de nostre honneur, de noz biens et de noz hoirs, et aussi de noz subgetz et de leurs biens, à y procéder ou cas de deffault par voye d'arrest, de gaigement ou autrement, par exécucion de fait et aussi par la censure de l'Église, à laquelle nous submectons, et par toutes autres voyes accoustumées, le plus avant que fère se pourra.

Item et avec ce, pour la seurté du paiement des diz IIIIe mil escuz que devons paier à nostredit cousin, comme dit est, par la manière cy dessus déclarée, avons consenti et consentons, jurons et promectons par la foy et serement de nostre corps, en parole de roy et sur nostre honneur, de faire bailler à icellui nostre cousin le duc de Bourgoingne les seellez de nostre très chier et très amé frère le comte de Montfort, auctorisez souffissamment de beau frère le duc de Bretaigne, son père, de quarante gentilzhommes de plus grans féaulx et subgez de nosdiz duchez, contez et pays d'Anjou, de Bar et de Lorraine, de Prouvence, du Maine, soient contes, barons, chevaliers ou escuiers, c'est assavoir de vint desdits gentilzhommes féaulx et subgez de nosdits païs de Bar et de Lorraine, dix de nosdits pays d'Anjou et du Maine, et les dix autres de nostredite conté de Prouvence; par lesquels seellez ilz et chacun d'eulx promectront que ladicte somme de IIIIe mil escuz d'or nous paierons à icellui nostre cousin de Bourgoingne ou à sesdits hoirs soubz les condicions, aux termes et en la manière dessus déclarée; et à ceste fin seront incorporées et inscriptes de mot à mot es lettres desdits seellez noz lettres particulières que baillerons à nostredit cousin de Bourgoingne sur le paiement de ladite somme; par lesquelz seellez se constitueront et chascun d'eulx pour le tout pleiges et principaulx promecteurs, rendeurs et paieurs desdits IIIIe mil escuz d'or aux termes et par la manière dessus déclarez, et promectront en oultre et chascun d'eulx pour le tout que, ou cas que ne paierions lesdits IIIIe mil escuz aux termes, soubz les condicions et en la manière dessus touchée, et que faulte ou délay y auroit en tout ou en partie, en ce cas, après chascun desdits termes escheuz et non acquietez en la manière que dit est, ils vendront en personne eulx et chascun d'eulx tenir hostaiges es villes cy après déclarées, réservé nostredit frère le conte de Montfort au regart de sa personne seulement, lequel, s'il lui plaist y envoier, y envoiera en son lieu en la ville de Dijon dix gentilzhommes chevaliers ou escuiers de nom et d'armes, chascun d'eulx lui III° de personnes et autant de chevaulx, et, si lui plaist venir en personne, faire le pourra atout XL personnes et autant de chevaulx, en ladite ville de Dijon, et les vint gentilzhommes subgez de nosdits pays de Bar et de Lorraine en la ville et cité de Besançon, chascun d'eulx lui IIII° de personnes et autant de chevaulx, et les autres vint gentilzhommes de nos païs d'Anjou, du Maine et de Prouvence en la ville de Salins, chascun lui III° de personnes et autant de chevaulx, dedens ung mois après chascun desdits termes passez et non acquictez en tout ou en partie, comme dit est, et sans leur en faire autre requeste ou sommacion de la part de nostredit cousin de Bourgoingne...

Item, et en oultre, pour plus grand seurté du paiement desdits premiers II° mil escuz que devons paier et paierons à nostredit cousin de Bourgoingne simplement et sans quelque condicion, comme dit est, nous consentons, voulons et nous plaist que noz villes et chasteaulx de Neufchastel en Lorraine et de Clermont en Argonne, qui de présent sont es mains de nostredit cousin de Bourgoingne pour seurté de nostre darrenier eslargissement, y soient et demeurent, et qu'elles soient gardées par ses gens et commis qui y sont à présent ou autres telz que cy après y vouldra ordonner et commectre à nos frais et despens, comme elles sont de présent, sans ce qu'il soit tenu de les nous faire restituer ne rendre jusques à l'entier et plain paiement et satisfacion desdits premiers deux cens mil escuz et des paines dessus déclarées, se encourues estoient. Et oultre plus promectons par la foy et serement de nostre corps, en parole de roy et sur nostre honneur, faire bailler dedens ung mois prouchain venant es mains de nostre amé et féal chevalier, conseillier et premier chambellan messire Colart du Saulcoiz noz villes, chastel et forteresse de Prigney en Lorraine, et es mains de nostre amé et féal escuier Jehan de Chambley noz ville, chastel et forteresse de Longvy en Barrois, avec toute l'artillerie qui à présent est esdites places, pour les tenir et garder de par nostredit cousin de Bourgoingne jusques à l'entier paiement desdits premiers II° mil escuz, ensemble des paines, se encourues sont;... et s'il advenoit, que Dieu ne vueille, que fussions défaillans de paier à nostredit cousin de Bourgoingne lesdits ɪɪᶜ mil escuz en tout ou en partie aux termes dessus déclarés, en ce cas ils bailleront et meetront réalment et de fait es mains de nostredit cousin de Bourgoingne ou de ses gens et commis aians sur ce lettres de par lui les deux places de Prigny et de Longvy, pour y meetre gens d'armes et de trait ou autres telz que bon lui semblera, lesquelz, oudit deffault de paiement, pourront gaiger, s'il leur plaist, de par nostredit cousin sur noz subgetz desdits païs, jusques à plain et entier paiement desdits ɪɪᶜ mil escuz ou de ce qui lors en resteroit à paier et aussi desdites paines...

Toutesvoyes il est accordé et convenancé entre nous et nostredit cousin de Bourgoingne que, incontinent après que lui aurons fait paier ou à ses gens et commis audit lieu de Dijon les premiers cent mil escuz que devons paier dedens la fin du mois de may prouchainement venant ᴍ ᴄᴄᴄᴄ xxxᴠɪɪ, il fera vuider et départir toutes ses gens qui sont et seront lors en nosdites ville et chastel de Clermont en Argonne, leurs gaiges, salaires et despens raisonnables qui leur seront lors deuz pour la garde d'icelle place premièrement par nous paiez et contentez, et en leur lieu sera commis de par nostredit cousin capitaine et garde desdites ville et chastel ung notable chevalier ou escuier de notre païs de Bar et de Lorraine, tel que nostredit cousin vouldra nommer, qui les gardera de par lui jusques à ce que aurons paié et contenté nostredit cousin de Bourgoingne desdits autres cent mil escuz que lui devons paier à la fin de may ᴍ ᴄᴄᴄᴄ xxxᴠɪɪɪ, aux gaiges anciens et accoustumez, pareillement comme se doivent garder nosdites autres places de Prugny et de Longvy...

Item, pour ce que nostredit cousin de Bourgoingne maintient et prétend noz ville, chastel, seigneurie et marchionné du Pont-à-Mousson avec les apartenances et aussi les chastelz et forteresses de Amance, Nuvil et Briech, et d'autre part aussi les chasteaulx, villes, terres et seigneuries de Clermont en Bassigny, Conflans, Chastillon et la Marche avec les apartenances, sictuez et assis en nosdits pays de Bar et Lorraine, estre de son fief et tenues de lui à cause de sa conté de Bourgoingne, nous, voulans tousjours de nostre part fère ce qu'il appartient, avons juré et promis, jurons et promectons par les foy et serement de nostre corps, en parole de roy et sur nostre honneur, comme dessus, que toutes et quantes foiz que nostredit cousin ou son héritier conte de Bourgoingne nous feront deuement et par bons et souffisant tiltres apparoir, ou à nos gens et officiers en nosdits pays de Bar et de Lorraine en absence de nous d'iceulx pays, ou à nostre héritier après nostre décés, lesdites villes, chastel, terre et seigneurie de Pont à Mousson et autres dessus déclarées estre du fief d'icellui nostre cousin à cause de sondit conté de Bourgoingne, nous en ce cas, dedens ung an après ce qu'il les nous aura ainsi fait aparoir en ferons envers lui ou sondit hoir nostre devoir de fief et les reprendrons de lui, en ferons les hommaiges et services comme en tel cas appartient, sans y mectre plus de délay, contredit ou dificulté, et de ce baillerons, comme dessus, noz lettres à part de nostredit cousin tantost après nostre délivrance, en forme deue et valable.

Item, jurons et promectons comme dessus, par la foy et serement de nostre corps, en parole de roy et sur nostre honneur, que, soubz umbre ne alucion de nostredite prinse, de nostre longue détencion, de prison, de ladite rançon que paierons à nostredit cousin de Bourgoingne ne des autres choses dessus touchées ou aucunes d'icelles ne autrement, soubz quelque couleur ou occasion que ce soit, nous ne nous armerons ne ferons guerre ne soufferons faire par noz subgez ou autres quelzconques, soient à nostredit cousin de Bourgoingne, à ses héritiers et aians cause, ne à ses pays, terres, seigneuries et subgez, et ne l'en poursuivrons ou ferons poursuir ne travailler couvertement ne en appert par quelque manière que ce puist estre, ores ne pour le temps advenir ; ains, pour norrir et entretenir bonne amictié entre nous et nostredit cousin et ses pays et les nostres, se feront, traicteront, fermeront et concluront bonnes confédéracions, amittiez et aliances entre nous et lui et ses païs des duchié et conté de Bourgoingne avec noz avantdiz païs de Bar et de Lorraine, durant les vies de nous et de nostredit cousin le duc de Bourgoingne et ung an après le décez du trespassé ; et en seront faictes lettres à part d'un costé et d'autre, en la meilleur et plus ample forme que fére se pourra, esquelles seront déclarés particulièrement les articles et chapitres desdites aliances, selon ce que en avons esté et sommes d'accort ensemble ; et d'icelles lettres, qui seront doubles, chascun de nous aura la sienne, pour mémoire et enseignement le temps advenir.

Item, jurons et promectons comme dessus, par la foy et serement de nostre corps, en parole de roy, sur nostre honneur et obligacion de tous noz biens, avoir et tenir agréable, ferme et estable à tousjours les adhéritement, bail, cession et transport que fait avons des chastel, terres et seigneuries d'Aymeries, de Raimes et leurs appartenances, séans ou païs de Haynnau, à messire Nicolas Rolin, chevalier, seigneur d'Anthume, chancellier de nostredit cousin de Bourgoingne, pour lui, ses hoirs et aians cause, sans jamais aler à l'encontre, mais iceulx ratifflions et confermons par ces présentes, et d'abondant après nostredite délivrance les ratifflerons et confermerons, se mestier est et requis en sommes par ledit messire Nicolas Rolin, relèverons de rechief ledit chastel, terres et seigneuries d'Aimeries et de Raimes de nostredit cousin de Bourgoingne, de qui elles sont tenues et mouvans en fief à cause de sa conté de Hainnau, et tantost après nous en deshériterons et en ferons adhériter et saisir ledit messire Nicolas Rolin, pour lui, ses hoirs et aians cause, à tousjours...

Item, et pour ce que Nicolas Rolin, filz dudit messire Nicolas Rolin, et Benetru de Chassaul furent pieça prins et emprisonnez par aucuns noz subgez durans les abstinances qui lors estoient entre nous et nostredit cousin de Bourgoingne et ses païs et les nostres, et que depuis, quant alasmes devant Commercy, promeismes à nostredit cousin de Bourgoingne de lui bailler et faire délivrer lesdits Nicolas Rolin et Benetru hors de la prison où ilz estoient audit Commercy, franchement et sans rançon, nous, pour ces causes avons juré et promis, jurons et promectons à nostredit cousin de Bourgoingne, par la foy et serement de nostre corps et en parole de roy et sur nostre honneur, de faire délivrer ledit Nicolas Rolin de la prison où il est encores audit Commercy, franchement et quietement et à noz fraiz et despens, tout le plus brief que faire se pourra, et audit Benetru, qui pour sa rançon et finance de la dite prison paia au seigneur de Commercy la somme de II^m saluz d'or, paier, rendre et restituer lesdits II^m saluz, et pour iceulx lui bailler et délivrer réalment et de fait II^m escuz telz que dessus sont déclarez, c'est assavoir la moitié dedens la fin du prouchain mois de may M CCC XXXVII, et l'autre moitié à la fin de may M CCCC XXXVIII, sans y faillir aucunement...

Et à ce avons obligié et obligeons, etc.

En tesmoing de ce, nous avons fait mectre nostre seel à ces

présentes. Donné à Lille, le xxviii° jour de janvier, l'an de grace mcccc trente et six. Ainsi signé : REGNÉ. Par le roy, en son conseil, K. de Castellione.

(Arch. nat., J 1039, n° 6.)

11.

NOMINATION DE LOUIS CARRACCIOLO AUX FONCTIONS DE GRAND JUSTICIER DE L'UNIVERSITÉ DE NAPLES, ET AUGMENTATION DES PRIVILÉGES ATTACHÉS A CET OFFICE.

8 juillet 1438.

Renatus, Dei graciâ Jerusalem et Sicilie rex, Andegavie, Barri et Lotoringie dux, Pontis marchio, Provincie, Cenomanie, Forcalquerii ac Pedimontis comes, magnifico viro Ludovico Carazulo de Neapoli, militi, justiciario scolarium studii Neapolitani, consiliario et fideli nostro dilecto, graciam et bonam voluntatem. Concessiones et officia benemeritis fidelibus nostris per illustres dominos principes predecessores nostros graciosè concessa, licet validâ firmitate subsistant, plerumque tamen ad majoris cautele exuberanciam illa eis non solùm confirmamus, sed eciam benignè concedimus alias que gracias addicimus graciosè. Sanè clare memorie domina regina Johanna secunda, mater nostra reverendissima, te, tamquam approbatum multiplicibusque virtutibus et laudabilibus moribus insignitum, justiciarium scolarium studii Neapolitani seu civitatis Neapolis ad vitam tuam et donec in officio ipso benè te gereres, cum plenâ meri mixtique imperii ac gladii potestate ac illis juribus, juridictionibus, condicionibus, modo et formâ ac clausulis et circumstanciis singulis ad dictum officium spectantibus, quibus alii domini reges predecessores sui illustres consueverunt officium ipsum commictere et illud instituti ab eis laudabiliter exercere, juxtà tenorem regii privilegii, in favorem et regimen dicti studii editi, Petracono Carazulo, milite, et quibuslibet aliis in dicto officio ordinatis abindè penitùs revocatis, cum auctoritate quòd quoscunque officiales juridictioni dicti tui justiciariatûs officii commissos, videlicet judices et assessores actoresque, notarium necnon erarium, provisorem, credencerium et comestabulum, qui eorum jam tunc functi officiis et commissionibus, necnon et predictos ac alios quoscunque qui forté non benè, ut dignum erat, se gexissent vel gererent aut in futurum benè se non gexerint circà gestionem officiorum ipsorum, eciam consuetos per predictos predecessores reges illustres et prefatam reginam ibidem ordinari, amovendi et revocandi aliosque de novo subrogandi et ordinandi ac creandi, prout meliùs et expedienciùs tue videretur prudencie, ad vitum vel ad beneplacitum vel ad tempus, liberè valeres et posses; nec non et amovendi, revocandi et annullandi quascunque franchisias et immunitates bucceriis seu macellatoribus carnium ac venditoribus piscium et aliarum rerum utencilium; nec minus et quòd quolibet anno vel quolibet trimestri tempore adhiberentur tibi tres judices et assessores circà administrandam justiciam, unus videlicet ultramontanus, eligendus per ultramontanos scolares qui in studio ipso forent, alius Ytalicus, eligendus similiter per scolares Ytalicos qui ibidem essent, et alius regnicola, per scolares regnicolas eligendus, qui quolibet trimestri tempore revocarentur, et alii eligendi predicto modo de novo subrogarentur, juxtà tenorem privilegii studii supradicti, et in defectu eorumdem ultramontanorum et Italicorum judicum posses cum consilio judicis regnicole, tamen eligendi modo premisso, vel, ubi non eligeretur, cum consilio alterius judicis per te assumendi et ordinandi, prefatum officium exercere; traditâ tibi ampliùs potestate ut, cum consilio dictorum assessorum ac doctorum et magnorum scolarium, in rebus venalibus ad victum hominum animaliumque spectantibus certa institueretur assisia infrà fines modestie constitutà nec emptoribus nec venditoribus iniqua, sub certà competenti penâ transgrexoribus imponendà, que fisci comodis applicaretur, deductis tamen ex hiis aliisque proventibus dicti officii gagiis tuis; et quòd cuncta alia capitula ad ipsum spectancia officium et que super facto grassie et assisie Neapoli ordinata et antiquitùs observata sunt observare et ab aliis observari inviolabiliter faceres; concedens tibi, pro favorabiliori administracione dicti officii, servientes pedites quinque, computato in eis comestabulo, per te in eodem officio retinendos, cum gagiis pro personâ tuâ unciarum triginta per annum, et pro quolibet ipsorum servientum cum gagiis tarenorum septem et medii per mensem, et cuilibet eorum officialium tibi submissorum cum gagiis consuetis et debitis, exolvendis tibi et eis de pecuniâ dictarum penarum et proventuum in eodem officio acquirendorum; et quòd posses in dicto officio servire per ydoneum locumtenentem seu substitutum, de quo esset meritò confidendum et de cujus defectibus et excessibus tu principaliter regie curie tenereris; necnon et quicquid ultrà predicta gagia superaverit ex dictis penis et proventibus tibi appliceretur et tuum liberum esset, consideratis expensis multiplicibus quas pro gestione dicti officii et pro aliis nostre curie negociis te subire oportebat; nec minus et quòd ultrà predicta gagia haberes omnia alia jura, emolumenta et stabiliciones pecuniarias quas et que precessores tui in dicto officio exercuerunt, tam à panecteriis panem de bucia conficientibus quàm ab aliis quibuscumque panecteriis et personis tue jurisdictioni subjectis, illisque omnibus similiter fungereris jurisdiccionibus et auctoritatibus que dictis tuis precessoribus et presertim prefato Petracono concesse fuerunt, de quibus alii officiales et persone, cujuscumque preheminencie condicionis et status fuerint et quibusvis officiis fungerentur, nullatenus se intromicterent nec te super illis quomodolibet molestarent, cassatis, irritatis et annullatis omnibus aliis licteris quibusvis aliis de dicto officio concessis, de certâ suâ scienciâ constituit et fiducialiter ordinavit, prout in licteris dicte domine regine exinde confectis, ejus magno pendenti sigillo munitis et ejus propriâ manu datis, in hoc Castro Capuane Neapolis, sub anno Domini millesimo quadrigentesimo tricesimo secundo, die vicesimo mensis augusti, decime indiccionis, in nostra curiâ originaliter presentatis, visis et lectis, premissa et alia laciùs et diffusiùs continentur; quarum reginalium licterarum vigore, sicut plenariè constat nobis, dictum justiciariatûs officium exercuisti et exerces ad presens ac in illius possessione seu quasi fuisti et ad presens existis. Et, quamvis prefate reginales lictere valide sint et firme, tibique pro dicti officii gestione plenè sufficiant ad cautelam, tamen, ad majoris cautele robur, que in cunctis prodesse et non officere consuevit, tibi, propter tuorum grandium obsequiorum et magnorum serviciorum merita, prefatum justiciaratûs officium scolarium studii Neapolitani, cum omnibus supradictis potestatibus, auctoritatibus, gagiis, juridiccionibus, prerogativis et graciis in predictis reginalibus licteris contentis, secundùm quod in eisdem licteris continetur, ac ipsas licteras et omnia et singula contenta in eis, quarum tenorem haberi volumus presentibus pro sufficienter expresso ac de verbo ad verbum inserto et particulariter annotato, tenore presencium, de certâ nostrâ scienciâ confirmamus, ratificamus, acceptamus et approbamus, ac nostre potestatis et auctoritatis presidio communimus, et ad habundanciorem et ampliorem cautelam de novo concedimus atque damus, teque justiciarium scolarium prefati studii Neapolitani de novo constituimus et fiducialiter ordinamus, recepto priùs à te solito fidelitatis et de officio ipso fideliter et legaliter exercendo corporali ad sancta Dei evangelia juramento.

Et ampliùs, hujusmodi tuis magnis meritis exposcentibus, pervento ad nostri noticiam quòd olim, tempore clare memorie domini regis Ladizlai, carissimi fratris nostri, justiciarius scolarium qui tunc erat exigebat et percipiebat à bucceriis Neapolis carlenum unum argenti ponderis generalis pro quolibet animali bovino, baccino, vitellino et bubalino que mactabantur et macellabantur in macellis Neapolis et que inflabantur inter cutem et carnem, ut pulcriùs et habiliùs decoriarentur et carnes pulcriores apparerent, volentes tuam utilitatem et commoda adaugere, ad majoris gracie cumulum, tibi earumdem tenore presencium, de dictâ certâ nostrâ scienciâ, concedimus quòd ex nunc in antea, dictâ tuâ vitâ durante, exigere, consequi et habere vigore presencium possis et valeas à bucceriis Neapolis presentibus et futuris carlenum unum argenti ponderis generalis pro quolibet animali bovino, baccino, vitellino et bubalino mactandis et macellandis Neapoli que inflabuntur inter cutem et carnem ut pulcrius et habilius excorientur et carnes pulcriores appareant, ut supradictum est. Verumtamen volumus et declaramus, ad evitandam infeccionem dictarum carnium que sequi posset ex inflaturâ hujusmodi, que fieri posset per hominem non habentem bonum et sanum flatum, et ad evitandum per consequens morbos qui sequi possent comestoribus dictarum carnium que possent infici per flatum hominis non sani, quòd hujusmodi animalia nullatenus debeant inflari flatu hominum, sed flatu manthechi ad id seriose ordinandi, apti et ydonei ad inflaccionem eandem. Et si buccerii secus fecerint, vice quàlibet incidant in penam per te eis propterea imponendam, tui officii commodis applicandam, ab eis absque misericordiâ exigendam. Quamquidem concessionem carleni unius pro quolibet animalium predictorum tibi concedimus ad vitam tuam, ut prefertur, in burgensaticum et burgensaticorum naturam ac francam et liberam ab omni prestacione feudalis servicii et à solucione quâcunque.

Et insuper, quia bonum semen plerumque bonum fructum producere solet, bonaque arbor bonos fructus facit, sperantes, hujusmodi similitudine inducti, tuos liberos laudabilia et virtuosa tua vestigia verisimiliter secuturos, ne dicti nati tui à premiis dicti officii et gracie sequestrentur, jamdictum justiciariatûs scolarium studii Neapolitani officium, tibi premisso modo concessum ac confirmatum et de novo datum, cum omnibus que superius describuntur, nec non et jamdictam concessionem carleni unius pro quolibet animali bovino, baccino, vitellino et bubalino Neapoli mactando et macellando ac modo premisso inflando, per nos tibi, ut premictitur, graciosè donatam, ad filios tuos legitimos et naturales, natos jam et in antea nascituros imperpetuum, masculini tamen sexûs, ita quòd major natu ceteris aliis preferatur, usque scilicet ad nostre beneplacitum Majestatis, earumdem tenore presencium, de dictâ certâ nostrâ sciencia prorogamus et eciam derivamus; volentes et declarantes quòd, in casu tui obitûs, quandocunque pro divino beneplacito fuerit, filius tuus primogenitus legitimus et naturalis, et deinde alii successivè gradatim majores natu, dictum officium modo premisso, dicto nostro durante beneplacito, habeant ac debeant per se et eorum locumtenentes exercere et dictum carlenum unum pro quolibet animalium predictorum percipere et habere, juxtà prefatarum reginalium et presencium licterarum nostrarum continencias et tenores; et ipso casu tui obitûs dictus primogenitus et deinde successivè alii natu majores gradatim teneantur prestare Majestati nostre vel nostris heredibus et successoribus solitum in talibus juramentum. Ecce namque [mandamus] universis et singulis doctoribus et scolaribus dicti studii Neapolitani ac personis aliis ad quos spectat et spectare poterit, et presertim prefatis macellatoribus seu bucceriis dicte civitatis Neapolis, presentibus et futuris, quatenus, formâ prefatarum reginalium et presencium nostrarum licterarum per eos diligenter actentâ et in omnibus inviolabiliter observatâ, tibi seu dicto tuo locumtenenti tuâ vitâ durante, et deinde post tuum obitum prefatis tuis filiis tuisque et eorum locumtenentibus, dicto nostro durante beneplacito, in omnibus et singulis ad dictum officium spectantibus et pertinentibus ad honorem, statum et fidelitatem nostram, parere debeant et efficaciter obedire, prefatique buccerii presentes et futuri prefatum carlenum unum pro quolibet animali bovino, baccino, vitellino et bubalino mactando, macellando et inflando, ut suprà, tibi seu dicto tuo locumtenenti, prefatâ tuâ vitâ durante, et deinde post tuum obitum prefatis filiis tuis et eorum locumtenentibus, dicto durante nostro beneplacito exhibeant atque solvant, cauti omnes de contrario, sicut nostram graciam caram habeant, indignacionemque ac penas et banna per te vel dictum tuum locumtenentem et deinde per dictos filios tuos et eorum locumtenentes imponendas et imponenda cupiant evitare; mandantes insuper universis et singulis officialibus, majoribus et minoribus, quocunque nomine nuncupatis ac officio et jurisdiccione fungentibus, eorumque locumtenentibus, cujuscumque statûs, gradûs, jurisdiccionis, magistratûs, preheminencie, dignitatis, officii et condicionis existant, in dictâ civitate Neapolis constitutis, presentibus et futuris, quatenus, prefatis reginalibus et presentibus nostris licteris per eos diligenter actentis et in omnibus tenaciter observatis, se nullatenus impedire debeant de prefato officio ac jurisdiccionibus, privilegiis, auctoritatibus et prerogativis et aliis in dictis licteris contentis, tibi et prefatis tuis filiis, ut premictitur, concessis, neque te dictumque tuum locumtenentem prefatosque tuos filios et eorum locumtenentes super premissis quomodolibet impetant vel molestent, quin ymmo liberè sinant et permictant te et deinde dictos tuos filios, tuumque et eorum locumtenentes prefatum officium exercere et alia consequi et habere secundûm quod in prefatis reginalibus et presentibus nostris licteris continetur. Et contrarium non faciant, sicut est eis gracia nostra cara et indignacio metu plena. Presentes autem licteras, magno nostro pendenti sigillo munitas, tibi propterea concedentes, quas pro ipsarum validiori robore dedimus et subscripsimus propriâ manu nostrâ. Datum in Castro nostro Capuano Neapolis, per manus nostri predicti *Regis Renati*[1], anno Domini millesimo quadrigentesimo tricesimo octavo, die octavo mensis julii, prime indiccionis, regnorum nostrorum anno quarto.

---

[1] Ces mots sont écrits de la main de René et représentent la signature.

De mandato regis. Nichil, de mandato regis ore tenus, domino cancellario referente. — Vitalis, locumtenens prothonotarii. — Angelillus miles S. — Visum per A.

(Arch. de Naples, *Coventi suppressi*, reg. 73, an. 1438.)

12.

AVIS DONNÉ AU LIEUTENANT DU COMTE SFORZA DE L'ENTRÉE CLANDESTINE DE RENÉ A BÉNÉVENT.

31 janvier 1440.

Magnifici domini domini nostri reverendi, recommendatione premissà. Avisamo le vostre signorie como mo, ad hore doe de nocte, vende da nuy missere Galiotta, dicendo como missere Guido, lo signore de Nosone, et Raimundo de Annechino vennero con certi gentilomi napolitani, con circa duycento persuni ad cavallo et à pede. Lo dicto missere Galiotta ce dixe da parte de lo archiepiscopo che ne piacesse lassareli intrare dentro : fo li resposto per nuy de no, ma che intrassero con vinti o venticinque persuni et l'altri stessero da fora, et determenemo che intrassero per la porta de la Nunciata. Pillyay le chiavi, yo rectore, per fareli intrare, facendone intrare xxv, secondo l'ordene, et l'altri loro dissero che andassero ad alloiare à lo burgo. Essendo entrati li dicti xxv et chiusa la porta, à me fo dicto chence era re Renato vestito à modo de un saccomando, e cossi è stato. Yo mende anday à lo castellano in castello, et dixilli como stava la facenda, havimo patuta questa beffe. Lo dicto re sta in casa de lo archiepiscopo et havence promisso de à demani partirese. Sempre ne recomandamo à la S. V.

Beneventi, in castro, horà predictà, die ultimo januarii, tertià indictione, 1440.

Postscripta. — Se una cosa più che un' altra havessemo ad

fare, advisatende et commandatence presto, perche farimo zo che le V. S. commandaranno.

Servitores,
Buczellus, castellanus, et
Russus de Dyano, rector civitatis Beneventi.

[Au dos:] Magnificis dominis, dominis nostris reverendis Fuschino de Actendolis, ex comitibus Cutigniole, et domino Victori de Rangonibus, de Mutinà, militi et generali locumtenenti illustris domini comitis Francisci Sfortie, etc.

(Arch. de Milan, *Dominio Visconteo*, an 1440 [1].)

43.

LE CARDINAL ACCIAPOZZI AVISE LE COMTE SFORZA QUE LE PAPE ET LES CARDINAUX SONT DÉCIDÉS A SECOURIR RENÉ.

15 avril 1440.

Questa matina, in concistoro, dove foro tutti li cardinali, excepto monsignore de Bolognya che è malato, con ordine et volontà de nostro signore, supplicay tutti signori cardinali che dovessero supplicare nostro signore che si digniasse volere seeurrire lo reame et non permettesse lassarlo in tutto distruire. De la qual cosa tutti cardinali, nemine contradicente, supplicaro nostro signore che, attenta la fidelità et hobedientia de lo re, voglia provedere in forma che lo reame non venga ad ultima destrussione. Tandem deliberaro lo papa et tutti, per honestarse et per justificare la causa, che se mande ad re Renato et ad re de Ragona che vogliano levare le offese; et perche simo certi che re de Ragona non obedira et re Renato si, et cossi lo papa havera justa causa pigliare l'impresa del reame contra re de Ragona. Verum è deliberato non mandarese mentre che la gente et lo legato non siano in punto, aczò che lo trono et lo lampo siano insieme.

(Arch. de Milan, *Dominio Visconteo*, an. 1440 [2].)

---

[1] Publié par Osio, *Documenti diplomatici*, t. III, part. 1, p. 196.

[2] Publié par le même, *ibid.*, p. 203.

14.

RENÉ PREND SOUS SA SAUVEGARDE LA CHARTREUSE DE SAN-MARTINO.

10 mars 1451.

Renatus, Dei graciâ Jerusalem et Sicilie rex, Andegavie Barri et Lotharingie dux, Pontis marchio, Cenomanie, Provincie et Forcalquerii ac Pedemontis comes, ecclesiarum prelatis ac magistro justiciario regni nostri Sicilie et regenti curiam vicarie vel ejus locumtenenti et judicibus ipsius curie, vicem gerentibus, justiciariis, capitaneis, thesaurariis, commissariis secretis, magistris portulanis ac procuratoribus, magistris passuum, magistris massariis, castellanis, magistris juratis, bajulis, dohaneriis, datieriis, plateariis, cabellotis, ceterisque nostris officialibus, tam majoribus quàm minoribus, quocunque nomine nuncupatis ac officio et juridictione fungentibus, eorumque locumtenentibus, armorum capitaneis, caporalibus, conducteriis, comestabulis, stipendiariis equestribus et pedestribus, comitibus, baronibus, terrarum dominis, vicariis, camerariis eorumque factoribus, subditis et fidelibus nostris quibuscunque ubilibet in toto regno notro Sicilie constitutis, presentes litteras inspecturis, tam presentibus quàm futuris, fidelibus nostris dilectis, gratiam et bonam voluntatem. Vera devotio provocat, certa ratio suggerit et pro orthodoxâ fide spiritus naturalis adducit ut ecclesias et venerabiles Dei domos catholicorum auctoritas principum protegat, quam ejus divina clementia suâ speciali ac misericordi dispositione gubernat. Hujus itaque provise considerationis instinctu à divinâ gratiâ cognoscentes simpliciter omnia que habemus, ad venerabile monasterium Sancti Martini supra Neapolim ordinis Carthusiensis gerentes, ob almam vitam religiosorum degentium in eodem, specialissime devotionis affectum, ut procuratores conversi seu factores ejusdem ob astutas versutias secularium non cogantur, postergatis divinis officiis, per litigiosa fora discurrere et subire noxia detrimenta, in hiisque cupientes, quantùm nobis à summo largitore bonorum benignè permictitur, salutifero remedio providere, eo presertim quòd monasterium ipsum divorum progenitorum nostrorum opus insigne fore dignoscitur; prefatum monasterium Sancti Martini cum omnibus et singulis membris ejus, domibus, casalibus, massariis, arbustis, possessionibus ac bonis quibuslibet, nec non priore, monachis, conversis, recommendatis, fratribus, procuratoribus, factoribus, ministris, famulis et personis quibuscumque ubicumque in regno nostro Sicilie consistentibus, tam presentibus quàm futuris et ad monasterium ipsum spectantibus et pertinentibus quovismodo, que monasterium ipsum tenet et possidet ac in posterum tenebit et possidebit, de certâ nostrâ scienciâ et mero proprii motûs instinctu, sub nostrâ protectione recepimus ac sub regii nostri favoris, defensionis et prosecutionis presidio amplexamur, ut unusquisque nobis, cùm eis assequitur et oportunos favores impendit, gratissimè deservire, et econtra gravissimam displicentiam inferre se putet qui dictum monasterium in aliquo premissorum temerè aut injustè vexaret. Ideo volumus et fidelitati vestre, sub obtenetu nostre gracie et irrevocabilis indignacionis penà ac aliâ penà graviori nostro arbitrio reservatâ, districtè precipimus et expressè mandamus quatenus circa premissa, tanquam filii hobediencie nostris accedentes affectibus ac intentioni nostre ex toto conformes, prefatum monasterium Sancti Martini in omnibus et singulis ejus domibus, massariis, animalibus, rebus et bonis aliis predistinctis que, ut supra tenet et possidet et in antea possidebit, manuteneatis et vestrorum of[1] . . . . . . ibus protegere ac defensare curetis et etiam debeatis, nullam in illis aut eorum aliquo presumentes inferre aut inferri permictentes à quoquo minus justè perturbationem, injuriam, obstaculum aut offensam, quin ymmo eis in cunctis tamquam proprio regio nostro fisco oportunis presidiis faveatis et assistatis ac summariè, simpliciter et de plano ac sine strepitu, formâ et figurâ judicii, oblatione libelli et contestatione litis, extrajudicialiter et omni levato velo, favorabiliter, prout requisiti fueritis, justiciam ministretis et ministrari celeriter faciatis, prout ad unumquemque vestrûm spectabit et pertinebit. Et si quid contra eos fuerit forsitan indebitè actentatum seu contingerit actentari, in irritum revocetis et revocari faciatis, sine morâ et exceptione quâcumque, neque eos pro extractione, conductione, tractâ seu delacione fructuum, rerum et bonorum ipsius monasterii, tam ex ipsius possessionibus et bonis

---

[1] Lacune.

quàm emptionis seu donationis titulo aut modo quovis alio proventurorum, ad solutionem jurium et dirictuum, dohanarum, fundicorum, datiorum, platearum, passuum, pedagiorum aut aliorum quorumcumque vectigalium compellatis seu molestetis realiter vel personaliter aut aliter quovismodo; volentes ac statuentes et de dictà certà nostrà scientià expressiùs decernentes quòd ex nunc in antea de cetero omnes et singuli, cujuscumque status gradûs preheminentie et dignitatis fuerint, qui pretenderent contra dictos monasterium, priorem, monachos, procuratores, conversos, factores et familiares ac arbusta, possessiones, imunitates, res et bona eorum quorumcumque aliquod jus habere, ad nostram tantùm majestatem et non ad alia secularia tribunalia debeant habere recursum, reportaturi à nobis super cunctis celeris ac expedite justicie complementum; decernentes ampliùs irritum et inane quicquid per vos contra monasterium, priorem, monachos, factores, res et bona monasterii ipsius fuerit actentatum seu quomodolibet contingerit actemptari. Nec in hiis propterea commictatis aliquam renitentiam, negligentiam, excusationem vel defectum, sicut habetis gratiam nostram caram et indignationem ac dictam penam cupitis evitare, quibuscumque commissionibus, ordinationibus, legibus, juribus, statutis, concessionibus, licteris, privilegiis, rescriptis, cedulis et mandatis, sub quibusvis tenoribus seu formis ac clausulis, quantumcumque derogatoriis presentibus vel forte contrariis nullatenus obsistentibus. Presentes autem licteras, magno Majestatis nostre pendenti sigillo munitas, vobis in premissorum testimonium duximus dirigendas, post earum oportunam lecturam, presentanti vicibus singulis remansuras; quas, pro validiori robore, dedimus et subscripsimus propriâ manu nostrâ. Datum in nostro Castro Novo Neapolis, per manus nostri predicti *Regis Renati*[1], anno Domini millesimo quadringentesimo quadragesimo primo, die decimo mensis martii, quarte indictionis, regnorum nostrorum anno septimo.

De mandato regio oretenus. — Presentibus domino Guilielmo de Monteferrato, domino Vitali de Cabanis, et ceteris. — Vitalis, locumtenens prot [onotarii]. — Kalens.

Arch. de Naples, *Conrato suppressi*, reg. 11, an. 1441.

[1] Autographe.

15.

SERMENT PRÊTÉ PAR MARINO CAPICE DE GARDER LE FORT SAINT-ELME AU NOM DU ROI RENÉ.

8 septembre 1441.

Homagium ligium prestitum per dominum Marinum Capicem, de Neapoli, 1441, regi Renato.

Die 8 mensis septembris, v indictione, Neapoli, 1441, in regio castro Capuano, scilicet in porticali ejusdem sistente à portà introitûs plateæ Capuane, in nostri presentiâ, magnificus miles dominus Marinus Capice, de Neapoli, coram nobis prestitit ligium homagium magnificis dominis comiti Puleini et Aroni Ciboni, vicegerenti, regiis commissariis vigore litterarum, [et juramentum] tenendi et custodiendi castrum Sancti Herasmi super Neapolim ad fidelitatem regiam et pro cautelâ et securitate magnificæ domicellæ Dianæ de Sancto-Severino, juxtà tenorem scripture factæ per dictum dominum Marinum prefate regie Majestati, cujus scripti tenor est talis, etc. Juravit dictus dominus Marinus ad manus dictorum commissariorum, presentibus... (Suivent les noms peu lisibles de dix-huit personnages napolitains.)

Copia hec extracta à protocollis egregii notarii Jacobi Ferrilli, cujus acta conservantur penes D. Thomam Angelum de Puteo, de Neapoli.

(Bibl. Brancacciana de Naples, ms. 2 o 20, f° 48.)

16.

AVIS DONNÉ AU COMTE SFORZA QUE LA VILLE DE LUCERA A FAILLI ÊTRE PRISE PAR TRAHISON.

2 mars 1442.

Illustrissime ac potentissime domine mi signore, post humilem et debitam recommendationem. Da poy scripto el memoriale de

Rigo Galioto, è scoperto uno tractato in Lucera chel catalan re aveva col castellano della dicta citate, et certissimamente, se non fosse stato per misericordia della divina potentia che per quella persona propria che mandava el dicto castellano à concludere col dicto catalan re, che revelo el tractato alla Majesta de re Renato, Lucera era perduta in tutto. Et ad quanto periculo stava el vostro stato et tutta questa Pulgia et la prima botta della montagnia, la vostra illustrissima Signoria el po comprendere. Et tutto questo procede per non provedere prestamento de piu gente questo vostro stato; per essere victorioso à questa vostra imprexa, per Dio, la vostra illustrissima Signoria ce volgia providere cum effecto. Allaquale sempre humilmente me recommando. Datum Manfredonie, die secundo marcii 1442.

Illustrissime D. V. fidelissimus servitor,

Victor.

(Arch. de Milan. *Dominio Visconteo*, an. 1442.)

17.

INSTRUCTIONS DONNÉES PAR LE PAPE EUGÈNE IV A SES AMBASSADEURS EN FRANCE.

22 mai 1442.

Instructiones pro oratoribus S. D. N. Eugenii IIII ituris ad regnum Francie, date reverendissimo domino Brixiensi.

Primò, in accessu per Provinciam, si dominam reginam uxorem regis Renati ibidem repererint, exponent et declarabunt quot et quanta superiori tempore egit et in dies agit S. D. N. in favorem ipsius domini regis Renati, et qualiter his diebus concordiam primò cum comite Francesco, deinde cum N. Picci[ni]no fecit, ne dominus N. ad auxilium regis Aragonum se conferret prout indubitanter facturus erat. Item, Riccium, armorum capitaneum et stipendiarium domini regis Aragonum, ad sua conduxit stipendia cum magnâ expensâ guerrarum, que novit ipsi regi, et ab eo tempore conductûs sue castella et oppida plurima per domiregem occupata recuperavit.

Item, novissimè, ultrà trattam grani pro duabus navibus gratis concessam, magnam quantitatem grani regi et civitati Neapolitane donavit; proprium etiam scutiferum pro ipsius consolatione cum his ad civitatem et cives majores consolatoriis transmisit videlicet Danielem, ipsi regi notissimum et gratissimum. Et quia ab aliquibus fortasse dicetur quòd hec concordia, cùm inita erit, erit destructio regis Renati et exaltatio regis Aragonum, quia per eam impedietur comes Regium petere aut saltem ad tempus ejus accessus suspendetur, quà suspensione durante sequetur victoria pro domino rege Aragonum, respondeant hoc nullo modo futurum : immo, si Sanctitas Sua N. non conduxisset, sine dubio cum rege Aragonum concordasset, et tunc nullo modo rex Renatus et comes potuissent substinere impetum et pondus gentium regis Aragonum et Nicolai, attentà potentià domini regis et terris quas in dicto regno occupat et detinet. Immo qualiter anno preterito, reductà civitate Neapolitanà ad extremam necessitatem, propriis sumptibus granum in maximà quantitate misit, donavitque tam regi quàm civibus magnam partem grani quod emerat propriis pecuniis : unde in sex millibus ducatis Sue Sanctitati obligatur rex ultra granum donatum, et Sua Sanctitas campsoribus à quibus ipsas pecunias mutuatas habuerat S. D. N.

Si autem regina absens fuerit et prepositum Parisiensem, seneschalcum Provincie, repererint, communicent cum eo articulum predictum, necnon bonam affectionem Sue Sanctitatis in eum et suos, quam his diebus ostendit in promovendo nepotem suum, Teplo nuncupatum, ad ecclesiam Trecorensem, motu proprio, absque commissione quàcumque, et ejus beneficium alteri consanguineo, Barbati videlicet, donando, cui tamen dux Britannie pro alio scripserat, de Carne nuncupato. Immo eidem declaret causam quare S. D. N. distulerit usque in presentem diem honorare dominum Avinionensem, videlicet propter multitudinem petentium, quibus, apertà januà, malè potuisset denegari ingressus : supplicavit enim dominus rex Castelle pro uno episcopo sibi intimo, Portugallie verò pro archiepiscopo Bracarensi, dominus dux Britannie pro B[ri]ocensi et Julii pro Nanatensi episcopis. Verò, si in causà S. D. N. et Ecclesie romane, pro quà mittuntur, finis bonus obtinebitur, de quo plurimum sperat atque confidet Sua Beatitudo, tum propter justitiam cui innititur ejus petitio, tum propter bonitatem et rectitudinem regis et interventione suâ et domini amiralli, nepotis sui, pote uujusmodi dilationes hoc pretextu resecari. Immo apud eum et reginam Isabellam, si ibi erit aut cùm eam invenient, instabunt pro ecclesiâ Arelatensi et abbatiâ Montis Majoris magistro R., commissario S. D. N., juxta voluntatem et mandatum regis, consignandâ. Itaque, scilicet ut castra utriusque Ecclesie per manus prepositi, juxta tenorem litterarum apostolicarum sibi per dominum Tessonem de Arelate transmissarum, nomine S. D. N. recipiat et teneat quousque aliud habuerit in mandatis, magistrum R. Rogerii [ad] administrationem et exercitium spiritualitatis admittat. Suadeant hec fieri debere pro honore domini regis, et ut videantur recognoscere beneficia eidem regi per S. D. N. collata.

Dùm ad Avinionem venerunt, narrabunt confidenter R. D. cardinali de Fuxo que in Provinciâ repererint, et de dispositione episcopi Avinionensis et prepositi quid sentiatur; et in agendis consilium et directionem petent similiter cum B. de Brancatiis, servitore et consanguineo S. D. N., quem commendabunt ex parte Sanctitatis Sue R. D. cardinali. Ex eo loco premittent Thomam de Nardutiis, ut negotia preparet et consilio et directione reverendi domini cardinalis Romen, cancellarii Francie, qui eis obvius revertatur priusquam presentiam adeant regie Majestatis.

Postquam verò ad curiam regis venerint, implorabunt favorem domini Caroli de Andegaviâ, fratris regis Renati, cum quo primum communicabunt articulum, necnon auxilium, consilium et directionem principaliter et ante omnia reverendi domini cardinalis Romen, domini Vicennensis et magistri Petri Berchebien, phisici regis, qui specie rei sue utilitatis gerende favorabilis erit in omnibus; principale autem fundamentum faciant in predicto reverendo domino cardinali, de quo S. D. N. singulariter confidit, et ei cum omni fiduciâ impositâ sibi per Suam Sanctitatem communicent, eundemque hortentur de acceptatione capelli, si et quando sibi videbitur, quia certus est S. D. N. de bonâ voluntate suâ, credens quòd hucusque pro meliori distulit declarare mentem suam.

Concessâ die et horâ audientie per dominum regem, benedictione primùm eidem ex parte S. D. N. de more datâ, et affectione quam ad eum suique statûs prosperitatem et augmentum gerat

Sua Sanctitas declaratâ, tam in procurandâ pace illius regni quàm in subsidio domino regi Renato et ex multis, exponent adventum oratorum suorum ad Florentiam, videlicet dominorum Meldensis et Avinionensis episcoporum, necnon magistri R. Cibole, et causam adventûs; quibus, tum pro honore mittentis, tum pro gravitate m[issionis], in concilio generali auditis, deputati fuerunt tres domini cardinales, videlicet Sancte Sabine, Sancte Praxedis et Sancti Xisti, ad conferendum cum eis audiendumque et referendum S. D. N. in collegio dominorum cardinalium, quorum rationes, etsi pro responsione sufflcissent, voluit tamen eos oratores ad Suam Majestatem, pro et aliis Suam Sanctitatem et sedem apostolicam concernentibus latiùs declarandis, destinare. Et, cùm ipse rex omni conatu et studio videatur querere pacem et unionem Ecclesie, adducant rationes in medium, per quas ostendant evidenter qualiter et tertio loco potiùs divisio timeri quàm unio sperari possit, inconvenientia et inexecrabilia que inde provenirent; adducant rationes in medium et concludant quòd, conformiter ad rationes que secuntur, manu potiùs militari contrà antipapam et Basilienses ac sequaces, tamquam scismaticos et hereticos pertinaces procedendum, quàm ad conventionem in tertio loco faciendam, veniendum.

Favores impense domui Francie per S. D. N. innumerabiles sunt; unus tamen ommittendus non est, videlicet quòd propriis sumptibus, spatio ferè trium annorum, dominum cardinalem Sancte Crucis pro pace procurandâ in regno tenuit. Immo cum misit ex Florentiâ ad civitatem Atrebatensem, ubi conclusa sunt ea que honorem et incrementum statui regio maximum attulerunt, nàm ex commissione sequuta est pax et concordia cum domino rege Burgundie, unde maxima exaltatio regio nomini subsequuta est. Immo dicant favores de quibus in primo articulo, domino regi Renato, cum gravi jacturà et impensâ Sue Sanctitatis necnon ostilitate regis Aragonum, aliosque ferè innumerabiles, intuitu ipsius regis et domûs Francie, impensos.

Primùm, cùm, eo tempore quo S. D. N. circà unionem Grecorum, qui tunc ad synodum Ferrariensem venerant, magnis et gravibus expensis suis operam daret, simulque circà favores et auxilia regis Renati omni conatu impenderet, propter que dona et subsidia Sue Sanctitati et amplissime gratiarum actiones a christianissimo rege impendi debuissent, quedam pragmatica sanctio, Bituris edita, emanavit, que jura et libertates apostolice sedis plurimùm lederet, prout ex ejus liquet lectione : petant à rege ut eam tollat et Ecclesiam Romanam atque apostolicam sedem in suam libertatem demittat, ut per eum usque ad illud tempus factum fuerat et antea per omnes progenitores suos christianissimos reges et fideles, filios sancte Romane Ecclesie, jurium defensoresque et libertatis ejusdem. Nec potest Sanctitas Sua aliquando credere rem tam prejudicialem anime ipsius regis et honori suo de ejus consensu emanasse, et intellexisset eam funditùs adversari juri divino et humano, privilegiis quoque et libertatibus Romane Ecclesie, ab ipso rerum omnium Conditore concessis. Quis vero fuerit inceptor et machinator tanti sceleris omnibus notissimum est. Considerabunt autem predicti oratores an super his duobus punctis due propositiones fieri debeant vel una, considerato quòd oratores regis super tertio loco, dùm taxam proposuerant quàm necessariam pro reformatione facienda, suaserunt; in quo articulo possent et materiam pragmatice tangere.

Item, casu quo rex ad hanc constitutionem removendam intendere velit reformationem notabilem, afferent quòd regno suo plurimùm fructuosa erit, prout viderit domino Brixiensi expedire et appropinquare ad conclusionem : considerabit de exhibitione ejusdem; sicnim ad hanc recipiendam et pragmaticam tollendam non erit dominus rex dispositus, exhibenda nullo modo esset.

Immo, si, pro gratificatione regis Majestatis et favorabiliori expeditione rerum sibi commissarum, videbitur procedendum ad suspensionem processuum in civitate et diocesi Cameracensi positorum, eos suspendat : aliá autem commissione non utatur nisi primò compositis rebus S. D. N. feliciter; et eo casu, antequam ad provisionem procedat, cautus sit de duobus millibus ducatis in Banco, que solvi debent pro annatá et quos se obtulit soluturum in hujusmodi eventum magister Petrus Bochebiensis, electus ad eandem.

Cum amirallo, fratre domini Avinionensis, communicabit primum articulum, et bonis verbis ad favorem S. D. N. eum allicere conabitur. Confessorem etiam regis similiter allicere conabitur, eidem declarando quòd, si misisset consensum suum pro ecclesiâ Turonensi, ipsum ad eandem liberiùs potuisset transferre; verùm, cùm casus translationis gravissimus sit in jure, et juxta decreta concilii Constantiensi non nisi accedente consensu ejus qui transfert[ur] faciendus, alium promovit, credens eum nolle dictam ecclesiam, attento maximè quòd sua Castrensis in redditibus est opulentior.

Si interroget de decimâ quam petiit rex super clero, an eam secum portaverit, dicat quòd, quia decime dari consueverant aut pro magnâ necessitate Romane et universalis Ecclesie, aut pro subventione adversùs infideles, unde, cùm clerus sit valde gravatus regni et nulla predictarum causarum subiit, non est visum S. D. N. id fieri debere; et si replicetur de concessu domino duci Burgundie, respondeat quòd tres naves onustas armigeris misit in subsidium insule Rhodi adversùs infideles cum magnâ expensâ, que adhuc durat, quoniam ibi adhuc sunt dicte naves, cujus subditi tanquam minùs gravati meliùs possunt hoc onus tollerare. Si tamen videat pro habendâ conclusione eâ concessione opus esse, eam promittat, et pro eâ habendâ scribat, pralicetque, quantùm in eo erit, quòd hujus decime mediatas applicet domino duci Aurelianensi, pro aliquali substentione liberationis sue; petiit enim unacum magnâ instantiâ; et, quia forsan presens erit in curiâ regis, imploretur ejus auxilium in agendis; declaretur quòd affectio S. D. N. sibi non concessit decimam super clero Francie, videlicet quod rex petebat, cui negasse et sibi concessisse scandalum Sue Sanctitati, attentâ presertim conditione temporum, parere potuisset.

Immo, si interroget de episcopo Avinionensi, quare non fuit honoratus, respondeat prout in primo articulo.

Immo, si in tractatu faciendo super pragmaticâ tolleranda peteretur confirmatio omnium possessorum, prout in Britanniâ factum est, conetur petitionem reducere ad certum numerum, prout fuit factum tempore Martini in Genazano, videlicet triginta, domino Remensi tunc oratore regis ad Sanctitatem Suam; ubi autem omnino vellet nec aliter concludere possit, promittat, verùm ab eis quas petierit curiales excipiat, et presertim magistrum Egidium, referendarium S. D. N., immo dominum L. de Pictaviâ, immo magistrum David de Novavilla, et Jacobum de Geneulino, familiarem cardinalis Morinensis, et Jacobum Michaelis, familiarem ejusdem, et Joannem de Angelores et alios curiales, mittatque pro bullâ confirmationis, ut in Britanniâ factum est.

Immo, si agatur de ecclesià Andegavensi, ut maneat possessori, rationibus quibus poterit excludat hanc petitionem, et pro concordià offerat unam ex duabus ecclesiis quas tenet reverendus dominus cardinalis Andegavensis, Nemausensem videlicet et Dignensem, ut de ipsarum alterâ provideat possessori.

Immo, si expedire cognoverit facto S. D. N., scribat domino duci Burgundie, eundem hortando ad scribendum regi litteras favorabiles pro felici expeditione negociorum S. D. N., et ad idem domino duci Aurelianensi, si presens esset in curià regis, significetque utrique eorum et presertim domino duci Burgundie in mandatis habere visitandi eum. In recessu autem, si viderint non expedire, scribant alias litteras, videlicet quòd propter urgentem necessitatem oportuit recedere : sic fecit dominus Florentinus, et profuit.

Item, apud regem, prepositum, consilium regium et alios quoscumque quorum noverit prodesse suffragia, prosequantur liberationem episcopi Laudunensis, cujus detentio universe Ecclesie scandalosa est et S. D. N. summé displicibilis ; mandentque domino Rusello, nomine Sue Sanctitatis, quòd, postquam ab eo habuerint informationem et de statu et dispositione causse presentis episcopi, revertatur ad curiam ; ipsi verò optatam rem usque ad finem prosequantur. Immo recipiant informationem in Avinione à domino cardinali de Fuxo, quas pecunias ibi habuit dominus Roccellanus et quam quantitatem, et S. D. N. omnia referant.

Immo dicant eidem cardinali ut mittat thiaram beati Silvestri pape et bullas aureas ceteraque privilegia Romane Ecclesie, que sunt penes eum, et alia que ipse habuit in Paniscolà, tempore domini Petri de Lunà, per galeras Venetorum seu Florentinorum ; et si nunc seu tune ab esset, interea ea alius mittat per dominum Rossellum.

Immo faciant omnem diligentiam penes dominum cardinalem de Fuxo pro liberatione Petri de Molino, scutiferi predicti S. D. N. ità quòd omnino liberetur, in quo multum instet.

Date fuerunt supradicte instructiones reverendo domino Brixiensi per me Blondum, de mandato S. D. N. Eugenii IIII. cujus Sanctitas eas viderat et relegaverat, 1442, 22 maii.

Bibl. Brancacciana de Naples, ms. 5 H 7, f°s 106-109.

48.

LA VILLE DE FLORENCE OFFRE UNE DE SES LIONNES AU ROI RENÉ, ET FAIT REMPLACER UNE CROIX D'ORFÉVRERIE VOLÉE DANS SA MAISON.

7 septembre 1442.

Die VII mensis septembris.

Magnifici et potentes domini domini priores artium et vexillifer justicie populi et communitatis Florentie, servatis servandis, secundùm ordinem communitatis Florentie, deliberaverunt quòd pro parte eorum donationis largiatur serenissimo regi Renato una ex leonessis communitatis Florentie, et quòd fiat gabia et alia oportuna pro predictis expensis communitatis Florentie.

Item, simili modo ut supra, locaverunt Guarente Johannis aurifici crucem de novo fiendam per communitatem Florencie, loco crucis ablate seu furate in domo regis Renati, quam prestaverunt canonici S. Laurentii de Florenciâ dicto regi, ex precepto et consensu dominorum predictorum, et quòd dictus Guarenta teneatur et debeat dictam crucem relicere de illo pondere et cum illis qualitatibus et modo et formâ prout erat illa que fuit furata.

(Arch. de Florence. Délibérations des gonfaloniers, reg. 48, f° 8 v°.)

49.

RÉDUCTION DE LA TAXE DES GENS D'ARMES IMPOSÉE AUX PAYS D'ANJOU ET DU MAINE.

26 janvier 1444.

Charles, par la grâce de Dieu roy de France, à tous ceulx qui ces présentes lectres verront, salut. Comme, assez tost après la prinse et occupacion de la ville du Mans faicte par les Anglois, noz anciens ennemis et adversaires, pour l'establissement des places fortes des païs d'Anjou et du Maine, sur lesquelz nosdits adversaires estoient et se tenoient en guerre, à puissance le plus souvent, et se efforçoient de entreprandre chascun pour la conqueste desdits païs, et pour résister à leurs entreprinses de lors en avant, nous, estans à Saumur, eussions fait certaines ordonnances par lesquelles lesdites places furent lors establies de certain nombre de gens d'armes et de trait, la soulde et paiement desquelx fut ordonnée estre prinse, cuillie et levée par fourme d'un aide nommé appatiz esdits païs d'Anjou et du Maine, qui pour celle heure estoient fertilz et habondans de peuple et de biens; par le moyen duquel establissement et du grant service et aide que très libéralment et sans riens espargner nous ont en ce fait et autres noz affaires donné noz bons et loyaulx subgietz desdits païs d'Anjou et du Maine, jusques à présent nosdits adversaires ayent trouvé résistence telle, que, grâces à Dieu, depuis celui temps leur conqueste n'est point venue en avant sur lesdits païs et y ont eu de groces pertes et dommaiges en leurs gens, dont leur puissance est fort diminuée; lesquelles ordonnances depuis celuy temps, pour les plaintes que en avons eues à maintes foiz estans hors des marches desdiz païs, aions à nostre povoir fait refformer et mectre à ordre convenable au mieulx que faire s'est peu, et derrenièrement par noz amez et féaulx conseilliers le seigneur de Tucé et maistre Guillaume Cousinot, président du Daulphiné, commissaires à exécuter noz lettres patentes des ordonnances données à Lymoges ou moys de may l'an mil quatre cens quarante et deux, par vertu desquelles ladicte frontière d'Anjou et du Maine fut réduite et mise au nombre de cinq cens trante troys paies establies en la manière contenue en nosdites lettres, en oultre cinquante et sept payes qui se prenoient ou païs de Normandie ; et soit ainsi que, depuis nostre venue en ceste ville d'Angiers, plusieurs poures laboureux et autres gens contribuans ausdits appatiz soient incessamment, de diverses parties et en grant quantité, venuz devers nous, par très humbles et piteuses supplicacions remonstrans les maulx, dommaiges, persécucions, adversitez, tirannies et inhumaines cruaultez que par très long temps, pour la dissolucion des gens d'armes desdites frontières et désordonnance d'iceulx appatiz, ilz ont souffert ou temps passé, tant ou principal payement, en crenes, courses, croisemens sauvegardes et autres exactions sans nombre, pour occasion desquelles en plusieurs personnes s'est ensuyé mort piteuse, es autres fuyte et absence du païs de leur nativité en autres contrées, tant en nostre royaulme que dehors, et d'autres merveilleux inconvéniens, qui très fort nous ont meu et meuvent de pitié et compassion vers eulx; et à celle cause, délibérez en ceste matière besongner au soublégement du poure peuple et à donner ordre convenable à l'establissement de ladicte frontière d'Anjou et du Maine pour l'avenir, ou moys de décembre derrain passé ayons prins et mis en nostre main toutes lesdites ordonnances à commancer du premier jour de ce moys de janvier, et deffendu expressément par noz lettres patentes et à cry publicque aucune chose ne estre imposée, cueillie ne levée esdits païs par les capitaines desdites frontières ou autres quelxconques jusques ad ce que par nostre ordonnance nouvelle leur en fust autrement apparu; Savoir faisons que nous... avons présentement et de nouvel ordonné les places de la dicte frontière d'Anjou et du Maine, qui estoient par nostre derrenière ordonnance de Lymoges à cinq cens trante et troys payes, comme dit est, au nombre de quatre cens deux payes et demye, lesquelles nous avons distribuées et départies, distribuons et départons ainsi qu'il s'ensuit.

(Suivent la répartition des quatre cent deux payes et demie, et les prescriptions relatives à leur levée dans les paroisses.)

Donné à Angiers, le vingt-sixième jour de janvier mil quatre cent quarante-trois.

Par le Roy, en son grant conseil, — Savary.

(Arch. nat., P 1335, n° 123.)

20.

PROCÈS-VERBAL DE LA CÉLÉBRATION DES FIANÇAILLES DE HENRI VI, ROI D'ANGLETERRE, ET DE MARGUERITE D'ANJOU.

24 mai 1444.

In nomine Domini. Amen. Anno à nativitate ejusdem millesimo quadringentesimo quadragesimo quarto, indictione septima, die verò dominicâ vicesimâ quartâ mensis maii, pontificatûs sanctissimi in Christo patris et domini nostri domini Eugenii, divinâ providenciâ pape quarti, anno quartodecimo, corâm reverendissimo in Christo patre et domino domino Petro de Monte, Dei et apostolice sedis graciâ episcopo Brixiensi, sanctissimi in Christo patris et domini nostri domini Eugenii pape prefati et sancte sedis apostolice impresenciarum in regno Francie, cum plenâ potestate legati de latere, nuncio, in meique notarii atque scribe sui et aliorum notariorum ad hoc requisitorum, necnon testium infrascriptorum, ad infrà scripta requisitorum et rogatorum, presenciâ, personaliter constituti serenissimus et illustrissimus princeps dominus Regnatus, Jherusalem et Cecilie rex ex unâ, et illustris comes Guillermus de la Pole, comes Suffulcii, serenissimi principis et domini Henrici, Dei graciâ Anglie regis, hospicii magnus magister, et venerabilis vir Adam Moleyns, legum doctor, decanus ecclesie Saresberiensis, prefati regis Anglie ambassiatores et procuratores, unacum aliis magnatibus, proceribus et militibus ibidem presentibus, eciam ejusdem regis procuratoribus, prout de sue procuracionis mandato legitimam et sufficientem fecerunt fidem, parte ex alterâ, asserentes quòd prefatus illustrissimus rex Anglie unacum illustrissimâ dominâ Margaritâ, prefati regis Jherusalem et Cecilie filiâ, matrimonium seu sponsalia per verba legitima de presenti per hujusmodi suos procuratores seu alteros ex eis ritè contrahere vellet, sed quia ipsi rex Anglie et domina Margarita invicem in quarto gradu consanguinitatis essent conjuncti, et banna seu proclamaciones in talibus fieri solite minimè facte essent, quare matrimonium hujusmodi facere et sponsalia predicta contrahere non possent, requirentes et reverenter rogantes dictum dominum episcopum et legatum quatenus ipsis super premissa de dispensacione apostolicâ providere dignaretur, asserentes tamen iidem comes et decanus procuratores sese credere regem Anglie talem dispensacionem habere, sed ipsi non possent illam exhibere; quibus prefatus dominus episcopus et legatus respondit se credere potestatem suam ad reges et reginas se non extendere, sed tamen, pro tanto bono rei publice exinde sperato proventuro, juxtà facultatem suam cum eisdem super predictis dispensavit, et ad cauthelam inter cetera eis injunxit quòd infrà presentis anni spacium super predictis dispensacionem aliam à prefato domino nostro obtinere deberent; et paulò post prefatus comes Suffulcii, unacum aliis suis consortibus procuratoribus ac prefata dominà Margarità, unacum christianissimà dominà Francorum reginà, ac Jherusalem et Cecilie reginà, illius matre, presentibus ibidem christianissimo principe [et] domino domino Carolo, Francorum, et Regnato, Jherusalem ac Cecilie, patre domine Margarite prefate, regibus, ac illustrissimo domino et principe Delphino Viennensi, ac Britanie et Alenconie, etc., ducibus, Vindoccini et Sancti Pauli, etc., comitibus, aliisque magnatibus, proceribus et notabilibus in multitudine copiosà et innumerabiliter ibidem assistentibus, coràm prefato domino episcopo et legato, animo deliberato, sponte et ex proposito maturo, ad finem et effectum matrimonium et sponsalia hujusmodi contrahendi convenientes, per verba legitima de presenti se velle contrahere asserentes, quibus pro consummacione contractûs hujusmodi prefatus dominus episcopus dixit hec verba in vulgari galicano illis, que secuntur in latino in effectu, similia videlicet, incipiens à prefato domino comite Suffulcii : Illustris princeps et domine, vos capite et recipite, tamquam procurator et procuratorio nomine celsi et excelentissimi principis Henrici, regis Anglie, pro ipsius legitima sponsà et uxore, illustrem dominam Margaritam, filiam celsi et excelentissimi principis Regnati, Jherusalem et Cecilie regis, secundùm ordinacionem Ecclesie? Qui dominus comes respondit: Ita. Et ex alià parte divertens se, idem dominus episcopus et legatus ad illustrem dominam Margaritam, illustrissimi regis Cecilie predicti filiam, dixit : Illustrissima domina, vos capite et recipite celsum et altissimum principem Henricum, regem Anglie, per illustrem principem comitem de Suffulcii, procuratorem suum legitimum, pro vestro legitimo sponso et marito, secundùm ordinem Ecclesie? Que domina Margarita respondit : Ita. Et tunc dominus episcopus ac legatus prefatus manus dictorum comitum et Margarite conjunxit, et in signum contractûs sponsaliorum hujusmodi, per verba legitima de presenti rite secundùm ordinem Ecclesie celebrati, illis benedixit et aquam benedictam aspersit. Super quibus omnibus et singulis premissis dicte partes hinc inde pecierunt sibi à me notario publico et aliis notariis secretariis ibidem presentibus unum vel plura publicum seu publica fieri instrumenta. Acta fuerunt hec Turonis, in ecclesià Sancti Martini Turonensis et in medio illius chori, sub anno, indictione, die, mense et pontificatu quibus suprà, presentibus ibidem regibus, ducibus, comitibus et aliis nobilibus de quibus suprà fit mentio.

(Arch. nat., P 1334¹ᵃ, n° 91.)

21.

EXTRAIT DE LA RELATION DE JEAN GALÉAS, AMBASSADEUR DU DUC DE MILAN EN FRANCE.

26 mai 1445.

... Delle occurrentie avisemo la S. V. per quelo intendemo che fra questa casa de Franza è grande garra et divisione. Prima essa non poteria essere majore quanto è tra lo ill. signor Delphin e il re Raynero, e questo per che esso re Raynero è quelo che governa tutto questo reame, et è stato quelo che ha facto fare quela ordinanza e riductione delle gente d'arme, como ne mandamo una copia alla S. V. Ultra questo non è etiam tropo grassa tra il duca de Orliens e il re Raynero, et questo per ziloxia del dicto governo. De raconciliatione tra il re Raynero e il duca de Burgogna se crede più tosto del no che del sì; del venire in Italia de qua non se ne fa più mentione ne più se ne parla...

Visitare non havemo potuto ancora ne il prefato re Raynero ne lo ill. signor Delphino, e questo per che il prefato signor Delphino non è in questa cita, anza de fora à piacere, e lo re Raynero intendemo essere in grande affanno per quella armata, se rasona de qua, fa il re d'Aragone e Genevexi, che dicesse voflino venire alli damni della Maesta sua in Provenza; e pei quelo intendemo la Maesta sua mette ad ordine de mandare in quella parte di Provenza de queste gentedarme.

(Arch. de Milan, *Dominio Visconteo*, an. 1445.)

22.

PROCURATION DONNÉE PAR RENÉ A GUILLAUME COUSINOT ET A JEAN HAVART POUR NÉGOCIER LA PAIX AVEC LE ROI D'ANGLETERRE.

17 octobre 1445.

René, etc. Comme puis aucun temps en ça, par le bon plaisir et vouloir de monseigneur le Roy, ait esté traictié, fait, accordé, conclud et consummé mariage entre très hault et très puissant prince Henry, par la grâce de Dieu roy d'Angleterre et seigneur d'Irlande, nostre très chier fils, et nostre très chière et très amée fille Marguerite, sa femme et espouse, soubz espérance que, pour l'affinité et amour qui raisonnablement à cause dudit mariage se doit enssuir entre nostredit très chier fils et nous, puissent estre plus légièrement apaisiées aucunes différences qui sont encores à appointer sur le fait du traictié de paix final d'entre mondit seigneur le Roy et nostredit très chier fils le roy d'Angleterre, et mesmement que espérons fermement que par le moyen dessusdit la délivrance de la conté du Maine ou de ce que nostredit très chier fils y tient nous sera faicte, ainsi que de ce l'avons requis; ouquel cas ait esté ouvert de faire aliance à nostre vie et trêves jusques à vingt ans avecques nostredit très chier fils, à ce que par la communicacion de ses subgiez et des nostres le fait de ladicte paix se puisse mieulx conduire et parfaire, pourveu qu'il pleust à mondit seigneur le Roy nous en donner congié et licence, à quoy mondit seigneur le Roy, en faveur des choses dessusdictes, s'est libéralement consenti, ainsi que par ses lettres patentes à nous sur ce octroyées peut plus à plain apparoir; Savoir faisons que nous, espérans que, par le moyen desdictes aliances et trêves et autres choses dessusdictes, quelque bonne voye se pourra trouver et pourra l'en plus de légier parvenir audit bien de paix, que de tout nostre cuer désirons,... pour la confiance que avons de noz amez et féaulx maistre Guillaume Cousinot, conseiller et maistre des requestes de l'ostel de mondit seigneur le Roy, et Jehan Havart, escuier, varlet tranchant de mondit seigneur,... ilz et chascun d'eulx

pour le tout avons fait, constitué, créé et ordonné, et par ces
présentes faisons, créons, constituons et ordonnons noz am-
baxeurs, procureurs et entremecteurs de noz besoingnes cy
après déclairées :... traicter de bonne et vraie aliance, ligue et
confédéracion,... à vie ou à temps,... pour aider, servir et
secourir l'un l'autre, deffendre et offenser l'un pour l'autre
envers tous et contre tous, de quelque estat, condicion et préémi-
nence qu'ils soient, excepté seullement la personne de mondit
seigneur le Roy et de ses hoirs et successeurs qui vendront à la
couronne... Donné en nostre chastel d'Angiers, le dix-septiesme
jour d'octobre, l'an de grâce mil cccc quarante et cinq.

[Signé :] Jaques, arcevesque de Reims. — Pierre de Brezzé. —
De Haracourt.

(Arch. nat., P 1334¹⁰, n° 105.)

23.

LETTRE DE RENÉ A HENRI VI, ACCRÉDITANT AUPRÈS DE LUI HAVART ET COUSINOT.

17 octobre 1445.

A très hault et très puissant prince Henry, par la grâce de
Dieu roy d'Angleterre, nostre très honnoré et très aimé filz,
René, par icelle mesme grâce roy de Jherusalem et de Sicile,
duc d'Anjou, de Bar et de Lorrainne et marchis, conte de
Prouvence, de Forcalquier et de Pimont, salut et paternel dilection. Très hault et très puissant prince, nostre très honnoré et
très amé filz. Nous avons affection continuelle et sommes désirans de véritablement estre acertenez des bons estat et santé de
vostre personne, lesquelz Nostre Seigneur par sa grâce vueille
faire telz et si bons comme mieulx sauriez souhaiter et que pour
nous le vouldrions, vous requérant de vouloir singulier, très
hault et puissant prince, nostre très honnoré et très amé filz,
que toutesfoiz que sera vostre bon plaisir nous en vueillez pour
nostre parfait resjoyssement notifier, car plus entière joye ne

nous pourroit souvenir que souvant en oyr en bien. Et si de vostre courtoisie vous plaisoit aucunement de nostre estat oyr parler, nous estions, à la façon de cestes, en bonne prospérité, grâces à Nostre Seigneur, qui le semblable vous vueille longuement octroyer. Et au seurplus, très hault et très puissant prince, nostre très honnoré et très amé filz, monseigneur le Roy pour pluseurs haultes matières envoye présentement devers vous ses féaulx conseillers maistre Guillaume Cousinot, maistre des requestes de l'ostel de mondit seigneur le Roy, et Jehan Havart, escuier et varlet tranchant de mondit seigneur, ausquelz nous avons pryé et requis vous dire certaines choses de nostre part, vous priant très affectueusement que les vueillez oyr, et en ce que de nostre part vous rapporteront adjouster pour ceste foiz pleine foy et créance, et par eulx et autres nous signiffier voz bons plaisirs, pour iceulx de tout nostre cuer et povoir féablement acomplir au gré de Nostre Seigneur, lequel, très hault et très puissant prince, nostre très honnoré et très amé fils, nous prions qu'il vous doint de voz désirs parfait acomplissement. Escript en nostre ville d'Angiers, le xviie jour d'octobre. — De Haracourt.

(Arch. nat., P 1334¹ª, n° 107.)

24.

LETTRE D'ALPHONSE D'ARAGON AU COMTE SFORZA, LUI REFUSANT LA PERMISSION DE TIRER DES CHEVAUX DU ROYAUME DE NAPLES.

8 janvier 1447.

Rex Aragonum et utriusque Sicilie, etc.

Illustris et magnanime comes, nobis plurimum dilecte. Receppemo vostra lietera per laquale ne domandate licentia de possere trahere dal nostro regno cavalli fin in summa de tremilia overo quatromilia ducati. Al che ve respondemo che, per non essere vuy al presente nostro devoto ne anche affecto à lo nostro stato, nonce serria licito ne honesto condescendere à la vestra domanda. Ma ve rendimo certo che, vuy essendo da la parte et devotione nostra, non solamente la dicta licentia, quale de nenti extimamo, ma dell'altre magiore et piu favoribele gratie da nuy haverete et continuamente reportarete. Datum in castris nostris felicibus apud Passaranum subtus Tuberini, die octavo mensis januarii, decime indictionis, anno a nativitate Domini millesimo cccc quadragesimo septimo.

REX ALFONTIUS.

[Au dos :] Illustri et magnanimo viro Francesco Sfortie, vicecomiti comitique, etc., nobis plurimum dilecto.

(Arch. de Milan, *Dominio Visconteo*, an. 1447.)

25.

LE ROI D'ARAGON REFUSE LES PROPOSITIONS DU CARDINAL DE FOIX AU SUJET D'UNE PROROGATION DE TRÊVE.

12 mai 1448.

Littera regis Aragonum denegatoria porrogationis treugarum.

Reverendissimo in Christo patri et domino P., sacrosancte Romane Ecclesie episcopo cardinali, ac S. D. N. pape legato, dicto de Fox, consanguineo et amico nobis carissimo.

Reverendissime in Christo pater et domine, amice nobis carissime. Reddite nobis sunt littere vestre, simulque cum hiis modificationes seu habilitationes quedam porrogationis induciarum vel treugue inter nos et ill. ducem Andegavie faciende, quam ad vos certa forma transmiseramus ; que profecto ejuscemodi sunt, ut eas nullo pacto acceptare possimus. Quod reliquum igitur est, postquam induciarum tempus transierit, bellum inter nos subsequi necesse erit. Datum in nostris felicibus castris apud Juncaricum, die XII maii, XI ind., anno M IIII^c XLVIII.

REX ALFONTIUS,
rex Aragonum et utriusque Sicilie.

(Arch. des Bouches-du-Rhône, B 14, f° 3 v°.)

26.

NOMENCLATURE DES COMPTES SOUMIS ANNUELLEMENT A L'EXAMEN DE LA CHAMBRE D'ANGERS.

26 mai 1450.

Les comptes ordinaires à rendre chascun an en la Chambre des comptes à Angiers :
Le trésorier d'Anjou.
Le segréer de Bellepoule.
Le segréer de Monnoys.
Le segréer de Baugé et Chandelays.
Le segréer des Bois segréaux.
Le receveur d'Anjou.
Le receveur de Baugé.
Le receveur de Mirebeau.
Le receveur de Lodun.
La chambre aux deniers du roy.
L'argenterie du roy.
Le trésorier de la royne.
La cloaison d'Angiers.
Les euvres du chastel.
Les euvres de Launay et la recepte ordinaire dudit Launay et le Paliz.
Chasteauceaulx.
Beaufort.
Les quinetes et l'ordonnance des gens et chevaulx, etc.
Les euvres du Pont-de-Sée.
Les euvres de la sépulture.
Montfaulcon, pour la haulte justice.
Les pavaiges et barraiges.
Chaily et Longemeau.
La Roche-sur-Yon, quant aux tailles.
Le compte des rachatz, quant ils escheront.
Des devois de Beaufort, en noblesse, etc., de les faire payer telz comme ilz sont deuz.

Des hommaiges et adveuz.

Des tailles de Saumur, Baugé et Beaufort, de II ans en II ans.

Mémoire aussi, pour ventes, reliefs de terre, rachatz, forfaitures, aubenaiges, ventes de blez, avoynes et toutes autres choses, que ne s'i face aucun appoinctement, composicion ne vente ne autres choses, etc., que les gens des comptes n'y soient présens.

S'enssuivent les chappitres des receptes du trésorier d'Anjou :
Du receveur ordinaire d'Angiers et de Saumur.
Du receveur de Baugé.
Du receveur de Lodun.
Du receveur ordinaire de Mirebeau.
Du receveur ordinaire de Saint-Laurens-des-Mortiers.
De la conté de Beaufort.
Du receveur ordinaire de la Roche-au-Duc.
Du receveur de Chasteauceaux et les fiez anciens.
Dieux-Aye.
Monfaulcon et les fiez anciens.
Du receveur ordinaire de la Roche-sur-Yon.
Chailli et Longjumeau.
La conté de Guyse.
Raymes et Aymeris.
Sablé.
Le prouffit du seel de la justice de la chancelerie du seigneur.
Le trespas de Loyre est de la recepte du receveur ordinaire d'Anjou.
Des coffres de la seigneurie.
Des restes de l'année précédente.
Des composicions ou appoinctemens faiz par la seigneurie.
Du receveur ordinaire de la conté du Maine.
Chasteau-du-Loir.
Maienne-la-Juhés.
La Ferté-Bernard.
Du receveur général de France.
Du changeur du trésor.

Greniers dont les estaz sont à veoir chascun an en la Chambre des comptes à Angiers :
Le grenetier d'Angiers.

Le grenetier de Saumur.
Le grenetier de Lodun.
Le grenetier de la Flesche.
Le grenetier de Chasteau-Gontier.
Le grenetier de Vendosme.
Le grenetier du Mans.
Le grenetier de la Val-Guion.
Le grenetier de Maienne-la-Juhès.
Le grenetier de la Ferté-Bernard.
Les quatre chambres à sel de Therasse.
De l'imposicion foraine de xii deniers pour livre, etc.
La traicte des vins d'Anjou.
Du prouffit des monnoys.

Les receptes des aydes ordonnez pour la guerre :
A Angiers.
Saumur.
Lodun.
La viconté de Beaumont.
Vendosme, etc.
L'esleccion du Mans.
Les tailles ou porcion d'icelles es eleccions dessusdites.

Les tailles mises sur en la frontière d'Anjou, oultre l'avitaillement des gens d'armes :
Des quinctes.
Des restes des ordonnances de la frontière.
Des restes de l'avitaillement des gens d'armes.
Des tailles ou dons de Chasteauceaux.
Des tailles ou dons de la Roche-sur-Yon.
Des tailles de la marche d'Anjou et de Poictou.
De la taille en ladite marche pour l'avitaillement des gens d'armes.
Des sourcrois mis sus pour le Roy nostre sire.
Des tailles, aydes ou sourcrois mis sur de l'auctorité du roy de Sicille, où que ce soit.
De la taille mise sur à Mirebeau, de M escus, pour rachater Mirebeau du seigneur de Bueil, en l'an mil cccc xlvii.
Les dixmes.

Les franfiez.
Les refformacions.
Les tailles des exemps.
Les empruns.

(Arch. nat., P 1334⁵, f⁰ˢ 14-17.)

27.

CHARLES VII REMERCIE LE DUC DE MILAN DE SON DÉVOUEMENT.

21 février 1451.

A nostre chier et amé cousin le comte Francesco Sforze, Charles, par la grâce de Dieu roy de France. Chier et amé cousin, nous avons receu les lettres que nous avez escriptes par Angel Acyaiolus, chevalier, et oy ce qu'il nous a dit et raporté de vostre part; et savons bien le bon vouloir et affection que voz prédécesseurs et vous avez toujours eu au bien et prospérité de nous et de nostre segneurie, et mesmement à la maison d'Anjou, à l'ouneur et essaussement de laquelle vosdiz prédécesseurs et vous vous estes tousjours de vostre povoir employez, dont vous savons bon gré; et au regard des materies dont nous a parlé ledit Angel, nous l'avons voulentiers oy, et sur icelles l'avons fait expédier en la manière que par luy pourrez savoir. Donné aux Montiz lès Tours, le XXI⁰ jour de février. — CHARLES. — De la Loère.

(Arch. de Milan, *Leghe, pace*, etc., n⁰ 796, f⁰ 326.)

28.

TRAITÉ PASSÉ PAR RENÉ AVEC LA RÉPUBLIQUE DE FLORENCE POUR LA CAMPAGNE DE LOMBARDIE.

11 avril 1453.

Renatus, Dei gratiâ, Jherusalem et Sicilie rex, Andegavie et Barri dux, Provincie, Forcalquerii ac Pedimontis comes. Amore veteri et benivolentiâ observantiâque singulari inclite reipublice Florentine erga clarissime memorie progenitores nostros illustrissimos et nos successivè, nedum in secundis rebus, sed et in adversis quoque semper absque ullâ prorsus intermissione, devincimur in ejusdem reipublice et favores et honores pronos esse atque proclivos. Verùm et illius profectò animorum omnium Florentinorum sinceritatis nunquam abolenda memoria, quam postremò, post nostre civitatis Neapolis perditionem, nobis et publicè et privatim demonstravere, intra eorum urbem nos tanto cultu et honore, tantâ dignitate et observantiâ, tantâ denique munificentiâ et liberalitate suscipientes, cogit nos nedum animo ipsam rempublicam complecti, sed et eidem in suis laboribus pro viribus nostris et personâ auxiliari atque prospicere. Quo fit ut, cùm nuper ad nos veniente spectabili milite Angelo Acciaiolo, prefate communitatis oratore et procuratore, nonnulla pro ipsorum atque illustris Francisci Sfortie, ducis Mediolani, consanguinei nostri carissimi, favoribus tractaturo, intellexerimus belli difficultatem, quod à nonnullis dominationibus, suâ sorte non contentis, tam adversùs prefatum ducem quàm ipsos Florentinos ita injustè geritur, constanti animo deliberavimus predictorum ducis et reipublice subsidio atque auxilio personaliter proficisci, et, quoad vires et facultates nostre patiuntur, omnia facere pro ipsorum quiete, pace et tranquilitate componendâ atque stabiliendâ. Ob quam rem cum prefato Angelo, procuratore, sindico vero et speciali nuntio predicte communitatis Florentie, prout publico instrumento manu publici et auctentici notarii publicato et sigillo ipsius reipublice sigillato clarè et manifestè apparet, ad infra scripta capitula, pacta et conventiones ineunda, firmanda et concludenda vicissim convenimus et concordavimus, ad honorem Dei ipsiusque gloriosissime matris et uniuscujusque nostrûm exaltationem.

Inprimis, volumus et promittimus prefato Angelo, nomine prefate communitatis Florentie recipienti, nos ire in Italiam ad servitia ipsius communitatis Florentie et ad auxilia prefati illustris ducis Mediolani, cum equitibus duobus milibus quatuor centis ad minus. Item, volumus et promittimus dicto Angelo, nomine quo supra recipienti, nos esse in Italiâ ad quindecimum diem junii M°CCCC°LIII°. Item, volumus et promittimus prefato Angelo, nomine quo supra recipienti, inferre et gerere bellum omnibus inimicis nostris et predictorum illustris ducis Mediolani et excelse communitatis Florentie in illis partibus in quibus declarabitur per duas partes nostrûm esse utilius, excepto sanctissimo domino nostro papâ et christianissimo domino rege Francorum. Et econverso prefatus Angelus Acciaiolus, procurator et mandatarius vice et nomine prefate communitatis Florentie, promittit et promittendo se obligat dare nobis florenos auri decem milia quolibet mense pro provisione, liberos et sine aliquâ retentione. Item, promittit dictus Angelus, nomine quo supra, quòd prefata communitas Florentie dabit nobis gubernationem et obedientiam omnium suarum gentium armigerarum, tam equestrium quàm pedestrium, modis et formis fieri solitis et consuetis. Item, consideratis magnis expensis quas facient gentes nostre pro earum transitu in Italiam, dictus Angelus, nomine quo supra, convenimus (sic) quòd provisio decem milium florenorum auri incipiat per unum mensem ante à die quo pervenerimus in Italiam cum supradictis gentibus, ut supra. Item, promittit Angelus supradictus, nomine quo supra, quando erimus in civitate Astensi vel ejus comitatu, sive in Alexandriâ vel ipsius comitatu, dare nobis florenos auri viginti milia. Item, volumus et promittimus prefato Angelo, nomine quo supra recipienti, quòd à die quo in Italiam pervenerimus ad quindecim dies proximos dabimus in scriptis omnes gentes quas nobiscum habebimus. Et, si de numero duorum milium quatuor centum equitum aliqui deerunt, inde ad quindecim alios dies proximos, illos supplebimus. Et, si terminus dictorum dierum preteriret et numerum equitum deficientium non suppleremus, tunc volumus et sumus contenti quòd de predictâ provisione nobis diminuatur per illam ratam que contingeret pro illis equitibus qui deessent, quousque dictum numerum equitum impleamus. Item, conventum est inter nos et predictum Angelum, procuratorem et mandatorium nomine quo supra, quòd, quandocumque nollemus ampliùs esse obligati supradictis modis, teneamur duobus mensibus antea illud ipsi communitati Florentie significare ; et similiter, si dicta communitas nollet ampliùs facere dictas expensas, teneamur duobus mensibus antea suam voluntatem nobis significare : et tam Majestas nostra quàm dicta communitas sit libera ab omni obligatione quam invicem haberemus per continentiam presentium capitulorum, verumtamen quòd dicta provisio decem milium florenorum auri suprascriptorum nobis detur pro dictis duobus mensibus, et ultra illos dicta communitas teneatur dare nobis pro bene andatâ gentium nostrarum florenos auri viginti milia. Item, conventum est inter nos et prefatum Angelum, procuratorem et mandatarium ut supra, quòd, si nobis opus esset in Provinciam vel in Franciam proficisci, advocato in Italiam illustri filio nostro duce Calabrie et Lotharingie, liceat nobis ex Italiâ discedere et loco nostri prefatum ducem, filium nostrum, constituere. Cui predictus Angelus, tanquam procurator dicte communitatis, ut supra, promittit quòd sibi attendentur quecumque in presentibus capitulis continentur, ipso observante et attendente ea que nos tenore presentium capitulorum obligati sumus facere. Item, promittit prefatus Angelus, procurator, ut supra, facere quòd predicta communitas Florentie omnia et singula suprascripta capitula et contenta in eis per publicam eorum scripturam ratificabit infra duos menses proximè, futuros à die date presentium in antea computandos.

Que omnia et singula in supradictis capitulis contenta promittimus prefato Angelo, nomine quo supra recipienti, et ipse nobis reciprocè et vicissim promittit, benè et fideliter attendere et observare et in nullà re contra facere, sed ea omni futuro tempore rata, grata, firma et valida tenere. Et ad fidem et cautelam omnium predictorum, hec capitula conscribi fecimus et nostre proprie manûs subscriptione munivimus ac nostro sigillo roboravimus. Que pariter prefatus Angelus, procurator et mandatarius, ut supra, manu propriâ subscripsit et suo proprio sigillo sigillavit. Hec autem capitula facta, firmata et conclusa fuerunt in civitate Turonensi, in domo Johannis Ardouini, Francie thesaurarii, in quà ad presens moratur Majestas prefati regis Sicilie, sub anno Domini millesimo quadringentesimo quinquagesimo tertio, die verò undecimâ mensis aprilis, presentibus illustribus dominis duce Calabrie et Lothoringie et domino Federico de Lothoringiâ, primogenito domini comitis de Vademonte, domino Bernardo, marchione Bade, ac excellentibus et magnificis dominis Petro de Braxe, magno siniscalco Normandie, Ludovico de Bevalle, siniscalcho Andegavie, Bertrando de Be[lla]valle, domino de Pressigneo, Johanne Cossa, domino Grimaldi, et Guidone de Valle, domino de Loue, consiliariis et cambellanis prefati regis Sicilie, et supradicto Johanne Ardouini.

Constat de rasurâ superiûs in tercîâdecimâ lineâ, que rasura incipit à verbo *servitia* usque ad verbum *Mediolani*, non facta vitio, sed errore scribentis.

RENÉ. — (Sceau.)

Ego Angelus de Accavolis, procurator et mandatarius, ut supra, manu propriâ, ad cautelam omnium premisorum me suscrivissi et sigillo meo jugelavi (*sic*).

(Sceau).

(Arch. des Bouches-du-Rhône, B 673.)

29.

RÉORGANISATION DU CONSEIL DUCAL D'ANJOU, FAITE PAR RENÉ AVANT SON DÉPART POUR L'ITALIE.

8 mai 1453.

René, par la grâce de Dieu roy de Jherusalem et de Secile, duc d'Anjou et de Bar, conte de Prouvence, de Forcalquier et de Pimont, à tous ceulx qui ces présentes lettres verront, salut. Comme, pour occasion du partement que présentement faisons de nostre pays d'Anjou pour le véage de Florence, soit besoign en nostre absence de pourveoir de certain nombre de gens de conseil, dont ayons parfaicte confiance, pour meetre les affaires de nostredit pays en délibéracion et y donner conclusion en leurs consciences, comme ilz verront estre à faire au bien, estat et honneur de nous et de nostredit pays et subgietz d'Anjou; Savoir faisons, que pour lesdites causes et autres bien raisonnables à ce nous mouvens, avons appoincté, conclud et délibéré que, pour nostre conseil ordinaire et résident en nostre ville d'Angiers, seront nos très chiers féaulx conseillers le sire de Précigny, nostre chambellan et grant maistre d'ostel, comme premier et principal de nostredit conseil, l'évesque d'Angiers, nostre chancelier, le juge d'Anjou, le président de noz comptes, noz trésorier, avocat et procureur d'Anjou, et maistre Guillaume Provost pour maistre des requestes de nostredit hostel oudit conseil, avecques lesquelx nosdits conseillers voulons que, quant les affaires de nostredit pays sourviendront telz que besoing soit avoir plus grant nombre de conseil ou qu'ilz verront estre expédient et neccessaire, ilz appellent à nostredit conseil Jehan Duvau, esleu d'Angiers, maistres Pierres Richomme, Jehan Breslay, qui par noz lettres patentes ont retenue de nostre conseil, et pour ce faire leur ont esté tauxez et ordonnez gaiges et pencions, lesquelx voulons leur estre continuez selon la teneur de leursdites lettres. Avons en oultre voulu et ordonné, voulons et ordonnons par ces présentes que pour secrétaire dudit conseil soit Jehan Alardeau, receveur d'Anjou, et face comme nostre secrétaire les signatures et expédicions conclutes et délibérées oudit conseil autres que celles qui toucheront fait de finances des receptes dont se mesle et entremet ledit Alardeau, et pareillement Guillaume Rayneau, clerc de nosdits comptes, qui de nous a lettres de secrétaire de nostredit conseil, expédiées par avant la date de ces présentes, et qu'il soit payé et continué de sesdits gaiges par nostredit trésorier. Et pour ce que durant nostredite absence savons que besoing sera faire des diligences, voyages et messageries pour les affaires de nostredit pays, lesquelles sans argent ne se pourront faire ne acomplir, en quoy pourrions avoir grans interest et dommaiges, nous avons donné et donnons par cesdites présentes aux dessusdits noz conseillers ordinaires puissance de aviser sur lesdits véages et messageries quant le cas le requerra, et de ordonner à ceulx qui les feront telles sommes qu'ilz aviseront estre raisonnables selon le cas ; et lesquelx véages, avecques la somme qui pour chascun d'iceulx sera avisée et conclute oudit conseil, voulons estre payée et délivrée à ceulx qui les feront par nostredit trésorier d'Anjou, par la certifficacion de nostredit conseiller et grant maistre d'ostel le sire de Précigny tant seulement et non d'autre, en rendant laquelle certifficacion par nostredit trésorier avec vidimus de ces présentes pour une seulle foiz, collacionné en nostre Chambre des comptes à Angiers, et quictance des parties qui auront fait lesdits véages, montant chascun et pour chascune foiz à la somme de cent solz tournois et au-dessus ; voulons tout ce que par ledit trésorier aura esté payé estre alloué en ses comptes et rabatu de sa recepte partout où il appartiendra par noz amez et féaulx conseilliers les gens de noz comptes à Angiers, ausquelx nous mandons par ces mesmes présentes que ainsi le facent sans aucun contredict ou difficulté, car ainsi nous plaist il estre fait. En tesmoing de ce, nous avons fait mestre nostre seel à ces présentes, signées de nostre main, données à Tours le VIIIe jour de may, l'an mil cccc cinquante troys. Ainsi signé : René. — Par le Roy, mons^r le duc de Calabre, l'évesque d'Angiers, les sires de Précigny et de Grimauld, Jehan Hardoin, les président et trésorier d'Anjou et maistre Clarambauld de Proisy présens. Ainsi signé : J. Le Roy.

(Arch. nat., P 1334⁵, f⁰ 177.)

30.

LETTRE DE LA SEIGNEURIE DE FLORENCE AU ROI RENÉ, LE PRIANT DE HATER SA DESCENTE EN ITALIE.

10 mai 1453.

Regi Renato.

Serenissime ac gloriosissime princeps et domine, pater et benefactor noster singularissime. Intelleximus nuper et litteris generosissimi equitis domini Angeli Acciaioli, oratoris nostri, quàm hillari benignoque aspectu Majestas vestra eum, nostre civitatis intuitu, et viderat et audierat, quànve paterno amore, difficultatibus nostris compaciens, prona facilisque fuerit ad conveniendum cum eo seque obligandum de transitu per vestram Serenitatem in Italiam faciendo, deque favoribus suis tum illustri duci Mediolani tum nobis impendendis; que res profectò summam nobis universoque populo Florentino jocunditatem attulit. Speramus etenim regiâ sapientiâ et consilio, regiisque viribus adjunctis, singula eidem duci nostreque reipublice ad votum successura. De tantâ igitur humanitate ac clemenciâ Sublimitatis vestre gratias eidem ingentes agimus, supplicantes Majestati vestre ut transitum ipsum maturare velit, ne tempus frustra labatur, dùm datur oportunitas nobis posse communibus hostibus prevalere eorumque consilia preripere. Ipsi namque hostes vires eorum adhuc in ordinem non habent, sed per ea que cernuntur tardiores aliquanto eos fore in illis parandis creditur. Nos econtrario copias omnes nostras, que neque exigue neque contemnende sunt, ita in ordinem posuimus, ut jam nil fere aliud expectare videantur quàm vestre Sublimitatis adventum, quà duce, quàve moderatrice rem ipsam aggrediantur. Nolit igitur Majestas vestra, oramus, ut hic noster tam benè paratus exercitus tempus hoc tam utile rebus gerendis in cassum terat; sed, quoniam semper nocuit differre paratis, dignetur Serenitas vestra hujusmodi adventum omni morà sublatà festinare, ut huic tam justissime communique cause, cui non dubitamus divinum numen propitium semper futurum, promissos favores debito opportunoque tempore, sicut firmiter speramus, impendat. Illa verò que ad nostram rempublicam attinent, juxta formam eorum que per vestram Serenitatem cum prefato domino Angelo conventa sunt, debito tempore ad integrum servabuntur. Et quoniam in primis comprobande rateque habende à nobis erant conventiones inter nos inite, ipsam comprobationem ratique habitionem, servatis nostre civitatis legibus et institutis, fecimus, ejusque rei instrumentum in publicà formà conscriptum cum presentibus mittimus vestre Majestati; cui nos universumque populum Florentinum humiliter commendamus. Datum Florentie, die x maii M CCCC LIII.

(Arch. de Florence, *Lettere della Signoria*, reg. 37, f° 77 v°.)

34.

LETTRE DE RENÉ AU DUC DE MILAN, LE FÉLICITANT DE SES SUCCÈS ET L'INFORMANT DE SA PROPRE MARCHE.

4 juillet 1453.

Illustris consanguinee noster carissime, salutem. Havemo con summo piacere vista la lettera navete scripta de la victoria havuta per li vostri in Veronese. Speramo de jorno in jorno continuo ne avisarete de le cose vostre prospere, et, benche sempre le audiamo voluntiere, alcunamente ne dispiaceria no trovarmose piu da presso per viderle et sentirle. Per Abraam, che continuo è presso de noi, sarete avisato de hora in hora distesamente de li progressi nostri. Solumve dicimo che havemo vergogna scrivere piu da quali monti; fine à qui no se possuto fare altro. Per questa piu no ce extendimo, che, Deo duce, presto saremo piu da presso. Datum in civitate nostra Sistaroni, die III° mensis julii M°CCCC°LIII°.

Rex Jherusalem et Sicilie, Andegavie et Barri dux, etc., consanguineus vester.

RENÉ.

Stephanus N.

[Au dos :] Illustri consanguineo nostro carissimo, Francisco Sforcie, vicecomiti, duci Mediolani, etc.

(Arch. de Milan, *Dominio Sforzesco, Carteggio di principi, pezza 3.*)

32.

RENÉ PRIE LE DUC DE MILAN DE LUI ENVOYER UN FONDÉ DE POUVOIRS POUR RÉGLER L'ACCORD AVEC LE MARQUIS DE MONTFERRAT.

11 août 1453.

Illustris consanguinee noster precarissime. Dùm ad iter nostrum pro transitu ad Italie partes paremur, inter cetera id nobis cure fuit ut, pro statu communi, rem illustris marchionis Montisferrati et Guillermi ejus fratris, consanguineorum nostrorum, quantò celeriùs quantòque aptiùs fieri potuisset componeremus; et cùm noviter idem Guillermus Antonium Scagloni, ejus domesticum et intimum servitorem, Majestati nostre destinaverit, cujus ore optimam ejus et sinceram affectionem in hac parte didicimus, quam tamen per effectum experiri cupimus, ne igitur res ipsa in longum differatur, scribere et hortari visum fuit unum ex vestris, in hâc materiâ tutum, pleno mandato suffultum, apud nos in civitate Astensi transmitti debere; et, ubi comodè fieri posset egregium et spectatum virum ser Angelum Simoneti, circà differentias plenè eruditum, hujusmodi pretextu destinari, inter ceteros utilem et accomodum censeremus. Speramus enim, auxilio Dei, differentias ad utriusque partis honorem et utilitatem ac communis status soliditatem breviter fore terminandas; nec diligentia et sollicitudo deerint, quin eciam operam in hiis dabimus efficacem. Unum tamen scribere non omittimus, quòd, hujusmodi durante praticâ, hinc inde offensiones cessare honestum erit, et dicto Scagloni ut ita ex latere dominorum suorum fiat injunximus, nec in dubium vergimus eos suasionibus nostris obtemperaturos. Parati semper ad queque grata. Datum apud Plebem Theyci, die xi mensis augusti.

Rex Jherusalem et Sicilie, dux Andegavie et Barri, Provincie, etc., comes, consanguineus vester.

RENÉ.

Golandi.

(Arch. de Milan. *Autografi di principi, pezza 3*.)

33.

RÉPONSE DE LA RÉPUBLIQUE DE VENISE
AUX PROPOSITIONS D'ACCOMMODEMENT APPORTÉES PAR JEAN COSSA.

3 octobre 1453.

Quòd, memores affectionis et amoris nostri ad christianissimam domum Francie et consequenter ad suam regiam Majestatem, gratissimè intelleximus quantum de optimâ dispositione suâ erga nos, tam per medium illustris domini marchionis Montisferrati et Henrigeti Natta quàm et Johannis Cossia, nobis referri fecit; pro quibus omnibus ac pro humanissimis oblationibus suis circa materiam pacis et interpositionis ejus nobis factis, Serenitati

sue quanto magis possumus regratiamur. Credimus siquidem
Majestatem suam de hac benivolentia et sincerissima mente
nostra erga excellentissimam personam suam tanto magis verum
atque indubitatum judicium facere posse, quanto per iddem
tempus quo stetit in Italia potuit istud clarè et apertè cognoscere.
Estque rei veritas quòd, videntibus nobis, et ante et postquam
comes Franciscus obtinuit dominium Mediolani, communitatem
Florentie, oblitam preteritorum singularium beneficiorum nostrorum, que, absque eo quod aliter explicent, sue Serenitati et
omnibus satis nota esse possunt, restrictam esse cum comite
Francesco et cum eo factam unum et idem contra nos, neces-
sarium consilium judicavimus, ne soli remaneremus, contrahere fedus cum serenissimo rege Aragonum. Quantum videlicet
ad pacem pertinet, dicimus quòd ex quàdam naturali inclina-
tione nostrà quietem et pacem semper optavimus et optamus
etiam in presenti; sitque certa sua regia Majestas quòd semper,
quando potuissemus ac possemus, etiam in presenti, habere,
pacem honestam et tutam, eam libenter amplectemur.

(Arch. de Venise, *Libri partium secretarum consilii Rogatorum*, XIX, 215.)

34.

DÉCLARATION DE GUERRE ADRESSÉE PAR RENÉ AUX VÉNITIENS.

10 octobre 1453.

Magnificis et prestantibus viris provisoribus exercitûs illustris
dominii Venetorum.

Renatus, Dei gratià Jherusalem et Sicilie rex, etc.

Magnifici et prestantes viri. Deum et homines testari audemus
non odio vestro, non rancore, non denique ullà ambitionis libi-
dine, gressus nostros in Italiam direxisse, sed transitum nostrum
christianissimam Francorum regis Magestatem, justis petitionibus
et querimoniis amicorum communium benignè deflexam, proprium quoque interesse nostrum, quod inibi versari dignoscitur,
nos merito impulisse. Qualis enim hactenus reipublice Florentine inconcussa fides et amicitia fuerit erga inclitam Francorum

domum et presertim divos progenitores nostros adeò menti fixum est, ut nullà temporis diuturnitate deleri possit. Memoramur etiam magnificum et strenuum virum Sfforciam de Actendolis, comitem Contignole, virum armis et bello clarissimum, domino et patri nostro fructuosa prestitisse servitia, demum post ejus obitum in quondam dominum et germanum nostrum Ludovicum tercium, Sicilie regem, propagata, regem verò Arragonum suis terminis non contentum, preter illata nobis quodam sinistro federe multiplicia dampna, illustri consanguineo nostro moderno Mediolani duci, dùm comes diceretur, persecutiones et incomoda cumulavisse, ad ejus ruinam anelantem. Que omnia si molestè geremus, molestiùs tamen audivimus rem vestram publicam cum prefato duce et Florentinis ex intimo cordis amore, ex mutuà et immensà benivolentià, subitò exitiale bellum parturisse, vos verò contra ducem, et Aragonum regem contra Florentinos ad bellum prorupisse. Quibus omnibus ad aures dicte christianissime Majestatis deductis, cùm legatorum, ducis et Florentinorum justas petitiones cognovisset et que preinserta sunt animo revolvisset, citra inhumanitatis notam suum et nostrum auxilium denegare non posse visum est. Naturali enim obligatione cogimur ut diligentes diligamus et benefacientibus benefaciamus. Sed, si ad accessùs nostri causam legitimam cetera deficerent, hoc unum suffecisse debuit, quòd, cùm rempublicam vestram summo zelo coluissemus et pro quiete totius Italie oblationes apud vos et vestros iteratis vicibus adducissemus, his siquidem non gustatis, adversùs nos ligam et confederationem cum dicto Aragonum rege firmastis, et amicos pro amicis et inimicos pro inimicis reputari et censeri earum tenore declarastis. Quid ultra? Quesitis coloribus, pacem queritis ut juribus nostris in nostro Sicilie regno detrahatur. Justè ergo movemur ut arma in Italiam feramus, tum ad amicorum preservationem, tum ut adversarii nostri conatus reprimamus; et, si vobis cum eodem adversario nostro ligam et confederationem inhire licuit, pari ratione nobis licere censemus benivolis et amicis auxilium prebuisse, quò et ab eisdem, suo tempore, vicissitudinaliter consequamur.

Datum apud Gamacam, die decimà mensis octobris.

Arch. des Bouches-du-Rhône, B 11, f° 137.

35.

RÉPONSE DES VÉNITIENS AU MESSAGE PRÉCÉDENT.

12 octobre 1453.

Sacre regie Majestati.

Si ea nobis esset auctoritas, serenissime rex, quam fortasse putavit vestra Majestas, libero animo et oportunis verbis ac argumentis, litteris vestre Serenitatis responsionem faceremus; sed, cùm jussu reipublice nostre ad expeditionem istius invictissimi exercitûs missi simus, non honesté respondere posse cognoscimus nisi illustrissima dominatio nostra, litterarum ipsarum effecta non nescia, nobis edixerit quid respondendum faciendumque fore sibi libuerit.

Datum in felicibus castris prelibati illustrissimi dominii, xii octobris 1453.

Pascalis Maripetro, procurator Sancti Marci; Jacobus Anthonius Marcellus, miles, provisores.

(Arch. des Bouches-du-Rhône, B 14, f° 137.)

36.

LETTRE DE RENÉ AU DUC DE MILAN
LUI RECOMMANDANT UN RELIGIEUX POUR L'ABBAYE DE CARETO.

18 décembre 1453.

Illustris consanguinee noster carissime. Audivimus fratrem Antonium de Bellomonte, ordinis Sancti Antonii, quem bené diligimus, vobis etiam carum esse. Est enim ex bonâ gente et parentibus natus; quas ob res, cùm modó vacaverit abbatia de Careto, Cisterciensis ordinis, gratum haberemus quòd ipse ad hoc beneficium promoveretur. Rogamus igitur vos ut, amore et contemplatione nostrâ, super hac re vobis sit commendatus, itä quod is sentiat hanc nostram commendationem sibi plurimum profuisse. Bené valete. Ex Placentiâ, die xviii decembris 1453.

Vester consanguinee, Jherusalem et Sicilie rex,

RENÉ.

[Au dos :] Illustri consanguineo nostro carissimo Francisco Sforcie, vicecomiti, duci Mediolani, etc.

(Arch. de Milan, *Dominio Sforzesco, Carteggio di principi, pezza* 3.)

37.

RENÉ EXPLIQUE AU DUC DE MILAN LA RAISON DE SON DÉPART D'ITALIE ET PROTESTE DE SES BONS SENTIMENTS ENVERS LUI.

8 janvier 1454.

Illustris consanguinee noster carissime. Quantunche, per l'antiqua fede et amicicia de vostro patre con la felice memoria del nostro et de nostro fratello, fosse tra noi un strecto ligame, purò la humanita et l'onore recevuto neli paesi vostri ne la nostra venuta et presente retorno l'a si indissolublemente conjuncto, che per parole d'altrui jamay no se porria turbare. Et si alcuni forse hanno trascorso de parole per demostrare essere altramente, vogliamo siati certo esserci in grandi dispiacere ; ma sono parole da soldati, à li quali pare sia concesso la liberta de parlare. Noi ve facimo questa conclusione che non extimamo partirse da voi andandomo in loco dove porrimo fare piu fructo che essendomo qui presenti per lo stato vostro, el quale no meno havemo caro che'l nostro proprio, et quanto ne sara possibile per quello sempre cossi ne adoperaremo. Et andamo per exequire quello proposito col quale noi venemo in Italia. Et si questa non fosse nostra intentione et volunta, no fariamo venire il nostro unico figlolo, el quale come vostro ve recomendiamo, et cossi n'abiate cura, ve pregamo. Datum Alexandrie, viii° januarii M CCCC LIIII.

RENÉ.

Stephanus N.

[Au dos :] Illustri consanguineo nostro carissimo Francisco Sforcie, vicecomiti, duci Mediolani, etc.

(Arch. de Milan, *Dominio Sforzesco, Carteggio di principi; Calabria. Sicilia.*)

38.

EXTRAIT D'UNE LETTRE ÉCRITE DE FLORENCE PAR ANGELO ACCIAJUOLO, AU SUJET DU RETOUR DU ROI RENÉ EN FRANCE.

17 juin 1454.

Ma so vi dire per cosa certa che il re de Franza se scorzato et col re Renato et con tutti i suoi che veneno con lui di qua, et maladetto il di che il re Renato naque, et che gl'era quello che haveva disfacto lo stato et honor di Franza in Ytalia, et hora cerchava ricoprire le colpe sue con dire male di Fiorentini et del duca. Et questo advenne che, essendo il re Renato di costa, ello scrisse una lettera à monsignor di Presigni, pregandolo che dovessi, per quanto amore lui gli portava, trovare qualche via col re di Franza che lo richiamassi de la. Questa lettera capito à le mani del re di Franza, et per sentire novelle d'Ytalia la prese, et trovo tale tenor, et cognobe la vilita del re Renato. Subito scrissi, credendo che il re Renato aspettassi in Ytalia, che non si dovessi partire et che lo voleva aiutar, ma dette lettere giunsseno poi che fu partito; et come il Re senti questo, si scorzo mirabilmente contra al re Renato et contra agli altri che erano venuti in Ytalia con lui, et maxime contra à lui, et abevalle (*sic*) chiamandogli traditori et biasimandoli... El re Renato di questa sua partita n'è justamente vituperato et in Franza et in Ytalia, de facti suoi e da fare hora mai pocha stima. Questo suo figliolo è altro huomo...

(Arch. de Milan, *Dominio Sforzesco*, an. 1454.)

39.

DONATION DU COMTÉ DE BEAUFORT A JEANNE DE LAVAL.

8 octobre 1454.

René, par la grâce de Dieu roy de Jherusalem et de Sicile, etc., à tous ceulx qui ces présentes lettres verront, salut. Comme, pour accorder et conclure le mariaige de nous et de nostre très chiére et très amée suer et compaigne la royne, nous eussions commis et depputez noz très chiers et féaulx conseilliers et chambellans le seneschal de nostredit païs d'Anjou, les sires de Loué et de Précigné, lesquelx entre autres choses eussent accordé, assis et assigné à nostredite suer et compaigne, ou cas que décéderions avant elle, pour le droit de douaire qui lui pourroit compecter et appartenir en et sur nostredit païs d'Anjou, nostre conté de Beauffort en Vallée avesques toutes ses appartenances et deppendances, et sur noz autres terres et seigneuries de nostredit païs d'Anjou de prouchain en prouchain jusques au parfait dudit douaire, et depuis ayons ratifflé, conferme et approuvé ledit traictié et accord de mariage, et voulu et ordonné que, ou cas que nous ou noz hoirs serions évinceez et deboutez dudit conté de Beauffort, que nostredite suer et compaigne eust et prenist et luy eussions assigné pour son douaire qui luy pourroit appartenir ou cas dessusdit en nostredit païs d'Anjou noz chastel, ville, terre et seigneurie de Saumur, et de prouchain en prouchain jusques au parfait d'iceluy; Savoir faisons que nous, considérans les bons et agréables plaisirs, amours et curialitez que nostredite seur et compaigne nous a faiz et fait chascun jour et espérons que fera pour l'advenir, congnoissans aussi le bon et honneste gouvernement et grande obéissance qu'elle a envers nous, désirans de nostre povoir, ou cas que décéderions avant elle, la pourveoir à l'entretenement de son estat, à l'onneur de nous et des nostres..., non obstant les convencions et assignacions de douaire dessusdites, lesquelx ne voulons empescher ne préjudicier à ces présentes, mais avoir lieu et sortir leur plain et entier effect, aujourd'uy avons donné et octroyé et par ces présentes donnons et octroyons de grace espécial à nostredite suer et compaigne la royne, à tenir sa vie durant, nostredit conté, chastel, terre et seigneurie de Beauffort, avecques tous les droiz de justice, juridiccion et seigneurie et les autres appartenances et deppendances d'icelluy... Et ce non obstant, pour les causes dessusdites, avons voulu, consenty et octroyé à nostredite suer et compaigne, voulons, consentons et luy octroyons qu'elle ait et prengne, et luy avons baillié et assigné, baillons et assignons par ces présentes, pour tel douaire qu'il lui pourroit appartenir à cause de nous en nostredit païs d'Anjou, si nous décédions avant elle, nosdits chastel, chastellenie, ville, terre et seigneurie de Saumur, avec tous lez droiz, prouffiz et revenues d'iceulx..., par ainsi que, s'ilz ne valoyent entièrement le douaire qu'il lui pourroit appartenir en nostredit païs d'Anjou et selon la coustume d'icelluy, non comprins en ce, mais exclus quant à ce nostredit conté de Beauffort, que luy donnons comme dit est, voulons qu'elle ait et prengne, et dès à présent luy baillons et assignons le parfait d'icelluy douaire sur nosdits païs, seigneuries et revenues de nostredit païs d'Anjou et de prouchain en prouchain jusques au parfait d'icelluy... Donné à Beauffort, le huitiesme jour d'octobre, l'an de grâce mil cccc cinquante et quatre. Ainsi signé : René... Tourneville.

(Arch. nat., P 1334⁰, f⁰ 60.)

40.

RÉMISSION EN FAVEUR DE LA FAUSSE PUCELLE.

Février 1457.

René, par la grâce de Dieu roy de Jherusalem et de Sicille, duc d'Anjou, per de France, et duc de Bar, comte de Prouvance, de Fourcalquier et de Pimont, à tous ceulx qui ces présentes lectres verront, salut. Humble supplication de Johanne de

Sermaises[1], à présent femme de Jehan Douillet, avons receue, contenant que, par hayne que ont conceu contre elle aucuns des parans de la damme de Saumoussay, à leur prochuz ou autrement, elle a esté mise en noz prisons de Saumur et ilecq détenue par l'espace de troys moys ou environ; et luy a esté imposé par aucuns noz officiers audit lieu de Saumur qu'elle s'estoit fait appeller par longtemps Jehanne la Pucelle, en abusant et faisant abuser plusieurs personnes qui autresfoiz avoient veu la Pucelle qui fut à lever le siége d'Orléans contre les anxiens ennemis de ce royaulme; et à celle occasion, jassoit ce qu'il n'y ait eu autre charge contre elle, a esté par noz officiers dudit lieu de Saumur bannie de nostredit pays d'Anjou et deffendu de n'y entrer ne converser en aucune manière; par le moyen duquel bannissement ladite suppliante ne ouse aller ne venir en nostredite ville de Saumur, pour doubte d'offenser contre nous et nostre justice; requérant humblement que, actendu qu'elle ne fut onques actainte d'aucun autre villain cas, blasme ou reprouche, nous lui voulussons donner et octroyer congé et lixance d'aller, venir et séjourner par tout nostredit pays d'Anjou comme elle eust fait ou peu faire paravent ledit bannissement, et lui impartir nostre grâce et miséricorde sur ce. Savoir faisons que nous, ayans considéracion aux choses dessusdites, et mesmement à la requeste d'aucuns qui de ce nous ont supplyé et requis, avons voulu et consenti, voulons et consentons et nous plaist que ladite Jehanne puisse aller et venir par tout nostredit pays d'Anjou et où bon lui semblera, non obstant ledit bannissement, jusques à cinq ans à compter du jour et dabte de ces présentes, sans ce que en ce lui soit donné aucun destourbier ou empeschement, pourveu toutesvoys que doresenavant elle se portera honestement tant en abiz que autrement, ainsi qu'il appartient à une femme de faire. Si donnons en mandement par cesdites présentes à nostre très cher et féal conseiller et premier chambellan le senneschal de nostredit pays d'Anjou, ou à ses lieuxtenans en nostredit pays d'Anjou, et à touz noz autres justiciers et officiers et subgez, et à chascun d'eulx, que ladite Jehanne de Sarmaises facent, seuffrent et laissent joïr et user de ces présentes selon leur forme et teneur ledit temps durant.

[1] *Sic*, pour *des Ermaises* ou *des Armoises*.

sans en ce lui donner ne souffrir estre fait, mis et donné empeschement en aucune manière. Et affin que ce soit chose ferme et estable, nous avons faict mectre et apposer notre seel à cesdites présentes.

Donné en nostre chastel d'Angiers, le....[1] jour de février, l'an de grâce mil cccc cinquante six.

(Arch. nat., P 1334⁹, n° 10, f° 199.)

41.

LETTRE DE RENÉ AU DUC DE MILAN,
EN RÉPONSE A SES FÉLICITATIONS SUR LA PRISE DE GÊNES.

8 juin 1458.

Illustris consanguinee noster carissime. Questi giorni passati havemo ricevuta vostra litera di credença in persona d'Antonello Pagano nostro secretario, il qual, non havendo possuto venire qui, à nui ne ha scripto ad longum la optima intention vostra, che n'è stata carissima. Poi appresso è venuto qui Job, vostro servitore, simil con vostre litere di credença. Havemo inteso quanto per vostra parte ne ha referito, confirmando quello che Antonello ne havea scripto. Hanne etiam exposto il gran piacere et consolatione haveti havuta del acquisto di Jenua, facto per lo illustrissimo nostro figliolo in nome de la serenissima Majesta di re di França, alla qual sapiati sara gratissimo intendere per nostre lettere la vostra bona volunta verso lo stato suo, chome similmente à nui è à gran piacere che cossi siati disposti verso la casa di Fransa, sequendo li vestigii paterni. Appresso ne ha dicto de le gente mandate per vui in favore del nostro subdito et servitore il conte di Tenda, le quale son gia uscite in campo in favore de la restitutione del vesconte, nostro servitore et vostro adherente, la qual cosa è stata à nui gratissima, che, conosciendo la perfecta intention vostra, ne restamo molto contento et affec-

---

[1] La date du jour est demeurée en blanc sur le registre original.

tuose vene rigratiamo quanto possemo. Circa questa bisogna ne havemo parlato piu distesamente col prefato Job, dal qual ad plenum sareti avisato. Tertio ne ha referito del facto di Novi et del' altri feudi chi dite esser vostri, desiderando rehaverli : circa di questa et d'ogni altra cosa, doveti esser certo ve vorriamo volintieri compiacere quanto no fusse possibile. Ma posseti considerare questa cosa esser in potesta de la Majesta di re di Franza et non di nui; nientedimeno ne scrivemo al duca, nostro figliolo, voglia in questa causa procedere al meglio et piu honestamente sia possibile. Datum in civitate nostra Aquensi, die VIII° mensis junii MCCCCLVIII.

Renatus, Dei gratià Hyerusalem et Sicilie rex, consanguineus vester.

RENÉ.

(Bibl. nat., ms. ital. 1588, f° 79.)

42.

NOMINATION DE JEAN HUET AUX FONCTIONS D'ADMINISTRATEUR GÉNÉRAL DES FINANCES DU ROI DE SICILE.

11 juillet 1458.

René, par la grâce de Dieu roy de Jherusalem et de Sicille, duc d'Anjou, per de France, et duc de Bar, conte de Prouvence, de Forcalquier et de Pimont, à touz ceulx qui ces présentes lettres verront, salut. Comme, pour porveoir et donner ordre à la récepcion et distribucion de toutes noz finances, aussi à la despense ordinaire et extraordinaire des hostelz de nous et de nostre très chière et très amée compaigne la royne, avoir regard aux lettres et mandemens que pourrions faire pour l'avenir par inoportunité, inadvertance ou autrement à nostre préjudice et dommaige, en diminucion de nostre domaine et de nosdites finances, aujourduy, par l'advis et délibéracion des gens de nostre conseil, lesquelz pour ceste cause avons fait assembler en nostre présence, aions advisé de commectre sur le fait et conduite de toutes nosdites finances personne à nous féable et qui soit expérimenté, clervoyant et se congnoissant au gouvernement et administracion d'icelles; Savoir faisons que nous, à plain conflans des sens, proudommie, loyaulté, diligence et autres grans vertuz que savons par longue et vroye expérience estre en la personne de révérend père nostre amé et féal conseiller maistre Jehan Huet, prothonotaire du saint siége apostolique et administrateur de l'église de Tholon, considérans aussi les grans et louables services qu'il nous a faiz dès le temps de son jeune aage en nous servant continuellement,... iceluy... avons commis et ordonné, commectons et ordonnons par ces présentes général conseillier sur le fait, gouvernement et administracion de toutes les finances de nosdits royaumes, duchez et contez, comme dit est. Auquel prothonotaire avons donné et donnons par cesdites présentes auctorité, puissance et commission de veoir et visiter touz et chascun les comptes et estatz des receptes et despences de touz noz trésoriers, receveurs, chambres aux deniers et argentiers, prévostz, gruyers, segreniers, grenetiers, clavaire et fermiers,... de recouvrer ou faire recouvrer les restes et reliqua en quoy ilz nous pourroient estre tenuz,... de veoir et visiter toutes et chascunes les lettres, mandemens de finances que doresennavant donnerons à quelzconques personnes et pour quelconque cause que ce soit touchant nosdites finances et nostre dommaine, dons, pensions, gaiges d'officiers et assignacions faictes ou à faire sur icelles, et sur iceulx adviser pour l'expédicion et retardacion d'iceulx,... de mectre ausdits mandemens, par lui ainsi veuz et visitez, une vérificacion par une atache en parchemin soubz son signet et seing manuel, par laquelle il se consentira, avecques condicion ou sans condicion, au contenu ausdits mandemens, ainsi qu'il advisera et bon luy semblera, autrement lesdits mandemens seront de nulle valeur et efficace; item, de tauxer et faire payer et délivrer pour voiaiges et messagiers neccessaires pour les affaires de nous et de nosdits païs, toutes foiz que besoing sera, jusques à la somme de vingt livres ou la valeur et au dessoubz, par sa tauxacion signée de sa main... Si donnons en mandement, etc. Donné en nostre cité d'Aix, le xi° jour de juillet, l'an de grâce mil cccc cinquante huit. Ainsi signé : René... Par le roy, en son conseil, ouquel estoient le conte de Waudemont, le senneschal de Prouvence, l'évesque de Masseille, l'abbé de Saint-Victour, Vous, le juge mage de Prouvence, le juge des premieres appellacions, messire Jehannon d'Arles, Philibert de la Jaille, maistre d'ostel, Philippe de Lenoncourt, escuier d'escuirie, le sacristain d'Aix, Jehan le Rouge, messire Raymon Puget, les advocaz fiscalx et des povres et procureur présens. — Alardeau.

(Arch. nat., P 1334¹, f° 12.)

43.

ORDONNANCE RENDUE PAR RENÉ POUR LA RÉDACTION DES COUTUMES D'ANJOU.

6 octobre 1458.

René, par la grâce de Dieu roy de Jherusalem et de Sicille, duc d'Anjou, per de France, et duc de Bar, conte de Prouvence, de Forcalquier et de Pimont, à noz tres chier et feaulx conseillers et chambellan, les senneschal de nostre pays d'Anjou, gens de nostre Chambre des comptes estans à Angiers, juge ordinaire de nostredit païs d'Anjou, maistre Hugues Péan, Lucas Lefèvre, Pierre Hocquedé, Jehan Depinée et Jehan Binel, et à quatre des six derreniers nommez en absence des autres, salut et dillection. Comme, pour relever et soulager de peine, vexacion et despense les subgetz de touz estaz de nostredit païs d'Anjou, cognoissans icelui estre et avoir esté de toute ancienneté gouverné par coustumes, aions pieça escript et mandé aux gens de nostre conseil et officiers de nostredit païs d'Anjou déclairer, interpréter et arrester en ung livre desdites coustumes, ainsi que monseigneur le Roy a fait faire en ses pays et seigneuries gouvernez par coustumes, néantmoins, comme avons entendu, n'y a aucunement esté besoigné, à nostre grant desplaisir. Savoir vous faisons que nous, désirans de tout nostre cueur lesdites coustumes estre déclairées, interprétées et arrestées, comme dit est, pour éviter les grans mises et despenses que nosdiz subgetz ont et soustiennent chascun jour en maintes manières à icelles faire déclairer, considérans que la déclairacion sera grant soulegement de nosdits subgiez et cause d'abréger les procès et causes d'entr'eulx, considérans à plain voz sens, discrections, loyautez et bonnes prodommies, vous mandons, commectons et depputons par ces présentes, appellez aveecques [vous] les officiers des barons et chastelains, anciens coustumiers, et autres expérimentez de nostredit païs d'Anjou que verrez estre à faire, à interpréter et déclairer lesdites coustumes, par manière que pour le temps advenir ne puisse avoir ambiguïté ou différance ; en quoy voulons estre par vous et chascun de vous besougné et entendu à toute diligence, touz autres affaires quelzconques laissez et arrière mis, et, ce fait, icelles coustumes rédigez et arrestez en un livre, et les nous envoiez, pour icelles auctoriser ou autrement ordonner, ainsi que verrons et cognoistrons estre à faire. De ce faire deuement, les circonstances et deppendances, vous avons donné et donnons à chascun de vous, comme dit est, puissance, auctorité, mandement et commandement espécial. Mandons et commandons à touz noz justiciers, officiers, vassaulx et subgietz à vous et chascun de vous, ce faisant, estre obéy et diligeamment entendu. Donné en nostre jardrin lez nostre cité d'Aix, le vi^e jour d'octobre, l'an de grâce mil cccc cinquante huit. Ainsi signé : René. Et sur le replet desdites lettres : Par le roy, messire Jehan Huet, prothonotaire du saint siège apostolique, Karle de Castillon, seigneur d'Albaigue et autres présens. — Benjamin.

Arch. nat., P 1334¹, f° 13 v°.

44.

BULLE DE PIE II
RÉPONDANT PAR UN REFUS AUX DEMANDES D'INVESTITURE DU ROI RENÉ.

27 novembre 1458.

Pius episcopus, servus servorum Dei, carissimo in Christo filio Renato, Jerusalem et Sicilie regi illustri, salutem et apostolicam benedictionem.

Venerabilis frater noster episcopus Massiliensis, ad nos proximè veniens, nomine tuæ Serenitatis à nobis poposcit, primùm ut Sublimitatem tuam de regno Sicilie investire, deinde illud tenenti nullum favorem in prejudicium jurium tuorum prestare vellemus, offerens nomine tuo se nobis homagium esse facturum, sicut etiam pro parte Christianissimi in Christo filii nostri regis Francorum per oratorem suum ad nos destinatum fueramus pariter requisiti. Nos igitur, dolentes quòd Sublimitati tue, quam paterno amore prosequimur, satisfacere pro nostrâ voluntate non possumus, respondemus quòd, diligenter pensatâ presentium temporum conditione, ac attento quòd id regnum in manu alterius, non nostrâ erat, non vidimus quo pacto, sine evidenti nostro et Ecclesie scandalo, petitiones tuas adimplere possemus, hoc presertim tempore, in quo pro defensione fidei disponere omnia ad quietem nationum debemus. Et propterea Celsitudinem tuam requirimus ut nostram hanc necessitatem habeat excusatam, qui aliàs in omnibus beneplacitis tuis parati sumus, quantùm cum Deo possumus, bonam erga te intentionem nostram ostendere. In his autem que hucusque acta per nos sunt circa facta dicti regni, illud accuratè providimus, ut tuo aut cujuscunque alterius juri, quod expressè reservavimus, per quancunque nostram concessionem non prejudicaretur. Quod deinceps facturi sedulò sumus, et ita per presentes declaramus, nec recusabimus unquam quin super dicto regno tibi et aliis postulantibus justitiam illam cum omni equanimitate administremus. Hortamur Sublimitatem tuam in Domino ut in verâ devotione apostolice sedis, sicut est consueta, permaneat, quando ab illâ omnia caritatis et benivolentie officia potes meritò expectare.

Datum Rome, apud Sanctum Petrum, anno incarnationis dominice millesimo quadringentesimo quinquagesimo octavo, quinto kalendas decembris, pontificatûs nostri anno primo.

C. FIGELIS.

[Adresse :] Carissimo in Christo filio Renato, Jerusalem et Sicilie regi illustri.

Arch. des Bouches-du-Rhône. B 678.

45.

REQUÊTE DES MARCHANDS D'ANGERS AU SUJET DE LA CLOISON, AVEC LES RÉPONSES DU CONSEIL DUCAL.

7 octobre 1459.

S'ensuit la requeste que font les marchans et habitans de la ville d'Angiers à nostre très honnoré seigneur mons' le senneschal d'Anjou et à noz seigneurs du conseil du roy de Sicile.

Et premièrement.

Lesdiz marchans et habitans supplient et requièrent que la cloaison levée au Pont-de-Sée et en ladite ville et quinte soit traictée et mis ordre autre qu'elle n'a esté le temps passé, quoy que soit depuis xv ou xx ans, c'est assavoir qu'elle soit baillée à ferme par chascuns ans à gens qui aient de quoy faire les deniers bons.

Le premier article semble raisonnable [1].

Item, qui luy soit mis et ordonné receveurs et commissaires à gaiges suffisans, et selon que la création de ladite cloaison porte, et oultre que par chascuns ans il soit ordonné douze des marchans ou habitans de ladite ville pour vacquer es choses neccessaires, et pour estre et vacquer à veoir où seront mis les deniers de ladite cloaison, en la présence d'aucuns du conseil du roy de Sicile qui plaira à nosdits seigneurs y commectre.

Le second est raisonnable, sauf pourtant qu'ilz demandent douze des gens de la ville. Semble que seroit trop grant nombre, et qu'il devroyt suffire du nombre acoustumé, qui sont deux commissaires avecques les lieutenans du senneschal et du capitaine et clerc de la ville; et si autres y veullent estre et y servir à leurs despens, on ne le leur empeschera point.

[1] Les réponses du Conseil sont écrites en lignes plus longues pour qu'on le distingue des articles de la requête; le texte est ainsi disposé sur le registre original.

Item, que les douze marchans et habitans de la ville soient présens à veoir rendre les comptes desdits receveurs, et qu'ilz soient changez par chascun an et mis d'autres.

Le troisième, Mess⁹ de la Chambre n'ont point acoustumé oïr les comptes des receveurs sans y appeller des gens de la ville avecques les commissaires; et quant ilz y vouldront estre, on ne le leur empeschera point.

Item, qui plaise à nosdits seigneurs que les comptes de receveurs depuis xx ans soient reveuz par ledit nombre de gens de ladicte ville, en la présence de messeigneurs du conseil ou d'aucuns d'eulx, pour pluseurs causes qui mouvent les gens de ladite ville et pour le bien du roy de Sicile et des gens de ladite ville.

Le quatrième, déclairent quelz comptes et les causes pour quoy ilz le demandent, et on leur fera ce qu'il appartendra.

Item, requièrent lesdits marchans et habitans d'icelle qu'il plaise à nosdits seigneurs leur bailler à leurs despens la coppie de la créacion de ladite cloaison et la coppie du mandement, affin qu'ilz saichent mieulx s'y gouverner le temps avenir.

Le cinquiesme, on y aura advis.

Item, supplient et requièrent lesdits marchans et habitans estre frans et exempz du creu de leurs héritaiges seulement, car par la créacion de ladite cloaison ilz n'en sont tenuz aucune chose paier; et si tenuz en sont, que tous ceulx de la ville soient contrains à paier, fors les officiers du prince et les vraiz escoliers estudians sans fraulde, car de présent n'y a que les marchans qui en paient aucune chose, et n'y a ville ou royaume de France où ilz soient contrains à paier du creu de leurs héritaiges fors en ceste ville.

Le sixiesme, on ne empeschera point aux fermiers qu'ilz ne se facent paier selon le contenu de l'article; et au regard de la franchise des gens de la ville, on leur y a respondu ce que possible est pour l'eure de présent, c'est assavoir que c'est à faire au prince seulement, et n'y a personne par deçà qui de ce faire ait puissance.

Item, requièrent et supplient que Jehan Lefèvre, fermier de ladite cloaison de ceste présente année, baille si bons pléges qu'il ne se y puisse riens perdre, car il n'a riens de soy et est pouvre homme.

Le septiesme semble raisonnable.

Item, il sera bien trouvé que puis xx ans ladite cloaison a valu xlv^m livres et plus, et on ne sauroit trouver que les repparacions de ladite ville depuis ledit temps montent x^m livres.

Si vous supplient et requièrent lesdits marchans et habitans qu'il vous plaise d'avoir esgard aux choses dessusdites, et, si leurs requestes sont raisonnables, qu'il vous plaise leur octroier et avoir consideracion que, si ladite cloaison estoit traictée le temps avenir comme elle a esté le temps passé, que restedite ville en pou de temps elle demourroit inutille et desclose, et dés à présent est très fort démolye et déclose, tant par la rivière que ailleurs, qui est ou grant préjudice et dommage du roy de Sicile et des habitans de ladite ville.

Le huitiesme et neufviesme, on a entencion pour l'avenir d'y donner si bonne provision, que chascun devra estre content.

Fait et expédié ou conseil du roy de Sicile, duc d'Anjou, tenu en sa Chambre des comptes, à Angiers, ouquel estoient le senneschal d'Anjou, le juge d'Anjou, le président des comptes, le trésorier d'Anjou, le lieutenant d'Angiers, le procureur d'Anjou, maistre Guillaume Tourneville, archeprebstre d'Angiers, Jehan de la Forest, Robert Jarry, Guillaume Bernard, Jehan Lelou, Jehan Duvergier, Thomas de Sernon, Pierres de la Poissonnière, Jehan Binel et plusieurs autres, le viie jour d'octobre, l'an mil cccc cinquante neuf.

Arch. nat., P 1335, f° 68.

46.

LETTRE DE RENÉ AU SÉNÉCHAL D'ANJOU, PRESCRIVANT DE NOUVEAU LA RÉFORME ET LA RÉDACTION DES COUTUMES DU PAYS.

21 fevrier 1460.

Très chier et féal, autresfoiz par nos lettres patentes avons commis vous et autres nommez esdictes lettres à refformer les coustumes, usaiges et stilles de nostre païs d'Anjou, esquelz ou en grant partie d'iceulx n'a aucune certaine, et les faire rédiger en ung livre, que entendons nous estre envoyé pour estre auctorisé de nous comme il appartient. Aussi le vous avons dit de bouche vous estant par deçà, et que nostre plaisir est, pour le bien de nous et de noz vassaulx et subgez, qu'il soit besongné en la matère jusques à fin et conclusion, quelque objection qu'on puisse donner au contraire. Et toutesfoiz n'y avez encores aucune chose fait faire qui soit venu à nostre cognoissance, dont nous merveillons, et n'en povons estre contens, veu que la matière touche si avant le bien commun et général de nostredit païs. Et pour ce que nous avons esté informez que ladite refformacion est et sera au desplaisir de pluseurs advocaz et praticiens en court laye, qui par le moyen d'icelle doubteront perdre grant partie de leurs pratiques et prouffiz particuliers, qui touz chéent à la foule et charge de noz subgez, et que à leurs povoirs ilz meetront la matère en troubles et difficultez, tendans affin de la rompre ou délayer le plus que faire se pourra, avons de rechief advisé vous rescripre sur celle matère. Si voulons et vous mandons très expressément, et sur tant que doubtez nous desplaire, que promptement et en grant diligence, toutes objections et contradiccions cessans et autres affaires laissez, vous besoignez et faictes besoigner en la matère d'icelle refformacion, en manière que ledit livre soit fait et rendu certain, ainsi que monseigneur le Roy l'a fait faire en pluseurs païs et contrées de son royaume. Et ne vous aliez en ladite matère de personne qui soit noté vouloir le contraire, mais prenez et eslisez des plus saiges et renommez advocaz que pourrez trouver en nostredit païs, et qui ayment le bien commun d'icelluy; et en ce faictes telle diligence que en doyons estre contens, et comme en matère que avons à cueur autant ou plus que affaire que aions par delà. Advisez noz juge, advocat et procureur d'Anjou, et autres que adviserez, de nostre plaisir et vouloir sur cette matière, et leur dictes de par nous qu'ilz tiennent termes selon nostre vouloir et facent tenir partout où ilz pourront, en tant qu'ilz doubtent encourir notre indignacion. Et incontinent que ledit livre sera fait grosse en parchemin, en beau volume, relyé et couvert d'un veloux cramoisy, à beaux clouz bien dorez, le nous envoyez par deçà, pour le recevoir et auctoriser comme il appartient. Et faictes laisser au commancement dudit livre cinq ou six fueillez, pour faire des hystoires que nous y ferons mectre par deçà. Très chier et féal, Nostre Seigneur soit garde de vous. Escript à Gardenne, le XXIe jour de février. Ainsi sigué : René.—Alardeau. Et sur le doux desdites lettres est escript : A nostre très chier et féal conseillier et chambellan le seigneur des Rochetes, seneschal de nostre païs d'Anjou.

(Arch. nat., P 1334, f° 105 v°.)

47.

ORDONNANCE DE RENÉ
EN FAVEUR DE L'INDUSTRIE ET DU COMMERCE DES DRAPS A ANGERS.

27 avril 1461.

René, etc. A touz ceulx qui ces présentes lettres verront, salut. L'umble supplicacion de plusieurs des marchans, manans, habitans et faiseurs de draps de nostre ville et forsbours d'Angiers avons receue, contenant que, à cause des marchandises appartenans au fait de drapperie, comme voyde, garence, alun, laynes, chardons, escardes, gresse de suing et autres espèces de marchandise appartenans au fait de ladite drapperie que lesdits suplians ont fait et font amener en nostredite ville d'Angiers, ilz ont payé en temps passé et encores payent de présent les subcides et exaccions qui s'ensuyvent, c'est assavoir le trespas de

Loire, le fait des marchans fréquentans ladite rivière, la cloison d'Angiers et la coustume, et que, quant iceulx supplians demourant en nostredite ville mainent et conduisent ou font mener et conduire ladite drapperie, qui a esté faicte en nostredite ville d'Angiers, hors de nostredit pays d'Anjou, et mesmement ou pais de Bretagne, ilz en payent pareillement lesdits subsides et en oultre l'imposicion foraine, lesquelles charges ont esté et sont trop grefves à supporter ausdits supplians, et tellement qu'ilz ne puent plus soustenir leur fait de drapperie et qu'il leur conviendra vuyder nostredite ville et aller demourer ailleurs, comme desja ont fait pluseurs autres marchans faiseurs de draps, ainsi qu'ilz dient, parce que en pluseurs bonnes villes du royaume de France les marchans drappiers demourans en icelle ne payent aucuns subsides ne exaccions pour cause des choses dessus dite concernant le fait de ladite drapperie; requérans humblement que, actendu ce que dit est, nous voulsissons faire cesser lesdit acquiz exigez ou temps passé pour cause des matières ou autres choses appartenans au fait de leurdite drapperie, par manière qu'ilz puissent vivre et eulx entretenir honnestement en nostredite ville et y gaigner leurs vies d'eulx, de leurs femmes et mesnaige; pourquoy nous, considérans que la demeure desdits supplians en nostredite ville d'Angiers et de les y entretenir est le bien de la chose publique en général et particulier d'un chascun des habitans en icelle, voulans iceulx supplians estre favorablement traictez, à ce qu'ilz puissent vivre en icelle nostredite ville honnestement, eulx, leurs femmes et enfans, ausdiz supplians, par l'advis et délibéracion des gens de nostre conseil estans à Angiers et de pluseurs marchans demourans en icelle nostredite ville, avons consenti, octroyé et accordé, consentons, octroyons et accordons de grace especial par ces présentes ce que s'ensuit : c'est assavoir, que de toutes les marchandises, comme voyde, garence, alun, laynes, chardon, escardes, gresses de sain et autres espèces de marchandises appartenans au fait de ladite drapperie que iceulx supplians et habitans feront doresnavant amener au dedans de nostrediteville d'Angiers et forsbours, ilz ne seront tenuz payer aucun acquit pour ledit trespas de Loire ne aussi pour la cloison de nostredite ville d'Angiers, mais seulement seront tenuz lesdits supplians payer pour chascune charge ou fardeau de draps qu'ilz mèneront ou feront mener hors de nostredit pais

d'Anjou la somme de cinq soulz tournois pour le droit de la
cloaison de nostredite ville, avec les autres acquiz de coustume,
du trespas de Loire, imposicion foraine et fait des marchans
comme ou temps passé. Et en ce que touche les draps que lesdits
supplians et marchans détailleurs de draps meneront es foires et
marchez du païs d'Anjou, iceulx seront tenuz payer pour la cloaison cinq soulz pour chascune charge ou fardeau, la coustume, le
trespas de Loire et fait des marchans qu'ilz ont acoustumé d'en
payer ou temps passé, de ce qu'ilz vendront, qui sera mené hors le
pays d'Anjou, et seront creuz par leur serment de ce qu'ilz en auront vendu. Et oultre, à la requeste desdiz supplians, avons consenti
et octroié que ceulx qui vouldront faire en nostredite ville et fors-
bors d'Angiers draps de bonne layne, tant gris que de couleurs,
en vingt et deux cens ou dix huit cens pour le moins, aprestez bien
et convenablement de toutes façons, le pourront faire; et que
iceulx draps seront visitez par gens à ce cognoissans et ordonnez par entreulx, et seront scellez du seel de nostredite ville, et
que ledit seel soit mis en la garde d'un homme de bien, marchant
drappier ou autre de nostredite ville, lequel, par le rapport de
ceulx qui seront ainsi ordonnez à visiter lesdits draps, les scellera
se ils sont trouvez bons. Et pour chascun drap ainsi visité et
scellé seront tenuz ceulx à qui seront lesdits draps payer audit
visiteur et garde du seel, tant pour visitacion que seel, pour
chascune pièce de drap qui aura cap et queue, dix deniers tournois. Et néantmoins ne laisseront lesdits supplians ne aucun
d'eulx à faire ou faire faire des draps telz qu'ilz ont fait le temps
passé et qu'ils font de présent; et pourront lesdiz supplians muer
et changer par chascun an lesdits visiteurs et garde du seel, et y
en mectre d'autres se bon leur semble. Si donnons en mandement à nostre seneschal d'Anjou, aux gens de noz comptes à
Angiers, aux juge ordinaire et procureur de nostredit païs
d'Anjou et lieutenant de nostredit seneschal, présens et à venir,
et à touz noz autres justiciers et officiers à qui il pourra appartenir et à chascun d'eulx qui requis en sera, que de noz présens consentement et octroy facent, seuffrent et laissent lesdits
supplians joïr et user plainement et paisiblement par la forme et
manière que contenu est en ces présentes; car ainsi le voulons et
nous plaist estre fait par cesdites présentes. Donné à Aix, soubz
nostre seel, le xxvii⁰ jour d'avril, l'an de grace mil cccc soixante

et ung. Ainsi signé : René. — Et sur le replet desdites lettres : Par le roy, le sire de Beauvau, seneschal de Prouvence, l'évesque de Thoulon, le seneschal dudit pays d'Anjou, le sire de Précigny et l'archiprebstre d'Angiers présens. — J. Alardeau.

(Arch. nat., P 1334¹, f° 219.)

48.

MESURES PROPOSÉES AU ROI A L'OCCASION DES AFFAIRES D'ITALIE ET DU MARIAGE D'ANNE DE FRANCE.

Vers 1462.

Ensuivent les choses qui sont neccessaires estre à faire par le Roy pour secourir le duc de Calabre.

Primo, donner ordre que le pappe se désiste de donner faveur à domp Ferrando, et qu'il retère ses gens d'armes qu'il a ou royaume; et que, pour y parvenir, sembleroit que le bon plaisir du Roy fust d'envoier incontinent en toute diligence ung homme legier devers le pappe avec les lettres, de quoy on a fait la minute, qui sera veue, et escrire à ses ambassadeurs et au légat qu'ilz en facent aussi la poursuite et qu'ilz ne se laissent pourmener de parolles. Et ou cas que le pappe ne retireroit ses gens incontinent qu'il aura eu les lettres du Roy, qu'il aie commission de commander de tous les subgietz du Roy estans en court de Romme, tant cardinaulx que autres, que dedans ung mois après l'intimacion ilz doient partir de Romme et s'en venir devers lui en son royaume, pour avoir d'eulx leur oppinion, advis et conseil pour le bien et exaltacion de la foy chrestienne, et causéer sur la foy, les lectres du Roy et leur département de par delà.

Secondement, aussi faire retirer le duc de Millan. Et, pour y parvenir, semble que le bon plaisir du Roy soit de despescher les ambassadeurs qui sont icy, leur remonstrant l'amour qu'il a tousjours eue audit duc et les parolles que lui ont rapportés de par lui, lesquelles ne sont questions, et qu'il cognoisse qu'il ne l'a

servy que d'abusions et n'a charché ne charche que de leur[rer
temps, et qu'ilz lui dient de sa part qu'il face le mieulx qu'il
pourra à domp Ferrando, et qu'il fera au roy de Secile par façon
qu'il congnoistra qu'il a son fait à cueur.

Et eulx dépeschez en ceste forme, pour ce que mons*
Thomas d'Ariecte s'est offert au roy de Secile, se le Roy lui
donne charge, qu'il ne fait, d'appoincter ceste matière par ainsi
que le Roy ne laisse riens à faire des provisions neccessaires,
pour plus toust faire parvenir ledit duc à son entencion, sembleroit que le Roy lui deust parler à part et lui dire qu'il scet
qu'il peust plus au fait du duc que nul des autres, et aussi
qu'il aura plus de crédit, pour ce qu'il a esté du cousté de domp
Ferrando, et qu'il desplaira bien au Roy qu'il faille qu'il aic question audit duc de Millan; toutesfoys, avant que laisser perre son
cousin de Calabre, il n'est riens qu'il ne face; et quant le duc se
vouldra contenter de se depporter et renvoier quérir ses gens, il
l'asseurera de son estat, et fera tel appointement entre son beaux
oncles le roy de Secile, sondit cousin et lui, qui devra estre content; et luy prier qu'il s'en voise o toute diligence pour remonstrer ces choses audit [duc], afin qu'il congnoisse que de son
cousté ne tient point que la chose ne prengne appointement, et,
pour ce qu'il ne sera pas si toust devers le duc de Millan, qu'il
envoie batant ung courrier devers lui pour l'adviser qu'il ne baille
point d'argent aux gens d'armes.

Item, que le plus toust que faire le pourra, le Roy face passer
le plus grant nombre de lances qu'il lui sera possible, au moins
à III ou IIII^c lances, en Pymont et en Asse, et qu'il y ait quelque
homme de grant auctorité pour les conduire.

Item, qu'il envoie pareillement à monseigneur de Savoye,
qu'il meete ses gens en point et qu'il face donner ordre pour les
passages et logez desdits gens d'armes.

Item, que le Roy face pratiquer avecques le marquis de Montferrat, Saluces et Final, pour estre à rompre la guerre ou cas qui
le convenist faire.

Item, savoir se le Veniciens ont point fait de response des articles et requestes qu'on leur bailla à Tours, affin que sur cela on
advise se on devra point leur mander à dire quelque chose.

Item, pour ce que sans argent pour l'entretenement des gens
d'armes estans ou royaume ne se peut riens faire, et que ce que

a esté baillé ne suffit pas, plaise au Roy assigner le demourant des c[m] escus du mariage de madame sa fille; car sans assignacion ne se trouveroit qui prestast l'argent, et encores avecques assignacion se trouvera il avecques grant difficulté et avecques grans interestz. Et se pourroit assigner, s'il lui plairoit, sur les greniers de sel de Languedoc, tant de cellui qui se tire en l'empire comme de cellui qui se despend oudit païs, et, s'il ne souffisoit, se pourroit assigner le reste sur le Daulphiné.

Item, que le Roy escrive des lectres en bonne forme aux seigneurs du royaume, contenant les provisions dessusdites qu'il aura donné le recouvrement du Roy (sic).

Et est à advertir que, se par la Royne sont donnés toutes les provisions dessus nommées, l'on ne voit point que le fait du royaume ne soit du tout perdu; et ne fault point au roy de Secile qu'il entende à autre chose fors à saulver la personne de mons[r] son filz, qui est en grant dangier et se recouverra à grant paine.

Et en donnant lesdites provisions, mons[r] de Calabre escript que, au plaisi Dieu, il ne fait point de doubte qu'il ne viengne encores au dessus de son entreprinse et recouvrement dudit royaume.

Arch. nat., J 513, n° 50.

49.

LETTRE DES GENS DES COMPTES D'ANGERS A RENÉ, L'AVISANT DU DÉCÈS DE LEUR PRÉSIDENT ET L'ENGAGEANT A NE PAS LE REMPLACER.

29 juin 1464.

Sire, nous recommandons à vostre bonne grâce tant et si très humblement que nous povons. Et vous plaise savoir, Sire, que nous avons sceu à ce matin que hier, devers le matin, le président de voz comptes à Angiers alla de vie à trespassement; Dieu par sa grâce luy face pardon. Nous croions que aucuns feront

diligence devers vous de leur donner ledit office de président.
Sire, pour advertir et nous acquicter toujours à nostre povoir
envers vous, ainsi que tenuz y sommes, il est vroy que, dès le
temps que premièrement vous venistes à vostre seigneurie
d'Anjou et d'icelle apréhender possession, vous feistes par grant
délibéracion de vostre conseil ordonnance rédigée en lettre
patente, que en vostredite Chambre des comptes à Angiers n'y
auroit plus que troys maistres auditeurs, deux clercs et ung
huissier, et dès lors y en commistes troys auditeurs, deux clercs
et ung huissier, c'est assavoir, pour auditeurs, feuz Jehan Lohéac,
Guillemin Gorelle et maistre Jehan de la Teillaye, pour clercs,
feu Jehan Buynart et Jehan le Royer, pour huissier, Briend
Buynart. Mais néantmoins depuis il vous a pleu créer président,
et le premier fut feu maistre Alain Lequeu; et icelui office lui
donnastes à sa poursuite et requeste, pour considéracion des
longs travaulx, paines, diligences et services qu'il avoit fait à
voz prédécesseurs et à vous par très longtemps, et en le rémuné-
rant d'iceulx; après sa mort, vous l'avez aussi donné audit trespassé pour semblable cause. Ledit office emporte grans gaiges,
c'est assavoir troys cens livres, qui est contre vostredite ordonnance et autant comme prennent les troys auditeurs ordinaires.
Nous vous en advisons pour nostre descharge; vous en ferez tout
ainsi que sera vostre plaisir. Sire, vous plaise nous avoir et tenir
continuelement en vostredite bonne grâce, et nous mander et
commander tout ce qu'il vous plaira, pour très humblement y
obéir et l'accomplir, au plaisir de Nostre Seigneur, Sire, qui vous
doint très bonne vie et longue et acomplissement de voz très
haulx et nobles désirs. Escript en votre Chambre des comptes à
Angiers, le xxix° jour de juin. — Et au bas desdites lettres est
escript : Voz très humbles et très obéissants subgez et serviteurs,
les gens de voz comptes à Angiers. Et dessus : Au roy de Jherusalem et de Sicile, nostre très redoubté seigneur.

Arch. nat., P 1334¹, f° 61 v°.

50.

**LETTRES PATENTES DE RENÉ
MODIFIANT LA COMPOSITION DE LA CHAMBRE DES COMPTES D'ANGERS.**

29 juillet 1464.

René, par la grâce de Dieu roy de Jherusalem et de Sicile, duc d'Anjou et de Bar, conte de Prouvence, de Forcalquier et de Pimont, à noz amez et féaulx conseilliers les gens de nostre Chambre des comptes estans à Angiers, salut et dilection. Comme puis naguères, après la mort et trespas de feu Guillaume Gauquelin, qui par aucun long temps a porté et exercé l'office de président en nostredite Chambre, nous avez escript et advertiz que, quant fusmes en nostredit païs d'Anjou prendre possession d'iceluy, fut fait par nous ordonnance en nostre conseil rédigée en lettres patentes touchant nostredite Chambre et les gens et officiers d'icelle, par laquelle ordonnasmes lors troys maistres auditeurs, deux clercs et ung huissier seulement, en nous advisant d'icelle pour voz descharges, et que ledit office de président estoit de nouveau donné et mis sus contre et ou préjudice de nostredite ordonnance ; Savoir vous faisons que nous, informez que nostre amé et féal secrétaire Pierre Le Roy dit Benjamin, l'un de voz compaignons, qui par longtemps nous a servy en nostredite Chambre en office de conseillier et maistre auditeur, entent et congnoist par longue expérience les affaires d'icelle et en ce est bien expérimenté, fut par vous receu oudit office extraordinairement et oultre ledit nombre de troys, et que avant sa récepcion oudit office avez voulu avoir noz lettres de déclaracion dudit office extraordinaire et non impétrable, et aussi que desdits deux clercs que lors ordonnasmes estre en nostredite Chambre n'en y a de présent que ung, pour lesdites causes et autres à ce nous mouvans, avons de nostre certaine science et propre mouvement déclaré et déclairons que doresenavant et pour touzjours aura en icelle quatre conseilliers et maistres auditeurs ordinaires, du nombre desquelz voulons et déclairons ledit

Benjamin estre l'un, ung clerc seulement et ung huissier; et par ainsi faisons son office ordinaire, ne augmentons en riens le nombre des gens et officiers estans en nostredite Chambre, mais seulement ou lieu d'un clerc mectons ung couseillier et maistre auditeur ordinaire. Auquel Benjamin, pour consideracion des services qu'il nous a faiz ou temps passé tant en ladite Chambre que ailleurs, et pour luy aider à supporter ses charges et despenses et soy plus honnestement maintenir, avons donné et ordonné, donnons et ordonnons la somme de trente livres tournois chascun an doresenavant, oultre la somme de soixante dix livres tournois qu'il prent à cause de sondit office, qui est cent livres tournois par an, à icelle somme de trente livres avoir et prendre par les mains de nostre receveur d'Anjou présent et à venir, aux termes et par la forme et manière que les prenez. Si vous mandons, etc. Donné en nostre chastel de Luppy, le xxixe jour de juillet, l'an de grâce mil cccc soixante et quatre. Ainsi signé : René.... J. Alardeau.

Arch. nat., P 1334¹, f° 81.

54.

ORDONNANCE DE POLICE POUR LA PROPRETÉ DE LA VILLE D'ANGERS.

23 octobre 1464.

Pour tenir ceste ville d'Angiers nete, a esté ordonné par le conseil du roy de Sicile d'Angiers que les bourriers et cureures de la porte Angevine et de la rue Saint-Nor en amont jusques à la porte Girard se mectront hors par les portaux de Saint-Aubin et de Toussains...

(Suit une indication semblable pour chaque quartier, et la désignation d'un jour par semaine pour le nettoyage, à tour de rôle, des différentes parties de la ville.)

L'on deffend à touz, de par le roy de Sicile, duc d'Anjou, que nul ou nulle ne gecte, meete ou face mectre aucuns bourriers, quelz qu'ilz soient, en aucune des rues de ceste ville d'Angiers.

plus toust que le tumbereau ou autre qui le devra ouster soit présent, sur paine de prison et d'amende arbitraire.

L'on deffend aussi, de par ledit seigneur, que nul ou nulle ne gecte plus nulles eaux ne autres choses quelzconques par leurs fenestres, mais les viennent gecter par l'uys davant, ou les retiennent en cuvier ou autre vesseau si bon leur semble, jusques à après dix heures de nuyt et non point plus toust, et sur les paines dessusdites.

Item, et pour mieulx tenir ladite ville necte, est ordonné que chascun endroit soy nectie la boue des rues trois foiz la sepmaine, au lundi, au mercredi et au sabmedi, et la mectent troys ou quatre des voisins ensemble en monsseau sur le bort du ruisseau de la rue, non dedans, s'ilz n'avoient aucun destour où elle se peut mieulx mectre, et sur lesdites paines. Et est enjoinct à tous les sergens, tant de la grant verge que de la prévosté, d'eulx prandre garde des choses dessusdites, sur lesdites paines.

Fait et expédié ou conseil du roy de Sicile, duc d'Anjou, tenu en sa Chambre des comptes à Angiers, le xxiii° jour d'octobre, l'an mil cccc soixante quatre, présens les juge, lieutenant et procureur d'Anjou, maistres Robert Jarry, l'archeprebstre d'Angiers, Guillaume Prévost, Guillaume Bernard, Jehan Muret.

Pour nectyer lesdites rues sont commis Jehan Leconte, de Bretigné, Arthus Robin, Julien Brunet et Jehan Bataille, lesquelz seront payez, pour ceste année, à dix deniers pour chascun tour qu'ils mectront hors ladite ville, tant du loing que du prés, par les commissaires de la cloaison d'Angiers, par chascun dymenche de l'an; et à ce faire et tenir lesdites rues nectes se sont obligez oudit conseil les dessusdits, eulx, leurs hoirs et touz et chascuns leurs biens meubles présens et à venir. Et fut passée ladite obligacion dès le cinquiesme jour dudit moys d'octobre.

G. RAYNEAU.

Arch. nat., P 1334¹, f° 76.

52.

SOMMATION ADRESSÉE PAR RENÉ AU DUC DE SAVOIE POUR LA RESTITUTION DU COMTÉ DE NICE.

29 novembre 1464.

In nomine Domini. Amen. Presentis publici instrumenti serie cunctis evidenter pateat et sit notum quòd, anno ab incarnatione ejusdem Domini milesimo quadringentesimo sexagesimo quarto, die verò vigesimâ nonâ mensis novembris, indicione decimâ terciâ, more galicano, ponctificatûs sanctissimi in Christo patris et domini nostri domini Pauli, divinâ providenciâ pape secundi, anno primo, Crabani, Autissiodoreusis diocesis, in domo videlicet Johannis Grantuni, dicte Crabanis ville cauponis publici, quâ tunc existebat illustris et potens princeps dominus Ludovicus, dux Sabaudie, cum suâ nobili comitivâ hospitatus, in nostrâ notariorum publicorum infrascriptorum presenciâ, personaliter constitutus providus vir et discretus magister Johannes Lupi, in legibus licenciatus, fiscus advocatus (*sic*), et procurator serenissimi principis et domini domini Renati, Dei graciâ regis Sicillie, ducis Andegavie et Barri ac comitis Provincie, etc., litteratorié deputatus, prout litteris dicti serenissimi principis, ejus propriâ manu subscriptis ac sigillo ejus in cerâ rubeâ sigillatis, nobis facta est fides: quiquidem, volens atque curans infrascriptum negocium, sibi a prefato domino rege duceque et comite commissum, juxtà vires peragere et exequi, cujusdam insignis viri armigeri, armigeri dicti domini ducis personam aprehendit; cui noctificavit procurator predictus se ad illustrem Dominacionem prefati domini, ob nonnulla sibi ex et pro parte supradicti domini Sicillie regis referenda, transmissum ac deputatum fore, illaque eidem domino duci insinuare se velle. Tunc armiger ipse, hec attendens, prefatum Lupi, procuratorem antedictum, scallam ascendere, et usque ad cameram in quâ tunc existebat dominus dux prefatus accedere, et neominus procuratorem illum ad hostium foris dicte camere, responsum ab ipso dari promissum expectantem, stare fecit; et exhortatus fuit armiger ipse, asserens prenominatum dominum ducem jam in suo prandio sedere, subjungens procuratori predicto quòd ipse ad ejus hospicium ire poterat et ibidem duranti dicti domini prandio residere, et illo peracto prandio illuc redire, ut ipse dominus dux illum procuratorem in negocio legacionis sue honorificè susciperet et audire posset. Quibus sic dictis, cameram predictam introivit armiger ipse, procuratore autem predicto inibi, videlicet juxta hostium dicte camere, permanente quasi per horam cum dimidià, responsum predictum expectante. Verumptamen, prandio dicti domini ducis et suorum peracto, gentes et familiares ejus, et tam ecclesiastici quàm laici viri à dictà camera paulatim et successivè inchoarunt exire ac exierunt, et subinde dominus dux Sabaudie prefatus, quasi postremus à nonnullis familiaribus suis velut debilis delatus; quem tunc percipiens advocatus et procurator nominatus et procuratorio nomine antedicto, in deportu dicte scalle et in exitu dicte camere, in suis tenens manibus unacum dicto procuratorio quamdam cartam sive cedullam papiream et papira scripta, effectum et substanciam hujusmodi negocii narrativè dispositivèque continentem, nobis vero notariis publicis subscriptis per prius communicatam, sub hoc verborum tenore et formà :

« Cùm, à die obitûs serenissimi principis domini regis Ludovici tercii, memorie recolende, qui notorie decessit sine liberis ex suo corpore procreatis, comitatus Provincie cum omni jure suo et membris universis, et ita civitas Nissie cum omni suo districtu, valles etiam Barcelonie et alie, locus de Pugeto Tenearum et cetera castra, omniaque et singula que ab antiquissimo tempore et semper fuerunt de dicto comitatu Provincie, plenariè devoluta fuerint, non quidem hereditario memorati domini regis Ludovici, sed proprio jure ad serenissimum principem dominum dominum regem Renatum, Sicillie regem, verum et indubitatum et pacificum comitem comitatûs predicti seu comietatuum Provincie et Forcalquerii, et hoc tam de jure, quia hec est dignitas nominata cum prerogativis imperii, quàm etiam ex antiquà, sed antiquissimà disposicione majorum, ita quod civitas supradicta Nissiensis et valles cum castris et omnibus aliis et singulis veluti membra, non quidem minora, sed principalia dicti comitatûs Provincie, ex die sciencie mortis principis supradicti et sequte acceptacionis, suo videlicet et proprio devoluto jure, ut prefatur, pertinuerunt, ut et impresenciarum pertinent et spectant, ad principem memoratum; que tamen civitas, valles et castra et cetera, que sunt et fuerunt de pertinenciis ex antiquo dicti comictatûs Provincie, jam retro devenerant ad manus domini ducis Sabaudie pro tempore, et deinde à successoribus suis aliquo tempore detenta seu verius occupata extiterant, presertim ex morte memorati regis Ludovici tercii et sequte acceptacionis per serenissimum regem Sicillie, regem Renatum, suo proprio et, ut prefertur, devoluto jure succedencie, eà videlicet ratione, quia, cum terra predicta subjaceret restitucioni, ab eodem rege Ludovico tercio seu à se deputatis alienari non potuit quoquomodo, signanter in prejudicium succedentis suo et non hereditario jure alienantis; ita quòd eidem alienacioni, que allegari posset si et quatenus de eâdem aparere videretur, lex restitit et resistit evidenter, et consequenter aparet clarissimè dictas civitatem, valles et castra et omnia alia singula que sunt et fuerunt ab antiquo et antiquissimo tempore de pertinenciis dicti comitatûs Provincie, cujus verus et unicus dominus fuit et est memoratus serenissimus dominus rex Renatus, palam et notoriè per vos, illustrissimum principem dominum ducem Sabaudie, indebitè retineri seu veriùs occupari de facto et jam retro occupata fuisse. Cùm autem, superioribus annis, memoratus serenissimus dominus rex, nedum equalibus sed longè majoribus et gravioribus negociis impeditus, et precipuè pro assequtione regni sui, ad repeticionem dicte terre per vos occupate intendere non valuerit, in animo tamen et proposito habens terram hujusmodi aliquando et quamprimum oportunitas se offerret repetendi et illam uniendi suo comitatui Provincie juxta, et à quo comitatu secerni, dividi seu separari terra illa non potuit quoquomodo, et tam de jure scripto quàm ex antiquissimis dispositionibus principum dismembrari seu aliàs alienari prohibentibus. Eapropter, in presenciâ ejusdem illustrissime Dominacionis vestre, ego Johannes Lupi, in legibus licenciatus, constitutus procurator et procuratorio nomine ejusdem serenissimi domini regis Renati, Sicillie regis, sicut de potestate meâ fidem facio patentibus litteris ejus, quas exhibeo, peto et cum quantâ possum instanciâ sommo et requiro interpelloque vos, illustrissimum dominum ducem Sabaudie, et hoc semel, secundò, terciò et peremptoriè, quatenus civitatem, valles et castra et totam terram predictam, quam, salvis semper honore et reverenciâ vestris, tenetis indebitè et occupatis de facto, tenuistis etiam et occupastis jam retro, eidem serenissimo domino regi Sicillie, comiti Provincie, tradatis et expediatis liberè et in totum, seu tradi et expediri mandetis et faciatis cum effectu; aliàs et aliter, videlicet in casum recusationis vel procrastinationis, semper cum honore et reverenciâ debitis, procuratorio nomine quo supra, protestor contra illustrissimam Dominacionem vestram de dampnis, interesse et expensis ad causam et occasione occupacionis predicte factis et substentis usque modò, faciendisque, patiendis et substinendis extensiùs in futurum, et de procedendo in hiis modo debito et permisso, sicuti sue Majestati melius videbitur expedire. »

Reverenter genuflexo illustri Dominacioni prefati domini ducis Sabaudie, seipsum reponi et procuratorem predictum ad proponenda per eum audiri jubentis, effectum et substantiam intelligibilibus, scilicet gallicis verbis emitendo, insinuavit, publicavit atque noctificavit, dicens videlicet et proferens talia verba, seu verborum subsequentium effectum et substantiam eidem domino duci dirigendo :

« Excellentissime et potens princeps, eidem excellentissime Dominacioni vestre placeat scire quòd excellentissimus princeps dominus Renatus, rex Jherusalem et Sicillie, dux Andegavie et comes Provincie, me tanquam suum procuratorem et nuncium, ab eo litteratoriè constitutum expressèque ad hoc, ad eamdem illustrem Dominacionem transmisit, eidem vestre Dominacioni significaturum quòd ipse rex, duxque et comes, inter suas terras suosque dominatus, fuit et est pacificus dominus et absque dubietatis suspicio comitatûs Provincie, qui spectat sibi ex mero jure suo à tempore obitûs deffuncti Ludovici, condam regis regnorum dominumque dominiorum supradictorum, et non ex successione ejus; et nichilominus vos, domine dux, civitatem Nissie cum omni suo districtu, valles etiam Barcillonie, locum de Pugeto Tenearum, aliaque opida et res hereditaria, que ab antiquo tempore fuerunt et sunt ex dicto comitatu Provincie, et que alienari nequiverunt et nequeunt, actento maximè quòd ille illaque fuerunt et sunt ex pertinenciis dicti comitatûs Provincie, qui comitatus cum suis pertinenciis, à tempore quo decessus dicti quondam domini Ludovici regis prefati ad prenominati domini Renati regis ducisque et comitis antedicti noticiam pervenit, per acceptationem ex ipsis ab eo et per eum factam ex jure sibi devoluto et non hereditario, spectavit et spectat ipsi domino Renato regi ducique et comiti predicto; nichilominus ad sui pervenit noticiam vos dominum ducem Sabaudie indebitè detinuisse et occupasse detinereque et occupare hujusmodi civitatem Nicie vallesque Tenearum, castra et alias res hereditarias que ab antiquo, ut prefertur, fuerunt et sunt de pertinenciis dicti comitatûs Provincie. Verùm, quia ipse dominus Renatus rex et princeps antedictus, in et pro recuperatione regni sui aliisque negociis suis quamplurimùm prepeditus, actendere nequivit ad repetendum recuperandumque à vobis res supradictas, sic per vos detentas et occupatas, que non valuerunt ab illo Provincie comitatu separari, de quibus cum dicto comitatu reuniendis et reponendis hucusque habuit et habet intentionem dominus rex et princeps antedictus, eapropter ego procurator et procuratorio nomine ipsius vos sommo, peto, requiro primó, secundó, tertió et quartó, peremptoriè et cum instantiâ quâ decet, quathenus civitatem Nicie cum toto suo districtu, valles, castra et alias res hereditarias supradictas dicti comitatûs Provincie existentes, quas et que vos indebitè detinetis et occupatis, de facto eidem serenissimo principi, regi ducique et comiti predicto tradatis et expediatis liberè, seu tradi et expediri faciatis cum effectu ; aliàs, videlicet in casum dilationis aut recusationis vestrarum, ego procuratorio, nomine antedicto protestor contrà vos de dampnis, misiis fructibusque et interesse occasione detentionis et occupationis hujusmodi factis usque nunc et flendis seu patiendis ac substinendis in futurum, ac de procedendo super hoc adversùm vos omnibus modis et viis debitis, et prout sue Majestati id melius videbitur expedire. »

Et hiis sic dictis et prolatis saltim in effectu et substantiâ, supradictus dominus dux Sabaudie, hec premissa verba audiens et actendens, predicto procuratori confestim et illico respondit, verbis etiam galicis, per verba sequentia aut equivalentia effectu et substancia : «Ego non teneo injustè civitatem et terras supradictas per vos à prefato rege Sicilie, seu quecumque alia sibi aut alteri spectantia, nec vellem tenere ; et miror ego cur nunc istas res petit ille, cùm ego ab octuaginta annis continuis illas per me et meos predecessores justè tenui et possedi, et per bonas transactiones super hoc factas. » Ac subjunxit non equo animo, ut verbis illius apparere poterat : « Hic non est bonus modus agrediendi propter hoc significandum ad me, sic per has partes meantem et recedere paratum, et sub meo recessu. » Et expressis latinisque verbis : « Non est hic locus in diversorio; » aliaque verba dixit, ea dirigens ad procuratorem predictum, et ei jubendo ut ipse procurator post eum ad alium locum insigniorem se proficisci disponeret, et quòd ibidem super hoc responsum diceret. Quiquidem procurator, statim cedullam preinsertam appertam ostendens et exibens ipsi domino duci, sic in effectu dixit : « Domine, jam per multos dies retroactos et per plura loca propter hoc negocium, sic michi deputatum et injunctum à prefato rege, domino et magistro meo, vos perquisivi; sed ecce in hoc papiri folio scripto consistit extentiùs totius supradicti negolii michi sic commissi et injuncti tenor, quem coram vobis legam succinté, si vobis libeat illius lecturam audire, quoniam juxta et secundùm hujus cedulle tenorem sommationes, petitiones et interpellationes hujusmodi vobis facio et intimo, ac cum hoc illam vobis dare me offero ad fluem, ut valleatis, si delectet, super premissis ampliùs et meliùs informari ac gentibus vestri consilii hoc communicare. Prout de facto procurator predictus lecturam, dicte cedulle ac illam prefato domino duci porrecturum, daturum atque dimissurum unacum copiâ dicti sui procuratorii, jam scripto redactâ, se realiter obtulit. Sed cedullam predictam suscipere seu suscipi facere ac ejus lecturam audire non curavit, quin ymo renuit et neglexit idem dominus dux, alibi discedens et scallam predictam descendens.

De et super quibus premissis omnibus et singulis prenominatus procurator, nomine antedicto, petiit à nobis notariis publicis subscriptis et à quolibet instrumentum publicum unum vel plura sibi et prelibato serenissimo principi, regi ducique et comiti prefato, magistro suo, confici et dari.

Acta fuerunt hec sub anno, die, mense, indictione, pontificatu et loco seu locis quibus supra, respectivè et successivè, presentibus ibidem quamplurimis nobilibus viris, tam clericis et ecclesiasticis quàm laicis, nobis autem notariis publicis subscriptis, utique nominibus eorum ignotis.

(Suivent les souscriptions des notaires.)

(Arch. nat., P 1351, cote 711.)

53.

RÉPONSE DE LOUIS XI AUX COMMUNICATIONS A LUI FAITES PAR LE ROI DE SICILE, A LA SUITE DE SON ENTREVUE AVEC LE DUC DE BERRY ET LES AUTRES SEIGNEURS RÉVOLTÉS.

1er avril 1465.

Aux articles envoyez au Roy par le roy de Sicile, apportez par monseigneur le conte de Vaudemont, le seigneur de Clermont et le juge d'Anjou, et présentez au Roy nostre sire par les dessusdits et l'évesque de Verdun avec eulx de par ledit seigneur roy de Secile, touchant ce qui avoit esté dit et pourparlé à la Roche-au-Duc sur Loyre entre ledit seigneur roy de Secile d'une part et monseigneur de Berry, accompaigné du duc de Bretaigne, du conte de Dunoys et autres d'autre part, le Roy nostredit sire a fait dire et remonstrer ausdites gens dudit seigneur roy de Secile ce qui s'ensuit :

Et premièrement, en tant que touche la remonstrance que ledit seigneur roy de Secile a fait à mondit seigneur de Berry, du trouble qu'il voyoit et congnoissoit estre ou royaume, dont s'en povoit ensuir la destruction d'icelui si aucun bon appoinctement ne s'i trouvoit, auquel voulentiers s'emploieroit comme celui à qui Dieu avoit donné cest honneur et grâce d'estre oncle du Roy et de mondit seigneur de Berry, requérant et priant ledit monseigneur de Berry que à ce se voulsist incliner;

Le Roy remercie ledit seigneur roy de Sicile, son oncle, du bon vouloir qu'il a à lui et au bien du royaume ; et quant à la remonstrance qu'il a fait audit monseigneur de Berry du mal et inconvéniant qui puet ensuir à tout le royaume à cause du trouble nouvellement mis sus, soubz couleur et umbre de mondit seigneur de Berry, par ceulx qui l'ont induit et séduit à soy séparer d'avecques le Roy et de sa compaignie et tenir les termes qu'il tient, le Roy est bien content de ladite remonstrance, laquelle chascun puet congnoistre estre véritable et raisonnable.

Et au regard de ce que ledit seigneur roy de Sicile pria et

requist ledit monseigneur de Berry de dire et déclairer les causes qui l'ont meu de soy partir si soudainement d'aveecques le Roy, à quoy mondit seigneur de Berry a respondu que il a esté meu de ce faire pour deux causes, l'une pour la seureté de sa personne, disant que depuis le trespas du Roy, que Dieu pardoint, il a tousjours sceu et congneu que le Roy ne l'avoit point en amour ne bien agréable, mais en toute suspeçon et deffiance, et souventesfoiz le démonstroit par ses parolles, et que ces choses procédoient, comme il pensoit, au moien d'aucuns de ses serviteurs, desquelx il a grant cause de soy doubter, pour pluseurs raisons dont pour le présent il se taist;

L'autre cause de sondit partement a esté pour ce qu'il voyoit et congnoissoit, ainsi qu'il dist, le désordre qui a esté et est en tous cas ou royaume, dont les seigneurs du sang, l'Église, la noblesse et le poure peuple, aussi la justice se deulent, et s'en povoit ensuir la destruction du royaume, se remède n'y estoit mis;

Le Roy se merveille fort de ceulx qui ont donné à entendre à mondit seigneur de Berry qu'il se deust en riens doubter du Roy touchant la seureté de sa personne, ne qu'il y deust aucunement y adjouster foy, car oncques le Roy n'eut vouloir et ne pensa chose qui fust ou préjudice de la personne de mondit seigneur de Berry; et aussi luy actient-il de si près en prouchaineté de sang, qu'il n'est pas vroysemblable qu'il deust avoir ceste voulenté; et, comme chascun puet congnoistre et a veu par expériance, le Roy, depuis son advénement à la couronne, n'a monstré aucune cruaulté à personne, quelque faulte ou offense qu'on eust faicte envers luy......

Et quant à la seconde cause,... le Roy, depuis qu'il est venu à la couronne, a mis toute la peine qui luy a esté possible de mettre à garder et entretenir son royaume en paix, repos, tranquilité et bonne justice, et à icelui augmenter et acroistre, et y a, grâces à Nostre Seigneur, pené et travaillé en visitant les parties de son royaume plus que ne fist oncques mais roy de France en si peu de temps, depuis Charlemaigne jucques à présent. Et estoient les choses si bien disposées avant ce trouble, que chascun vivoit en paix en son hostel;... mais, au moien de ladicte alée de mondit seigneur de Berry et de l'entreprise et conspiracion de ceulx qui l'ont induit et séduit à soy séparer du

Roy et tenir les termes qu'il tient, est bien à doubter que grans inconvénians en viennent......

Mondit seigneur de Berry dit qu'il est seul frère du Roy et à présent son héritier présumptif, et à qui le mal du Roy et du royaume doit desplaire plus que à nul autre ; et pour ces causes, voyant et cognoissant les choses dessusdites, lesquelles ne se pourroient plus porter et soustenir selon Dieu et raison, a esté meu et conseillé de la pluspart des seigneurs du sang et autres notables hommes de ce royaume, et aussi pour la seureté de sa personne, à soy départir de la compaignie du Roy et se joindre et assembler avec ledit seigneur roy de Secile et lesdits seigneurs du sang, affin que par leur conseil et de ceulx des estaz du royaume soit fait remonstrance au Roy des choses dont on a cause de se douloir, pour y estre mis la provision telle qu'elle est neccessaire pour le bien de lui, de sa couronne et de la chose publique du royaume, en quoy il dit qu'il se vieult employer par le bon advis et conseil des dessusdits, requérant ledit seigneur roy de Secile que son plaisir fust soy adjoindre et assister avec lui les seigneurs du sang et estaz du royaume ainsi que par raison faire il doit.

Le Roy scet bien que mondit seigneur de Berry est son seul frère, et l'a tousjours amé comme son frère ; et au regart d'estre héritier présumptif du Roy, le Roy ne dist onques ne fist chose dont il eut cause de se douloir pour empescher, s'aucune chose lui doit avenir, en ce cas qu'il ne l'ayt. Mais, la mercy Dieu, le Roy est encores jeune et vertueux, et la Royne est en estat et disposicion de porter des enffans, et est à présent ensaincte d'enffant, et de ce qui surviendra en ce cas le Roy le remect en la disposicion de Nostre Seigneur et après à Nostre Dame et saint Françoys, lesquelx il a espérance estre en ce cas ses moyens envers luy....

Et quant à ce que ledit monseigneur de Berry requiert l'adjunction dudit seigneur roy de Secile en ces matiéres, affin que, par son advis et conseil et des autres seigneurs du sang, aussi des gens des estaz de ce royaume, soit pourveu aux faultes dont il a parlé, ainsi qu'il est neccessaire pour le bien du Roy, de la couronne et de la chose publicque du royaume, le Roy a bien confiance audit seigneur roy de Secile qu'il ne se joindra avec mondit seigneur de Berry ne autres ou préjudice du Roy ;

mais lui semble que ceste adjunction dudit seigneur roy de Secile, que ledit monseigneur de Berry requiert, est bien contraire aux lectres, escriptures et semonses que ledit monseigneur de Berry et ses adherens ont fait publier par ce royaume, que tous les seigneurs estoient tous d'une commune voix et oppinion en ces matières, et nomméement ledit seigneur roy de Secile, et qu'ilz avoient tous sur ce baillé leurs seellés et promesses ; et se ainsi eust esté qu'il fust vroy, ilz n'eussent pas de présent requis avoir l'adjunction dudit seigneur roy de Secile ; et si y a plusieurs autres seigneurs de ce royaume qui ne sont pas de ceste suite, mais sont déliberez de servir le Roy envers et contre tous, comme tenuz y sont, ainsi qu'il est assez notoire, par quoy ne sont pas à croire toutes les choses qu'ilz dient en ceste partie......

Par le Roy en son conseil, ouquel messeigneurs les contes du Maine et d'Angolesme, l'évesque de Poictiers, les contes de Tancarville, de Lavaur, captan de Buch, le sire de Gavre, les conte de Comminge et sire de Boismenart, mareschaulx de France, les sires de Bueil, conte de Sancerre, de Trémoille, de Chastillon, de Torcy, de la Borde, du Lau, de Bayune, de Basoges, de Montferrant, de Monstereul, de la Rozière, maistre Jehan Dannet, premier président, messire Geffroy de Saint-Belin, chevalier, maistre Estienne Chevalier et autres estoient; à Saumur, le premier jour d'avril, l'an mil cccc lxiiii avant Pasques.

(Arch. nat., J 1021, n° 20.)

54.

LOUIS XI DONNE AU ROI RENÉ, POUR TOUTE SA VIE,
LE PRODUIT DE LA TRAITE DES VINS D'ANJOU.

9 avril 1465.

Loys, par la grâce de Dieu roy de France, à noz amez et féaulx les généraulx conseilliers par nous ordonnez sur le fait et gouvernement de toutes noz finances, salut et dilection. Comme, puis certain temps en ça, nous eussons par noz autres lettres patentes et pour les causes en icelles contenues donné et octroyé à nostre très chier et très amé oncle le roy de Jherusalem et de Sicile, duc d'Anjou, tout le prouffit, revenu et émolument de la traicte des vins dudit païs d'Anjou, qui est de vingt soulz tournois pour pipe de vin, pour six ans lors ensuyvans, à iceluy prouffit, revenu et émolument avoir et prendre, c'est assavoir la moitié par descharge de nostre receveur général, et l'autre moitié par la simple quietance de nostredit oncle ou de son trésorier pour luy, ainsi qu'il l'avoit acoustumé d'avoir et prendre icelle moitié seulement du vivant de feu nostre très chier seigneur et père, que Dieu absoille, duquel don nostredit oncle ait ja joy par aucunes années ; et, pour ce que nous avons ses faiz et affaires en grande et singulière recommandacion et que nous désirons la prospérité de luy et de sa maison, ainsi que raisonnablement faire le devons, tant pour consideracion de la grant proximité de lignage dont il nous actient comme en faveur des très grans, louables et recommandables services que luy et ceulx de la maison d'Anjou, dont nous sommes yssu, ont fait de tout temps à nostredit feu seigneur et père et à nous, et aussi à la chose publicque de nostre royaume et au recouvrement d'iceluy, où ilz se sont grandement et vertueusement employez sans jamais avoir varié ne riens y espargné du leur, ainsi que ces choses sont toutes notoires et que en sommes à plain informez : Savoir vous faisons que nous, ce que dit est considéré, à iceluy nostre oncle, pour ces causes et autres qui à ce nous ont meu et meuvent, avons de rechief et de nouvel donné et octroyé, donnons et octroyons de grâce espécial par ces présentes tout ledit prouffit, revenu et esmolument de ladite traicte des vins dudit païs d'Anjou, à icellui avoir et prendre doresenavant par chascun an sa vie durant, c'est assavoir la moitié par les descharges de nostredit receveur général et l'autre moitié par sa simple quietance ou de sondit trésorier ; sur lequel prouffit et revenu seront payez par chascun an les gaiges ou tauxacions des commissaires qui seront par nous ordonnez pour bailler icelle traicte à ferme. Si vous mandons, etc.... Donné à Saumur, le neufviesme jour d'avril, l'an de grâce mil cccc soixante et quatre avant Pasques, et de nostre règne le quatriesme. Ainsi signé : Loys. Par le Roy, les sires du Lau et de Monstereul et autres présens. J. Bourré.

Arch. nat., P 1341, f° 99.

55.

**LOUIS XI CÈDE A RENÉ LA VILLE DE GAP
CONTRE LA SEIGNEURIE DE VAUDOLE.**

Avril 1465.

Loys, par la grâce de Dieu roy de France, Daulphin de Viennoys, savoir faisons à touz, présens et à venir, nous avoir baillé, cédé et transporté, baillons, cédons et transportons, de nostre certaine science, grâce espécial, plaine puissance et auctorité royal et dalphinal, par ces présentes, à nostre très chier et très amé oncle le roy de Jherusalem et de Sicile, duc d'Anjou et conte de Prouvence, pour lui, ses successeurs et aians cause oudit conté de Prouvence, tout tel droit que nous avons et qui nous compecte et appartient en la ville et cité de Gap et es appartenances et deppendences d'icelle, qui nous appartiennent à cause de ladite ville, cité et seigneurie de Gap, soit Moncalquier ou autre, tant en justice, juridicion, ressort, souveraineté, fiez, hommages, cens, rentes que autrement, sans aucune chose y retenir ou réserver pour nous ou noz successeurs.... Et en eschange et récompense desdites choses ainsi par nous cédées, baillées et transportées, nostredit oncle, par ses lettres patentes données du jour d'uy, nous a baillé, cédé et transporté tout tel droit de seigneurie, justice et juridicion qu'il a et qui luy compecte et appartient, puet et doit compecter et appartenir en la seigneurie de Vaudole, ses appartenances et deppendences, avec le ressort, souveraineté, fiez, hommages, cens, rentes et autres choses quelzconques, sans aucune chose y retenir ou réserver, pour le consolider et unir à jamais perpétuelement au domaine de nostredit païs du Daulphiné. Et, parmy ce nous avons révoqué et adnullé, révoquons et adnullons par cesdites présentes toutes et chascunes les sauvegardes esquelles nous avons par cy davant prins et mis les habitans dudit lieu de Gap ; et iceluy droit de sauvegarde, tel que nous luy avons, nous avons semblablement baillé et délaissé à nostredit oncle, pour en joïr en la manière et ainsi que nous avons acoustumé de faire. Si donnons en mandement, etc. Donné à Saumur, ou moys d'avril, l'an de grâce mil cccc soixante et quatre avant Pasques, et de notre règne le quatriesme. Ainsi signé : Loys.

(Arch. nat., P 1334¹, f° 102.)

56.

EXTRAITS
D'UN COMPTE DE PIERRE GARNOT, TRÉSORIER DU ROI DE SICILE [1].

1465.

Janvier-février.

[Payement de douze florins pour partie des travaux de construction d'une levée entre Arles et Tarascon.]

Pour un marc d'argent à faire comptoirs pour monsʳ de Marseille. . . . . xiii fº.

8 avril.

[Solde de cinq compagnons mis et tenus au château de Boulbon « depuis que l'en a sceu le différant qu'est en France » jusqu'à ce jour, pour la conservation et garde dudit château.]

13 mai.

A Jennin Desperit, orfèvre du roy, le xiiiᵉ jour de may, dix florins, par ordonnance de monsʳ [le lieutenant], sur ce que est deu à Françoise, sa femme.

22 mai.

[Don de vingt-cinq florins à frère François Tamari, de Naples, venu en Provence de la part du roi Jean d'Aragon, pour aller trouver le duc de Calabre en Lorraine.]

(Arch. des Bouches-du-Rhône, B 214.)

---

[1] Pour ce compte et pour les deux autres publiés plus loin (nᵒˢ 88 et 89), je donne seulement le texte des articles qui offrent le plus d'intérêt et qui sont de nature à compléter les *Extraits des comptes et mémoriaux* des archives de Paris, imprimés antérieurement. Quelques articles un peu longs ont été simplement analysés : ils sont placés entre parenthèses. Les abréviations de l'original ont été conservées : *f°* pour *florins* ; *g°* pour *gros* ; *p.* pour *patacs* (monnaies provençales).

57.

NOMINATION
D'UN GÉNÉRAL ET D'UN SECRÉTAIRE DES FINANCES DU ROI DE SICILE.

29 juillet 1466.

De par le roy de Sicile, etc.

Gens de nostre Chambre des comptes estans à Angiers. Pour ce que desirons avoir clère et entière congnoissance de toutes noz finances, tant ordinaires que extraordinaires, de chascun de noz païs et seigneuries et autres quelzconques, avons délibéré et conclud avoir ung général conseillier sur nosdites finances, qui aura à vériffier toutes nos lettres et mandemens de finances, veoir et visiter les estaz et receptes de touz et chascun noz trésoriers, receveurs et fermiers et autres par les mains desquelz se reçoivent et passent nosdites finances, toutes les foiz que bon lui semblera, et à ce les contraindre par suspension de leurs offices en cas de reffus, faire les estaz à nosdits officiers et entièrement faire tout ce que il verra estre à faire et que par nous lui sera ordonné et que à office de général appartient; et lesquelz noz officiers ne bailleront ou distribueront doresenavant aucunes sommes de deniers que les lettres ne soient vériffiées dudit général. Et semblablement avons, comme dessus, délibéré et conclud que doresenavant n'y aura que l'un de noz secrétaires qui signe aucuns mandemens et lettres de finances. Et pour faire ledit office de général avons aujourd'uy commis révérend père en Dieu nostre très chier et féal conseillier Jehan, évesque de Masseille, et pour secrétaire Pierre Le Roy, dit Benjamin. Si vous maudons et expressément enjoignons par ces présentes que ceste nostre présente ordonnance vous entretenez doresenavant selon sa forme et teneur, et icelle ne enfraignez en aucune manière, si chier que doubtez mesprandre envers nous, et la faictes assavoir à touz et chascuns noz officiers de recepte qui ont à rendre compte par davant vous en nostredite Chambre, en manière qu'ils n'en puissent prétendre cause d'ignorance, affin que doresenavant ilz ne reçoivent aucunes noz lettres de finances qu'elles ne soient signées dudit Benjamin et vérifiées dudit évesque et non d'autres, et des sommes contenues en icelles ne facent aucun payement, sur paine de le perdre et d'estre par vous rayez et ostez de leurs comptes ; ce que, oudit cas, vous mandons faire sans pour ce actendre ou demander autre mandement de nous que cesdites présentes. Et en ce ne faictes ou commectez aucun deffault; car tel est nostre plaisir. Donné en nostre chastel d'Angiers, le XXIX° jour de juillet, l'an mil cccc soixante six. Ainsi signé : René. — Par le Roy en son conseil, Benjamin.

(Arch. nat., P 1334⁸, f° 150.)

58.

INSTRUCTIONS REMISES AUX DÉPUTÉS DE CATALOGNE CHARGÉS D'OFFRIR A RENÉ LE TRÔNE D'ARAGON.

20 août 1466.

Instructions per los reverents, egregi, nobles et magnifichs senyors deputats del general e conseil representants lo principat de Cathalunya, fetes intervenint e consentint hi la ciutat de Barchilona, als reverents magnifischs e honorables mossenyors frare Ponç Andrieu, abbat de Ripoll, mossenyor Arnau de Vilademany e de Blaves, cavallier, e Miquel Cardona, ciuteda de Barchinona, per raho de les coses que per part del dit principat han afer, segons devall sera dit.

Primerement, los dits ambaxadors, al mes prest que fer se puixe, hiran la via de Prohença, e, com seran junts en la ciutat de Massella, daran orde que parlen ab lo noble mossenyor Johan Cossa, conte de Troya, loctinent de governador en Prohença, e, premeses saluts de part dels dits deputats e conceil, livraran a el la letra de creença que s'en porten, en virtut de la qual li explicaran con ells son tramesos al serenissimo senyor rey de Sicilia e al illustrissimo senyor duc de Calabria, fill seu, per alguns negocis granment conservents lur honor e stat, e quel preguen ell lus vuille dar avise [de la] direcio on los trobaran e qual via faran per anar segurament à lur Senyoria; e, sens venir à particularitat alguna del per que son tramesos, investigaran axi ab lo dit conte, com ab altres persones que vist lus sera e manera cauta, de la intencio e voluntat que los dits senyor rey e duch tenen al negoci; e, segons trobaran e à ells sera vist, se hiran premier al dit senyor rey o al dit duch, tota via empero sens descobrir se de res havents ne lo parer ço esa qual deven primer anar del dit loctinent de governador, qui ab sa letra als dits deputats e concell, tramesa per en Raphael Julia, en aço multa voluntat ha demostrat haver.

Apres, los dits ambaxadors, s'ils sera vist devre primer anar al dit senyor rey, executaran lur anada, e, ab aquella millor gravitate gest que poran et sabran, diran à la sua Senyoria com los deputats e concell representants lo **principat de Cathalunya** se recomanen en gratia sua e livrar li han la letra de creença que s'en porten, intitulada : Al illustrissimo e virtuosissimo senyor lo senyor rey de Sicilia; en virtut de la qual, apres la lectura de aquella, supplicaran la sua Senyoria qu'els vulla dar audiença à solis, et axi apartats explicaran effectualment unes tals o semblants paraules : « Illustrissimo et virtuosissimo senyor, no deu esser ignorat per vestra Altesa com à Nostre Senyor Deu a plagut appelar al seu regne lo illustrissimo senyor en Pere, **rey d'Arago et comte de Barchinona**, de loable recordatio, sens progenia alguna del seu cors legitimament descendent; et, per quant molts reys, princeps e senyors han acostament à la successio, entre los quals es vestra illustrissima Senyoria, per ço los dits deputats e concell nos han tramesos à aquella, per saber, on à Nostre Senyor Deu fos plasent ells recaygessen en deliberatio de haver vestra serenissima Excellentia per rey e senyor, si acceptaria la senyoria e si serie in dispositio de continent anar o trametre lo illustrissimo senyor duch de Calabria, fill vostre, en Cathalunya. » E si lo dit rey de Sicilia de continent o apres respondra esser content et de fet dira ell acceptar, la hora los dits ambaxadors supplicaran aquell li placie manar fer venir alli la gents de la sua cort e altres que à la sua Majestat plaura; et si la sua Senyoria ho volra, los dits ambaxadors, en presencia de tots, tirats à tras vıı o x passes, en la millor manera que poran, tornants acostar al dit senyor, ansque del tot sien ab ell, faran reverentia genoll ficat, non pero à terra, e apres acostar se han mes e aginollats en terra, besar si han la man, com el acostumat als rey d'Arago de memoria eterna, dients unes tals o semblants paraules : « Molt alt e molt excellent senyor, los deputats e concell representants lo vostre principat de Cathalunya e concelliers e concell de Barchinona se recomanen en gratia e merce di vestra alta Senyoria, e han nos livrada aquesta letra. » E besada primer metran li en la ma aquella intitulada : Al molt alt e molt excellent senyor lo senyor en Renat, per la gratia de Deu rey d'Arago, de les dues Sicilies, etc., comte de Barchinona, etc.

E, legida la dita letra, los dits ambaxadors demanaran al dit senyor rey si sera plasent à la sua Senyora que expliquen les coses que han dir en presencia o à part de los dites gents, e, seguints la voluntat del dit senyor rey, los dits ambaxadors de part dels dits deputats e concell explicaran à la sua Altesa que, com los Cathalans haien deliberat haver et demanar la sua Majestat per rey e senyor, ab integritat de leys e libertats, e stiguen ab grandissim desig de veure la sua royal presentia, laqual per lur innata e incorrupta fidelitat tenen en les visceres impressa com à mes acostada en la successio de la casa de Arago, e à la qual pertany la senyoria, li placia de continent vuelle dispondre la sua felicissima venguda al dit principat, tota triga postposada, o trametre lo dit illustrissimo duch fill e primogenit seu, lo qual, juxta les legs e pratiques del principat, es governador general, ab competent sforç de gent d'armes per propulsar los ennimichs del dit principat e continuar la empresa fins al triumpho de la universal senyoria e institutio de la sua royal casa de Arago. Narrant los dits ambaxadors al dit senyor rey les necessitats e stament del dit principat et les particularitats de la guerra, e altres quels semblara persuadints et solicitants ab pertinentia de paraules la sua Altesa opportunament e, si mester sera, importuna, de venir la sua reyal persona o lo dit senyor primogenit de part de ça al mes prest que fer se puixe, com en la triga ocorreguen molts contrariis et inconvenients.

E, si vist sera als dits ambaxadors devre primer anar al dit illustrissimo senyor duch de Calabria, premeses recomendacions, livraran à la sua Senyoria la letra petita de creença, en virtut de la qual explicaran à la sua Excellencia que ellos son tramesos al senyor rey, son pare, per coses de gran contentatio e allegria lur, e suplicaran la sua Senyoria li sia plasent manar los dirigir per que vaguen segurament, e fer lurs letres de recommendacions, agraciants se los dits ambaxadors del dit senyor duch com millor sabran.

Apres empero que parlat hauran ab lo dit senyor rey e ell haura acceptat, los dits ambaxadors tornaran al dit illustrissimo senyor duch de Calabria, e livrar li han la altra letra que s'en porten, intitulada : Al illustrissimo e virtuosissimo senyor lo senyor don Johan, primogenit e governador general de Arago, de les dues Sicilies, etc., duch de Calabria, etc.; en virtut de la qual denunciaran la deliberatio dels deputats e concell e consellers e concell de Barchinona de haver et voler per rey et senyor lur e de la casa de Arago lo serenissimo e virtuosissimo senyor rey de Sicilia, pare seu, a qui per justicia pertany, del qual lo dit senyor duch es fill primogenit e per conseguent, juxta les loys e pratiques del principat, governador general, e apres los beneventurats dies del senyor rey universal successor dels regnes e principat, e supplicaran humilement la sua illustrissima Senyoria per merce sua li placia dar orde lo dit senyor rey, pare seu, sie content que ell dit senyor duch, primogenit e governador general, vingue de continent e sens trigua en aquest principat ab les sforç de gens darmes, segons davant es largament tocat, referendo singula singulis, fahents en aço molta diligentia e instancia, per manera lo dit senyor primogenit se transfferischa de continent al dit principat.

Certificaran lo dit senyor primogenit com lofficide governador general es affix al primogenit, loqual ha tot poder, exceptat de tenir corts et fer processos de regualia e altres coses, e per ço es necessari de orde lo senyor rey lo faça locotinent general, com es acostumat segouns la forma que s'en porten ordonada.

Mes avent, los dits ambaxadors, en loch e temps opportuns, livraran la letra de crença que s'en porten, dirigida à la Senyoria reyna, agraciants se be de la sua Senyoria e supplicants sempre en nom dels dits deputats e concell que per merce sua vulla haver per recommanat lo dit principat et interposar se à la presta expedicio del dit senyor primogenit, entretant que lo senyor rey dispondra da la sua beneventurada venguda.

Semblantment, los dits ambaxadors, si en loch ne seran, faran riverencia al illustrissimo fill del dit senyor duch primogenit, e, premeses recommandations, dir li han aquelles de les coses dessus dites quel sera vist, scalfants lo de lur poder en la prosecutio de aquest negoci et posants li al devant la successio sua apres dels beneventurats dies del senyor rey e senyor primogenit, avi et pare seus.

Item, duran la letra de creença que s'en porten al illustrissimj senyor don Charles d'Enjou, germa del dit senyor rey, explicants li les coses qu'els semblera utils e necessaires, e agraciants se be de la sua Senyoria.

Et per quant los dits ambaxadors son certs de la molta diligencia dels enemichs et del stament del principat, à que cove esser provehit promptement, per ço faran gran diligencia que les coses davant, dites specialment la presentia del dit senyor primogenit ab la gent d'armes, effectualment sien prest e sens dilacio expedits, no perdonants los dits ambaxadors circa ço attraballs e vigilies, com la necessitat requer, e di lurs virtuts es plenament conflat.

Si mossenyor Johan de Copons se trobara en aquelles parts, darli han la letra de creença que s'en porten, e, premeses saluts, denunciar li han les coses davantdites, si vist lus sera, e, en lo temps qu'els parra, pregants lo quel sie coadjutor à aquelles, e informar se haa d'ell de les coses occorents en la cort del rey de França, e mossenyor de Charoloys e de altres barons de aquelles parts.

Tenints en record los dits ambaxadors que de tot lo succes de les fahenes dessus dites façen sovint complits avisos als deputats e concell, per mar e per terra, ab les menys despeses que puixen, car vist es que molta facilitat hauran de scrivre et trametre letres per moltes vies.

Et per quant lo egregi comte de Pallas, deputat, demanat venir de son comdat en la presente ciutat de Barcelona, per servir l'offici de deputat e entrevenir en lo concell, del qual es hu dels mes principals, per ço los dits ambaxadors supplicaran als dits senyor rey e senyor duch qu'els placie vullen dar orde, o per detencio de personas del rey Johan, o per altres vies, sie entes en recuperacio del dit egregi comte, qui sta pres al castell de Cardona.

Noresmenys supplicaran los dits ambaxadors la Excellencia del senyor rey e primogenit qu'els placia abstenir se en no dar e prometre officis alguns, fins à tant lur royal presencia sie en

Cathalunya, e aço per servici lur e bo avenir de la cosa ublica.

E juren los dits ambaxadors à Notre Senyor Deu et als sancts quatra evangelis, de lurs mans corporalment tocats, que bo e leyalment e ab summa diligentia se hauran en les coses dessus dites, e que diretament o indirecta, publicamento amaguada, per se ne per altres ne procuraran alguns officis, beneficis o altres utilitats o gracies del dit senyor rey o del dit senyor primogenit, à obs dels dits ambaxadors ne de altres qualsevol persones, ne entendran en altres coses si non en les dessus dites.

Dates in Barchilona, à xx de agost, l'any de la nativitat de Nostre Senyor mil cccc LXVI.

F. COLONI, archivario.

(Arch. des Bouches-du-Rhône, B 15, f° 255.)

59.

LETTRES D'ÉTAT OBTENUES PAR RENÉ POUR SES PROCÈS AU PARLEMENT DURANT L'EXPÉDITION DE CATALOGNE.

21 octobre 1466.

Loys, par la grâce de Dieu roy de France, à nos amez et féau conseilliers les gens tenans ou qui tiendront notre court de parlement à Paris, les maistres des requestes de nostre hostel, les gens tenans les requestes de nostre palais à Paris, le prévost de Paris, bailly de Touraine et des ressors et exempcions d'Anjou et du Maine, séneschaux de Poictou et de Tholose, Carcassonne et Beaucaire, et à touz les justiciers de notre royaume ou à leurs lieuxtenans, salut et dilection. Nous voulons et vous mandons, et à chascun de vous sur ce requis et si comme à lui appartendra, que toutes les causes et querelles meues et à mouvoir, en demandant et en deffendant, debtes, besongnes, possessions et biens quelzconques de nostre très chier et très amé oncle le roi de Jherusalem et de Sicile, duc d'Anjou, lequel, après la déclaracion et acceptacion faictes de sa personne par les gens des troys estaz des principauté, conté et seigneurie de Barselonne et des terres et seigneuries qui en deppendent en leur prince naturel et souverain seigneur, comme à lui appartenant par droit, tiltre et succession hérédital, et la présentacion à lui naguères sur ce faicte en sa ville d'Angiers par les ambassadeurs desdiz estaz, s'est délibéré, de nostre bon plaisir, congié et consentement, de aler prouchainement en sa personne et à puissance et main armée prendre et recevoir la possession desdites ville, principauté, conté et seigneurie dessusdites et de leurs appartenances, et dès à présent se dispose et meet en appareil pour faire son véage, ainsi que par ses exprès ambassadeurs nous a fait savoir, vous tenez et faictes tenir en estat et surcéance, du jour et dabte de ces présentes jusques à ung an prouchainement venant. Et cependant ne faictes ou souffrez aucune chose estre faicte, actemptée ou innovée contre ne ou préjudice de nostredit oncle ne de sesdites causes, querelles et besongnes; mais, se faicte, actemptée ou innovée estoit au contraire, ramenez-la ou faictes ramener tantoust et sans délay au premier estat et deu. Car ainsi nous plaist-il et voulons estre fait, et à nostre dit oncle l'avons octroyé et octroyons de grâce espécial par ces présentes, non obstant quelzconques lettres surreptices, impétrées ou à impétrer, à ce contraires. Donné à Orléans, le xxie jour d'octobre, l'an de grâce mil cccc soixante six, et de nostre règne le sixiesme. Ainsi signé : Par le Roy en son conseil, J. Le Roy.

(Arch. nat., P 1334⁶, f⁰ 157 v⁰.)

60.

INSTITUTION D'UN PRÉSIDENT DES GRANDS JOURS D'ANJOU, ET DON DE CET OFFICE A JEAN DE LA VIGNOLLE.

30 octobre 1467.

René, etc., à touz ceulx qui ces présentes lettres verront, salut. Comme, pour le bien et entretenement de justice et de la chose publique de nostredit pays d'Anjou, soit neccessaire pourveoir et donner ordre à l'expédicion des causes d'appel ressortissans de noz juges à noz grans jours d'Anjou, pour ce que nosdits grans jours ne se puent tenir souvent sans grant charge et despense à nous et à nostredit pays, et il soit ainsi que par cy davant les parties appellans de nosdits juges à nosdits grans jours aient acoustumé, en relevant leursdites appellaisons, faire commectre lesdites causes d'appel à deux ou troys gens de conseil, pour icelles parties ouïr esdites causes d'appel et icelles décider comme en grans jours; dont sont advenuz es temps passés pluseurs grans abuz, inconvéniens et dommaiges auxdites parties, parce que icelles parties appellans faisoient commectre leursdites causes à gens favorables et à leur posté, et qui plus souvent, ilz ou aucuns d'eulx, avoient esté du conseil d'icelles parties ou d'aucune d'icelles; et de ce sourdoient pluseurs grans questions et débaz entre lesdites parties, qui estoient cause du retardement de l'expédicion desdites causes, en principal que aussi difficile chose estoit assembler lesdiz commissaires pour ouïr icelles parties, car aucunes fois les ungs estoient absens aux jours servans à ladite expédicion, et tellement que souvent icelles causes, avant que estre conclutes en cas d'appel, demouroient ung bien grant espace de temps, aveeques pluseurs autres grans inconvénians qui trop longs seroient à réciter, desquelz avons esté deuement informez et acertainez par pluseurs des gens de nostre conseil et autres...; pour quoy nous, ces choses considérées, voulans sommairement justice estre faicte et administrée à nos subgez et à ung chascun estre rendu ce qui est sien, le plus bref et aux moindres fraiz et missions que faire se pourra, savoir faisons que nous... avons ordonné et ordonnons par ces présentes, par forme de loy, ordonnance, édict perpétuel et irrévocable, que doresenavant à l'expédicion desdites causes d'appel ressortissans en nosdiz grans jours, et jusques à ce que nostre plaisir sera d'iceulx tenir ou faire tenir, et à ce que lesdites parties saichent certainement à qui avoir recours pour l'expédicion de leurs dites causes, sera quelque notable personne soy congnoissant en justice par nous commise, depputée et establye en tiltre de président de nosdits grans jours, pour icelles estre par luy oyes, conclutes et appoinctées en droit, et finablement décidées et diffinies, appellé aveeques luy au jugement d'icelles deux notables personnes du moins et gens de justice non suspectes ou favorables à aucune desdictes parties. Et par ces mesmes présentes nous, confians des sens, littérature, science et bonne expérience de nostre amé et féal conseillier et président de noz comptes maistre Jehan de la Vignolle, ledit office de président de nosdits grans jours, par l'advis et délibéracion de nostre conseil, avons donné et donnons par ces présentes audit de la Vignolle, président de nosdits comptes, et à iceluy office l'avons commis, depputé et estably, commectons, depputons et establissons par ces présentes, pour iceluy office de président desdits grans jours avec ledit office de président de nosdits comptes avoir, tenir et exercer, aux droiz, prouffiz et émolumens qui raisonnablement luy devront compecter et appartenir, et à telz gaiges ou pension qu'il nous plaira luy donner. Si donnons en mandement, etc. Donné en nostre chastel d'Angiers, le penultime jour du moys d'octobre, l'an de grâce mil cccc soixante sept. Ainsi signé : René... Benjamin.

(Arch. nat., P 1334*, f° 192 v°.)

61.

LETTRES DE SURETÉ DONNÉES PAR LOUIS XI A RENÉ
CONTRE LE COMTE DU PERCHE.

2 janvier 1468.

Loys, par la grâce de Dieu roy de France, à touz ceulx qui ces présentes lettres verront, salut. Comme, en traictant l'appointement naguères fait entre nous et nostre très cher et amé cousin le conte du Perche touchant la recouvrance en noz mains des ville et chastel d'Alençon, lors occupez et détenuz par les Bretons, et pour retirer nostredit cousin avec nous, nous ayons promis et accordé à iceluy nostre cousin pluseurs choses plus à plain contenues en noz autres lettres patentes, que sur ce lui avons octroyées soubz les conditions spécifiées et déclairées en icelles noz lettres; et pareillement nostre très cher et très amé oncle le roy de Jherusalem et de Sicile, pour le bien et accomplissement dudict appoinctement, ait baillé ses lettres, esquelles les nostres dont dessus est faicte mencion sont incorporées, par lesquelles il ait promis de soy employer et faire tout son povoir que nous tendrons et accomplirons les choses contenues en nosdites autres lettres...; et pour ce que nostredit oncle le roy de Sicile a faicte libéralement et de bonne foy ladite promesse et baillé sur ce sesdites lettres à nostredit cousin du Perche, et que ne vouldrions que iceluy nostre oncle tombast à ceste cause en aucun deshonneur ou dommaige; nous, pour ces causes, avons promis et promectons par ces présentes en parolle de roy à nostredit oncle le roy de Sicile de le garder de tous dommaiges et empeschemens quelzconques qui avenir lui pourroient, ores ou pour le temps à venir, pour occasion de ladite promesse par lui faicte et de ses dictes lettres par lui sur ce baillées à nostredit cousin du Perche, et de l'en garentir et deffendre envers icelui nostre cousin et touz autres. En tesmoing de ce, nous avons fait mectre nostre seel à ces présentes. Donné au Mans, le second jour de janvier, l'an de grâce mil cccc soixante sept, et de nostre règne le septiesme. Ainsi signé sur le reploy desdites lettres : Par le Roy, Bourré.

(Arch. nat., P 1334¹, f° 200.)

62.

LOUIS XI NOMME RENÉ SON LIEUTENANT-GÉNÉRAL AUX PAYS D'ANJOU, DU MAINE ET DE BRETAGNE, DURANT LA GUERRE CONTRE LES BRETONS.

9 août 1468.

Loys, par la grâce [de Dieu] roy de France, à touz ceulx qui ces présentés lettres verront, salut. Comme, pour aucunes grandes causes et considéracions à ce nous mouvans, nous aions déliberé de nous transporter présentement sur les marches de la rivière de Some, et pour ce que, en ce faisant, nous eslongnons les pays d'Anjou et du Maine, qui sont marchissans et voisins du pays de Bretaigne, par quoy soit besoing, pour le bien de nous et desdits païs, et pour résister aux entreprinses ou dommaiges que les Bretons et autres leurs aliez, noz adversaires, y pourront faire, laisser la garde et charge d'iceulx païs es mains d'aucun chief notable qui soit de telle auctorité et puissance qu'il les puisse préserver, garder et deffendre de toute oppression et adversité ; savoir faisons que nous, ce considéré, conflans entièrement des haulx et grans sens, vaillance, loyauté, vraie affection et bonne diligence de nostre très cher et très amé oncle le roy de Jherusalem et de Sicile, duc d'Anjou, ayans regart à la grant proximité de lignage dont il nous actient et à la grant amour et fidélité que lui et ses prédécesseurs ont touzjours eu envers nous et la couronne de France, aussi que par son moien et à sa bonne aide lesdits pays d'Anjou et du Maine pourront mieulx et plus puissamment estre gardez, secouruz et aidez que par autres quelzconques, iceluy nostre oncle, pour ces causes et autres à ce nous mouvans, avons fait, ordonné, constitué et estably, et par ces présentes faisons, ordonnons, constituons et establissons nostre lieutenant général esdits pays d'Anjou et du Maine, et aussi oudit païs de Bretaigne. Et lui avons donné et donnons par cesdites présentes plain povoir, auctorité et mandement espécial de mander, assembler et faire venir devers lui, toutes foiz que bon lui semblera, les nobles, vassaulx et subgetz d'iceulx païs qui ont acoustumé d'eulx armer, et aussi tous cappitaines et autres gens d'armes et de traict par nous ordonnez et establiz pour la frontière desdiz pays ; de les faire mectre sus en armes et les exploicter où il verra estre neccessaire, tant pour la garde et deffense desdits pays que pour faire guerre et porter dommaige ausdits Bretons et aultres leurs aliez et à touz autres adversaires de nous et de nostre royaume; de faire avitailler, fortiffier et emparer les villes, chasteaux et places desdits pays, où il verra qu'il en sera mestier; de faire raser, démolir et abatre les place ou places desdits pays qu'il verra estre à faire pour le bien de nous et seureté desdits païs ; de mectre ou faire mectre siége ou siéges aux places à nous contraires et désobéissantes, icelles réduire à nous et à nostre obéissance, par siége, composicion ou autrement, ainsi qu'il verra mieulx estre à faire ; icelles places, villes ou forteresses, ainsi réduites en nostre obéissance, faire raser, démolir et abatre, s'il voit que bon soit; des biens, meubles et

immeubles des rebelles, désobéissans et contraires à nous en
disposer, donner, ordonner et départir, ainsi et où il verra estre
à faire et que bon luy semblera; de réduire et meetre en nostre
obéissance, par puissance d'armes ou par voye amiable, touz
nobles et autres personnes, de quelque estat ou condicion qu'ilz
soient, à nous rebelles et désobéissans, et leur remectre, quicter
et pardonner touz crimes de lèze magesté et autres en quoy ils
pourroient estre encouruz envers nous et justice; de faire ordonnance ou ordonnances telle ou telles qu'il verra estre à faire, et
les transgresseurs d'icelles pugnir et corriger de peine capital ou
autres qu'il verra au cas appartenir, ou ausditz rebbelles, désobéissans et à nous contraires, ou transgresseurs desdites ordonnances, donner rémission, abolicion, grâce ou pardon, lesquelles
voulons estre d'autel effect et valeur comme les nostres propres; de confermer aux villes et places qu'il réduira en nostre
obéissance leurs droiz, franchises, libertez et priviléges, ou leur
en donner de nouveaulx, s'il voit que bien soit; de donner sauf-
conduiz et seuretez, soit par mer ou par terre, telz ou telles
qu'il congnoistra estre à faire, et pour tant de gens que bon lui
semblera; de donner capitaineries et autres offices des villes et
places qu'il réduira en nostre obéissance, par héritaige, à vie
ou autrement, en bailler ses lettres patentes, que voulons
en toutes et chascunes les choses dessusdites et toutes autres appartenans à lieutenant général estre d'autel effect et
valeur que les nostres propres, et icelles ratiffier et confermer,
se besoing est et en estions requis; de contraindre et faire contraindre les subgetz desdits païs d'Anjou et du Maine et aussi
dudit païs de Bretaigne, tant nobles que non nobles, et aussi ceulx
des païs de Touraine, Poictou, Xantonge et Angoulmoys, desquelz
avons baillé charge et lieutenance particulière à nostre très cher
et très amé filz le marquis du Pont, d'aller aux siége ou siéges
qu'il meetra ou fera meetre devant les villes et places à nous désobéissantes, et faire lever leur payement et soulde ainsi et en
la manière qu'il advisera. Et aussi lui avons donné et donnons
puissance de faire et faire faire par ses commis et depputez les
monstres de nos gens d'armes et de traict, tant de ceulx de la
soulde des compaignies des s^{rs} de Pointhièvre, de Craon, de
Bueil, de Crussol, que de ceulx du ban et arrière ban desdits
païs d'Anjou, de Touraine, Poictou, le Maine, Xantonge, An-

goulmoys, aussi des francs archiers et tous autres que luy envoierons, et que par ses lettres ou de ses commis et depputez lesdits gens d'arme et de traict soient payez par nostre trésorier des guerres ou ses commis, tant du temps passé, à prendre du premier jour d'aoust, que de l'avenir, sans qu'il soit besoing à nostredit trésorier ou à sesdits commis en avoir de nous autres lettres ou mandement. Et en oultre voulons et nous plaist que nostredit oncle puisse substituer, commectre et depputer ung, deux ou troys personnes de bonne auctorité et prudence à exercer en son absence nostredicte lieutenance, et leur donner tel et semblable povoir que cy dessus est contenu, ou moindre se son bon luy semble, de les révocquer touz ensemble ou particulièrement, ces présentes demourans tousjours en leur vertu... Donné à Compiengne, le IXe jour d'aoust, l'an de grâce mil cccc soixante huit et de nostre règne le VIIIe, soubz nostre seel ordonné en l'absence du grant. — Par le Roy en son conseil, De Cerisay.

(Arch. nat., P 1334^5, f° 219.)

63.

RENÉ CHARGE SON CHANCELIER JEAN FOURNIER DE NOMMER AUX OFFICES.

10 octobre 1468.

René, etc., à nostre très chier et féal chancelier maistre Jehan Fournier, salut et dilection. Comme de la provision de noz gens et serviteurs de touz estaz nous servans actuelment aions eu pluseurs plaintes et clameurs à diverses foiz, disans que des offices qui sont vacans à nostre disposicion ne les pourvoyons aucunement, mais pour importunité de requestes les donnons à gens qui ne nous ont servy ou servent aucunement, et, quant les donnons à aucuns de nostre hostel, n'avons le plus souvent regart à ceulx qui nous ont servy le plus longtemps; savoir faisons que nous, voulans et désirans éviter lesdites plaintes et clameurs et pourveoir nosdits serviteurs les plus anciens les premiers des offices qui doresenavant seront vacans à nostre disposicion, tant des annuelles comme de celles qui sont à perpétuité, chascun selon leurs estatz, comme raison est, en chascun de nosdits pays et seigneuries, confians à plain de voz sens, discreccion, loyauté et bonne proudommie, vous avons commis et depputé, commectons et depputons par ces présentes et donnons plaine puissance de nommer, donner et conférer, pour et ou nom de nous, à nosdits serviteurs nous servans actuelment chascun jour les offices qui doresenavant seront vacans à nostre nominacion ou plaine disposicion, c'est assavoir aux gentilshommes les cappitaineries, vigueries, bailliages et autres telz offices à eulx appartenans, et les eslections, greneteries, contrerolleries, greffes, jugeries, lieutenances à noz serviteurs de la plume, et les soubzvigueries, sergenteries et autres tels offices à nos serviteurs non clercs, en préférant la provision de nosdits serviteurs chascun selon leur estat et le plus longtemps qu'ilz nous ont servy, comme raison est, et selon ung rolle qu'en avons fait faire, ataché à ces présentes, sans avoir regart à qualité de quelconque personne, fors à pourveoir ceulx qui plus longue espace de temps nous ont servy les premiers. En quoy faisant, avons révocqué et par cesdites présentes révocquons touz quelzconques vicariaz par nous donnez paravant la date de cesdites présentes, et que pourrions pour l'avenir, par inadvertance, importunité ou autrement, donner... Et affin que nosdits serviteurs n'aient pour l'advenir occasion d'avoir recours à nous quant lesdits offices vacqueront, voulons et déclairons dès à présent toutes les lettres que ferez expédier de don desdits offices selon ledit rolle, par vertu de cesdites présentes, soit en nostre présence comme en nostre absence, estre bonnes et vallables comme si nous mesmes les avions commandées... Donné à Corné, le dixiesme jour d'octobre, l'an de grâce mil cccc soixante huit. Ainsi signé : René. Par le roy en son conseil, ouquel Vous, l'évesque de Masseille, les sires de Loué, premier chambellan, de Clermont et de Nogent, le président des comptes avec autres présens, Benjamin.

(Arch. nat., P 1334¹, f° 52.)

64.

LETTRE DE RENÉ AU ROI DE PORTUGAL, EN FAVEUR D'UN NÉGOCIANT DE BARCELONE QUI AVAIT ÉTÉ DÉPOUILLÉ PAR LE CAPITAINE D'UN NAVIRE PORTUGAIS.

12 novembre 1468.

Serenissimo principi Alfonso, Dei gratiâ Portugalie regi, consanguineo tanquam fratri carissimo, Renatus, eâdem gratiâ rex Aragonum, Hierusalem utriusque Sicilie, etc., salutem et prosperitatis augmentum. Serenissime princeps, consanguinee tanquam frater carissime. Exposuit nobis fidelis vassallus noster Raphael Bonet, mercator Barchinonensis, quòd superioribus mensibus, dùm in isto vestro regno negociaretur, et jam in patriam mari redire statuisset, navem quandam *la Mesurada* vulgò dictam, cui Andreas Periz, natione Portugalensis, preerat, pacto intrà eos mercantili more inito, quòd cum suasque merces Barchinone Andreas ipse exoneraret, ascendit. Qui, cùm navis ipsa in mare nostrum jam delata esset, et à cursu declinare videretur, cepit Andream ipsum de re solicitare, deinde ad pactum servandum hortari et requirere. Pactum ille servare penitùs recusans, Neapolis regnum petiit ; cùm autem mare Caiatanum navigaret, hunc in terram descendere jussit, merces sibi retinuit. Merces hic sibi restitui petiit : merces ille restituere omninò recusavit, et, vela ventis dans, illas secum tanquam pirata asportavit, in maximum quidem ipsius Raphaelis prejudicium, injuriam atque damnum. Quapropter, serenissime rex, supplicante eodem Raphaele, vos magnopere rogamus atque requirimus ut eundem supplicantem suumve procuratorem legitimum, quotiens illum Serenitatem vestram eâ de causâ adire oporteat, libenter audire, et, justitiam sibi ministrans, ablata sibi, cum omnibus damnis et expensis justè inde factis et faciendis, restitui ab integro facere opportunè velitis. Quod, etsi ex justitiâ est, nos tamen loco complacentie accepturi sumus ; et si qua, serenissime rex, consanguinee tanquam frater carissime, à nobis Serenitas vestra voluerit, scribat, quoniam significata nobis ut exactè fiant procul dubio enitemur. Datum apud arcem civitatis nostre Andegavis, die XII° mensis novembris, anno à nativitate Domini millesimo CCCC LXVIII°.

RENÉ.

Serenissimo principi Alfonso, Portugalie regi, consanguineo tanquam fratri nobis carissimo.
Dominus rex mandavit mihi,

PETRO PUIG.

(Bibl. d'Aix, ms. 1004, p. 112.)

65.

AUTORISATION DONNÉE PAR LOUIS XI A RENÉ DE SCELLER SES LETTRES EN CIRE JAUNE, A L'INSTAR DES ROIS DE FRANCE.

28 janvier 1469.

Ludovicus, Dei graciâ Francorum rex, universis presentes litteras inspecturis, salutem. Regiam majestatem semper elaborare atque eniti decere arbitramur ut optimos quosque fideles et benemeritos maximâ munificenciâ, privilegiorum prerogativâ, summisque honoribus extollat. Scimus enim nichil magis omnium prudentium sentenciis receptum regum, principum, magnatum munificenciâ et liberalitate, que, si in eos qui paucis vel nullis obsequiis juvantur summopere laudabilis existit, longè magis ubi precedentibus beneficiis provocantur... Cùm itaque, ingruentibus plurimis divisionibus, guerris, bellis plus quàm civilibus ac sedicionibus intestinis, que ab aliquibus annis citrà regnum nostrum totamque rem publicam regni invaserunt, unus inter preclaros principes inventus est, qui nullo pacto nullàque racione impelli potuit ut à fidelitate tociusque rei publice tuicione regieque nostre corone zelo minimè secederet: is est carissimus avunculus noster, quem meritò patrem nostrum dixerimus, serenissimus Renatus, Jherusalem, Sicilie et Arragonum rex, Andegavie, Barri, etc. dux, comes Provincie, etc., qui indomitâ constanciâ, invictâ fidelitate, rectissimâ voluntate optimus princeps quoad potuit hujus regni antiquam tamen et summam dignitatem observavit, maximâ in reverenciâ habuit, semper magnifecit, in precipiciumque ruituram erexit. Quibus preclaris facinoribus adeò emicuit, ut uberrimam honoris, dignitatis et glorie copiam eum meruisse non hesitemus; sed, ut infausta rerum oblivio tam nobilissimi principis, tam constantissimi, tamque fidelissimi decus et gloriam nequaquam obumbrare aut extinguere valeat, eum pre ceteris aliquibus honoris insigniis prefulgere volumus, quibus possit tam mirabilis rectitudo et invicta fidelitas actestari. Notum igitur facimus quòd nos, animadvertentes soli nostre regie majestati, in signum precellentis nobilitatis et summe dignitatis, ab antiquo pertinere ut sigillum nostrum in cerâ croceâ imprimere possimus, cùm tamen ceteri remissioris nobilitatis et dignitatis cere diversorum colorum usum habeant, et nusquàm alius ceras nostris similes usurpare presumpsit; prospicientes eciam, alterâ ex parte, nos memorato carissimo avunculo nostro, ob ejus immensam beneficiorum largicionem, invincibili ligamine obnoxios; eidem carissimo avunculo nostro, Jherusalem, Arragonum et Sicilie regi prefato, Andegavis et Barri duci comitique Provincie, in sue virtutis et persone specialem favorem, quamdiu vitam duxerit in humanis, de speciali gracie dono et ex nostrâ certâ scienciâ, de plenitudine potestatis, dedimus et concessimus, damus et concedimus per presentes et deliberatâ sanctione decernimus ut, hoc nostro privilegio fretus, possit, quoad vixerit, ceram croceam more nostro sigilis suis liberè et quietè apponere in omnibus ejus regnis, principatibus, potestatibus ac terris quibuscumque, tam in regno nostro quàm extrà regnum nostrum existentibus, absque eidem avunculo nostro in premissis ulla contradictio, disturbium vel impedimentum per nos, successores nostros, aut nostros vel eorum officiarios, quomodocumque dari, fieri vel inferri valeat. Quocircà dilectis et fidelibus consiliariis nostris gentibus nostre curie parlamenti et camere compotorum ac thesaurariis Francie et eorum cuilibet, prout ad eum pertinuerit, precipiendo mandamus quatinus predictum carissimum avunculum nostrum, quoad vixerit, hujus nostre presentis concessionis tenore uti et gaudere faciant et permictant pacificè et quietè, sine contradictione quàcumque... In cujus rei testimonium sigillum nostrum presentibus litteris duximus apponendum. Datum in opido nostro Montilliorum propè Turonis, die XXVIII° mensis januarii, anno Domini millesimo quatercentesimo sexagesimo octavo, regni nostri octavo. Sic signatum : Per Regem, J. Bourré.

(Enregistré au parlement le 20 mars suivant.)

(Arch. nat., P 1334², f° 6 v°.)

66.

TRAITÉ D'ALLIANCE ET DE CONFÉDÉRATION CONCLU ENTRE RENÉ ET LE ROI DE CASTILLE.

19 juin 1469.

Confederatio et liga illustrissimi regis Castelle.

Henricus, Dei gratiâ Castelle et Legionis, etc., rex, omnibus presentes litteras inspecturis, salutem in Domino sempiternam. Cum ratione studemus et cupimus fedus atque amicitiam tenere cum omnibus principibus christianis, et, si nos cum rege Renato illustrissimo questionem seu litem habeamus aut habere speremus super regno Aragonie, super quo uterque nostrum jus habere pretendit, volumus tamen cum prefato rege Renato serenissimo amiciciâ jungi, confederari et alligari, ac per presentes pro se suoque proximo herede, regnis subdictis ac adherentibus ipsius, jungimur et alligamur ac fedus inimus in modum qui sequitur : videlicet quòd nos Henricus prefatus, rex Castelle et Legionis, filiusque noster primogenitus sive primus regnorum nostrorum heres, regna, patrie nostre, dominia et subdicti nostri, sumus ex nunc et erimus de cetero, unacum dicto Renato Jherusalem et Sicilie rege et cetera, fratre nostro carissimo, filioque suo unico Johanne, duce Calabrie et Lothoringie, terris, patriis, dominiis et subdictis suis, boni veri fideles, confederati et adherentes amici tanquam vero nostro fratri naturali et germano ; videlicet tali modo quòd nos, prefatus filius noster primogenitus seu primus regnorum nostrorum heres, dampnum, vituperium, detrimentum aut dedecus dicti fratris nostri carissimi regis Renati filiique sui unici seu primi regni sui heredis, terrarum, patriarum, dominiorum, subdictorum suorum non procurabimus ullo modo, nec cuiquam persone viventi, cujuscunque status, conditionis, preheminentie aut dignitatis existat, et si persona fuerit regalis aut alia quevis, que dicto fratri nostro carissimo regi Renato filioque suo prefato, terris, patriis, dominiis et subdictis suis guerram, dampnum, vituperium, detrimentum aut dedecus facere et perpetrare voluerit aut inferre, consilium, auxilium prestabimus seu favorem. Item potuerunt subdicti seu vassalli nostri, liberè et absque offensà quàlibet per eos incurrendà, ad servitium et juramen dicti fratris nostri carissimi filiique sui unici, tam per terram quàm per mare, ad opus guerre, nostrà tamen aut regnorum nostrorum auctoritate [non] cessante, quotiens eis placuerit se transferre; sic tamen ut alligationibus inter nos ac illustrissimum Francorum regem initis nullo modo aliquando detrahatur, sed in omnibus et per omnia ille se firme ac intacte permaneant, perinde ac si hee confederationes nullo modo inite essent, que à datà presentium usque ad biennium dumtaxat extendi seu durare volumus. Ita tamen quod, si temporis istius flexu atque cursu durante, quod speramus et optamus, jurgia et controversio nostra cum ipso Renato, eminentissimo rege, aut suo proximo herede filioque unico Johanne, duce Calabrie et Lothoringie, componi potuerunt, ex nunc prout ex tunc perpetuò fedus hoc cum prefatis rege Renato illustrissimo ac filio suo ejusque regnis et subdictis vigeat ac floreat. Id nempe nobilis Galeatius de Bernetio, prefati regis serenissimi Sicilie nuntius, à nobis stipulatus est, mandato ad hoc speciali ostenso. Id insuper flagitarunt à nobis reverendissimus pater amicus noster Johannes, cardinalis Albiensis, et legati Francorum nunc ad nos missi; idque in manibus ejusdem reverendissimi cardinalis sponte promissimus atque juravimus nos servaturos, et per presentes in verbo regis spondemus atque promictimus. Hec autem federa inivimus, firmavimus atque percussimus ut prelibatum, absque acquisitione novi juris aut veteris perditione pro nobis aut prefato consanguineo nostro serenissimo Renato, rege Sicilie. Datum in civitate nostrà Cordubensi, die decimà nonà mensis junii, anno Domini millesimo quadringentesimo sexagesimo nono. Sic signatum : Yo el Rey. — De illustrissimi regis mandato. — Jo. de Oviedo, secretarius.

(Arch. des Bouches-du-Rhône, B 10, f° 9.)

67.

LETTRE DE RENÉ AU DUC DE CALABRE, SON FILS ET SON LIEUTENANT-GÉNÉRAL EN ARAGON, EN FAVEUR DE JEAN BOTARIC, QUI AVAIT UN DROIT DE REPRÉSAILLES A EXERCER CONTRE LES ARAGONAIS.

29 décembre 1469.

Renatus, Dei graciâ rex, etc., illustrissimo infanti Johanni, duci Calabrie et Lothoringie, principi Gerunde, ac in regnis et terris nostris Aragonum, etc., primogenito, gubernatori ac locumtenenti generali nostro carissimo, salutem et paternam benediccionem. Exposuit nobis humiliter fidelis noster Johannes Botarici, Aquensis domicellus, quòd is, superioribus annis, dùm pax nobis cum rege Joanne esset, regnum Valencie cum caravellâ quàdam victualibus onustâ petiit; ubi, cùm victualia ipsa vendere curaret, caravella ipsa et omnia que in eâ erant sibi à subditis ipsius regis Joannis vi ablata fuere, neque ea postea potuit ullâ diligenciâ recuperare; sed, in Provinciam rediens cum documentis quibusdam, tandem quasdam represaliarum litteras contrà subditos regis Joannis à locumtenente illic nostro sibi impetravit. Verùm, cùm bellum postea supervenerit et represaliis locus nullus sit, supplicavit nobis humiliter ut, cùm prefatâ ex causâ ipse in magnâ calamitate constitutus sit, dignaremur sibi, in compensacionem premissorum, certam de rebellibus ipsi regi obedientibus illorumque bonis graciam concedere. Nobis autem consilium fuit illum ad vos remittere : vos igitur eum audite, et, casu suo diligenter cognito, sibi de justiciâ aut aliàs de graciâ, prout vobis faciendum videbitur, opportunè providete. Datum in castello civitatis nostre Andegavis, die xxviiii° mensis decembris, anno à nativitate Domini m°cccc lxviiii°.

RENÉ.

Dominus rex mandavit mihi.

P. PUIG.

(Bibl. d'Aix, ms. 1064, p. 201.)

68.

AUTORISATION DONNÉE A JEAN DE TORRELLES, COMTE D'ISCLA, D'ENGAGER LA PENSION DONT IL JOUIT POUR RACHETER SON FRÈRE, CAPTIF CHEZ LES SARRASINS.

28 mai 1470.

Renatus, etc. Spectabili et magnifico Joanni de Torrelles, comiti Iscle, in nostro principatu Cathalonie nunc vices generalis gubernatoris gerenti, consiliario nostro dilecto, gratiam nostram et bonam voluntatem. Pro beneficio faciendo redemptionis magnifici et religiosi viri fratris Caroli de Torrelles, germani vestri, qui à Sarracenis jam multos annos captivus apud Bogie partes detinetur, et inhumanè, ut accepimus, tractatur, vobis tenore presentium nostrarum litterarum, ex nostrà certà scientià et deliberatè, licentiam et facultatem amplissimam damus et concedimus quòd possitis et liberè vendatis impignorare et seu per tempus annorum quatuordecim alienare quibuscumque personis annuam provisionem florenorum mille monete Provincie, quam nos superiori tempore vobis ad vestre vite decursum concessimus et assignavimus, per granaterium Tarasconis de pecuniis nostre curie annuatim exolvendam. Nos enim impignorationem ipsam et seu alienationem, à vobis per tempus ipsum annorum quatuordecim, ut prefertur, faciendam, tantam vim et robur habituram esse volumus quantam haberet si à nobis facta esset; has nostras litteras manu nostrà subscriptas, sigilloque nostro secreto in pede munitas, vobis propterea dirigentes. Datum apud civitatem nostram Aquensem, die XXVIII° mensis maii, anno ab incarnatione Domini M°CCCC LXX°.

RENÉ.

Per dominum regem, domino de Parnay
et aliis presentibus,

PETRUS PUIG.

(Bibl. d'Aix, ms. 1064, p. 159.)

69.

SAUF-CONDUIT ACCORDÉ A DES PRISONNIERS ESPAGNOLS.

12 juin 1470.

Renatus, etc. Universis et singulis officialibus et subditis nostris, et aliis quibusvis arma sub nostris vexillis ubivis exercentibus, salutem et gratiam. Quoniam Christophorus Alcover, Joannes Alcover, Guillermus Alcover, Raphael Prats, Franciscus Prats, Jacobus Rollan, Antonius Arbona et Joannes Castello, omnes ex villà Soller regni Majoricarum oriundi, captivi nunc nostrorum civium Arelatensium, propè diem redimi sperant, patriam deinceps petituri ; dicimus et mandamus expressè vobis et vestrûm unicuique, sub nostre gratie et amoris obtentu, quatinus eos, cûm redempti fuerint, salvos securosque à terris nostre obedientie, sive terrà, sive mari, exire liberè et absque aliquo impedimento, molestià vel novitate, sinatis et permittatis, hoc nostro durante salvoconductu, quem per tres menses à die presenti numerandos durare volumus et non ultrà. Et contrarium non faciatis, quàvis causâ vel ratione. Datum apud civitatem nostram Aquensem, die duodecimo mensis junii, anno à nativitate Domini millesimo cccc lxx°.

RENÉ.

Dominus rex mandavit mihi.

PETRO PUIG.

(Bibl. d'Aix, ms. 1064, p. 130.)

70.

RENÉ DEMANDE LA RÉDUCTION DU NOMBRE DES RELIGIEUX DE SAINT-LOUIS DE MARSEILLE, EN VUE DE FACILITER LA RECONSTRUCTION DU MONASTÈRE.

29 juillet 1470.

Rex Aragonum, Hierusalem, etc. Nos, his proximè actis diebus, cùm Massiliam ivissemus et monasterium Sancti Ludovici devotionis gratiâ per novem dies frequentaremus, fabricamque illius monasterii parùm auctam videremus, quod defectu pecuniarum accidisse ferebant, voluimus introitus et exitus reddituum monasterii intelligere : invenimus inter alia monasterium nimio fratrum numero oneratum. Quam ob rem vos vehementer rogamus ut numerum ipsum ad sex fratres presbiteros et quatuor serviciales reducatis, inter quos fratrem Antonium Rigau relinquatis ; nam, ut intelligimus, poterit multum prodesse ad habendas peccunias sua remansio. Neque plures illic manere, donec reparatio illius monasterii perfecta fuerit, aliquo modo permittatis. Datum apud Guardanum, die XXVIII° mensis julii, anno à nativitate Domini millesimo CCCC LXX.

RENÉ.

Venerabili et religioso viro fratri Antonio, ordinis Minorum sancti Francisci provinciali ministro devoto nobisque dilecto.

P. PUIG.

(Bibl. d'Aix, ms. 1004, p. 151.)

71.

LOUIS XI AUTORISE LES HABITANTS DE L'ANJOU A FAIRE L'ASSIETTE D'UNE AIDE OCTROYÉE AU ROI DE SICILE POUR SON EXPÉDITION DE CATALOGNE.

8 août 1470.

Loys, par la grâce de Dieu roy de France, à touz ceulx qui ces présentes lettres verront, salut. Nostre très chier et très amé oncle le roy de Jherusalem, de Sicile, d'Arragon, etc., duc d'Anjou, de Bar, etc., nous a fait dire et remonstrer que, pour les recouvrement et conqueste de ses royaumes d'Arragon et païs de Cathelongne, en oultre le grant aide que lui avons fait et faisons, il a despendu bien grant somme de deniers et encores lui convient faire continuelement; en oultre lui a convenu porter et soustenir pour le passé l'estat et despense de nostre très chière et très amée cousine la royne d'Angleterre, sa fille, et de nostre très chier et très amé cousin le prince de Gales, leur filz, et néantmoins n'a eu aucun don ne aide de sondit pays d'Anjou pour lui aider à supporter sesdites grans affaires; et requerroit voulentiers et feroit requérir ceulx dudit pays d'Anjou comme ceulx de la ville d'Angiers, qui est la ville cappital dudit pays, et autres villes et parroisses dudit pays, de luy faire aide selon leur possibilité, ce que ceulx de ladite ville et dudit pays, comme il a entendu, néantmoins les autres grans et insupportables charges qu'ilz ont portez, soustenuz, portent et soustiennent de nostre ordonnance et auctorité, feroient de bon cuer à leur povoir, moiennant noz bons plaisir, congié et licence. Pour quoy nous, ces choses considérées, avons voulu et consenti, voulons et consentons et nous plaist que lesdiz manans et habitans de ladite ville d'Angiers, et aussi ceulx dudit pays d'Anjou, eux puissent assembler assemblément et particulièrement, ainsi qu'ilz verront mieulx estre à faire, et asseoir et imposer sur eulx, en la présence d'aucuns des officiers de nostredit oncle, jusques à la somme de trente mil francs ou au dessoubz, soit par manière d'aide ou de impost, lequel qu'il leur semblera estre moins à leur foulle et charge, et par tant de années subsécutivement l'une l'autre qu'ilz adviseront mieulx estre à faire ; auquel aide ou impost entendons et voulons estre contrains réaument et de fait, et non obstant opposicions ou appellacions quelzconques, toutes manières de gens, et tout ainsi que pour noz propres debtes et affaires. Si donnons en mandement, etc. Donné à Saint-Florent lez Saumur, le VIII° jour d'aoust, l'an de grâce mil cccc soixante et dix, et de nostre règne le dixiesme. Ainsi signé : Par le Roy, mons' le duc de Bourbon, le marquis du Pont et autres présens, J. Leclerc.

(Arch. nat., P 1334², f° 84.)

72.

LETTRE DE RENÉ A SON CONSUL A GÊNES, LUI ORDONNANT DE RÉCLAMER UN PRÊTRE QU'IL AVAIT RACHETÉ DE L'ESCLAVAGE ET QUE LES GÉNOIS AVAIENT ENLEVÉ A SES GENS.

19 février 1471.

Rex Aragonum, Hierusalem, utriusque Sicilie, etc.

Spectate vir, devote nobisque dilecte. Non absque querelà nobis exposuerunt fideles familiares nostri Nicolaus Ginot et Joannes de Logres, quos superiori anno ad regem Tunisii miseramus, quòd, dùm ad nos mense augusti redirent et in istam Genuensem civitatem applicuissent, ablatus est eis à barchà que custodiæ portûs data esse dicitur et arma civitatis deferebat captivus quidam, Antonius Porc nominatus, presbiter, natione Sardus, quem in navi quâdam Genuensi, intus ipsum portum, tenebant, quique à rege prefato, nostro intuitu, eis datus fuerat pro duplis aureis Mauritanis quingentis. Quem captivum postea non modò recuperare, sed ne justiciam quidem ullam apud civitatis magistratus habere potuerunt, neque notarius quisquam inventus est qui processum aut inquisitionem aliquam ejus rei conficere voluerit. Quà de re, si sic se habet, non parùm miramur. Id enim et à justiciâ que omnibus reddi debet et ab antiquâ amicitiâ que nobis cum Genuensibus est valdè abhorret. Scribimus ad eos nunc satis diligenter, ut super captivo ipso restituendo aut prefatâ habendâ pecunie summâ justiciam familiaribus ipsis nostris ab integro et completè faciant. Rogamus vos propterea ut rem ipsam commendatam suscipiatis, et etiam quevis nostra vel subditorum nostrorum negotia, uti ad officium vestrum pertinent, commendata habere velitis. Erit id quidem nobis valdè gratum. Datum apud castellum civitatis nostre Andegavis, die xviiii° februarii, anno à nativitate Domini M CCCC LXXI°.

RENÉ.

Dirigitur spectato viro Raphaeli Torrille, Provincialium apud Genuam consuli devoto nobisque dilecto.

Dominus rex mandavit mihi,

PETRO PUIG.

(Bibl. d'Aix, ms. 1064, p. 176.)

73.

RENÉ DEMANDE AU PAPE DE CONFIRMER A GABRIEL TARRACA, ORGANISTE, UN BÉNÉFICE DONT IL A ÉTÉ POURVU.

Février 1471.

Sanctissime, etc. Certiores facti sumus capitulum ecclesie Barchinonensis, quò divinus cultus celebrior fiat et devotio populi erga ecclesiam ipsam quotidie augeatur, duo simplicia beneficia primò vacatura, unum videlicet organis, alterum officio magistri cantûs unisse. Accidit autem postea ut beneficium organis unitum vacavit, et Gabrieli Tarraca, organorum ipsorum pulsatori, collatum fuit, et possessionem illius habeat. Cùm igitur nos unionem ipsam, ad cultum divinum pertinentem, perpetuam fore cupiamus, et virtutes, ingenium in pulsandis organis mirum, et mores ipsius pulsatoris optimos esse intelligamus, Sanctitati vestre, quantò humilius possimus, supplicamus ut et prefatas uniones et collationem ejus beneficii, prefato pulsatori factam, tum ejusdem pulsatoris virtutum ac meritorum gratiâ, tum nostro intuitu, confirmare et ratas habere dignetur et velit. Nam et cultui divino illius ecclesie Sanctitas vestra optimè consulet, et nos id loco gratie procul dubio accipiemus. Almam personam vestram, etc. Datum apud castellum nostrum civitatis Andegavensis, die.....[1] februarii, anno à nativitate Domini M CCCC LXXI°.

Sanctissimo ac beatissimo domino nostro pape,

RENÉ.

Dominus rex mandavit mihi.

PETRO PUIG.

(Bibl. d'Aix, ms. 1064, p. 169.)

74.

NOMINATION D'ANDREOSSI DE ANDREOSSIS EN QUALITÉ DE SECRÉTAIRE DU ROI DE SICILE.

6 mars 1471.

Renatus, etc., fideli nostro Andreocio de Andreociis, de Utricolo, graciam et bonam voluntatem. Si virtutes beneficiis prosequimur in quibuscumque personis, multò magis eandem rationem sequi debemus in iis qui nobis benè affecti et ad nostra servitia parati sunt, qualem vos esse accepimus. Cùm igitur satis superque satis exploratum habeamus quà fide et devotione nobis affectus quibusque moribus et honestate preditus sitis, necnon studium et diligentiam quam in nostris peragendis negotiis habiturum confidimus, ex quibus vos de nobis jam beneve-

[1] La date du jour est restée en blanc sur le registre.

nutum dignumque gratiâ et favore nostro existimamus, eoque magis quòd vos jam olim illustrissimo Joanni, primogenito nostro, memorie immortalis, dùm apud illud nostrum Sicilie regnum militaret, ex eo ipso officio preclarè inservivisse intelligimus; in testimonium vestre virtutis, de certâ nostrâ scientiâ, deliberatè et consultò ac speciali gratiâ, vos prefatum Andreocium in secretarium nostrum, actu et usu nobis, tam apud locuntenentem generalem nostrum, in regnis et terris Aragonum et relique nostre dicionis quàm alibi, servientem, eligimus, facimus, creamus, instituimus et fiducialiter ordinamus et amodò in posterum esse volumus et decernimus, adjungentes vos cetui et consortio reliquorum secretariorum nostrorum, itâ quòd deinceps utamini, fruemini et gaudeatis illis honoribus, favoribus, libertatibus, dignitatibus, preheminentiis, prerogativis et gratiis omnibus quibus ceteri nostri secretarii utuntur, fruuntur et gaudent, utenturque, fruentur et gaudebunt ac uti, frui et gaudere soliti sunt, debent et possunt, recepto tamen priùs à vobis de officio ipso fideliter et legaliter exercendo corporali ad sancta Dei quatuor evangelia juramento, quodquidem vos prestare volumus in manibus magnifici viri Joannis Fornerii, consiliarii et cancellarii nobis plurimùm dilecti. Vos verò, pro honore statuque nostro, ita in dicto officio vos habere et gerere procuretis, quòd conspectu nostro possitis et valeatis meritò commendari et ad majora promoveri ; et, ut favoribus dictum officium exercere possitis, quibuscunque futuris in illâ nostrâ Aragonum et reliquâ dicione locuntenentibus generalibus hoc notificantes dicimus, aliis verò universis et singulis officialibus nostris, majoribus et minoribus, quocunque nomine nominatis ac officio et dignitate ubi vis in totâ nostrâ dicione fungentibus, presentibus et futuris, mandamus ex certâ nostrâ scienciâ et deliberatè quatinus vos exinde pro secretario nostro habeant, teneant, reputent atque tractent, et in omnibus et singulis que ad dictum vestrum secretariatûs officium spectant et pertinent vobis assistant ope ac opere, et presidiis opportunis favorabiliter intendant. Contrarium nullatenus tentetur, pro quanto gratiam nostram caram habent ac indignationem nostram cupiunt evitare. In cujus rei testimonium presentes, manu nostrâ subscriptas, vobis fieri et expediri jussimus, sigillo nostro magno, quo in negociis comunibus nostre dicionis uti solemus, pendenti munitas. Datum apud arcem civitatis nostre Andegavis, die sexto mensis marcii, anno à nativitate Domini M CCCC LXXI°.

RENÉ.

Dominus rex mandavit mihi,
PETRO PUIG.

(Bibl. d'Aix, ms. 1004, p. 71.)

75.

LETTRE DE RENÉ AUX DÉPUTÉS DE CATALOGNE, RECOMMANDANT A LEUR BIENVEILLANCE GASPARD COSSA, CAPITAINE DU LAMPOURDAN ET DE L'ÉVÊCHÉ DE GIRONE.

10 mars 1471.

Venerable, magnifichs, amats e feels nostres. A nos es dit de part del magnifich e amat conseller e camerlench nostre Gaspar Cossa, capita de la provincia de Ampurda e bisbat de Girona, que en lo passat ell havia cent cavalls de conducta per guardar aquella provincia e certes gatges, loqual nombre de cavalls ne les gatges acostumades, desque es tornat derrerament de Provença, no ha potut cobrar, e axi no ha manera de poder se sustenir ni de ben servir con solia. E perque nos havem lodit Gaspar Cossa per un dels pus affectats e flats servidors que nos tengam, desiiam que sia ben tractat de vos altres; e axi vos pregam affectuosament que, tant en lodit nombre de cavalls quant en ses gatges del temps que haia servit e servira acustumades, lo vullau reintegrar e haver en special recomendatio e memoria, e no promettau, quant à vos altres se sguart, sia providicat en res de sa capitania, car aservey accepte vos ho havrem. Dada en lo nostre castell de Angiers, à X de març del any mil cccc LXXI.

RENÉ.

Dominus rex mandavit mihi,
PETRO PUIG.

Als venerable, magnifichs, amats e feels nostros los diputats del general do Cathalunya, consellers, e concell de sis e vuyt de la nostra insigna ciutat de Barchinona.

(Bibl. d'Aix, ms. 1004, p. 79.)

76.

RENÉ DONNE A DON DIONIS DE PORTUGAL LE POUVOIR DE SOUMETTRE EN SON NOM LES VILLES D'ARAGON ET DE RECEVOIR LEUR HOMMAGE.

13 mars 1471.

Renat, per la gratia de Deu, etc. De fidelitat e industria de vos, inclit don Dionis de Portugal, consanguineo e capita nostre, confiants, et de la inclinatio et voluntat que en prosperatio de nostra real corona teniu, sperants, ab la aiuda de Deu, à intercessio vostra algunes viles, castells, forces e lochs à la obedientia de nostra Majestat e prosperatio de nostra corona se reduhiran, e de la obedientia de nostre capital enemich lo rey de Navarra, qui lodit principat tirannicament invadint et maltractant los populas en aquells occupats noste, à la real nostra corona aplicaren; per ço, ab tenor de les presents, e de nostra certa scientia, deliberadament e consulta, à vos dit, inclit don Dionis de Portogal, consanguineo nostro, comettem facultat, potestat e amplissima licentia donam e largim, que, non essent present nostre loctenent general elegidor, la hon vos les dessusdites coses fareu e tractareu, pugan à nostra obedientia e real corona reduhir, acceptar qualseuvol viles, castells, forces e lochs, o qualseuvol persones que per servici nostre reduhir se volguessen à utilitat e honor à nostra corona portassen, e ab aquells dites viles, forces, lochs, castells e persones altres, com dit es, que reduyr se volran, en nom nostre pactar, capitolar, concordar, e tots los bens confirmar, e tots crims e delictes fins à la jornada que s'reduyran perdonar, e en lesdites viles, castells e forces metre capitans à nostre beneplacit hu e molts, e aquells removre com be vist vost sera, e dels populars en les dites viles e lochs o de aquells qui s' reduhiran sagraments e homenatges de fidelitat en nom nostre rebre e acceptar, e tots altres coses fermar e fer que necessaries seran per sa reduccio; car nos en e sobre les dites coses, deppendens e emergens de aquells, vos donam e comettem nostres veus ab plenissima potestat, promettens en nostra bona fe real que totes lesdites coses, pactes, capitols e concordies per vos faedores, e per la reductio d'aquell o aquells fetes havren, confirmarem e loarem atota lur requesta, segons la tenor de la concordia que per vos feta sera. Per ço al illustre nostre loctenent general, que en la principat de Cathalunya sera, notificans diem, e al portant veus de governador, capitans, officials nostres e loctenents de aquells, ab pena de sinc milia florins d'or à nostres coffres aplicadors, diem e manam que totes les coses dessusdites tenguen e observen e tenir e observar facen, guardantse de fer lo contrari, per quant nostra gratia tenen cara e la ira e indignatio nostra e pena dessusdita desijen no incorrer. En testimoni de lesquals coses manam fer les presents ab nostre segell reyal en lo dos segellades. Datum en la nostra ciutat de Angiers, à XIII dies del mes de març del any mil CCCC LXXI.

RENÉ.

Dominus rex mandavit mihi,

A. PAGANO.

(Bibl. d'Aix, ms. 1064, p. 86.)

77.

NOMINATION DE JEAN, FILS NATUREL DU DUC DE CALABRE, AUX FONCTIONS DE LIEUTENANT-GÉNÉRAL EN ARAGON.

14 mars 1471.

In Dei nomine. Pateat universis hujus publici instrumenti seriem inspecturis, presentibus et futuris, quòd nos, Renatus, Dei gratiâ rex Aragonum, Jherusalem, Sicilie citrà et ultrà Farum, Valentie, Majoricarum, Sardinie et Corsice, dux Andegavie et

Barri, comes Barchinonie, Provincie, Forcalquerii ac Pedemontis, etc., quos natura, rerum omnium parens, magnanimos genuit et ad res magnas gerendas probitatemque colendam direxit, eos nos, presertim si ex sanguine nostro nati sint, si qua res magna nobis gerenda occurrat, ceteris preficiendos esse arbitramur. Qualem profectò vos, illustrem Joannem de Calabrià, nepotem nostrum, filium naturalem Joannis, primogeniti nostri, memorie immortalis, esse conspicimus. Cùm igitur pater ipse vester, quem jam olim principatui nostro Cathalonie et relique illi nostro Aragonum dicioni prefeceramus, è vità, ut Altissimo placuit, jamdudum decesserit, et patria illa nostra, tali preside destituta, fluctuare in dies magis videatur, nosque illuc in promptu nec primogenitus, qui loco illius nunc succedit, proficisci non possimus, vos interea eidem dicioni utrisque in rebus et bellicis et urbanis preficiendum duximus, freti equidem post Deum, tum bonà indole vestrà, tum familie unde ortus estis auctoritate, tum etiam consilio quod vobis assignaturi simus, tum maximè subditorum illorum nostrorum summo in nos amore ac fidelitate; quo omnia nos in spe optimà constituunt benè per vos gerende rei. De certà igitur nostrà sciencià, consulto et deliberato animo, vos prefatum illustrem Joannem de Calabrià, donec nos aut ipsum illum primogenitum nostrum in predictis regnis et terris personaliter adesse contingat, regimini et gubernationi cunctarum terrarum et regnorum nostrorum predictorum, videlicet Aragonum, Sicilie ultrà Farum, Valentie, Majoricarum et adjacentium insularum, Sardinie et Corsice ac comitatûs Barchinonie, etc., et omnium subditorum, incolarum et degentium, in eisdem, presentium et futurorum, tenore presentis publici instrumenti, tam videlicet in rebus bellicis quàm aliis quibusvis, preficimus et preponimus, ac in dictis regnis et terris nostris locuntenentem generalem nostrum atque totius nostri exercitûs et classis prefectum, ducem et imperatorem generalem creamus, constituimus, facimus et etiam ordinamus.

(Suit une longue énumération des pouvoirs souverains conférés à Jean de Calabre pour la prise de possession du territoire, l'administration, la confirmation des *fueros* et franchises, l'institution des officiers, capitaines, préfets, alcades ou châtelains, pour traiter et conclure des trêves avec Jean, roi de Navarre, avec l'infant Ferdinand, son fils, et tous autres, etc.)

Postremò volumus et vobis strictissimè mandamus quatenus, in exercendà hac nostrà potestate et mandato, omnes et singulas constitutiones, privilegia, foros, libertates, usus, usancias et observancias, tam generales quàm particulares, dictorum regnorum et terrarum, necnon ordinaciones antiquas regie nostre domûs Aragonum, in cancellarià et scribanià illà nostrà presertim, salvas, illesas, firmas, integras et inviolatas omninò servetis servarique faciatis; cùm talis sit intencio nostra et perpetua voluntas. In quorum omnium et singulorum fidem et testimonium, presens publicum instrumentum, manu nostrà subscriptum, fieri nostroque magno sigillo, cùm aliud in promptu non habeamus, pendenti jussimus communiri. Datum et actum apud arcem civitatis nostre Andegavis, die xiiii° mensis marcii, anno à nativitate Domini m° cccc lxxi°, regnorum nostrorum Jherusalem et Sicilie citrà Farum anno tricesimo sexto, Aragonum verò, etc. anno quinto.

(Sceau de René. — Souscriptions des témoins).

(Arch. nat., P 1331¹, n° 11, f° 2.)

78.

LETTRE DE LOUIS XI A RENÉ, L'INFORMANT QU'IL PEUT PORTER L'ORDRE DU CROISSANT AVEC CELUI DE SAINT-MICHEL.

14 juillet 1471.

De par le Roy.

Très chier et très amé père et oncle. Nous avons receu voz lettres par lesquelles nous merciez de l'onneur que, comme vous dictes, vous avons fait de vous avoir envoyé l'ordre de monseigneur saint Michel et des bonnes parolles que le sir de la Forest vous a dit de par nous, en requérant qu'il vous soit permis de povoir porter le Croissant aux jours que avez promis; lesquelles voz lettres avons monstrées aux chevaliers de l'ordre estans de présent avec nous, communiqué vostre requeste, et trouvé que par les chapitres dudit ordre, tous roys qui l'auront et qui sont d'autre ordre dont ilz soient chiefz la puent porter sans difficulté, moiennant nostre consentement, ainsi qu'il vous pourra apparoir par les lettres de certifficacion, esquelles est incorporé le double de l'article des chapitres dudit ordre de ce faisant mencion, que présentement vous envoyons, en vous remerciant de l'onneur que nous avez fait, aussi aux chevaliers dudit ordre, de l'avoir receue. Donné à Saint-Michau sur Loire, le XIIII° jour de juillet. Ainsi signé : Loys. — Le Roux.

(Suit la lettre de certification dont il est question, reproduisant le premier article des chapitres de l'ordre de Saint-Michel, et contenant l'autorisation accordée à René de porter ensemble les deux ordres.)

(Arch. nat., P 1334², f° 123.

79.

RENÉ CHARGE BOUSSILLE DE JUGE D'ALLER EMPRUNTER DE L'ARGENT POUR LUI EN ITALIE.

15 juin 1471.

Renatus, etc., magnifico Boussillo de Judice... Res Chatalognie quo pacto se habeant, vos, qui interfuistis, non ignoratis. Nos eas cum victoriâ in pace statuere satagimus; ad quod agendum, tum pecuniâ cùm milite nobis est opus. Et quia opulenta bellicosaque admodum Italia est, et nobis magnâ in parte amica, unde et milites et peccunie amicorum operâ nobis adesse possunt, idcircò..., vos inpresenciá in ipsam regionem Italie accessurum decrevimus, dantes et concedentes vobis... quòd possitis et valeatis quascunque peccunie quantitates, presertim circiter valorem et summam quinquaginta millium ducatorum aureorum vel infrà,... pro nobis, mutuo et nomine mutui,... praticare, petere, invenire... à quibusvis personis publicis aut privatis, sed presertim ab illustrissimo domino Galeaz Maria Forcia, duce Mediolani,... ab obligare in pignus usque ad integram satisfactionem unam vel plures civitates, villas, opida, redditus et proventus in principatu nostro Cathalognie aut ubivis in regnis Arragonum,... atque ex dictis pecuniis... solidare et conducere gentes armorum,... sub illo numero, modo et formâ sicut vestro arbitrio et bono consilio visum fuerit..., in Cathaloniam, ad nobis vel sub nostro imperio servitutum et militandum... Datum in arce nostrâ Andegavensi, die quinto decimo junii, anno M° CCCC LXXI°. Per regem in suo consilio, J. Legay. Signé : René, etc.

(Arch. nat., P 1334³, n° 11, f° 19.)

80.

COMMISSION DONNÉE PAR RENÉ A BOUSSILLE DE JUGE POUR SE RENDRE EN SON NOM AUPRÈS DU DUC DE MILAN GALÉAS-MARIE, ET POUR CONCLURE UNE LIGUE AVEC LUI ET SES ADHÉRENTS.

15 juillet 1471.

Renatus, Dei graciâ rex Jherusalem, etc., magnifico Bossillo de Judice, de Neapoli, dilecto consiliario et cambellano nostro, graciam et bonam voluntatem. Quum, ut scitis, res Italice, spondente Deo et benivolenciâ ergà nos principum ac procerum ejus regionis, et inprimis illustrissimi domini Galeas Marie Sforcie, ducis Mediolani, etc., tamquam filii nostri carissimi, satis ad nostram favorem accedere et aspirare videntur, ut spem non mediocrem insinuant nobis regna nostra vendicandi, idcirco, confisi ab experto de prudenciâ, sufficenciâ, legalitate atque fide vestri prefati Bossilli, vos inprescenciâ in Italiam accessurum elegimus, ad illustrissimum presertim jamdictum ducem, dantes et concedentes vobis de certâ nostrâ scienciâ, tenore presencium, deliberatò et consultò, potestatem et facultatem amplissimam ac plenum posse quòd possitis ac valeatis quascunque ligas, confederaciones, pacta, pactiones, federa, concordias, convenciones, obligationes et conclusiones, ad tempus et in perpetuum, cum prefato illustrissimo duce, communitat[e] Janue, aliisque adherentibus, confederatis et conjunctis, vaxallis et subditis,... tractare, agitare, inire, petere, acceptare, promictere, concludere, capitulare ac firmare, tam pro nobis et nomine nostro quàm [pro] nostris legictimis heredibus et successoribus, adherentibus, confederatis et subditis, contrà et adversùs quoscunque reges, excepto serenissimo domino rege Francorum, principes, duces et dominos, communitates, ac alias quasvis tam publicas quàm privatas personas;... promictentes... nos ratum, gratumac firmum habituros... Datum in arce nostrà Andegavensi, quinto decimo julii, anno Domini millesimo quadragentesimo septuagesimo primo. — Per regem in suo consilio, J. Legay, secret.

(Arch. nat., P 1334³, nº 11, fº 18.)

81.

DONS DE VAISSELLE D'ARGENT FAITS A JEANNE DE LAVAL, REINE DE SICILE, PAR LES VILLES D'ANJOU ET DE PROVENCE.

23 novembre 1471.

S'ensuivent les dons faiz à la royne de Sicile par le roy son mari et par les hommes et subgietz de leurs terres et seigneuries, depuis l'eure et le temps qu'elle fust espousée et jusques à aujourd'uy xxiii° jour de novembre M IIII° LXXI, et la distribution d'iceulx...

Premièrement, la ville d'Angiers lui fit don de cent mares d'argent en vaxelle de cuisine et en une nef, et furent comprinses les façons es diz cent mares, et furent levez sur les aydes, ainsi que on disoit pour lors; la nef fut mise en sa pannettrie, et la vaxelle en la cuisine.

La ville de Saumur donna deux bassins d'argent couvers, lesquels ladicte dame donna à madame de Laigle quant elle espousa, et povoient peser environ de quinze mares les deux.

La ville de Lodun donna deux flacons d'argent, et povoient peser dix ou douze mares, lesquels ladicte dame donna à feu Pierre de Millon.

Mirbeau avoit promis six marcs d'argent doré, lesquels ne furent donnés à ladicte dame ne à aultre pour elle.

La ville et conté de Beaufort ne donna riens.

La ville d'Avignon donna douze tasses et troys aiguières, desquelles le roy en donna six au médecin de monseigneur du Maine, quant il vint en Prouvence pour guérir feu monseigneur le séneschal de Prouvence, Beauvau.

La ville de Tharascon donna une grant aiguière plaine de six goubelletz, le tout pesant quinze marcs, laquelle ladicte dame donna à la dame des Rosches, quant elle fut derrenièrement mariée et qu'elle s'en alla en son mesnage.

Tous les Juifs ensemble donnèrent six tasses et deux grants pots, qui furent mis en l'eschançonnerie et dont on s'est tousjours servy.

La ville d'Arles donna quatre cens ducatz, qui furent employés en deux flacons d'argent et six tasses, et coustèrent, tant en façon qu'en doreure, ladicte somme ; lesquelles six tasses le roy les donna au bourcier d'Espaigne qui estoit venu en ambaxade devers luy, et lesdits deux flacons ladicte dame les donna derrenièrement, à son partement de Prouvence, au séneschal dudit pays.

La ville de Saint-Remy donna à ladicte dame six tasses, lesquelles ledit seigneur donna à ung secrétaire du roy d'Espaigne qu'estoit venu avecques ledit bourcier.

La ville d'Aix donna deux bassins d'argent couvers, six tasses de troys marcs chacune, et troys petiz pots à mectre eaue, qui furent mis en son eschançonnerie; lesquels bassins ladicte dame donna à monseigneur de Calabre que à présent est, quant il vint en Prouvence, avec une couppe d'or que ladicte dame avoit et laquelle le roy lui avoit donnée ; et les six tasses, chacune pesant troys marcs, ladicte dame les donna à la dame de Saint-Michiel avecques une des troys aiguières d'Avignon, quant elle s'en alla de son service ; et les deux autres aiguières sont encores en son eschançonnerie.

La ville de Masseille donna six vingts ducatz, qui furent convertis partie en son pesant de cire à Saint-Loys, et le demourant elle en fist à son plaisir.

La ville de Pertuys donna ung drageor qui fut rompu, duquel ladicte dame payé a ung mois des gaiges de ses gens avecques autre vaxelle, quant elle alla en Prouvence derrenièrement.

Et combien qu'il ne soit mémoire que jamais nulles dames décédées de la seigneurie d'Anjou, par le passé, aient fait ne baillé déclaracion des dons et choses à elles données ne appartenantes, ne que on en ait aussi averti ne requis ladicte dame, ne qu'elle y soit en riens tenue, nonobstant ce, si a elle commandé à moy Symon Bréhier, son argentier et receveur général de ses finances, en faire et escripre tout ce que par cy devant en est escript, dit et desclairé. Et fut ce fait ce XXIIIe jour de novembre, mil cccc soixante unze.

(Arch. des Bouches-du-Rhône, B 690.)

82.

EXTRAIT DE L'ACTE D'INSTITUTION DE LA MAIRIE D'ANGERS [1].

Février 1475.

Loys, par la grâce de Dieu roy de France. Comme, entre les autres choses moyennant lesquelles les grans, anciennes et notables citez de l'universel monde ont esté accreues, augmentées et entretenues, y ait esté principalement ordonné et estably certain nombre des plus notables, prudens et expérimentez des affaires touchant le bien, régime, gouvernement et administration de la chose publique d'icelle, par le bon advis, sens, conseil, meure délibération, grant sollicitude et continuelle diligence desquelz elles ont esté aucunes foiz tellement eslevées et exaulcées, qu'il en est et sera à tousjours mémoire, et, posé que aucunes d'icelles, par fortune de guerre ou autre grief et sinistre meschief, ayent esté presque du tout subverties et dirruptes, si

[1] Cette pièce étant fort longue et déjà connue, je me borne à reproduire textuellement les considérants, qui ont un intérêt particulier, en renvoyant, pour le reste, à l'analyse donnée plus haut (tome I, p. 390).

ont elles esté depuis, par le moyen que dit est, plus que par armes et exploiz de guerre, tellement restaurées, repeuplées et reffaites, qu'elles sont parvenues en beaucoup plus magnifique estat et grant prospérité que paravant...; Savoir faisons à tous présens et à venir que nous, considérans que la ville et cité d'Angiers, qui est chief et capitalle du pays et duché d'Anjou, est l'une des plus grandes, anciennes et notables villes et citez de nostre royaume, laquelle, puis aucun temps en ça, par deffaut de police et conseil, et qu'il n'y a eu aucune communaulté comme il y a eu plusieurs autres bonnes villes et citez de nostredit royaume, est très fort diminuée et apourie, et les fossez, murailles, portaulx, boullevert et autres emparemens et communs affaires d'icelle si mal traictez, régiz, gouvernez et conduiz, que, se ordre et provision n'y estoit mise et donnée, grant inconvénient, que Dieu ne vueille, y pourroit seurvenir, ou très grant préjudice d'icelle et de tout le pays d'environ ; réduisans aussy à mémoire la très grant, parfaite, vraye, singulière et entière loyaulté et obéissance que ceulx de ladite ville et de tout ledit pays, tant gens d'église, nobles que autres, ont tousjours inviolablement et sans aucune discontinuation gardée envers nous, noz prédécesseurs roys et la couronne de France,... mesmement au commencement des divisions que, trois ou quatre ans après nostre couronnement, se meurent en nostredit royaume, vulgairement appellées le Bien publicque, que noz très chers et bien amez les gens d'église, nobles, bourgeois, manans et habitans de ladite ville et cité d'Angiers, combien que par plusieurs et diverses foiz ilz eussent esté très instamment exhortez, requis et persuadez de la part de ceulx qui s'estoient mis sus et eslevez allencontre de nous, qu'ilz voulsissent adhérer avec eulx et tenir leur party, leur bailler passaige, les porter et favoriser, en leur faisant pour ce de grans offres et promesses pour les y cuider faire condescendre, ce néantmoins... n'y vouldrent ne ont depuis voulu aucunement acquiescer...; avons, de nostre certaine science, propre mouvement, grâce espécial, plaine puissance et auctorité royal, donné et octroyé, donnons et octroyons par la teneur de ces présentes à ladite ville et cité d'Angiers... les droiz, auctoritez, prérogatives, prévilleiges, prééminences, exemptions, franchises et libertez qui s'ensuivent.

(Suit l'énoncé des clauses de l'acte d'institution, donné à

Paris, en grand conseil, devant une quantité de témoins, au mois de février 1474-75, et signé Loys; entériné par le grand conseil le 7 mars suivant.)

(Arch. nat., K 186, n° 17³.)

83.

ABANDON FAIT PAR MARGUERITE D'ANJOU A LOUIS XI
DE TOUS SES DROITS SUR LES SUCCESSIONS DE SES PÈRE ET MÈRE.

7 mars 1476.

A tous ceulx qui ces présentes lectres verront, Philipes Bouer, licencié en loix, garde du seel establi aux contraulx de la prévosté de Bourges et procureur général du Roy nostre sire en Berry, salut. Savoir faisons que, en la présence de Jaquet Compaing et Guillaume de Briéle, clercs jurez et notaires du Roy nostre sire, usans de nostre auctorité et povoir, et de Guillaume Robin et David Ouvré, clerc, notaires apostoliques, pour ce personnellement establie très haulte et très puissant dame Marguerite, fille de très hault et très puissant prince René, roy de Secille et de Jherusalem, duc d'Anjou et de Bar et comte de Provance, et de feue Ysabel de Lorrenne, jadiz sa femme, en son vivant duchesse de Lorrenne, icelle dame Marguerite vefve de feu Henry, en son vivant roy d'Angleterre, estant de ses droiz, considérant les grans plaisirs, curialités, courtoisies, ensemble les grans et somptueux despens que le Roy nostredit sire, duquel elle est cousine germaine, a fait et sousteuu pour elle, tant pour le recouvrement du royaume d'Angleterre pour ledit feu roy Henry, son mary, et pour le prince de Gales, son filz, en faveur et contemplacion singulière de ladicte royne Marguerite, et aussi la grant aide, secours et confort que le Roy nostredit sire a donné ausdits deffuncts et pareillement à ladicte dame Marguerite, et les grans dangiers, inconvéniens et périlz esquelz ladicte dame Marguerite s'est trouvée oudit royaume d'Angleterre après la mort desdits deffuncts, parce qu'elle estoit es mains et en la puissance du roy Édouart d'Angleterre, leur ennemy, et pour la rachapter et mectre hors des dangiers dudit roy Édouart, qui la tenoit comme prisonnière, et que le Roy, en continuant le bon vouloir qu'il avoit envers elle, affin de la mectre en sa franchise et liberté et la mectre hors des dangiers où elle estoit, à la grant prière et requeste de ladicte dame Marguerite et de son consentement, a paié et baillé content audit roy Édouart la somme de cinquante mille escuz d'or, et par ce moien l'a fait venir et descendre en France, ainsi que disoit ladicte dame Marguerite ; laquelle, de sa certaine science, sans aucune contraincte, ains de sa franche liberté, cognoissant les choses dessusdictes estre vrayes, non voulant estre reprise du vice d'ingratitude, mais voulant et désirant de sa part recognoistre envers le Roy nostredit sire lesdits grans plaisirs et despenses, et aussi estre et demourer quicte envers le Roy nostredit sire de ladite somme de cinquante mille escus et de tout ce que le Roy lui eust peu demander à l'occasion des choses dessusdictes, pour et en acquict, solucion et paiement de ladite somme de cinquante mille escus, ensemble desdits fraiz, plaisirs, courtoisies et autres choses dessusdictes, desquelz plaisirs, curialitze, courtoisies, fraiz, impenses et somme dessusdicte ladite dame Marguerite s'est tenue et tient pour contente et en a quicté et quicte le Roy nostredit sire, et l'en a relevé et deschargé de toute preuve; a ladicte dame Marguerite donné, cédé, quicté, transporté et du tout en tout perpétuellement délaissé, purement et simplement, par donnacion mère, pure, simple et irrévocable, faicte sollennelement entre vifz et sans aucune condicion ou espérance de jamais le révoquer ne venir au contraire, au Roy nostredit sire, ses hoirs, successeurs et aians cause, combien qu'il soit absent, nous, garde et procureur dessusdit, présent avec lesdits notaires, stipulans et acceptans pour le Roy nostredit sire, sesdits hoirs, successeurs et aians cause, tout tel droit, nom, raison, action, propriété, seigneurie, vray domaine, possession et saisine que ladite dame Marguerite a, peut et doit avoir et qui lui compète et appartient, peut et doit compéter et appartenir à cause de la succession de sadicte feue mère, en son vivant duchesse de Lorrenne, tant oudit duché de Lorrenne et en toutes et chacunes les appartenances et appendences d'icellui duché, que autres terres et seigneuries à elle advenues et escheues

à cause et par le trespas de sadite feue mère, et avecques ce...
tous et chascuns les droiz... qui lui pourront et devront compéter et appartenir es duchiés d'Anjou et de Barroys et en la comté de Provance, tant après le décès et trespas dudit roy de Cecille, son père, que autrement, par quelque cause, tiltre ou moyen que ce soit, ores ou pour le temps avenir, sans aucune chose y retenir ne à elle réserver; voulent et consentent ladicte dame Marguerite que le Roy nostredit sire puisse et lui soit loysible dès à présent prandre, appréhender, retenir, conserver et garder de sa propre auctorité lesdits droiz, part et porcion escheuz et advenuz à ladicte dame Marguerite à cause de la succession de sadicte feue mère. Et en tant que touche ladicte succesion dudit roy de Cecille, son père, ladicte dame Marguerite a voulu et consenti, veult et consent que le Roy nostredit sire, incontinent après le décès dudit roy de Cecille, père de ladicte dame Marguerite, puisse et lui loyse de sa propre auctorité prandre, appréhender, retenir, conserver et garder la possession et saisine réelle, actuelle et corporelle de tous et chascuns lesdits droiz, part et porcion qui appartiendront, pourront et devront compéter et appartenir à ladicte dame Marguerite, [tant] au moien de la succession à venir dudit roy de Cecille, son père, que autrement, esdits duchez d'Anjou, de Bar et comté de Provance; promectant, etc....

En tesmoin desquelles choses, nous avons mis et apposé à ces présentes lectres le seel dessusdit, avec les seings et soubscripcions desditz notaires apostoliques dessus nommez, le septiesme jour du moys de mars, l'an de grâce mil quatre cens soixante et quinze...

COMPAING. — DEBRIELLE.

(Arch. nat., J 582, n° 34.)

84.

PROMESSE FAITE PAR RENÉ AUX AMBASSADEURS DE LOUIS XI DE N'AVOIR JAMAIS D'INTELLIGENCES AVEC LE DUC DE BOURGOGNE NI AVEC LES AUTRES ENNEMIS DE LA COURONNE.

11 avril 1476.

René, etc., à tous, etc., salut. Savoir faisons que nous, désirans de tout nostre povoir obéir, servir et complaire à monseigneur le Roy, tant de personne que de biens, pays et seigneuries, et lui lever de son entendement toutes ymaginacions et souppeçons qu'il a eues et pourroit avoir de nous en quelque manière que ce soit, lui avons promis et promectons par cesdites présentes et à très révérend père en Dieu Guy de Puysieu, arcevesque de Vienne, Jehan de Blanchefort, chevalier, maire de Bourdeaux, et maistre Garcias Faure, président à Tholouse, ses ambaxadeurs envoyez par lui devers nous à ceste cause et autres, en parole de roy et sur nostre honneur, que, tant que lui et nous vivrons, n'aurons aucune intelligence, ligue ou confédéracion avec le duc de Bourgongne ou autre quelconque ennemy ou rebelle subget de mondit seigneur à son dommaige et desplaisir et de sa couronne, et ne mectrons nostredit païs de Prouvence, partie ou places d'icelui, entre leurs mains ne d'autre dont puisse venir dommaige ou autre inconvénient au Roy, son royaume et la couronne en manière quelconque, mais ferons tousjours et nous conduirons envers lui comme son bon oncle et que tenuz y sommes. Et pour plus grant clarificacion des choses dessusdictes, avons juré et jurons sur les sainctes quatre euvangilles de Dieu, corporelment par nous touchées es présences desdits ambaxadeurs, et par la vraye croix Saint-Lau, de tenir, acomplir et observer les choses dessusdictes et chascune d'icelles sans jamais aller au contraire en aucune manière. En tesmoing de ce, nous avons signé cesdites présentes de nostre main et à icelles fait mectre nostre seel. Donné en nostre ville de Pertuys, le xi° jour d'avril, l'an mil IIII° LXXVI de l'incarnation Nostre Seigneur.

RENÉ.

(Arch. nat., J 257, n° 13.)

85.

RENÉ CONCÈDE A LOUIS XI LA NOMINATION DU CAPITAINE DE LA PLACE D'ANGERS.

24 mai 1476.

Nous, René, par la grâce de Dieu roy de Jherusalem, de Sicile, d'Arragon, de l'isle de Sicile, Valance, Maillorques, Sardaigne et Corséque, duc d'Anjou, de Bar, etc., comte de Barcellonne, de Prouvence, de Forcalquier, de Pimont, etc., consentons et voulons, pour aucunes causes et consideracions à ce nous mouvans, que mon très redoubté seigneur monseigneur le Roy puisse et luy loise, toutes et quanteffoyz que bon luy semblera, nommer homme tel qu'il luy plaira pour avoir la garde et cappitainerie de nostre place et chastel d'Angiers, lequel fera serement à mondit seigneur de bien seurement et loyaument garder ladite place et chastel, et ne la bailler ou meetre en autres mains que es siennes pour endurer la mort, sy non que ce soit du vouloir et commandement exprez à luy fait de bouche par mondit seigneur, et soubz le plus grant serement que par luy sera advisé ; auquel, ainsy par luy nommé que dit est, promeetons par cesdites présentes bailler et expédier, baillerons et expédierons noz lettres patentes en fourme deue de don dudit office de garde et cappitaine de nostredite place et chastel, toutes les foiz qu'il plaira à mondit seigneur. En tesmoing de ce, nous avons signé cesdites présentes de nostre main, et à icelles fait meetre nostre seel. Donné à Lyon, le xxiiii° jour de may, l'an de grace mil quatre cens soixante et seze.

RENÉ. (Sceau).

[Sur le repli :] Par le roy de Sicile, duc d'Anjou, etc., en son conseil.

MERLIN.

(Arch. nat., J 756, n° 3.)

86.

MAINLEVÉE DU DUCHÉ D'ANJOU ET AUTRES SEIGNEURIES SAISIES PAR LOUIS XI SUR LE ROI DE SICILE.

25 mai 1476.

Loys, par la grâce de Dieu roy de France, à tous ceulx qui ces présentes lectres verront, salut. Comme, pour aucunes causes et considéracions à ce nous mouvans, eussions prins et mis en nostre main les ville et chasteau d'Angiers, ensemble tout le duché d'Anjou, Lodun, Beauffort, Mirebeau, la Roche sur Yon, Chailli, Lonjumeau, et autres terres et seigneuries estans oudit duché d'Anjou, maisons, meubles, justice, rentes, revenues ordinaires et extraordinaires, tant du droit héritaige de nostre très cher et très amé oncle le roy de Sicile, comme des dons par nous à lui faiz, à sa vie et autrement, et autres terres et seigneuries estans oudit duché d'Anjou, Paris et es environs, et de plusieurs parties et pièces dudit duché et autres sesdites terres estans en icelui, fait plusieurs dons particuliers, donné plusieurs offices ordinaires dudit païs, tant de la justice que du demaine et autres, ausquelz avions pourveu, par ci devant à sa nominacion et autrement, et généralement fait faire et encores se font tous exploiz oudit païs, duché et autres terres dessusdites de nostredit oncle de par nous; pour laquelle cause et autres il est présentement venu en personne par devers nous, et, entre autres choses, nous a suppliez et requis lever du tout et à plain nostredite main mise, et révocquer tous dons par nous faiz à son préjudice, et le tout lui rendre et restituer, et à la royne son espouse, nostre tante, leurs gens, serviteurs et officiers et chacun d'eulx, pour en joïr ainsi qu'ilz faisoient par avant nostredite main mise, et sur ce octroier noz lectres; Savoir faisons que, nous, bénignement inclinans à sa supplicacion et requeste, desirans tousjours plustost l'augmenter et acroistre que aucune chose lui oster du sien, tant pour consideracion de la proximité de lignaige dont il nous atient, que pour les grans et notables services qu'il a faiz es temps passez à nous et à nostre couronne, et est tousjours prest de faire, pour lesdites causes et autres à ce nous mouvans, avons, de nostre certaine science et propre mouvement, levé et levons par cesdites présentes du tout nostredite main mise et apposée sur ledit duché d'Anjou, appartenances et deppendances d'icellui, et autres terres et seigneuries de nostredit oncle cy dessus déclairées, et autres estans oudit duché, de nostredite tante, leursdis gens, officiers et serviteurs et chacun d'eulx, osté et ostons touz troubles et empeschemens mis en la jouissance d'iceulx en quelque manière que ce soit, tant pour lui, nostredite tante, leursdis gens, officiers et serviteurs, tant des chasteaulx, villes, héritaiges, justices, meubles, rentes et revenues ordinaires et extraordinaires, soit en revenue ordinaire ou par don de nous, prérogatives, droiz et prééminences, sans aucune chose en excepter, fors seullement les droiz telz que y avions par avant ladite main mise et au temps d'icelle, tout ainsi qu'il, nostredite tante, leursdis gens et officiers faisoient par avant laditte main mise; et d'iceulx avons osté et ostons tous empeschemens mis et apposez en quelque manière que ce soit; révocqué, cassé et adnullé, révocquons, cassons et adnullons tous dons par nous faiz desdites choses et chacune d'icelles à quelconque personne ou cause que ce soit, et aussi des offices par nous donnez, tant de ceulx dudit demaine que de ceulx qui sont à la nominacion de nostredit oncle; voulans et déclairans que toutes les personnes qui avaient don de nous desdis offices dudit païs à sa nominacion jouissent d'iceulx tout ainsi et par la forme et manière qu'ilz faisoient paravant nostredite main mise, sans ce qu'il leur soit besoing en prendre nouvelle provision, sinon toutesvoyes que nostredit oncle nous en voulsist nommer autres, ouquel cas nous en baillerons noz lectres de don à ceulx qui par lui ainsi seront nommez; et généralement nostredite main mise, empeschemens et dons quelzconques par nous faiz et mis ou préjudice de nostredit oncle et tante et de leursdis gens, officiers et serviteurs et de chacun d'eulx, en quelque manière que ce soit, oudit duché d'Anjou et autres leurs terres et seigneuries dessusdites à eulx appartenans, justice, biens meubles, héritaiges, droiz, prérogatives et prééminences, et des deniers qu'ils ont acoustumé prendre oudit païs, comme dessus est dit, avons du tout ostez et levez, ostons et levons par cesdites présentes au prouffit de nosdits oncle et tante et de leursdis gens, officiers et serviteurs et de chacun d'eulx, pour en jouyr et user désormais à leur plaisir et voulenté, comme ilz faisoient par avant notredite main mise ; en déboutant touz autres qui, par don de nous ou autrement, à présent en sont détenteurs, et restituant à nostredit oncle ledit duché d'Anjou, appartenances et deppendances, terres et seigneuries dessusdites et autres estans oudit pais et duché d'Anjou, justice, meubles, rentes, revenues, dignitez, droiz, prérogatives et prééminences, dons, pensions, bienfaiz, et la possession et saisine de chacun d'iceulx, et pareillement à nostredite tante, leursdis gens, serviteurs, officiers et chacun d'eulx, pour du tout jouyr entièrement, tout ainsi et par la forme et manière qu'ilz faisoient et avoient acoustumé faire par avant nostredite main mise et dons particuliers faiz comme dit est, sans aucune chose en excepter, fors lesdis droiz, telz que avions par avant ladite main mise et au temps d'icelle, comme dit est. Si donnons en mandement par cesdites présentes à tous nos justiciers et officiers ou à leurs lieuxtenans, et à chacun d'eulx si comme à lui appartiendra, que de nostre présente main levée facent, seuffrent et laissent, chacun endroit soy, nosdis oncle et tante, leursdis gens, officiers et serviteurs et chacun d'eulx jouyr et user plainement et paisiblement, sans en ce leur mectre ou donner ne souffrir estre mis ou donné aucun destourbier ou empeschement au contraire. Car tel est nostre plaisir et voulons estre fait, et à nostredit oncle l'avons octroyé et octroyons par cesdites présentes. Et pour ce que d'icelles l'on pourra avoir à faire en plusieurs lieux, voulons que plusieurs lectres de ceste mesme teneur et effect en soient faictes. En tesmoing de ce, nous avons fait mectre nostre seel à cesdites présentes. Donné à Lyon sur le Rosne, le xxve jour de may, l'an de grace mil cccc soixante et seze et de nostre règne le quinziesme.

[Sur le repli :] Par le Roy, l'évesque d'Évreux, les sires de Saint-Pierre, du Bouchage, maistre Raoul Pichon et autres présens.

M. Picot.

(Arch. des Bouches-du-Rhône. B 695.)

87.

MANDEMENT DE LOUIS XI ORDONNANT DE PERCEVOIR AU PROFIT DE RENÉ, COMME AVANT LA SAISIE, LES IMPÔTS QUI LUI AVAIENT ÉTÉ CÉDÉS.

16 septembre 1476.

Loys, par la grâce de Dieu roy de France, à nos amez et féaulx les généraux conseilliers par nous ordonnez sur le fait et gouvernement de toutes noz finances, salut et dilection. Comme, puis aucun temps en czà, nous eussions, pour aucunes considéracions à ce nous mouvans, fait prendre, saisir et mectre en nostre main le pays et duchié d'Anjou, ensemble touz les deniers tant ordinaires que extraordinaires que nostre très chier et très amé oncle le roi de Jherusalem et de Sicile, duc d'Anjou, avoit et prenoit par don et octroy de nous, et depuis ce nostredit oncle est venu en personne par devers nous, auquel, à sa supplicacion et requeste, nous avons fait délivrance dudit pays et duchié d'Anjou, et voulu et ordonné qu'il joïst, eust et levast touz les dons, pensions et autres bienfaiz et deniers extraordinaires qu'il avoit et prenoit par don de nous auparavant nostredite main mise, par les simples quictances de luy ou de sondit trésorier, tout ainsi en la forme et manière qu'il faisoit par avant icelle main mise et nonobstant icelle; mais ce néantmoins, pour ce que, par noz lettres de commission adressans à nostre amé et féal conseillier et maistre de noz comptes maistre Jehan Bourré, seigneur du Plessys, trésorier de France, pour faire le bail des fermes de l'imposicion foraine et traicte de xx solz tournois dudit pays d'Anjou, dont nostredit oncle a acoustumé avoir et prandre par les simples quictances de luy ou de sondit trésorier, c'est assavoir touz les deniers de ladite imposicion foraine et la moictié de ceulx de ladite traicte, est expressément dit que les fermiers desdites fermes bailleront les deniers d'icelle par les décharges du receveur général de nosdites finances ou par noz lettres ou mandemens, ainsi que par nous leur sera ordonné. nostredit oncle doubte que lesdits fermiers et aussi les grenetiers, receveurs des aides, ou autres, sur lesquelx il a acoustumé prandre aucuns deniers, facent difficulté de luy bailler ou à sondit trésorier les deniers du revenu de leursdites fermes ou greniers et receptes par leurs quictances, s'il n'avoit sur ce noz lettres de provision, en nous requérant icelle; pour quoy nous, les choses dessusdites considérées, qui voulons et entendons nostredit oncle joïr et user du revenu des deniers desdites fermes et autres deniers qu'il avoit et prenoit par avant nostredite main mise, vous mandons, commandons et enjoignons, et à chascun de vous si comme à luy appartiendra que à nostredit oncle ou à sondit trésorier vous faictes payer, bailler et délivrer doresenavant par chascun an, par les fermiers desdites fermes et grenetiers des greniers et receveurs, présens et à venir,... les deniers de leursdites fermes, greniers et receptes... Et avec ce, faictes doresenavant par chascun an bailler et délivrer au plus offrans et darreniers enchérisseurs la ferme de ladite imposicion foraine par les esleuz sur le fait de noz aides en l'élection d'Angiers, ainsi qu'ilz ont acoustumé de faire par avant ladite main mise ; car ainsi nous plaist il estre fait, non obstant lesdites lettres de commission et quelxconques autres ordonnances, mandemens ou deffenses à ce contraires. Donné à Selommes, le xvie jour de septembre, l'an de grâce mil cccc soixante seize et de nostre règne le seziesme. Ainsi signé : Par le Roy, le s^r du Bouchage, maistre Guillaume Picart, général, et autres présens.

M. PICOT.

(Suit le mandement exécutoire des généraux des finances, en date du 11 octobre suivant.)

(Arch. nat., P 1334¹⁰, f° 54 v°.)

88.

EXTRAITS D'UN ÉTAT DES DÉPENSES ET REVENUS DU ROI RENÉ, DRESSÉ PAR JEAN MAIRESSE [1].

1470.

1er avril.

Pour quatre pièces de toyle bleue pour faire des rideaux pour le lit du roy, à raison de I f° II g° la pièce, montent, ... IIII f° VIII g°.

Pour deux chayères de boys faictes de cordes par dedans, ... I florin.

A maistre Gentil, paintre, pour une bannière aux armes du roy, que le roy a donné à ceux d'Orioles, ... II florins.

6 avril.

Au courailler, pour deux onces et cart de courail en patenostres, ... II f° IIII g°.

A Didier le fustier, qui a fait le boys sur quoy le paintre qui a fait Rome avait tendu sa toyle, ... II f° VI g°.

Au sarurier qui a fait les crampons pour assembler ledit boys, ... VIII g°.

[A-compte d'un florin du Rhin, valant un florin et onze gros, payé à l'écrivain qui a commencé un *livre de chœur*.]

6 et 7 avril.

[René fait transporter à Pertuis, puis à Aix, les oiseaux de la bastide de Marseille, et payer leur nourriture.]

8 avril.

Aux quatre paiges du roy, pour eulx confesser, . . . IIII f°.

Pour deux pommes muscades, esquelles y a deux mirouers, ... VIII g°.

[1] Voir la note placée en tête du n° 56.

PIÈCES JUSTIFICATIVES.

Pour xvi mirouers que le roy a donné aux damoiselles, ... IIII g° IIII p.
Pour une bource et une patenostre pour Hellène, II g° IIII p.

10 et 11 avril.

A la petite Renée, pour faire ses pasques, en don, . . . I f°.
Au more, pour faire ses pasques, en don, ... I f°.
A Phelippot le nain, pour soy confesser et soy ordonner, en don, ... I f°.

12 avril.

[Payement de travaux de menuiserie au château de Pertuis, et de deux journées de menuisier employées à dresser les charlits dudit château.]
Audit Didier, [varlet de la garde-robe,] pour toile qu'il a achectée pour faire une paillasse, I florin; en fil et esgueilles pour couldre ladite paillasse, ... III g° II p.

15 avril.

Pour une roze d'argent en laquelle y a ung mirouer, que le roy a donné à Hellène, ... XV g° pour ce.

17 avril.

Au courailler, XI florins, pour patenostres de courail prins par le roy, une croix de Jherusalem, unes heures de courail, deux ongles de courail blanc et roge; pour ce, ... XI f°.

21 avril.

A ung marchant de Valence, pour X onces d'or trait mis en œuvre de tissiez, donné à madamoiselle de la Jaille et à madamoiselle de Beauvau, ... I. florins.

22 avril.

Au fol qui a dancé la morisque devant le roy audit lieu d'Oranges, I florin de Rin; pour ce, ... I f° XI g°.

26 avril.

Aux filles qui ont demandé le may au roy quant il est entré en ladite ville, en don, ... II f°.
Pour III fleuttes que le roy a donné à Pierre et Coquillon, tabourins, et une pour Faillon, et une autre pour le mor, . . II f°.

27 avril.

Aux filles qui ont demandé le may au roy au sortir de l'église, ... II f° IIII g'

A plusieurs autres filles, pour semblable, en don, 1 florin de Rin, qui vault. . . . . II f°.

A xv jeusnes filles qui ont demandé le may au roy devant son logeys à Valance, en don à elles fait par le roy, 1 florin d'Utrect, ... I f° XI g°.

A Didier, varlet de garde-robe, pour toyle qu'il a acheté pour porter le lit de campt, ... IX g°.

VI patacz à ung homme de Valence qui a percé une coquille qui est ou chappeau du roy.

Pour une une musette et ung jeu de fleuttes que le roy a donné à Jehan Loys, paige du maistre d'ostel Honnoret de Fos, ... II f°.

Pour ung tabourin pour Faillon, deux chalemeaux de cornemuse pour Coquillon et Pierre, tabourins, et une fleute pour le mor; le tout, ... I f° VI g".

1er mai.

Aux filles de Saint-Rambert, pour le may, ... III g°.

A plusieurs filles de Roussillon, qui ont chanté devant le roy, cedit jour, à Roussillon, en don à chascune VI patacz; pour ce, ... I f°.

2 mai.

A ung paintre de Vienne, qui a fait les patenostres de la devise du roy . . . . IIII g".

Au fol de monseigneur de Saint-Pierre, qui a joué des otz devant le roy, en don, ... II f° I g".

A quatre hommes de la ville de Vienne qui ont joué devant le roy, ung de la herpe, ung tabourin, une douleene et ung leutz, à chascun un florin de Magdalon.

4 mai.

Pour ung gros cassidoine que Loys Merlin a acheté pour le roy, ... III f° I g° IIII p.

5 mai.

A ung lombart qui a joué d'une fleutte double devant le roy, en don, ... III f° X g".

A ung joueux de leutz et ung joueux de herpe, . . . III fᵒ X gᵒ.
Aux filles de la court du roy, six florins de Rin, vallent. . . . . XI fᵒ VI gᵒ.
A quatre petitz enfans qui ont dancé la morisque devant le roy, en don, quatre escus; pour ce, ... IX fᵒ IIII gᵒ.
A ung paintre de Lyon, pour trois toyles paintes, en l'une desquelles y a une femme qui estrille ung homme, en l'autre ung homme qui estrille une femme, ... III fᵒ X gᵒ.

9 mai.

Pour façon de la chapelle portative, et pour la doublure des ornemens d'icelle, ... III fᵒ VI gᵒ.
A ung paintre de Lyon, pour une ymage de Nostre-Dame et ung jardin d'Olivet, par marchié fait par Berthault, fourrier, ... XIIII fᵒ IX gᵒ II p.
Pour six cadrans que le roy a donné à ses varletz de chambre, troys grans et troys petitz, à raison de quatre gros la pièce l'un portant l'autre, montent. . . . . II fᵒ.
Pour la perte de l'or, pour ce qu'il ne vault pas autant à Lyon qu'il vault en Prouvence, pour ceste sepmaine et la sepmaine précédente, ... II fᵒ.

14 mai.

A messire Symon Terrien, chapelain du roy, pour avoir fait relier le messel là où l'on dit la messe devant le roy, 1 escu; pour ce, ... II fᵒ VI gᵒ.
Pour ung cayer de parchemin qui a esté mis audit messel, ... II gᵒ II p.
A l'orfévre qui a mis ung quart d'once d'argent pour les fermailz dudit messel, et pour la façon de l'avoir adoubbé, XIIII gᵒ.
Pour le tissu pour lesdits fermailz, ... IIII gᵒ.
A ung homme de Lyon, qui a fait ung patron de fer blanc d'une perle que le roy a envoyé à la royne, ... VI gᵒ.
Pour ung mirouer à pied, qui a esté mis en l'estude du roy, ... IIII gᵒ IIII p.

16 mai.

Pour une troussonère ferrée d'or, que le roy a donné à Passefillon, ... II fᵒ VII gᵒ.

18 mai.

Pour les enseignes de Nostre Dame de l'Isle, que le roy a donné à plusieurs femmes, ... x g°.

21 mai.

Aux compaignons qui ont mené le roy et les dames sur l'eaue, en don, ... i f°.

A quatre barques que les filles mainnent, pour avoir mené les gentilzhommes jouer sur l'eaue, à chascune des barques deux gros; pour ce, ... viii g°.

Mai.

Pour deux bonnets rouges que le roy a donnés à mesdamoiselles de la Jaille et de Beauvau, ... viii g°.

1er juin.

A deux filles qui passent la Sosne, pour avoir passé le roy, i ducat, ... ii f° vii g°.

3 juin.

A troys hommes et une petite fille qui ont dancé la morisque devant le roy, en don, à chascun ung escu; pour ce, ix f° viii g°.

4 juin.

Au paintre, pour les paintures des Cueurs vollans et pour les chassons de la farce du Pet; pour ce, ... ii f° vi g°.

5 juin.

Au religieulx qui fait la vaisselle d'albastre, vi escus, par commandement et ordonnance du roy, pour ung cadran d'albastre et plusieurs autres choses qu'il a faictes pour le roy; pour ce, ... xiiii f° vi g°.

A deux aveugles qui ont joué devant le roy, en don, à chascun i florin de Rin; pour ce, ... iii f° x g°.

6 juin.

Pour ung petit dieu d'albastre que le roy a envoyé à Hellène, et pour une boette et du coton pour l'envelopper, . vi g° ii p.

7 juin.

A ung Alman qui a vendu une perle bleue et une beste estrange au roy, iii escus d'or; pour ce, ... vii f° vi g°.

8 juin.

[Payement de 10 florins 9 gros 6 patacs pour certains travaux de construction faits à la bastide du Pin, près la bastide du roi à Marseille.]

A l'orfévre qui a faicte la chesne de Faillon, quatre escus; pour ce, ... IX fᵒ VIII gᵒ.

Pour plusieurs boettes de boys et pour un petit enfant d'albastre, ... I fᵒ II gᵒ.

10 juin.

A René de Fleurenville, pour quatre chevêches qu'il a données au roy, ... II fᵒ VI gᵒ.

14 et 16 juin.

Pour une poupade pour Hellène et autres petites afflches de plomb, ... I gᵒ IIII p.

Pour deux poupades pour Hellène, ... I gᵒ IIII p.

18 juin.

Pour ung esmouchail de plumes de paon pour Hellène, VI gᵒ.

Au religieulx qui fait la vaisselle d'albastre, pour aller en Avignon, deux florins de Rin, pour faire faire des outilz qui lui sont neccessaires, ... IIII fᵒ.

20 juin.

A Jehan de Brucelles, pour ung estuy pour la couppe que maistre Jehan de Valoys a faicte pour le roy, ... I fᵒ VI gᵒ.

21 juin.

A René de Fleurenville, pour aller en Avignon quérir du gluz pour tendre aux oyseaux, ... III fᵒ.

En cordes pour avaller les bouteilles dedens le puys, pour mectre refroidir le vin, ... III gᵒ IIII p.

22 juin.

A Pierre Adan, orfévre, quatre ducatz, pour parfaire le fronteau de dyamant pour madamoiselle de Beauvau; pour ce, ... X fᵒ IIII gᵒ.

Don à ung pouvre homme qui a donné ung chevriau sauvage au roy, ... I fᵒ.

23 juin.

A Georgin, varlet de garde-robe de la royne, pour deux cens de crochetz pour tendre la tappisserie au chasteau de Tharascon, ... ɪ fʳ.

A troys compaignons qui ont porté la tappisserie, . . . ɪ gº ɪɪɪɪ p.

25 juin.

Au paige du sʳ Gaspar, pour troys chevêches qu'il a vendues au roy, ... ᴠɪɪɪ gº ᴠɪ p.

A ung orfévre d'Avignon, pour besoigner es coliers que le roy fait faire pour mesdamoiselles de la Jaille et de Beauvau, ɪɪ escus; pour ce, ... ᴠ fʳ.

26 juin.

En franges de Cathelongne que le roy a donnée aux damoiselles, pour border leurs queuvrechiefz faitz à la cathelanne, ɪ escu et demi; pour ce, ... ɪɪɪ fº ɪx gº.

1ᵉʳ juillet.

A Bloc, serviteur de monsʳ d'Estoges, pour la despense d'aller quérir les faulcons tunisiens qui sont demourez à la Napolle, pour envoyer au grant roy, en quatre escus; pour ce, . . ⅹ fº.

5 juillet.

Pour une paire de souliers pour le petit sot, ... ɪɪɪ gº.
Pour une paire de souliers pour le paige dudit petit sot, ɪɪɪ gº.

A Pierre Adan, orfévre, ɪɪ escus, par commandement et ordonnance du roy, pour ayder à faire certaines chesnes d'or pour mesdamoyselles de la Jaille et de Beauvau; pour ce, . . ᴠ fº.

A Jehannon le verrier, deux escus, qui luy estoient deuz pour avoir adoubbé plusieurs losanges de fenestres de verre au palays d'Aix, es chambres de parement et es chambres où Madame loge, ... ᴠ fº.

6 juillet.

A ung paintre d'Avignon, pour ung saint Christofle et deux poires muscades, que le roy a prins de luy, ung escu; pour ce, ... ɪɪ fº ᴠɪ gº.

7 juillet.

A Claux, de Masseille, pour faire callader les rues par où va la fontaine à Masseille jusques au logeys du roy, oultre dix florins qu'il a eux pour le fontenier, ... xvi f° xi g°.

9 juillet.

A ung lombart, qui a joué de passe-passe devant le roy, en don, ... v f° ii g°.

10 juillet.

Pour ung pigne d'yvoire, pour Hellène, ... vi p.

11 juillet.

En petites bouteilles de verres, pour mectre le vinage de la Croix que le roy a envoyée au Roy, ... vi g°.

A maistre Thomas, pour un anneau de cassidoine qu'il a acheeté pour le roy, ung escu; pour ce, ... ii f° vi g°.

A René de Fleurenville, pour deux sinnes qu'il a achectées pour le roy, ... ii f°.

12 juillet.

A une pouvre femme qui a bugadé ung ciel garny de courtines, ... iiii g°.

18 juillet.

Pour deux ymages de Nostre Dame en ung soulleil, le tout d'or, une croix de courail, une buricle pour le roy, ung grant cadran, et une buricle que le roy a donnée à mons' le séneschal, ... iiii f°.

A Philbert le barbier, pour cinq pignes d'yvoire, deux escuz; . . . . v f°.

21 juillet.

A Pierre Adan, pour une croix de cornailline que le roy porte en ses patenostres, deux escus: pour ce, ... v f°.

A ung ortelan de Naples, lequel s'en va sur les galléasses, six escus, pour rapporter par deça des cavemelles de Vallence; pour ce, ... xv f°.

31 juillet.

[Payement de cinq florins au Castillan qui fait les saints.]

4 août.

En toyle et fil, pour recoudre et remectre à point aucunes pièces de la tappicerie qui estoient rompues; pour ce, . . II g°.

6 août.

Au paintre d'Avignon, pour plusieurs paintures prinses de luy, lesquelles le roy a données à madamoyselle de la Jaille; pour ce, ... VII f° VI g°.

11 août.

En toyle, pour faire des abillemens pour la moralité de l'Omme mondain, ... II f°.

A ceulx qui ont faitz les chaffaux, et pour le louage des planches, ... II f°.

14 août.

Pour ung coffre paint, pour Hellène, ... III g°.

17 août.

Pour une boette de boys paincte, que le roy a donnée à Hellène, ... III g°.

23 août.

A ung marchant qui a vendu une chesne que le roy a donnée à Hellène, du savon muscat et plusieurs autres boettes de pouldre Chippre, quatre escus; pour ce, ... X f°.

28 août.

Pour quatre miroers ardans, à raison de six gros la pièce, vallent . . . . II f°.

3 septembre.

A ceulx qui ont fait les chaffaulx pour la farce qui a esté jouée devant le roy, ... I f°.

Aux ménestrez qui ont mené le Prieur et les joueux par la ville et jusques devant les chaffaulx, ... III g°.

5 septembre.

En pingles d'yvoire pour madamoiselle de Lorraine, VIII g°.

8 septembre.

Pour une pièce de toyle crespe achectée par madamoyselle de Beauvau pour faire tocques pour le roy, ... X f°.

PIÈCES JUSTIFICATIVES.

9 septembre.

A ung sarrurier qui a faite une boucle de ceinture à la façon d'Almaigne, en don, ... I f°.

12 septembre.

A Charles, mercier, sur neuf escus qui luy sont deuz pour plusieurs patenostres de gest, deux saint Sébastien en verre cristalin, une boette de cristal, une patenostre d'ambre blanc, troys pièces de ruban et deux livres escriptz en lettre d'Almaigne, ... X f°.

Au religieulx qui fait la vaisselle d'albastre, florin I, pour une livre d'ivoire qu'il a acheeté en Avignon pour le roy, . . . I f°.

A luy, v florins troys gros, par commandement du roy, que ledit religieulx avoit mis pour émery, la garnison de deux cuillers en argent, pour la plombée d'un cadran qu'il a fait pour le roy, et autres choses, ... V f° III g°.

Pour ung jeu de cartes de Lyon, pour Hellène, ... II g°.

14 septembre.

Pour ung crucefix de boys, une ymage de saint Christofle en ung tableau, une lettre et plusieurs ymages faictes en mosle, ... III f° VI g°.

Pour ung jeu de cartes pour Hellène, ... II g°.

16 septembre.

A ung muletier qui a apporté d'Aix en Avignon les livres du roy, ... IIII g°.

23 septembre.

A deux hommes de Tholon qui ont admené ung dain et des lymons au roy, ... II f° VI g°.

27 septembre.

Pour une pièce de toyle bleue pour faire ung rideau devant les fenestres de la chambre du roy, ... I f° II g°.

Pour deux cannes de vette blanche pour faire lesdits rideaux, ... I g°.

Aux juives qui ont fait lesdits rideaux, ... I g° III p.

30 septembre.

Audit menuisier, pour avoir fait le chaffault en la sale du roy pour paindre la chauffette et le sur, ... I fl.

Pour une lyasse de patenostres que le roy a fait mectre en l'un de ses chappeaux, ... VIII g°.

1er octobre.

Au faiseur d'esmail de plique, quatre escus, restans de x escus que le roy luy a baillez pour la façon d'un essaucier; pour ce, ... X fl.

10 octobre.

A Margery, pour dorer l'ange qui porte les cheveulx de la Magdeleine, ... XVIII fl. II g°.

A Yvonnet, envoyé à Tharascon quérir la tapisserie et la faire porter par chariotz en Avignon, pour la tendre, ... XIII fl.

A Pierre Adan, orfèvre, pour enchasser le visaige de Nostre Dame où il y a *Sancta et immaculata virginitas*, sur x florins que Jehan de Vaulx lui a baillez, pour ce, pour ceste sepmaine, ... V fl.

11 octobre.

Pour une branche de courail enchassée en argent, une ymage de Nostre Dame en ung souleil d'argent et ung anneau de courail, ... I fl.

15 octobre.

A Thomas, varlet de garde-robe, pour avoir fait aporter la branche de courail là où est sainte Marthe d'Arle en Avignon, les perches de l'iraigne, les oyseaux par troys hommes. [etc.], ... II fl. XI g°.

A quatre hommes qui ont aporté de Tharascon en Avignon tous les verres qui estoient en l'estude du roy, les quatre grans potz de confiture, ung grant tableau de Nostre-Dame et plusieurs autres choses, ... I fl.

18 octobre.

A maistre Hervian, paintre, pour ung Descendement de la Croix, six petitz cruxefiz dorez et une Nonciade, . . XI fl. VI g°.

23 octobre.

A ung Cathelan, pour cinq toyles paintes qui sont en la chapelle du roy en son logeys d'Avignon, ... vııı f°.

24 octobre.

A Georges, enlumineur, pour payer ung cruxefix qui est mis en la chapelle du roy, v escus; pour ce, ... xıı f° vı g°.

28 octobre.

Au roy en ses mains, pour jouer, deux escus; pour ce, . v f°.
Au gantier, pour la façon de la gibecière de satin que le roy porte, ... ı f°.
A ung pouvre homme qui a autreffoiz esté juif, en don, ı f°.

(Arch. des Bouches-du-Rhône, B 215.)

89.

EXTRAITS D'UN COMPTE DE JEAN DE VAULX, TRÉSORIER DU ROI DE SICILE [1].

1478.

Février.

Don aux esclaves qui ont dancé devant le roy le jour de caresme prenant, en quatre escuz, baillez à Anthouon Nouvel, le roy présent, ... ıx f° ıııı g°.
Don à plusieurs manœuvres des édifices que le roy fait faire à Aix, Peyrolles et la Bastide, ... xı f° ıı g° ıııı p.
Don à maistre Jehan Laurens, astrologien, le xxııı° dudit moys, la somme de vingt escuz, pour aller à Lambès faire le jugement de ceste année, où il a vacqué par plusieurs jours;... pour ce, ... xlvı f° vııı g°.
Don à ung compaignon de la galléasse ferrandine qui a apporté de la vaisselle de terre au roy, quatre escuz; pour ce, ıx f° ıııı g°.
Don aux verriers d'Agoust, le xx° de février, à la bastide près Masseille, la somme de dix escuz, pour plusieurs verres qu'ilz

---

[1] V. la note placée en tête du n° 56.

ont apportez au roy et autres choses estranges de verrerie; pour ce, ... xxiii f° iiii g°.

Don au brodeur d'Avignon, pour plusieurs voyaiges qu'il a faiz devers le roy dudit lieu en Prouvence, pour les ouvraiges de broderie qu'il a faiz au corps sainct d'Avignon; pour ce, xv f°.

A mademoiselle de Lorraine, pour ses offrandes au lieu de Sainct-Maximin, ymaiges de la Magdelaine et autres mesmes petites despenses faictes le jour du pardon à Sainct-Maximin, ... xix f° i g° et demi.

A Estève le courrier, pour estre allé en Avignon quérir la vaisselle de voirre que Michel Dyny de Médicis a donnée au roy, ... i f° vi g°.

Au roy, le x° jour de février, cinq grans peaulx de loupserve délivrées par Renardon, dont mons' de Calabre en eut deux pour jouer une moresque, à raison d'un escu la pièce, vallent. . . . . xi f° viii g°.

[Payement de la nourriture des oiseaux entretenus dans la maison du roi de Sicile, à Avignon, par les soins du concierge.]

Mars.

A Prouvence, roy d'armes, la somme de seize florins huit gros, pour deux capes de Portugal, l'une pour le roy et l'autre pour mons' [de Calabre], achatées de la carvelle portugueze, à la bastide de Masseille; pour ce, ... xvi f° viii g°.

Au pelletier de mons' de Calabre, ledit jour, la somme de dix-huit escuz, à raison de xxx gros l'un, pour troys douzaines de jennètes grises, deux noires mouchetées et une peau de léopart, dont le roy lui mesmes a fait le pris en sa chambre; pour ce, ... lviii f°.

A Francisco Laurens, tailleur d'ymaiges[1], pour sa despence d'estre venu devers le roy lui monstrer certains ouvraiges d'ymaigerie en painture, ... v f°.

A Jehan Coste, orfévre, pour façon d'une chesne que le roy a devisée à mademoiselle de Beauvau, dont il a voulu paier la façon; pour ce, en six escuz, ... xiiii f°.

A Montfort, mercier, pour deux ymaiges de sainte Katherine, deux Véroniques, troys croix de coral et autres choses achetées sur le port de Masseille, ... vii f° vi g°.

A messire Jehan, l'astrologien, dix-huit paulmes de gris pour faire manteau et chaperon à la romanesque, à raison de xi f° la canne, vallent, ... xxiiii f° i g°.

A maistre Henriet, chaussetier d'Aix, le xxiiii° jour de mars, pour xxii cannes et demye de drap pour vestir les xiii pouvres le jour de Pasques, ... lxiii f° ix g°.

A l'aumosnier du roy, messire Pierret Donnel, la somme de troys cens florins dix gros et demy, pour les aumosnes de treze pouvres que le roy a fait manger chascun jour de caresme, et après leur réfection, que ledit sr roy les avait serviz à table, leur donnoit à chascun l'aumosne en argent; pour ce icy, oultre et par dessus trente florins d'aumosnes ordinaires que ledit aumosnier a chascun moys sur les menuz plaisirs, en ce comprins treze escuz pour les aumosnes du jeudi absolu, ladite somme de. . . . . iiic f° x g° iiii p.

Avril.

A Pierre le paintre, ledit jour, [xvi° d'avril], pour plusieurs menues paintures qu'il a faictes pour le roy, oultre les grosses qu'il lui a faictes, ... xxv f°.

A Katherine Pierre, damoiselle de madame de Calabre, pour ung ruby que le roy lui a donné enchassé en une verge d'or, ou moys de mars, à Masseille, en récompense de plusieurs petites pierres estranges qu'elle avait trouvées le long de la marine; pour ce, ... xiiii f°.

[Payement de divers objets apportés de Barbarie par Grégoire de Laignet, génois : un frein de mule ou de cheval « avecques la testière platie d'argent et d'esmail de plicque », une écritoire, « quatre albernoux, aliàs manteaulx de serge dudit pays, » etc.]

A maistre Guillaume, astrologien et médicin de Carpentras, la somme de quarante-cinq escuz pour ung astralabe rond où il y a les sept climatz l'un dedans l'autre, par lui apporté à la bastide d'Aix le xxvii° d'avril, et dont maistre Pierre Robin a fait marché avecques lui audit lieu de la bastide, du commandement dudit seigneur roy, à la somme de xlv escuz, y compris cinq escuz pour le vin des compaignons; pour ce icy, à raison de xxviii gros pour escu, la somme de . . . . cv f°.

Au souysse qui joue du tabourin, pour ses gaiges de la moitié des moys d'avril et de may, cinq escuz, vallent, à xxviii gros l'un, ... xi f° viii g°.

A madamoiselle de Lorraine, pour troys cannes et demye de toile de Holande pour lui faire couvrechiefz, à raison de ii florins la canne, vallent. . . . . vii f°.

A l'argentier Anthoine de la Croix, la somme de trente escuz pour chapeaulx de bièvre, une Annunciade en camayeu, deux ymaiges de Nostre Dame en camayeu, ung coffre d'yvière, ung saint Christofle en camayeu, et bourgequins et autres choses qu'il a apportées de Lyon à ceste foire de Pasques derrain passée; pour ce icy, à raison de xxx gros pour escu, pour ce qu'ilz ont esté payez en Avignon, ... lxxv f°.

A Magdelaine Gazelle, damoiselle de madame de Calabre, six paulmes de veloux à tiers poil, ledit jour, pour faire abillemens de teste pour madame de Bourbon, à la façon que le roy les a présentement devisez, à raison d'un ducat le paulme, vallent. . . . . xv f°.

A Morice, tailleur, le derrain jour d'avril, cinq paulmes et ung tiers de veloux noir pour faire deux carmignoles, l'une au roy et l'autre à mons' de Calabre, à raison de xxx gros le paulme, vallent. . . . . xiii f° iiii g°.

Mai.

Au roy, le lundi des festes de Penthecostes, xi° de may, huit paulmes de violet, qu'il a donnez à celui qui a gaigné le pris des joustes qui se firent ledit jour en la place des Frères Prescheurs d'Aix, à raison de ii florins le paulme, vallent... xvi f°.

A mondit seigneur le bastart de Calabre, vingt paulmes de veloux noir à tiers poil que ledit seigneur [roy] lui a donné pour faire robe benjamine pour la feste du Corps de Dieu, à ladite raison d'un escu le paulme, vallent. . . . . xlvi f° viii g°.

A lui, [Petit-Jehan, drapier d'Aix], plus, la somme de quarante deux florins, pour troys aulnes d'escarlate données par ledit seigneur à la femme de Courcoul, son queux, en récompense des dépenses qu'il a faictes en sa maladie; pour ce icy, à raison de xiii florins l'aulne, xlii f°.

Mars et avril.

A Jacotin, ymaigier d'Avignon, le xxvii° jour de mars, la somme de cinquante escuz, à lui délivrez en Avignon à plusieurs foiz, pour ung saint Jéroisme et une Annunciade à grans ymaiges qu'il fait présentement pour l'église de l'Observance fondée dudit saint Jéroisme près la bastide du roy à Masseille, par marché fait avecques lui par le roy, pour ce icy, à xxx gros pour escu, pour ce qu'ilz furent pris audit lieu d'Avignon, la somme de cxxv fᵒ.

A maistre Symon Baudet, masson, la somme de quinze florins, pour ses ouvraiges qu'il a faiz à la bastide d'Aix, dont lui reste pareille somme par tout compte fait de tout le temps passé de ce qu'il a fait à ladite bastide d'Aix; pour ce, ... xv fᵒ.

A Bertrand le fustier, de Masseille, qui a besoingné à la bastide de Masseille pour réparer les huys et fenestres, . . ⅠⅠⅠⅠ fᵒ ⅤⅠⅠⅠ gᵒ.

Au gendre de Anthoine Séguyer, pour ferrements pour ladite bastide, tant que le roy y a esté par ces deux moys, xⅠⅠⅠⅠ fᵛ ⅠⅠⅠⅠ gᵒ.

Aux massons, manœuvres, tourrillons et charpentiers qui ont besoingné en l'ouvraige de l'ermitaige Saint-Jéroisme près ladite bastide, ... ⅠⅠᶜ ⅠⅠⅠⅠˣˣ Ⅰ fᵒ xⅠ gᵒ.

A Jehan Oche, capitaine de Peyrolles, le ⅤⅠⅠⅠᵉ jour d'avril, la somme de deux cens florins, pour convertir et employer es édifices dudit lieu de Peyrolles, et pour conduire ung radel pour lesdits ouvraiges, oultre autres deux cens florins qu'il a euz par avant; pour ce icy, ... ⅠⅠᶜ fᵒ.

A Jehan du Blau, clerc de Janon Fourbin, ledit jour, pour les édifices de Saint-Jéroisme près la bastide de Masseille, oultre ce que Boucquerii lui a délivré, la somme de . . . . L fᵒ.

A Pierre Michel, fustier, le xᵉ dudit moys [d'avril], sur l'ouvraige d'une gallerie que le roy fait faire à sa bastide d'Aix, qui regarde sur le jeu de paulme, ... xv fᵒ.

Audit Jehan Oche, le xⅠⅠᵉ jour d'avril ensuivant, pour convertir à faire le puys de Peyrolles, la somme de cinquante florins; pour ce, ... L fᵒ.

A Nicolas, du Jardrin, le xⅤⅠᵉ dudit moys, la somme de soixante quinze florins, en ce comprins dix ducaz qu'il avoit euz par avant, pour convertir et employer es ouvraiges de la bastide du roy près Aix; pour ce, ... Lxxv fᵒ.

A lui, le xxⅠᵉ dudit moys, la somme de cinquante florins, pour encommencer la grant gallerie que le roy fait faire le long de son jardin de la bastide près Aix; pour ce, ... L fᵒ.

A l'escuier Jarret, le premier jour d'avril, douze ducaz, que le roy lui a fait délivrer pour commencer une trayne à façon d'un petit chariot; pour ce icy, à raison de xxx pour ducat, . . xxx f.

(Arch. des Bouches-du-Rhône, B 216.)

90.

COMMUNICATION FAITE AUX CONSEILS DE VENISE DES PROPOSITIONS ADRESSÉES A RENÉ PAR LE ROI DE SICILE FERDINAND, ET DU REFUS QU'ELLES ONT ESSUYÉ.

1er janvier 1478.

Comparuit proximis diebus coram dominio unus orator serenissimi regis Renati, et, sub litteris credencialibus, post generales salutaciones et hortamenta, obtulit dominio personam et statum suum; obtulit deinde unum ejus nepotem, naturalem filium quondam domini ducis Johannis, et demum obtulit nepotem alterum suum, filium fratris, ducem Calabrie et regni Sicilie successorem. Postea narravit... adventum unius oratoris regis Ferdinandi ad ipsum regem Renatum, cum duabus propositionibus, altera pro treuguis inter se et intelligentiâ mutuâ super exercendâ in Provinciâ negotiatione et pro exclusione nostrorum navigiorum à portibus Provincie, pro quâ re promiserat idem orator bonam quantitatem argenti eidem domino regi Renato. Per alteram propositionem, requisivit regem predictum ad cedendum jura sua in regno Sicilie regi Ferdinando, et promisit ob hoc ingentem argenti quantitatem. Cui oratori nihil voluit respondere, sed eum licentiavit..., sperans Deum honeste cause et juri suo fore quandoque opitulaturum, et si non in vitâ suâ, saltem nepoti et heredi suo, cui omninò nullum facere prejudicium dispositus erat.

(Les conseils répondent par des remerciments et des offres de service.)

(Arch. de Venise, *Libri partium secretarum Consilii Rogatorum*, vol. XXVIII. f° 74.)

91.

QUITTANCE DONNÉE PAR RENÉ A LOUIS XI DE TOUTES LES SOMMES QUE CELUI-CI POUVAIT LUI REDEVOIR.

3 juin 1480.

René, par la grâce de Dieu roy de Jherusalem, de Sicile, d'Arragon, de l'isle de Sicile, Valence, Maillorques, Sardaigne et Corseigne, duc d'Anjou, de Bar, etc., conte de Barcellonne, de Prouvence, de Forcalquier, de Pymont, etc., à tous ceulx qui ces présentes lectres verront, salut. Comme noz gens et officiers de plusieurs de noz pays et seigneuries nous aient donné entendre que les gens et officiers de monseigneur le Roy, par son ordonnance ou autrement, ont prins et levé plusieurs deniers à nous appartenans en noz duchez d'Anjou, de Bar et ailleurs, tant à cause de nostre domaine que autrement, et que aussi plusieurs restes nous estoient et sont deues à cause des pensions, dons et bienfaiz que mondit seigneur le Roy nous a faiz et octroyé le temps passé, tant sur ses finances de Languedoc que autrement, laquelle chose nous avons fait remonstrer à mondit seigneur le Roy, sur quoy depuis il ayt commis des gens de ses finances et autres pour sur ce besongnier avecques les nostres, lesquieulx y ont vacqué et besongné par aucun temps; savoir faisons que nous, après le rapport qui fait nous a esté par nosdits commis sur ceste matière, congnoissans que mondit seigneur le Roy nous a très favorablement traictez et que devons estre contens des questions que faisons à cause desdites restes, avons aujourduy quicté et quictons mondit seigneur le Roy et tous ses officiers de toutes les choses que pourrions demander à cause des deniers qui ont et pourroient avoir esté prins par mondit seigneur le Roy ou ses officiers, tant de nostre domaine en nosdits pays et duchez d'Anjou et de Bar que de toutes les pensions, dons, assignacions et bienfaiz que mondit seigneur le Roy nous a par cy devant faiz, soit à cause des parties que nous avons acoustumé de prendre en la traicte et imposition foraine d'Anjou et en la moitié des aydes dudit pays, aussi sur les finances du Languedoc ou autrement, en quelque manière que ce soit ou puisse estre, et généralement de tous les deniers que pourrions demander à mondit seigneur le Roy de tout le temps passé jusques à présent à cause des choses dessusdictes; et d'icelles nous sommes tenuz et tenons pour bien contens, sans ce que jamais nous ne les nostres en puissions quelque chose demander. En quoy toutesfoiz n'entendons point comprendre les deniers tant de nostre pension que autres pour ceste présente année, ne aussi dix mil francs dont sommes assignez pour l'année passée sur les finances de mondit seigneur le Roy en Languedoc. En tesmoing de ce, nous avons signé ces présentes de nostre main et fait sceller de nostre grant seel. Donné en nostre palays d'Aix, le troysiesme jour de juin, l'an de grâce mil ccc c quatre vingts.

   RENÉ. — MERLIN.   (Sceau.)

           (Arch. nat., J 580, n° 8.)

92.

LETTRES PATENTES DE LOUIS XI ORDONNANT LE MAINTIEN
DE LA CHAMBRE DES COMPTES D'ANGERS.

Octobre 1480.

Ledit jour et an dessusdit[1], les gens des comptes du Roy nostre sire, cy après nommez, firent le serment en ladite Chambre es mains de maistre Augier de Brye, esleu évesque d'Angiers, conseillier du Roy nostredit sire, es présences de maistres Hervié Regnault, président du conseil dudit seigneur à Angiers, Jehan de la Vignolle, déan d'Angiers, et messire Jehan de la Réaulte, docteur régent en l'Université d'Angiers et channoine d'Angiers, conseilliers du Roy nostredit sire, par vertu des lettres patentes du Roy nostredit sire, et par ledit de Brie furent rendues et baillées ausdits gens des comptes de par ledit seigneur

[1] 23 septembre 1480.

les clefs de ladite Chambre, es présences des dessusdits; desquelles lettres patentes l'une après l'autre la teneur s'ensuyt :

Loys, par la grâce de Dieu roy de France. Savoir faisons à tous présens et à venir que, comme après le trespas de feu nostre oncle René, en son vivant roy de Jherusalem et de Sicile, duc d'Anjou, les païs et duchié d'Anjou nous retournèrent comme héritaige de la couronne de France, et, à nostre première entrée en la ville d'Angiers faicte après ledit retour, ayons veu et fait veoir le gouvernement et estat dudit duchié, afin de le tenir ou temps avenir en bon ordre, au prouffit et utillité de nous et du bien dudit païs, et entre autres choses ayons entendu et congneu par vray effect le grant prouffit qui peut avenir de l'entretenement de la Chambre des comptes dudit lieu, pour plusieurs bonnes causes et raisons, et mesmement que les ducz d'Anjou qui par cy devant y ont esté estoient gens de bon et hault couraige, tellement que en leur temps ilz ont traicté grans et haulx affaires, tant en nostre royaume que autres pays, lesquelx comme dignes de mémoire ont esté bien rédigez es escrips de la Chambre, qui nous est chose moult plaisant et pourfitable, et pour riens ne vouldrions iceulx escrips desplaser ne mectre ailleurs en confusion d'aultres escrips, et ne nous seroit prouffit ne agréable chose de y faire mutacion, car en ladite Chambre promptement se trouvent et pourroient trouver à toute heure pluseurs lettres, chartres, escriptures et beaux faiz par les gens desdits comptes rédigez par escrip, comme dit est, et mis en très bon ordre...; et, pour ces causes et autres à ce nous mouvans, ayons, de nostre auctorité et puissance et par édit royal, délibéré, conclud et ordonné, concluons et ordonnons, par l'advis et délibéracion de pluseurs seigneurs de nostre sang et gens de nostre grant conseil, que ladite Chambre des comptes à Angiers sera et demourra; voulons et nous plaist qu'elle soit de par nous entretenue en l'estat et forme que es temps des ducz d'Anjou, et mesmement du vivant de nostredit feu oncle, et en la maison et lieu où il est acoustumé la tenir, et, en tant que mestier en seroit, l'avons créé, instituée, establye et ordonnée, créons, instituons, establissons et ordonnons tout de nouvel. Et ausquelz gens de nosdits comptes à Angiers, présens et à venir, et leurs successeurs, nous avons donné et donnons par ces présentes faculté, puissance et auctorité d'oïr, clore et afiner les comptes de tous et chascuns les receveurs de nostre domaine dudit païs, maistres de noz eaulx et forests, segraiers, maistres des œuvres et repparacions, receveurs des francs fiefz et nouveaulx acquestz, peiages, truages et autres entremises quelzconques ;... de congnoistre, décider et déterminer de toutes questions et procès qui se pourront sourdre et mouvoir touchant lesdits comptes, les droiz de nostre dommaine dudit païs et des deppendences d'iceulx ; de prandre et faire paier sur le reliqua et reste desdits comptes les repparacions et menuz affaires de ladite Chambre des comptes, et aussi de tauxer et ordonner salaires et vaccacions aux personnes qu'ilz auront commis et envoiez pour besongner ou fait de nostredit dommaine, desdits comptes et deppendences...; et de faire baillées de places vacgues et inutilles à nostre prouffit et acroissement de nostredit dommaine et censif, ainsi qu'ilz verront estre affaire, et généralement d'oïr, clore et affluer tous lesdits comptes, et en tout et partout besongner et entendre en telz et semblables droiz, honneurs, prérogatives et prééminances que font et ont acoustumé de faire noz amez et féaulx les gens de noz comptes à Paris,... sans ce que iceulx gens de nosdits comptes à Paris aient ne puissent avoir par appel ne autrement aucune juridicion ne congnoissance de cause par dessus les gens de nosdits comptes à Angiers, et ausquelz nous en avons interdit et deffendu, interdisons et deffendons par cesdites présentes toute court et congnoissance. Si donnons en mandement à noz amez et féaulx conseilliers les gens tenans et qui tiendront nostre court de parlement à Paris, trésoriers généraulx de noz finances et de la justice de noz aides à Paris, etc.

Donné au Plesseis du Parc-lès-Tours, ou moys d'octobre, l'an de grâce mil cccc quatre vingts, et de nostre règne le vingtiesme. Ainsi signé sur le replet desdites lettres : Par le Roy,

G. Briçonnet.

(Arch. nat., P 1334¹¹, f° 1.)

93.

PROCÈS-VERBAL DE L'ENSEVELISSEMENT DU CORPS DU ROI RENÉ.

26 octobre 1481.

L'enterrement du feu roy René de Sicille à Saint-Maurice, en Anjou.

L'an mil cccc iiii^{xx} et ung, la royne de Sicile, duchesse d'Anjou, elle estant oudit pays, en son chasteau de Beaufort, envoya quérir le corps du roy de Sicile, duc d'Anjou, son espoux, que Dieu absolve, lequel estoit en Prouvence, en l'église de Saint-Saulvaire, à Aix, et arriva oudit païs d'Anjou le [dix huitiesme] jour du moys d'aoust, l'an dessusdit; lequel on avoit amené par eau depuis Rouanne jusques au dessoubz des Pons de Sée, et de là fut mené par terre secrètement et de nuyt à l'église de Saint-Lau près Angiers, de laquelle église luy et ses prédécesseurs ont esté fondateurs. Et arrivèrent iceulx qui menoient ledit corps à ladite église, le sabmedi environ deux heures après mynuyt; lequel fut mys en la nef de ladite église. Et pour le recepvoir y avoit troys des chanoynes et pluseurs chappelains et serviteurs de ladite église, ausquelx ladite dame l'avoit fait assavoir, et fut le corps dudit roy en la nef de ladite église juc au matin environ dix heures devant mydi; et incontinent que la grant messe fut dicte, les portes d'icelle furent fermées, les chanoynes, chappelains et serviteurs estant dedans avecques pluseurs autres; puis fut tiré le corps dudit roy hors du lieu ouquel il avoit esté apporté. Lequel fut par lesdits chanoynes et chappelains prins et porté dedans le chappitre de ladite église; et à ce faire estoient présens le doyen de la grant église d'Angiers, lequel est aussi doyen de ladite église de Saint-Lau, acompaigné de quatre des chanoynes de ladite église cathédralle, puis fut mys ledit corps sur deux bréchés, *aliàs* tréteaux, et, ce fait, ledit doyen demanda aux serviteurs de ladite dame qui avoient amené ledit corps de Prouvence s'ilz estoient bien certains que c'estoit le corps du roy de Sicile qui estoit dedans la chasse qu'ilz avoient amenée; lesquelx respondirent oudit doyen et aux autres chanoynes dessusdits que c'estoit le corps propre qu'ilz avoient tiré hors du mur de ladite église d'Aix, et que, s'il n'avoit esté changé par avant, que c'estoit iceluy propre. Et pour plus grande approbacion et aussi pour en sçavoir la vérité, fut délibéré et avisé par les doyen et chanoynes dessusdits que ladite chasse de boiz seroit ouverte et que on verroit dedans; et ainsi fut fait, car la chapse de bois fut desassemblée, en après la chapse de plom fut ouverte la longeur d'ung pié et demy. Ce fait, fut congneu ledit roy du doyen dessusdit et aussi des assistans qui autresfoiz l'avoient veu, aussi froiz que si n'y eust eu que cinq ou six jours qu'il eust été trespacé. Cela fait, fut refermée ladite chasse de plom et bien ressoudée, et pareillement ladite chasse de bois, puis fut mys ung drap d'or dessus ledit corps. Au regart du cueur du roy, il estoit dedans une grant boete d'argent en laquelle ladite dame l'avoit fait meetre oudit païs de Prouvence, et fut mys en une des armaires du chappitre, sellée du seel dudit chappitre. Et en iceluy lieu furent le corps et le cueur dudit roy, en la manière dessusdite, jusques au IXe jour d'octobre ensuyvant; et est assavoir que à toutes les choses dessusdites estoient présens deux notaires, l'ung apostolique et l'autre impérial, pour meetre et rédiger en forme les choses dessusdites, ainsy qu'ilz avoient veu par effect.

Ce fait, la royne de Sicile, son épouse, duchesse d'Anjou, envoya devers le Roy pour lui faire assavoir comme le roy de Sicile estoit en ladite église de Saint-Lau. Lequel incontinent manda lectres aux doyen et chappitre de la grant église, et pareillement à l'université, au maire et soubz-maire et aux gens de justice de ladite ville d'Angiers, contenant comment ilz eussent, les présentes veuez, à ordonner et dispouser pour l'enterrement de son oncle le roy de Sicile, lequel estoit à Saint-Lau, et qu'ilz lui fissent l'onneur qui luy appartenoit. Et est à noter que la royne de Sicile avoit fait meetre le corps dudit roy son espoux à ladite église de Saint-Lau le plus secrètement que possible lui fut, car ceulx de ladite ville d'Angiers riens n'en savoient, excepté les dessusdits. Les lectres du Roy receues, les dessusdits de ladite ville firent faire commandement que de chascune maison de ladite ville le chief d'icelle se rendist le landemain à heure dicte et déterminée à la grant église, sur grosse peine, pour ouyr lire les lectres du Roy. Eulx assemblés en ladite église, furent leues lesdites lectres ou pulpitre, *aliàs* tribune, de ladite église. Et incontinent lesdites lectres leues qui portoient l'effect dessusdit, en commencza à sonner en ladite église une cloche d'argent qui est en ung clochier couvert de plom, situé sur ladite église ou meilleu du cueur. Et, ce fait, toutes les cloches de ladite église, et pareillement de toutes les églises de la ville et faulxbourgs d'Angiers, sonnèrent par l'espace d'une heure entière. Puis après fut délibéré par les dessusdits sur l'enterrement dudit roy, lequel a esté ou chappitre de ladite église de Saint-Lau par l'espace de sept sepmaines ou environ, avecques le cueur, en la forme et manière que dessus est dit. Et fut mandé par l'aministrateur et vicaires de l'évesché d'Angiers à tous les abbés d'Anjou qu'ilz se rendissent au jour de l'enterrement dudit roy de Sicile, lequel jour leur fut signifié ; et cependant on préparoit en ladite ville et église d'Angiers pour l'enterrement dudit roy. Quant vint le mercredi, ix⁰ jour d'octobre dessusdit, et que tout fut préparé, tant en la grant église que es frères mineurs d'Angiers, en laquelle grant église avoit, ou meilleu du cueur, une chappelle ardente moult belle et magnifique, à quatre croésées et à xvi croix doubles d'Anjou de tous les quartiers; ou meilleu de ladite chappelle avoit ung hault clochier de bois, et sur iceluy estoit ung crucifix. Laquelle chappelle estoit garnie, dessus et dessoubz et par les coustés, de fine toille noire, et es quatre croésées y avoit à chacune ung grant ange qui tenoit les armes et escussons coronnés dudit roy. Et sur icelle chappelle avoit de mil à xii⁰ cierges de deux livres la piecze. Es quatre coustés de ladite chappelle, auprès du corps, en quatre grans chandeliers, avoit quatre cierges de chascun ix livres; pareillement au grant aultier avoit dix cierges de chascune cinq livres; et aussi par tous les aultiers de ladite église qui sont en nombre xxviii, avoit à chascun deux cierges de chascun une livre. En oultre estoient tous les dessusdits aultiers parez hault et bas de paremens noirs, esquelx estoit la croix de Jérusalem, potencée à escussons des armes dudit sire, faicte à argent. Item, à l'entour de ladite église, y avoit une sainture de fine toille noire, garnie d'escussons et armes couronnés dudit roy, près semées. Et devant chascun escusson y avoit une grant torche. Lesquels escussons estoient tous à fin or et argent, et généralement tous ceulx qui estoient en ladite église. Et iceluy jour au matin, fut ouverte la sépulture dudit roy. Quant vint au coup de midy, le jour dessusdit, la grosse cloche de ladite église sonna par troys foiz l'espace d'une heure, et avecques icelle cloche la cloche de l'université, affin que ung chascun se rendist es lieux depputés. Et incontinent que ladite cloche commencza à sonner, tous les colléges religieux et mandiens de ladite ville commencèrent pareillement à sonner; et, ce fait, allèrent tous à ladite église de Saint-Lau, où estoit ledit corps, et là dirent ung *Subvenite* avecques l'oroison *Inclina et fidelium*, en attendant ceulx de l'église cathédrale, lesquelx vindrent en grant nombre et belle pollice, et en faisant leur procession chantoient en belle voix les sept pseaulmes, ainsy qu'il est de coustume. Eulx arrivez à Saint-Lau, commencèrent pareillement *Subvenite* avecques les oroisons dessusdites; et, ce fait, les chanoynes de ladite église de Saint-Lau prindrent ledit corps, lequel estoit à la porte de ladite église, soubz la gallerie d'icelle, en une lictière, laquelle estoit fermé d'essil tout à l'entour, et dedans estoit la chasse de plom en laquelle estoit le corps, et dessus y avoit une table fort large faicte propre à ce, sur laquelle estoit ung grant drap d'or cramoysy pendant jusques à terre, lequel estoit bordé tout à l'entour de veloux noir, et en iceluy veloux estoient les escussons couronnés dudit roy, lesquels estoient moult riches. En après, dessus iceluy drap d'or, estoit la représentacion dudit sire, vestu d'ung abillement royal de veloux cramoysi obscur, fourré de hermines; laquelle représentacion avoit sur la teste une couronne moult riche, en sa main dextre tenoit ung ceptre doré de fin or, et en la senestre tenoit une pomme en laquelle avoit eslevé une petite croix, pareillement le tout doré; et avecques ce avoit es mains gans, chausses et souliers, ainsi qu'il est de coustume es royaulx à avoir. Pareillement, à l'issue de ladite gallerie, avoit ung grant palle tout de veloux noir, avecques goutières et franges de mesmes, ouquel avoit six bastons noirs; lequel palle portoient sur ledit corps et représentacion six des chanoynes de la grant église. Et fut ainsy porté jusques en une place qui est entre le chasteau et ladite église de Saint-Lau, nommée les Lices, là où l'université l'actendoit, et illec le prindrent en la manière qui s'ensuyt, c'est assavoir : six docteurs es droiz canon et civil prindrent ledit palle; vingt escolliers licenciés, tous gentilzhommes et vestus de noir, portoient le corps; le recteur de ladite université se tenoit à la teste en soustenant et portant ledit drap d'or, et tous les aultres docteurs, tant es droiz canon et civil que en théologie, lesquelx estoient en grant nombre, estoient à l'entour dudit corps en soustenant de tous les coustés ledit drap d'or. Et fut ainsy porté par l'une des grans rues de ladite ville jusques ou meilleu du cueur de la grant église, et fut mys soubz la chappelle ardente dessusdite. En après, pour conduire ledit corps, estoient en procession et par ordre, premièrement les couvens, c'est assavoir les frères mineurs, les Augustins, les Carmes et les Prédicateurs. En après, y avoit cinq colliéges, c'est assavoir la Trinité, Sainct-Mainbeuf, Sainct-Maurille, Sainct-Pierre et Sainct-Julien. Puis les suyvoient les chanoynes réglés, c'est assavoir Sainct-Jehan l'Euvangéliste et l'abbaye de Toussains. En emprès, estoient les colliéges de Sainct-Lau et Sainct-Martin, lesquelx sont de la fondacion d'Anjou, et avecques eulx alloient les religieux des abbayes de Sainct-Aulbin, Sainct-Nicolas et Sainct-Sierge, tous de l'ordre de sainct Benoist, lesquels sont aussi de fondacion d'Anjou; et y eut grande altercation entre les dessusdits deux colléges et abbayes, lesquelx seroient les prochains de ceulx de la grant église; laquelle altercacion autresfois a esté entre eulx, et par espicial quant il y a procession pour l'enterrement des dux et duchesses d'Anjou. Après les dessusdits, y avoit cinquante povres, tous vestus de noir, ayans chascun une grande torche; puis après les suyvoient les serviteurs, chappelains et maistres-chappelains de ladite église, deux à deux. En après estoit le corps avecques l'université, et en suyvant estoient les chanoynes de la grant église; après eulx estoient les abbés qui s'ensuivent, tous en pontifical, c'est assavoir de Sainct-Florent, de la Roue, de Sainct-George, du Louroux, de Chaloche, de Pontheron et de Toussains; puis estoit l'administrateur d'Angiers, les nobles, avecques le soubz-maire et gens de la justice de ladite ville en grant nombre. Et est assavoir que le cueur dudit roy, enchassé en une boete d'argent, avoit esté mys avecques le corps en ladite chasse. Et incontinent que ledit corps fut poussé ou meilleu du cueur de ladite église, soubz ladite chappelle ardente, tous les colliéges, abbayes et mandiens dessusdits allèrent chascun à leur église faire ung service o grant sollemnité. Ce fait, ceulx de ladite grant église commencèrent vespres et vigilles de mors, ainsy qu'il appartenoit, et faisoit l'office l'évesque de Verjeuce, et tous les abbés dessusdits estoient assistens juc à la fin du service. Le jeudi au matin, tous les chappelains de ladite église célébrèrent messe pour l'âme dudit roy; et incontinent que le service fut commancé, tous chappelains qui voulurent chanter et célébrer feurent receuz. Au regard de la messe de Requiem, ledit évesque la dit, l'abbé du Louroux list le dyacre, et l'abbé de Pontheron list le soubz-diacre, avecques chanoynes et autres de ladite église assistens, ainsy qu'il est de coustume. Laquelle messe achevée, fut fait le service de l'enterrement, et le portèrent en terre huyt des plus grans personnages de ladite église, revestuz en abiz à ce propres et ordonnés, les recteur, docteurs, prélat, abbés dessusdits estans présens avecques grant multitude de peuple, et adoncques fut donné et mys le corps en la sépulture. En après, ledit évesque print le cueur dudit roy et le porta ou revestuaire de ladite église, lequel y fut jusques après disner.

Et quant vint iceluy jeudi, entre douze et une, commancèrent pareillement à sonner la grosse cloche de ladite église comme le jour devant, pour appeler les colliéges, comme dit est, et pareillement la cloche de l'université sonna, et tous les dessusdits se rendirent à la grant église, pour porter le cueur dudit roy à Sainct-Bernardin, ainsy qu'il avoit ordonné en son vivant. Lequel fut porté en la manière qui s'ensuyt, c'est assavoir : quatre desdits docteurs prindrent ledit cueur estant sur une lictière à quatre bastons, et ou meillen de la dicte lictière avoit ung petit escabeau, puis sur icelle lictière avecques l'escabeau avoit ung aultre grant drap d'or cramoysy, pareil de celuy du corps, pendant pareillement à terre de tous les costés, lequel estoit bordé de veloux noir, avecques les escussons couronnés ainsy comme l'autre; et sur ledit escabeau y avoit ung grand carreau pareillement de drap d'or cramoysy, ledit drap d'or entre deux, et dessus iceluy carreau estoit ladite boete d'argent sur bout, en laquelle estoit et est de présent le cueur. Et ainsy les quatre docteurs dessusdits, avecques le recteur et autres docteurs, allèrent ou revestuaire de ladite église, onquel estoit ledit cueur, et le prindrent; lequel fut ainsy porté jusques en l'église desdits frères mineurs, acompaigné des colliéges et abbayes dessusdits, tous en belle ordre et pollice, avecques ledit palle dessus, tout ainsy comme audit corps, et fut mis ou meilleu du cueur de ladite église, soubz une chappelle ardente, pareille de celle de la grant église. Et le luminaire d'icelle aveucques toutes les torches, et aussi tout le luminaire de ladite église et chappelle de Sainct-Bernardin, estoit tout neuf. Et est assavoir que, en portant les corps et cueur dudit roy, et aussi durant tout le service des deux, estoit toujours devant ung herrault de l'ordre du Croissant, vestu d'une coste de veloux cramoysy en laquelle estoient les armes de sainct Maurice, en l'onneur duquel fut faicte et commancée premièrement ladite ordre. Ce fait, tous les colliéges dessusdits et autres s'en retournèrent ung chascun à son église, faire ung service pour ledit roy, comme ils avoient fait le jour devant, lesquels furent stipendiés des deux services ainsy que avoit ordonné ledit roy; et demourèrent seullement ceulx de ladite grant église ausdits frères mineurs, pour faire le service ainsy qu'ils avoient fait au corps. Celuy jour, dirent vespres et vigilles de mors; cela fait, s'en retournèrent à la grant église, puis le lendemain retournèrent les dessusdits de la grant église ausdits frères mineurs, et là firent le service tout ne plus ne moins comme le jour devant, excepté que le doyen de la grant église dist la messe, deux des chanoynes de ladite église firent les diacre et soubz-dyacre, dont l'ung estoit docteur en théologie et l'autre licencié. Ladite messe finie, fut fait l'enterrement dudit cueur ainsy comme au corps, tousjours l'université présente et aussi ceulx de la ville en grant nombre, et pareillement y eut messes à tous venans. Et estoit ladite église et aussi la chappelle de Sainct-Bernardin, en laquelle fut mys le cueur dudit roy, garnie à l'entour de sainture et torches ainsy que ladite grant église; et aussi y avoit cinquante povres, tous vestus de noir, aveucques torches neufves comme audit corps. Et fut mys le cueur dudit roy par le doyen dessusdit en une petite chasse de boiz, lequel estoit enchassé en une boete d'argent, comme dit est. Et icelle chasse de boiz aveucques ladite boete fut mise en une pierre de taille en laquelle avoit une fenestre carrée faicte tout exprés, et, incontinent que ledit cueur fut dedans, le maczon qui avoit fait icelle fenestre le ferma d'une aultre pierre en laquelle avoit une boucle; et en oultre y fut mys une grosse grille de fer. Lequel cueur fut mys en la chappelle Sainct-Bernardin, devant l'autel de sainct Michel, à couste senextre de ladite chappelle, ainsy que ledit roy l'avoit ordonné. Et est le dit cueur en ladite muraille, à ung pié sur terre. En oultre, joignant ladite muraille, y a une représentacion de bois, couverte d'ung drap d'or cramoysy bien riche et bordé à l'entour des armes dudit roy.

Ce présent escript a esté baillé manuelement par la royne Johanne de Sicile à moy Balthasar Hirtenhaus, conseiller et contrerolleur des finances, pour le porter à Aix et faire euregistrer en l'archif dudit lieu. En tesmoing de ce, j'ay signé cestes, ou chasteau de Beaufort, le xxvi° jour d'octobre, mil iiii° lxxxi.

BALTHASAR.

(Arch. des Bouches-du-Rhône, B 108, f° 14 ¹.)

94.

CLAUSE DU TESTAMENT DE CHARLES D'ANJOU INSTITUANT LOUIS XI POUR SON HÉRITIER.

10 décembre 1481.

Et quia heredis institutio est caput et fundamentum cujuslibet testamenti, ultime voluntatis et dispositionis finalis, dictus serenissimus dominus noster rex testator, ob id et ex certis aliis causis moventibus justè et rationabiliter mentem ejus, hiis melioribus modo, viâ et formâ quibus de jure, more, ritu, stillo vel consuetudine facere potest et debet, in omnibus, universis et singulis regnis, comitatibus, vicecomitatibus, baroniis, terris, dominiis, rebus, bonis, actionibus, juribus, rationibus, fortunis et facultatibus suis, mobilibus et immobilibus ac per se moventibus ac nominibus debitorum ad eumdem serenissimum dominum nostrum regem testatorem de jure, more, ritu, stillo et consuetudine, et item quâvis ratione, occasione sive causâ perti-

¹ Cette pièce a été publiée, mais avec peu d'exactitude, par M. de Villeneuve-Bargemont (III, 373) et par M. de Quatrebarbes (I, 126).

nentibus, competentibus et spectantibus seu pertinere et spectare potentibus et debentibus nunc vel in futurum, videlicet presentibus et futuris, quecumque, qualiacumque et quantacumque sint, et in quibuscumque locis, terris, patriis et regionibus et penes quascumque personas existant, et quocumque nomine seu vocabulo nuncupentur, fecit, instituit et ordinavit ac ore suo proprio nominavit sibi heredem suum universalem et insolidum christianissimum ac excellentissimum principem et dominum dominum Ludovicum, Dei graciâ Francorum regem, ejus consobrinum et dominum carissimum atque reverendissimum, et post eum illustrissimum et clarissimum principem dominum Karolum, Dalphinum, ejusdem excellentissimi domini Francorum regis primogenitum, et consequenter omnes et quoscumque successores suos descendentes à coronâ Francie; per quem siquidem christianissimum et preclarissimum dominum Francorum regem, tamquam heredem suum universalem et insolidum, idem serenissimus dominus noster rex testator exsolvi, exequi, compleri et adimpleri voluit et ordinavit omnia per eum, ut suprà, legata, relicta, disposita et ordinata post ipsius domini nostri regis felices dies...

Acta fuerunt hec omnia, recitata et publicata Massilie, in domo jamdicti domini nostri regis, videlicet in camerâ in quâ rex ipse dominus noster egrotus jacebat.

(Arch. nat., P 1334¹⁷, n° 51 ¹.)

95.

TESTAMENT DE MARGUERITE D'ANJOU, REINE D'ANGLETERRE.

2 août 1482.

Je, Marguerite d'Anjou, fille du feu roy de Sicille, reyne d'Angleterre, seyne d'entendement, raison et pensée, combien que débille et inferme de corps, faitz et ordonne mon testa-

¹ Il existe un autre exemplaire de ce testament aux mêmes Archives, sous la cote J 513, n° 45.

ment et dernière voulenté et ordonnance en la manière qui s'ensuit. Premièrement, je donne et recommande mon âme à Dieu, mon créateur, à la glorieuse vierge Marye et à tous les benoitz sainctz et sainctes, par espécial à monseigneur saint Michel, prince des anges, et à mon bon ange depputé à ma garde, afin que, à l'eure de mon trespassement, il leur plaise la recevoir en leur compagnye et la garder et deffendre des assaulx et invasions de tous mauvaiz esperiz et ennemys de humain lignage, et qui leur plaise la conduire et recevoir en paradis. Mon corps aussi je donne à Dieu et ausdits sainets, et est mon vouloir et desir qu'il soit enterré et ensevely en sépulture ecclésiastique, selon le bon vouloir et plaisir du Roy; et, si lui plaist, je esliz et choisiz pour ce estre mise et ensevelye en l'esglise cathédralle de Saint-Maurice d'Angers, aveeques feu monseigneur mon père et madame ma mère et mes autres parens et antécesseurs, en telle manière qu'il plaira au Roy ordonner, ou en autre tel lieu qu'il plaira au Roy. Item, mon vouloir est, si plaist audit seigneur Roy, que le petit de biens que Dieu et luy m'ont donnez et prestez soient pour ce faire employez, et aussi pour payer mes dettes, tant à mes pouvres serviteurs, lesquelz je recommande très humblement et affectueusement à la bonne grâce et charyté dudit seigneur Roy, que aussi aux autres crédicteurs à qui je suis tenue, soit pour vitaille, denrées ou services et autres necessitez qu'ilz m'ont faictes et administrées, comme raison est. Et ou cas que mesdits petitz biens ne souffiroient pour ce faire, comme je croy que ne font ilz, en ce cas je supplye audit seigneur le Roy qui luy plaise de sa grâce, pour la descharge de son âme et de la myenne, faire satisfaire et payer le surplus comme mon seul héritier des biens qui m'appartiennent à cause de succession de père et de mère et de mes autres parens et antécesseurs, comme en luy en est mon espoir et fiance; car despieça j'ay esleu ledit seigneur Roy mon héritier seul et principal, et maintenant le choisiz et esliz mon principal héritier et exécuteur, et telz autres exécuteurs qu'il luy plaira ordonner pour parfaire mondit exécucion de ce présent testament et dernière voulenté, en luy suppliant très humblement qui luy plaise y ordonner et entendre. Laquelle ordonnance de ladite dame soit faicte en nostre présence, le deuxiesme jour d'aoust, en l'an de grâce mil cccc quatre vingts et deux, en la présence de Jehan Lespinay, escuier, et Macé de Lespinay, escuier, Jehan Whithil, escuier, et Jehan.

eschançon, et madame Catherine de Vaulx, Perrecte de la Rivière, Blanche Alorrete et autres, et signé à sa requeste de noz sings manuelz.

G. DE LA BARRE, POYNET, prebstres et noctaires.

(Arch. nat., P 1379¹, n° 3122.)

96.

LETTRES PATENTES DE LOUIS XI
MAINTENANT LA CHAMBRE DU CONSEIL D'ANJOU.

10 août 1483.

Loys, par la grâce de Dieu roy de France, à touz ceulx qui ces présentes lettres verront, salut. Comme, par le trespas de nostre oncle René, en son vivant roy de Sicille, duc d'Anjou, que Dieu absoille, ledit duchié d'Anjou, qui par le roy Jehan, nostre prédécesseur de bonne mémoire, avoit esté baillié par provision à appanaige aux prédécesseurs de nostredit oncle et à leurs hoirs masles nez et procréez de leurs corps et descendans de droicte ligne, à présent soit retournée et remise à nous et à la couronne de France, et, pour l'entretenement des droiz et de nostre duchié, aussi pour résister à plusieurs entreprises qui chascun jour pourroient estre faictes à l'encontre de nous et des droits dessusdits, et que souventes foiz sourviennent plusieurs grans matières et différances entre noz vassaulx et subgeetz, et mesmement de nostre bonne ville et cité d'Angiers, en laquelle a plusieurs juridicions et gens de divers estaz, ausquelx est chose neccessaire pourveoir promptement; et, se telles choses estoient mises en aucune dissimulacion et que il convenist avoir recours à nous et aux gens de nostre grant conseil pour y donner la provision, cependant y pourroient avenir plusieurs inconvéniens qui seroient difficiles à repparer; à ceste cause et pour autres considéracions à ce nous mouvans, par l'advis et délibéracion de plusieurs des seigneurs de nostre sang et gens de nostre grant conseil, ayons establi et ordonné en nostre ville d'Angiers, qui est la ville cappital de nostredit duchié et païs d'Anjou, Chambre du conseil, et en icelle institué président et certain nombre de conseilliers oultre les séneschal, juge, procureurs, advocat, gens des comptes et autres noz officiers ordinaires estans par delà, ausquelx avons donné puissance de eulx assembler en la chambre pour ce faire ordonnée et desdiée audit lieu d'Angiers, chascun jour ordinairement s'il en est mestier, et, quoy que soit, une foiz ou deux la sepmaine, et toutes et quantes foiz que mestier sera et que par ledit président ou autres, le premier ou plus ancien de nosdits conseilliers après ledit président, sera advisé et fait assavoir, pour donner ordre et provision aux choses neccessaires à la conservacion de nosdits droiz et autres matières urgentes, selon l'exigence des cas et choses qui pourront avenir, sinon que se fust chose de si grant conséquence qu'elle ne se peust bonnement expédier sans nous ou les gens de nostredit grant conseil, ausquelx offices de président et nombre de conseilliers eussions ja pourveu; lesquelx, par vertu des lettres par eulx de nous obtenues, nous eussent ja par longtemps servy en noz grans affaires et matières qui de leur temps sont avenues par delà, et encores chascun jour et continuellement nous y servent, et soubz nostre auctorité et puissance ont donné pluseurs provisions bien neccessaires à la conservacion de noz droiz et pacificacion de nosdits subgectz; mais, pour ce que encores ilz n'ont de nous lettres de créacion et érection de ladite Chambre de conseil, mais seulement leurs lettres particullières, combien que pluseurs foiz les eussions et ayons de nostre certaine science, et mesmement nous estans en nostre païs d'Anjou, au lieu de la Ménistré, commandées, on pourroit faire difficulté en leur dite création, assemblée dudit conseil et puissance ou povoir de donner lesdites provisions;... avons de nouvel, en tant que mestier est, de nostre propre mouvement, certaine science, plaine puissance et auctorité royal, fait, créé, érigé, ordonné et estably, et par ces présentes faisons, créons, érigeons, ordonnons et establissons en nostredite ville d'Angiers ladite Chambre du conseil, garnie d'un président et cinq conseilliers, c'est assavoir de maistre Jehan de la Vignolle pour président, Pierre Guiot, Émery Louet, Jehan Préau, René du Houssay, licencié en loix, et Jehan Lohéac pour conseilliers, oultre lesdits séneschal, juge, procureur, advocat, gens des comptes et autres noz officiers en ladite ville, pour estre tenue au lieu et en la forme et manière qu'il est cy devant dit, spécifflé et déclairé, aux gaiges qui par nous leur ont esté tauxez... Et afin que aucun n'en puisse prétendre cause d'ignorance, nous voullons icelles noz lettres estre leues et publiées es cours et juridicions des séneschal et juge d'Anjou, et ailleurs où il appartiendra. En tesmoing desquelles choses nous avons fait mectre nostre seel à cesdites présentes. Donné aux Montilz lès Tours, le dixiesme jour d'aoust mil cccc quatre vingts et troys, et de nostre règne le xxiii°. Ainsi signé sur le replet desdites lettres : Par le Roy, le conte de Clermont et de la Marche, l'évesque de Lombès, abbé de Saint-Denis, le grant séneschal de Normandie, le sire de la Barde, maistre Jacques Louet, président des raisons de Prouvence, et autres présens. — De Villechartre.

(Arch. nat., P 1334¹¹, f° 190.)

97.

LETTRE DE RENÉ A LAURENT DE MÉDICIS
RÉCLAMANT LA MISE EN LIBERTÉ DE L'ABBÉ DE VAL-SAINTE.

10 juin (sans année).

Renatus, Dei graciâ Jherusalem et Sicilie rex, Andegavie Barrique dux ac Provincie comes, etc., prestanti viro Laurentio de Medicis, amico nostro carissimo. Per dominium Florentinorum à Romanâ curiâ redeuntem, reverendum patrem abbatem Vallissancte per certos regis Ferdinandi armigeros prope Florentiam captivatum fuisse intelleximus displicenter, vobis volente et consentiente, de quo magnam habemus admirationis causam. Is profectò noster est subditus et vasallus, et tam ob propria quàm suorum nobis assiduè obsequentium merita carus plurimum nobis est, nec ambigimus eum, si id velitis, pristine restituturum libertati. Gratissimum igitur nobis peregeritis, si pro jure vetuste mutue amicicie debitoque rationis hoc effeceritis, sicut ex preteritis vos facturum speramus, nosque reddetis ad longè majus studium peramplius obligatos. In renitentiam autem, que vix nobis persuaderi posset, certò sciatis vestrates nos caros ad solitum deinceps nullatenus habituros. Valete feliciter. Ex nostrà civitate Aquensi, die x⁵ mensis junii.

RENÉ.

MERLIN.

[Au dos :] Prestanti viro Laurentio de Medicis, amico nostro carissimo.

(Bibl. nat. de Florence, *Varie epistole*, ms. XXIV, n° 108.)

98.

LETTRE DE RENÉ A LA DUCHESSE DE MILAN, LUI RECOMMANDANT SON MÉDECIN JACQUES DE BLANDRATE.

5 juin (sans année).

Illustris consanguinea nostra carissima. Post salutes et prosperorum successuum incrementa. Scimus vos peroptare affectu non mediocri de statu nostro cerciorari et amplexu placido de eodem continuè prospera audire. [Quâ] re vobis signifficare non omictimus quàm (*sic*) impresenciarum, graciâ Altissimi, incolumitate fruimur, optantes insuper cercior26atos esse de vestri statûs bonâ disposicione, quia id sentire nobis evenit in placenciam non modicam. Idcircò curam velitis gerere ut nobis de [hoc] persepe noticia habeatur, quod Majestati nostre cedet in re placidâ. Ceterùm illas tendit ad partes carissimus noster et fidelis consiliarius ac medicus magister Jacobinus de Blandratis, arcium et medicine doctor, cujus sublime bonum cordi gerimus, qui nobis gratus singulariter existit, et ejus agenda non mediocriter amplectimus. Eapropter vobis eum specialiter commendatum facimus, et potissimè in facto restitucionis cujusdam sui castri, pro quo presencialiter scribimus illustri consanguineo nostro, carissimo conjugi vestro; vos super hoc plurimum deprecantes ut nostri contemplacione velitis taliter intercedere pro facto dicti magistri

Jacobini, quòd preces nostras senciat apud vos sibi esse fructuosas, et brevius apud nos tamquam contentus suum redditum arripere valeat : in quo haud dubiè rem singularem nobis exhibebitis. Cuiquidem magistro Jacobino certa comisimus vobis referenda; igitur eidem super dicendis per eum nostrâ ex parte fidem indubiam velitis adhibere. Nos offerentes semper ad queque vestri beneplacita. Illustris consanguinea nostra carissima, Altissimus vos conservet ad votum. Datum in castro nostro Andegavensi, die quintâ mensis junii.

Jh. et Sic. rex, Andegav. et Barri dux, vester consanguineus.

RENÉ. — ALARDEAU.

[Au dos :] Illustri consanguinee nostre carissime ducisse Mediolani.

(Arch. de Milan, *Autograft di principi, pezza 3.*)

99.

EXTRAITS DE L'HISTOIRE INÉDITE D'ALPHONSE, ROI D'ARAGON, PAR GASPARD PÉRÉGRIN [1].

Gasparis Pelegrini historiarum de actibus regis Alfonsi liber octavus incipit feliciter, et primò bella in Aprucium refferruntur.

Eà tempestate, ducem Andegaviæ Renatum bisquinis triremibus apud regnum effluere ferunt, qui antea Caietam eveniens ejus adventum edocet, uti populos allicere putaretur. Egregia autem Caietana condicio; plerique Cathalicii lucentibus armis

---

[1] Cet auteur est un des panégyristes espagnols qu'Alphonse trainait à sa suite. Il a le mérite d'avoir été témoin oculaire d'une partie des faits qu'il raconte. Mais, malgré son imitation prétentieuse des écrivains de la belle latinité, son style est plein de fautes de construction et d'obscurités, aggravées par l'incorrection du manuscrit, qui paraît une copie contemporaine : aussi ai-je dû rectifier certaines phrases pour les rendre à peu près intelligibles. Toutefois je ne me suis permis ces rectifications que lorsqu'elles étaient clairement indiquées par le contexte, laissant au lecteur la liberté d'interpréter à sa guise les passages ou les mots douteux.

menia in magna ponunt custodia. Illi autem non dubitant illam classem exiguam, at minus majorem, quoniam tantâ devocione regis amore confirmati sunt, utque violentiùs obsistentes prosternere aut invadere non timebunt, asistunt uno animo coherentes, ante se et natos tradere morti quàm fidei promisse variare. Conspexit autem Renatus tantam virorum constanciam splendoremque et probitatem; etsi pacionatus illam probitatem haud consertam esse crediderit, portum à longè explorat, quem penetrare non audet. Nuper insidiis due triremes regie intra portum aderant, et, quamvis majori numero exose triremes excessisse, proras in illas dirigunt Cathalicii, quas insequuntur remis, et, cùm jam hosti propinquarentur, multis lapsis sagittis illos conantur portum abire. Haud secus parum opus adesse in rupem tam asperam inane vacare. Quippe, portum dimittentes, ad urbem Neapolis feliciter aplicuit. Parantur festa summe leticie; conjux et cives cultu celeberrimo ut regem recipiunt, solioque regali sedent. Senciebat olim Jacobucius Caldora suum regem esse venturum; atqui occurrens, vastis copiis comitatus, ad eam penetravit urbem. Et profectò, impensà reverenciâ vecto regi, lege descriptâ, illi fidelitatem promisit. Dehinc, cùm pedem illius oscularetur, elevato à solo, ei Renato regraciatur affectio singularis quam sui in absenciâ indubiè confirmavit. Cui autem Jacobucio dignitatem, statum et opulenciam, de crescendo immediatè, post eum semper esse majorem, Renatus policetur. Fama vulgata est ubique, eoque valde agitantur animi; collaterales et una secum vincti ad Scafatum se contulere. Hic autem, oppido obsesso, ac eciam luctantes, tantum illud compresserant, atqui consulto termino dare se Renato promiserant; eà quà re, precluso termino, cùm non auxiliarentur, illi se transtulerunt. Tum jam conduxerat milites rex Alfonsus, eoque, uti exercitum examinaret, campum designavit, ubi omnes acies ordine figurato describerentur. Preferebat comes equitum milia peditumque validam turbam. Insequitur ejus agmine toto princeps Tarenti, equitum tria milia una et peditum plurima turma. Infans Petrus una et equestrium duo milia postea veniebant; limine medio urbi vexilla Aragonia ibant. De gente suâ quatuor milia equites erant cum marchione Johanne ac Petro de Cardona; duo milia inter equites et pedites de gente notà subsequebantur. Ursus autem de Urcinis ac comes Dulcis peditum equitumque milia duo postremo cornu gradiebantur. Claudebat Ricius peditum inmani turba agmen totum. Qui agmine facto in subsidium castri de Scafato ruerunt : porro, quia Renato traditum fuerat, apud Nolam discurrentes viam quâ Caldora pertransire putabat precluserant. Ille autem anticus arte miliciâ, conspiciens in tot acies minimè posse valere, per fauces strictos Sancti Sobrini confugiens, apud Mirmidones in Aprucium percurrit. Timebat quod evenire solet, ne, ipso absente, in sua castra ingentes regis copie occurrissent. At rex Alfonsus cum insequitur ; itaque pererrando Aprucium ultra centum castra subjugavit. Verùm, antequam ita fierent, revincto Dominico de Aquilâ, regis magno capitaneo, una cum duobus fratribus, in castro Capuano quedam conjuracio cujus suspicabatur noscitur fama vulgata. Ceterum subjectos campos sequant milites Jacobucium exsecutando, quam dimicare vigorantur. Tum urbs de Sulmona summâ devocione se dedidit, ne festis apricis splendor maximus in refectione ejusdem. Comes postea de Tolglia-Cocio, abaciaque Sancti Spiritûs Sanctique Vincenti cum omnibus castris, comitesque alii illi provincie siti ad regis obedienciam ultro advenere. Itaque potior pars illius provincie atquisita est illius dicioni absque dispendio, demptis duobus castris. Quorum audacia temeraria fuit, atque igne diruptis prorsusque ambustis gentes in ruinam substernuntur ; jamque precluserant inter aspera juga illum de Caldora Jacobucium, qui, latens in silvis hac atque illac, haud eodem progredi sibi fas est, verùm sorte incognitâ...

Interea classem quâ vectus fuerat dux Renatus apud Malfina litora uti ille transmisit, adeo ut omnes partes illius provincie subjectas dominaretur. Verò Angelo Morosini viceregi data erat in custodiâ tota regio illa ; cùmque autem in Scaleta, rupe pretensâ, applicuissent, galeis prosiliunt vecti in ripam maris. Angelus equidem, preventus insidiis, cum multis sociis peditibusque quàdam latuit rupe strictâ. Cùm autem comes gallicus Michael, galearum rector, agmine inmenso Gallicorum Genuensiumve ac cum numeris Parthenopeis, apud illam rupem consertandam accederet quodam aditu, quonam insidie aderant, strepitu armorum necantur, capiuntur, aut fugâ consternuntur hostes. Erat Petrus de Larthica peditum gubernator, qui ab uno cornu illos convincerat : uti, cùm totâ predâ Angelo vicerege junctus esset, sese conferunt id quod suis laboribus quisque ageret. Tantum triumphum regi enunciatur in Malfinà urbe, existentibus manumissis; inter sese eximie dividuntur, fas est, ob cujus lucri opum ambitione victores magno ovantur solacio. Jamque tantum noverat naufragium dux Renatus, qui celeriter totam urbem Neapolis commovit ad ventura bella, eo quo congestis copiis contra victores impulerunt virtutem. Qui ut postquam urbem Malfinam undique circumdatam obsiderant, ob inopiam victûs repetitis captis hominibus, per inducias pacis cessavit lis. Eo quo pacto egrè tulit rex inclitus Alfonsus illud discrimen. Propterea, quia potiores dicioresque utriusque condicionis gencium captivarum, non ambiguitate eris, sed severitate hostis, illos punire putabat. Tamen, quia nemo resistere post totum id quod natura repugnat, obseratà illius condicione, ad alios successus, ut sapientioris est, cogitatum imposuit rex. Atqui, sorte Malfe neglectà, crebris complicatus bellis castraque cundo Lanziano acquisisse palàm [factum] est. Verumptamen eo tempore, ob nimiam itineris festinanciam vasto murmure sui exercitûs, dux Renatus presidio illius Jacobucii occurrit; deseritur, obque speluncham unde Jacobucius reconditus erat exiens, virtute unità eo se coumiscuit, et in idipsum unde rex confirmaverat castra propinqui fuere. Et ut remedio liqueret uti postremo, seipso Renato consule, nuncium armorum militemque, Provinciam nomine, regi Alfonso ut ille emisit, cui ferratam dexteram in signum finalis certatûs regi tradidit esse daturam. Qui nuncius ocius fuit ante regem venire, cujus e conspectu genuflexus ait : Prepotentissime strenuissimeque rex, tue Serenitati arpagonam hanc dominus noster Renatus, rex Hierusalem Hungarieque Sicilieque, designat, ut bello ocio cujus justicia regni fuerit celeriter censeatur, atque eandem adortatur Magnificenciam ne velit suum regnum perturbare. Sane ipse certus est, tam antiquis legibus, tam novis dacionibus, tam sue originis antiquitate, jure noto regni habere imperium ; quippe si ab eo exire negaveris, tibi arpagonam mittit, ut in campo strenuè bella geratis, ut quisque aut occiderit aut graviter vulneratus discesserit, sit in damnacionem illius cui victoria non suadebit, atqui ut regi strenuo convenit. Denuò requirit hanc accipias requisicionem, ultro secus valeas ei edicere quid agere spectes. Fatur. At rex Alfonsus, doctior his, certaminis signum mox accipiens inquit : Si domino tuo, amice, persona contra personam an potencia contra potenciam libet bellum finire, enuncia modum. Qui respondit : Ut discriminetur litigium potenciâ contra potenciam, aut unâ virtute contra aliam, mentem suam esse dico. At rex Alfonsus : Tuo duci fas est quippe respondere. Assero dixisse tyrannicè istud regnum jure sibi esse duturum, cùm nobis pertineat, sane quoniam regina Johanna materque nostra defuncta, prodente luce, in filium et heredem nos erexit, ac rata fuit dacio nobis possessione acceptâ. Refer igitur ei [quòd] eo loco ubi potior virtus amicorum suorum resplendet, in terram Leporis, campum posse contra posse, die festivo Virginis Marie mensis septembris, accipio ad dimicandum. Ideo sue intencioni nuncio nostro armorum responsum dabimus, uti certioretur terminus belli. Dixerat. Ceterum nuncio armorum aliisque tubicinibus multa dona ipse prebuit, ac pannis aureis sericisque vestitos ad dominum eorum illos remisit... Renatus quippe, his perceptis sermonibus, dixit : Quos misimus nuncios, non plenè hi intulerunt vestro regi desiderium nostrum, quod circa pacem hujus regni habemus; verùm ferte eidem ut, celerius poterimus, vexillis collatis campos apud terram Laboris pererrabimus; ibi autem reperiet nos prossecuturum id quod manifestè detegimus, uti populos detrahamus ruinis. Ita orsus est. Igitur, habito responso, ante vexilla Aragonia arpagona actu sollempni erigitur; atque, post exiguum temporis spacium, Capuam apulit rex Alfonsus. Postea autem, die belli signatâ, unde campum adesse dixerat, apud Arpadium armis coruscis celeriter penetravit. Patria autem illa sub dicione ducis Renati erat constituta. Ibi autem Renato expectato tempus perlabitur consignatum. Eo quo cùm rex supervenisset, publiquo instrumento exclamat rex si hic extaret Renatus; quem cùm tribus vicibus petisset an illum aut abesset aut venturum foret, palàm videtur abesse. Quapropter, quia contumacie repertus est actor, eà quâ sollempnitate, uti in miliciâ jura dicunt contumacibus fieri, in signum victorie, equo currenti in campum labitur rex, ac ob infamiam absentis, in dejectionem decoris ejusdem, per totum campum prosternitur arpagona, ac insuper, ut de verbo remisso notaretur infamia, undique predicacio fit derisoria. Et ut actus sublimior fieret, filium suum Ferdinandum militem illustravit.....

Renatus eo tunc in Aprucio triumphabat, quem Aquilani multis donis eximiâque veneracione in regem promoverant. Qui, licet nonnulla castra regi Alfonso tradita recuperasset, aut Urcinum aut Ricium, duces regis, qui presidio illius provincie instructi erant, [non] potuit superare, excepto comite Dulcis, qui victus fuerat ex templo à carcere fugâ liberatus. Interea, classe vectâ, fulgentibus aciebus passim, obsessa est urbs Parthenopea, arctaque jactu teli aut longiùs menia circuiverant. Primo ordine, ubi cenobium Carmelimontis, situm est castrum sub custodiâ Rembaldi de Corbaria; aliâ quoque parte, non longè quadraginta pedum unde locus Sancti Petri de Arâ constitutus est, Bernardus de Raquesens multis cum sociis aliud deffendebat castrum; apud monasterium de Carbonaria, quem locum princeps Tarenti occupaverat, gentes illius aliud tuebantur. Quarto ordine, apud delubra Sancte Marie de Oliveto Petrus Labastida multis cum pluribus nautis aderat. Alio equidem loco urbi propinco, ubi penetral Coronate colebatur, Petrus Pisanus aliisque belligeris morabatur. Rursus et in Castro Novo, gentibus cognitis, Reymundus Buil ingenio sollicite cure coherebat. Mare autem per totum ubi menia undâ franguntur, naves triremesque ancora confirmabat. Itaque suis agminibus nemini ab urbe, nisi in tenebris fugientibus, liqueret ad extra transire. Circundabat has acies post tergum rex cunctis militibus, ubi bellica castra confirmaverat; sicque confecte ac pene omnes acies coherentes, unquam dudum vetustâ etate memoratur, uti urbs illa, urbs antiqua tanto districtu vagaretur; cùmque ita acerbè obsideretur, bello muralium tormentorum ad solum cuncta preripiuntur, licet regi grave esset nisi muros prosternere. Venit tunc eodem comes Campibaci, quia Papiam rursus missus fuerat ad ducem Mediolanum, cujus legacione id quod opertum fuit concludere retulit. Abinde, obedienciâ ductus, comes Montis Aurei vectus est, cui, honore addito honori, anplexus est rex, quem officio magni senescalli promovit, uti alius devocione ejusdem officii promotus fuerat. Jamque ultra per duos menses ut ista compressa fuit, quibus dux Renatus auxiliaribus armis ab Aprucio minime descenderat. Restat eo quo sors illum impedivit: virtus hostium fuit, atqui, [cùm] ultra tria milia equitum illum comitassent, nec viribus nec armis potuisse dicitur prevalere. Preterea formâ egregiâ infans Petrus tum grues, tum catos, tum arietes, tum scalas, tum tormenta muralia, tum quadrigas, tum currus, tum alia bellica instrumenta multiformiter preparabat ad insultum inferendum captande urbis. Pio autem regi egrius erat urbem dejectam populare, incendere ac dirupere omnino. Quare magis per dies, etsi consiliis illud fieri concluderetur, tamen hoc detrimentum verbis vagè deferebat. Jam ei enunciaverant nocte obscurâ Riembaldum de Corbariâ muros presertim ascendisse, in illius urbis ejectionem; quâ re commotus fuit rex contra illum, cui subito imperavit haud intemptare putasset tantum experimentum. Sciebant duces nil periculi esse ad victoriam catafendam (sic); durius eis dilacio, tot cum morâ, his actibus sepe infortunatâ, esse videretur. Interea in civitatem nimiâ festinacione dux quidam armorum multis cum sociis, ab Aversâ progrediens, in urbem Neapolis penetravit. Qui alterâ die, ruptis castris, conatur unum ex tormentis furari et intus civitatem dictam illud reponere; eo quo viso infans Petrus, eminens super alios, in primis precessit, qui tantâ virtute ausos pertendit atque omnes in fugam repentè abstulit. Nec abinde temerariè audent extra postes urbis ob multas neces prosillire, post ubi nil cure est quàm continuiter menia dirupta reparare, ac, ut cives tuerentur, celeri excubiâ illa custodire. Ullo modo paci eis libet condescendere, licet pacem omnis populus optaret. Nil admirari propè, cùm infans Petrus intueretur ab hoste, tantus decor milicie resplendebat in eo, utque maximus terror illo erat et ab omni discrimine tuebantur sui si in eodem eo stabant. Abinde pristine fortune exsurgit domitor infans Petrus, neu amodo colendus est Mars, nec ei suprema munera danda sunt propter victoriam. Heu fortuna maleflda! Postremo die, cùm omnes ordines servasset et circa victoriam magis ac magis vacaretur strenuè, fatigatus cessit locum : tristior autem fuit progressus ab illo. Quippe, dùm commilitaret, letalis ictus, saxo ab instrumento tormentorum muralium perrupto, floriddum etatem percussit. Cecidit decor tocius Aragonie regni gloriaque Hesperie tota. Non meritis hostium palma fuit presertim, sed adversantis fortune. Lugubris clamor militarisque planctus, ululatus permixtus dolore totum conteruit campum, ac gentium oculis in semet lacrime meste aborte sunt. Adhuc non noverat rex fratris interitum ; sed, ut postquam ingenti fletu casus sibi patuit crudelis, intimus dolor regis animam exacerbavit, ac lacrimans equo imponitur merore plenus, volucrique cursu extinctum juvenem intueri conatur. Ut quem jam videns exanimem osculatus est, aiens : O frater infelix! luctu conspicio te jacentem; haud loqueris. Mors truculenta fuit contraria tibi, nam si astares aut sorti libuisset, in regem erigi merebaris meritòque inungi... Haud amplius luget, immo militem languentem verbis solatur extremis. Abinde fronte rigidâ celeriter totum campum excurrit, duces, acies cunctumque exercitum flebilem exortatur, ut interriti à lacrimis abstineant, firmans haud ob decessum unius hominis expalescere convenit nec tantum oportere tristari... Crudele autem post funus, jugibus tribus diebus jamque vacaverat rex ultimum laborem, postquam illud miserabile corpus tumulo in Castro Ovi traditur sepulture, supra quod addiderunt indissolubile planctum. Jam functo illo, quispiam peditum occurrens birrum quod capiti deferebat acceptum progreditur, ambiciosâque manu honorem opemque lucrari conjectans; uti, cùm ducissa Andegavie illum vidisset, lacrimata est, timorata crudelis vulneris scelus ipsa portaret, atqui, etsi emulus haberetur, in luctu per dies hesit: nam tum propinquitate parentum, tum quia ejusdem originis cum viro suo natus eisdem sanguinibus esset junctus, jure doluit, quatinus opido de Capuana jussit elevare lugubria vexilla indicantia merorem. Rursus et cum frustum cerebri craneique birro conglutinaretur, funere sacro illud sepellire fecit. Ceterum, cùm jam tempus adesset quo, regis imperio, milites intenti erant urbem diripere letali bello, et omnes acies convenerunt paratis instrumentis, ut summo ordine illam insultarent. En pori celi Olimpo aperti sunt, sevaque tonitrua fulgure coruscanti intonuere polo. Quorum strepitu tanta pluvia emanavit, quippe apud mortales numquam esse pensatur tam valida cladis. Eâ quâ re rates in ponto, nos quoque in campis, his inpressionibus omnes putavimus perdere. Retur hoc triste presagium; Alfonsus rex equidem presidentis Dei iram timuit. Quapropter, antequam fortune operi resisteret, arvis populatis diruptisque menibus, urbem infortunatam dimisit. Nuper et in Capuam nudius tertius percurrens, que olim flenda essent discurrit. Hic autem confortato spiritu post triduum in Gayetam pervenit...

Interea regi Francie egestas panditur ducis Renati, ac districtus quibus intra urbem Neapolis vexabatur; ob cujus causam imbassiatores presciencià sue mentis edoctos regi Alfonso jussit celeriter progredi, qui venientes Caietam reverenter accepti fuere. Quorum oracio, ut de licentià legatum exprimere potuere, ita aiunt: Tue Majestati omni bonà devocione rex Francorum mandat salutes, maxime rex, valitudinem prosperumque statum tue Serenitatis prescire optans. Fama vulgata per orbem novit guerras bellaque intestina magis per dies huic regno urgere adversùs propinquum eique affinem Renatum, ducem Andegavie, qui istius regni regem se esse dicit;... potius tamen, ob amiciciam, fraternitatem affinitatemque quibus tibi conjunctus est, omni suâ virtute appetit inter vos humanitate interponi, pacem et concordiam adipiscendo. Et si tue benignitati hoc justum videtur, purâ mente tuam bonitatem exortatur actenté libeat votis suis placere, quod non modicum reputabitur; quatenus si materia tanti discriminis leniri poterit, majores nobis postea mittet oratores... His quidem expletis, magnâ jocunditate vultuque sereno, amplexu sodali rex illos recepit, et, ut moris est regum, ad diem sequentem vel nudius quartus illos invitavit. Dehinc proximo perendie, ut postquam edentes mensas reliquere, magno congesto consilio, rex Alfonsus ita illis repetit suum intentum : Regi strenuo Francorum, nostro quoque consanguineo illustri, obligamur in maximis; uti sui interest, puro animo pacem desiderat in hoc nostro regno; ob cujus contemplacionem, tam sanguinis conjunctione quàm ejus virtute et conamur dilectionis causâ, paratos nos dicimus pacem audire ac quicquid juris fuerit ac racionis congruum obligari, confidentes nostri juris, quippe unicuique judici nocere nonnunquam fugere federis bonitatem, quam intimo desiderio jugiter experamus. Mox abinde accepto congedio in Neapolim recesserunt, quò adhuc non fuerant cum Renato. Non pretermittit rex majores acies congregare, nec morâ pigrescit et tendere signa bello pro futuro. Dehinc contra castrum de Cayano ingens, non procul ab urbe Neapolis sex milibus passuum, incolas monet ad obedienciam venire antequam in ruinam deveniant... Castrum dedere regi, de illius clemenciâ rursus fidentes... Preterea apud Capuam cum omnibus copiis conversus est cunctus regis exercitus...

Ceterum, eo tempore, quinque Genuensium corpora ratium Renatus conduxerat ut fame urgente urbs Neapolis educeretur, que inopiâ profundabatur sane. Sed postquam rostrate pondus exercuerant, rogantur à duce vecti naute ut Castrum Novum expugnandum haberetur. Hoc etenim tam nobile castrum viginti annis elapsis regi Alfonso obedierat... Nunc vero ciclo perverso naves per mare, Renatus per terram strictius obsessum magis per dies viriliter inpugnant. Jam profectò tres menses transierant quo nec hostem verentur nec dubitant illum confodere. Strages maxima fuit, quâ plures perierunt invadentes. Verum deffectu alimentorum olim, quod triste fuit, non potuere illis occurrere; atqui jam venerant ad ultimam famem quando regi Alfonso tanta enunciatur egestas, et, licet eo tunc regis corpus non bene valeret, invitis medicis insequendo fortunam ociores acies movit. Cùm autem pridie prope castellum castra imponerentur, en regis Francie legati expeditè venere; et quamvis perendie quipiam hujus propositi apparuisset, inducias treugarum petituri sunt, quas non videtur rex exaudire dum contra Renatum concideret. Ceterum postero die, horâ tenebris actâ, equitum peditumque validior turba regem preferens ad Neapolis menia constitit, que jam prosiliens in aciem urbis incitatis insidiis dissiliunt, ascendentes mox ne fortuna vaga censeretur. Applicuit autem rex antequam lumen Phebi illustraret orbem; quippe e conspectu Neapolis, campo antiquo nomine, jactu tormenti urbi castra composuit. Expectatur princeps Tarenti eodem, donec concideret. Postea autem, exiguo temporis spacio, vecto principe, duobus milibus equitum peditumque equante numero, consulto consilio, partem apud illam ubi castrum nobile obsidebatur cuncte acies profluxere. Secuti erant principem dux Venousi, dux quoque Andrie cum refulgentibus copiis. Adeo Renatus, quodam supra monticulo, ad jactum teli prope Castrum Novum passim castris firmatis, conabatur continuiter castrum divellere. Erat quippe arctus atque inexpugnabilis locus, in quem nemo conscendere poterat nisi per scalarum gradus conscenderet. Gravior autem erat ob profundum fossum, quo omnino deffendebatur certanti nihil agere posse contra locum eundem. Jamque actingerat rex partem eo inferiorem, ubi castra jussit imponere. Tum strages, discrimina et arma coherebant insimul; cur utrique aciei actenus inexorabilia creverunt mala, atque nullum adjutorium castramentatis adhiberi potuit. Experimentatur rursus triremibus si per mare ocurrere contingeret certis navibus quibus oppidum circuebatur; tantum hostis obstabat, utpote haud potuere intra castrum alimenta inferre. Inde quodam murali tormento molum unius ratium eliditur ad latus alterius, duobus locis percussum: illa jam putabatur amni obrui oportere. Tamen Genuensibus previsis celeri arte elisum reformatur indubiè, atqui in singulis

horis tum telis, tum spinguardis, tum tormentis ab utroque latere
regis campus discriminatur. Affectus maximus regi erat castra
hostium insultare, quod Italis non videtur absque multâ deper-
dicione sanguinis hoc fieri oportunè. Verumptamen olli qui
castro erant obsessi et continuis armis gravati, opus erat facto ut
egregiâ resistenciâ vires intulerint contra hostem. Itaque tam
opere quàm dignitate milicie strenuâque virtute luctantes magis quam datum esse hominibus videtur, duriter in ruinam hostium armis utebantur. Vero paucus fuit labor finalis; quippe, antequam perirent tot gentes, consilio cluditur in navibus occurreretur. Fas erat aliter adhibere remedium. Igitur, signo dato, apud
Dumum Rosse progreditur cunctus regis exercitus, ubi cùm applicuisset, ut equis lapsis pingue daretur pabulum per dies ibidem quievit... Plurima transierant momenta, ut sanè viris pro-
bissimis pro fide pugnaturis omninò cibus defecerat, et languentes
pueri penuriâ famis lacrimabantur, quod tristius erat visu. Egrè
erat parenti inopi non posse filium alimento instaurare sepius ac
sepissimè. Hanc calamitatem enunciaverant regi; nihil tamen
proficui erat, deficientibus navigiis. Verò haud secus dolor mentem regis motu agitabat, atqui nil aliud cogitat quàm illorum
vitam servare. Hac igitur tempestate, cùm magis per dies gallicis
oratoribus ad treugarum inducias foret requisitus, negatur his
rege aliquo modo aurem dirigere donec traditum esset castrum
in manu tutâ, ac castrametati valitudine corporis suisque rebus
impunè excluderentur à castro, eo pacto ut, nisi infra quindecim
dies ne treugarum inducie concluderentur, castrum tota municione duci Renato daretur. Facta fuit convencio inter eos; itaque,
pridie liberatis mulieribus et natis omnibus primiciisque, abinde
post nudius quartus viris tam armis Raymundus Buil, vicerex,
nomine regis Francie castrum obtulit legatis. Quo, ne Genuensibus traderetur, signa gallici regis summâ acie imposite sunt;
ac rursus magnâ excubiâ abinde tuebatur. Igitur viri pugillatores
qui tanto tempore olim victores flebant, adversante fortunâ, ab
omni discrimine liberati fuere. Interea pleno concilio examina-
tur an treuga esset concedenda; varie opiniones agitantur in
ambiguo: majorum Lacii sensus erat non fore facturum, tum quia
lis ad infinitum erat duratura, tum quia inopia hostis vigorari
poterat que dejecta erat, tum quia ferè totum regnum regi
subjectum erat demptâ urbe Neapolis, calamitate cujus vi aut

gratis conveniebat civibus ad dicionem regis promoveri. His etenim argumentis volvitur rex opinioni illorum, ne quo modo tempore prefixo inducias pacis firmaret; quippe conveniens fuit cum opulentis expoliis Renato occupari castrum. Nil admirari fore si vaga sunt opera fortune, aut, ut sepius compertum accipimus, majores convinci minoribus, adeo quia nihil stabile felicissimumque evo inest. Haud secus gravatur rex ullo eminenti contrario, immo majori audaciâ multas acies congregavit; interea in Calabriam versus totum exercitum commovit...

Supervenerant eo tunc episcopus Conseranensis prepositusque Parisiensis ex parte regis Francorum legati, qui vecti Gayetam, rege abeunte Calabriam, ob illius absenciam Neapolim incesserunt. Ubi ut quando fuere ac calamitatem urbis speculati essent, inopiâ et fame cum civibus complicantur; quò, rege Alfonso rogato, gracia obtenta fuit ut alerentur cibis ubique sub dicioni regis repertis. Quapropter ipsis et familiaribus, ne fame perirent, data est venia alimentorum. Marchione Johanne interea urbs Neapolis, Averse pariter et Acerrarum compresse erant in singulis horis... Ceterum, ut postquam treugarum inducie majori consilio rege denegate sunt, gallici illius e conspectu morantur legati, quorum sinodo Conseranensis episcopus veniam congedii petitus est... Dextram illis porrexit, osculo cujus ad partes hii incesserunt oratores.

Hac igitur mediâ tempestate, dux Andegavie Renatus, passim hostibus circumductus, multis agitabatur curis; expaluitque tum ne fortè viciosâ sedicione urbi Neapolis sequeretur insultus: adeoque Jacobucium Caldora hortatur ut festinanciùs in ejus auxilium occurreret, defidens quominus haud urbem posse tranquillè servare. Queritur de calamitate penurie, ob quam mutuâ coarctacione obsessus vexabatur; obtestatur itaque illum quatenus eo modulo, elementis prospectis, ultima metiretur suffragia. Hanc igitur cladem contendit Jacobucius profuturam, nec ampliùs moras extollit, quin immo agili incessu bis milium duo inter equites et pedites congestis hominibus urbem Beneventanam ociùs penetravit. Ilie autem maximo ordine omnibus suis copiis cautè progreditur, hactenus dum aditum Moroni urbi Neapolis finitimum appulit, ubi pontem prevenerat diffundere. Jam peditum potior pars ab imo prosilierat, Capueque agmen utque manus impulsa indubiè jam pontem trahebat ad limina. Senserat au-

PIÈCES JUSTIFICATIVES.

tem rex vectum hostem ; atqui acies cogit omnes ac marchione Johanne preeunte econtra evolat. Rursus cùm ad sinum quendam pervenisset arctum, Aragonia proles medios in hostes viriliter insultavit. Responderant ; at rursus eos egrè luctantes, invisi tamen, [oppresserunt.] Rege superveniente, pons effringitur ; quippe operis artifices undâ submersi obruere, qui autem ab imo remanserunt afflnes. In Lupum Eximeni de Urrea armis trajectis, jactu tibia infigitur genualis. Hic autem nature solvit habenas : haud stragem metuens, ut suo generi dignè convenit, hastam pulsavit in pedites. Jam brachio forti actigerat Alvarus de Castro, atque supervenientibus aliis sociis superati fuere Andegavenses. Restat itaque quoniam flumen nec potuit pertransiri. Cùm hanc Jacobucius contenderet erupcionem, etsi comitis Campibassi ex parte transitum norat, molestius esse experiri pavit. Adeò commoto exercitu retrorsum provolvens se, minis ac obtestacionibus estuans, in campo Beneventano contrito exercitu stetit. At rex Alfonsus potius appetiisset illum capere quàm fugâ evasisse. Quin immo fortificatis hiatibus per quos adire poterat in terram Leporis, Nisidis arctos sinus custodire jussit. Ceterum rure in Argencio hostem insequendo, quid expectet abinde ? cohortem imperat concidere : conterruit autem propter successus extremos vir de Caldora turbatus, atqui consultis capitaneis in Aprussium versus festinat remeare. Post ubi cùm e conspectu illius partis oppidum quoddam, Collum nomine, supervenisset, multis armis illud evincere ceperat : illud autem regis dicione subjectum erat. uti viris robustis tuebatur egregiè ; qui autem in singulis bellis hostem contempserant dimicantem. Preterea, etsi menia passim multis ex locis collisa forent bissenis jam impulsis certatibus, roborati armis et animo hostes in maximâ discriminacione intulere sese tuendo. Sequitur autem, cùm omnis Jacobucii tempestas esset, castrum submergere. En infortunii adventus subitò premit illum : nam, cùm contenderet ne quicquam tanto proficisci exercicio posset, commotus adeò tantum exarsit spiritum, equidem tristia verba respirans in Jovem, [u!] torquendo os subitâ morte extemplo decessit... Atqui medio ejusdem legati qui dudum actor malorum fuerat, ob treugam anni unius fidei christiane senatores pacificati fuere. Cessavit rumor furorve cessante maliciâ. Nec amodo ut postquam preconio omnibus in locis exauditum est, fedus strepitus armorum fuit. Non benè cultum esse hoc equidem dux Renatus decernit, immo ablatâ fiduciâ pape ledum se dicit ; atqui causa fuit potissima animum suum involvere curis. Haud secus regi Alfonso in sui justiciâ presertim aliquid fuit lenimenti, licet eò non multum egisset ejus vastâ virtute.

Quibus durantibus treugis, nudius quartus circa qualendas genuarias usque per totum annum, pociora licuissent evenire secundis. Ceterum, ut sortis est tempore felici sepè ac sepè felicitas augeri, regi Alfonso optima successerunt meliori, ut compertum accipio. Nam Acerrarum urbs, cùm dudum multis fatigaretur pugnis, specie impotentis fortune, ob nimiam calamitatem fame oppressa, ab inexorabili manumissione concitata est suos excludere cives. Igitur existente castri de Capuano custodi Gaspare de Suessa multis conmilitonibus gregariis, Alfonsi regis imperio, civibus Acerrarum consultis, ut cautiùs agitarentur labores, eidem, si veniret, significatur dare elegi. Hoc gratum eloquium idem Gaspar atenciùs exaudivit ; haud morosus sompno alluditur, immo vigilanti passu totâ nocte commilitans ad illam urbem omnibus suis copiis perrexit, quam bonâ devocione signis Aragonum notis occupavit. Erat ibi Guido gallicus, dux armorum Renati maximus ac olim tesaurarius regni, cui datum erat castrum presidere. Qui pleris armigeris magnam impulsionem fecere in regis pedites ; itaque ni per marchionem Johannem concitarentur Capuani, sanè qui urbem intraverant ad exteriores illius limites divellisse putarentur. Verùm aplicatis Capuanis cum eo marchione, pretores superatos cum multis agricultoribus intra castrum concluderunt virili impetu. Haud secus tardavit eo in occursu Alfonsus rex, qui magnis aciebus lanians castra circumposita valle stricto viros fugatos opidumque obsessit. Norat Renatus dux rem sibi ingratam ; quippe volucer exiens ab urbe Neapolis, ter ut occurreret castro, ter reductus in illam vanos induxit labores. Jamque devenerant obsessi inopinâ fame, atque unâ solâ die aleri poterent cibo, ac vita eis valitudinem persuadebat. Quapropter coguntur veniam suplicem proclamare, quam clementer exaudire precantur. Etsi illi duces maximè regi exosi fuissent atque invisi, arbitrio vulgi à morte minimè potuisse liberari putatur. Verumptamen animus regius ad majorem cedit pietatem ; atqui cùm se sibi dedissent, illos cum omnibus complicibus libertati priori [redditos,] usque ad civitatem Neapolis magno presidio progrediri jussit intactos.

Habuit adeo castrum cum exuviis aut cum totâ ejus municione, quod unâ et urbem, majori magnanimitate ductus, tradidit rex principi Tarenti, qui uti propriam rem illam protegeret, quam olim perdiderat quando illi adversabatur fortuna. Idus aderat januarii mensis prefati, anno millesimo [quatuorcentesimo] quadragesimo, utpote quando in Aversam urbem totus fuit conmotus regis exercitus. Voverat autem uti ipse Alfonsus ultimam expectaret fortunam modò illam subigeret urbem, adversùs quam magis per dies maximos educeret labores. Cùmque igitur applicuisset in illam, continuis tormentis cives incepit duriter impetere bello. Nec amodo spes illis auxilii erat, tum quia dudum arvis depredatis evanuerant alimenta, tum haud aliter Jacobucio functo, cui urbem in solutum dederat Renatus... Cùmque autem civitatem intrasset, populos amplexus est benigniter, ac, urbe repletâ multis alimentis, ut majori copiâ fruerentur egentes, semina que portaverant de Siciliâ illis tradere jussit...

At dux Renatus de hac impulsione conterritus est; atqui cùm intra muros Neapolis paucis confideret militibus, erubescens de sui inopiâ, horâ noctis mediâ latenter urbem dimisit, ac per obsconsa nemora ferè solus commilitans, in Apuliam versus penetravit iter. Expaluit plebs Neapolitana, ideo quia ipsâ insciente furtim recesserat dominus. Rumor fuit de astuciâ viri : sedatur tum multis precibus et dictis Renati uxoris, que maximo ingenio illos secuit rumores. Eguerat preparatoriis belli Andegavie dux; quippe ejus astuta conjux que oportuna erant illi per Johannem Cossam viro inferre jussit. Cum illo aderant peditum equitumque agmen innobile spolia deferendo. Qui autem Johannes eodem limine eodemque modo et tempore dominum sequebatur ac ejus vestigia postera. Ille autem cùm jam adesset extra terminos comitis Nolani, crepusculo noscitur illa preda ; atqui excubiantes stratam uno animo, velle et oppetitu manus injecerunt ad sarcinas, quippe spolia que ferri dictum est sine pavore pedibus subjecerunt. Sane qui hos audierant equites vibrare tela cepere. Dura fuit contencio dum capesserent bellum, uti postquam ad manus pervenerint coacti gladios stringunt; tum modò, elisis Gallicis captisque equitibus sexaginta, omnes fugâ abstulerunt. Preerat autem Johannes Cossa, qui pedes perterruit, equum dimittens rursus ob nimiam festinacionem, latuit speluncis, quem cùm execulassent capere sorte suâ liberatus est. Adeo opulentas divicias, auri et argenti pondus, vexilla tentoriaque Renati cum omnibus expoliis, armis, ac quicquid luxurie apparatum depredati sunt. Que cùm passim raperent, et si aliqua vilioribus sarcinis, nil avaricia contempsit. Capti sunt milites peditesque parte majori. At rursus omnes gallici medicique doctores qui anteibant illius Johannis presidio, quos cum omnibus expoliis exuviisque in Nolam adversùs eduxerunt leti victores. Hec igitur dirupcio per dies turbavit Renatum inopem expoliatumque bonis, qui licet expoliatus adhuc non obmisit regnare...

Cùm equidem verno rex Alfonsus, patrio more, suas congessisset copias, nihil infra Leporis terram noscitur subjugandum fore presertim quàm urbes Neapolis et Puteoli indomitas, atque ut carencià victùs ad ultimum terminum qui rebelles erant inflingerentur, inprimis contra Puteolum totum exercitum concitavit egregium. Ibi autem cùm igne ferroque popularentur arva et prope menia sevà falce convenissent omnes, ex Genuensium galeis plurimi exierant socii frugum depredatores iuvadendo; quos ac si vidisset frater Petrus Cases, Sancti Johannis militie convocatis cohortibus, vim in eos impressit. Verùm quia impetu vasto hostes loco arcto illi precluserant, hastile deferentes infestum multis compulsis ictibus illos represserunt dimicantes, uti violatà Genuensium turbà ab eodem vestigio alios prosternunt, alios necant aliosque in fugam vertunt... Post ubi depredatis passim Puteoli campis, licet Neapolitanam urbem equitum peditumque advene custodissent complures eàdem damnacione et ruinà totus regius confluit exercitus. Hic autem noverat rex Alfonsus tum modo per galeas ducis Renati duo navigia plena armis, equis militibusque à Siculorum finibus delapsa capta fuisse, quibus morte preventus fuit miles adolescentulus nomine Garretus, in luctu parentum. Quo majori incitati fervore, quicquid à fronte cultum produxerat tellus aut divellere aut comburere aut diripere tardatur. Ceterum quibus Partenope tuebatur urbs perendie omnia circùm strata trabibus conclusa fuit, uti si intus qui prosilire auderet leto periret. Famoso dicto tum expanditur notissimè Renatum, adeptà suorum virtute, appetivisse terram Laboris [ut] penetrare posset; eà quà re, ubi aditus progressum panderat, viris custodibus transitus impeditur imperio regis. obmisso tamen culmine Montis Virginis, asperitate cujus equites vix pertransire possent. Venerant eodem loco et tempore, apparatu bellico, dux Venusii, Carolus Campibassi, baro egregius Muri, Antonaccius de Ursinis, Petriconus Caraczoli Marinusque cum suo fratre, quorum assistenciâ una cum gentibus suis magis ac magis per dies regis magnificatur potencia, qui aut offendere aut deffendere superareque ac convincere hostium omnipotenciam, prorsus debilitatem, inmensâ virtute parati. Post hec autem, rege herente prope Atribaldum, partibus Calabrie, littere emanate sunt regi per c(omit)issam Suesse : significatur eidem quoniam die terciâ mensis junii, indicione terciâ, Antonius de Centillis, juvenis ingens, illius provincie vice-rex, cùm contra Montorium campizaret, per comitem de Arenâ comitemque Giracii, Johannem de Nuce, dominum Sancti Valerii, gallicum, una cum totâ ducis Renati virtute omnibusque conductis militibus, campus viceregis preasserti per saltus rigidos viriliter fuit impulsus. Vero hac impulsione hi de rege per varios exitus insurgentes ad arma, rumpendo hostes morti subjacerunt complures; speciali memoriâ decesserunt Franciscus Diomedes, Carlonius de Aquaviva, Nicolaus de Casillis ac Corpus Longus, lanceâ percussi; capti autem fuerunt hujusmodi conflictu Sancti Valerii dominus, Honoratus Caietanus, Diomedes Caraczulo, Salvator de Mayda, cum multis eorum sociis, cum tricentisque equis, tentoriis suis omnibus spoliisque, instrumentis muralibusque, armisque exuviisque. Inter quos confugerant Johannes de Nuce et filius comitis Giracii apud Francam-Vilam, quos insequendo cunctus victor exercitus in obsidione precluserant. Adeo spectatur victoria totamque illam provinciam obtinere, cùm jam majori ex parte reducta fuerit ad imperium regis.

Gasparis Pelegrini historiarum regis Alfonsi
liber nonus incipit feliciter.

At quando ver floriger roseis pratis texuerat orbem, ac quando fugiente curru ab equo temperat oras, ac rursus quando zefirus permulcet tempus in annum, tum duce Renato in Aprucium versùs ejus congeste sunt acies. Ceterum, motis signis, plagâ militatur unde illis finibus sita est urbs Beneventana. Aderant eo dux Bari, dux Malfle, Reymundus Caldora, Leonellus et Catus Paulus de Sanguine, acierum duces egregii, qui maximis copiis terram Leporis penetrare arbitrabantur. Nuper ad res conficiendas agitaverant gradum, ut presidio castrum Aversanum occurreretur; conjectabant obicere, etsi eis major foret strepitus omnis. Verùm, cum hostiliter regi Alfonso noscitur in idipsum tot gentes commeare, obviatur eis. Ob eam rem, cùm prope oppidum Pillose adesset rex pridie ad teli jactum, hoste commeato, primum cornu invasit. Dura fuit pugna inter acies, signis motis. Sanè, post multos reatus, postquam milites Renati noverint Alfonsi exercitum, eorum fortunam elidere pretermittunt. Suspicione uti invalidatur animus Renati, ac unde tanta inbecillitas esset magis miratur. Hanc igitur causam dubie litis retur, et prope modum inproperantis fortune exitus vertitur in odium, quod maturè pectore cludit. Insuper, antequam casus vigerentur graviores, signis relapsis spoliisve, jugum Montis Virginis gallice copie occupare festinant. Dehinc fugacibus equis inter vepres saxaque latencia gradientes, apud Neapolis urbem celeres dedere occursus. Etsi celaret nox ambiguos motus, hec res nota videtur regi; qui, etsi pre dolore sevi cujusdam carbunculi lacessitus esset, haud secus uti posset, officio militandi, suis insequentibus aciebus, humeris militum quousque ad Acerras defertur. Causa fuit tante celeritatis ideo ne ad castrum Aversanum inferrent presidium, ac ut, si illud fieri contingeret, celeriter obiceretur. Postea autem, ut presidio urbs Aversana protegeretur, in illam totum agitavit exercitum. Expectatur eodem novum certamen, si audacia hostis respiret. Sanè quia nemo sue sorti aufugere fortunatur, dux gallicus, odio concepto in Antonium, ducem Bari, suspectum vertit spiritum. Quapropter, ipso haud benè consulto, illum coegit carcere poni. At rursus fidem et jusjurandum sibi prestare compulsit, ut copias destituere promitteret. Itaque, ut ea res est pena suplicii uti oportere si contrarium opereretur, quem ulterius requisivit illis finibus prohiberi et ab extremis Aprucii castra incolere propria : ad eam rem pacatum se offert Anthonius. Verumptamen, cùm gentes illius ad extra urbem in campo dominum sentirent revinctum, ut bellum inferre possent, in potentissimos fermissimosve Renati duces insurrexerunt violentes, quos bello victos in exterminium reportant, exuviis omnibus depredatis. Hos rumores per vigilans, Audegavie dux pertimuit valde probare flagicium. Atqui perfacile esse spectat eum à regno posse ejicere, persuasitque uti Anthonius in suà dilectione confirmaretur; ob quam rem metu ducem illum extemplo liberavit. Nondum error prelibatus institutis legibus prohibetur ; imò, cùm inter suos liber acceptus esset, rumor valencior insurrexit. At separatis ordinibus, de crescente injuriâ cressit vindicta. Arbitratur Paulum de Sanguine regi Aragonum dieculâ mittere legatum. Preterea, ut à cultu ac humanitate Renati longissimi essent, devocioni Alfonsi coherentes, jam vecto legato, votis quesitis, persuadetur ; nuper ac odio remanso, cùm in campis fame perirent, illis alimenta jussit conferre rex, et, ut de sui innatâ clemenciâ fieret sermo, non prohibuit quemque venire ad cibos captandos, immò ac si amici essent victus omnes passim elargitur ; porro securâ viâ, uti poterunt, quicquid ejus dominium esset eascitrare. Mirabilis res esse approbatur largicio ista ; quo pacto Averse castrum traditum est regi. At rursus suplex ille dux de Caldora regis trahitur devocioni. Interea die destitutâ novit inter mortales fidum haberi, obque multas commendatas gracias puro corde animo regis impressus est ; quem benignitate strenuâ rex amplexus est, ac policitus, ob tantam fidelitatem, statum illius augere, secus potiori dignitate suâ graciâ dudum promoveri promittens. Penituit Renatum ducem in virum tantum probare conjuracionem. Mare adeò molestè ferebatur ; verumptamen, ut mos illi flebat, quibuslibet obmissis periculis, neu frigore neu caumate metuendis, continuiter pro justiciâ concertabat. Quapropter, congestis pedestribus, sese inmanique equitatu contra Neapolim longè passibus sexcentis castra ligit, experiri probans sui in amorem cives attrahere. Unde cùm perendie cominus in eam concideret, infelix civitas olim celebris, gentibus effeta suis, nihilominus ac Renatus, haud in hostem parere audebant ; at veriùs fame, labore inopiâque anxia, murus defensoribus nudabatur. Aberant illo consortio duces, principes comitesque, compertis multis militibus, equitum milia quinque, qui uno animo unâque devocione depredare aut igni dare civitatem optabant. Abstinuit clemens Alfonsus tantam inferre dampnacionem ; sed, civibus largis datis habenis, ob nimiam calamitatem illam absque gladio occupare intendit. Atqui civitate illisâ preconio noscitur exeuntes indempnes accipere, veniâ amplexaturos si unius mensis spacio illam remitterent. Fuit ob eamdem rem multorum occursus in Aversam, propria dimittentium domicilia. Sanè qui morâ reperti fuere, si limen pede egredi contingeret, ad suplicium aut jugum incidiis capiebantur.

Commodissimum tamen arbitrabatur quanto opere rex rebus omissis in Caldoram belligerare; quippe, motis castris, iter cunctus exercitus apud Aprucium progressus dirigit...

Ceterum jam promptissima erat Antonio Caldora acies regis, cujus virtuti fas esse noscitur haud resistere posse. Quippe, ut viri examinati interest previderi, ad novas pacis condiciones ferendas remisit legatos; quibus supplicatur solitâ clemenciâ dignari illum conspicere manumissum. Maxima fuit examinacio rei petite. Verò, quia eo conducto finis laborum arbitrabatur quiescere, ad votum partium postulacio exauditur, unâ [condicione], quòd daretur; at, si errore ductus esset, prorsus illum liberasse penituit. Verò, uti in sortem prisce fortune eum leniret, majora pollicetur ei quàm dare arbitrabatur posse. Ambiguas mentes militum perturbavit cupido, ac veluti tres vagantur opiniones ambigue; itaque in tres ordines loco et voluntate ducis Antonii divise sunt copie. Sed amodo, post mutua consilia, ad votum lesi ducis, major pars suorum persuasit illius insequi voluntatem. Eâ quâ re, Renato ut hoste dimisso, ultro illi eterno voto regi se exponunt obedire, cui, obviantibus illis, equo prosiliens dux Antonius veniam supplicem poscit. At rursus tabulis legis descriptis, post inducias pacis promisit fide et actencione regi benè servire. Post cujus rei causam cùm fere capti detinerentur, eo quo haud terram Leporis penetrare potuere; solâ bonitate regis cuique data est licencia iter reducere, ad proprias redigi fines, castro Aversam reducto. Quo igitur habito, ad urbem hujusmodi aciebus omnibus confluit rex...

Ceterum, ut conforme erat, tempore destituto suo duci Antonio de Caldora pecuniam delegit rex; qui equidem Antonius, obstinato avunculi consilio, abscindens juratum, daturam denegavit. Rursus impulsis equitibus in armenta Benafri corruit depredare, quod satis fuit regi in illius culpam evenire negocium, illum significans mali esse actorem. Sed, cùm à partibus Catalonie vigente curiâ demissus legatusque esset episcopus Urgellensis, vir clarus, natus comitis Pallerensis, in peticionem suorum totam mentem direxit rex, interpositis laboribus inrequietis. At, postquam mente regis Alfonsi Antonius Caldora memoratur improbâ pertinaciâ nolle desistere, haud secus insidiosam parentis naturam insequi oportere, rex in illum totum equitatum evertit. Hic in obsidem [dederat] filium primum; quo accepto, puerum rex amplo decoravit honore. Atqui, ut suis posteris meliora sequerentur, connubio, dignitate, opulenciâ graciâve illum magnificavit rex et ad rotam majoris fortune prosilire concessit. Fuit inter emulos aucta conclusio pacis; aut quos ille dux se ingesserat violenter iracundis sublatis superbiisve, hoc calle cessavit turbacio. Eâ equidem re precone lex vulgata est adeò ut omnia obedientis opulenta edicto carerent naufragio. Igitur tum modò superba martis caligo evanuit, fedus adstat, labitur sedicio, et quos timor dudum expaluerat tutela regis tranquillos preservat, ad celibem innocenciam eos continentes reducit. Post ubi plebs Beneventana ad fidem religionis observandam sese jusjurandum dat; atqui tam mares quam femine, eâ fide quam in eis sperabat rex, totâ devocione se statuere. Ceterum eo medio nonnulla castra eodem vicina, unde comes Franciscus [Sforcia] dominio preferebatur, molliuntur; at que objectionem facere data sunt incendio et ruine. Sequitur, his rebus compositis, uti felici successu bona solet evenire fortuna, Lanzanum eodem flectitur jugo, quod etenim antea ad fidem nec ad disciplinam unquam pervenerat. Civitas hec multis inde populis gloriatur ac promtissimam esse dicunt. Demptâ Aquila, in Aprucii regione, reducitur insuper ad fidem priorem urbs de Sulmona, quam dudum turbaverat Jacobucius Caldora. Igitur que orbe rotantur feliciter quàm optimè veniunt cuncta, preter urbem Neapolis, que superbâ maliciâ jacet in odium gencium ac exemplo malorum depopulata...

Eâ equidem tempestate, ad oras Apulie equitum peditumque venerat maxima turba, presidio cujus omnia castra jussu Sforcie serabantur. Cùmque autem regi Alfonso illud indicatum haberetur, versùs illam provinciam totum exercitum commovit. Ceterum verò, quia in comitatu de Ariano sub eodem Sforcia multa castella dominari conarentur, sanè sine formidine penè parte majori regi tradita sunt...

Ceterum, dimissâ Apuliâ, in Aprucium agmen regale dirigitur; unde confidentes copie regie. Fama vulgavit Alexandrum Sforciam adversùs illam equidem provinciam convenisse, nihilominus ex aliâ parte maximis gentibus Romanorum cardinalem Tarentinum jussu Eugenii quarti hostiliter profluasse auxilio, ut exhausta potencia regnum Lacii contereretur. Regi autem Consentaneum habetur. Relictâ Apuliâ Apruciove, apud oras terre Laboris, ubi jam militaverat hostis, festinos educere cursus, Conscenderat eo tunc legatus per arctos sinus Fundorum, finibus Caiete propinquos. At rex Alfonsus fluminis de Garliano, antiquitus Miniturnus nomine, versùs partem exercitum agitavit. Hic autem, quodam constructo ponte, via est ut in hostem fieret insultus. Jamque haud longè octo milia passuum utriusque partis propinque erant acies, fortifflicatis millitibus ad bellum capessendum. Nuperrimè autem, cùm famà putaretur prorsus transitum fieri, potente composito, en rex cautus insidiis in obliquum vertit iter, ut à tergo preveniret in hostem ferire; hostis verò regem venire agmine vasto [cognovit], nec quiritum animus fuit ejus fronte stare. Atqui, involutis manibus cardinalis, et quirites in urbem profugi abiere...

Ceterum insule partibus finitimis Iscle altera vicina erat insula Capri, fortis situ ac suo opere fortissima bello. Hic autem sublimi jugo quedam prepollet civitas, castro eminenti fastigio, atqui partes in omnes exploratura passim equora remota conspicit. At rursus, aditu stricto quo clauditur, ad illam nisi maximo labore, per saxa, per rupes asperasque fauces ac intricatas ascendere fas est. Eà equidem re, vastà temeritate, secus omni precluso metu, natantibus navigiis in urbem Neapolis alimenta inferre sepissime conabatur. Nihilominus, cordis duricià estuans, quicquid mali patitur illi cedit, et per continuas insidias multos de rege dolo opprimendo captivavit : ingens cura prorsus regi est, nec solùm urbem, castrum, rura et menia, sed adhuc omne prospectum insule suo occupari dominio. Sanè opus fuit facto, quoniam cautis positis insidiis, durantibus noctis tenebris, per saltum Petri de Busco, Gonsalvi de Nava binis triremibus arduus mons atque excelsus captus est; quà re, vi et armis civibus compressis, destituitur à suis civitas intuta. Interea insulares pre timore turbati, etsi nonnulli castrum caperent, indomiti nequeunt estui irarum objectare profectò. Igitur habità insulà totà, nihil depopulatur in illà, solvuntur exuvie, et plebibus venie ductis nullo infesto ferro quid nocivum fuit. Sequitur interea, cùm anxia orbataque viris esset civitas Parthenopea, totum rex vertit studium illam durà obsidione damnari. Ideò haud longè mille passuum castra mota sunt contra eandem. Mirabile est dictu, nam loco quo jugum quoddam illius e conspectu supercellit, sub specie civitatis decore suo ordine vici, porticus, edes et magna penetralia constructa sunt; alterâ civitate Neapolis simillima figuratur; rursus et ut perpetuâ stacione maneret, vallo benè munita nobilis nova civitas est constructa, uti per multas vigilias inimicanti civitati multa discrimina adipiscuntur. Ceterum parte ex alterâ, mari finitimâ, ubi Castrum Ovi sub dicione regis, insule situm habens, magis et magis in urbem pretensam continuiter gravi bello miles agitatur, quodam monticulo nomine Rostrum Falconis, maximo artificio operato, quique hoste intrepido conceptum esse accipitur, quo pre nimiâ sui roboris excellenciâ à rege nomen inpositum est situs periculosus. Illud autem itaque vicinum est urbi Castroque Novo, unde dux Renatus commeatur; [que] ab illo nobili viro Lupo Xemenis de Urrea, cui datum est in custodiâ, tantùm per continuas perpetim agitaciones obruuntur, quippe in opprobrium illorum qui illis locis inclusi sunt, [ut] nulla libera facultas eis est posse extra limina aliquo modo penetrare; prorsus nisi metu mortis arreptare iter contingeret.

Hâc igitur tempestate, ut compertum accipio, ferè ad octo milia passuum haud longè Neapoli antiquitùs urbs Cuma excelluisse fertur, que tum pulcritudine ejus speciei decore, tum eximiâ gentium populacione, tum opum bonorumque affluenciâ, tum portu ingentis mansuetudinis ac navium capacitatis, mundus illustratus dicebatur; eo quo in Eneidâ multa descripsit Virgilius : hic stupore mirabili balnea termarum cum Virgilium construxisse ferunt. Quippe novissimè apud mortales circa portum Cumarum à medicis Salernitanis sanè testantur esse composita, quibus cuique languenti de remedio valetudinis providetur omninò. Verùm ut Deo irato ponto cùm abrueretur, predictis dotibus nature adquiescentibus, altera civitas constructa fuit, cujus nomen Aputeolum est. Hec igitur, his decorata dotibus, minimè veretur in regem expumare superbiam, atqui tam maris quam terre circumvarios educere rumores : causa sui damni fuit profectò; nam, cùm tot discrimina agerentur, jussis servatis, per Raymundum Buyl, virum egregium, multis inde copiis obsessa, continuis bellis lacessita est. Preterea, cùm magis per dies ferâ calamitate ac seviciâ foret detenta, venia supplici petita rege datur. Fuit autem dacio Puteolanorum in ultimum urbis Partenopee naufragium, ideo quia ab illâ maximis amicorum suffragiis frui videbatur, quibus amodò vacua est, maximè cùm tot illa provincia à rege dominetur.

Apud littus Amalphie plage, sub ducis Renati disciplinâ eminent civitates tres, Surrentum, Vicum Massave. Hiis bellicosi, arte nauticâ docti, crebrò in Aragonenses dudum multa jacerant bella. At rursus ob acerbitatem situs ejusque loci fraudulenciam presertim, abrogantes crebros exercitus, sepe certatui animos provocabant feroces; etsi omnibus oculi circùm hostis essent, metu malicia non remittitur antiqua : eà quà re, classe celeri apparatâ, milite in obsidionem Neapolis conducto, nato ejus inclito Ferdinando ductore, in Vicum primò occurrit Alfonsus rex. Ceterum ubi littora tetigere vecti, adeò ne arva facto contingeret depredari, gracia fuit illos novisse, ni darent se ociùs, bello collidere facto oportere. Interea, proximo jugi illustratis aciebus, animis stupuere hi; atqui omnis conventus imposuere suo officio belli sese dare obsequentes : quò, oratoribus premissis, venie ducti sunt, quibus benignè acceptis, omnes eorum census lege emendatâ proteguntur. Massa preterea, fugato infortunio, Vicum sequitur, eidem devocioni annexa. Surrentum prorsus, aliis majus viribus et armis suis, nondum sceleribus solutum, aspera bella componit; quapropter, arvis populatis, tempe ejus florida falce et igne diripiuntur, ac ferè quicquid natura solo produxerat dispendio datur...

Gasparini Peregrini historiarum regis Alfonsi liber decimus incipit feliciter, indicans Neapolis ruinam.

Mensis junii perendie dies secundus erat, anno Christi natalicii mille quatricentis quatridenisque duobus, unde more patrio latinis solite sunt ad egregia bella parari acies. Atqui summus rex, qui dudum tot substinuit et tanta negocia pati, extremum congerit exercitum... Cuique datum erat nosse quid facti contingeret evenire, ni Eximenus de Corella, cui prestitutum est, quodam aditu, per angustum tuniculum cujusdam putei, civitatem Neapolis ingredi apulisset. Restat [quòd] regis Alfonsi inmensus erat affectus per saltus viriles Neapolim subintrare. Erant regi acierum duces satus ejus inclitus Ferdinandus, puer ingenio et intellectu clarus, princeps Salerni, marchio Johannes, marchio Cotroni de Scintillis, comes Adernoni, Lupus de Urrea, Ursus de Ursinis, Raymundus Buyl. vir de Corella, Berengarius de Rillo cum Enrico de Guivara, Petro et Alfonso de Cardona, Alvaroque de Castro, multisque claris militibusque egregiis et strenuâ milicie experienciâ circumspectis. Qui promptissimi jussis servandis expectabant quid facto agere oporteret. Quibus Alfonsus rex sibi evocatis suadelâ sic orsus est :

Viri strenui, quòd ambiguis horis jugibusque revolucionibus huc quousque, ut compertum accipimus, fortuna nos eduxit [satis]superque est. Vidistis quantis casibus laboribusve denis annis exactis, meminimus, non modicâ omnium regnorum nostrorum jacturâ, in idipsum fuisse complicatos; et si alienâ gente, irâ prave sortis, ambiguè tanta bella gessimus, nunc vos solùm ossibus nostris, paucis supersistentibus alienis, medullitus conspicimus esse afflixos. Speramus eo cui inest eternè dominari et vincere ; imperio Martis sevis vindicabimur fatis. Igitur omni corde vos obsecramus, in unâ spe presumite bellum et arma dirigite in hostem, uti vestra fama glorie et honoris diu niteat apud mortales. Haud egemus majoribus, uti in eo loco tanti premii, tanti honoris credimus complicari, quin imo omni solerciâ omnique ingenio vestro, robore, virtute indigebitis profectò. Nec amplius fari convenit, enunciamus, quoniam ubi majus eminebit periculum, tantò supremis muneribus digni critis premerentes.

Dixerat. Quibus equidem dictis, etsi ambigui [inter] sese aliqui fierent sermones, verùm omnes presertim se obtulere pro suâ fide majori. Interea Eximeno Petri de Corrella [nil] aliud cure est quàm ultra centum fidelissimorum illustrissimi regis nati Ferdinandi familiarium disponere, ideò ut quodam aditu per intricatas fauces antrumque obliquum Neapolim penetrarent, quo pacto, [ubi] ab extra excurrens amnis per angustas cavernulas terre, graderentur nocte ; preterea ut die sequenti, rege maximo apparatu superveniente, ab intra tantus fieret rumor, utque perfacile menia extrorsum possent comprehendi. Erant eorum ductores, qui tanto periculo sese injecerunt nocte, Micael Johannis, miles urbis Valencie, Maceus de Guinnaro, miles Neapoletanus, Petrus Sancii, eo officio benè docti. Venit autem dies sperata certatui, quâ mole sunt omnes regis copie, donec menia Neapolis convenere. Solantur milites, eo quo crebris desideriis expectandum erat videre horam optatam ; jamque ad menia appropinquabant signa regia. Ast aciebus maturatis magnâ exortacione jusserat rex muros scandere et in idipsum presidio occupari ; innotius erat ei quo pacto nocte civitatem penetraturis quis casus adesset. Qui maximo labore tocius commercii ferè solum quadraginta et sex intra civitatem se impulere, aliis sociis puteo relictis orto sole. Jussit rex [mitti] compertum exploratorem, uti censeret quid factum foret veri. Ille statuit jam visere ad manus hostem convenisse; jamque primò lucidis armis comperimus obviam venisse Renato adolescentulum Michaelem, quem intentum ab illo is ipse incutit superavitque; etsi paucis sociis juvenis audax ingentes extolleret vires, aliis sociis fugatis, secidit egregià morte. Militis autem Macei Petrique Sancii, una [cum]quodam puero de Corella, visà sociorum strage, estuat animus, qui postibus se exponentes ense hostem impediunt; quippe illo turbato multis fatigantur armis. Dolor fuit denuo regi...; sanè, etsi à nonnullis menia incussa forent, confossisque vulneribus retrorsum reductis, inclità virtute impulit se occurrere suos. Quapropter et qui sequebantur eum, ocius scalis ad menia impositis, prosilire conantur. Maximà damnacione Renatus hostem lassaverat, furentique gladio illum propulit et secuit. Verùm tanta fuit ira dimicancium extrorsum, atqui per aptos saltus quingenti aut plus muros conscenderant: non torpent recipere urbem interdictam fune. Vir de Corella flevit Michaelem, de sui cognacione, morte fuisse preventum; quippe sanguine pre dolore accenso crevit ira : equidem et cum sociis hostis reprimitur. His etenim rebus compositis, etsi calce saxoque postis Sancti Januarii obtusa esset, jussu regis previo labore dirupta fuit atque subversa; liberrimus omnibus equitibus fuit introitus, atqui occursu militis tanta fuit equorum impulsio strepitusque armorum, quippe Renato ac Genuensibus metus fuit suppremus. Qui etsi strenuis armis victoriam superbiret, eo retrocedente gradum in fugam, preceps tergum vertit. Comperit Alfonsus hostem fugatum. Sed quia cupidè illum anhelabat vincere, passim per vicos defertur. Verumptamen, classi derelictà, Renato [nil] alterius cure est quàm in Castro Novo, miserà civitate relictà, latere. Regi autem noscitur civitatem depredari et impetu veloci damnari, utque innatà clemencià usus suos exortatur et monet simplici caritate cives ad veniam amplexari. Porro tantus [erat estus furie, scilicet [ut] deripitur, depredatur aut omninò in ruinam subigitur civitas infelix. Trist erat, casu discurrentibus gregariis, opum ambicione gentes à propriis edibus depulsas intueri. Anxia erat mater filio, ipsa anxia erat marito.

et, quod tristius, pueros miserandos insontesque puellas ictu videre jacentes in gremio matrum. Imperat Alfonsus rex mulieribus virginibusque nihil temptari inhonesti pudicicie, set templis maturo presidio conservari, nec aras tangere aut hostias sacras. O quantis malis luctante milite misera civitas jacet, depopulata suis! O quot edes aut castra et penetralia magna subversa incubuere solo! Et quantis ruinis summo vici portus opere sculpti funditus obruuntur! Reor asserere haud ultra quàm satis, quoniam plus mediâ parte data est superba civitas ultimo dispendio direpcionis. Et quia antiquitus diviciis, honore et dignitate ultra Lacium prepollere fertur, tantùm nunc extenuata plorat, atqui imbecillis et exilis civium culpâ rebus subicitur iniquis; durius est minimam malorum partem censere, quoniam crudelitas impia antiquaque, malicia, ullâ pietate repertâ, prorsus vagatur. Ceterum nocte superveniente cessavit irarum furia. Quippe, captâ antistitis arce, reposita fuere egregia signa, unde quievit rex; rursus suo ordine, ut luctatus fuerat, miles, tectis acquisitis, pulvere, palmâ feliciter hospitatur. Die autem sequenti preconio lege emendatâ, jussit Alfonsus rex penâ supplicii denuo abstineri civitatem depopulari, sed prorsus civibus reductis ad veniam omninò parcere et à damnacione preservari. Restat quoniam metu imperantis alicui opus est illudere jussa; itaque multi ex majoribus civium venire, [qui] obsequentes fidam religionem voverunt. Renatus autem superatus et victus treugarum inducias poscit, que decem dierum duntaxat termino conceduntur: intra quem ratibus Januensium binis, anxio spiritu, Castro Novo illis relicto, Renatus alto conscendens profugus recessit ad suam Marsiliam Gallie, castrum Sancti Herasmi relinquens. Jamque castrum de Capuano victùs inopiâ traditum fuerat, civitate pace relictâ. Interea magnanimitate immani, ante hostis decessum, pietate parentis, jusserat Alfonsus illi gazas agrestes dari opulenter, scilicet boum altilium aliorumque animalium, panis, vini, ceterorumque rusticorum esuum, cujus infortunium gemuit. O felix victoria et magis ac magis felix triumphus, etsi tantâ calamitate et fartûs penuriâ miserandos cives occupaverit infelix fortuna, sevisque angustiis seu inopinatâ nece his rebus defecerint! Quis putaret, nisi à summo Deorum proveniret, tantulo impendio pace, securitate opulenciâve status dolentis civitatis posse instaurari? Sané populi miserandi, omissâ bonorum avaricia, tantummodo de vitâ contenti sunt ; quo, palmis elevatis ad ethera, graciæ referuntur, ut meliori successu evenire illud discrimen ferunt. Ceterum urbi Surrentinæ accidit quod solet evenire insanis, quoniam, correptis arvis bonisque evacuatis, metu Neapolis veniam poscituri sunt cives; reduxit se civitas afflicta fini quo sapientis est principio uti. Haud pravè eos conspicit rex, imò clementer exauditos ejus recepit dominio, quos postea multis graciis educavit. Maximus rebusque mirandis Deus fortunà secula perlustrat, at magis et magis, uno prospero dato, sepe videmus plurima evenire secundis. Igitur, civitate Neapolis subjectà, ut in lege rectitudinis et observancie regnum Lacii cogeretur, sextilem totum, multis insecutis aciebus, ad oras Abrucii rex militavit...

(Bibl. nat. de Naples, ms. IX, C, 22, f°* 136-178.)

100.

EXTRAITS D'UNE CHRONIQUE INÉDITE DU ROYAUME DE NAPLES (*CRONICA DEL REGNO DI NAPOLI*, ALLANT DEPUIS L'ORIGINE JUSQU'A L'AN 1511[1].

In anno Domini 1435, die secundo mensis februarii, XIII° indictione, horis duabus noctis, serenissima domina regina Joanna secunda, Ungharie, Hierusalem et Sicilie regina, sicut Domino placuit, suum diem clausit extremum et tradita [est] ecclesiastice sepulture in quàdam cappellà sità intus ecclesiam Sancte Marie Annunciationis de Neapoli, in ultimà cappellà prope altare magnum causà eundi ad illud, ad manum dexteram.

In loqual anno, lo serenissimo re Alfonso de Aragonia combattendo la cita de Cayeta, quale se defensava da loro, mercadanti

[1] Cette chronique est l'œuvre d'un Napolitain anonyme. Il raconte les événements en détail à partir de 1450 environ, et la fin de son récit n'est qu'une suite d'éphémérides ajoutées au fur et à mesure; ce qui montre qu'il vivait dans la seconde moitié du xv° siècle et dans les premières années du xvi°. Le manuscrit paraît être l'original.

Genovisi armorono, de volunta, ayuto et favore del ducha Philippo, loro signor, nave dudeci et galee trenta cinquo, in ayuto delli preditti et della cita; dove per lo preditto re Alfonso fo posto in ordine una grande armata, in laquale erano multi et li principali principi et baruni del regno; lequale armate se affrontorono allo capo Dans, innanze de Gayeta, et arzarno fatto d'arme, et durò per dece hore con grande spargemento de sangue de l'una parte et l'altra. Finalemente fo superiore l'armata de Genovise, et si preseno, à di sey de augusto 1435, lo serenissimo re Alfonso, lo serenissimo Joanne, re de Navarra, lo gran maestro de Sancto Jacobo, soy fratelli, si aucho el re de Spagna, lo segnor Joanne Antonio, principe de Taranto, lo segnor Antonio, ducha de Sexa, et multi signori, in numero de cento signori et multi cavaleri et preclarissimi homini, et multa presa de thesoro, quanto may acquistasseno in alcuna battaglia... Dove Ysabella, consorte del duca Ranere, à di xviii de ottobre 1435, venne in Napoli et scavalcò alle ponte de Napoli, dove li Napolitani la fecero cavalcare à li xxv detto per li segi de Napoli, con lo palario et con grande triumpho...

Anno Domini 1436, à di xxvi de decembro, fo preso M. Joanne Cicinello con lo figliolo, liquali hebbero la corda, dove testificaro che volevano dare al re de Aragona la porta de Santo-Jenaro.

Anno Domini mcccc xxxvii, à di vi de jugno, per lo summo pontifice papa Eugenio fo mandato in Napoli lo patriarcha, ad effetto che se devesse dare la hobediencia à la sancta madre Ecclesia; loquale cavalcò per la cita de Napoli al ditto effetto de havere la hobediencia; loquale patriarcha, à di v de juglio del ditto anno, prese lo prencepe de Taranta presione...

In loquale anno, à li x d'aprile, re Alfonso de Aragona venne con multa gente alle correye per scalare la cita de Napoli, dove non li venne fatto perche fo discoperto el trattato.

Anno Domini 1438, à di xviii de magio, prime indictionis, re Ranerio de Provenza venne in la cita de Napoli per mar con xii galee, doy fuste et cinquo galvin, sopra lequale era lo duca Joanne, figlio de dicto re, de eta de deci anni, et aucho la nora de dicto re, et smontò allo ponte della Magdalena; loquale fo receputo con lo palio, et andaro tucti ad allogiare al castello de Capuana; laquale nora de dicto re era piccola. Dove, à li xxii de

magio, in di della Assumption[1], lo predicto re Ranerio cavalco
per la cita de Napoli con lo palio; et depo, à li 3 d'agosto, dicto re
Ranerio andò verso in Abruzo. In loquale tempo, à lo ultimo de
settembrio 1438, prime indictionis, per re Alfonso primo se castre-
metava in Napoli, et alle padule de Napoli havea fatto ponere le
bonbarde per directo lo monasterio del Carmino; tra lequale una,
Messanese per nomo chiamata, stava dove se dice la Mandra vec-
chia, appresso Santo Angelo de la Arena, dove havea facto
danpno. Dove, uno jovedi, ad hora de terza, à li xvii de octobre 1438, venne lo infante don Petro, fratello de dicto re, et
fece sparar dicta bonbarda nominata per directo la tribuna; et
roppe lo muro de la torre et la tribuna de la ecclesia, et jettaò lo
lamper par terra et lo paviglione del crucifixo, la corona, li ca-
pilli, la spina et lo crucifixo, calaò la testa, et la predita andò
sopra la porta de la ecclesia, et remase sopra certe tavole dentro
la ecclesia; in guardia de loquale monasterio erano M. Loyse
Coppula, M. Philippo de Anna, M. Roberto Gattola, Simonetta
Scannasoreto, Vitillo Saxonio et altri citadini; et prior era
M. Joanne Cingaro de Napoli. Dove fandone consiglio per levare
dicto crucifixo, per dubito delle bonbarde, et venuto piu maystri,
may quelli lo possettero levare, et vedendono tale miraculo lo
laxaro stare. A li xviii detto, de venerdi, ad quella hora de terza,
venendo lo infante per fare tirar, essendo lo segnor conte de Funde
et cinquo cavaleri in la ecclesia, et in quella piu bonbarde, uno
ch'era in dicto monasterio et non della compagnia posse foco au
una bonbarda chiamata la Paza, dove sentendola vedeva la predita venire à dricto suo; et quella dona alla Arena sequitandola
lo infante, li levò meza testa, et lo cavallo fugiò con ipso, dove per
spacio de meza messa fo preso; et vedendo dicto conte et li altri
tale miraculo, stando el re ad audire messa à Santa Maria de le
Padule, li fo narrato lo miraculo, et con pianto respose che lui
havea pregato quella matina che non volesse fare tirare al monasterio, per lo miraculo [che] havea inteso per uno homo [che]
era fugito da Napoli. Et ordinò se levasse el campo, et infra
spacio de dui di senne andò la meza testa con una carmignola
de grana, et fo portata à la regina Helisabetta per uno homo che
fugiò dal campo del re Alfonso: laquale, como à parente, senne

[1] Pour *Ascension*.

vestiò de nigro. Si mandò à dire al re Alfonso che li renoresceva del caso suceso, et, si voleva fare lo exequio, li apereva le porte della cita ; et lo re la mandò à rengraciare et mandò lo corpo al castello dell' Ovo.

In anno 1439, die x junii, secunde indictionis, die martis, fo presa la torre de Santo Vicenzo in nomo del duca Ranerio, quale fo conbatuta per la armata de Jenovisi, adeo che le gage superava la torre. In loquale anno, de martedi, à li 25 de augusto, secunde indictionis, fo havuto lo castello dell' Ovo per re Raynerio et per li Genovisi, et fo assignato alli ambasciaturi de re de Franza per parte de dicto re Ranerio ; et foro cazate tutte le donne de li Cathalani, quale foro compagnate per lo nepote de lo doce, capitanio dell' armata de Jenovisi ; et, lo di sequente, in die Mercurii, fo assignato à lo imbasciatore de re de Franza...

In lo anno 1441, ritornò re Alfonso à Napoli et posse campo dove se dice à Campo Vecchio, et comandò che nesciuno dirizasse ne buttasse le bonbarde à lo monasterio del Carmino ; et cossi fo exequito.

A di 2 de jugno 1442, indictionis quinte, de sabato, de matino[1], lo serenissimo re Alfonso de Aragona intrò per lo forniale dell' acqua, quale era à la porta de Santa Sophia, per tratto dato per M. Anello dell' acqua ad M. Coreglia, che la gente del re devesse intrare per lo puzo de Santo Joanne ad Carbonara, loquale reusciva allo puzo de la casa de M. Citello, cosetor, sito dintro la porta de Santa Sophia, et dalla erano dintro la cita ; et cossi fo exequito. Dove lo figlio de M. Citello, vedendo la gente sagliere per lo puzo, gridò, dicendo che li inimici erano dintro la cita alquale li fo ditto che stesse citto, per che sarria necho ; et cossi fo presa la porta de Santa Sophia. Per el che lo remore se levò, et re Ranerio corse in ditto loco et de sopra l'orto dello excellente conte de Santo Angelo, nominato ad Torrecenta ; dove Marino Spicicaso andò cola accepta et roppe la barra de la porta de Santo Jenaro, per fare intrare li inimici dintro, con dire che non se voleva morire de fame. Madama Milia Carazola, abbatessa de Santa Maria Dopnna Regina, et abbate Ciccho dell' Offreda porgevano le fune per fare sagliere li inimici : dove, essendono radunati 200 fanti dintro lo ditto orto, uscero tutti in uno tratto

[1] En marge est écrit, de la même main que le texte : *Id doy hore de di.*

dalla porta et trovaro M. Sarro Brancazo ad cavallo armato, et per lo loco esser astritto lo smontaro per forza, et uno de quelli montò ad cavallo con la bandiera de re Alfonso et fermarose à Santo Apostolo; dove in ditto orto re Ranerio havea amazato otto homini, et si scorse alla porta de Capuana, et si incontrò Loyse d'Estinai, francese, de casa del re, loqual dixe ad re Ranerio : Segnor, fugimo, per che li inimici sono intrati. Et lo re li replicò : Ad uno re dice fugimo! Et con la facchina che teneva in mano li levò lo collo al ditto Loyse. Et cossi se incomenzò lo saccho de Napoli, et durò fino che lo re Alfonso fo allo arcepiscopato; et arrivato in la ecclesia, fe andare banno reale che alla pena della vita non fosse nesciuno che devesse piu sacchizare, et cossi se exequiò. Et lo re Ranere, fratello de Ludovico de Angioya, nato della famiglia de re de Franza, dui anni combatte con re Alfonso; et si scampò coli baroni franciosi in lo Castello Novo. Lo di sequente, che fo la dominica, ad hora de vespera, ditto re Alfonso andò ad Santa Maria del Carmino con le conte camarlingo et altri signori, quale se nominava don Inhmico et era gran siniscallo, et, si parllato del miraculo con lo priore, se iugenocchiò davanti del crucifixo et pianse. Et poy volse intendere dove era sepellito lo corpo de Corradino imperadore; li fo detto che stava sotto lo altare mayore, et lo re se voltò et dixe : Fo digno signor.

Havendono li Genovisi tale nova intesa, subito li mandarono doy nave grandissime piene de monicione et de gente d'arme in suo ayuto; et arrivato in Napoli, Renato re fece castellano uno Antonio Calvo, genovese, de loquale era debitore in una gran quantita de denari, et, mettendolo in Castello Novo una cola sua compagnia de Franciosi, montò insu quelle nave et venne ad Pisa, et poy in Firenza. In quello mezo, ditto Antonio Calvo hebbe dal re Alfonso quilli denari devea havere da Renato, et si le donò el Castello Novo; loquale Antonio retornandose à Genua con quelli denari. Et passati anni xi, ditto Renato fo chiamato in Italia dal duca Francesco et da Fiorentini, con multe promesse de favorillo per retornarllo in del regno; et, cupido de havere el regno, venne in Ytalia con 2000 cavalli, et, essendo gionto appresso ad Milano, fo ordinato fare guerra contra à Veneciani, et mandarove lui insieme con baro Colon da Bergamo, et scorrendono el paese de Brescia preseno piu castelle. Vedendo Renato esser tenuto in parole, laxò Joanne, suo figlio, in Fiorenza, et lui ritornò in Marsilia, dove consumò tutta la vita sua in pace...

Anno Domini M CCCC XXXXIII, à di XVI de febraro, lo serenissimo re Alfonso con lo carro triumphale cavalcò per la cita de Napoli, con li signori del regno appresso, ad uso de Roma, con grandissima pompa et triumpho. Et, dicto anno, cominciò ad movere guerra et crudele contre Fiorentini et nel paese de Vulterra; prese multe terre, et ancho prese la Marcha, et depoy la dona à la Ecclesia; posse campo ad Piumbino et tennella assediata : non potendola obtenere, se levò da campo et ritornosse à Napoli...

In lo anno M CCCC LVIII, die XXVII mensis junii, sexte indictionis, die jovis, horâ septimâ, lo serenissimo re Alfonso primo de Aragona, secundo piacque à Dio, fo morto allo castello dell' Ovo, superstite Ferdinando, suo figliolo unico, inlegitimo. Et, dicto anno, lo segnor Joanne Antonio Ursino, P. de Taranto, Marino Joannis Francisci, Ruffi de Marzano, P. de Rossano, lo conte Urso, conte de Nola, et suo contato, quale teneva in accomanda dito contato in nome de li figli del conte vecchio, lo segnor Roberto de Sancto Severino, conte de Sancto Severino, quale se era fatto fratre con la hostia sarata, con lo duca Joanne, M. Toregia, cathalano, quale teneva Yscla, et M. Gagliardo de Gagliardo, quale teneva lo castello dell' Ovo et Castello ad Mare de Stabia, fo rotta guerra contra li preditto re, perche volevano re Ranerio o lo duca Joanne suo figlio...

Calisto[1] fo creato papa à li XVIIII de septembro 1458... Et si fo multo propicio à re Ferrando predicto contra re Ranere et lo duca Joanne suo figlio, mandando uno suo nepote nomine Antonio de Piccholominibus, al quale dicto re Ferrando li donò per moglie una sua sua figliola, et intitulato duca de Amalfe, et ancho hebbè uno delli sette officii del regno, mastro justiciere...

Privò lo archiepiscopo de Benevento [dalla sua dignita] per causa che havea voluto dare la ditta cita de Benevento al duca Joanne de Angioa...

In loquale anno, el preditto duca Joanne, como ad locumtenuente de re Ranere, patre de ditto duca, venne del mese de novembro in lo regno alla chiamata delli baruni, con vinti galee et certe fuste, quale arrivato fe voltare piu segnori. Quale di et

[1] Lisez *Pio*.

anno, cavalcò per la cita de Napoli, per li segi de quella, lo detto re Ferrando, con lo standardo, gridandose ferro ferro...

Sub anno Domini M CCCC LX, die XVIII junii, 8 indictionis, de venerdi, venne in Napoli la secunda armata del duca Joanne, quale foro galee XXI et una fusta; et una delle galee, che fo quella de Scaringe, venne de ponta al molo grande, tocchando con li rimi lo molo, et si buctarò una bandere celestre et una lettere, quale la hebbe la regina Ysabella, ma non se suppe quello che narrava.

Sub anno Domini M CCCC LX, die VII julii, die lune, la Maesta del segnor re Ferrando fo rutto à la foce de Sarno dalla gente del duca Joanne, in laquale rotta foro prisi tra li altri lo conte de Consentanea, don Ferrando de Ghivara, conte de Bellicastro, Malina Carrafa, Mossen Santeglia, Jacobo de Ferrara et multi altri condetteri; et si vi fo morto segnor Simonetta, capitanio de papa Pio, et ferito in viso lo cavelier Ursino, et questo nde fo causa el re, perche quillo di havevano preso la foce et li molini, et per essere volenturoso non volse intendere lo segnor Simonetto, se volse spengere innanze, adeo che fo rutto : dove lo segnor duca Joanne et lo segnor principe de Taranto li fe uno bello exequio...

A di XXIIII del mese de juglio anni MCCCCLXII, de jovedi, venne una altra volta la armata del duca Joanne innanze de Napoli per fare remore.

Anno Domini M CCCC LXII, die XVIII mensis augusti, die mercurii, la Maesta del segnor re Ferrando roppe ad Troya el campo del duca Joanne, con loquale era lo conte Jacobo Pizinino et li baruni del regno; et sua Maesta se adoperò verilemente, et si foro morto piu gente, et fo preso lo bastardo de Angioya con circha 300 almetti et 500 cavalli; per lo che lo duca Joanne et lo conte Jacobo et piu signori si fugero in Castello ad Mare, dove erano le galee de ditto duca; et essendo piu signori con ditto duca in Castello ad Mare, fe fare uno bello convito in le galee, dove lo conte Jacobo dixe in secreto al detto duca : Segnor, hogi site re del regno si volite. Et lo duca dixe : In che modo? Dove lo conte Jacobo li resposse : Pigliate tutti questi signori et mandateli in Provenza, perche quisti sono quilli che manteneno la guerra contra de vuy; et si farrite, haverrite la vittoria del regno. Dove lo duca resposse : Non piaza à Dio che io sia traxto, per che non nde è stato nullo de casa mia, ne meno voglio esser io; se à Dio piacera che sia re, serro, et si non, sia fatta la volunta sua.

PIÈCES JUSTIFICATIVES.

Eodem die, lo conte Urso se pacificò con lo segnor re Ferrando, et fecelo conte de Nola et duca de Ascoli, loquale stato lo teneva in tutela, et cazò fora li soy neputi et fecelo con lo favore de ditto re. Eodem anno, lo segnor Roberto de Sancto Severino, conte de Sancto Severino, similiter se accordò, et lo re lo intitulò princepe de Salerno, et si roppe la fede al duca Joanne, con loquale se era fatto fratre...

Anno Domini M CCCC LXIII, die martis XIII septembris, ill. dux Joannes de Andegavia se partiò de la cita de Sexa et andò in Yscla...

A di XII de aprile 1464, de jovedi, lo ill. segnor duca Joanne de Angioya se partiò dalla cita de Napoli et andò in Yscla, et depo senne andò in Franza...

A di XXII augusti anni 1464, M. Zoreglia, quale teneva Yscla et era in favore del duca Joanne, venne ad patti con la Maesta del segnor re, alquale li rendica la cita et castello de Yscla; et sua Maesta li perdonò la vita, donandoli tutta la sua robba, et cossi hebbe la preditta Maesta Yscla.

(Bibl. Brancacciana de Naples, ms. 2 G 11, f°s 43-58.)

101.

EXTRAIT DES MÉMOIRES DE DOMENICO DELELLO, RÉDIGÉS PAR UN VÉNITIEN ANONYME.

Stando et continuando lo assedio [di Napoli], ad esso [Alfonso] li capitò uno libro in la mano, chi era traduto de greco in latino per M. Leonardi Aretino, secretario de la magnifica communita de Fiorenza, doctissimo et valente poeta in scientia grecha et latina, el qual feva mentione de bello Gothorum, che havendo Bellisario asediato Napoli, duce et capitanio de lo exercito de lo imperator Justiniano à la impresa de la Italia contra i Gothi, prese Napoli per la via del conduto de l'aqua de la fontana chi è conduta per quella per spatio de mia 3, chi per diti Gothi era tenuto, et atrovò in Napoli VIII^m de li diti Gothi, chi dita cita teniva et custodiva à nome del suo re. Esso libro, stando cum lo suo campo à Napoli, per M. Leonardo predito li fo fato à presentar ; et receuto quello sua Maesta deletandosi communamente de la lectura..., essendo venuto à quel passo chi dechiariva Belisario haver preso Napoli per la via del conduto de l'aqua predito, havendo posto anchora lui la fantasia à questo, deliberò de experimentar la fortuna et veder de haver anchora lui quello per dita via. Et postò ad operatio tal suo pensier, cum cauto ordene, si come à tal causa se conveniva, et commettando questo à sua zente fidata, et tuto altro facendo à tal bisogno, sono dentro de Napoli che Napolitani non sene acorse ; et como li Ragonesi sono dentro, dete opera et modo che li altri sui presto intrese... Re Renier, chi se atrovava in Napoli, vistosi haver la cita perduta, oltra modo doliò se, puocho curandose quodmodo de la vita sua. Tamen per salvarsi à bel viso (?) se salvò in Castello Novo ; ma, avanti che à quello arivase, el fo uno, no pero de conditione, chi li pose la mano sopra de la bria, dicendoli che lera suo presone ; et li butò la man in terra. Et deliberato da lui, poi à lento passo se ritirò in dito Castello Nuovo.

(Bibl. Saint-Marc de Venise, ms. ital. XLII, f° 74.)

ITINÉRAIRE
DU ROI RENÉ [1].

1409.

Janvier...	16.	Angers. (Naissance.)...	P. P 1334⁴, f° 95.
Février...	21.	—	P. KK 243.

1410.

Février...	8.	Angers..............	P. KK 243.
Avril.....	11.	—	P. —

1411-12.

	Anjou..............	P. KK 243.

1413.

Octobre..	21.	Angers..............	P. KK 243.
—	30.	Marcoussis...........	P. —
Décembre	22.	Paris...............	P. —

1414.

Janvier...	9.	Marcoussis...........	P. KK 243.
—	30.	Paris (Saint-Marcel).....	P. —
Février...	5.	Départ pour Angers....	P. —
—	21.	Angers..............	P. —

[1] Cet itinéraire est dressé uniquement d'après les actes officiels portant une date certaine. A l'énoncé de l'année, du mois, du quantième, et du lieu où se trouvait chaque jour le roi René, a été ajoutée l'indication de la pièce d'où est tiré ce renseignement. La cote de chaque pièce est précédée d'initiales désignant le dépôt auquel elle appartient :

    P.   Archives nationales, à Paris.
    P. B. Bibliothèque nationale, à Paris.
    M.   Archives des Bouches-du-Rhône, à Marseille.
    A.   Bibliothèque de la ville d'Aix.
    N.   Archives de Naples.
    F.   Archives de Florence.
    Mil. Archives de Milan.
    G.   Archives de Gênes.

1415.

Octobre.. 12. Angers................ P. KK 243.

1416.

Février... 27. Départ pour Paris...... P. KK 243.

1417.

Janvier... 8. Retour à Angers....... P. KK 243.
Décembre ... Angers et Saumur...... P. —

1418.

Janvier... ... Saumur et Angers...... P. KK 243.
Juin-sept. ... Angers................ P. —
Octobre .. ... Saumur, Loudun, Chi-
                non................ P. —
Novembre ... Chinon, Saumur, Angers. P. —
Décembre ... Angers................ P. —

1419.

Juin..... 23. Mehun-sur-Yèvre....... P. B. ms. lat. 1156*, *initio*.

1420.

Octobre .. 24. Nancy................. P. B. ms. lat. 17332, *initio*.

1424.

Septembre 3. Pont-à-Mousson........ P. B. ms. Lorr. 08, f° 232.
Novembre 27.   —   P.   —   f° 231.

1425.

Août..... 5. Saint-Mihiel........... P. KK 1127, f° 264 v°.

1428.

Novembre 9. Nancy................. P. KK 1127, f° 900 v°.

1429.

Avril.... 7. Bar-le-Duc............ P. KK 1118, f° 51 v°.
 —   13. Nancy................. P. J 581, n° 10.
Juin..... 15. Pont.................. P. J 582, n° 29.

1430.

Novembre 21.   Bar-le-Duc.............   P. B. ms. Lorr. 68, f° 227.

1431.

Avril..... 11.   Nancy................   P. J 911, n° 37.
Mai...... 8.   —   P KK 1123, f° 628 v°.
   — 13.   Condé................   P. B. ms. Lorr. 8, n° 2.
Juillet.... 2.   Bulgnéville...........   P. B. ms. lat. 17332, *initio*.

1432.

Novembre 23.   Nancy................   P. KK 1117, f° 150.

1433.

Février... 13.   Bruxelles.............   P. K 63, n° 23.
   — 18.   —   P. KK 1125, f° 667 v°.
   — 23.   Bohain...............   P. B. ms. Lorr. 8, n° 9.
   — 24.   —   P.   —   n° 9.
Juillet.... 1.   Bar..................   P. KK 1123, f° 17 v°.
Août..... 9.   Nancy................   P. B. ms. Lorr. 8, n° 12.

1434.

Avril..... 24.   Bâle.................   P. B. ms. Dup. 430, f° 23.
Juillet.... 7.   La Mothe.............   P. KK 1123, f° 479 v°.
Août..... 24.   Pont.................   P.   —   f° 897 v°.

1435.

Juin..... 4.   Dijon ....   M. B 11, f° 249.
   — 5.   —   M. B 655.
Octobre.. 28.   —   Mil. *Domin. Visc.*, an. 1435

1436.

Mars..... 28.   Bracon...............   M. B 11, f° 260 v°.
Août..... 6.   Dijon................   M. B 13, f° 226.
Octobre.. 2.   Talant...............   M. B 11, f° 163.
Novembre 1.   Dijon................   P. KK 1125, f° 660.

Novembre	7.	Dijon....................	P. KK 1125, f° 669 v°.
—	14.	Mouzon...................	P. KK 1127, f° 51 v°.
Décembre	16.	Lille.....................	M. B 11, f° 165.

1437.

Février...	3.	Lille.....................	P. P 1370², cote 1915.
—	4.	—	P. P 1379², cote 3134.
—	6.	—	P. KK 1125, f° 560.
—	7.	—	P. — f° 673.
—	27.	Pont.....................	P. KK 1124, f° 877 v°.
Mars.....	7.	Kœurs....................	P. KK 1125, f° 688.
—	8.	—	P. B. ms. lat. 1502, f° 57.
—	15.	Saint-Mihiel.............	M. B 11, f° 217 v°.
—	17.	—	P. KK 1127, f° 115.
—	26.	Vaucouleurs.............	P. B. ms. Lorr. 239, n° 2.
Mai......	19.	Angers...................	M. B 11, f° 158.
Juin.....	24.	Moulins..................	M. — f° 159.
—	27.	Bourbon..................	M. — f° 164.
Août.....	2.	Gien.....................	P. KK 1110, f° 515 v°.
Septembre	20.	Angers...................	P. JJ 218, n° 5.
—	27.	—	P. P 1379², cote 3132.
Octobre..	12.	Saumur...................	P. P 1339, n° 451.
—	16.	—	P. K 186 ¹⁰, n° 5.
—	20.	—	P. P 1334¹⁰, f° 201.
Novembre	24.	Viviers...................	M. B 11, f° 170.
Décembre	2.	Tarascon.................	M. — f° 186 v°.
—	5.	—	M. — f° 220.
—	7.	—	M. — f° 184.
—	17.	Marseille................	M. — f° 175 v°.
—	18.	Aix......................	M. B. ms. Lorr. 20 bis, n° 5.
—	20.	—	M. B 11, f° 172.
—	28.	—	M. — f° 239 v°.
—	29.	—	M. — f° 287.

1438.

Janvier...	2.	Aix......................	M. B 11, f° 291 v°.
—	3.	—	M. — f° 177.
—	4.	—	P. B. ms. Lorr. 68, f° 210.
—	8.	—	M. B 11, f° 178.
—	10.	—	M. — f° 235.
—	12.	—	M. — f° 179.
—	14.	—	M. — f° 218 v°.
—	15.	—	M. — f° 227 v°.

ITINÉRAIRE DU ROI RENÉ.

Janvier...	16.	Aix..................	M. B 11, f° 224.
—	17.	—	M. — f° 181.
—	18.	—	M. — f° 173 v°.
—	19.	—	M. — f° 180.
—	23.	Marseille.............	M. — f° 238 v°.
—	24.	—	M. — f° 215.
—	25.	—	M. — f° 300 v°.
—	29.	—	M. — f° 183.
Février...	3.	—	M. — f° 199 v°.
—	4.	—	M. — f° 187 v°.
—	15.	—	M. — f° 201 v°.
—	26.	—	M. — f° 213 v°.
Mars.....	3.	—	M. — f° 208.
—	4.	—	M. — f° 216.
—	8.	—	M. — f° 195.
—	9.	—	M. — f° 196.
—	10.	—	M. — f° 231 v°.
—	14.	—	M. — f° 233.
—	15.	—	M. — f° 237 v°.
—	16.	—	M. — f° 222 v°.
—	18.	—	M. — f° 243.
—	20.	—	M. — f° 234.
—	21.	—	M. — f° 264.
—	22.	—	M. — f° 202 v°.
—	24.	—	M. — f° 331.
—	25.	—	M. — f° 207.
—	26.	—	M. — f° 204.
—	27.	—	P. KK 1123, f° 22 v°.
—	30.	—	M. B 11, f° 271 v°.
—	31.	—	M. — f° 228 v°.
Avril.....	12.	Marseille. (Départ.)	P. KK 1126, f° 533 v°.
—	15.	Gênes. (Arrivée.).......	G. X, 111.
—	23.	Gênes................	P. KK 1126, f° 533 v°.
—	26.	Gênes. (Départ.)	G. X, 111.
Juin.....	1.	Castel-Capuano (Naples).	M. B 11, f° 270 v°.
—	16.	—	M. — f° 275 v°.
—	17.	—	M. — f° 294.
—	25.	—	M. — f° 280 v°.
Juillet....	2.	—	M. — f° 259.
—	3.	—	M. — f° 299.
—	4.	—	M. — f° 250 v°.
—	8.	—	N. Cov. soppr., reg. 73.
—	20.	—	N. — —

Juillet....	22.	Castel-Capuano.........	M. B 11, f° 289.
—	23.	—	Mil. Dom. Visc., an. 1438.
—	24.	—	M. B 11, f° 273 v°.
—	26.	—	N. Cov. soppr., reg. 73.
—	27.	—	N. — —
Août.....	1.	—	M. B 12, f° 23.
—	2.	—	M. B 11, f° 265.
—	3.	—	N. Cov. soppr., reg. 73.
—	5.	Au camp près de Naples.	P. KK 1126, f° 534 v°.
—	6.	Apud campum Digluly, près Naples............	M. B 12, f° 29 v°.
—	14.	Au camp prope Boyam..	M. B 11, f° 283 v°.
Septembre	10.	Aquila...............	M. — f° 292 v°.
—	14.	Naples...............	M. — f° 282.
—	18.	Au camp prope castrum Tuscii (comté d'Aquila).	M. — f° 287 v°.
Octobre..	16.	Près de Sermonne (Sulmona?).............	M. — f° 267.
Décembre	21.	Castel-Capuano.........	M. B 660.
—	24.	Naples...............	M. —
—	31.	Castel-Capuano.........	M. B 11, f° 304 v°.

1439.

Janvier...	20.	Castel-Capuano.........	M. B 11, f° 310.
—	21.	—	M. — f° 315.
Avril.....	13.	Castel-Capuano.........	M. — f° 321.
Mai......	11.	Castel-Capuano.........	P. B. ms. Lorr. 68, f° 206.
Juillet....	5.	Castel-Capuano.........	M. B 12, f° 30 v°.
—	12.	—	M. B 11, f° 324 v°.
—	14.	Naples...............	P. P 1334¹⁰, f° 202 v°.
—	23.	—	P. B. ms. Lorr. 240, n° 5.
Août.....	8.	Naples, prope Castrum Novum.............	M. B 11, f° 332 v°.
—	31.	Castel-Capuano.........	M. — f° 330.
Septembre	1.	—	M. B 12, f° 83 v°.
—	13.	—	M. — f° 41 v°.
—	14.	—	M. B 11, f° 334 v°.
	15.	.	M. — f° 343.
—	20.	. .	M. — f° 351 v°.
	21.		M. — f° 336.
..	24.	—	M. B 12, f° 30.
...	25.	...	M. B 11, f° 337.

Septembre 27.	Castel-Capuano.........	M. B 14, f° 61.
Octobre .. 2.	—	M. B 12, f° 21 v°.
— 8.	—	M. B 11, f° 350.
— 11.	—	M. B 12, f° 9 v°.
— 15.	—	M. — f° 8 v°.
— 16.	—	M. B 11, f° 338 v°.
— 17.	—	M. — f° 349 v°.
— 20.	—	M. B 12, f° 197 v°.
— 27.	—	M. — f° 49.
Novembre 2.	—	M. — f° 17 v°.
— 20.	—	M. — f° 167 v°.
— 22.	—	M. — f° 79.
— 29.	—	M. — f° 40 v°.
Décembre 2.	—	M. — f° 19.
— 5.	—	M. — f° 14 v°.
— 15.	—	M. — f° 55.
— 26.	—	M. B 660.
— 28.	—	M. B 12, f° 48.

1440.

Janvier... 1.	Castel-Capuano.........	M. B 12, f° 106 v°.
— 7.	—	M. — f° 63.
— 10.	—	M. — f° 20.
— 11.	—	M. — f° 75.
— 15.	—	M. — f° 50 v°.
— 17.	—	M. — f° 24.
— 19.	—	M. — f° 10 v°.
— 20.	—	M. — f° 11.
— 27.	—	M. — f° 139 v°.
— 31.	Bénévent.............	Mil. *Domin. Visc.*, an. 1440.
Mars..... 28.	Aquila	M. B 12, f° 09.
Mai...... 13.	Lucera	N. *Cov. soppr.*, reg. 73.
Juillet.... 15.	Castel-Nuovo (Naples)...	M. B 12, f° 120.
— 19.	—	M. — f° 61.
— 21.	—	M. B 13, f° 78 v°.
— 29.	—	M. B 12, f° 65.
— 30.	—	M. — f° 185 v°.
— 31.	—	M. — f° 75 v°.
Août..... 3.	—	M. — f° 98.
— 4.	—	M. — f° 51 v°.
— 6.	—	M. — f° 180 v°.
— 10.	—	M. — f° 90 v°.

Août.....	11.	Castel-Nuovo...........	M. B 12, f° 145 v°.
—	16.	—	N. *Cov. soppr.*, reg. 73.
—	17.	—	M. B 12, f° 50 v°.
—	19.	—	M. — f° 189.
Septembre	23.	—	N. *Cov. soppr.*, reg. 73.
Octobre..	31.	—	M. B 12, f° 129 v°.

1441.

Janvier...	29.	Castel-Nuovo...........	M. B 12, f° 236.
Mars.....	10.	—	N. *Cov. soppr.*, reg. 74.
Avril.....	20.	—	M. B 12. f° 144.
—	27.	—	M. — f° 152.
Mai......	10.	—	M. B 13, f° 71.
—	23.	—	M. B 12, f° 189 v°.
—	25.	—	M. — f° 150.
—	27.	—	M. — f° 151 v°.
—	30.	—	M. — f° 190 v°.
Juin.....	14.	—	M. — f° 191 v°.
—	15.	—	M. — f° 176 v°.
Juillet....	10.	—	M. — f° 166.
—	25.	—	M. — f° 172 v°.
Août.....	31.	—	M. — f° 193.
Septembre	1.	—	M. — f° 194.
—	20.	—	M. — f° 170 v°.
—	29.	—	M. — f° 183.
Décembre	1.	Castel-Capuano.........	M. B 13, f° 66 v°.
—	2.	—	M. — f° 68.

1442.

Février...	21.	Castel-Capuano.........	M. B 13, f° 1 v°.
—	28.	—	M. — f° 9 v°.
Mars.....	1.	—	M. B 12, f° 205 v°.
—	8.	—	M. B 664.
—	10.	—	M. B 13, f° 11.
—	15.	—	M. B 664.
—	19.	—	M. B 12, f° 244 v°.
—	28.	—	M. — f° 250.
Avril.....	1.	—	P. K 504, n° 1, f° 32 v°.
—	2.	—	M. B 13, f° 92.
—	6.	—	M. — f° 2.
—	7.	—	P. P 1379[1], cote 3118.

ITINÉRAIRE DU ROI RENÉ.

Avril	13.	Naples	G. X, 960.
—	16.	Castel-Capuano	M. B 12, f° 248.
—	19.	—	M. — f° 239 v°.
—	21.	—	M. — f° 237.
Juin	12.	Castel-Nuovo	M. B 13, f° 18.
Juillet	7.	Livourne (*in terrâ Liburnæ*)	M. B 13, f° 121 v°.
—	19.	Florence	G. X, 960.
Septembre	7.	—	F. Gonfal. 48, f° 8 v°.
Octobre	23.	Aix	M. B 13, f° 0.
Novembre	8.	Marseille	M. B 49, f° 273.¹
—	10.	—	P. P 1334⁹, f° 33.
—	12.	—	M. B 13, f° 33 v°.
—	13.	—	M. — f° 5.
—	17.	—	M. — f° 87 v°.
—	20.	—	M. — f° 23.
—	22.	—	M. — f° 17 v°.
—	24.	—	M. — f° 3.
—	26.	—	M. — f° 6 v°.
—	29.	—	M. — f° 7 v°.
Décembre	2.	—	P. P 1334⁶, f° 101.
—	5.	—	M. B 13, f° 15.
—	8.	Aix	M. — f° 25 v°.
—	10.	—	M. — f° 12 v°.
—	11.	—	M. — f° 35 v°.
—	19.	—	M. — f° 21.
—	23.	—	P. K 504, n° 1, f° 32 v°.

1443.

Janvier	12.	Tarascon	M. B 604.
—	15.	—	M. B 18, f° 195 v°.
—	17.	—	M. B 13, f° 26.
—	20.	—	M. — f° 25.
—	25.	—	M. — f° 39 v°.
—	26.	—	M. — f° 162 v°.
Février	1.	Tarascon	P. B. ms. Lorr. 68, f° 198.
—	3.	—	M. B 13, f° 82.
—	5.	—	M. B 666.
—	6.	—	M. B 13, f° 42 v°.
—	8.	—	P. KK 1124, f° 678 v°.
—	10.	—	M. B 13, f° 50 v°.

Février...	12.	Tarascon............	M. B 13, f° 46 v°.
—	13.	—	M. — f° 90.
—	16.	Beaucaire............	M. — f° 31.
—	17.	—	M. — f° 30 v°.
—	20.	—	M. — f° 32.
—	21.	—	P. K 504, n° 1, f° 33 v°.
—	22.	Lunel..............	M. B 13, f° 53 v°.
—	25.	Béziers.............	M. — f° 43 v°.
Mars.....	19.	Toulouse............	M. B 13, f° 85 v°.
—	26.	—	P. KK 1124, f° 222 v°.
—	31.	—	Cartul. des sires de Rays, n° 250.
Avril.....	2.	—	Cartul. des sires de Rays, n° 252.
—	3.	—	P. B. ms. Lorr. 8, n° 63.
Mai......	27.	Poitiers............	M. B 13, f° 170.
Juin.....	25.	Angers.............	M. — f° 73.
Juillet....	7.	—	M. — f° 83.
—	8.	—	P. K 504, n° 1, f° 29 v°.
—	18.	—	P. — — f° 31.
—	25.	—	M. B 664.
—	31.	—	M. B 13, f° 77.
Août.....	1.	Angers.............	M. — f° 63 v°.
Septembre	6.	—	M. — f° 80.
—	10.	—	P. K 504, n° 1, f° 29 v°.
—	19.	—	M. B 13, f° 76.
—	21.	—	M. — f° 151.
Novembre	17.	Saumur............	P. P 1334[5], f° 198.
Décembre	14.	Angers.............	M. B 13, f° 98.

1444.

Janvier...	14.	Angers.............	P. P 1334[6], f° 101.
Février...	8.	—	P. K 504, n° 1, f° 34.
Mars.....	2.	Tours..............	M. B 13, f° 95.
—	3.	—	M. — f° 94.
—	6.	—	M. — f° 92 v°.
—	8.	—	M. — f° 122 v°.
—	14.	—	M. B 14, f° 134.
—	16.	—	M. B 13, f° 134 v°.
Mai......	24.	Tours..............	P. P 1334[13], n° 91.
Juin.....	2.	Beaumont-lès-Tours.....	M. B 13, f° 165.
—	17.	—	M. — f° 139 v°.

ITINÉRAIRE DU ROI RENÉ.

Juin.....	30.	Tours............	M. B 16, f° 130.
Août.....	31.	Langres..........	M. B 13, f° 141 v°.
Septembre	13.	Épinal...........	M. — f° 163.
—	18.	Rosières.........	M. — f° 137.
Octobre..	10.	Lunéville........	P. B. ms. Lorr. 318, f° 204.
—	—	Nancy............	M. B 13, f° 184.
—	11.	—	M. — f° 147 v°.
—	17.	—	M. — f° 183.
—	23.	—	M. — f° 144 v°.
Novembre	30.	—	M. — f° 161 v°.

1445.

Mars.....	14.	Bar-le-Duc.......	P. B. ms. Lorr. 68, f° 195.
Avril.....	20.	—	M. B 13, f° 174 v°.
Mai......	2.	—	M. B 13, f° 193.
—	5.	Saint-Mihiel.....	M. — f° 172 v°.
—	26.	Châlons..........	Mil. Domin. Visc., an. 1445.
Juin.....	1.	—	M. B 13, f° 176.
—	3.	—	M. B 15, f° 93.
—	9.	—	M. B 13, f° 210.
Juillet...	5.	—	P. KK 1125, f° 679 v°.
—	6.	—	P. — f° 678.
—	8.	Sarry-lès-Châlons.	M. B 13, f° 185 v°.
—	10.	—	P. KK 1122, f° 99.
—	27.	—	M. B 13, f° 186 v°.
Octobre..	17.	Angers...........	P. P 1334[18], n°s 105-108.
—	—	—	M. B 13, f° 197.
Novembre	1.	—	M. — f° 180 v°.
—	3.	—	P. B. ms., Lorr. 318, f° 200.
—	24.	—	M. B 13, f° 218 v°.
Décembre.	15.	—	

1446.

Janvier...	8.	Angers...........	M. B 13, f° 198.
—	19.	—	P. P 1334[8], f° 48.
—	24.	Launay, près Saumur	M. B 13, f° 208.
—	26.	—	M. — f° 216 v°.
Février..	21.	—	P. P 1334[6], f° 101.
		Saumur..........	P. KK 1125, f° 685 v°.
Décembre.	29.	Angers...........	P. B. ms. Lorr. 318, f° 210.
—	31.	—	M. B 13, f° 220.

1447.

Février...	18.	Tours................	M. B 13, f° 221.	
Mars.....	7.	Aix..................	M. — f° 244 v°.	
—	23.	Tarascon.............	P. P 1334[14], 1re p., f° 58.	
—	31.	—	P. — — f° 17.	
Avril....	1.	Tarascon.............	P. — — f° 43.	
—	7.	—	P. — — —	
—	11.	—	P. — — f° 59.	
—	...	Notre-Dame-de-la-Mer...	P. — — f° 18.	
—	...	Arles.................	P. — — f° 21v°.	
Mai......	1.	—	P. — — f° 44v°.	
—	12.	—	M. B 13, f° 219 v°.	
—	14.	—	P. P 1334[14], 1re p., f° 61.	
—	—	Beaucaire............	P. — — f° 61.	
—	16.	Tarascon.............	M. B 13, f° 221 v°.	
—	18.	—	M. — f° 223 v°.	
—	24.	Saint-Remi...........	P. P 1334[14], 1re p., f° 62.	
—	26.	Aix..................	M. B 668.	
Juin.....	11.	Marseille.............	P. P 1334[14], 1re p., f° 49.	
—	—	Tarascon.............	P. — — f° 18.	
—	13.	—	P. — — f° 50.	
—	14.	—	P. — — f° 18.	
—	17.	Orgon................	P. — — f° 20.	
—	18.	Tarascon.............	P. — — f° 47.	
—	23.	Salon................	P. — — f° 19v°.	
—	27.	Aix..................	P. — — f° 44v°.	
—	28.	—	P. — — —	
—	30.	Marseille............	P. — — f° 47.	
Juillet....	1.	—	P. — — f° 20.	
—	3.	—	P. — — f° 44v°.	
—	11.	—	M. B 13, f° 224 v°.	
—	14.	—	P. P 1334[14], 1re p., f° 45v°.	
—	15.	—	P. — — f° 21v°.	
—	23.	—	M. B 13, f° 229 v°.	
—	24.	—	P. P 1334[14], 1re p., f° 43.	
—	28.	—	P. — — f° 50.	
Août.....	1.	—	P. — — f° 43.	
..	2.	—	P. — — f° 45v°.	
...	9.	—	M. B 13, f° 230 v°.	
—	10.	—	P. P 1334[14], 1re p., f° 47.	
—	12.	—	P. — — f° 43.	
—	14.	—	P. — — —	

Août.....	16.	Marseille.............	P. P 1334¹⁴, 1ʳᵉ p.,	f° 47.
—	19.	—	P. —	— f° 43.
—	20.	—	P. —	— f° 45.
—	21.	—	P. —	— f° 43.
—	22.	—	P. —	—
—	26.	—	P. —	— f° 49.
—	28.	—	P. —	— f° 45v°.
Septembre	2.	—	M. B 14, f° 103.	
—	5.	—	P. P 1334¹⁴, 1ʳᵉ p.,	f° 49.
—	12.	—	P. —	— f° 24v°.
—	23.	—	P. —	— f° 50.
—	28.	—	M. B 13, f° 243.	
—	30.	—	M. — f° 229.	
Octobre..	10.	Tarascon.............	P. P 1334¹⁴, 1ʳᵉ p.,	f° 28v°.
—	11.	Saint-Remi...........	P. —	— f° 69 —
—	14.	—	P. —	— f° 29.
—	21.	Aix..................	P. —	— f° 29v°.
—	23.	—	P. —	— f° 47.
—	25.	—	M. B 13, f° 234.	
—	30.	—	M. — f° 237.	
—	31.	—	P. P 1334¹⁴, 1ʳᵉ p.,	f° 70v°.
Novembre	6.	—	M. B 13, f° 233.	
—	17.	—	P. P 1334¹⁴, 1ʳᵉ p.,	f° 34v°.
—	18.	—	M. B 14, f° 28 v°.	
—	25.	—	P. P 1334¹⁴, 1ʳᵉ p.,	f° 35.
Décembre.	2.	—	P. —	— f° 35v°.
—	3.	—	M. B 13, f° 242.	
—	15.	—	P. P 1334¹⁴, 2ᵉ p.,	f° 44.
—	16.	—	M. B 14, f° 56.	

1448.

Janvier...	6.	Aix..................	P. P 1334¹⁴, 2ᵉ p.,	f° 39.
—	9.	—	P. —	— f° 42.
—	16.	Pertuis..............	P. —	— —
—	19.	—	M. B 14, f° 2.	
—	20.	—	P. P 1334¹⁴, 2ᵉ p.,	f° 39.
—	23.	—	M. B 13, f° 238.	
Février...	4.	Tarascon.............	P. P 1334¹⁴, 2ᵉ p.,	f° 48.
—	7.	Aix..................	P. —	— —
—	9.	—	P. —	— f° 42.
—	12.	—	P. —	— f° 44.
—	14.	—	P. —	— —

Février...	20.	Aix............	P. P 1334¹⁴, 2ᵉ p., fº 51 vº.
Mars.....	1.	—	P. — — fº 39.
—	2.	—	P. — — fº 43.
—	3.	—	P. — — fº 39.
—	8.	—	P. — —
—	9.	—	M. B 608.
—	11.	Marseille........	P. P 1334¹⁴, 2ᵉ p., fº 45.
—	13.	—	P. — — fº 42.
—	15.	—	P. — —
—	16.	Aix............	M. B 14 fº 21.
—	26.	—	P. B. ms. Lorr. 68, fº 187.
Avril.....	15.	—	P. P 1334¹⁴, 2ᵉ p., fº 42 vº.
Mai......	11.	Tarascon........	P. — — fº 39 —
—	16.	—	M. B 14, fº 11 vº.
—	20.	—	P. P 1334¹⁴, 2ᵉ p., fº 42 vº.
—	28.	—	M. B 14, fº 4 vº.
Juin.....	9.	—	P. P 1334¹⁴, 2ᵉ p., fº 52 vº.
—	15.	Aix............	M. B 14, fº 3.
—	19.	Tarascon........	P. P 1334¹⁵, 2ᵉ p., fº 53.
—	—	Aix............	P. — — fº 42 vº.
—	25.	—	P. — —
Juillet....	13.	Tarascon........	P. — — fº 62.
—	15.	Aix............	M. B 14, fº 29 vº.
—	16.	—	M. — fº 13.
—	20.	Marseille........	P. P 1334¹⁵, 2ᵉ p., fº 34 vº.
Août.....	5.	Aix............	G. X, 112.
—	17.	—	P. P 1334¹⁵, 2ᵉ p., fº 55.
—	24.	Marseille........	M. B 15, fº 12.
Octobre..	17.	Aix............	P. P 1334¹⁵, 2ᵉ p., fº 87.
—	27.	—	P. — — fº 68 vº.
Novembre	11.	—	P. — — fº 61 —
—	13.	—	M. B 14, fº 18 vº.
—	20.	—	P. P 1334¹⁵, 2ᵉ p., fº 45.
—	26.	Tarascon........	P. — — fº 87.
—	28.	—	P. — — fº 42 vº.
Décembre.	5.	Aix............	M. B 15, fº 16.
—	7.	Tarascon........	P. P 1334¹⁵, 2ᵉ p., fº 42 vº.
—	10.	—	P. — — fº 39 —
—	11.	—	P. — — fº 45.
—	12.	—	P. — — fº 39 vº.

1449.

Janvier...	8.	Saintes-Maries.........	P. P 1334¹⁵, 2ᵉ p., fº 74.

Janvier...	10.	Arles...............	P. P 1334¹⁵, 2ᵉ p., fº 74.
—	11.	—	M. B 14, fº 33 vº.
—	16.	Tarascon...........	P. P 1334¹⁵, 2ᵉ p., fº 55 vº.
—	22.	Aix.................	M. B 16, fº 15.
Février...	15.	Marseille..........	M. B 14, fº 34 vº.
—	16.	—	M. — fº 32 —
Mars.....	8.	Toulon.............	M. — fº 38 —
Avril.....	1.	Tarascon...........	M. — fº 200 vº.
—	3.	—	M. — fº 34.
—	4.	—	M. — fº 36.
—	17.	Aix.................	P. P 1334¹⁵, 2ᵉ p., fº 54 vº.
Mai......	17.	Tarascon...........	P. — — fº 41 —
—	18.	—	P. — — fº 41.
—	19.	—	P. — — fº 40 vº.
—	28.	—	P. — — fº 41.
—	29.	—	P. — — fº 44 vº.
—	31.	—	P. — — fº 43 vº.
Juin.....	10.	—	P. — — fº 41.
—	11.	—	P. — — fº 81 vº.
—	16.	—	P. — — fº 44 —
—	17.	—	P. — — fº 40 —
—	19.	—	M. B 14, fº 39 vº.
—	20.	—	M. — fº 42.
—	23.	—	P. P 1334¹⁵, 2ᵉ p., fº 43.
—	24.	—	P. — — fº 41.
—	25.	—	P. — — fº 45.
—	26.	—	M. B 14, fº 42 vº.
Juillet....	2.	—	P. P 1234¹⁵, 2ᵉ p., fº 43 vº.
—	5.	Aix.................	M. B 14, fº 45.
—	6.	—	M. — fº 46 vº.
—	9.	Tarascon...........	M. — fº 48 —
—	10.	—	P. P 1334¹⁵, 2ᵉ p., fº 47.
—	11.	—	P.
—	12.	—	M. B 14, fº 64.
—	13.	—	M. — fº 47.
—	14.	—	M. — fº 44.
—	15.	—	P. P 1334¹⁵, 2ᵉ p., fº 91 vº.
—	28.	Lyon...............	P. KK 1127, fº 236.
Août.....	15.	Blois...............	P. P 1334¹⁵, 2ᵉ p., fº 85 vº.
Septembre	3.	Saumur.............	P. KK 1127, fº 232 vº.
—	6.	—	P. P 1334¹⁵, 2ᵉ p., fº 87 vº.
—	9.		P. — — —

1450.

Janvier...	13.	Jumiéges............	M. B 14, f° 57.
—	29.	—	M. — f° 65.
Juin.....	4.	Argentan............	P. P 1334⁵, f° 1.
—	14.	—	P. — f° 1 v°.
Juillet....	5.	Caen............	P. — f° 52.
—	7.	—	M. B 14, f° 66.
Août......	...	Launay............	P. P 1334³, f° 13 v°.
Septembre	3.	—	P. P 1334⁵, f° 18 —
—	28.	Saumur........	P. — f° 21 —
Octobre..	10.	Angers............	P. — f° 35 —
—	13.	—	M. B 14, f° 68 v°.
—	25.	—	P. P 1334⁵, f° 22.
Novembre	...	Tours............	P. — f° 38.
—	7.	Ponts-de-Cé........	P. — f° 32 v°.

1451.

Janvier...	8.	Angers............	P. P 1334⁵, f° 47 v°.
—	19.	—	P. KK 1124, f° 220 —
Février...	11.	—	P. P 1334⁵, f° 172 —
—	12.	—	P. — f° 152 —
—	24.	—	P. — f° 173 —
—	27.	Paris............	P. KK 1122, f° 730 v°.
Mars.....	1.	—	P. P 1334⁵, f° 53 v°.
—	21.	Angers............	P. — f° 59.
—	23.	—	P. P 1334⁷, f° 107.
—	24.	—	P. — f° 108.
—	27.	—	M. B 14, f° 70.
Avril.....	6.	—	P. P 1334⁵, f° 63.
Mai......	4.	Ponts-de-Cé........	P. — f° 65.
Juin.....	11	Angers............	P. KK 243.
—	16.	—	P. P 1334⁵, f° 65.
—	17.	Chanzé............	P. P 1334⁵, f° 93 v°.
—	19.	Angers............	P. — f° 20.
Août.....	17.	Taillebourg.........	P. P 1334⁶, f° 153 v°.
Octobre..	17.	Angers............	P. P 1334⁵, f° 81 —
Décembre.	16.	—	P. KK 243.
—	17.	—	P. P 1334⁵, f° 170 v°.
—	20.	—	P. — f° 92.

1452.

Février...	17.	Tours..................	P. P 1334⁵, f° 185 v°.
Mars.....	24.	Tarascon.............	M. B 14, f° 202 v°.
Avril.....	14.	Saint-Remi...........	P. KK 1116, f° 211 v°.
—	29.	Tarascon.............	M. B 14, f° 77.
Mai......	4.	—	M. B 17, f° 105 v°.
—	12.	—	•M. B 14, f° 90 v°.
—	13.	Avignon..............	M. — f° 87.
—	14.	—	P. KK 1127, f° 232 v°.
Juin.....	0.	Angers...............	P. KK 245.
—	12.	—	P. P 1334⁵, f° 171 v°.
—	24.	Launay..............	P. KK 245.
—	30.	—	P. P 1334⁵, f° 110 v°.
Août.....	1.	Angers...............	P. — f° 118.
—	7.	—	P. — f° 119.
—	8.	—	P. — f° 119 v°.
—	10.	—	P. — f° 122.
—	16.	—	P. — f° 123.
—	18.	—	P. P 1334³, f° 29 v°.
—	29.	—	P. — f° 31.
Septembre	0.	Saint-Florent-le-Vieil....	P. — f° 32.
—	17.	Angers...............	P. KK 245.
—	22.	—	P. P 1334³, f° 34.
Octobre..	3.	Chanzé...............	P. P 1334⁵, f° 126.
—	17.	Angers...............	P. P 1334³, f° 34 v°.
—	21.	Chanzé...............	P. P 1334⁵, f° 129.
—	25.	Angers...............	P. — —
Novembre	4.	—	M. B 14, f° 221.
Décembre.	4.	Baugé...............	M. — f° 92.
—	23.	Angers...............	M. — f° 115.

1453.

Janvier...	1.	Angers...............	P. KK 1127, f° 237 v°.
—	3.	—	M. B 14, f° 241 v°.
—	4.	—	P. P 1334³, f° 38 v°.
Février...	13.	—	P. P 1334⁵, f° 139.
Mars.....	6.	—	P. KK 1122, f° 736 v°.
—	25.	—	P. P 1334⁵, f° 143.
Avril.....	2.	—	P. — f° 149 v°.
—	10.	Tours................	P. — f° 114.—
—	11.	—	M. B 673.

ITINÉRAIRE DU ROI RENÉ.

Avril.....	17.	Angers................	P. P 1334⁵, f° 143 v°.
—	28.	Chanzé...............	P. — f° 179 —
—	30.	Angers...............	P. — f° 196 —
Mai......	1.	—	M. B 14, f° 98 v°.
—	3.	—	P. P 1334⁵, f° 140.
—	4.	— (Départ.)	P. — f° 145.
—	8.	Tours.................	P. — f° 177.
Juin.....	3.	Avignon.............	M. B 14, f° 116.
—	13.	Aix...................	M. — f° 124.
—	14.	—	M. — f° 92 v°.
—	15.	—	M. — f° 94 —
—	17.	—	M. — f° 120.
—	19.	Marseille...........	P. KK 1127, f° 237 v°.
—	25.	Tarascon............	M. B 14, f° 102.
—	26.	Aix...................	M. — f° 107.
—	27.	Verger d'Aix........	M. — f° 110.
—	28.	Aix...................	P. P 1334⁵, f° 172.
—	29.	—	M. B 205, f° 90.
—	30.	—	P. P 1334⁵, f° 154.
Juillet....	3.	Sisteron.............	M. B 10, f° 55.
—	4.	—	Mil. *Domin. Sforz., Cart. di prine.*
Juillet....	6.	Sisteron.............	P. P 1334⁵, f° 153 v°.
—	7.	—	M. B 15, f° 131 v°.
—	20.	Gap..................	M. B 14, f° 141 v°.
Août.....	3.	Vintimille...........	M. — f° 126.
—	6.	Port-Maurice.......	M. B 18, f° 43 v°.
—	20.	Villanova, près d'Asti...	Mil. *Dom. Sforz.*, an. 1453.
—	23.	Asti.................	F. F¹ xlvii della sign⁴.. f° 97.
—	24.	Villanova, près d'Asti...	Mil. *Dom. Sforz.*, an. 1453.
—	26.	Alexandrie. (Arrivée.)...	Mil. —
Septembre	3.	Alexandrie.........	P. P 1334⁵, f° 164.
—	4.	—	P. —
—	15.	—	Mil. *Leghe*, 796, f° 488.
—	18.	Pavie................	Mil. *Dom. Sforz.*, an. 1453.
—	21.	—	Mil. —
—	22.	—	Mil.
Décembre.	4.	Crémone............	Mil. —
—	10.	Plaisance...........	P. P 1334⁵, f° 175 v°.
—	14.	—	M. B 14, f° 139.
—	16.	—	P. P 1334⁵, f° 194 v°.
—	18.	—	Mil. *Dom. Sforz., Cart. di prine.*

1454.

Janvier...	8.	Alexandrie............	Mil.	*Dom. Sforz., Curt. di princ.*
—	14.	Albe.................	P. P 1334⁵, f⁰ 166 v⁰.	
Février...	9.	Aix..................	P. —	f⁰ 188.
—	15.	—	P. —	f⁰ 188 v⁰.
—	16.	—	P. —	f⁰ 188.
—	17.	—	M. B 14, f⁰ 146.	
—	18.	—	M. — f⁰ 158 v⁰.	
—	26.	—	M. — f⁰ 141 v⁰.	
—	28.	—	M. — f⁰ 154 v⁰.	
Mars.....	14.	—	M. — f⁰ 146 v⁰.	
—	18.	—	P. P 1334⁶, f⁰ 194.	
Avril.....	23.	—	Mil. *Leyhe*, 796, f⁰ 408.	
Mai......	18.	—	M. B 14, f⁰ 154.	
—	22.	—	P. P 1334³, f⁰ 20.	
—	28.	—	P. P 1334⁶, f⁰ 17 v⁰.	
Juin.....	8.	Marseille............	M. B 14, f⁰ 180.	
—	17.	Jardin d'Aix.........	P. P 1334⁶, f⁰ 19.	
—	23.	Aix..................	M. B 14, f⁰ 158.	
—	27.	—	M. B 18, f⁰ 228.	
Juillet...	4.	—	M. B 17, f⁰ 18 v⁰.	
—	6.	Verger d'Aix.........	M. B 14, f⁰ 157.	
—	7.	—	M. — f⁰ 252 v⁰.	
—	8.	Aix..................	M. — f⁰ 197.	
—	14.	Avignon..............	M. — f⁰ 252.	
—	15.	—	M. B 675.	
Août.....	15.	Launay...............	P. P 1334⁷, f⁰ 165 v⁰.	
—	20.	Angers. (Arrivée.)...	P. P 1334³, f⁰ 113 v⁰.	
—	23.	—	P. P 1334⁶, f⁰ 24 v⁰.	
—	26.	—	P. — f⁰ 25.	
—	29.	—	P. P 1334³, f⁰ 114 v⁰.	
Septembre	1.	—	P. P 1334¹⁶, cote 94.	
—	8.	—	P. P 1334⁶, f⁰ 25 v⁰.	
—	9.	—	P. — —	
—	10.	—	P. — —	
—	12.	—	P. — —	
—	13.	—	P. — f⁰ 38.	
—	21.	—	P. — f⁰ 61.	
—	26.	—	P. — f⁰ 47.	
—	—	Chanzé..............	P. — f⁰ 62 v⁰.	
Octobre..	5.	Angers...............	P. — f⁰ 63.	

Octobre..	6.	Angers................	P. P 1334⁶, f⁰ 28.
—	7.	—	P. P 1334³, f⁰ 122 v⁰.
—	8.	Beaufort.............	P. P 1334⁶, f⁰ 60.
Novembre	7.	Angers................	P. — f⁰ 35.
—	8.	—	P. — f⁰ 36.
—	15.	—	P. P 1334³, f⁰ 123 v⁰.
—	18.	—	P. P 1334⁶, f⁰ 61.
—	28.	—	P. — f⁰ 40.

1455.

Janvier...	2.	Angers................	M. B 15, f⁰ 55.
—	14.	—	M. B 14, f⁰ 182 v⁰.
—	18.	—	P. P 1334⁶, f⁰ 47 v⁰.
Mars.....	5.	—	M. B 14, f⁰ 229.
—	13.	—	P. KK 1127, f⁰ 888 v⁰.
Avril.....	18.	—	P. P 1334⁶, f⁰ 58.
Mai......	4.	—	P. — f⁰ 58 v⁰.
—	12.	Launay..............	M. B 14, f⁰ 171.
—	16.	—	M. — f⁰ 184.
Juin.....	...	Angers................	P. P 1334³, f⁰ 130 v⁰.
—	13.	—	P. — f⁰ 129.
Juillet....	4.	Le Loroux...........	P. P 1334⁶, f⁰ 75 v⁰.
—	18.	Angers................	M. B 14, f⁰ 246.
Août.....	3.	Gué-Denyau.........	P. P 1334⁶, f⁰ 75 v⁰.
—	5.	Baugé................	M. B 14, f⁰ 170.
—	12.	—	P. P 1334, f⁰ 171 v⁰.
Septembre	28.	Angers................	P. — f⁰ 95 v⁰.
Octobre..	9.	—	P. P 1334³, f⁰ 144 v⁰.
Novembre	13.	Baugé................	P. P 1334⁶, f⁰ 79 v⁰.
Décembre.	9.	Angers................	P. — f⁰ 93.
—	14.	Baugé................	P. — f⁰ 100 v⁰.

1456.

Janvier...	8.	Angers................	P. P 1334³, f⁰ 157 v⁰.
—	9.	—	P. — —
—	23.	—	P. P 1334⁶, f⁰ 99.
Février...	1.	—	P. — f⁰ 101.
—	7.	—	P. — f⁰ 102.
Mars.....	7.	—	P. — f⁰ 108 v⁰.
—	27.	—	P. P 1334³, f⁰ 186 v⁰.
Avril.....	1.	—	P. — f⁰ 190.

ITINÉRAIRE DU ROI RENÉ.

Mai.....	1.	Angers............	P. P 1334⁶, f° 113.
—	17.	—	M. B 14, f° 149.
—	29.	—	M. — f° 237.
Juin.....	4.	—	P. P 1334³, f° 193.
—	15.	—	P. P 1334⁶, f° 131 v°.
Juillet....	4.	—	P. KK 1122, f° 29.
Août.....	24.	Launay...........	P. — 1116, f° 522 v°.
—	29.	—	P. P 1334⁶, f° 116.
Septembre ...		Notre-Dame-la-Riche ...	P. B. acq. nouv. fr. 894, n° 229.
—	9.	Launay	P. P 1334⁶, f° 126.
Octobre ..	2.	Ponts-de-Cé........	P. — f° 117.
—	25.	La Roche-sur-Yon......	P. — f° 120.
—	27.	Beaulieu-lès-Belleville...	P. — —
—	29.	—	P. — f° 120 v°.
Novembre	3.	La Roche-sur-Yon	P. — f° 127.
—	7.	Beaulieu-lès-Belleville...	P. — — v°.
—	9.	—	P. — f° 134.
—	29.	Sables-d'Olonne	P. — f° 129.
Décembre.	21.	Angers............	P. — f° 132.

1457.

Janvier...	4.	Rivettes...........	P. P 1334⁶, f° 131.
—	15.	—	P. — f° 136.
—	17.	Angers............	P. — f° 134 v°.
Février...	4.	—	P. P 1334³, f° 197 v°.
—	7.	Chanzé............	P. P 1334⁶, f° 154.
—	—	Angers............	P. B. ms. fr. 8588, f° 84 v°.
—	10.	—	P. P 1334³, f° 198 v°.
—	15.	—	P. P 1334⁶, f° 144 v°.
—	17.	—	P. — f° 145.
—	19.	—	P. — f° 148.
—	20.	— (Départ.)	P. — f° 142.
—	—	Ponts-de-Cé.........	P. — f° 181.
—	21.	—	P. P 1334¹⁰, f° 113.
—	26.	Saumur	P. P 1334⁶, f° 225.
Mars.....	2.	Tours............	P. — f° 175 v°.
—	8.	Blois.............	P. — f° 173.
Avril.....	1.	Angers............	P. P 1334³, f° 202 v°.
—	18.	—	P. — f° 207 v°.
—	25.	Lyon.............	P. P 1334⁶, f° 165.

458 ITINÉRAIRE DU ROI RENÉ.

Mai......	12.	Tarascon............	P. P 1334⁶,	f° 197.
Juin.....	23.	Boulbon............	M. B 14,	f° 205.
Juillet....	12.	Tarascon............	M. —	f° 235 v°.
—	16.	—	M. —	f° 210.
Septembre	5.	L'Ile de Veniey........	P. P 1334⁶,	f° 197 v°.
—	10.	—	P. P 1334⁷,	f° 151.
—	21.	—	P. P 1334⁶,	f° 198 v°.
—	27.	Avignon............	P. —	f° 205 v°.
—	29.	—	P. —	f° 207 v°.
Octobre..	10.	Salon...............	P. —	f° 211.
—	17.	Martigues...........	P. —	f° 216 v°.
—	19.	Marseille...........	M. B 14,	f° 208.
—	22.	—	P. P 1334⁶,	f° 216 v°.
—	23.	—	P. B ms.. Lorr 68, f° 165.	
—	27.	—	M. B 15,	f° 94 v°.
Décembre.	13.	—	P. P 1334⁶,	f° 219 v°.
—	15.	—	P. —	f° 220.
—	17.	—	M. B 18,	f° 228 v°.
—	20.	—	P. P 1334⁶,	f° 219.

1458.

Janvier...	19.	Aix...............	P. P 1334⁷,	f° 10.
—	30.	—	M. B 14,	f° 231.
Février...	6.	—	M. —	f° 215 v°.
—	19.	Jardin d'Aix.........	P. P 1334⁶,	f° 233.
—	23.	—	P. —	—
Mars.....	6.	Marseille...........	P. —	f° 234 v°.
—	14.	Jardin d'Aix.........	P. —	f° 235.
—	15.	—	P. —	—
—	17.	—	P. —	—
—	29.	—	P. P 1334⁶,	f° 240 v°.
Avril.....	14.	Aix...............	P. P 1334⁷,	f° 11 v°.
—	15.	—	P. KK 1117,	f° 114.
—	24.	Jardin d'Aix.........	P. P 1334⁷,	f° 4 v°.
—	26.	—	P. P 1334⁶,	f° 243 v°.
—	27.	—	P. —	f° 244.
Mai......	18.	Brignoles...........	M. B 14,	f° 219.
Juin.....	5.	Jardin d'Aix.........	P. P 1334⁷,	f° 1 v°.
—	8.	Aix...............	P. B. ms. 1588,	f° 70.
—	—	Jardin d'Aix.........	P. P 1334⁷,	f° 21 v°.
—	13.	Aix...............	M. B 14,	f° 217 v°.
Juillet....	11.	—	P. P 1334⁷,	f° 12 v°.

Juillet	18.	Gardanne	M. B 14, f° 223.	
—	21.	Jardin d'Aix	P. P 1334⁷, f° 6.	
Août	1.	Aix	P. —	f° 5 v°.
—	17.	Avignon	P. —	f° 12 v°.
—	22.	—	M. B 15, f° 193 v°.	
Septembre	11.	Tarascon	P. P 1334⁷, f° 20 v°.	
Octobre	6.	Jardin d'Aix	P. —	f° 13 v°.
—	11.	—	P. —	
Novembre	7.	Aix	P. —	f° 20 v°.
—	13.	—	M. B 14, f° 222.	
—	16.	Gardanne	P. P 1334⁷, f° 18 v°.	
—	20.	Aix	P. —	—
Décembre	6.	—	M. B 14, f° 220 v°.	
—	20.	—	M. —	f° 225 v°.
—	21.	—	P. P 1334⁷, f° 32.	

1459.

Janvier	5.	Aix	P. P 1334⁷, f° 33.	
—	8.	—	P. —	f° 14 v°.
—	9.	—	P. —	
—	10.	Gardanne	P. —	—
—	19.	Aix	M. B 16, f° 240 v°.	
—	22.	—	P. P 1334⁷, f° 33 v°.	
—	24.	—	P. —	f° 30 v°.
Février	1.	—	M. B 14, f° 228 v°.	
—	2.	—	M. —	f° 224.
—	21.	—	P. P 1334⁷, f° 35.	
Mars	15.	—	P. —	f° 40 v°.
—	17.	—	P. —	—
—	26.	—	P. —	f° 41.
Avril	7.	—	M. B 16, f° 163.	
—	15.	—	M. B 14, f° 231 v°.	
—	29.	Jardin d'Aix	P. P 1334⁷, f° 53.	
Mai	1.	—	P. —	f° 52 v°.
—	11.	Aix	M. B 14, f° 233.	
—	22.	—	M. —	f° 230 v°.
—	23.	—	M. —	f° 238.
—	25.	—	P. P 1334⁷, f° 55.	
—	26.	—	P. —	—
—	—	Jardin d'Aix	P. —	—
—	28.	—	P. —	f° 53 v°.
Juin	7.	Marseille	M. B 14, f° 234 v°.	

Juin......	11.	Marseille.............	M. B 14, f° 233 v°.
—	17.	—	P. P 1334⁷, f° 62.
—	20.	Aix..................	P. — f° 63 v°.
Juillet....	3.	Tarascon.............	P. — f° 61 v°.
—	10.	—	P. — f° 63 v°.
—	27.	Aix..................	M. B 14, f° 287 v°.
Août.....	3.	Marseille.............	M. — f° 261.
—	6.	Aix..................	P. P 1334⁷, f° 64.
—	8.	—	P. — f° 69 v°.
—	21.	—	P. KK 1126, f° 553 v°.
—	22.	Marseille.............	M. B 14, f° 263 v°.
—	23.	Aix..................	M. — f° 259 v°.
Septembre	1.	Marseille.............	M. — f° 243 v°.
—	6.	—	P. P 1334⁷, f° 71.
—	7.	—	M. B 14, f° 238.
—	8.	—	P. P 1334⁷, f° 71 v°.
—	9.	—	P. — f° 73.
—	10.	—	P. — f° 73 v°.
—	11.	—	P. — —
—	17.	—	M. B 14, f° 245.
Octobre..	20.	—	P. P 1334⁸, f° 79 v°.
Novembre	2.	—	M. B 16, f° 52 v°.
—	3.	—	P. P 1334⁷, f° 85.
—	6.	—	M. B 14, f° 240 v°.
—	8.	—	P. P 1334⁷, f° 85.
—	9.	—	P. — f° 80 v°.
—	18.	Toulon...............	M. B 14, f° 257 v°.
—	29.	—	M. — f° 248.
Décembre.	18.	—	P. P 1334⁷, f° 93 v°.
—	20.	—	M. B 14, f° 256.
—	24.	—	P. P 1334⁷, f° 137 v°.
—	31.	—	P. — f° 97 v°.

1460.

Janvier...	11.	Toulon...............	M. B 14, f° 278 v°.
—	16.	Marseille.............	M. — f° 255.
Février...	12.	—	M. — f° 260 v°.
—	21.	Gardanne.............	P. P 1334⁷, f° 105 v°.
—	25.	Aix..................	M. B 14, f° 259 v°.
—	28.	—	P. P 1334⁷, f° 105.
Mars.....	8.	—	M. B 14, f° 267 v°.
—	13.	—	M. — f° 264 v°.

Mars.....	31.	Aix..................	M. B 14, f° 275 v°.
Avril.....	3.	Marseille.............	P. P 1334⁷, f° 114.
—	6.	—	P. — f° 108 v°.
—	15.	Aix..................	P. — f° 109.
—	17.	—	M. B 14, f° 266.
—	22.	—	M. — f° 273.
—	26.	—	M. — f° 271.
—	28.	—	P. P 1334⁷, f° 111 v°.
Mai......	9.	Marseille.............	M. B 14, f° 274.
—	14.	—	P. P 1334⁷, f° 148 v°.
—	29.	Gardanne.............	P. — f° 115 v°.
Juin......	1.	Aix..................	P. — f° 110.
—	7.	—	P. — f° 120 v°.
Juillet....	18.	—	M. B 15, f° 43.
Août.....	6.	—	P. P 1334⁷, f° 129.
—	8.	—	M. B 14, f° 279 v°.
—	9.	—	M. — f° 280 v°.
—	15.	—	M. — f° 281 v°.
—	16.	—	M. — f° 282 v°.
—	18.	—	M. — f° 290 v°.
Septembre	25.	Tarascon.............	B. P 1334⁷, f° 199.
Octobre..	16.	Aix..................	M. B 15, f° 3.
—	21.	—	P. P 1334⁷, f° 148 v°.
—	24.	—	P. — f° 147.
—	25.	—	M. B 15, f° 3 v°.
—	26.	—	P. P 1334⁷, f° 147 v°.
—	31.	—	P. — f° 163 v°.
Novembre	6.	—	P. P 1334⁹, f° 35.
—	8.	—	P. P 1334⁷, f° 149.
—	29.	Gardanne.............	M. B 15, f° 9.
Décembre.	18.	Aix..................	P. P 1334⁷, f° 154.
—	23.	—	M. B 15, f° 172 v°.

1461.

Janvier...	5.	Aix..................	P. P 1334⁷, f° 159.
—	11.	—	P. — f° 155.
—	26.	—	P. — f° 159 v°.
Février...	6.	—	M. B 15, f° 5 v°.
—	12.	—	M. — f° 10 v°.
—	16.	Marseille.............	P. KK 1122, f° 128 v°.
Mars.....	26.	—	P. — 246, f° 6.
Avril.....	7.	Aix..................	M. B 14, f° 297 v°.

Avril	22.	Aix	M. B 15, f° 28.
—	23.	—	M. — f° 19.
—	27.	—	P. P 1334⁷, f° 170.
Mai	1.	—	P. — f° 170 v°.
—	5.	—	P. — —
—	6.	—	P. — f° 171.
—	8.	—	P. KK 1127, f° 893.
—	9.	Gardanne	M. B 15, f° 21.
—	12.	Aix	P. P 1334⁷, f° 198.
—	15.	Gardanne	M. B 15, f° 21 v°.
—	29.	Aix	M. — f° 24 v°.
Juin	1.	Marseille	M. — f° 27 v°.
—	13.	—	M. B 680.
—	16.	Toulon	M. B 15, f° 30.
—	17.	—	M. — f° 30 v°.
Août	3.	Marseille	M. — f° 33.
—	9.	Gardanne	M. — f° 31 v°.
—	18.	Aix	M. — f° 36 v°.
—	22.	—	M. — f° 34 v°.
Septembre	3.	—	M. — f° 42 v°.
—	17.	—	M. — f° 40.
—	24.	—	M. — f° 36 v°.
—	25.	—	M. — —
—	26.	—	P. P 1334⁷, f° 206.
—	29.	—	M. B 15, f° 41.
Octobre	21.	—	M. — f° 43 v°.
—	23.	—	M. — f° 43.
Novembre	13.	—	M. — f° 45.
—	27.	—	P. P 2574, f° 124.
Décembre	3.	—	M. B 15, f° 47 v°.
—	17.	—	M. — f° 52.
—	23.	—	M. — f° 49.
—	24.	—	P. B. ms. lat. 17179, n° 5.

1462.

Janvier	4.	Montdragon	M. B 15, f° 57.
Février	2.	Tours	P. P 1334⁷, f° 217.
—	7.	Launay	P. — f° 216 v°.
—	8.	Saint-Florent-lès-Saumur	P. P 1334⁸, f° 111 v°.
—	12.	Angers	P. P 1334⁷, f° 218.
—	14.	—	P. — f° 215 v°.

Février...	15.	Angers................	P. P 1334⁷, f° 216.
—	17.	Saumur...............	P. — f° 226.
—	18.	Montreuil-Bellay......	P. — f° 217 v°.
Avril.....	5.	Chanzé................	P. P 1334⁸, f° 2.
—	7.	Angers................	P. P 1334⁷, f° 220.
—	12.	Saumur...............	P. B. ms. Lorr. 68, f° 151.
—	22.	—	P. P 1334⁷, f° 226 v°.
Mai.....	13.	Angers................	P. — f° 228.
—	19.	Rivettes..............	P. P 1334⁹, f° 222 v°.
Juin.....	19.	Launay...............	P. P 1334⁷, f° 232 v°.
—	28.	—	M. B 15, f° 68.
Juillet....	7.	Saumur...............	P. P 1334¹⁰, f° 110.
—	10.	Launay...............	M. B 15, f° 91 v°.
—	21.	Angers................	P. P 1334⁸, f° 3 v°.
—	23.	—	M. B 15, f° 128.
—	31.	Rivettes..............	P. P 1334⁸, f° 2.
Août.....	3.	Angers................	P. — f° 1.
—	4.	—	M. B 15, f° 99.
—	11.	—	P. P 1334⁸, f° 15 v°.
—	17.	—	P. — f° 26.
—	21.	Chanzé................	M. B 15, f° 110 v°.
—	25.	Angers................	P. B. ms. Lorr. 68, f° 147.
—	27.	—	P. P 1334⁸, f° 9.
Septembre	2.	Baugé................	P. — f° 5.
—	26.	Angers................	P. — f° 11.
Octobre..	3.		P. — f° 5 v°.
—	24.		M. B 15, f° 100 v°.
—	27.		M. — f° 123 v°.
Novembre	9.		P. P 1334⁸, f° 8.
—	11.		M. B 15, f° 102.
—	22.		M. — f° 97 v°.
Décembre.	13.		P. P 1334⁸, f° 14 v°.

1463.

Janvier...	13.	Angers................	P. P 1334⁸, f° 10.
—	19.		P. — f° 12.
—	20.		P. — f° 13 v°.
Février...	17.		P. — f° 17.
—	24.		P. — f° 18 v°.
Mars.....	4.		M. B 15, f° 113 v°.
—	9.		P. P 1334⁸, f° 19.

Mars.....	12.	Angers............	P.	P 1334⁸, f⁰ 16.
—	14.	Baugé............	P.	— f⁰ 56.
—	—	Angers............	P.	— f⁰ 19 v⁰.
—	15.	—	M.	B 15, f⁰ 107 v⁰.
—	16.	—	M.	— f⁰ 109 v⁰.
—	20.	Baugé............	P.	P 1334⁸, f⁰ 20 v⁰.
—	31.	—	M.	B 15, f⁰ 108 v⁰.
Avril.....	4.	—	P.	P 1334⁸, f⁰ 21 v⁰.
—	9.	—	P.	— f⁰ 21.
—	12.	—	P.	— f⁰ 98.
—	24.	Tours.............	P.	— f⁰ 24.
Mai......	5.	Montereau........	P.	— f⁰ 27.
Juin......	16.	Louppy...........	M.	B 15, f⁰ 22 v⁰.
Juillet....	3.	Bar..............	M.	— f⁰ 117 v⁰.
—	19.	Saint-Mihiel......	P.	P 1334⁸, f⁰ 43.
—	21.	—	P.	— —
—	22.	—	P.	— f⁰ 03 v⁰.
—	24.	—	M.	B 15, f⁰ 122 v⁰.
—	28.	—	P.	P 1334⁸, f⁰ 43.
Août.....	19.	Kœurs...........	M.	B 15, f⁰ 120.
—	21.	—	P.	P 1334⁸, f⁰ 43.
—	23.	—	M.	B 16, f⁰ 27 v⁰.
Septembre	12.	Saint-Mihiel......	M.	B 15, f⁰ 138 v⁰.
—	14.	—	M.	— f⁰ 156 v⁰.
Octobre..	15.	—	P.	P 1334⁸, f⁰ 204.
—	18.	—	P.	— f⁰ 49 v⁰.
—	27.	—	P.	KK 1127, f⁰ 894.
Novembre	30.	Bar..............	P.	P 1334⁸, f⁰ 44.

1464.

Janvier...	4.	Louppy..........	P.	P 1334⁸, f⁰ 44.
—	10.	—	P.	— f⁰ 57.
—	28.	—	P.	— f⁰ 47 v⁰.
Février...	16.	—	M.	B 15, f⁰ 143.
—	23.	—	P.	P 1334⁸, f⁰ 48 v⁰.
—	26.	—	P.	— —
Mars.....	25.	—	M.	B 081.
—	27.	—	P.	P 1334⁸, f⁰ 54.
—	29.	Bar..............	M.	B 683.
Avril.....	3.	—	P.	P 1334⁸, f⁰ 52.
—	8.	—	P.	— f⁰ 53.
—	9.	—	P.	— —

ITINÉRAIRE DU ROI RENÉ.

Avril	10.	Bar	P. P 1334⁸, f⁰ 52 v⁰.
Mai	7.	—	P. — f⁰ 60.
—	15.	—	P. — —
—	24.	—	P. — f⁰ 56 v⁰.
—	26.	—	P. — f⁰ 57.
—	28.	—	P. — f⁰ 62.
—	30.	—	P. — f⁰ 63.
Juillet	7.	—	P. — f⁰ 63 v⁰.
—	10.	Louppy	P. — f⁰ 71.
—	11.	—	P. — f⁰ 65.
—	13.	Bar	P. — f⁰ 64.
—	22.	Louppy	P. — f⁰ 67 v⁰.
—	27.	—	P. — —
—	29.	—	P. — f⁰ 81.
Août	19.	Bar	P. — f⁰ 91 v⁰.
—	26.	Louppy	M. B 15, f⁰ 152.
—	27.	—	P. P 1334⁸, f⁰ 71 v⁰.
Septembre	11.	Paris	P. — f⁰ 72 v⁰.
Octobre	4.	Saumur	P. — f⁰ 73.
—	13.	Beaufort	M. B 15, f⁰ 151.
—	14.	—	P. P 1334⁸, f⁰ 75 v⁰.
—	16.	—	P. — f⁰ 77 v⁰.
—	23.	—	P. — f⁰ 77.
Novembre	5.	Angers	P. — f⁰ 80 v⁰.
Décembre	1.	—	P. — f⁰ 82 v⁰.
—	11.	—	M. B 15, f⁰ 100.
—	30.	—	P. P 1334⁸, f⁰ 87.

1465.

Février	18.	Baugé	P. P 1334⁸, f⁰ 94.
—	22.	—	P. — f⁰ 225 v⁰.
Mars	8.	Angers	P. — f⁰ 164.
—	29.	La Roche-au-Duc	P. J 1021, n⁰ 14.
Avril	10.	Saumur	P. — n⁰ 33.
Mai	7.	Angers	P. P 1334⁸, f⁰ 100.
Juin	6.	—	P. P 1334⁹, f⁰ 35 v⁰
—	8.	—	M. B 15, f⁰ 168 v⁰.
Août	7.	Launay	P. P 1334⁸, f⁰ 110.
Septembre	1.	Angers	M. B 16, f⁰ 161.
—	5.	—	P. B. ms. Lorr. 68, f⁰ 162.
—	8.	—	M. B 15, f⁰ 169 v⁰.
—	25.	—	P. P 1334⁸, f⁰ 116.

Octobre..	9.	Angers............	P. P 1334⁸, f° 181.
Novembre	4.	—	M. B 684.
—		—	M. B 15, f° 218.
Décembre.	3.	—	M. — f° 182.
—	5.	—	P. P 1334⁸, f° 119.
—	14.	Ponts-de-Cé........	P. — f° 124.
—	29.	Angers............	M. B 15, f° 171 v°.

1466.

Janvier...	2.	Angers............	P. P 1334⁸, f° 164 v°.
Février...	4.	—	P. — f° 133.
—	6.	—	M. B 15, f° 204 v°.
—	10.	—	M. — f° 172.
Mars......	4.	—	M. — f° 207.
—	6.	—	M. — f° 189.
—	29.	—	P. P 1334⁸, f° 137.
Avril......	10.	—	P. B. ms. Lorr. 68, f° 136.
Mai......	18.	Saumur...........	M. B 15, f° 208 v°.
—	21.	Launay...........	P. P 1334⁸, f° 150.
Juin......	7.	Reculée...........	P. B 15, f° 77.
—	17.	—	P. B. ms. Lorr. 68, f° 134.
—	—	Angers............	P. B. — f° 257.
Juillet....	8.	—	P. P 1334⁸, f° 146.
—	15.	—	P. — f° 147.
—	26.	—	M. B 15, f° 78 v°.
—	29.	—	P. P 1334⁸, f° 150.
Août......	6.	—	P. — f° 151.
—	16.	—	P. — f° 152.
Octobre..	11.	—	P. J 850, n° 35.
—	22.	—	P. P 1334⁸, f° 213 v°.
—	24.	—	P. P 1334⁹, f° 239 v°.
Novembre	17.	—	P. P 1334⁸, f° 158.
—	21.	—	P. — f° 162 v°.
—	22.	—	M. B 15, f° 219 v°.
—	23.	—	P. P 1334⁸, f° 161.
Décembre.	3.	—	M. B 15, f° 209 v°.
—	6.	—	M. — f° 211.
—	10.	Reculée...........	P. P 1334⁶, f° 160 v°.

1467.

Janvier...	11.	Angers............	P. P 1334¹⁰, f° 174.
—	14.	—	P. P 1334⁸, f° 168 v°.

ITINÉRAIRE DU ROI RENÉ.

Février...	5.	Angers...............	P. P 1334⁸, f° 182.
—	6.	—	M. B 15, f° 205 v°.
—	11.	—	P. P 1334⁸, f° 166 v°.
—	14.	—	M. B 15, f° 200.
Mars.....	31.	—	G. X., 121.
Avril.....	...	—	P. P 1334⁸, f° 178.
Mai......	30.	—	M. B 15, f° 79 v°.
Juin......	30.	La Ménitré...........	M. — f° 198 v°.
Juillet....	13.	Baugé................	M. — f° 211 v°.
Août.....	6.	—	M. B 086.
—	16.	—	M. B 15, f° 212 v°.
—	17.	—	P. P 1334⁸, f° 214 v°.
Septembre	30.	Ponts-de-Cé..........	P. — f° 207.
Octobre..	4.	Angers...............	M. B 15, f° 213.
—	30.	—	P. P 1334⁸, f° 193.
Novembre	1.	—	P. — f° 203.
—	2.	—	P. — f° 192 v°.
—	8.	—	M. B 18, f° 102 v°.
—	20.	—	P. P 1334⁸, f° 194.
—	28.	—	P. — f° 197 v°.
Décembre.	1.	—	P. KK 1116, f° 523 v°.
—	9.	—	P. P 1334⁸, f° 194 v°.
—	15.	—	P. — f° 206.
—	27.	—	P. — f° 198.

1468.

Janvier...	8.	Angers...............	P. P 1334⁸, f° 198 v°.
—	11.	—	P. B. ms. Lorr. 22, n° 108.
—	15.	—	P. P 1334⁸, f° 202.
—	17.	—	P. — f° 202 v°.
—	28.	—	P. — f° 204 v°.
Février...	25.	Tours................	M. B 15, f° 232.
Mars.....	7.	Saumur..............	M. — f° 219.
—	11.	—	P. P 1334⁸, f° 209.
—	19.	—	M. B 15, f° 220 v°.
—	22.	—	M. — f° 221 v°.
Mai......	30.	Angers...............	P. KK 1127, f° 682.
Juillet....	6.	Ponts-de-Cé..........	M. B 18, f° 244 v°.
—	8.	—	A. ms. 1064, p. 127.
—	16.	Angers...............	A. — p. 128.
—	18.	—	P. P 1334⁸, f° 218.
Août.....	10.	—	A. ms. 1064, f° 130.

ITINÉRAIRE DU ROI RENÉ.

Août	11.	Angers	P. P 1334⁸, f° 218 v°.
Septembre	6.	—	P. P 1334⁸, f° 227.
—	10.	—	M. B. 15, f° 231.
—	17.	—	M. — f° 230 v°.
—	19.	—	A. ms. 1064, p. 43.
Octobre	10.	Corné	P. P 1334⁹, f° 52.
—	18.	Angers	P. P 1334⁸, f° 231 v°.
—	19.	—	P. — f° 221.
—	20.	—	A. ms. 1064, p. 123.
—	21.	—	A. — p. 123.
—	25.	—	A. — p. 44.
Novembre	12.	—	A. — p. 113.
—	13.	—	A. — —
—	16.	—	P. P 1334⁸, f° 230 v°.
—	26.	—	A. ms. 1064, p. 114.
—	28.	—	A. — p. 215.
—	29.	—	A. — p. 67.
Décembre	4.	—	M. B 15, f° 240 v°.
—	23.	—	P. P 1334⁹, f° 39.
—	25.	—	P. — f° 3 v°.
—	27.	—	A. ms. 1064, p. 198.
—	29.	—	A. — p. 201.

1469.

Janvier	5.	Angers	A. ms. 1064, p. 205.
—	19.	Tours	A. — p. 208.
—	20.	—	A. — p. 213.
—	21.	—	P. P 1334⁹, f° 38.
—	23.	—	M. B 15, f° 243.
—	25.	—	A. ms. 1064, p. 215.
Février	2.	Angers	P. P 1334⁹, f° 37.
—	8.	—	A. ms. 1064, p. 121.
—	23.	Beaufort	P. P 1334⁹, f° 9 v°.
Mars	9.	Baugé	A. ms. 1064, p. 109.
—	12.	—	P. P 1334⁹, f° 34.
—	13.	Notre-Dame-de-Vendange	P. — f° 11 v°.
—	14.	Baugé	A. ms. 1064, p. 119.
—	15.	—	P. P 1334⁹, f° 12 v°.
—	18.	—	M. B 15, f° 249.
—	21.	—	M. — f° 244 v°.
—	22.	—	A. ms. 1064, p. 110.
—	27.	—	A. — p. 1.

ITINÉRAIRE DU ROI RENÉ.

Mars	28.	Baugé	P. P 1334⁹, f⁰ 17.
—	29.	—	A. ms. 1064, p. 116.
Avril	7.	—	M. B 16, f⁰ 113 v⁰.
—	9.	Angers	M. B 15, f⁰ 253 v⁰.
—	25.	Baugé	A. B. ms. 1064, p. 122.
—	28.	—	P. P 1334⁹, f⁰ 20 v⁰.
—	29.	—	M. B 15, f⁰ 252.
Mai	8.	Tours	M. B 16, f⁰ 31 v⁰.
—	20.	Baugé	P. P 1334⁹, f⁰ 28.
Juin	8.	—	M. B 15, f⁰ 253.
Juillet	13.	Tours	M. — f⁰ 247.
—	15.	—	P. P 1334⁹, f⁰ 55.
—	30.	Angers	P. KK 1116, f⁰ 533.
—	31.	—	A. ms. 1064, p. 53.
Août	4.	—	P. P 1334⁹, f⁰ 112.
—	6.	—	A. ms. 1064, p. 3.
—	8.	—	P. P 1334⁹, f⁰ 40 v⁰.
—	11.	—	P. — f⁰ 42.
—	16.	—	A. ms. 1064, p. 5.
—	27.	—	P. P 1334⁹, f⁰ 42 v⁰.
Septembre	1.	—	A. ms. 1064, p. 10.
—	7.	—	P. P 1334⁹, f⁰ 44.
Octobre	4.	Amboise	P. — f⁰ 43.
—	24.	Lyon	A. ms. 1064, p. 11.
Novembre	5.	Tarascon	A. — p. 14.
—	7.	—	A. — p. 17.
—	8.	—	P. P 1334⁹, f⁰ 46 v⁰.
—	9.	—	A. ms. 1064, p. 20.
—	26.	Aix	P. P 1334⁹, f⁰ 49 v⁰.
—	27.	—	M. B 16, f⁰ 25 v⁰.
Décembre	3.	—	M. B 688.
—	4.	—	M. B 15, f⁰ 261 v⁰.
—	7.	—	M. B 18, f⁰ 236.
—	8.	—	A. ms. 1064, p. 22.
—	11.	—	M. B 688.
—	12.	—	A. ms. 1064, p. 146.
—	13.	—	P. P 1334⁹, f⁰ 62 v⁰.
—	17.	—	M. B 16, f⁰ 10 v⁰.
—	24.	—	A. ms. 1064, p. 23.
—	28.	—	P. P 1334⁹, f⁰ 96 v⁰.
—	31.	—	M. B 16, f⁰ 12.

1470.

Janvier...	2.	Aix..................	A. ms. 1064, p. 24.
—	3.	—	M. B 16, f° 13 v°.
—	4.	—	M. — f° 154.
—	10.	—	M. — f° 78 v°.
—	16.	—	M. — f° 14.
—	17.	—	M. — f° 14 v°.
—	19.	Verger d'Aix..........	M. — f° 97.
—	23.	Aix..................	M. — f° 22.
Février...	3.	—	A. ms. 1064, p. 25.
—	10.	—	M. B 16, f° 20.
—	17.	—	M. — f° 19.
—	21.	—	A. ms. 1064, p. 31.
Mars.....	6.	—	A. — p. 32.
—	7.	—	M. B 16, f° 24.
—	8.	—	M. — f° 42.
—	9.	—	A. ms. 1064, p. 34.
—	11.	—	A. — p. 35.
—	12.	—	A. — —
—	17.	—	M. B 16, f° 26 v°.
—	19.	—	M. — f° 42 v°.
—	22.	—	A. ms. 1064, p. 38.
—	23.	—	A. — p. 39.
—	24.	—	A. — p. 41.
—	26.	—	A. — p. 42.
Avril.....	1.	Gardanne.............	P. B. ms. fr. 2907, f° 51.
—	8.	Aix..................	A. ms. 1064, p. 55.
—	8.	Marseille.............	M. B 16, f° 56.
—	9.	—	M. — f° 28 v°.
—	10.	—	M. — 36.
—	12.	—	M. — f° 29 v°.
—	13.	—	M. — f° 47 v°.
—	25.	—	M. — f° 37.
—	27.	—	A. ms. 1064, p. 61.
Mai......	10.	Aix..................	A. — p. 62.
—	11.	—	A. — p. 64.
—	12.	—	A. — p. 65.
—	14.	—	M. B. 273, f° 215.
—	17.	—	M. B 274, f° 1.
—	18.	—	M. B 273, f° 133 v°.
—	19.	—	A. ms. 1064, p. 66.
—	21.	—	M. B 273, f° 133.

ITINÉRAIRE DU ROI RENÉ. 471

Mai.....	22.	Aix....................	M. B 274, f° 1.
—	23.	—	M. B 16, f° 60.
—	25.	—	M. B 274, f° 2.
—	28.	—	M. B 273, f° 133 v°.
—	29.	—	A. ms. 1064, p. 137.
—	30.	—	M. B 273, f° 133 v°.
Juin.....	1.		M. — f° 137.
—	2.	—	M. — f° 135.
—	2.	Verger d'Aix..........	M. B 16, f° 58.
—	3.	Aix...................	M. B 274, f° 2.
—	4.	—	M. — f° 63 v°.
—	6.	—	M. B 273, f° 135.
—	9.	—	M — f° 136.
—	9.	Verger d'Aix..........	M. B 16, f° 68.
—	12.	Aix...................	M. B 274, f° 65 v°.
—	13.	—	M. B 273, f° 136 v°.
—	14.	—	M. B 16, f° 59.
—	19.	—	M. B 274, f° 64 v°.
—	20.	—	M. B 273, f° 137.
—	21.	—	A. ms. 1064, p. 143.
—	22.	—	A. — p. 144.
—	23.	—	M. B 274, f° 2.
—	25.	—	M. B 173, f° 138.
—	25.	Jardin d'Aix..........	M. — f° 141.
—	26.	Aix...................	M. B 274, f° 66.
—	27.	—	M. B 16, f° 157.
—	29.	—	M. — f° 184.
Juillet....	3.	Brignoles.............	M. B 273, f° 140.
—	5.	Saint-Maximin.........	M. — f° 140.
—	8.	Gardanne.............	M. — f° 139 v°.
—	9.	Aix...................	M. B 16, f° 61 v°.
—	13.	—	M. — f° 62.
—	14.	—	M. — f° 63.
—	15.	—	M. B 273, f° 140.
—	16.	—	M. B 274, f° 68.
—	17.	Marseille.............	M. B 273, f° 143.
—	24.	—	M. B 274, f° 3.
—	27.	—	A. ms. 1064, p. 148.
—	28.	Gardanne.............	A. — p. 151.
—	29.	—	A. — p. 151.
Août.....	1.	—	M. B 274, f° 67 v°.
—	2.	—	M. B 273, f° 144.
—	6.	Aix...................	M. B 16, f° 72 v°.

Août.....	7.	Aix................	M. B 10, f° 73 v°.
—	8.	—	M. B 273, f° 142 v°.
—	9.	—	M. B 10, f° 97.
—	11.	—	A. ms. 1004, p. 155.
—	12.	—	M. B 10, f° 74.
—	14.	—	M. — f° 83.
—	16.	—	M. — f° 93 v°.
—	17.	—	M. — f° 80.
—	18.	—	M. — f° 98 v°.
—	20.	Avignon.........	A. ms. 1004, p. 165.
—	21.	—	M. B 10, f° 81 v°.
—	28.	Aix................	A. ms. 1004, p. 159.
Septembre	1.	Lyon.............	M. B 10, f° 80 v°.
—	8.	Roanne.........	M. — f° 92.
—	15.	Tours. (Arrivée.).......	P. P 1334⁹, f° 75.
—	22.	Tours.............	P. KK 1123, f° 482.
—	24.	—	P. P 1334⁹, f° 75.
—	27.	Ponts de Saumur.......	P. — f° 79 v°.
Octobre..	16.	Angers..........	P. B. ms. Lorr. 68, f° 130.
Novembre	5.	Tours.............	A. ms. 1004, p. 160.
—	10.	—	P. P 1334⁹, f° 90.
—	12.	—	M. B 10, f° 104.
—	25.	La Ménitré.....	P. P 1334⁹, f° 86.
—	29.	—	P. — —
Décembre	1.	Ponts-de-Cé....	P. — f° 88.
—	6.	—	P. — —
—	9.	Angers...........	M. B 10, f° 122.
—	13.	Ponts-de-Cé....	A. ms. 1004, p. 167.
—	15.	Angers...........	P. P 1334⁹, f° 95 v°.

1471.

Janvier...	25.	Angers...........	M. B 10, f° 111 v°.
—	28.	—	A. ms. 1004, p. 163.
—	29.	—	A. — —
—	30.	—	P. P 1334⁹, f° 98 v°.
Février...	4.	—	P. — f° 103.
—	8.	—	M. B 10, f° 112 v°.
—	11.	—	A. ms. 1004, p. 172.
—	15.	—	P. KK 1124, f° 080 v°.
—	16.	—	A. ms. 1004, p. 173.
—	18.	—	A. — p. 174.
—	19.	—	A. — p. 176.

ITINÉRAIRE DU ROI RENÉ.

Février...	21.	Angers................	A. ms. 1064, p. 178.
—	23.	—	A. — p. 180.
—	24.	—	M. B 16, f° 124 v°.
—	25.	—	P. P 1334⁹, f° 124 v°.
—	26.	—	A. ms. 1064, p. 45.
—	27.	—	P. P 1334⁹, f° 103 v°.
Mars.....	1.	—	P. — f° 102.
—	2.	—	A. ms. 1064, p. 69.
—	3.	—	A. — p. 46.
—	4.	—	P. P 1334⁹, f° 107.
—	5.	—	A. ms. 1064, p. 48.
—	6.	—	P. P 1334³, f° 1.
—	8.	—	A. œs. 1064, p. 73.
—	9.	—	A. — p. 74.
—	10.	—	A. — p. 79.
—	13.	—	A. — p. 83.
—	14.	—	P. P 1334³, f° 7 v°.
—	15.	—	A. œs. 1064, p. 98.
—	16.	—	A. — p. 99.
—	18.	La Ménitré.........	P. P 1334³, f° 7 v°.
—	20.	—	M. B 16, f° 115 v°.
—	21.	—	P. P 1334³, f° 1.
—	22.	Angers................	A. ms. 1064, p. 100.
—	24.	—	A. — p. 102.
—	25.	—	P. P 1334³, f° 7 v°.
—	28.	La Ménitré.........	P. — f° 1 v°.
—	30.	—	P. — f° 1 v°.
Avril.....	4.	—	P. — f° 1 v°.
—	5.	—	P. — f° 7 v°.
—	7.	Angers................	A. ms. 1064, p. 49.
—	10.	—	A. — p. 51.
—	12.	—	P. P 1334³, f° 13.
—	13.	—	P. — f° 14.
—	19.	—	A. ms. 1064, p. 52.
—	24.	—	A. — p. 184.
Mai......	6.	La Ménitré.........	P. P 1334³, f° 113.
—	11.	Launay...............	P. — f° 13.
—	13.	—	P. P 1334⁹, f° 145.
—	20.	—	P. P 1334³, f° 14.
—	22.	—	P. — f° 13 v°.
—	31.	Angers................	P. — f° 14 v°.
Juin.....	15.	—	P. — f° 19 v°.
—	16.	—	P. P 1334⁹, f° 124 v°.

Juin	27.	La Ménitré............	P. P 1334³,	f° 36.
—	28.	Saumur...............	P. —	f° 17 v°.
Juillet	8.	Angers...............	P. P 1334⁹,	f° 122.
—	12.	—	P. —	f° 125.
—	13.	—	P. —	f° 122.
—	14.	—	P. —	f° 144.
—	15.	—	P. —	f° 126.
—	17.	—	P. —	f° 127.
—	21.	—	P. —	f° 125 v°.
—	23.	—	P. P 1334³,	f° 23 v°.
—	26.	—	P. —	f° 24 v°.
—	27.	—	P. —	f° 26.
—	29.	—	P. —	f° 28 v°.
Août	4.	—	P. P 1334⁹,	f° 228 v°.
—	9.	—	P. P 1334³,	f° 32 v°.
—	13.	—	P. P 1334⁹,	f° 135.
—	16.	Ponts-de-Cé..........	P. —	f° 139.
—	25.	Angers...............	M. B 17,	f° 183 v°.
—	30.	—	P. P 1334³,	f° 11 v°.
Septembre	1.	—	P. P 1334⁹,	f° 160 v°.
—	19.	Launay..............	P. —	f° 135 v°.
Octobre	5.	Baugé...............	P. —	f° 233 v°.
—	16.	—	P. —	f° 155 v°.
—	23.	Tours................	P. —	f° 147 v°.
—	24.	La Croix de Bléré.....	P. —	f° 148.
Novembre	20.	Tarascon.............	P. —	f° 147.
—	21.	—	M. B 16,	f° 127.
Décembre	1.	Aix..................	P. P 1334⁹,	f° 155 v°.
—	13.	—	M. B 18,	f° 150 v°.
—	24.	—	M. —	f° 203 v°.

1472.

Janvier	30.	Aix..................	M. B 16,	f° 139 v°.
Février	6.	—	M. —	f° 142.
—	8.	—	M. —	f° 140.
—	10.	—	M. —	f° 215 v°.
—	24.	—	M. —	f° 131 v°.
Mars	3.	—	M. —	f° 136 v°.
—	5.	—	M. —	f° 137.
—	22.	Marseille............	M. —	f° 138 v°.
—	24.	—	P. P 1334²,	f° 188.
—	30.	—	M. B 16,	f° 140 v°.

Avril	10.	Aix..................	M. B 16, f° 141.
—	19.	—	M. — f° 155.
—	28.	—	M. — f° 209 v°.
Mai	10.	—	P. P 1334°, f° 181 v°.
—	13.	—	P. — f° 208 v°.
—	22.	—	M. B 16, f° 149 v°.
—	25.	—	M. — f° 150.
—	27.	—	M. — f° 152.
Juin	22.	Marseille.............	M. — f° 153 v°.
—	29.	—	P. P 1324°, f° 188 v°.
Juillet	6.	—	M. B 16, f° 171 v°.
—	7.	—	M. — f° 156 v°.
Août	3.	Aix..................	M. B 49, f° 323.
—	20.	—	M. B 16, f° 160 v°.
Septembre	4.	—	M. — f° 161 v°.
—	11.	—	M. — f° 159.
—	14.	—	M. — f° 170.
—	20.	—	M. — f° 177.
Octobre	2.	—	M. — f° 164 v°.
—	5.	—	M. — f° 175.
—	6.	Gardanne.............	M. — f° 167.
—	8.	Aix..................	M. — f° 190.
—	9.	—	M. — f° 159 v°.
—	13.	—	M. — f° 162.
—	18.	Gardanne.............	M. — f° 163 v°.
—	25.	—	M. — f° 172 v°.
—	28.	Aix..................	M. B 21, f° 117.
Novembre	4.	—	M. B 17, f° 52.
—	5.	—	M. B 16, f° 186 v°.
—	6.	—	P. P 1334°, f° 185.
—	10.	—	M. B 16, f° 195.
—	14.	—	M. — f° 204 v°.
—	15.	—	M. — f° 174.
—	16.	—	M. — f° 181.
—	26.	—	M. — f° 168.
—	30.	—	M. — f° 235.
Décembre	3.	—	P. P 1334°, f° 189 v°.
—	5.	—	P. — f° 186 v°.
—	10.	—	M. B 16, f° 173 v°.
—	15.	—	M. — f° 179 v°.
—	18.	—	M. — f° 187.
—	22.	—	M. — f° 178.
—	26.	—	M. — f° 180 v°.

1473.

Janvier...	2.	Aix................	M. B 16, f° 183.
—	25.	—	P. P 1334⁹, f° 189.
—	29.	—	M. B 16, f° 191 v°.
—	30.	—	M. — f° 190 v°.
—	31.	—	M. — f° 185 v°.
Février...	1.	—	M. — f° 185.
—	2.	—	M. — f° 188.
—	6.	—	P. P 1334⁹, f° 190 v°.
—	12.	—	M. B 16, f° 201.
—	23.	—	P. P 1334⁹, f° 208.
—	24.	—	P. — f° 194 v°.
—	25.	—	P. — f° 196.
—	27.	—	M. B 16, f° 200.
Mars.....	1.	—	M. — f° 192.
—	5.	—	P. P 1334⁹, f° 256.
—	7.	—	M. B 16, f° 197 v°.
—	12.	—	P. P 1334⁹, f° 194.
—	20.	Marseille...........	P. — f° 14 v°.
—	27.	—	M. B 16, f° 211 v°.
—	29.	—	M· — f° 203.
Avril.....	12.	Aix................	P. P 1334⁹, f° 207.
—	21.	—	M. B 16, f° 203 v°.
—	26.	—	M. — f° 207.
—	27.	—	M. B 17, f° 37 v°.
—	29.	—	M. B 13, f° 13 v°.
Mai......	7.	—	M. B 16, f° 214 v°.
—	15.	—	M. B 17, f° 73 v°.
—	24.	Saint-Maximin........	P. P 1334⁹, f° 230.
—	27.	—	M. B 16, f° 218 v°.
Juin.....	2.	Aix................	P. P 1334⁹, f° 246 v°.
—	11.	—	M. B 18, f° 171 v°.
—	30.	Pertuis.............	M. B 16, f° 223 v°.
Août.....	11.	Saint-Remi...........	P. P 1334⁹, f° 212.
—	13.	—	M. B 16, f° 221.
—	14.	—	P. B. ms. Lorr. 318, f° 214.
—	24.	—	P. P 1334⁹, f° 217.
Septembre	26.	—	P. — f° 230 v°.
Octobre..	9.	Marseille...........	P. P 1380¹, n° 3163.
—	11.	—	M. B 17, f° 7.
—	12.	—	M. B 16, f° 215.
—	14.	—	M. B 18, f° 174.

ITINÉRAIRE DU ROI RENÉ.   477

Octobre..	17.	Marseille............	M. B 18, f° 208.
—	20.	Bastide de Marseille....	M. B 16, f° 217.
—	23.	—	P. P 1334⁹, f° 224.
—	27.	—	P. — f° 226.
Novembre	7.	Marseille............	M. B 16, f° 231.
—	8.	—	P. P 1334⁹, f° 229 v°.
—	12.	—	M. B 16, f° 219 v°.
—	21.	Aix.................	P. P 1334⁹, f° 237 v°.
—	28.	—	M. B 16, f° 220 v°.
Décembre	10.	—	M. — f° 226 v°.
—	13.	—	M. — f° 226.
—	17.	Jardin d'Aix..........	M. — f° 221.
—	29.	Aix.................	P. P 1334⁹, f° 255 v°.
—	30.	—	P. — f° 238 v°.

1474.

Janvier...	5.	Aix.................	M. B 17, f° 11 v°.
—	7.	—	P. P 1334⁹, f° 243 v°.
—	11.	—	M. B 16, f° 223.
—	13.	—	M. — f° 224.
—	21.	Saint-Maximin........	M. — f° 229 v°.
—	22.	—	M. — f° 230.
—	24.	—	M. B 17, f° 58.
Février...	1.	Aix.................	P. P 1334⁹, f° 245 v°.
—	4.	—	M. B 17, f° 48.
—	6.	—	M. B 18, f° 296.
—	10.	—	M. B 17, f° 73.
—	13.	—	M. B 16, f° 232.
—	20.	—	P. P 1334⁹, f° 245 v°.
—	23.	—	M. B 17, f° 49 v°.
—	25.	—	P. P 1334⁹, f° 246.
—	26.	—	M. B 16, f° 233.
—	27.	—	M. — f° 234 v°.
Mars.....	1.	—	P. P 1334⁹, f° 246 v°.
—	4.	—	M. B 17, f° 14.
—	5.	—	M. — f° 18.
—	6.	Saint-Cannat.........	M. — f° 13 v°.
—	7.	—	P. P 1334⁹, f° 247 v°.
—	10.	—	M. B 17, f° 66.
—	28.	Tarascon.............	P. P 1334⁹, f° 254 v°.
—	29.	—	M. B 17, f° 20 v°.
Avril.....	12	—	M. — f° 35.

Avril....	22.	Tarascon............	M. B 17, f° 50 v°.
—	26.	—	M. — f° 21 v°.
Mai......	10.	—	M. — f° 30.
—	12.	—	P. P 1334⁹, f° 261 v°.
—	14.	—	P. KK 1126, f° 554 v°.
—	19.	—	M. B 17, f° 20.
Juin.....	1.	Aix................	M. — f° 81 v°.
—	2.	—	P. P 1334¹⁰, f° 4 v°.
—	6.	—	M. B 17, f° 25.
—	7.	—	M. — f° 144 v°.
—	10.	—	M. B 16, f° 237.
—	14.	—	M. B 17, f° 51.
—	22.	Bastide d'Aix.........	P. P 1334¹⁰, f° 3.
—	28.	Aix................	M. B 17, f° 36.
Juillet....	4.	Bastide d'Aix.........	P. P 1334⁹, f° 262 v°.
—	5.	—	P. — f° 263.
—	22.	Verger de Marseille.....	M. B 18, f° 288.
Août.....	1.	Bastide de Marseille....	M. B 17, f° 75 v°.
—	6.	Marseille............	M. — f° 28.
—	7.	—	M. — f° 59.
—	30.	Aix................	M. — f° 64 v°.
—	31.	—	M. — f° 56.
Septembre	18.	Fréjus..............	M. — f° 64.
Novembre	15.	Aix................	M. — f° 65.
—	23.	—	M. — f° 74.
—	24.	—	M. — f° 79 v°.
—	28.	—	M. B 274, f° 71.
—	29.	—	M. B 17, f° 80 v°.
Décembre	1.	—	M. — f° 211.
—	2.	—	M. — f° 92.
—	5.	—	M. — f° 70.
—	6.	Marseille...........	M. — f° 199 v°.
—	8.	Saint-Cannat.........	M. B 274, f° 69.

1475.

Janvier...	12.	Aix................	M. B 17, f° 80.
—	18.	—	M. — f° 90 v°.
—	21.	—	M. — f° 82 v°.
—	22.	—	M. — f° 84.
—	23.	—	M. — f° 81.
—	28.	—	M. — f° 84 v°.
Février...	3.	—	M. — f° 87 v°.

Février...	4.	Aix..................	M. B 273, f° 144.
—	12.	—	M. B 274, f° 4.
—	20.	—	M. B 17, f° 89.
—	23.	—.	M. — f° 90.
Mars.....	7.	Bastide d'Aix.........	M. — f° 120.
—	8.	Aix..................	M. — f° 90.
—	8.	Bastide d'Aix.........	M. — f° 112 v°.
—	10.	Saint-Cannat.........	M. — f° 91 v°.
—	12.	Bastide d'Aix.........	M. — f° 98 v°.
—	20.	Saint-Maximin........	M. B 274, f° 71 v°.
—	22.	—	M. B 17, f° 121.
—	27.	—	M. B 16, f° 238.
—	30.	—	M. B 17, f° 96 v°.
Avril.....	2.	Aix..................	P. P 1334¹⁰, f° 29 v°.
—	7.	Bastide d'Aix.........	M. B 274, f° 71 v°.
—	8.	Aix..................	M. B 17, f° 100 v°.
—	9.	Bastide d'Aix.........	M. B 273, f° 144 v°.
—	12.	—	M. B 274, f° 3 v°.
—	13.	Aix..................	M. B 17, f° 100 v°.
—	19.	—	M. — f° 99 v°.
—	22.	—	M. B 273, f° 145.
—	23.	—	M. B 17, f° 101 v°.
—	26.	Bastide d'Aix.........	M. B 274, f° 3 v°.
—	30.	Aix..................	P. P 1334¹⁰, f° 33.
Mai......	1.	Bastide d'Aix.........	M. B 274, f° 71 v°.
—	4.	Aix..................	M. — f° 71 v°.
—	5.	—	M. B 17, f° 107 v°.
—	6.	—	M. — f° 108.
—	7.	Bastide d'Aix.........	M. B 273, f° 144.
—	10.	—	M. — f° 144 v°.
—	11.	Aix..................	M. B 17, f° 100 v°.
—	12.	—	M. B 274, f° 72.
—	13.	—	M. — f° 72.
—	15.	—	M. B 273, f° 145.
—	16.	—	M. B 274, f° 3 v°.
—	17.	—	M. B 274, f° 72.
—	19.	—	M. B 273, f° 145.
—	20.	—	M. B 17, f° 106 v°.
—	21.	—	M. B 274, f° 4.
—	26.	—	P. P 1334¹⁰, f° 53 v°.
—	30.	—	P. P 1379¹, n° 3112.
Juin.....	2.	Bastide d'Aix.........	M. B 273, f° 145 v°.
—	5.	—	M. B 274, f° 72 v°.

Juin	6.	Bastide d'Aix.........	P. P 1334[10], f° 40.
—	7.	—	M. B 273, f° 145 v°.
—	10.	—	M. — f° 145 v°.
—	11.	—	M. B 274, f° 72 v°.
—	12.	—	M. — f° 4 v°.
—	13.	—	M. B 273, f° 146.
—	14.	Aix...............	M. B 274, f° 72 v°.
—	16.	—	M. B 18, f° 171 v°.
—	18.	—	M. B 17, f° 187 v°.
—	20.	—	M. B 273, f° 146 v°.
—	21.	—	M. — f° 146 v°.
—	23.	—	M. — f° 146 v°.
—	25.	Bastide d'Aix.........	M. B 274, f° 5.
Juillet	1.	—	M. B 16, f° 228 v°.
—	2.	Aix...............	M. B 274, f° 73.
—	7.	—	M. B 17, f° 132.
—	12.	Bastide d'Aix.........	M. B 273, f° 147.
—	13.	—	M. — f° 147.
—	15.	—	M. — f° 148.
—	20.	—	M. B 274, f° 73.
—	22.	Aix...............	M. B 273, f° 147 v°.
—	28.	Bastide d'Aix.........	M. — f° 147.
—	31.	Aix...............	M. B 17, f° 153.
Août	2.	Bastide d'Aix.........	M. B 274, f° 73 v°.
—	18.	Marseille............	M. — f° 74.
—	24.	—	M. B 273, f° 147 v°.
—	29.	Bastide de Marseille....	M. B 274, f° 74.
Septembre	1.	Marseille............	M. — f° 5 v°.
—	8.	—	M. B 17, f° 137 v°.
—	10.	—	M. B 274, f° 5 v°.
—	17.	—	M. — f° 5.
—	17.	Fréjus.............	M. B 16, f° 239.
—	21.	Saint-Remi..........	M. B 17, f° 112.
—	21.	Marseille............	M. — f° 215 v°.
—	23.	—	M. B 274, f° 5 v°.
—	28.	Bastide de Marseille....	M. B 18, f° 184 v°.
Octobre	7.	—	M. B 274, f° 6.
—	12.	Marseille............	M. B 273, f° 140.
—	17.	—	M. B 18, f° 88 v°.
—	20.	—	M. B 274, f° 6.
—	28.	Bastide de Marseille....	M. B 273, f° 140.
Novembre	4.	Marseille............	M. B 17, f° 130.
—	7.	—	M. B 273, f° 140.

ITINÉRAIRE DU ROI RENÉ.

Novembre	17.	Peyrolles............	M. B 17, f° 200 v°.
—	26.	Gardanne............	M. B 274, f° 74.
—	30.	Aix.................	M. — f° 4.
Décembre	1.	Marseille............	M. — f° 6.
—	3.	—	M. — f° 74.
—	4.	—	M. — f° 74 v°.
—	8.	—	M. — —
—	9.	—	M. B 15, f° 283.
—	10.	—	M. B 273, f° 151.
—	12.	—	M. — f° 150.
—	13.	—	M. — —
—	15.	—	M. — f° 150 v°.
—	16.	—	M. — —
—	17.	—	M. — —
—	18.	—	M. B 274, f° 25.
—	19.	—	M. — f° 74 v°.
—	20.	—	M. — f° 75.
—	22.	—	M. B 273, f° 151.
—	23.	—	M. — f° 152.
—	26.	—	M. B 274, f° 7.
—	28.	—	M. — —
—	30.	—	M. B 17, f° 157 v°.

1476.

Janvier...	3.	Marseille............	M. B 18, f° 37.
—	8.	Aix.................	M. B 273, f° 148.
—	9.	Bastide de Marseille....	M. — f° 160 v°.
—	11.	—	M. B. 274, f° 75.
—	13.	—	M. B 17, f° 158 v°.
—	14.	—	M. B 273, f° 152.
—	15.	—	M. — f° 151 v°.
—	17.	—	M. — —
—	18.	—	M. B 17, f° 158 v°.
—	21.	Marseille............	M. B 273, f° 152.
—	23.	Bastide de Marseille....	M. — f° 150.
—	25.	Marseille............	M. B 274, f° 75.
—	26.	—	M. B 273, f° 152.
—	27.	—	M. B 274, f° 75 v°.
Février...	3.	—	M. — f° 82 v°.
—	4.	—	M. — f° 6.
—	5.	—	M. B 18, f° 207.
—	6.	—	M. B 273, f° 152 v°.

Février...	7.	Marseille.............	M. B 273,	fº 153.
—	8.	—	M. —	fº 152.
—	9.	—	M. B 274,	fº 75 vº.
—	10.	—	M. —	fº 77.
—	14.	—	M. —	fº 76 vº.
—	15.	—	M. —	fº 70.
—	16.	—	M. —	fº 76 vº.
—	17.	—	M. —	fº 75 vº.
—	20.	—	M. B 273,	fº 153.
—	23.	—	M. —	fº 154.
—	25.	—	M. —	fº 153 vº.
—	26.	—	M. B 17,	fº 138 vº.
—	28.	—	M. B 274,	fº 97 vº.
Mars.....	4.	Bastide de Marseille....	M. B 273,	fº 152 vº.
—	5.	—	M. —	fº 152 vº.
—	12.	—	M. —	fº 154.
—	15.	—	M. B 274,	fº 78 vº.
—	18.	—	M. B 18,	fº 83.
—	23.	Marseille.............	M. B 274,	fº 78 vº.
—	28.	—	M. B 15,	fº 207 vº.
Avril.....	1.	—	M. B 215,	fº 3.
—	4.	Bastide de Marseille....	M. B 274,	fº 79.
—	6.	Aix.................	M. B 215,	fº 3.
—	7.	Pertuis..............	M. —	fº 5.
—	8.	—	M. —	—
—	9.	—	M. B 273,	fº 162 vº.
—	10.	—	M. B 215,	fº 5.
—	11.	—	M. B 274,	fº 81 vº.
—	12.	—	M. B 215,	fº 5.
—	13.	—	M. B 274,	fº 79 vº.
—	15.	—	M. B 215,	fº 7.
—	16.	—	M. B 274,	fº 79 vº.
—	17.	—	M. —	—
—	18.	—	M. —	fº 79.
—	19.	Orgon...............	M. B 215,	fº 7 vº.
—	20.	—	M. —	—
—	22.	Orange..............	M. —	fº 9.
—	22.	Montdragon..........	M. —	—
—	23.	Pierrelatte............	M. —	—
—	24.	Castelneuf-de-Roy......	M. —	—
—	26.	Montélimart..........	M. —	—
—	25.	Loriol...............	M. —	fº 9 vº.
—	26.	—	M. —	—

Avril.....	26.	Valence.............	M. B 215, f° 9 v°.
—	27.	—	M. — —
—	27.	Estain.............	M. — f° 10.
—	28.	Saint-Vallier.........	M. — —
—	29.	Valence.............	M. B 273, f° 155 v°.
Mai......	1.	Saint-Rambert........	M. B 215, f° 11.
—	1.	Roussillon...........	M. — —
—	2.	Vienne..............	M. B 274, f° 7 v°.
—	3.	Saint-Symphorien.....	M. B 215, f° 11.
—	4.	Lyon...............	M. — —
—	5.	—	M. — —
—	7.	—	M. B 273, f° 150.
—	8.	—	M. B 274, f° 81.
—	9.	—	M. — f° 82.
—	12.	—	M. — f° 80.
—	13.	—	M. — f° 8 v°.
—	14.	—	M. — f° 79 v°.
—	15.	—	M. B 215, f° 15.
—	16.	—	M. B 274, f° 81.
—	18.	—	M. — f° 9 v°.
—	20.	—	M. — f° 10 v°.
—	21.	—	P. P 1334^{10}, f° 62.
—	24.	—	P. J 750, n° 3.
—	28.	—	P. P 1334^{10}, f° 57.
—	29.	—	P. — f° 57 v°.
—	30.	—	M. B 274, f° 10.
—	31.	—	M. — f° 80 v°.
Juin.....	1.	—	M. B 215, f° 19.
—	3.	—	M. B 274, f° 7 v°.
—	4.	—	M. — f° 10.
—	5.	—	M. B 273, f° 156 v°.
—	6.	—	P. P 1334^{10}, f° 49.
—	7.	—	M. B 274, f° 11.
—	8.	—	M. — f° 11.
—	9.	—	M. — f° 81 v°.
—	11.	Valence.............	M. B 215, f° 21.
—	12.	—	M. — —
—	12.	Avignon.............	M. — f° 23.
—	13.	—	M. B 274, f° 81 v°.
—	14.	—	P. KK 1126, f° 541.
—	16.	Saint-Remi..........	M. B 17, f° 165 v°.
—	17.	—	M. B 274, f° 83.
—	18.	—	M. B 215, f° 23.

Juin	20.	Saint-Remi............	M. B 274, f° 83.
—	21.	—	M. B 273, f° 157 v°.
—	22.	—	M. B 215, f° 25.
—	23.	—	P. B. ms. Lorr. 08, f° 281.
—	29.	—	M. B 274, f° 84.
Juillet	1.	—	M. — f° 84 v°.
—	2.	—	M. — f° 12.
—	6.	Avignon...............	M. B 215, f° 29.
—	7.	—	M. B 273, f° 158 v°.
—	9.	—	M. B 215, f° 29.
—	10.	Tarascon..............	M. B 274, f° 86.
—	11.	—	M. B 215, f° 29.
—	15.	—	M. B 18, f° 41.
—	16.	—	M. — f° 17 v°.
—	17.	—	M. B 17, f° 177 v°.
—	19.	—	M. B 18, f° 40.
—	20.	—	M. B 274, f° 85.
—	23.	—	P. P 1334¹⁰, f° 51 v°.
—	28.	—	M. B 273, f° 161.
Août	2.	—	M. B 17, f° 213.
—	5.	—	M. B 273, f° 161.
—	7.	—	M. B 274, f° 12 v°.
—	8.	—	P. P 1334¹⁰, f° 51.
—	13.	—	P. — f° 52.
—	14.	—	M. B 274, f° 86 v°.
—	23.	—	M. — f° 12 v°.
—	26.	—	M. B 273, f° 162.
—	31.	—	M. B 274, f° 13 v°.
Septembre	3.	—	M. — f° 88.
—	6.	—	M. B 273, f° 166 v°.
—	12.	Avignon...............	M. B 18, f° 25 v°.
—	13.	Tarascon..............	M. B 274, f° 95.
—	13.	Avignon...............	M. — f° 94.
—	14.	—	M. B 273, f° 171.
—	15.	Tarascon..............	M. — f° 167.
—	16.	—	M. B 274, f° 13 v°.
—	18.	—	M. B 273, f° 164.
—	19.	—	M. B 274, f° 14 v°.
—	20.	—	M. B 18, f° 11 v°.
—	23.	—	M. B 274, f° 89 v°.
—	25.	Arles.................	M. B 215, f° 49.
—	26.	—	M. — f° 49 v°.
—	29.	—	M. B 17, f° 166 v°.

ITINÉRAIRE DU ROI RENÉ. 485

Septembre 30.	Arles		M. B 215, f° 49 v°.
Octobre	1.	—	M. B 215, f° 51.
—	2.	—	M. B 274, f° 90.
—	5.	—	P. P 1380¹, cote 3104.
—	6.	—	M. B 273, f° 104 v°.
—	7.	—	M. B 274, f° 14 v°.
—	8.	—	M. — f° 10.
—	9.	—	M. B 273, f° 105.
—	10.	—	M. — f° 108.
—	11.	—	M. B 215, f° 53.
—	12.	—	M. B 274, f° 15 v°.
—	16.	Avignon	M. B 17, f° 175 v°.
—	17.	—	M. B 273, f° 169 v°.
—	18.	—	M. B 274, f° 30.
—	22.	—	M. B 273, f° 170.
—	24.	—	M. — f° 109.
—	25.	—	M. B 274, f° 17 v°.
—	26.	—	M. B 273, f° 109.
—	31.	—	M. B 274, f° 16 v°.
Novembre	2.	—	M. B 17, f° 206 v°.
—	5.	—	M. — f° 173 v°.
—	9.	—	M. B 273, f° 172.
—	10.	—	M. B 274, f° 96.
—	17.	Saint-Cannat	M. — f° 15 v°.
—	18.	—	M. — f° 17 v°.
—	20.	—	M. — f° 97.
—	21.	—	M. — f° 95.
—	22.	—	M. — f° 21 v°.
—	23.	—	M. B 216, f° 5.
—	24.	—	M. B 273, f° 178.
—	25.	—	M. B 274, f° 94.
—	27.	—	M. B 273, f° 171 v°.
—	28.	—	M. B 274, f° 22 v°.
—	30.	—	P. P 1334¹⁰, f° 236.
Décembre.	2.	—	M. B 274, f° 20.
—	3.	—	M. — f° 17 v°.
—	4.	—	P. P 1334¹⁰, f° 63.
—	7.	—	P. — f° 59 v°.
—	9.	Aix	M. B 274, f° 19.
—	13.	—	M. B 17, f° 182.
—	15.	—	M. B 273, f° 177 v°.
—	16.	—	M. B 17, f° 205 v°.
...	17.	—	M. B 273, f° 172.

Décembre	18.	Aix..................	M. B 274, f° 19 v°.
—	20.	—	P. P 1334¹⁰, f° 89 v°.
—	23.	—	M. B 274, f° 20.
—	27.	—	M. B 273, f° 181 v°.
—	30.	—	M. B 17, f° 183.

1477.

Janvier...	2.	Aix..................	M. B 273, f° 172 v°.
—	4.	—	M. B 274, f° 22.
—	6.	—	M. — f° 20 v°.
—	7.	—	M. B 273, f° 181.
—	8.	—	M. B 274, f° 97 v°.
—	9.	—	M. — f° 96 v°.
—	10.	—	M. — f° 20 v°.
—	11.	—	M. — f° 97.
—	12.	—	M. — f° 121 v°.
—	16.	—	M. B 273, f° 181 v°.
—	17.	—	M. — —
—	18.	—	M. — f° 182.
—	20.	—	P. P 1334¹⁰, f° 65.
—	22.	—	M. B 17, f° 198 v°.
—	24.	—	M. B 273, f° 182.
—	29.	—	M. B 274, f° 102.
—	30.	—	M. — —
Février...	3.	—	M. — f° 99.
—	4.	—	M. B 273, f° 215 v°.
—	5.	—	M. B 18, f° 6.
—	7.	—	M. B 274, f° 21.
—	12.	—	M. B 273, f° 175 v°.
—	15.	—	M. — f° 176.
—	18.	—	M. — f° 215.
—	19.	—	M. — f° 175 v°.
—	20.	—	M. — f° 182 v°.
—	26.	—	M. B 18, f° 2.
—	28.	—	M. — f° 4 v°.
Mars.....	3.	—	M. B 17, f° 211 v°.
—	5.	—	M. B 273, f° 176.
—	8.	—	M. B 274, f° 103.
—	10.	—	M. — f° 102.
—	13.	—	M. B 273, f° 177 v°.
—	14.	—	M. — f° 176 v°.
—	15.	—	M. B 274, f° 22.

ITINÉRAIRE DU ROI RENÉ. 487

Mars.....	16.	Aix..................	M. B 273, f° 180.
—	17.	—	M. B 274, f° 22 v°.
—	18.	—	M. B 273, f° 176 v°.
—	21.	—	P. P 1334¹⁰, f° 76.
—	24.	—	M. B 18, f° 16 v°.
—	26.	—	M. — f° 12.
—	29.	—	M. B 274, f° 100 v°.
Avril.....	10.	—	M. B 274, f° 100.
—	11.	—	M. B 18, f° 16.
—	15.	—	M. — f° 28 v°.
—	16.	—	M. B 274, f° 101.
—	19.	—	M. B 18, f° 20 v°.
—	21.	Bastide d'Aix..........	M. — f° 25.
Mai......	2.	Aix..................	M. B 273, f° 176 v°.
—	6.	Bastide d'Aix..........	M. B 18, f° 34 v°.
—	8.	Aix..................	M. B 17, f° 234.
—	10.	—	M. B 273, f° 178.
—	16.	—	P. P 1334¹⁰, f° 84.
—	17.	—	M. B 18, f° 27 v°.
—	20.	—	M. B 274, f° 23 v°.
—	—	Bastide d'Aix..........	P. P 1334¹⁰, f° 84 v°.
—	29.	Aix..................	M. B 18, f° 29.
—	30.	Peyrolles.............	M. B 274, f° 30.
Juin......	4.	—	M. B 273, f° 215 v°.
—	7.	—	B. — —
—	12.	—	M. B 274, f° 108.
—	24.	Avignon..............	P. P 1334¹⁰, f° 107 v°.
—	29.	—	M. B 273, f° 191.
Juillet....	3.	—	P. P 1334¹⁰, f° 104.
—	8.	—	M. B 273, f° 183 v°.
—	10.	—	M. B 274, f° 103.
—	11.	—	M. — f° 103 v°.
—	13.	—	M. B 274, f° 104.
—	16.	—	M. B 18, f° 32 v°.
—	17.	—	P. P 1334¹⁰, f° 94.
—	18.	—	M. B 274, f° 103 v°.
—	20.	—	M. B 273, f° 215 v°.
—	23.	—	M. B 274, f° 31.
—	24.	—	P. P 1334¹⁰, f° 90 v°.
Août.....	3.	—	M. B 18, f° 31 v°.
—	4.	—	P. P 1334¹⁰, f° 97.
—	6.	—	M. B 274, f° 24 v°.
—	7.	—	M. — f° 29 v°.

ITINÉRAIRE DU ROI RENÉ.

Août	8.	Avignon	P. P 1334¹⁰, f° 95.
—	10.	—	M. B 274, f° 27 v°.
—	11.	—	P. P 1334¹⁰, f° 94 v°.
—	12.	—	M. B 274, f° 24 v°.
—	14.	—	M. — f° 28.
—	18.	—	M. B 273, f° 215 v°.
—	21.	Tarascon	M. — f° 178 v°.
—	22.	—	P. P 1334¹⁰, f° 94 v°.
—	24.	—	M. B 18, f° 33 v°.
—	25.	—	M. B 274, f° 101 v°.
—	27.	—	P. P 1334¹⁰, f° 98.
Septembre	8.	—	M. B 273, f° 184.
—	13.	—	M. B 274, f° 104 v°.
—	14.	—	M. — f° 28 v°.
—	17.	Arles	P. P 1334¹⁰, f° 151 v°.
—	28.	Tarascon	M. B 274, f° 104 v°.
Octobre	4.	—	M. — f° 29.
—	8.	—	M. — f° 28 v°.
—	10.	Saint-Remi	M. — —
—	14.	Saint-Cannat	M. — f° 101 v°.
—	15.	—	P. KK 1116, f° 540.
—	16.	—	M. B 274, f° 29.
—	25.	Avignon	M. B 273, f° 191 v°.
Novembre	2.	Marseille	M. B 274, f° 101.
—	3.	—	M. B 273, f° 182.
—	10.	—	M. — f° 184 v°.
—	14.	—	M. B 18, f° 116 v°.
—	17.	—	M. B 274, f° 29 v°.
—	19.	—	M. B 697.
—	20.	—	M. B 274, f° 32 v°.
—	21.	—	M. — f° 105.
—	25.	—	M. B 273, f° 185.
—	26.	—	M. B 274, f° 29 v°.
Décembre	4.	Bastide de Marseille	P. P 1334¹⁰, f° 121 v°.
—	6.	—	M. B 274, f° 105 v°.
—	10.	—	M. B 273, f° 215 v°.
—	17.	Marseille	M. B 274, f° 101 v°.
—	18.	—	M. — f° 31 v°.
—	20.	—	M. — f° 29 v°.
—	21.	—	M. — f° 105.
—	28.	—	P. P 1334¹⁰, f° 162 v°.

1478.

Janvier...	3.	Marseille.............	M. B 273, f° 186.
—	5.	—	P. P 1334¹⁰, f° 124 v°.
—	7.	—	M. B 274, f° 31 v°.
—	8.	—	M. B 18, f° 37 v°.
—	9.	—	M. B 273, f° 187.
—	11.	Bastide de Marseille....	M. B 274, f° 105.
—	13.	—	M. B 273, f° 186 v°.
—	22.	—	M. B 274, f° 105 v°.
—	23.	Marseille.............	M. — f° 32.
—	28.	—	M. B 273, f° 185 v°.
Février...	3.	—	M. B 210, f° 13.
—	6.	—	M. B 273, f° 185.
—	12.	Bastide de Marseille....	M. B 18, f° 43.
—	19.	—	P. P 1334¹⁰, f° 126 v°.
—	20.	Marseille.............	M. B 18, f° 109 v°.
—	21.	Bastide de Marseille....	M. B 18, f° 40 v°.
—	22.	—	M. B 274, f° 108.
—	24.	—	M. B 273, f° 185 v°.
Mars.....	10.	Marseille.............	M. B 274, f° 101 v°.
—	12.	Bastide de Marseille....	M. — f° 106.
—	14.	—	M. — —
—	18.	—	M. B 273, f° 191 v°.
—	26.	Aix...................	M. B 274, f° 106 v°.
—	27.	—	M. — f° 107 v°.
—	28.	—	M. B 273, f° 190.
—	29.	—	P. P 1334¹⁰, f° 143.
—	30.	—	M. B 274, f° 32.
—	31.	—	P. P 1334¹⁰, f° 140.
Avril.....	1.	—	P. — —
—	4.	Bastide d'Aix.........	M. B 274, f° 113.
—	6.	Aix...................	M. B 273, f° 188.
—	—	Bastide d'Aix.........	M. B 274, f° 107 v°.
—	9.	—	M. B 273, f° 185 v°.
—	10.	—	P. P 1334¹⁰, f° 166.
—	12.	—	P. — f° 141 v°.
—	18.	—	P. — f° 151.
—	20.	—	M. B 274, f° 33.
—	22.	Bastide de *Perinhana* (Aix)................	M. B 18, f° 53 v°.
—	23.	Aix...................	M. B 273, f° 188 v°.
—	24.	Bastide d'Aix.........	M. — f° 187 v°.

Avril....	24.	Bastide de Perinhana (Aix)...............	M. B 18, f° 55.
—	25.	Bastide d'Aix..........	P. P 1334¹⁰, f° 159.
—	26.	—	M. B 274, f° 108 v°.
—	27.	—	M. B 216, f° 18.
—	28.	Aix.................	M. B 273, f° 188.
Mai......	2.	—	M. B 274, f° 108 v°.
—	3.	—	M. B 273, f° 188.
—	4.	—	M. B 274, f° 108.
—	5.	...	M. — f° 36.
—	8.	.	M. — f° 33.
—	11.	—	M. B 216, f° 21 v°.
—	17.	—	M. B 273, f° 210.
—	18.	—	M. B 274, f° 33 v°.
—	23.	Bastide d'Aix..........	M. B 18, f° 97 v°.
—	24.	—	M. — f° 60.
—	27.	Aix.................	M. — f° 88.
—	30.	—	M. B 274, f° 53 v°.
—	31.	Saint-Cannat..........	P. P 1334¹⁰, f° 149.
Juin......	9.	Avignon..............	P. — f° 144.
—	15.	—	M. B 274, f° 110.
—	16.	—	M. — —
—	18.	—	M. — f° 110 v°.
—	20.	—	M. — f° 34.
—	22.	—	M. — f° 110 v°.
—	23.	—	M. B 18, f° 73 v°.
—	25.	—	M. B 273, f° 216 v°.
—	26.	—	M. B 274, f° 109.
—	27.	—	M. — f° 109 v°.
—	29.	—	M. — f° 109.
Juillet....	1.	—	M. B 273, f° 216 v°.
—	2.	Tarascon.............	M. B 274, f° 111.
—	—	Avignon..............	M. B 18, f° 65.
—	9.	—	M. — f° 201.
—	12.	—	M. B 274, f° 35.
—	13.	Tarascon.............	P. P 1334¹⁰, f° 165 v°.
—	18.	—	M. B 273, f° 188 v°.
—	24.	—	M. B 274, f° 35.
—	28.	Peyrolles.............	M. B 18, f° 150.
—	31.	Tarascon.............	M. B 273, f° 189.
Août.....	3.	—	M. B 274, f° 111 v°.
—	8.	Avignon..............	M. — f° 34 v°.
—	10.	—	P. P 1334¹⁰, f° 176 v°.

ITINÉRAIRE DU ROI RENÉ.

Août..... 12.	Avignon...............	P. P 1334[10], f° 166 v°.
— 16.	—	P. — f° 161 v°.
— 18.	—	M. B 274, f° 112 v°.
— 20.	—	M. — f° 34 v°.
— 25.	Tarascon...............	M. — f° 111.
— 27.	—	M. B 18, f° 104 v°.
Septembre 3.	—	M. B 273, f° 189 v°.
— 6.	—	M. B 18, f° 103 v°.
— 7.	—	M. B 274, f° 112 v°.
— 16.	—	M. B 18, f° 66.
— 19.	—	M. B 273, f° 189 v°.
— 26.	—	M. B 274, f° 113 v°.
Octobre.. 1.	—	P. P 1334[10], f° 177.
— 3.	—	M. B 274, f° 112.
— 4.	—	M. — —
— 6.	—	M. — —
— 8.	—	M. — f° 36.
— 9.	—	M. — f° 35.
— 12.	—	M. B 273, f° 190 v°.
— 15.	—	M. B 274, f° 112 v°.
— 16.	—	M. B 273, f° 190 v°.
— 18.	—	M. B 18, f° 68 v°.
— 20.	—	M. B 274, f° 39.
— 22.	—	M. — f° 113.
— 23.	—	M. — f° 113 v°.
— 24.	—	M. — f° 114.
— 25.	—	M. — f° 113 v°.
— 26.	—	M. B 18, f° 68.
— 27.	—	M. B 273, f° 190 v°.
— 29.	—	M. — —
— 30.	—	M. B 274, f° 114.
Novembre 3.	—	P. P 1334[10], f° 180.
— 4.	—	M. B 274, f° 39.
— 6.	—	M. B 273, f° 192.
— 7.	—	M. B 274, f° 113.
— 8.	—	M. B 273, f° 194.
— 9.	—	M. — f° 193.
— 10.	—	M. B 274, f° 36 v°.
— 15.	—	M. B 274, f° 39.
— 16.	—	P. P 1334[10], f° 182.
— 18.	—	M. B 273, f° 192.
— 19.	—	M. — —
— 26.	—	M. — f° 216 v°.

Novembre 26.	Saint-Cannat............	M. B 274, f° 112 v°.
— 28.	Tarascon..............	M. — f° 41 v°.
Décembre. 1.	—	M. — f° 115.
— 4.	—	P. P 1334¹⁰, f° 210.
— 6.	—	M. B 274, f° 114 v°.
— 7.	—	M. — f° 39 v°.
— 9.	—	M. — —
— 10.	—	M. — f° 41 v°.
— 11.	—	P. P 1334¹⁰, f° 179.
— 12.	—	M. B 18, f° 73.
— 13.	—	M. B 274, f° 41.
— 15.	—	M. B 273, f° 193.
— 18.	—	M. — f° 195.
— 19.	—	M. — f° 194 v°.
— 21.	—	M. — f° 193 v°.
— 23.	—	M. — f° 194.
— 24.	—	M. — —
— 26.	—	M. — f° 193.
— 27.	—	P. P 1334¹⁰, f° 184.
— 29.	—	P. — f° 219.
— 30.	—	M. B 273, f° 194 v°.

1479.

Janvier... 4.	Tarascon..............	M. B 702.
— 8.	Arles.................	M. B 274, f° 43 v°.
— —	Tarascon..............	P. P 1334¹⁰, f° 198 v°.
— 11.	—	M. B 274, f° 42.
— 12.	—	M. — f° 42 v°.
— 13.	—	M. B 702.
— 15.	—	M. B 17, f° 140 v°.
— 17.	Arles.................	M. B 274, f° 42 v°.
— 20.	—	M. — —
— 22.	—	M. — f° 115.
— 24.	—	M. B 18, f° 79.
— 25.	—	M. B 274, f° 115.
— 26.	—	M. B 273, f° 198 v°.
— 28.	—	M. B 274, f° 45 v°.
— 29.	—	M. — f° 44.
— 31.	Tarascon..............	M. B 273, f° 195.
Février... 1.	—	M. B 274, f° 44 v°.
— 3.	—	M. B 18, f° 85.
— 4.	—	M. B 274, f° 44.

ITINÉRAIRE DU ROI RENÉ.

Février...	5.	Tarascon...............	M. B 273, f° 195.
—	6.	—	M. — —
—	8.	—	M. B 274, f° 44.
—	10.	—	M. B 18, f° 81.
—	15.	—	P. P 1334¹⁰, f° 180.
—	16.	—	M. B 274, f° 116 v°.
—	20.	—	M. — —
—	22.	—	M. — —
—	25.	—	M. — f° 45 v°.
—	26.	—	M. — f° 45.
Mars.....	1.	—	M. B 18, f° 83 v°.
—	2.	—	M. B 274, f° 45.
—	7.	—	M. B 273, f° 196.
—	9.	—	M. B 18, f° 86.
—	12.	—	M. B 273, f° 196.
—	14.	—	M. — —
—	28.	—	M. — f° 216 v°.
—	30.	—	M. — f° 196.
Avril.....	1.	—	M. — f° 197 v°.
—	4.	—	M. B 18, f° 100.
—	6.	—	M. B 273, f° 196 v°.
—	7.	—	M. B 274, f° 118 v°.
—	13.	—	M. — —
—	17.	—	M. B 18, f° 91 v°.
—	18.	—	M. B 274, f° 120.
—	20.	—	P. P 1334¹⁰, f° 193.
—	21.	—	M. B 273, f° 196 v°.
—	24.	—	M. B 18, f° 95.
—	27.	—	M. B 274, f° 48 v°.
—	28.	—	M. B 18, f° 101 v°.
—	29.	—	M. B 274, f° 46 v°.
—	30.	—	M. — f° 46.
Mai......	2.	Aix..................	M. B 273, f° 197.
—	3.	Tarascon...............	M. B 274, f° 119.
—	4.	—	M. — f° 45 v°.
—	5.	—	M. B 273, f° 199 v°.
—	8.	Aix..................	M. — f° 197.
—	14.	—	M. B 274, f° 46.
—	16.	—	M. B 273, f° 201.
—	17.	—	M. — f° 217.
—	19.	—	M. — f° 200 v°.
—	20.	—	M. — f° 197.
—	21.	—	M. B 18, f° 103.

Mai.....	22.	Aix..................	P. P 1334¹⁰, f° 207.
—	23.	—	P. — f° 197 v°.
—	25.	—	M. B 274, f° 47 v°.
—	28.	—	M. — f° 48.
—	29.	—	M. B 18, f° 115 v°.
—	31.	—	M. B 274, f° 48.
Juin.....	4.	—	M. — f° 119 v°.
—	—	Bastide d'Aix.........	M. — f° 58 v°.
—	8.	—	M. B 17, f° 108 v°.
—	9.	Aix..................	M. — f° 113.
—	11.	—	M. B 273, f° 197 v°.
—	15.	Bastide d'Aix.........	M. — f° 199.
—	16.	—	M. B 274, f° 120.
—	17.	—	M. — f° 48 v°.
—	20.	—	M. B 273, f° 198 v°.
—	21.	—	M. — f° 217.
—	22.	Aix..................	M. B 274, f° 122 v°.
—	—	Bastide d'Aix.........	M. B 17, f° 125.
—	24.	—	M. B 274, f° 120.
—	25.	—	M. — f° 120 v°.
—	26.	—	M. B 273, f° 200.
—	—	Aix..................	M. B 274, f° 122 v°.
—	27.	—	M. — f° 121 v°.
—	29.	Bastide d'Aix.........	M. — f° 121.
Juillet....	1.	Aix..................	M. — f° 48 v°.
—	2.	—	M. B 701.
—	5.	—	M. B 273, f° 199.
—	8.	—	M. B 17, f° 210 v°.
—	9.	Bastide d'Aix.........	M. B 273, f° 199.
—	10.	—	M. B 274, f° 52 v°.
—	11.	—	M. B 273, f° 198 v°.
—	12.	—	M. B 274, f° 120 v°.
—	19.	Saint-Cannat..........	M. — f° 123.
—	26.	Peyrolles.............	M. — f° 121.
—	27.	—	M. B 17, f° 126.
—	28.	—	M. B 274, f° 53 v°.
—	29.	—	M. — f° 49.
—	30.	—	M. — —
—	31.	—	P. KK 1117, f° 78 v°.
Août.....	3.	—	P. P 1334¹⁰, f° 205 v°.
—	6.	—	P. — f° 203 v°.
—	11.	Saint-Cannat..........	M. B 273, f° 200.
—	12.	—	M. B 274, f° 54.

ITINÉRAIRE DU ROI RENÉ.

Août	13.	Saint-Cannat	M. B 274, f° 54 v°.
—	20.	—	P. KK 1127, f° 121 v°.
—	22.	—	M. B 274, f° 57.
—	23.	—	M. B 273, f° 200 v°.
—	24.	—	M. B 274, f° 121 v°.
—	25.	—	M. B 273, f° 200.
—	26.	—	M. — f° 200 v°.
—	27.	—	M. — f° 201 v°.
—	28.	Peyrolles	M. B 274, f° 57 v°.
—	30.	Aix	M. B 17, f° 140.
Septembre	3.	—	M. — f° 141.
—	4.	—	M. B 274, f° 123.
—	5.	—	M. — f° 55.
—	6.	—	M. — f° 59.
—	7.	—	M. — f° 122.
—	8.	—	M. B 273, f° 217.
—	9.	—	M. — f° 207.
—	10.	—	M. B 274, f° 122.
—	12.	—	M. — f° 55.
—	14.	—	M. — f° 124.
—	15.	—	M. — f° 55 v°.
—	16.	—	M. — f° 122.
—	17.	—	M. — f° 55 v°.
—	18.	—	M. — f° 56.
—	19.	—	P. P 1334[10], f° 240.
—	20.	—	M. B 274, f° 122 v°.
—	21.	—	M. — —
—	22.	—	P. P 1334[10], f° 230.
—	23.	—	M. B 274, f° 56 v°.
—	26.	—	P. P 1334[10], f° 222.
—	28.	—	M. B 17, f° 100 v°.
—	29.	—	M. B 274, f° 56 v°.
Octobre	4.	—	M. B 701.
—	10.	—	M. B 273, f° 204.
—	12.	—	M. B 274, f° 57.
—	15.	—	M. B 273, f° 202 v°.
—	17.	—	M. B 274, f° 57.
—	18.	—	M. B 17, f° 161 v°.
—	19.	—	M. B 274, f° 58.
—	20.	—	M. B 273, f° 203.
—	21.	—	M. — f° 202 v°.
—	22.	—	M. B 17, f° 149 v°.
—	23.	—	M. B 274, f° 57.

Octobre..	25.	Aix..................	P. P 1334¹⁰, f° 215.
—	27.	—	M. B 273, f° 203.
—	28.	—	M. — f° 206.
—	30.	—	M. B 274, f° 123 v°.
Novembre	2.	—	M. — f° 124.
—	3.	—	M. — f° 123 v°.
—	5.	—	M. — f° 124 v°.
—	6.	—	M. — f° 123.
—	7.	—	M. — f° 59.
—	8.	—	M. B 17, f° 162 v°.
—	16.	—	M. B 274, f° 58 v°.
—	18.	—	M. — f° 59.
—	20.	—	M. — f° 58 v°.
—	21.	—	M. B 17, f° 160.
—	22.	—	M. B 274, f° 58 v°.
Décembre.	3.	—	M. B 273, f° 203 v°.
—	4.	—	P. P 1334¹⁰, f° 245.
—	6.	—	M. B 273, f° 204.
—	7.	—	M. B 274, f° 123.
—	10.	—	M. B 17, f° 163 v°.
—	12.	—	M. B 273, f° 203 v°.
—	17.	—	M. B 17, f° 166 v°.
—	20.	—	M. B 274, f° 127.
—	22.	—	M. B 273, f° 204 v°.
—	24.	—	M. — f° 204.

1480.

Janvier...	3.	Aix..................	M. B 18, f° 248.
—	6.	—	M. B 273, f° 204 v°.
—	8.	—	M. B 274, f° 59.
—	10.	—	M. B 18, f° 170.
—	13.	—	M. — f° 186 v°.
—	17.	—	M. B 274, f° 124 v°.
—	18.	—	P. P 1334¹⁰, f° 223.
—	21.	—	M. B 273, f° 205.
—	23.	—	M. — —
—	25.	—	M. B 274, f° 59 v°.
Février...	3.	—	M. — —
—	4.	—	M. — —
—	6.	—	M. — f° 60.
—	19.	—	M. — —
—	20.	—	M. — f° 126 v°.

Février...	22.	Aix.................	M. B 274, f° 127 v°.
—	24.	—	M. B 273, f° 205.
—	25.	—	M. B 274, f° 60 v°.
—	26.	—	M. — f° 60.
Mars.....	1.	—	M. B 18, f° 180.
—	3.	—	M. B 273, f° 206 v°.
—	4.	Bastide d'Aix.........	M. B 274, f° 60 v°.
—	5.	—	M. B 18, f° 187.
—	10.	Aix.................	M. — f° 181.
—	30.	Marseille............	M. — f° 190 v°.
Avril.....	15.	Bastide d'Aix.........	M. — f° 199.
—	18.	—	M. B 274, f° 128.
—	20.	—	M. — —
—	21.	—	M. B 18, f° 210.
—	24.	—	M. B 274, f° 128 v°.
—	28.	—	M. B 273, f° 205.
—	29.	Aix.................	M. — f° 206 v°.
Mai......	12.	—	M. — f° 206.
—	13.	Bastide d'Aix.........	M. — f° 205 v°.
—	16.	—	M. B 274, f° 128 v°.
—	—	Aix.................	M. B 273, f° 206.
—	18.	—	M. B 18, f° 209 v°.
—	19.	—	M. B 274, f° 129 v°.
—	—	Jardin d'Aix.........	M. B 273, f° 205 v°.
—	23.	Aix.................	P. J 1334¹⁰, f° 244.
—	24.	—	M. B 18, f° 193 v°.
—	26.	—	M. B 273, f° 207.
—	31.	—	M. B 18, f° 196.
Juin.....	2.	—	M. B 273, f° 206 v°.
—	3.	—	P. J 586, n° 6.
—	9.	—	M. B 15, f° 205 v°.
—	13.	—	M. B 18, f° 200 v°.
—	14.	—	M. B 274, f° 129.
—	16.	—	M. — —
—	21.	—	M. B 18, f° 201 v°.
Juillet....	10.	Aix. (Décès.).........	P. J 1334⁵, f° 95.

TABLE ALPHABÉTIQUE.

Abalistrerius (Petrus Aloysius), écrivain napolitain, I, 208.
Abusé en cour (l'), ouvrage de René, II, 165-168.
Acciajuolo (Angelo), ambassadeur florentin, I, 146, 271, 286; II, 265-272, 279.
Acciapozzi, cardinal, I, 197, 205; II, 240.
Acerra, ville, I, 185; II, 412, 414, 418.
Achaïe, principauté, I, 17.
Acres (Jean des), maître d'école, I, 552, 553.
Actes des apôtres (les), mystère, II, 143, 144, 174, 175.
Adam (John), capitaine anglais, I, 84, 87.
Adam (Pierre), orfévre, II, 118, 120, 371-373, 376.
Adenot, enlumineur, II, 97, 98.
Adolphe, duc de Berg, I, 59.
Adoration des Mages (l'), tableau, II, 70.
Adorna (Prosper), doge de Gênes, I, 328.
Agout (Fouquet d'), seigneur de Sault, I, 405, 533; II, 183.
Agout (Philibert d'), sire de Mison, I, 199, 498.
Agout (Raimond d'), I, 533.
Agriculture, I, 468, 484-486; II, 50, 51. (V. Jardins, Vins, etc.)
Aigle (Jean, seigneur de l'), I, 4.
Aigremont, château, I, 100.

Aix : archevêque, I, 405, 413, 427, 429; bastide, II, 377, 379, 381; édifices, II, 50-52, 377; jardin, II, 81, 381; palais, I, 254, 425; II, 366, 372; ville, I, 134, 348, 405, 420, 427, 509; II, 120, 137, 146, 149, 353, 375, 380, et passim.
Alagonia (Arteluche d'), seigneur napolitain, I, 218.
Alamania (Georges d'), comte de Pulcino, I, 148, 161, 163; II, 244.
Alanson, terre, en Provence, I, 38.
Alardeau (Jean), receveur d'Anjou, I, 306, 308, 443, 495; II, 270.
Alardeau (Jean), secrétaire de René, puis évêque de Marseille, I, 443, 452, 466, 493, 495, 542; II, 315, 316.
Albano (évêque d'), légat du pape, I, 182.
Albarno, terre, en Provence, I, 547.
Albe : comté, I, 22; ville, I, 173.
Albi (cardinal d'), I, 377; II, 335.
Albi (comté d'), en Italie, I, 202.
Alençon : comtes et ducs, I, 29, 74, 76, 131, 232, 238, 249, 327; II, 236, 256; ville, II, 325, 371.
Alençon (Jeanne d'), I, 23.
Alexandre V, pape, I, 28.
Alexandrie : comté, I, 274; ville, I, 278, 284, 297; II, 267.
Alibert (Monnet), Maure, II, 152.
Alluyes, terre, I, 79, 104.

500 TABLE ALPHABÉTIQUE.

Allonne, châtellenie, I, 20.
Alphonse V, roi d'Aragon et de Naples, I, 38, 50, 112, 113, 120, 135-223, 256, 266-273, 280, 285, 287, 288, 367, 417, 540; II, 180, 182, 214, 215, 240, 245, 246, 248, 257, 260, 275, 401-436.
Alphonse V, roi de Portugal, I, 377, 493; II, 15, 246, 331.
Alphonse, comte de Poitiers et de Toulouse, frère de saint Louis, I, 150, 340; II, 30.
Amalfi : duché, I, 171, 289; ville, I, 172; II, 403, 404, 424.
Amance, place et seigneurie, I, 123, 139; II, 230.
Amboise, ville et château, I, 333, 374.
Amédée VI, comte de Savoie, I, 15, 348.
Amédée VII, comte de Savoie, I, 347-351.
Amédée VIII, duc de Savoie, antipape, I, 38, 51, 83, 95-97, 106, 107, 183, 254-257, 349-353, 365.
Amédée IX, duc de Savoie, I, 314.
Amenard (Jean), sire de Chanzé, I, 499, 533.
Ampigny (Gui d'), ambassadeur de René, I, 401.
Ancenis, ville, I, 372.
Ancy-sur-Moselle, forteresse, I, 99.
Andard, église, II, 120, 121.
Andréa (Frozino d'), Florentin, II, 56.
Andreossis (Andreossi de), secrétaire de René, I, 218, 495; II, 343.
Andrieu (Ponce), abbé de Ripoll, I, 367, 377, 493, 512; II, 317.
Anello, artisan napolitain, I, 212; II, 431.
Angers : château, I, 3, 12, 395, 408, 409, 414, 444, 447, 448, 457, 527, 553; II, 4-12, 65, 66, 79-81, 106, 111, 113, 130-132, 183, 210, 360; cloison, I, 472; II, 29, 61, 289, 294; édifices divers, II,

27-29; églises, I, 540; II, 27 v. Saint-Bernardin, Saint-Laud, St-Maurice, etc.); évêque, I, 22, 538, 552; II, 211, 514 (v. Balue, Beauvau, etc.); grands-jours, I, 507, 509; halles, I, 475, 477,504; II, 113, 135, 151; mairie, I, 393-400, 408, 413, 444, 479, 489, 515, 551; II, 58, 354; ménagerie, II, 14-20; monnaie, I, 472; ponts, II, 63; ville, I, 395, 504, 527; II, 106, 289-291, 293-296, 301, 340, 352, 387-394, et passim. (V. Chambre des comptes, Université, etc.).
Anglure, ville, I, 75.
Anglure (Saladin d'), sire de Nogent, d'Estoges, etc., I, 402, 405, 443, 497, 533; II, 44, 372.
Anglure (Simon d'), premier panetier, I, 499, 533.
Angot (Jean), fabricant de draps, I, 483.
Anjou : châteaux, I, 12, 248; II, 4-17 (v. Angers, Baugé, Beaufort, la Ménitré, Saumur, etc.); comtes et ducs, I, 8, 9; II, 193 (v. Louis I, Louis II, etc.); duché, I, 9, 19, 380-383, 393-415, 441-554; II, 114, 205-207, 252-254, 340, 361-365, 383, 385, 397, et passim.
Anne de France, fille de Louis XI, fiancée de Nicolas d'Anjou, I, 334-338, 365, 387, 400; II, 206.
Anne, prétendue fille de René, I, 434; II, 54.
Annechino (Cola de), capitaine italien, I, 206.
Annechino (Raimond de), ou Annequin, chevalier napolitain, I, 189; II, 239.
Annonciation (l') peinte, II, 96, 97, 376; sculptée, II, 105, 106, 381; en camaïeu, II, 380.
Anthon (bataille d'), I, 78.
Antoine (saint), II, 41.
Antoine (frère), provincial des frères mineurs, II, 339.

TABLE ALPHABÉTIQUE.

Antoine de Lorraine, comte de Vaudemont, I, 65-69, 81, 92, 95, 99-110, 118, 122, 129, 133, 240, 265.

Antonello (frère), religieux napolitain, I, 189, 190.

Apocalypse (l'), tapisserie, II, 110-112, 185.

Apôtres (les) sculptés, II, 100.

Apremont (Jean, seigneur d'), I, 97.

Aquania, ville, I, 333.

Aquila, ville, I, 173, 190, 206; II, 405, 421.

Aragon (royaume et succession d'), I, 20, 366-381, 425. (V. Catalogne.)

Aragon (Jean) : orfèvre, II, 110.

Arborée (juge d'), en Sardaigne, I, 18.

Arc (Jeanne d') : ses rapports avec la reine Yolande, I, 46, 47; son voyage à Nancy, I, 68-70; ses campagnes, I, 70, 74, 75; sauvée devant Paris par René et d'autres chevaliers, I, 76; était brune, I, 310. V. Armoises (Jeanne des).

Arc (Jean et Pierre d'), frères de la Pucelle, I, 311, 314.

Architecture, architectes, II, 3-67, 371, 377, 381.

Archives des ducs d'Anjou, I, 456-461; II, 13, 193, 385; — de Lorraine, I, 65; — du royaume de Majorque, I, 18.

Arcy (vicomte d'), I, 85, 91.

Arczano (Louis d'), gouverneur de Pouzzoles, I, 170.

Ardoise, ardoisières, I, 462, 484; II, 5, 28, 30, 43.

Arétin (Léonard), poète, secrétaire de la république florentine, I, 211; II, 435.

Argentan, ville, I, 260.

Arienzo, ville, I, 195, 206.

Arigné (roche d'), II, 61.

Arle (Jean d'), ou Arlatan, maître de l'hôtel, I, 497.

Arles : archevêque, I, 183, 542; II,
247; château, II, 78; viguerie, I, 498; ville, I, 134, 405; II, 14, 60, 353, etc.

Arlon, ville, I, 312, 313, 315.

Armagnac (comte et comté d'), I, 231, 369.

Armaillé (famille d'), II, 47.

Armes, armures, II, 8, 126, 127. (V. Artillerie.)

Armoises (Jeanne des), ou la fausse Jeanne d'Arc, I, 70, 308-327; II, 281.

Armoises (Robert des), chevalier, I, 313, 314, 325.

Armoises (Simon des), chevalier, I, 97, 326.

Armoises (Thierry des), chevalier, I, 233, 325.

Arpaia, ville, I, 174.

Arras : congrès, I, 47, 48, 114-116; II, 248; évêque, I, 336, 337; ville, I, 202; II, 224; tapisseries d'Arras, II, 109, 111, 401.

Arthur de Bretagne, comte d'Anjou, I, 8.

Arthur, duc de Bretagne (V. Richemont).

Artillerie, I, 152, 180; II, 29, 127, 128.

Asti : comté, I, 274, 278, 338, 355; II, 267, 297; ville, I, 278.

Asturge ou Astruc, juif, I, 519.

Athenay, manoir et châtellenie, I, 5, 36.

Atino (Joannuce Zizo), valet de chambre de René, I, 218, 498, 499.

Aubagne, baronnie, I, 305, 435.

Aubant (Bertrand), écuyer, II, 190.

Aubigny, châtellenie, I, 20.

Augier (Guillaume), conseiller, I, 443.

Augustaire (Aubert), chevalier, I, 85.

Aumont (Jacques d'), sire de Chappes, I, 77.

Auribel (Martial), général des frères prêcheurs, I, 291.

Auriol, ville, II, 96, 366.
Autel (Jean, seigneur d'), I, 97.
Auton, terre, dans le Perche, I, 79, 104.
Autrey (sire d'), I, 84.
Autun (cardinal d'), II, 121.
Auvergne (dauphin d'), I, 43.
Auvergne (Jean d'), valet de la garde-robe, I, 499.
Auvergne (Martial d'), écrivain, II, 178.
Avaugour (Guillaume d'), bailli de Touraine, I, 44.
Avaugour (Isabelle d'), I, 20, 21.
Avelin (sire d'), I, 84.
Avella, ville, I, 188.
Aversa, ville, I, 152, 178, 185, 192, 207, 407; II, 134, 412, 415, 418-420.
Aversa (Antonello d'), médecin, I, 500.
Avesnes (Gautier et Marie d'), I, 21.
Avezzano, château, I, 173.
Avignon : églises, II, 69, 70, 105, 122 ; évêque, II, 246-250 (v. Coëtivy); hôtel royal, II, 56, 98, 376-378; ville, I, 150; II, 89, 97, 105, 112, 117, 353, etc.
Avoir (Pierre d'), sénéchal d'Anjou, I, 19, 22, 472.
Aycart (Pierre), fourrier, I, 499.
Aygnan (Guillaume), conseiller, I, 449; II, 211.
Aymeries, terre, en Hainaut, I, 35, 123; II; 232.

Bacquillon, village, en Lorraine, I, 311.
Bagonet (Benoit), lionnier, II, 17.
Bahoul (Thibaud), écuyer, I, 39.
Baigneux (Thomas), armurier, II, 8, 127.
Baile (Arnaud), seigneur de Lunel, I, 38.
Baiano, château, I, 188.

Bâle, ville, I, 108, 109, 183 ; concile de Bâle, I, 108, 183, 202, 255, 256 ; II, 248.
Banastre (Georges de), chevalier, I, 85, 91.
Balue (Jean), évêque d'Angers, cardinal, I, 545; II, 251.
Bar (duché de), I, 53-136, 416-421, 424, 435-437, 441, 446, 454, 461, 463, 465, 470, 484, 485 ; II, 123, 137, 358, 217-220, 383, et *passim*. (V. Jeanne, Louis, Robert de Bar.)
Bar (hôtel de), à Paris, I, 499, 500.
Bar (tour de), à Dijon, I, 94, 95, 111.
Bar-le-Duc, ville, I, 58, 59, 97, 98, 238, 242, 306, 418, etc.
Bar-sur-Aube, ville, I, 485.
Baratin (Pierre), I, 314.
Barbarie (rapports avec la), I, 480-483, 530 ; II, 128, 132, 152, 379.
Barbarins sculptés, II, 106.
Barbay (Thibaud de), chevalier, I, 85, 91.
Barbazan (sire de), capitaine, gouverneur de Champagne, I, 75-91, 129.
Barbette (hôtel), à Paris, I, 20, 30, 253.
Barbin (Jean), magistrat, I, 506.
Barcelone : archidiaconé, I, 543 ; conseil, II, 317-323 ; évêché, I, 377, 542 ; ville, I, 309, 375, 528 ; II, 135, 331, 342, etc.
Barcelonette, ville et vallée, I, 348, 354 ; II, 304.
Bardelini (Nodon), fourrier, I, 218.
Bardi (Hilarion de), Florentin, I, 219.
Bargnano, ville, I, 280.
Bari, ville, I, 152, 196.
Baritio (Francesco), prince italien, I, 157.
Barjols, ville et seigneurie, I, 35, 263 ; II, 134.
Barletta (Raimond de), capitaine napolitain, I, 187.
Barnabo, seigneur de Milan, I, 23.

TABLE ALPHABÉTIQUE.

Barnabo (Lucie), I, 23.
Baronnat (Léonard), auditeur des comptes, I, 460.
Barrette (Barthélemy), capitaine, I, 85, 99.
Barthélemy (Jean de), juge-mage, II, 82.
Basin (Perrin), I, 317.
Basoche (la), terre, I, 79, 104.
Bassano, ville, I, 280.
Baudet (Simon), architecte, II, 52, 381.
Baudricourt (Robert de), capitaine de Vaucouleurs, I, 69, 77, 85, 90, 93, 94, 98, 122, 129, 276.
Baufremont (Pierre de), I, 67, 129, 248.
Baugé : château, I, 307, 358, 380, 383; II, 30, 78, 112; édifices, II, 33; étang, II, 33; forêt, I, 486; seigneurie, II, 205; ville, I, 403, 524; bataille de Baugé, I, 39.
Baume (la sainte), grotte, en Provence, I, 255, 547; II, 48, 55, 139.
Baumette (la), ermitage, près d'Angers, I, 276; II, 47-49, 65, 66, 78.
Baux (les) : baronnie, I, 38, 305; château, I, 304 ; II, 54.
Baux (Alix de), I, 38.
Baux (Bernard de), sénéchal de Provence, I, 456.
Baux (François de), I, 17.
Baux (Jacques de), prétendant à l'empire de Constantinople, I, 17.
Bayer (Conrad), évêque de Metz, I, 62, 85, 90, 98-105, 111, 114, 121, 128, 129, 239.
Bayer (Didier), chevalier, I, 99.
Bayer (Thierry), chevalier, I, 97.
Bazentin (Boort de), chevalier, I, 84.
Beaucaire, ville, I, 228, 297.
Beauçay (Jeanne, dame de), I, 20.
Beaufort-en-Vallée : château, I, 304, 307; II, 34, 35; comté, I, 263, 304, 333, 376, 408, 435, 462, 503; II, 35, 57-60, 189, 205, 280, etc.; forêt, I, 486; ville, I, 303, 307, 436, 463, 552.
Beaufort (Anne de), vicomtesse de Turenne, I, 376. (V. Turenne.)
Beaulieu-lès-Belleville, bourg, I, 308.
Beaujeu (Anne de), I, 400. (V. Anne de France.)
Beaulandry, paroisse, près Baugé, I, 526.
Beaumont-lès-Tours, abbaye, I, 232.
Beaumont (Antoine de), religieux, II, 277.
Beaumont (Louis de), sire du Plessis-Macé, I, 497.
Beaupreau, ville et seigneurie, II, 63, 86.
Beauvau (Achille de), I, 390.
Beauvau (Bertrand de), sire de Précigny, sénéchal et président du conseil d'Anjou, etc., I, 133, 135, 249, 263, 275, 286, 292, 301, 304, 305, 334, 363, 389, 393, 434, 442, 496, 517, 527, 533; II, 36, 44-46, 279, 279.
Beauvau (Charles de), I, 390.
Beauvau (Jean de), évêque d'Angers, I, 337, 442, 487, 544; II, 269.
Beauvau (Jean de), sire des Rochettes, sénéchal d'Anjou, I, 497, 501, 533.
Beauvau (Louis de), sire de Champigné, sénéchal d'Anjou et de Provence, I, 151, 199, 239, 276, 301-304, 334, 443, 497, 501, 533; II, 11, 118, 148, 177, 353.
Beauvau (dame ou damoiselle de), II, 117-120, 367, 370-372, 374, 378.
Beauvais, ville, I, 27.
Becutis (Blanchardin de), chevalier, ambassadeur d'Eugène IV et de René, I, 201, 207.
Bedford (Jean, duc de), régent de France, I, 39, 55, 63, 71-75, 105 II, 217-220.

Beffort (Joffort van), chevalier, I, 85, 99.
Bègue (Bertault le), fourrier, I, 499; II, 369.
Bègue (Jean le), conseiller des comptes, I, 449; II, 211.
Bellaut, médecin juif, I, 34.
Bellay (Jean du), chevalier, I, 533.
Bellefontaine, abbaye, II, 63.
Bellenave (Louis de), chambellan de Charles VIII, I, 435.
Bellepoule (île et forêt de), I, 375, 486; II, 5, 17, 42.
Belleville, village, en Normandie, I, 483.
Belmont (Claux de), intendant de l'hôtel royal de Marseille, II, 54, 55, 373.
Ben-dig-Ahym, médecin, I, 518.
Bénévent : archevêque, I, 289; II, 239, 433; ville et territoire, I, 150, 188, 191, 195, 204, 206; II, 412, 417, 421.
Berchebien (Pierre), médecin de Charles VII, I, 202; II, 247, 249.
Bérenger (Raimond), comte de Provence, I, 346.
Bergame, ville, I, 281.
Berger (Bertrand le), enlumineur, II, 89, 91.
Bergier (Macé), chapelain, I, 500.
Bernard, comte d'Armagnac, I, 30.
Bernard, marquis de Bade, I, 443.
Bernard (Étienne), dit Moreau, trésorier d'Anjou, I, 48, 236, 443, 463, 534.
Bernard (Guillaume), conseiller et secrétaire de René, I, 443, 452, 496; II, 43.
Bernard (Jean), archevêque de Tours, I, 443, 452, 487; II, 163.
Bernard (Jean), auditeur des comptes, trésorier, I, 443, 452, 464.
Bernard (Jean), valet de chambre de René, I, 499.
Bernardin de Sienne (saint), confesseur de René, I, 218, 499, 547; II, 25-27.
Bernetio (Galéas de), ambassadeur de René, I, 377; II, 335.
Berre : baronnie, I, 35, 38, 226, 251, 305; étang, II, 58; grenier et gabelle, I, 124.
Berre (Honorat de), sire d'Entravernes, grand-maître de l'hôtel, I, 272, 394, 405, 420, 497.
Berry : duché, I, 41 ; ducs, I, 20-22, 33, 350; II, 22, 71, 103, 109 (v. Charles, Jean).
Berry, terre, en Poitou, I, 394.
Bertrand, fustier, II, 381.
Besançon, ville, I, 120, 129, 133; II, 229.
Béthune, ville, I, 344.
Beuzelin (Jean), dit Jarret, écuyer de René, I, 413, 498; II, 44, 381.
Béziers, ville, I, 228; draps de Béziers, II, 128, 148.
Biardelle (Jeanne), dame de la reine de Sicile, II, 8.
Bibliothèque du roi René, II, 182-191.
Biccari, ville, I, 206.
Bicêtre (hôtel de), aux ducs d'Anjou, I, 20.
Bidet (Jean), tapissier, II, 17.
Bidos (Jean de), capitaine de la garde de René, I, 527.
Bien public (guerre du), I, 341, 356-365, 401, 526; II, 309-312, 355.
Billet (Gui), magistrat, I, 506.
Binel (Jean), juge d'Anjou, I, 392, 443, 505, 508; II, 286.
Biseglia, ville, I, 15.
Bitche, ville, I, 85, 99, 254.
Blamont (sire de), I, 85.
Blanche d'Anjou, fille naturelle de René, dame de Précigny, I, 263, 276, 304, 389, 434, 497; II, 37, 129.
Blanchefort (Jean de), chevalier, maire de Bordeaux, I, 404, 419; II, 359.

TABLE ALPHABÉTIQUE.

Blandin (Jean), sire de Revesson, I, 443.
Blaudrate (Jacquemin de), médecin de René, I, 306, 500; II, 400.
Blau (Jean du), clerc, II, 381.
Blois : comtes, I, 24 (v. Marie de Blois); ville et château, I, 46, 230, 259; II, 57, 178.
Blois (Jean de), comte de Penthièvre, I, 4.
Bodinais (Robert), lieutenant du bailli de Bar, I, 237.
Bohain, ville et château, I, 103, 104.
Boileaue (Henri), magistrat, I, 506.
Bois de Nieppe (le), terre, en Flandre, I, 70, 104, 122, 129; II, 225, 226.
Boisy (sire de), chambellan de Charles VII, I, 323.
Bologne, ville, I, 105, 287.
Bombachelier (Jean), I, 314.
Bondenier (Barthélemi), marin génois, I, 197.
Bône (ville et rois de), I, 480-482.
Bonet (Raphaël), négociant catalan, II, 331.
Bonhalle (Jean), maître-escole, I, 552.
Bonia (Jean de), médecin, I, 500.
Boniface (Vivant), juge-mage, I, 405.
Bonnate (Jeanne et Marguerite), Arlésiennes, II, 90, 91.
Bonnet (Jean), médecin, I, 500.
Bordes (Henriet des), valet d'écurie, I, 498.
Borgo-San-Giovanni, village, I, 281.
Bornado, ville, I, 281.
Bossaye (Gui de), procureur de René, I, 140.
Botaric (Jean), damoiseau, I, 482; II, 72, 123.
Botticcelli, peintre, II, 72.
Bouc (port de), I, 269, 529.
Bouchage (sire du), conseiller de Louis XI, I, 416.
Boucher (Arnoul), magistrat, I, 506.

Boucher (Girardin), secrétaire de René, I, 496.
Bouchet (le), village, près Mirebeau, I, 525.
Bouconville, château et seigneurie, I, 124, 304, 436, 497.
Boucornu (ardoises de), II, 5, 30.
Bougie, ville, I, 379, 480, 529; II, 337.
Bouju (Jean), archidiacre, trésorier de la reine de Sicile, I, 151, 170.
Boulart (Jean), magistrat, I, 506.
Boulbon, château, II, 315.
Bouldré (forêt de), I, 412, 480.
Bouliers (Louis de), ambassadeur de René, I, 135, 141.
Boullay (Albert), I, 311.
Boulle (Jacques), pourvoyeur de l'hôtel, I, 499.
Bourbon (duc et duchesse de), I, 12, 26, 74, 115, 122, 126, 359; II, 412, 380. (V. Charles, Jean, Marie de Bourbon.)
Bourbon (bâtard de), I, 119, 133.
Bourbon (Gérard de), bailli de Châlons, I, 94.
Bourbourg, ville et seigneurie, I, 122; II, 226.
Bourges, ville, I, 42, 69, 202, 204; II, 22, 71, 103.
Bourgogne : comté, I, 123; duché, I, 485. (V. Charles, Jean, Philippe, ducs de Bourgogne.)
Bourgoing (Simon), valet de chambre de Louis XII, II, 145.
Bourillon (Perrot), maître des pavages, II, 67.
Bourmont, place, I, 97.
Bourmont (Gilles de), maître de l'hôtel, I, 497.
Bournan (Louis de), sire du Coudray, maître de l'hôtel, I, 334, 443, 497, 533.
Bournazel, sénéchal de Toulouse, I, 338.
Bourré (Jean), sire du Plessis, trésorier de France, II, 364. (V. Plessis.)
Boursault, seigneurie, I, 242.

Boursier, secrétaire de René, I, 496.
Boutaut (Noël), tailleur, I, 498.
Bouteiller (Pierre), receveur d'Anjou, I, 412.
Bouxières, abbaye, I, 98.
Bovilette, terre, I, 21.
Boyer (Jean), chapelain, I, 500.
Boys (Antoine de), viguier de Marseille, I, 443.
Boys (Pierre), fourrier, I, 499.
Bracon-sur-Salins, château, I, 93, 94, 113; II, 78.
Braine (Simon de), I, 21.
Brancas (Nicolas de), évêque de Marseille, I, 257, 279, 289, 291, 297, 305; II, 56.
Brancaciis (Barthélemi et Jean de), damoiseaux, I, 143.
Brancazzo (Sarro), chevalier napolitain, I, 215; II, 432.
Brancion (tour de), à Dijon, I, 94.
Brandois, vicomté, I, 20.
Bray-sur-Seine, ville, I, 74.
Bréhier (Jean), président des comptes, I, 459, 466.
Bréhier (Simon), argentier, I, 306, 354.
Brescia : évêque, II, 245-254 ; ville et territoire, I, 279, 280; II, 432.
Breslay (Jean), juge d'Anjou, I, 443, 508, 534; II, 270.
Breslay (Pierre), secrétaire de René, I, 496.
Breslay (René), I, 443, 534.
Bressin (Jean), secrétaire de René, I, 79, 402, 496.
Bretagne : duché, I, 47, 371, 372, II, 134, 326-328 ; ducs, I, 19, 20, 27, 42, 44, 123, 131, 232, 259, 357-362, 370, 374, 381, 401, 475; II, 9, 20, 37, 39, 45, 64, 142, 228, 246, 256, 309 (v. Arthur, Charles, François, Pierre) ; guerre de Bretagne, I, 370-373, 463, 471, 514; II, 325-329.
Bretagne (Jeanne de), comtesse de Penthièvre, I, 20.

Bretigny (traité de), I, 9, 11.
Breton (Jean le), fruitier, I, 499.
Breuillon (Jean de), avocat, I, 115, 443.
Brézé (Jacques de), sénéchal de Normandie, I, 533.
Brézé (Pierre de), sire de la Varenne, sénéchal d'Anjou, I, 234, 250, 253, 259, 343, 443, 497, 501.
Briançon, ville, I, 155.
Briart (Guillaume), maître de la chambre aux deniers, I, 151.
Brie (Augier de), évêque d'Angers, II, 384.
Briey, ville et seigneurie, I, 58, 60, 123; II, 230.
Brignoles : château, I, 304; II, 54; ville et seigneurie, I, 35, 263, 277.
Brimeux (Enguerrand de), chevalier, I, 84.
Brionne (Michel), aumônier, I, 306.
Brissey (Philibert de), chevalier, I, 97.
Brocier (Jean), curé des Ponts-de-Cé, I, 553.
Brou, terre, I, 79, 104.
Brueil (Denis du), conseiller, I, 449; II, 211.
Bruges, ville, I, 344; II, 71, 91.
Brulon, terre, I, 19.
Brune (Regnault), I, 314.
Bruneau, secrétaire de René, I, 496.
Bruxelles, ville, I, 101, 103, 110; pas de Bruxelles, II, 189.
Bruxelles (Jean de), II, 371.
Bucan, chevalier anglais, I, 39.
Bucheron (Macé), ermite, II, 41.
Bueil (Hardouin de), évêque d'Angers, I, 449.
Bueil (Jacques de), I, 393.
Bueil (Jean de), amiral de France, I, 21, 22, 36, 443, 497.
Bueil (Louis de), capitaine, I, 133, 373; II, 328.
Buil (Raimond), camerlingue d'Al-

phonse d'Aragon, I, 178; II, 406, 411, 423.
Buisson ardent (le), tableau, II, 69, 70, 125.
Bulgnéville (bataille de), I, 83-92, 98-100, 113, 213, 229, 236, 239, 270, 430.
Bulort (Jean), charpentier, II, 5.
Burelier (Jean le), rôtisseur, I, 477.
Buxières, château, I, 100.
Buynart (Briend), huissier des comptes, I, 450; II, 43, 299.
Buynart (Étienne), conseiller, I, 449; II, 211.
Buynart (Gillet), clerc des comptes, I, 449; II, 211.
Buynart (Jean), clerc des comptes, I, 450; II, 299.
Buynart (tour), au château d'Angers, II, 7.

Cabanis (Vital de), conseiller, grand justicier du royaume de Sicile, I, 112, 135, 144, 178, 270, 279, 296, 443.
Cachan (hôtel de), aux ducs d'Anjou, I, 11, 20, 252.
Cadorat (Yves), garde des dromadaires, II, 17.
Cadriac (Jean de), fourrier, I, 499.
Caen, ville, I, 260, 373; II, 14.
Caiano, château, près Naples, II, 409.
Calabre, duché, I, 130, 146, 336. (V. Charles, Jean, Nicolas, ducs de Calabre.)
Calais, ville, I, 10, 342.
Caldora (Antoine), duc de Bari, capitaine napolitain, I, 152, 185-196, 206; II, 417-420.
Caldora (Jacques), duc de Bari, capitaine napolitain, I, 152, 157-178, 184; II, 402-404, 412, 421.
Caldora (Raimond), gouverneur du royaume de Sicile, I, 147, 178, 186, 193-196, 206; II, 417.

Calixte III, pape, I, 288, 540.
Calvi ou Calvo (Antoine), Génois, I, 155, 217; II, 432.
Cambrai, ville et évêché, II, 249.
Campobasso (Charles de), capitaine italien, I, 206; II, 417.
Campobasso (Nicolas de Montfort, comte de), conseiller et capitaine, I, 218, 293, 302, 381, 443; II, 406, 413.
Campofregozo (Thomas de), doge de Gênes, I, 147, 153, 160, 164, 180, 184, 203; II, 180.
Campofregozo (Pierre de), doge de Gênes, I, 278, 288.
Camus (Jacques et Gervais le), bourgeois d'Angers, I, 376.
Candes, bourg, I, 473.
Cannet (Bénédit du), médecin juif, I, 34.
Cantorbéry, ville, I, 249.
Capelet. V. Chapelle (la).
Capice (Marino), chevalier napolitain, I, 210; II, 244.
Capice (Vannella), dame napolitaine, I, 211.
Capouane (porte), à Naples, I, 210; siége de Capouane, I, 144.
Capoue, ville, I, 140, 146, 150, 174, 177; II, 405, 408, 412, 414.
Capri, île, I, 170, 207; II, 422.
Caraffa (famille), I, 178.
Cardona (Michel), député de Catalogne, II, 317.
Cardone (Jean de), chevalier, I, 84.
Cardone (Pierre de), capitaine aragonais, I, 213, 215; II, 402.
Careto, abbaye, II, 277.
Carmes (église des), à Angers, II, 27; à Loudun, II, 37.
Carmino (faubourg et monastère del), à Naples, I, 165, 176, 207; II, 430-432.
Carpentras, ville, II, 195, 379.
Carpinone, ville, I, 193.
Carracciolo (Baptiste), comte de Girace, I, 218.
Carracciolo (Diomède), II, 417.

Carracciolo (Georges), I, 218.
Carracciolo (Louis), grand justicier de l'Université de Naples, I, 168, 171, 218; II, 233.
Carracciolo (Milia), abbesse, II, 431.
Carracciolo (Othon), chancelier de Sicile, I, 175, 188, 199, 217.
Carracciolo (Thomas), I, 218.
Carracciolo (Petracono), chevalier, II, 233, 235, 417.
Carracciolo (Trajan), I, 193, 195.
Caserte : comte, I, 152, 156, 174; ville, I, 174.
Cases (Pierre), chevalier, II, 410.
Cassel, terre, 79, 104, 119, 122, 125-129, 248; II, 223.
Castel-Capuano, forteresse et palais, à Naples, I, 138, 144, 166, 171, 177, 208, 212, 216; II, 214, 222, 244, 303, 414, 427.
Castellamare, ville, I, 171, 203, 340; II, 433.
Castellane (Boniface de), sire de Foz, I, 497, 499.
Castellane (Honorat de), échanson, I, 499.
Castellet, château, I, 305.
Castello, bourg, près Stabies, I, 153.
Castel-Nuovo, forteresse, à Naples, I, 139, 165, 178-182, 199, 210-215-219; II, 406, 409-412, 423, 426, 432, 436.
Castille (roi de), I, 18, 249, 410, 475, 530; II, 246. (V. Henri IV.)
Castillon (Charles de), sire d'Aubagne, conseiller, I, 135, 141, 151, 240, 250, 257, 443, 518, 534.
Castres, évêché, II, 250.
Castro (Alvar de), capitaine aragonais, I, 213; II, 413, 424.
Catalogne (expédition et principauté de), I, 366-382, 386, 393, 425, 465, 482, 493, 495, 528, 541; II, 99, 317-323, 336-351.
Catherine (sainte) figurée, II, 106, 378.

Catherine de Bourgogne, fille de Jean-sans-Peur, I, 26, 27, 29.
Catherine de France, reine d'Angleterre, I, 42.
Catherine de Hongrie, I, 13.
Catherine de Lorraine, marquise de Bade, I, 65.
Catherine de Médicis, reine de France, II, 196.
Catherine, bâtarde de Lorraine, I, 65.
Celano, ville, I, 173.
Ceprano, ville, I, 156.
Cercello, baronnie, I, 185.
Cerdagne, comté, I, 17, 457.
Cerisay (Guillaume de), gouverneur, puis maire d'Angers, I, 394, 396, 400.
Cerisay (Pierre de), conseiller au parlement, I, 393.
Cessault (Guillemin), garde de la tapisserie, II, 34, 112, 113.
Chabot (Jacques), argentier, I, 405.
Chabot (Pierre), bourgeois d'Angers, I, 43.
Chailly, terre, I, 20, 22, 35, 409, 503, 535; II, 361.
Chaize (la), châtellenie, I, 20.
Chaloché, abbaye, II, 391.
Châlon-sur-Saône, ville, I, 94.
Châlon (Hugues de), sire de Château-Guyon, I, 401.
Châlon (Louis de), prince d'Orange, I, 78, 120.
Châlons-sur-Marne, ville, I, 53, 60, 71, 77, 237, 240, 246.
Chambéon, village, II, 57.
Chambéry, ville, I, 106, 349, 353.
Chambes (Jean de), ambassadeur de Charles VII, I, 482.
Chamblay (Jean de), sire de Cons, I, 123, 248; II, 229.
Chambly (Ferry, seigneur de), I, 97.
Chambre des comptes d'Aix, I, 451, 456, 459; d'Angers, I, 447-461, 472, 476; II, 6, 12-14, 66, 92, 110, 209-211, 262-265, 298-301, 384-386, etc.; du Mans, I,

459, 400 ; de Paris, I, 10, 451, 459-461.
Champagne : comté, I, 74, 77, 205, 391 ; sénéchaussée, I, 391.
Champagne (Baudouin de), sire de Tucé, I, 39, 226, 249 ; II, 253.
Champagne (Pierre de), chevalier, I, 199, 533.
Champdoiseau, métairie, I, 346.
Champgirault (Jean de), trésorier, I, 334.
Champigné, château, II, 11.
Champigny-sur-Veude, terre, I, 20.
Champtocé, seigneurie et place, I, 221, 372 ; II, 45.
Champtoceaux, seigneurie et place, I, 9, 19, 407, 473, 497, 503 ; II, 37, 49, 207.
Chancellerie du roi de Sicile, I, 486-496.
Chandelois (forêt de), I, 486.
Chantilly, ville, I, 75.
Chanzé, roche et manoir, I, 276, 303, 436 ; II, 37-39, 47, 77, 80, 106, 130, 194.
Chapelle Saint-Denis (la), près Paris, I, 76.
Chapelle (dame de la), ou Capelet, I, 433.
Chaperon (Alvernatius), conseiller, I, 250.
Chappes (ville et combat de), I, 77, 78.
Chapuis (Jean), peintre, II, 96.
Chardoine, village, I, 218.
Charles V, roi de France, I, 11, 13, 15, 17, 19, 222 ; II, 37, 111, 161, 185.
Charles VI, roi de France, I, 22-30.
Charles VII, roi de France : élevé par Yolande d'Aragon, I, 29-49 ; ses rapports avec René, I, 74-330 ; II, 265, 279, et *passim*.
Charles VIII, roi de France, I, 5, 374, 399, 421-424, 435, 497, 518 ; II, 35, 41, 91, 94, 154.
Charles IX, roi de France, II, 58.

Charles Ier, roi de Sicile, comte d'Anjou et de Provence, I, 8, 9, 13, 137, 150, 159, 222, 256, 531, 538 ; II, 62, 205.
Charles II, roi de Sicile, comte de Provence, I, 346, 348, 516.
Charles III (de Duras), roi de Sicile, I, 14, 23, 143, 169, 351.
Charles d'Anjou, prince de Tarente, I, 22.
Charles d'Anjou, comte du Maine, I, 3, 20, 35, 43, 226-260, 334 ; II, 30, 110, 154, etc.
Charles d'Anjou, comte du Maine et de Provence (fils du précédent), I, 390-392, 402-412, 421-427, 435-437 ; II, 105, 183, 380, 394, etc.
Charles d'Anjou, fils de René (?), I, 434.
Charles d'Artois, comte d'Eu, I, 20, 30.
Charles, duc de Berry, frère de Louis XI, I, 309-312, 357-362, 370.
Charles de Blois, duc de Bretagne, I, 19.
Charles, duc de Bourbon, I, 76, 124-132, 139, 243, 247 ; II, 103, 161, 224.
Charles le Téméraire, comte de Charolais, puis duc de Bourgogne, I, 118, 231, 357, 362, 364, 371, 373, 386-407, 419, 422 ; II, 89, 321, 359.
Charles II, duc de Lorraine, I, 54-73, 79 ; II, 133.
Charles, duc d'Orléans, poëte, I, 30, 126, 229, 236, 279, 317-336, 417, 437 ; II, 151, 171-173, 177, 250, 257.
Charles de Valois, comte d'Anjou, I, 8, 9, 150.
Charmes, village, I, 97.
Charnières (Jean de), argentier et secrétaire de René, I, 237, 305, 490, 535.
Chartier (Alain), poëte, II, 167, 178.

Chartres : évêque, I, 182, 388 ; pays chartrain, I, 79, 104.
Chartres (Renaud de), archevêque de Reims, I, 122. (V. Reims.)
Chassaul (Benetru de), chevalier, I, 123, 120, 247 ; II, 232.
Chastelain (Georges), écrivain, I, 417.
Chastellaine (Jeanne), suivante de Blanche d'Anjou, I, 304.
Château-du-Loir, baronnie, I, 9 ; II, 207.
Château-Gontier, ville, I, 304, 309.
Château-Salins, ville et salines, I, 79, 98-100.
Château-Thierry, ville, I, 74, 75.
Châtel (Tanneguy du), prévôt de Paris, sénéchal de Provence, I, 182, 268, 502, 533 ; II, 246, 412.
Châtel-sur-Moselle, seigneurie et place, I, 364, 424.
Châtelet (Érard du), maréchal de Lorraine, I, 62, 97, 119, 121, 129.
Châtelet (Philibert du), chevalier, I, 97.
Châtellerault : vicomté, I, 252 ; ville, II, 36.
Châtenois, village, I, 83.
Châtenoy (Jean de), dit le Gascard, chevalier, I, 85, 99.
Châtillon, place, en Barrois, I, 97, 123 ; II, 230.
Châtillon-sur-Seine, ville, I, 78, 125.
Chaudefonds (ponts de), II, 63.
Chaume (la), terre, I, 20.
Chaumineau (le), terre, II, 43.
Chaumont (bailli et bailliage de), I, 119, 364.
Chaussée (la), terre, en Barrois, I, 124.
Chemens (Geoffroi de), II, 33.
Cherbeye (Jean de), conseiller, I, 449 ; II, 211.
Cherbeye (Michel de), notaire royal, II, 43.

Chevalier (Guillaume), clerc des comptes, I, 452.
Chevalier (Étienne), secrétaire de Charles VII, I, 249.
Chevalier (Jean), bombardier, II, 55.
Chevineau (Jean), orfèvre, II, 118.
Chiari, ville, I, 280.
Chieti, ville, I, 172.
Chinon, ville, I, 45, 70, 229 ; II, 43.
Choisy, bourg, près Compiègne, I, 75.
Christophe (saint) peint, II, 97, 372, 375 ; sculpté, II, 106, 107 ; en camaïeu, II, 380.
Chypre (Anne de), duchesse de Savoie, I, 106.
Chypre (poudre de), II, 374.
Cibon (Aron), vice-roi de Sicile, I, 203, 219 ; II, 244.
Cicinello (Jean), Napolitain, I, 153 ; II, 429.
Citello, artisan napolitain, I, 212, 214 ; II, 431.
Citta-di-Castello, ville, I, 150.
Citta-di-Penna, ville, I, 152.
Clarence (duché de), I, 17.
Clarence (duc de), frère du roi d'Angleterre, I, 39.
Clément VII, pape, I, 13-16, 23, 349 ; II, 34.
Cler (Barthélemy de), peintre, II, 88-90.
Clermont-en-Argonne, seigneurie et place, I, 57, 97, 100, 121, 123, 125, 246-248 ; II, 229, 230.
Clermont-en-Bassigny, terre, I, 123 ; II, 230.
Clermont (comte de), I, 45, 76.
Clermont (Louis de), maître de l'hôtel, I, 279, 497, 498, 533 ; II, 300.
Clervaux (Christophe, sire de), II, 39.
Clervaux (Odot de), chantre, I, 120.
Cluny, abbaye, I, 547.

TABLE ALPHABETIQUE.

Coëtivy (Alain de), évêque d'Avignon, puis cardinal, I, 487; II, 26.
Coëtivy (Prégent de), amiral, I, 224.
Cœur (Jacques), argentier, I, 257, 295-297, 480, 529; II, 110, 132.
Cœur d'amour épris (le), ouvrage de René, II, 110, 158-162.
Cœur-de-Lis, poursuivant, I, 315.
Cobardy (Séguin de), sire d'Athenay, médecin, I, 500.
Cohen, médecin juif, I, 518.
Colbert (Charles), inspecteur des levées, II, 58.
Colin (Germain), étudiant, I, 552.
Colle, ville, I, 185; II, 413.
Collette, *fourretière*, I, 263.
Colmar, château, en Provence, I, 352.
Cologne, ville, I, 312, 313, 319.
Commerce, I, 295, 397-399, 476-483; II, 233-239, 289-291, 293-296, etc.
Commercy, ville et seigneurie, I, 110, 123, 218, 381; II, 232. (V. Sarrebruck.)
Commines (Philippe de), sire d'Argenton et de Berry, historien, I, 394, 400, 406, 410, 414, 421, 423.
Comminges (cardinal de), I, 13.
Compiègne, ville, I, 74, 75.
Condé-sur-Moselle, bourg et seigneurie, I, 58, 239.
Conflans, terre, en Barrois, I, 123; II, 230.
Conflans (Philippe de), chevalier, I, 97.
Conflans (Visse de), chevalier, I, 85.
Conjuncta (Antoine), chanoine, I, 543.
Conseil ducal d'Anjou, I, 275, 395, 442-449, 454, 461, 478; II, 8, 13, 269, 289, 307.
Conseil éminent de Provence, I, 446.
Conserans (évêque de), I, 181; II, 412.
Constance (concile de), II, 250.
Constantinople (empire de), I, 17.
Contarenis (Mathieu et Ambroise de), négociants vénitiens, II, 123.
Contenet (Jean), panetier, I, 499.
Coppula (Gaspard), chevalier, I, 170.
Coquillon, tabourin, II, 367, 368.
Corbaria (Raimbaud de), capitaine aragonais, I, 175; II, 406, 407.
Cordoue, ville, I, 370.
Corella (Pierre de), capitaine aragonais, I, 214; II, 425, 426.
Corneto (Étienne de), Napolitain, I, 158.
Corsaro (Nicolas), Napolitain, I, 170.
Corse (île de), I, 147, 272.
Cosenza, ville, I, 112; II, 421.
Cossa (Gaspard), capitaine du Lampourdan, I, 302, 370, 410, 533; II, 345.
Cossa (Jean), comte de Troya, sénéchal de Provence, etc., I, 187, 199, 212, 217, 257, 270, 275, 280, 283, 292, 367, 378, 404-407, 443, 457, 502, 533; II, 274, 317, 415.
Cossa (Melchior), chevalier, I, 543.
Coste (Jean), orfèvre, II, 117, 378.
Costume, II, 126-130, 368-380, etc.
Cotignola (Michel de), vice-roi de Sicile, I, 446.
Coudray (le), terre, I, 20.
Couraud (André), magistrat, I, 506.
Courcelles (Jean de), roi des ménestrels, II, 137.
Cousinot (Guillaume), sire de Montreuil, ambassadeur de Charles VII, I, 249, 343, 360; II, 253, 258-260.
Coutumes d'Anjou (révision et rédaction), I, 507-509; II, 286, 292.
Craon (Amaury de), I, 19.
Craon (Guillaume de), vicomte de Châteaudun, I, 19.

TABLE ALPHABÉTIQUE.

Craon (Isabelle de), I, 19.
Craon (Pierre de), I, 15, 19, 36.
Cravant, bourg, I, 354; II, 303.
Créanges (Gaspard de), panetier, I, 499.
Crécy, ville, I, 74.
Creil, ville, I, 323.
Crema, ville, I, 281.
Crema (Christophe de), chevalier, I, 175.
Crémone, ville, I, 279, 281, 204.
Crespin (Jean), capitaine de Baugé, I, 498.
Crespin (Pierre), officier de marine, I, 292.
Crespin (René), échanson, I, 499.
Cresselle, Mauresque, II, 17, 152.
Crois (Jean des), chevalier, I, 30.
Croissant (ordre du), I, 258, 276, 373, 494, 530-536; II, 31, 116, 137, 349, 393.
Croissant, intendant du château d'Angers, I, 535; II, 9, 127, 130.
Croy (sire de), I, 100, 240.
Crucifix peint, II, 76, 77, 81; sculpté, II, 99.
Crussol (Louis de), grand panetier de France, I, 476; II, 328.
Cugnot (Jean), I, 312.
Cumes, ville, II, 123.
Curzon, vicomté, I, 20.

Daltenit (Regnauld), marchand, II, 128.
Damas (ouvrage de), II, 132; drap de Damas, II, 128.
Dammartin (Guillaume de), chevalier, I, 97.
Damours (Pierre), conseiller, I, 443.
Dampierre, château, près Saumur, I, 117.
Daniel, écuyer, délégué du pape, I, 202.
Danses, I, 243; II, 136, 149, 367, 369, 377.

Darnetal, ville, I, 200.
Dauphin (Jean), secrétaire de René, I, 496.
Daurie (Louis), II, 185.
Dauville (Imbert), maréchal des logis, I, 498.
Daveluys (Jean), dramaturge, II, 142.
Dauvet (Jean), procureur de Charles VII, I, 295-297.
Decembrio (Candido), ambassadeur milanais, I, 111, 116, 142; II, 220.
Delacroix (Antoine), argentier, I, 413, 465; II, 380.
Delacroix (François), procureur d'Anjou, I, 505.
Delacroix (Guillaume), avocat fiscal, I, 443; II, 36.
Delacroix (Jean), garde de la tapisserie, II, 113.
Delacroix (Louis), procureur d'Anjou, I, 505.
Delf (Claiz de), orfèvre, II, 91.
Delf (Coppin), peintre, II, 22, 73, 89, 91-93, 104.
Deniau (Amaury), chanoine, II, 139.
Depinée (Jean), magistrat, I, 508; II, 286.
Desbans (Pierre), concierge du château d'Angers, II, 9, 17.
Descente de croix, tableau, II, 80, 96, 97, 370.
Descourtils (Colin), peintre, II, 97.
Descourtils (Pantaléon), peintre, II, 97.
Desperch (Henri), dit Haine, huissier d'armes, I, 218, 498.
Desperit (Jeannin), orfèvre, II, 116, 315.
Desportes (Gillet), intendant de Chanzé, II, 38.
Desroches (Robert), I, 253.
Didier, *fustier*, II, 366.
Didier, valet de la garde-robe, II, 367, 368.
Diebelich, ville, I, 100.
Dieu en la croix, statue, II, 21.

Dieuze, salines, I, 99.
Diex-Aye ou Dieuzie, fief, près d'Angers, II, 3.
Digne, évêché, II, 251.
Dijon : château, II, 78 ; églises, II, 78, 87 ; ville, I, 82, 93, 96-106, 111-121, 487 ; II, 71, 220, 224, 229.
Dinan, ville, II, 102 ; marbre de Dinan, II, 21.
Dinan (Françoise de), dame de Chanzé, II, 38.
Dionis (don), prince portugais, I, 379 ; II, 340.
Disy (Jean de), secrétaire de René, I, 218, 496.
Divine Comédie (la), tableau, II, 70.
Dôle, ville, I, 94.
Domine quò vadis, groupe sculpté et peint, II, 93-95, 104.
Donnel (Pierre), aumônier, I, 500 ; II, 379.
Doria (Barthélemi), Génois, I, 103.
Doria (Benoît), Génois, I, 277, 443.
Doria (Thedixio), proviseur du royaume de Sicile, I, 101.
Dorin (Gilles), conseiller au parlement, I, 409, 506.
Dosdefer (Jean), sire de la Turbille, I, 526.
Douillet (Jean), mari de la fausse Jeanne d'Arc, I, 325 ; II, 282.
Doulers, terre, en Hainaut, I, 35.
Dourdan, châtellerie, I, 20.
Dours (sire de), I, 27.
Draguignan : viguerie, II, 118 ; ville, I, 318.
Draps (fabrication et commerce des), I, 483 ; II, 293.
Dresnay (Raynaud de), bailli de Sens, I, 119, 279.
Drouart (Jean), I, 318.
Ducieux (Jean), charpentier, II, 5.
Dun, château, I, 382.
Dun (Saublet de), prévôt de Marville, I, 85, 99, 316.
Dunkerque, seigneurie, I, 122 ; II, 226.

Dunois (Jean, bâtard d'Orléans, comte de), I, 106, 230, 259, 374, 457 ; II, 309.
Dupont (Jean), maître de la Chambre aux deniers, I, 37.
Dupuis (Jean), secrétaire de René, I, 496.
Durand (Jean), roi des ménestrels, II, 137.
Duras : duché, I, 22 ; princes, I, 30. V. Charles, Ladislas, Marguerite.
Duvau (Jean), juge d'Anjou, I, 399, 443 ; II, 270.

Écoles publiques, I, 552, 553 : école du château d'Angers, I, 553, 554.
Écorcheurs en Lorraine, I, 104.
Édouard IV, roi d'Angleterre, I, 342-345, 375, 415 ; II, 357.
Édouard, prince de Galles, fils de Marguerite d'Anjou, I, 389, 415 ; II, 340, 356.
Église (affaires de l'), I, 134, 182, 255-257, 537-554 ; II, 215-231.
Élisabeth, duchesse de Luxembourg, I, 312.
Embrun (archevêque d'), I, 257.
Englancourt, terre, I, 21.
Enluminure, enlumineurs, I, 169 ; II, 82-86, 89-91, 97, 109.
Épinal, ville, I, 85, 100, 234.
Épinal (Voué d'), chevalier, I, 97.
Épinay (Louis d'), chevalier, I, 215 ; II, 432.
Épluchart, manoir, II, 42.
Ernée, terre, I, 19.
Errart (Jean), conseiller, I, 443.
Espagne (école artistique d'), II, 98, 99, 373, 377.
Espaigne (Jean d'), tapissier, II, 109.
Esquavard (Jean), médecin, évêque de Sisteron, I, 500.
Essart (Guillaume de l'), conseiller, I, 443.

TABLE ALPHABÉTIQUE.

Estaules, seigneurie, I, 58.
Este (marquis d'), I, 293.
Estève, courrier, II, 378.
Estouteville (cardinal d'), I, 267.
Étain, terre, I, 124, 436.
Étampes, comté, I, 20-22.
Eugène IV, pape, I, 41, 107, 118, 135, 138, 140, 146-150, 158, 182, 186, 197, 200-205, 209, 219, 255, 265-268, 273, 288, 316, 326, 538, 550; II, 240, 245-251, 421, 429.
Eustache (Jean), abbé de Nizelle, II, 140.
Eyck (Jean van), peintre, II, 70, 71, 75.

Fabrice, fruitier, I, 499.
Faige (Jean, sire du), I, 21.
Faillon, familier de René, II, 367, 368, 371.
Failly (Colart de), écuyer, I, 316.
Falaise, ville, I, 261.
Falcon, Maure, II, 151.
Falconieri (Antoine), délégué de René à Tunis, I, 481.
Faulquemont, seigneurie, I, 99.
Faure (Garcias), président de la cour de Toulouse, I, 359, 405.
Fayette (sire de la), maréchal de France, I, 39, 115, 244.
Félix V, antipape. (V. Amédée VIII.)
Fénestrange, ville, I, 85, 98.
Fénestrange (Jean, sire de), I, 97, 533.
Ferdinand I, bâtard d'Aragon, roi de Naples, I, 210, 213, 267, 288-293, 330-341, 363, 410, 422-424; II, 296, 382, 399, 405, 424, 433-435.
Ferdinand, infant d'Aragon (fils de Jean II), II, 348.
Féronne (Jeanne la), magicienne, I, 319, 323, 324.
Ferrand (Jacques), magistrat, I, 506.
Ferrare : concile, II, 248; évêque,

I, 339; marquis, I, 337; ville, I, 150, 158, 424.
Ferré (Nicolas), verrier, I, 484.
Ferron (Jean), frère prêcheur, II, 490.
Ferry, seigneur de Chambly, I, 97.
Ferry de Lorraine ou de Vaudemont, gendre de René, I, 101, 105, 110, 237-242, 258, 265, 274, 279, 292, 304, 308, 370, 378, 389, 434, 443, 502, 517, 529, 533; II, 10, 55, 127, 140, 146, 148, 309.
Ferry de Lorraine, frère du duc Charles II, I, 65.
Ferry, bâtard de Lorraine, I, 65.
Ferry, comte palatin du Rhin, duc en Bavière, I, 366.
Ferté-Bernard (la), seigneurie, I, 15, 19, 35, 36.
Fête-Dieu (jeux de la), à Aix, II, 137.
Fêtes et cérémonies, II, 137-150.
Fiesque (Urbain de), évêque de Fréjus, I, 543, 544.
Finances, administration financière, I, 448, 461-477, 493; II, 209, 263, 284, 316, 364, 383.
Fiore (Colentino del), peintre, II, 71.
Flandre : école artistique, II, 71, 75, 88; province et terres, I, 101, 104, 121, 122; II, 109, 225.
Fleur-de-lys, poursuivant, I, 344.
Fleurenville (René de), II, 371, 373.
Fléville (Wary de), chevalier, I, 97.
Florence : seigneurie, république, I, 146, 161, 270-289, 293, 335, 336, 482, 528, 530; II, 220, 252, 265-272, 275, 399, 432, 433; ville, I, 149, 197, 219, 270, 283, 287; II, 20, 248, 252, 432; taffetas de Florence, II, 128.
Foix (cardinal de), légat du pape, II, 119, 140, 247, 251, 261, 268.
Foix (Gaston de), prince de Viane, I, 229; II, 161.
Fondi, ville, II, 422.
Fondi (comte de), I, 170.
Fontaine (Jacquet de), intendant de Chanzé, II, 38.

Fontaines (sire de), I, 39.
Fontevrault, abbaye, I, 20, 547; II, 59, 60, 206.
Forbin (Jean de), conservateur des Juifs, I, 518; II, 381(?).
Forbin (Louis de), président des comptes de Provence, I, 451.
Forbin (Palamède de), président des comptes de Provence, etc., I, 405, 412, 424, 435, 451, 497.
Forcalquier, comté, I, 349.
Forest (Jean de la), connétable, I, 443; II, 349.
Formigny (bataille de), I, 260.
Fornariis (Baptiste de), proviseur du royaume de Sicile, I, 161.
Fos (Honorat de), maître de l'hôtel, II, 368.
Fosseux (bâtard de), I, 84.
Foucaudière (la), commanderie, I, 549.
Foucher (Louis) ou Souchier, valet de chambre, I, 498.
Foucquaut (Thomas), fabricant de draps, I, 483.
Foug, bourg et seigneurie, I, 55, 58, 60.
Fougerais (Jean des), conseiller au parlement, I, 413.
Fougères, ville, I, 259.
Fouquet (Jean), peintre, II, 70, 89, 91.
Fournier (Berthault), I, 313.
Fournier (Hardouin), conseiller, I, 443.
Fournier (Jean), sire de la Guérinière, chancelier d'Anjou et de Provence, I, 329, 344, 443, 471, 487, 488.
Fournier (Jean), bourgeois d'Angers, II, 46.
Fous de la cour de Sicile, II, 150-152, 307, 372.
Franca-Villa, ville, II, 417.
Francis (Pierre de), Génois, I, 198.
Franco (Angelo), peintre, II, 71.
François d'Assise (saint), II, 76.
François Ier, roi de France, I, 471; II, 42.

François Ier, duc de Bretagne, I, 35.
François II, duc de Bretagne, I, 221.
François de Bretagne, comte de Montfort, I, 47, 122; II, 228, 229.
François, valet d'écurie, I, 498.
Franquet (Raoulin), chapelain, I, 500.
Fratri (château des), près Naples, I, 210.
Fréjus : évêque, I, 151, 543, 544; II, 392; ville, I, 543.
Frères mineurs (église des), à Angers, I, 451; II, 25-27.
Fresnay-le-Vicomte, place, I, 251, 524.
Fresneau (Bertrand), sire du Bouchet, valet tranchant, I, 499.
Fribourg (comte de), I, 84.
Fromont (Jean), clerc des comptes, I, 449; II, 211.
Frouart, terre, I, 335.
Fruiart (Martin), ou le Grand Martin, écuyer, I, 90.
Füssenich (This de), dit de Morstorff, chevalier, I, 85, 99.

Gaële, ville, I, 135, 140, 142-144, 147, 156-160, 165, 175, 177, 181, 209, 429, 483; II, 401, 408, 412, 422, 428; combat naval de Gaële, I, 140; II, 429.
Gagaren (Thomas), capitaine anglais, I, 84.
Gaido, ville, I, 280.
Galéas (Jean), ambassadeur milanais, I, 244.
Galiota (Robin), officier napolitain, I, 212, 213.
Galiotto (Jacques), Napolitain, I, 379, 517.
Gap, ville et territoire, I, 276, 360; II, 314.
Gardanne, manoir, II, 54.

Garnier (Éléazar ou Elzéar), confesseur de René, I, 126, 499.
Garnier (Pierre), peintre, II, 97, 379.
Garnot (Jean), argentier, I, 306, 466.
Garnot (Pierre), trésorier, II, 315.
Gaucourt (sire de), ambassadeur de Charles VII, I, 76, 181, 182.
Gaultier, peintre (?), II, 81, 98.
Gauquelin (Guillaume), dit Sablé, président des comptes, I, 249, 443, 450, 453; II, 298-300.
Gauvain (Macé), secrétaire de René, I, 451.
Gazelle (Madeleine), dame de la duchesse de Calabre, II, 380.
Gendrot (Jean), maître des œuvres, II, 7, 40, 66.
Gênes : république, I, 30, 133, 141-161, 184, 197-209, 219, 271-278, 288, 292, 327-330, 336, 340, 364, 369, 381, 425, 528; II, 257, 283, 351, 481; ville, I, 136, 140, 161, 164, 197, 286-288, 292, 304, 332; II, 45, 341, 432; combat de Gênes, I, 328-330; vue de Gênes peinte, II, 80.
Genève : comté, I, 95, 97; ville, I, 197, 257; II, 227.
Genez (Rubini de), familier de René, I, 170.
Gentil, peintre, II, 96, 306.
Geoffroy (Jean), confesseur de René, I, 500; II, 26.
Georgin, valet de la garde-robe, II, 372.
Gérente (Balthazar de), baron de Monclar, maître de l'hôtel, I, 407.
Gherbode Thierry, conseiller du duc de Bourgogne, I, 27.
Giellin (Hervé), secrétaire de René, I, 496; II, 74, 82.
Gien : comté, I, 20, 22, 252; ponts, II, 57; ville, I, 131, 199.
Ginot (Nicolas), délégué de René à Tunis, I, 481; II, 341.
Girardin, fourrier, I, 499.

Girardin, organiste, II, 134.
Girardin, du Puy en Auvergne, écrivain, I, 257.
Giron (Thomas), maître-escole, I, 552.
Girone, évêché, I, 343, 370, 542.
Glandèves, évêché, I, 542.
Glandèves (Hélion de), sire de Faulcon, I, 497, 533.
Glandèves (Marguerite de), I, 435.
Glandèves (Pierre de), I, 533.
Glandèves (Raimond de), sire de Faulcon, I, 435.
Godeau (Pierre), lieutenant du Roi, I, 474.
Godebelle (Jacques), tapissier, II, 112.
Godeline (fontaine), à Angers, II, 66.
Gondrecourt, village et terre, I, 94, 97, 121, 335.
Gorelle (Guillemin), auditeur des comptes, I, 450; II, 299.
Gorlitz (Élisabeth de), duchesse de Bavière, I, 405.
Gosmes (Bertrand), garde des oiseaux, II, 17, 18, 41, 152.
Goult, verrerie, II, 131, 377, 484.
Gracieux (Jean le), orfèvre, II, 116.
Grange-aux-Ormes (la), village, près Metz, I, 310, 311.
Grange (Jean de la), procureur du duc de Bourbon, I, 139.
Granson (bataille de), I, 400, 403.
Granthomme (Colas), charpentier, II, 40.
Grany (Regnauld et Briend), écuyers, I, 395, 527.
Grasse (Bertrand de), conseiller, I, 268.
Grebau (les frères), dramaturges, II, 175, 178.
Grée (Thomas de la), secrétaire de René, I, 496.
Grégoire XI, pape, II, 34.
Grenoble, parlement, I, 364.
Grez, village, en Anjou, I, 524.
Grézille (Jean de la), I, 39.

TABLE ALPHABÉTIQUE. 547

Grignon (Guillaume), receveur des aides, I, 533, 546; II, 42.
Grimaldis (Jugno de), proviseur du royaume de Sicile, I, 161.
Grimaud (Antoine), I, 268.
Grongnot (Nicolas), I, 311.
Gronnaix (Jean le), dit Creppy, capitaine, I, 85, 236.
Gruel (Pierre), président du parlement de Grenoble, I, 363.
Gruthuyse (Jean de la), sire d'Ussé, I, 502; II, 154.
Guarenta (Jean), orfèvre florentin, II, 252.
Guarini, savant italien, II, 182, 187, 194.
Guarna (Mathieu), conseiller, I, 170, 203, 272.
Guérin (Baptiste), ambassadeur de Ferrare, I, 443.
Guesclin (Bertrand du), connétable, I, 11, 20, 252, 473; II, 30.
Guesclin (Olivier du), comte de Longueville, I, 21.
Gui XIV, comte de Laval, I, 249, 298, 301, 302.
Gui, capitaine et trésorier de René, I, 185, 189; II, 239, 414.
Guicciardini (Pierre), ambassadeur florentin, I, 146.
Guilhart (Jean), clerc des comptes, I, 460.
Guillaume II, roi de Sicile, I, 150.
Guillaume, astrologue et médecin, II, 195, 379.
Guillaumes, château, en Provence, I, 352.
Guillot (Huguet), intendant du château d'Angers, I, 353; II, 5, 12, 47.
Guillot (Jean), couvreur, II, 5.
Guinnaro (Mathieu de), gentilhomme napolitain, I, 214; II, 425, 426.
Guiot (Pierre), sénéchal d'Anjou, président des comptes, I, 398, 443, 447, 451, 452, 469.
Guise : comté, I, 21, 35, 54, 71, 103, 253; II, 217; ville, I, 61, 63.
Guiteau (Thomin), clerc des comptes, I, 452; II, 93.
Guntersberg (Frédéric de), chevalier, I, 85, 99.
Gussago, ville, I, 281.

Huie-Jouluin (de), terre, II, 86.
Hainaut : comtes, II, 14; terres, I, 35, 123; II, 232.
Halbic (Théolde de), panetier de Louis XI, I, 304.
Haller (Victor), peintre, II, 97.
Haloret (Geoffroy), prévôt de Saint-Généroux, I, 499.
Haloret (Olivier), argentier, I, 345, 465, 496.
Haloude (Alain de la), bourgeois d'Angers, I, 13.
Hangest (Jean d'), capitaine de Rouen, I, 415.
Hannonel (Thomas), fabricant de draps, I, 483.
Hanspach (Jean de), chevalier, I, 85, 98.
Haraucourt, seigneurie, I, 316.
Haraucourt (Charles d'), conseiller, I, 97, 98, 101, 114, 133, 250, 443.
Haraucourt (Gérard d'), sénéchal de Bar et de Lorraine, I, 97, 178, 291, 363, 533.
Haraucourt (Guillaume d'), évêque de Verdun, I, 79, 164, 359, 361, 443, 552.
Haraucourt (Jacques d'), écuyer, I, 114, 443.
Haraucourt (Jean d'), chevalier, I, 91.
Harcourt (Christophe d'), ambassadeur de Charles VII, I, 106, 113.
Harcourt (Guillaume d'), comte de Tancarville, sénéchal d'Anjou, I, 302, 303, 502.
Hardouin (Jean), trésorier, I, 274, 443, 464; II, 268.
Harfleur, ville, I, 260.

Harouel (Robert d'), chevalier, I, 97.
Haussonville (Jacques d'), chevalier, I, 97.
Hatte (Jean), I, 315.
Hauke (Henri), I, 109.
Haussonville (Charles d'), chevalier, I, 101.
Haussonville (Jean d'), maréchal de Lorraine, I, 85, 88, 90, 97.
Havart (Jean), ambassadeur de René, I, 249, 250; II, 258-260.
Haye (Jean de la), I, 533.
Hazart (Guillaume), fabricant de draps, I, 483.
Haze (Henri), conseiller, I, 97, 98.
Hélène, jeune fille élevée à la cour de Sicile, I, 435; II, 367, 370-375.
Helmstadt (Raban de), prétendant à l'archevêché de Trèves, I, 313.
Hennequin, orfèvre, II, 118.
Henri II, roi d'Angleterre, II, 30, 58, 60, 62.
Henri V, roi d'Angleterre, I, 42, 54, 63, 105.
Henri VI, roi d'Angleterre, I, 18, 39, 70-72, 127, 230-238, 249-251, 259, 343, 356; II, 192, 254-259.
Henri IV, roi de Castille, I, 320, 377; II, 334-336.
Henri II, roi de France, I, 399.
Henri, bâtard de Bar, I, 148.
Henri de Bretagne, I, 20.
Henriet, chaussetier, II, 379.
Héraumont (Jean de), chevalier, I, 85, 91.
Hérien (Guillaume), valet d'écurie, I, 498.
Hermentier (Antoine), seigneur d'Orgon, I, 151.
Hervian, peintre, II, 97, 376.
Heures du roi René, II, 82-86.
Heurteloup (Guillaume), marchand, II, 86.
Hire (la), capitaine, I, 75.
Hirson, terre, I, 21.
Hirtenhaus (Balthazar), contrôleur des finances, I, 306.

Hocquedé (Pierre), magistrat, I, 508; II, 286.
Hodelaincourt (Jean de), chevalier, I, 218.
Hollande (toile de), II, 380.
Homme mondain (l'), moralité, II, 145, 146, 374.
Houssay (René du), dit Los, roi d'armes et conseiller, I, 443, 447, 535; II, 398.
Houssay (Gilles du), licencié en lois, I, 535.
Huet (Jean), administrateur de l'église de Toulon, général des finances, I, 443, 466, 496; II, 284.
Hugues, juge d'Arborée, I, 18.
Humières (Mathieu de), chevalier, I, 84.
Hurion (Colin de), sculpteur, II, 22, 102, 143, 175.
Hurion (Pierre de), dit *Ardent Désir*, poursuivant et littérateur, I, 498; II, 12, 102, 142, 175, 189.
Hyères. (V. Yères.)

Ile-Bouchard (pierre de l'), II, 7.
Impôts, I, 37, 40, 128, 397, 440, 454, 467-477; II, 30, 262-265, 289-291, etc.
Imprimerie, II, 106.
Inde (poules d'), II, 45.
Industrie, I, 483, 484; II, 123, 128, 293-296.
Ingrandes, terre, II, 45.
Inondations, II, 56-60.
Iracabal (Jean Ruiz), marin castillan, I, 529.
Isabelle de Bavière, reine de France, I, 29, 31, 51, 54, 63.
Isabelle de Bretagne, comtesse de Laval, I, 43, 51, 208.
Isabelle de Lorraine, reine de Sicile : est mariée à René d'Anjou, I, 54-61; hérite de la Lorraine, I, 65-67, 79; défend son duché, I, 92-95, 98; sollicite la délivrance

TABLE ALPHABÉTIQUE.

de son mari, I, 111, 115; gouverne le royaume de Sicile, I, 113, 135, 142-162, 166, 176, 193, 198; II, 222, 408, 413, 420-431; paraît aux fêtes de la cour, I, 228, 232; II, 149; son administration en Anjou et en Provence, I, 246, 251, 256, 442, 537, 552; II, 38; dons reçus par elle, I, 171, 220, 203; ses dernières années et sa mort, I, 262; II, 47; son tombeau, II, 20-25, 99; sa maison, I, 264, 466; sa chapelle, II, 133; sa signature, I, 491; ses enfants, I, 67, 433; mentions, *passim*.
Isabelle, bâtarde de Lorraine, I, 65.
Isabelle, marquise de Montferrat, I, 17, 21.
Isabelle de Portugal, duchesse de Bourgogne, I, 246.
Isabelle, fille de René (?), I, 434.
Ischia, île, I, 140, 341; II, 422, 433, 435.
Issoudun, ville, I, 44.
Istre, terre, I, 38.
Italie (école artistique d'), II, 71, 72.

Jacotin, sculpteur, II, 105, 380.
Jacques Ier, roi d'Aragon, I, 348.
Jacques II, roi de Majorque, I, 17.
Jacques, marquis de Bade, I, 65, 81, 83, 85, 109, 132, 265; II, 135.
Jacques de Bourbon, comte de la Marche, I, 28, 34.
Jacques, marquis de Montferrat, I, 79.
Jacques ou Jacobo (Antoine), huissier d'armes, I, 270, 498.
Jacquet, valet, II, 151.
Jaille (Jean de la), échanson, I, 306.
Jaille (Philibert de la), conseiller, I, 443.
Jaille (Pierre de la), procureur de René, I, 413, 420.
Jaille (damoiselle de la), II, 119, 367, 370, 372, 374.

Jamelot (Thomin), sous-maire d'Angers, I, 414.
Jardin des Oliviers, tableau, II, 98, 369.
Jardins, II, 8-10, 33, 35, 50.
Jarente (Jean), sire de Toulon, chancelier, I, 405, 488.
Jurriel (Pierre), tabourin, I, 498; II, 135.
Jarry (Robert), conseiller, I, 443, 453.
Jarzé (chaux de), II, 61.
Jarzé (sire de), capitaine d'Angers, II, 10, 430.
Jean (saint) peint, II, 80, 81; sculpté, II, 21, 99.
Jean I, roi d'Aragon, I, 24, 367.
Jean II, roi d'Aragon, I, 366-370, 379, 425, 482, 496; II, 315, 321, 336, 346.
Jean, roi de France, I, 8-11, 14, 21, 53; II, 206, 397.
Jean II, roi de Navarre, II, 429.
Jean I, roi de Portugal, I, 18, 29.
Jean II, duc d'Alençon, I, 35.
Jean, comte d'Angoulême, II, 149, 178.
Jean d'Anjou, duc de Calabre et de Lorraine : sa naissance, I, 67, 239, 433; ses précepteurs, II, 176; est détenu en ôtage pour son père, I, 97, 111, 121, 125; son mariage, I, 124, 127, 130-132; accompagne René à Naples, I, 166, 169; II, 429; devient gouverneur, puis duc de Lorraine, I, 242, 259, 264; soumet et gouverne Gênes, I, 288, 292, 328; II, 283; ses expéditions en Italie, I, 275, 284-294, 332, 335-342, 535, 540; II, 268, 296-298, 344, 432-433, 495, 502; prend part à la ligue du Bien public, I, 357-365; occupe la Catalogne, I, 368-378; II, 317-322; sa mort, I, 378, 433; ses portraits, I, 169; II, 80, 84; son fils naturel, I, 435; II, 347; mentions, *passim*.

Jean, bâtard d'Anjou, marquis du Pont, I, 392, 434, 435.
Jean, duc de Berry, I, 21; II, 164.
Jean, duc de Bourbon, II, 159.
Jean sans Peur, duc de Bourgogne, I, 26, 27, 42, 54, 95; II, 87.
Jean III, duc de Bretagne, I, 20.
Jean V, duc de Bretagne, I, 47, 221.
Jean, bâtard de Calabre, I, 379; II, 347-349, 382.
Jean, dauphin de France, I, 33.
Jean de Lorraine, capitaine d'Angers, sénéchal d'Anjou, I, 378, 393, 502, 527; II, 12.
Jean, bâtard de Lorraine, I, 65.
Jean, marquis de Montferrat, I, 278, 280.
Jean, comte de Nassau, I, 533.
Jean sans Terre, duc de Normandie, I, 8; II, 4.
Jean, cardinal d'Albi, légat du pape, I, 377; II, 335.
Jean, cardinal de Tarente, légat du pape, I, 201; II, 421.
Jean, seigneur d'Autel et d'Apremont, I, 97.
Jean, seigneur de Fénestrange, I, 97, 533.
Jean (dom), moine de Haute-Seille, II, 166.
Jean (Michel), chevalier aragonais, I, 214; II, 425, 426.
Jeanne I, reine de Sicile, I, 13-15, 230, 351, 353, 518, 538.
Jeanne II, reine de Sicile, I, 50, 112, 120, 137-139, 146, 148, 156, 167, 205, 206, 446; II, 211, 213, 233, 428.
Jeanne de Laval, reine de Sicile : son mariage, I, 285, 298-304; II, 85, 147, 169; dons reçus par elle, I, 382, 392, 474; II, 35, 38, 42, 47, 53, 280, 352; son administration à Beaufort, I, 306, 376, 462; ses voyages, I, 308; sa réception à la cour, I, 374; se fixe en Provence, I, 380; fait ensevelir René et compléter son tombeau, I, 427; II, 23, 387; son veuvage et sa mort, I, 435, 436; sa maison, I, 300; ses livres, II, 85, 186, 189; ses joyaux, II, 119, 124; encourage les artistes, II, 90, 92, 95-98, 115; sa statue et ses portraits, II, 80, 94, 104, 125; mentions, *passim*.
Jeanne d'Aragon, I, 9.
Jeanne de Bar, comtesse de Saint-Pol, I, 79, 104, 122, 129, 205; II, 226.
Jeanne de France, duchesse de Bourbon, II, 159.
Jehannon, verrier, II, 372.
Jehannot le flamand, peintre, II, 71, 75.
Jenot (Nicolas), valet de chambre, I, 498.
Jérôme (saint), sculpté, II, 381.
Jesi, ville, I, 196.
Johanne (Philippe de), patron de navire, I, 528.
Joinville, ville, I, 83, 125, 240, 485.
Judex (André), proviseur du royaume de Sicile, I, 161.
Juge (Bofille de), conseiller, ambassadeur de René, I, 218, 381; II, 350-352.
Juifs, I, 34, 112, 134, 218, 379; II, 353, 375, 377.
Juigné (pierre de), II, 61.
Jumelière (Guillaume de la), I, 533.
Jumelière (Lépart de la), conseiller, I, 443.
Jumelles, prieuré, I, 546.
Jumiéges, abbaye, I, 260.
Justice, organisation judiciaire, I, 37, 395, 397, 449, 492, 501-519, 538, 545; II, 210, 286, 292, 323-325.
Justiniani (Jacques), gouverneur de Chio, I, 140.
Justiniano (Augustin), proviseur du royaume de Sicile, I, 161.
Justiniano (Nicolas), Génois, I, 219.

TABLE ALPHABÉTIQUE.

Kalt-Eysen ou Kaltyser (Henri), inquisiteur, I, 343.
Kœurs, château, I, 392.

Ladislas de Duras, roi de Naples, I, 23, 28, 50, 317; II, 236.
Lagny, ville, I, 47.
Laigle (dame de), II, 352.
Laignet (Grégoire de), marchand, II, 132, 379.
Laigue (Philibert de), conseiller, sénéchal de Bar, I, 497, 498.
Lalain (Jacques de), chevalier, I, 243.
Lalain (Philippe de), chevalier, II, 189.
Lambert (Thibault), auditeur des comptes, I, 452.
Lambesc, ville et seigneurie, I, 258; II, 195, 377.
Lamy (Thomas), valet de chambre, I, 498.
Lanciano, ville, I, 206.
Langeais, péage et seigneurie, I, 22, 374.
Langres, ville, I, 71, 234.
Lanzano, ville, II, 404, 421.
Laon, évêque, II, 231; ville, I, 74.
Lau (Antoine du), grand bouteiller de France, I, 476.
Launay, près Saumur, manoir et terre, I, 262, 302, 307, 362, 436, 545; II, 46, 54, 78; pas de Launay, I, 258; II, 146.
Laurana (François), graveur de médailles, II, 125.
Laurens (Francesco), sculpteur, II, 70, 104, 378.
Laurent (Jean), astrologue, II, 195, 377, 378.
Lausanne, ville, I, 257.
Laval : comtes, I, 51, 74, 350; II, 18 (v. Gui, Jeanne); ville, I, 304; II, 41, 76.
Laval (Arthuse de), belle-sœur de René, I, 306.

Laval (Gui de), sire de Loué, sénéchal d'Anjou, etc., I, 275, 279, 304, 377, 392, 443, 471, 485, 497, 502, 533; II, 34, 75, 127, 280.
Laval (Gui de), sire de Vitré, II, 38.
Laval (Louis de), lieutenant du roi à Gênes, I, 292.
Laval (Pierre de), archevêque de Reims, I, 306; II, 175.
Laval (Thibaut de), chambellan de René, I, 162, 164.
Lavantgarde, seigneurie, I, 58.
Lavaur, ville, I, 47.
Laxart (Durand), I, 68.
Léaut ou Le Haut (Alain), valet de chambre de René, I, 498; II, 52, 67.
Léaut (Olivette), I, 498.
Lebouteiller Charles, I, 39.
Lebreton (Étienne), marchand, I, 471.
Leclerc (Thomas), bourgeois d'Angers, I, 43.
Lefèvre (Jean), receveur, II, 291.
Lefèvre (Lucas), conseiller des comptes, I, 440, 508; II, 211, 286.
Legay (Jean), trésorier, président des comptes, I, 306, 443, 451, 466, 496.
Leloup (Jean), avocat fiscal, I, 354, 443; II, 303-308.
Lemaitre (Jean), peintre, II, 97.
Lemal (Raoulet), auditeur des comptes, I, 443, 452, 496.
Leno, ville, I, 280.
Lénoncourt (Isabelle de), I, 258, 298; II, 127, 148.
Lénoncourt (Philippe ou Philibert de), grand écuyer, I, 97, 410, 418, 443, 498, 517, 533.
Lénoncourt (Thierry de), I, 533.
Lepeletier (Jean), huissier des comptes, I, 452.
Leprestre (Jacquet), I, 317.
Lequeu (Alain), archidiacre d'Angers, président des comptes, I, 48, 236, 450; II, 113, 290.

Lescandet (Pierre), chantre, II, 134.
Lescar (Charles et Gaspard), Génois, I, 104.
Lesmère, couvent, I, 41.
Lespau (bois de), près d'Angers, I, 304.
Lespine (Guillaume de), maire d'Angers, I, 400.
Levant (commerce et produits du), I, 295, 480-483; II, 110, 127, 131, 192.
Levées de la Loire, II, 56-60.
Lévesque (André), maître des œuvres, II, 63, 65.
Lévis (Philippe de), archevêque d'Arles, I, 443.
Lézin (saint), évêque d'Angers, I, 383.
Liége, ville, II, 102.
Ligneville (Gérard de), chevalier, I, 533.
Ligneville (Guillaume de), chevalier, I, 97.
Ligny, ville et comte, I, 62. (V. Luxembourg.)
Lille, ville, I, 121, 128, 344; II, 71, 224; draps de Lille, II, 128.
Linange (comte de), I, 85, 91, 97.
Lionel, comte de Celano, I, 193, 195, 206.
Lionel, marquis d'Este, I, 271.
Littérature, travaux littéraires, II, 153-197.
Loches, ville, I, 315.
Logres (Jean de), huissier d'armes, I, 481, 498; II, 341.
Lohéac (Jean), auditeur des comptes, I, 447, 450; II, 299, 308.
Lombard, compagnon de Pétrarque, II, 181.
Lombardie (expédition de), I, 273-287, 297, 299, 300; II, 171, 265-279.
Lomellino (Baptiste), Génois, I, 219.
Lomellino (Mathieu), proviseur du royaume de Sicile, I, 161.
Londres, ville, I, 9, 11, 249, 342.

Longena, ville, I, 280.
Longjumeau, seigneurie, I, 20, 35, 409, 503, 535; II, 361.
Longuyon, seigneurie, I, 58.
Longwy, château, I, 123, 125; seigneurie, I, 58; ville, I, 248, 526; II, 229.
Loroux (le), abbaye, I, 516; II, 391.
Lorraine : duché, I, 53-130, 133, 198, 233, 238-243, 261, 288, 364, 386, 389-392, 415, 436, 441, 446, 457, 465, 512; II, 123, 195, 357; ducs, I, 21 (v. Charles, Isabelle, Jean, Nicolas, etc.); guerre de Lorraine, I, 81-92, 102, 241.
Loudun : édifices, I, 516; II, 37; élection, I, 524; seigneurie, I, 19, 22, 335, 394, 407, 409, 434, 503; II, 37, 205, 352, 361; ville, I, 449, 463; II, 63.
Louet (pont et chapelle de), II, 61.
Louet (Émery), conseiller, I, 447; II, 398.
Louet (James), trésorier, président des comptes, I, 443, 451, 463; II, 33.
Louis (saint), roi de France, I, 8, 15, 150, 222, 531; II, 4, 30, 60, 205.
Louis X, roi de France, I, 20.
Louis XI, roi de France : sa naissance, I, 42; sa conduite comme dauphin, I, 232, 234, 241, 245, 254, 277, etc.; ses rapports ultérieurs avec René et la maison d'Anjou, I, 331-437; II, 296-399, et passim.
Louis XII, roi de France, I, 399.
Louis XIV, roi de France, II, 47, 58, 121.
Louis I, roi de Hongrie, I, 13.
Louis I, roi de Sicile, duc d'Anjou, etc. : son apanage, I, 9, 408; II, 206; fait valoir ses droits sur Naples et la Provence, I, 13-16; acquiert la succession de Majorque, I, 17; ses domaines en France, I, 18-22; son adminis-

TABLE ALPHABÉTIQUE.

tration, I, 448, 456, 472, 507 ; ses constructions, II 4 ; ses objets d'art, II, 109, 111, 114, 185 ; son testament et sa mort, I, 15, 16, 22 ; mentions, *passim*.

Louis II, roi de Sicile, duc d'Anjou, etc. : son couronnement, I, 23 ; son mariage, I, 24-26 ; ses expéditions en Italie, I, 24, 28 ; II, 276 ; sa rupture avec le duc de Bourgogne, I, 26-28 ; revendique le trône d'Aragon, I, 29 ; ses acquisitions, I, 30 ; son administration, I, 26, 442, 447-449, 456, 462, 501, 505, 518 ; II, 209 ; ses sceaux, I, 493 ; ses joyaux et tapisseries, II, 109, 114 ; son testament et sa mort, I, 33-35, 408 ; mentions, *passim*.

Louis III, roi de Sicile, duc d'Anjou, etc. : son adoption par Jeanne II, I, 137-139 ; II, 214-216 ; ses expéditions en Italie, I, 46, 49, 50, 365 ; II, 114, 276 ; fait la campagne de France, I, 51, 73 ; son mariage, I, 51 ; son administration, I, 442, 446, 538, 550 ; ses sceaux, I, 493 ; sa mort, I, 112 ; mentions, *passim*.

Louis d'Anjou, marquis du Pont, prince de Piémont, I, 97, 111, 136, 144, 146, 166, 239, 276, 433 ; II, 146.

Louis, cardinal-duc de Bar, I, 32, 53-62, 70-72, 78, 402 ; II, 161, 167, 217-220.

Louis de Bavière, seigneur d'Heidelberg, I, 85.

Louis le Bossu, duc de Bavière, I, 54.

Louis de Bourbon, comte de Vendôme, I, 249.

Louis, duc de Guyenne, dauphin, I, 30.

Louis, bâtard du Maine, I, 253.

Louis d'Orléans, I, 26.

Louis, cardinal de Saint-Laurent, légat du pape, I, 266.

Louis II, marquis de Saluces, I, 480 ; II, 64.

Louis II, duc de Savoie, I, 106, 183, 276, 329, 345, 354 ; II, 297, 303-308.

Louise de Savoie, I, 355.

Louplande, terre, I, 30.

Louppy, terre, I, 128.

Louvet, conseiller de Charles VII, I, 42, 44.

Louviers, ville, I, 259, 260.

Lowe (Nicolas), I, 234, 311.

Loyau (prés de), près d'Angers, I, 304.

Loys (Jean), page, II, 368.

Luc, terre, en Provence, I, 104.

Lucera, ville, I, 190, 206 ; II, 244, 245.

Lucques (Jacques de), secrétaire de Pie II, I, 292.

Luddes (Ferry de), chevalier, I, 97, 133.

Lude (Jean du), secrétaire de René, I, 437, 496.

Luillier (Imbert), clerc des comptes, I, 460.

Luillier (Jean), drapier, I, 317.

Luna (Alvar de), connétable de Castille, I, 320.

Lunel : terre et comté, I, 21, 38, 226 ; ville, I, 228.

Lurcourt (Bertrand de), écuyer, I, 85, 98.

Lusignan (Anne de), duchesse de Savoie, I, 106.

Luxembourg, duché, I, 312.

Luxembourg (Isabelle de), comtesse du Maine, I, 21, 253.

Luxembourg (Jean de), comte de Ligny, I, 21, 62-64, 71, 103 ; II, 217.

Luxembourg (Louis de), comte de Saint-Pol, I, 104, 129, 231, 236, 243, 245, 253, 259, 404 ; II, 161, 176, 256.

Luxembourg (Pierre de), sire d'Enghien, I, 90.

Lyon : foire, II, 380 ; ville, I, 96,

253, 257, 259; II, 107, 369, 375; conférences de Lyon, I, 406-413, 436, 502.

Macia ou Mazia (Marguerite), dame napolitaine, I, 170, 199.
Madeleine (sainte), I, 253, 547; II, 48, 55, 138; peinte, II, 76, 378; sculptée, II, 21, 99, 106; en orfévrerie, II, 115, 376.
Madeleine d'Anjou, fille naturelle de René, I, 435.
Madeleine de France, fille de Charles VII, I, 229, 258.
Madeleine (la), église, à Angers, II, 66; à Naples, II, 176.
Maggio (Junien), savant italien, II, 182.
Mai (Alison du), I, 61, 65, 68, 80.
Maillé-Brézé (Gilles de), I, 533.
Maillezais, diocèse, I, 132.
Maine : comté, I, 9, 36, 39, 131, 245, 249-252, 371, 408, 436, 448, 474, 516, 521; II, 205-209, 252, 258; comtes, II, 193 (v. Charles).
Majorque : île, I, 378; royaume, I, 17, 18, 24, 26, 237, 457; II, 338; poteries de Majorque, II, 131.
Malatesta (Sigismond), capitaine italien, I, 339.
Mallelièvre (sire de), I, 498.
Manerbio, ville, I, 280.
Manfredonia, ville, I, 206.
Manget (Jean), doyen de Saint-Dié, II, 176.
Mans (le) : évêque, I, 22; vidame, I, 21; ville, I, 12, 131, 250-253, 259, 309, 318, 323, 458, 521; II, 102, 252.
Mante (Pierre de), aumônier, I, 500; II, 189.
Mantoue (congrès de), I, 290, 336.
Mappemondes, II, 80, 81, 181, 194.
Marais (Jacques), médecin, I, 513.
Marcello (Jacques-Antoine), savant vénitien, I, 273, 279, 533, 536; II, 186-188, 194.

Marcello (Louis), chevalier, II, 181.
Marche (la), place et seigneurie, en Barrois, I, 123, 494; II, 230.
Marche (Olivier de la), écrivain, II, 178.
Marcoussis, manoir, I, 29, 30.
Marcy (André de), I, 292.
Margerie, dame de la cour de Sicile, II, 8, 44.
Margery, orfèvre (?), II, 376.
Marguerite d'Anjou, reine d'Angleterre : sa naissance, I, 434; alliances projetées pour elle, I, 104, 118, 129; ses fiançailles et son mariage, I, 127, 231-233, 236-238, 249; II, 149, 254; travaille au rétablissement de la paix, I, 250, 258; II, 258, 259; ses revers en Angleterre, I, 342, 374; sa retraite en France, I, 344, 387, 415-418; II, 41, 340, 356-358; legs d'Yolande et de René en sa faveur, I, 227, 270, 382, 392; son testament et sa mort, I, 434; II, 395; mentions, *passim*.
Marguerite de Bavière, duchesse de Lorraine, I, 61, 65, 92, 96.
Marguerite, comtesse de Blois, I, 21.
Marguerite de Duras, reine de Sicile, I, 169, 347, 351.
Marguerite d'Écosse, dauphine de France, I, 232, 243, 248, 320; II, 150, 178.
Marguerite de Lorraine, petite-fille de René, I, 423; II, 374, 378, 380.
Marguerite de Provence, reine de France, I, 348; II, 205.
Marguerite de Savoie, reine de Sicile, I, 51, 107, 354, 365, 419.
Marguerite de Sicile, femme de Charles de Valois, I, 8.
Maria (Simon), proviseur du royaume de Sicile, I, 161.
Marie d'Anjou, reine de France, I, 5-7, 26, 29-31, 35, 48, 132, 227, 244, 246, 251, 304, 335, 342, 408,

111, 117, 121 ; II, 19, 32, 43, 64, 111.
Marie de Blois ou de Bretagne, reine de Sicile, I, 4, 15, 19-21, 35, 346-349, 436.
Marie de Bourbon, duchesse de Calabre, I, 123, 127, 130, 166, 169, 232, 243, 248 ; II, 103, 150.
Marie de Bourgogne, fille de Charles le Téméraire, I, 386-389.
Marie de Castille, reine d'Aragon, I, 208, 259.
Marie de Clèves, duchesse d'Orléans, I, 243, 259.
Marie de France, fille du roi Jean, I, 53.
Marie de Médicis, reine de France, II, 42.
Marie de Sicile, fille de Robert, I, 14.
Maries (saintes), découverte et translation, I, 255 ; II, 56, 122, 139-141.
Muriculle, village, I, 312.
Marigny (sire de), I, 84.
Marine marchande, I, 480-483 ; II, 64, 334, 336 ; militaire, I, 155, 269, 375, 379, 528-530.
Marini (Pierre de), confesseur de René, I, 218, 499 ; II, 18, 130, 162.
Maripetro (Pascal), capitaine vénitien, I, 279.
Marseille : bastide, II, 50, 165, 366, 371, 377, 381 ; églises, I, 517 ; II, 122, 138, 339 ; édifices, I, 528 ; II, 54, 373 ; évêque, I, 334, 420, 530, 544 ; II, 288 (v. Alardeau, Brancas) ; hôtel royal, I, 254 ; II, 45, 373 ; tour, I, 258 ; II, 54 ; ville, I, 134-136, 295-297, 480 ; II, 123, 353, etc.
Marthe (sainte), II, 111, 255 ; peinte, I, 169 ; sculptée, II, 81, 106, 376 ; confrérie de sainte Marthe, à Naples, I, 169.
Martigné (sire de), conseiller, I, 443.

Martigues, ville et terre, I, 35, 37, 226, 251.
Martin V, pape, I, 50, 138, 148 ; II, 211.
Martin, roi d'Aragon, I, 24, 29.
Martin (Jean), chancelier de Provence, I, 135, 151, 268, 296, 405, 487.
Martinez (Pierre), connétable aragonais, I, 217.
Martinis (Jean de), Florentin, II, 123.
Martino (Petrillo de), Napolitain, I, 199.
Marveau (Mossé), médecin juif, I, 34.
Marville : prévôt, I, 85, 99 ; village, I, 312, 316.
Marzano (Marino de), duc de Sessa, I, 203.
Maslives (Jean de), dit Fleur-de-pensée, poursuivant, I, 257, 270, 498.
Massa, ville, près Naples, I, 171, 199, 210 ; II, 424.
Massa-di-Carrara, ville, II, 25.
Matefelon (Guillaume de), I, 10.
Materaye (Jean de la), écuyer, II, 77.
Matheron (Jean de), conservateur des Juifs, I, 318.
Matheron (René de), gouverneur du bâtard d'Anjou, I, 434.
Mathias I, roi de Hongrie, II, 41.
Maurel (Pierre), médecin, II, 183.
Maures de la cour de Sicile, II, 151, 367.
Maurice (saint), I, 531, 534, 536.
Maurille (saint), évêque d'Angers, I, 4 ; II, 137.
Mauruont (Bernard de), conseiller, I, 193.
Mauvoisin (Guyon), I, 20.
Maximilien, duc d'Autriche, I, 421.
Mayden (Philippe), chantre, II, 134.
Mayenne-la-Juhel, seigneurie, I, 10.
Mayence, ville, I, 313.
Mazé, paroisse, II, 63.

Meaux (évêque de), II, 248.
Médailles frappées par René, II, 124-126.
Médicis (Laurent de), I, 422; II, 399.
Médicis (Michel Dyny de), II, 378.
Médicis (Véri de), marchand, II, 130.
Mehun-sur-Yèvre, ville, I, 42, 58.
Melun, ville, I, 16.
Ménagerie d'Angers, I, 219; II, 14-20, 50, 252, 371-373, 375, 378; d'Aix et de Marseille, II, 15.
Ménitré (la), manoir, I, 304, 382; II, 20, 44-47, 65, 81, 98, 100, 130, 398.
Merlin (Nicolas), astrologue, II, 190, 195.
Merlin, secrétaire de René, I, 496.
Messine (Antonello de), peintre, II, 72.
Metz : évêque, I, 67, 85, 90, 98, 104, 111, 114, 121, 234, 239 (v. Bayer); ville, I, 62, 68, 72, 105, 234, 239, 312, 314, 326; guerre de Metz, I, 233-236, 325.
Meubles et ustensiles, II, 130-132, 366-382.
Meuillon (Pierre de), sire de Ribiers, grand écuyer, I, 276, 497, 498, 533 ; II, 352.
Meximieu (sire de), I, 84.
Michel (saint) peint, II, 89; sculpté, II, 21, 99 ; ordre de saint Michel, I, 319, 375, 530, 535.
Michel (Jean), dramaturge, II, 94, 141.
Michel (Pierre), menuisier, II, 52, 381.
Milan : ducs et seigneurs, I, 15, 50; II, 400 (v. Barnabo, Sforza, Visconti); ville, I, 142, 153, 273, 279, 328; II, 432.
Milan (Pierre de), graveur de médailles, II, 125.
Milanais, duché, I, 270-274, 281.
Militaires (réformes et affaires), I, 98, 244, 321-336; II, 252-254, 257, 264, 326-329, 397, 470.

Minorque, île, I, 237.
Mirebeau : château, II, 30, 37; seigneurie, I, 19, 22, 35, 124, 305, 361, 407-409, 434, 503, 526, ville, I, 463, 497; II, 353.
Mirebeau (sire de), I, 84.
Moine (Jean le), bourgeois d'Angers, I, 43.
Moleyns (Adam), doyen de Salisbury, II, 230, 255.
Monaco, château, I 316.
Moncalquier, territoire, à Gap, I, 361 ; II, 314.
Moncoq, village, I, 483.
Mongommery (Thomas), chevalier, I, 415.
Monmeyano, chanoine d'Aix, I, 542.
Monnaies, I, 98, 122, 126, 465, 472; II, 100, 227.
Monnois (forêt de), I, 486, 546.
Mont (Pierre du), évêque de Brescia, légat du pape, I, 232; II, 245-251, 255.
Montaigu, château, I, 319.
Montalais (Alain de), gouverneur de Champtoceaux, I, 498, 499.
Montalais (Mathurin de), grand maître des forêts, I, 486.
Montalais (Robert de), sire du Moulin, maître de l'hôtel, I, 443, 497.
Montargis, ville, I, 327.
Montbéliard, ville, I, 247, 248.
Mont-Cassin, abbaye, I, 158.
Montecler (Charles de), sire de la Bigeotière, I, 526.
Montefusculo (Petrillo de), Napolitain, I, 153.
Montépilloy (combat de), I, 75.
Montereau, ville, I, 133.
Monte-Sacchio, ville, I, 157.
Montespedon (Jean de), sire de Beaupreau, II, 86.
Monteulx (Pierre de), prince d'amour, I, 513.
Monte-Vergine, montagne, I, 188, 192; II, 416, 418.
Montferrat : marquisat, I, 278; marquis, I, 17, 297, 338; II, 273,

TABLE ALPHABÉTIQUE. 527

297 (v. Isabelle, Jacques, Jean).
Montferrat (Guillaume de), I, 199;
II, 273.
Montfort, mercier, II, 378.
Montigny, place, I, 119.
Montivilliers, abbaye, I, 260; draps de Montivilliers, II, 128.
Montils (les), près Tours, I, 231, 271.
Montjean (Jean, sire de), I, 133.
Montlaur (sire de), I, 43.
Montlhéry (bataille de), I, 362.
Montmajour, abbaye, II, 247.
Montmartre, village, I, 76.
Montmirail, terre, I, 79, 104.
Montorio, ville, II, 417.
Montouvron (gué et pont de), II, 63.
Montpellier : seigneurie, I, 17, 18; ville, I, 9, 25.
Montplace (Catherine de), dame de la reine de Sicile, II, 116.
Montplace (Hervée de), dame de la reine de Sicile, I, 306; II, 116, 124.
Montreuil-Bellay, ville, II, 63.
Montrichard, ville, I, 334.
Montsoreau, châtellenie, I, 22.
Morancé (Jean de), huissier d'armes, I, 498.
Moreau (Jacques), sculpteur, II, 22, 102-104.
Morée, principauté, I, 17.
Morice, tailleur, II, 380.
Morin (Martin), II, 36.
Morisque dansée, II, 130, 367, 369, 370; peinte, II, 80, 81 ; représentée, II, 378.
Morley, place et seigneurie, I, 436, 497.
Morosini (Angelo), vice-roi de Sicile, II, 403.
Mort (la) qui pique l'amoureux, tableau, II, 81.
Mortifiement de vaine plaisance, ouvrage de René, II, 162-165.
Morville-sur-Seille, village, I, 312.
Motte-de-Bourbon (pont de la), II, 63, 64.

Mouliherne, bourg, I, 480.
Mousson, seigneurie, I, 60.
Moustier-sur-Saulx, terre, I, 241.
Muret (Jean), conseiller, I, 443, 453; II, 42.
Muret (Nicolas), auditeur des comptes, I, 443, 452.
Musique, II, 133-137, 342, 308, 360, 379.
Mystères et moralités, I, 128, 302 ; II, 144-146, 174, 374.

Nancy, ville, I, 50, 60, 65, 68, 71, 80, 83, 98, 114, 130, 234, 236, 243, 387, 389, 512 ; II, 146, 149, 178.
Nancy (Jean de), écuyer, I, 218.
Nantes : concile, I, 538 ; évêché, II, 246 ; pont, II, 64 ; ville, I, 308 ; II, 100.
Naples : châteaux, I, 24 (v. Castel-Capuano, Castel-Nuovo, château de l'OEuf); églises, I, 347 ; II, 241-243, 428-430; université, I, 167, 550 ; II, 233-239 ; ville, I, 50, 135, 152, 164-177, 263 ; II, 222, 244, etc. ; siège et prise de Naples, I, 207-218 ; II, 246, 424-436.
Napoule (la), village, II, 372.
Nativité (la) de Notre-Seigneur, mystère, II, 143, 144.
Nau (Guichart), gardien du château d'Angers, II, 8.
Navigation, I, 253 ; II, 60-64.
Navire (ordre du), I, 531.
Néron (Jean), clerc de chapelle, II, 134.
Neufchâteau, ville, I, 100, 121, 123, 125, 217 ; II, 229.
Neufchâtel (Henri de), sire de Châtel-sur-Moselle, I, 421.
Neufchâtel (Thibaud de), I, 81.
Neuville, place et seigneurie, I, 123; II, 230.
Neuville (bâtard de), I, 84.
Nevers : comté, I, 231 ; ville, I, 259.

Nice, ville et comté, I, 38, 329, 345-356; II, 303-308.
Nicolas (saint), II, 121; sculpté, II, 100.
Nicolas V, pape, I, 256, 281, 285, 287, 539; II, 194.
Nicolas d'Anjou, duc de Calabre et de Lorraine : est élevé à Angers, II, 46; est fiancé à Anne de France, I, 334-338, 365; commande les troupes royales, I, 372; II, 328; est appelé par les Catalans, I, 379; est institué héritier par René, I, 382; s'allie au duc de Bourgogne, I, 386-388, 422; sa mort, I, 389, 434; mentions, *passim*.
Nicolas d'Anjou, fils de René (?), I, 434.
Nicolas (Jean), orfèvre, II, 115, 116.
Nicolas (les frères), fontainiers, II, 10.
Nicolas, tapissier, II, 113.
Nicon (Guillard), pérolier, II, 56.
Nimes, évêché, II, 251.
Nogent, place, I, 119.
Nogent-le-Rotrou, seigneurie, I, 129.
Nole, ville et comté, I, 187; II, 403, 415.
Normandie : duché et terres, I, 20, 360, 371, 522, 524; draps et drapiers, I, 128, 483; campagne de Normandie, I, 258-261.
Nostredame (César de), historien, II, 196.
Nostredame (Michel de), astrologue, II, 196.
Nostredame (Pierre de), médecin et astrologue, II, 195, 196.
Notre-Dame peinte, II, 80, 81, 98, 369, 376; sculptée, II, 21, 99, 100; en camaïeu, II, 380; en orfèvrerie, II, 373, 376.
Notre-Dame, abbaye, à Angers, I, 4, 347, 348; II, 40.
Notre-Dame de l'Épine (combat de), I, 77.
Notre-Dame de l'Ile, pèlerinage, II, 370.
Notre-Dame de Liesse, église, I, 276, 312.
Notre-Dame de la Mer : église, II, 55, 56; ville, I, 255; II, 130, 140.
Notre-Dame du Mont-Carmel, monastère, à Aix, I, 420, 428.
Notre-Dame de Nantilly, église, à Saumur, I, 6; II, 32, 101.
Notre-Dame de Nazareth, monastère, à Aix, II, 50.
Notre-Dame de Recouvrance, église, à Loudun, II, 37.
Notre-Dame la Riche, église, près Tours, I, 309.
Notre-Seigneur sculpté, II, 106. (V. Crucifix.)
Nouvel (Anthonon), valet, II, 377.
Novi, seigneurie, II, 284, 288.
Noyers (Agnès de), dame de Rimoucourt et de la Voivre, I, 84, 100.
Noze (Jean de la), chevalier, I, 175.

Oche (Jean), capitaine de Peyrolles, II, 54, 381.
Octave (tour d'), près Naples, I, 210.
Odile, dame de la reine de Sicile, I, 306, 497; II, 124.
OEuf (château de l'), à Naples, I, 159, 165, 167, 177-180, 210, 543; II, 408, 423, 431, 433.
Oisy, terre, I, 21.
Orange : évêque, I, 264, 533, 544; II, 86, 135; prince et principauté, I, 83, 84, 120 (v. Châlon); ville, II, 307.
Orci-Nuovi, ville, I, 281.
Orfèvrerie, orfèvres, I, 16, 219, 236, 531; II, 114-126, 252, 366-380.
Orgon, terre, I, 258.
Orléans : ducs (v. Charles, Louis : ponts, II, 57; université, I, 550; ville, I, 46, 70, 259, 314-320, 324; II, 59, 205.
Orriet (Jean), I, 151.

Ousche (Jean) de Hatine, capitaine de Launay, II, 47.
Ouvroin (Jean), chevalier, I, 39.

Padula, ville, I, 195.
Pafenhoffen (Guérard de), bailli de Vaudemont, I, 82.
Page (Jean le), valet de chambre, I, 499.
Paix (confrérie de la), I, 382, 548.
Palazzuolo, ville, I, 280.
Palerme (archevêque de), I, 183.
Palis (le), manoir et terre, I, 263, 302, 430; II, 47, 54.
Pallanti, chevalier florentin, II, 181.
Palmier (Nicolas), marchand, II, 119.
Palu (sire de la), I, 84.
Paluz (Arnoul de la), astrologue, II, 195.
Papot (Philippe), chapelain, I, 500.
Pardiac (comte de), I, 45.
Paris : évêque, I, 290; prévôt, I, 44 (v. Tanneguy du Châtel); ville, I, 29, 40, 70-76, 252, 321, 349; II, 134, 135, etc.; hôtels et biens du duc d'Anjou à Paris, I, 20, 409, 500; II, 361; tapisseries de Paris, II, 109, 110.
Paris et Vénus, tableau, II, 84.
Pas de Saumur (le), tableau, II, 75, 76.
Paspargnet (Conrad), chevalier, I, 152.
Pasquier (Jean), maître-queux de Louis XI, I, 412.
Passavant, château et ville, I, 67, 97.
Passefillon, serviteur de René, II, 369.
Passion (la), mystère, I, 128; II, 141, 142; Passion sculptée, II, 106.
Pastis (Jean du), huissier de salle, I, 427.
Paul II, pape, I, 495, 541.
Paulus (Jacquemin), concierge de Rivettes, I, 498; II, 43.

Pavie, ville, I, 279; II, 406.
Payen ou Pagano (Antonello), secrétaire de René, I, 377, 443, 495; II, 283.
Payen (Jean), receveur, I, 484.
Pazzi (Alaman de), banquier florentin, I, 220.
Pazzi (André de), I, 220.
Pazzi (Antoine de), ambassadeur de Florence, I, 270.
Pazzi (Jacques de), chevalier, I, 220, 533; II, 54.
Pazzi (Michel de), banquier, I, 220; II, 110, 119.
Pazzi (Pierre de), I, 220.
Pazzi (René de), négociant, I, 220; II, 123.
Péan (Hugues), magistrat, I, 508; II, 286.
Pedro (don), infant d'Aragon, I, 140, 147, 175-177, 207; II, 402, 406-408, 430.
Pedro (don), infant de Portugal, I, 366, 368.
Pedro (Zohanne), émissaire du roi d'Aragon, I, 183.
Peinture, peintres, I, 169, 236, 262, 392; II, 20-26, 69-99, 155, 366-380; peintures de René, II, 21, 40, 69-87; peinture sur verre, I, 95; II, 13, 26, 66, 87, 110.
Pelaut (Yves), médecin, I, 515.
Peletier (Guillaume le), orfévre, II, 116.
Peletier (Maurice le), médecin, I, 515.
Pelicits (Guillaume de), chirurgien, I, 500.
Pelosa (combat de la), près Bénévent, I, 191, 194; II, 418.
Pembrock (comte de), I, 343.
Pennart (Olivier de), confesseur de Jeanne de Laval, I, 306.
Penthièvre (comtes de), I, 4, 20; II, 328.
Perche : comte, I, 371; II, 325; pays et terres, I, 70, 104.
Périer (Jean du), dit le Prieur, dra-

maturge, II, 143, 174-176, 189, 374.

Periz (André), marin portugais, II, 331.

Péronne (traité de), I, 373.

Pérouse, ville, I, 150, 201.

Peroye ou Parroye (Ferry de), chevalier, I, 97, 114, 443.

Perray-Neuf (le), abbaye, I, 546.

Perrigaud (Nicolas), chanoine, II, 212.

Perrot (Jean), abbé de la Toussaint, I, 392, 499, 546.

Perrot, valet d'écurie, I, 498.

Perroteau (Pierre), ciergier, I, 499.

Pertuis : manoir, I, 254, 305, 404 ; II, 53, 300 ; ville, II, 353.

Pérugin (le), peintre, I, 87 ; II, 72.

Petit-Jean, drapier, II, 380.

Petit-Mont ou Petit-Puy (chapelle du), à Baugé, II, 34.

Pétrarque (François), poëte, II, 181.

Peyrolles, château, II, 54, 377.

Phelippot, nain, II, 150, 152, 367.

Philbert, barbier, II, 373.

Philelphe, grammairien, II, 180.

Philelphe (Marius), juge du palais, II, 180.

Philippe-Auguste, roi de France, I, 8.

Philippe de Valois, roi de France, I, 8, 9, 13, 20 ; II, 58.

Philippe le Bon, duc de Bourgogne, I, 30, 40, 43, 47, 62-64, 80, 84, 90-133, 246-248, 344 ; II, 15, 87, 111, 161, 220-233 ; etc.

Philippe le Hardi, duc de Bourgogne, I, 9, 12, 349-351.

Philippe de Gueldres, reine de Sicile, II, 82, 83.

Philippe, bâtard de Navarre, II, 99.

Philippe de Savoie, I, 354.

Philippe, comte de Vertus, I, 30.

Picart (Jean le), architecte, II, 31, 46.

Piccinino (Jacques), capitaine italien, I, 291, 340 ; II, 434.

Piccinino (Nicolas), capitaine italien, I, 202 ; II, 245.

Piccolomini (Antoine), neveu de Pie II, I, 289 ; II, 433.

Pie II, pape, I, 289-295, 336-339, 342, 535, 538-541 ; II, 287, 296, 433.

Piémont, comté, I, 17, 338, 348, 355 ; II, 297.

Pierre II, duc de Bretagne, I, 221.

Pierre de Coimbre, roi d'Aragon, I, 17 ; II, 318.

Pierre, tabourin, II, 367, 368.

Pierre (Catherine), dame de la duchesse de Calabre, II, 379.

Pierre (Charlot), valet de chambre, I, 498 ; II, 124.

Pierrefort, seigneurie, I, 58.

Pin (bastide du), près Marseille, II, 371.

Pincé (famille de), II, 13.

Pinel (Jean), drapier, I, 483.

Piombino, ville, II, 433.

Pise : concile, I, 28 ; ville, II, 432.

Pizzofalcone, roc, à Naples, I, 159, 178, 210 ; II, 423.

Plaisance, ville, I, 153, 281, 283.

Plessis (Antoine du), chevalier, I, 533.

Plessis (Jacques du), sire de la Bourgongnère, I, 520.

Plessis-Bourré (sire du), officier de Louis XI, I, 400.

Pocé, terre, I, 36.

Pogge (le), écrivain, II, 182.

Poirsonnetty, échevin de Toul, I, 85.

Poissonnière (Pierre de la), lieutenant du juge d'Anjou, I, 399, 443.

Poitiers : diocèse, I, 132 ; ville, I, 44, 229, 308, 445 ; bataille de Poitiers, I, 9, 12.

Poitiers (Aymar de), sire de Saint-Vallier, sénéchal de Provence, I, 513 ; II, 417.

Poitiers (Charles de), gouverneur de Provence, I, 164.

Poitou, comté, I, 19, 41, 261, 308, 318, 321, 358, 372 ; II, 328.

Police, I, 168, 511-519 ; II, 301, 233-239.

Poncarale, ville, I, 280.
Poncet (Jean), sculpteur, II, 99, 100, 103.
Poncet (Pons), sculpteur, II, 22, 28, 32, 100-104.
Pons-sur-Senne, terre, en Hainaut, I, 35.
Pont-à-Mousson : seigneurie et marquisat, I, 55, 58, 60, 118, 123, 226, 242, 392; II, 230; ville, I, 71, 99, 121, 128, 233, 235, 239, 270, 306; II, 82.
Pont (Cotignon du), secrétaire de René, I, 496, 498.
Pont (Robert du), architecte, II, 43.
Pont-de-l'Arche, ville, I, 260.
Pont-Sainte-Maxence, ville, I, 75.
Pontadera (François de), capitaine napolitain, I, 175.
Pontevez (Baptiste de), sire de Cotignac, I, 405, 497, 528.
Pontevico, ville, I, 280.
Pontron, abbaye, II, 391, 392.
Pontmain, terre, I, 19.
Pontolio, ville, I, 280.
Ponts-de-Cé : château, I, 308; II, 35, 65; écoles, I, 552; ponts, II, 57, 60; ville, I, 43, 397, 414, 453, 472, 477, 486, 497; II, 42-44, 177, 387.
Porc (Antoine), prêtre sarde, II, 341.
Porcher (Jean), maître de la chambre aux deniers, I, 37.
Porchester, ville, I, 238.
Porto-Pisano, ville, I, 146, 164, 204, 219.
Portugal (capes de), II, 128, 378.
Porzano, ville, I, 280.
Potin (Guillaume), chapelain, I, 500.
Poulevain (Ambroise de), maître de l'hôtel, I, 497.
Pouzzolane, sable, I, 150.
Pouzzoles, ville, I, 153, 170, 210; II, 416, 423.
Poyet (Jean), peintre, II, 89, 91.
Préau (Jean), conseiller, I, 447; II, 398.
Précigné, seigneurie, I, 19.

Prédication de la Madeleine, tableau, II, 70, 76.
Prény ou Prégny, château et ville, I, 123, 125, 248; II, 220, 230.
Préselot (Jacobello), fourrier, I, 499.
Prévost (Jacques le), médecin, I, 515.
Prieur (Briend), conseiller, I, 449, 552; II, 211.
Prieur (Jean le), dramaturge. (V. Périer.)
Proissay (Jean de), précepteur de René, I, 32, 60, 63, 74.
Proisy (Clérambault de), conseiller, I, 443.
Provence : comté, I, 13, 14, 22, 345-349, 379-383, 410-412, 422-425, 479-491, 501-519, 537-546; II, 86, 133, 304-307, 338, etc.; édifices, II, 50-56; descriptions et vues de Provence, II, 80, 194.
Provence, héraut, I, 498; II, 378, 404.
Provins, ville, I, 74; roses de Provins, II, 36.
Provost, conseiller, I, 443; II, 270.
Puget (Raymond), conseiller, I, 291, 389, 443.
Puget-Téniers, seigneurie et ville, I, 348, 354; II, 304, 307.
Puig (Pierre), secrétaire de René, I, 495.
Puisieu (Gui de), archevêque de Vienne, I, 404; II, 359.
Puits (Antoine du), I, 278.
Pulligny (Jean de), chevalier, I, 97.

Quarte, terre, en Hainaut, I, 35.
Quidance (Jean), sommelier, I, 499.

Rabolin (Ligier), orfèvre, II, 117.
Raguier (Jean), receveur, I, 415.
Raines, terre, en Hainaut, I, 35, 123; II, 232.

Rairies (les), ou la Rarie, village, II, 61.
Rais (Gilles de), maréchal de France, I, 40, 221, 318.
Rais (Marie de), I, 221.
Rajasse (la), seigneurie, I, 20; II, 21.
Raoul, duc de Lorraine, I, 21.
Raoulin (Antoine), orfèvre, II, 117.
Raoulin (Charlot), orfèvre, II, 116, 117, 531, 534.
Raoulin (Guillaume), orfèvre, II, 117.
Raoulin (Pierre), orfèvre, II, 117.
Rapiot (Jean), magistrat, I, 306.
Rayneau (Guillaume), clerc des comptes, I, 443, 440, 452, 469, 496; II, 270.
Razilly (pas de), II, 146, 147.
Ré (île de), seigneurie, I, 20.
Réal (Guillaume), dit Courcoul, maître-queux, I, 499; II, 380.
Réaulte (Jean de la), chanoine, II, 384.
Reculée, manoir, I, 382, 417, 552; II, 18, 39-41, 66, 77, 130, 137.
Reggio, ville, II, 246.
Regnault (Hervé), président du conseil d'Anjou, I, 447; II, 384.
Reynault et Jeanneton, poëme de René, I, 298-301; II, 168-172.
Reims : archevêque, I, 106, 115, 122, 246, 250, 257; II, 224, 250 (v. Laval, Ursins); ville, I, 72, 240, 246, 311, 333.
Remédie, livre scolaire, I, 553.
Remegen (Jacques de), marchand, II, 54.
Rémicourt (Jean de), sénéchal de Lorraine, I, 66.
Remiremont, abbaye, I, 108.
Renardon, marchand, II, 378.
René (saint), évêque d'Angers, I, 4, 35; II, 21, 84, 137.
René, roi de Sicile, duc d'Anjou, etc.: sa vie, I, 3-437; son administration, I, 441-554; ses travaux artistiques, I, 95; II, 3-152; ses œuvres et ses connaissances littéraires, II, 153-197; ses armoiries, I, 369; II, 161; sa signature et ses sceaux, I, 373, 491-494; sa figure dessinée, peinte ou sculptée, II, 80, 84, 94, 99, 104, 116, 119, 125, 126.
René II, duc de Lorraine; son avénement, I, 390; ses démarches en faveur de son aïeul, I, 390, 393; combat le duc de Bourgogne, I, 401, 404; gouverne le duché de Bar, I, 418-420; est nommé sénéchal et capitaine d'Angers, I, 502, 527; prétend aux successions de Provence et de Naples, I, 412, 424, 451; II, 82-84; mentions, *passim*.
René d'Anjou, fils du roi René (?), I, 434.
Renée, fille de la cour de Sicile, II, 367.
Renoué, terre, I, 20.
Résurrection (la), mystère, II, 142, 143.
Rhodes (île de), II, 250.
Ribeaupierre (sire de), I, 85.
Riccio, capitaine italien, I, 202; II, 245, 403, 406.
Rich (Jean), chevalier, I, 109.
Richard Cœur-de-Lion, roi d'Angleterre, I, 546.
Richelieu, ville, II, 21.
Richemont (Arthur, comte de), connétable, puis duc de Bretagne, I, 43, 110, 115, 122, 221, 243; II, 161.
Richenstein, ville, I, 109.
Richomme (Pierre), conseiller, I, 443; II, 270.
Rigau (Antoine), religieux, II, 339.
Rill (Béranger de), capitaine aragonais, I, 209.
Rimoncourt, château, I, 100.
Ripaille, village, I, 255.
Riu-Major (Bernard de), I, 217.
Rive (la), métairie, I, 303; II, 38.
Rivettes, métairie et manoir, II, 19, 39, 43, 65.

TABLE ALPHABÉTIQUE.

Roado, ville, I, 281.
Roanne, ville, I, 253, 259; II, 64, 113, 387.
Robert, roi de Sicile, I, 13, 23, 353.
Robert, duc de Bar, I, 53; II, 226.
Robert (Jean), maître des œuvres, II, 53, 56, 66.
Robertet (Jean), poëte, II, 87.
Robin (Alexandre), architecte, II, 66.
Robin (André), peintre sur verre, II, 13, 66, 110.
Robin (Guillaume), maître des œuvres, II, 7, 13, 33, 43, 65.
Robin (Pierre), médecin, I, 500; II, 44, 379.
Robin (Tristan), garde de la monnaie, I, 500.
Roche-au-Duc (la), terre, I, 19, 22; conférence de la Roche-au-Duc, I, 358; II, 309-312.
Roche-Mabile (la), terre, I, 20, 21.
Roche-sur-Yon (la) : forêt, II, 13 ; seigneurie, I, 35, 131, 252, 308, 407-409, 414, 484; II, 361; ville, I, 325; II, 134.
Rochefort, terre, près d'Hirson ; I, 21, 22.
Rochefort, village, près Dôle, I, 94.
Rochefort (Charles de), écrivain supposé, II, 166.
Rochelle (la), ville, I, 320, 397.
Rocher (Jean de), secrétaire de René, I, 496.
Roches (Guillaume des), I, 4.
Roches (dame des), II, 353.
Rodemack (Jean de), chevalier, I, 85, 91, 100, 247.
Rodolphe, comte de Linange et de Richecourt, I, 97.
Roger (Guillaume), vicomte de Turenne, I, 376; II, 34, 35.
Roger (Raymond), vicomte de Turenne, I, 23, 376. (V. Turenne.)
Roger, peintre, II, 87.
Roger, trompette, I, 217.
Roger, valet de chambre, I, 499.

Rohaut (Colart), maître de l'hôtel, I, 133.
Roi advenir (le), mystère, II, 113, 174.
Roi mort (le), tableau, II, 21, 24, 72-75, 84, 92.
Roland (sire de), I, 84.
Rolin (Nicolas), chancelier de Bourgogne, I, 107, 115-119, 123 ; II, 220-222, 232.
Rolin (Nicolas), fils du chancelier, II, 232.
Romain (cardinal), I, 202; II, 247.
Romarin, héraut, I, 498.
Rome, ville, I, 28, 150, 257, 267, 316, 321, 338, 420; II, 296; rue de Rome peinte, II, 98, 366.
Roncin (le), chevalier, I, 39.
Roquette (la), terre, I, 258.
Rosan (Antonello de), délégué de René à Tunis, I, 481.
Rosay, village, I, 483.
Rosières : salines, I, 218; ville, I, 234.
Rosmital (Léon de), seigneur bohémien, II, 192.
Rotzenhausen (Hartman de), chevalier, I, 85, 99.
Roucy (comté de), I, 21, 22.
Roucy (Isabelle de), I, 19, 21, 36.
Roue (la), abbaye, II, 391.
Rouen : bailli, I, 290; cardinal, I, 294; échiquier et vicomté, I, 22; ville, I, 69, 238, 260, 311, 415; draps de Rouen, II, 128.
Rouge (Jean le), argentier, I, 443, 465.
Roumanie, principauté, I, 17.
Roussel (François), tabourin, II, 135.
Roussillon, comté, I, 17, 457.
Roussillon, ville, II, 368.
Roux (Olzyas), capitaine de Saint-Cannat, II, 54.
Rovère (cardinal de la), légat du pape, I, 413.
Roy (Pierre le), dit Benjamin, vice-chancelier, auditeur des comptes,

I, 392, 405, 413, 443, 450, 467, 488, 496, 534, 536; II, 40, 300, 310.
Royer (Jean le), clerc des comptes, I, 450; II, 299.
Ruelle (Guillaume), II, 65.
Ruffi (Nicolas), comte de Cotrone, I, 38.
Rumilly, ville de Savoie, I, 351.

Sablé, baronnie, I, 19, 131, 252, 408; ville, I, 221, 253, 546.
Sables d'Olonne (les), terre, I, 20; ville, I, 308.
Sacchettiello, soldat napolitain, I, 213.
Sacre (fête du), II, 137.
Saignet (Guillaume), seigneur de Vaucluse, I, 154, 350.
Sailly (Guillaume de), clerc des comptes, I, 460.
Saint-Antoine, monastère, à Pont-à-Mousson, I, 233.
Saint-Antoine de Viennois, abbaye, I, 549.
Saint-Aubin, abbaye, à Angers, I, 443, 449; II, 60, 211, 391.
Saint-Aubin (île), aux Ponts-de-Cé, II, 35.
Saint-Augustin-lès-Angers, village, II, 43.
Saint-Bernardin, chapelle, à Angers, I, 276, 428, 436, 547; II, 23, 25-27, 173, 392-394.
Saint-Brieuc, évêché, II, 246.
Saint-Cannat, seigneurie, I, 435; ville, I, 392.
Sainte-Catherine-du-Mont, près Rouen, I, 260.
Sainte-Claire, couvent, à Aix, II, 50; à Naples, I, 153; à Pont-à-Mousson, II, 82.
Sainte-Croix, église, à Loudun, II, 37; à Strasbourg, I, 109, 276.
Saint-Denis en France : basilique, I, 91; ville, I, 76, 238.

Saint-Elme (fort), à Naples, I, 210, 217; II, 244, 427.
Saint-Félix, abbaye, à Girone, I, 499.
Saint-Florent de Saumur : abbaye, I, 546; II, 62, 92, 98, 111, 391; châtellenie, I, 526.
Saint-Georges, abbaye, à Nancy, I, 65, 80, 457; II, 391.
Saint-Georges (sire de), lieutenant de Charles VII, I, 240.
Saint-James-de-Bevron, ville, I, 20.
Saint-Janvier (porte), à Naples, I, 153, 213; II, 431.
Saint-Jean, abbaye, à Angers, I, 41, 545, 550; II, 391.
Saint-Jean, église, à Besançon, I, 120; à Naples, I, 214; II, 431.
Saint-Jean (tour), à Marseille, I, 258; II, 54.
Saint-Jérôme, ermitage et bastide, près Marseille, II, 55, 105, 381.
Saint-Julien, abbaye, à Tours, I, 232.
Saint-Julien, église, à Angers, I, 383; II, 391.
Saint-Laud, église, à Angers, I, 427, 545; II, 38, 48, 387-391; croix de Saint-Laud, I, 405; II, 359.
Saint-Laurent, église, à Florence, I, 219; II, 252.
Saint-Laurent, monastère, à Naples, I, 170.
Saint-Laurent-des-Mortiers, seigneurie, I, 135, 393, 496.
Saint-Lô, ville, I, 483; II, 87.
Saint-Louis, monastère et chapelle, à Marseille, I, 499, 547; II, 55, 339, 353.
Saint-Loup (Jean de), chevalier, I, 97, 128.
Saint-Mainbœuf, église, à Angers, II, 391.
Saint-Marc, château, en Provence, I, 500.
Sainte-Marie (André de), architecte, II, 53.
Saintes-Maries, ville. (V. Notre-Dame de la Mer.)

Sainte-Marthe, église, à Tarascon, II, 53.
Saint-Martin, église, à Angers, I, 545; II, 391; à Tours, I, 41, 232, II, 94, 256.
Saint-Maur (fort de), en Anjou, I, 473; II, 30.
Saint-Maur (traités de), I, 42, 364.
Sainte-Maure (pierre de), II, 61.
Sainte-Maure (Jean de), baron de la Haie-Joullain, II, 86.
Saint-Maurice, église cathédrale, à Angers, I, 4, 16, 28, 33, 43, 227, 427, 436, 445, 453, 534; II, 13, 20-26, 65, 71, 73, 78, 138, 387-392, etc.
Saint-Maurille d'Esme (pont de), II, 61.
Saint-Maximin : monastère, I, 276, 427, 547; II, 55, 183; ville, II, 134, 378.
Sainte-Menehould, ville, I, 412.
Saint-Mihiel : bailli, I, 82; ville, I, 110, 366.
Saint-Nicolas, abbaye, à Angers, I, 301; II, 391.
Saint-Nicolas, pèlerinage, près Nancy, I, 68, 98; II, 121.
Saint-Paul, église, à Marseille, II, 138.
Saint-Paul Trois-Châteaux : évêque, I, 257; préceptorerie, I, 543.
Saint-Pierre, église, à Angers, I, 545; II, 391; à Avignon, I, 547; à Rome, I, 267; à Saumur, II, 23, 78, 93-95, 104.
Saint-Pol (comte de), I, 82, 83. (V. Luxembourg.)
Saint-Privat, bourg, I, 310.
Saint-Rambert, ville, II, 368.
Saint-Remi : seigneurie, I, 35, 263, 435; ville, I, 392, 410; II, 117, 353.
Saint-Sauveur, église, à Aix, I, 426; II, 387.
Sainte-Ségoleine, église, à Metz, I, 314.
Saint-Serge, abbaye, à Angers, II, 391.

Sainte-Sophie (porte), à Naples, I, 212, 214; II, 431.
Saint-Thugal, église, à Laval, I, 436.
Saint-Victor, abbaye, à Marseille, I, 495, 542.
Saint-Vincent (tour), à Naples, II, 431; en Provence, I, 352.
Saint-Waast, église, à Arras, I, 115.
Saintes (évêque de), I, 337.
Saintré (Jean de), II, 152.
Sala (Pierre), officier de Louis XI, I, 323.
Salerne, ville, I, 152, 157, 170.
Salerne (prince de), I, 213.
Salins, ville, I, 93; II, 229.
Salle (Antoine de la), écuyer et poëte, II, 176.
Salle (Jean de la), maître de l'hôtel, I, 290, 443, 497; II, 176.
Salleberry (Évrard de), chevalier, I, 91.
Salm (comte de), I, 85, 91, 97.
Salomon (Abraham), médecin, I, 518.
Saluces (marquisat de), I, 355; II, 297. (V. Louis II.)
Sanche (Pierre), chevalier aragonais, I, 214; II, 425, 426.
Sandocourt, village, I, 83, 86.
San-Martino, chartreuse, à Naples, I, 168, 170, 199, 547; II, 241.
Sannazar (Jacques), chevalier, I, 175.
San-Severino (Robert, comte de), I, 333; II, 433, 435.
San-Severino (Diane de), II, 244.
Santa-Maria-Donna-Regina, abbaye, à Naples, I, 215, 218; II, 431.
Sant-Angelo de Scala, ville, I, 188.
Sant-Angelo (comte de), I, 215; II, 431.
Sant-Arcangelo, château, près Naples, I, 180.
San-Zeno, ville, I, 280.
Sarno (bataille de), I, 293; II, 434.
Sarrebruck (Robert de), damoiseau de Commercy, I, 67, 69, 72, 81,

85, 89, 98, 100, 110, 123, 240.
Sartic (Martin), chevalier portugais, I, 177.
Saulcy (Colart de), chevalier, I, 81, 85, 91, 97, 121, 123, 125, 248; II, 229.
Saulx, seigneurie, I, 58.
Saulx (madame de), II, 8.
Saulzeny (Baudevin), chevalier, I, 85, 100.
Saumoussay (dame de), I, 235; II, 282.
Saumur : château, I, 469; II, 76, 149, 161; édifices, II, 23, 30-33, 65; églises, II, 93-95, 101, 104; élection, I, 524; ponts, II, 57, 62; seigneurie, I, 35, 263, 304, 407; II, 205, 280; ville, I, 473, 477; II, 282, 352, etc.; pas de Saumur, I, 258; II, 75.
Savigny (Ferry de), chevalier, I, 97, 443.
Savoie (comtes et ducs de), I, 345-356. (V. Amédée, Louis.)
Savone, ville, I, 328, 330.
Scafati, ville, I, 153, 172, 174; II, 402.
Scaffa (Jean-Luc), seigneur de Taleru, I, 498.
Scalles (Jacques), orfèvre, II, 118.
Scanderbeg, roi d'Albanie, I, 295.
Scarinei, corsaire, I, 530.
Sceaux de René, I, 491-494; II, 332; divers, I, 395, 398, 484, 534; II, 110.
Schultz (Jean), chevalier, I, 85, 98.
Sculpture, sculpteurs, II, 20-26, 32, 99-107, 370, 371, 375, 378, 380.
Sébastien (saint) sculpté, II, 81, 100; en cristal, II, 375.
Sebille (Guillaume), lionnier, II, 17.
Sée (Jeanne de), nourrice de Charles d'Anjou, I, 253.
Segré, ville, I, 42.
Séguier (Antoine), II, 381.
Seigneulle, village, II, 134.
Selles-en-Berry, ville, I, 42.

Senas (Thomas de), maître de l'hôtel, I, 497.
Senlis, ville, I, 75.
Séraucourt (Jean de), capitaine de Tarascon, I, 498; II, 53.
Séraucourt (Regnauld de), lieutenant de Tarascon, II, 53.
Sernon (Thomas de), conseiller, I, 443.
Sessa, ville, II, 435.
Sessa (Antoine, duc de), I, 140; II, 429.
Setanti (Antoine), capitaine de marine, I, 379, 520.
Sevin (Pierre), I, 317.
Sez (sire de), I, 84.
Sforza (Alexandre), capitaine italien, II, 421.
Sforza (François), duc de Milan, I, 142, 164, 172, 203-207, 270-288, 336-338; II, 81, 180, 239, 260-278, etc.
Sforza (Galéas-Marie), duc de Milan, I, 381; II, 350.
Sicile (île de), I, 24, 140.
Sicile (royaume de), I, 13, 15, 24, 46, 112-114, 134-223, 333-342, 422-424, 490-492; II, 128, 135, 211, 220, 233-248, 290, 350, 401-436, etc.
Sicile, roi d'armes, I, 498.
Sierck (Arnoul de), seigneur de Monsberg, I, 67, 97.
Sierck (Jacques de), chancelier, protonotaire apostolique, I, 100, 114, 117, 121, 164, 313, 326, 443, 487.
Sifflet (Micheau), valet de la garde-robe, I, 499.
Sigismond, empereur d'Allemagne, I, 93-95, 108, 351.
Silva (Ferrand de), panetier, I, 499.
Simon, comte de Salm, I, 97.
Simon (Jean), magistrat, I, 506.
Simonetta, capitaine italien, I, 293; II, 434.
Siquenville (Jean de), capitaine de gens d'armes, I, 318, 323.

Sisteron, ville, I, 276.
Sixte IV, pape, I, 413, 424, 543.
Soissons, ville, I, 74.
Solliès, ville, II, 151.
Solliès (sire de), grand président de Provence, I, 394.
Solsona (Bérenger), confesseur de René, I, 499, 547.
Sorel (Agnès), I, 48, 228, 244, 260; II, 124.
Sorges, port et pêcheries, II, 59, 64.
Sorrente, ville, I, 171, 210; II, 424, 428.
Sourches (Antoine de), dit Malicorne, sire de Maigné, I, 395, 400, 527.
Souvigné (Aimeri de), écuyer, II, 47.
Souvigny, ville, II, 103.
Spinola (Barthélemi), Génois, I, 269.
Spinola (François), I, 147.
Spinola (Zacharie), syndic de Gênes, I, 156.
Spinolis (Spinola de), maître de l'hôtel, I, 497, 499; II, 50, 124.
Spolète, duché, I, 150; ville, I, 158.
Squarsafico (Raphaël), proviseur du royaume de Sicile, I, 161.
Stenay, seigneurie, I, 57, 382.
Stilleur (Jean le), maître rational, I, 218.
Strasbourg : évêque, I, 67; ville, I, 109, 276.
Stroza (Onofrio), savant florentin, II, 181.
Stuffe (Guillaume), chevalier, I, 85, 99.
Suffolk (William Pole, comte de), I, 42, 230, 232, 236, 250; II, 255.
Sulmona, ville, I, 152, 172, 191, 193, 206; II, 403, 421.
Summonte, ville, I, 188.
Suze, seigneurie, I, 258.
Suze (M. de la), procureur du roi de France, I, 119.
Symphorien (saint); ses reliques, II, 121.

Tagliacozzo (comte de), capitaine romain, I, 202.
Taillebourg, village, I, 261.
Talamer (Geoffroy), secrétaire de René, I, 496.
Talent, forteresse, près Dijon, I, 93.
Talmont, châtellenie, I, 20.
Talon (Raymond), magistrat, I, 183.
Tamari (François), religieux, II, 315.
Tambonneau (Michel), maître des comptes, I, 400.
Tancarville (Guillaume de), I, 527. (V. Harcourt.)
Tapisseries, II, 109-113, 372, 374, 376.
Taradeau, seigneurie, II, 118.
Tarascon : château, I, 254; II, 81, 89, 112, 177, 372, 376; édifices, II, 52; ville, I, 34, 37, 251, 303, 487; II, 60, 117, 353, etc.; pas de Tarascon, I, 258, 298.
Tarasque (jeux de la), II, 138, 141.
Tarente : principauté, I, 20; princes, I, 140, 152, 172, 185, 293; II, 402, 406, 429, etc.; ville, I, 28.
Tarente (Marguerite de), I, 17.
Tarraca (Gabriel), organiste, II, 137, 342.
Tassin, chantre, II, 134.
Teillaie (Jean de la), auditeur des comptes, I, 450; II, 299.
Tende, comté, I, 352.
Ternay, terre, I, 434.
Terracine, ville, I, 266.
Terrien (Simon), chapelain, I, 499; II, 369.
Testardière (la), métairie, I, 5.
Tewkesbury (bataille de), I, 415.
Théodolet, livre scolaire, I, 553.
Thérouanne (cardinal de), I, 267.
Thibault (Jamet), huissier des comptes, I, 452.
Thomacelli (Pirrus), abbé du Mont-Cassin, I, 158.

Thomas, valet de la garde-robe, II, 376.
Thomassin, tapissier, II, 113.
Thonne-le-Thil (Jean de), seigneur de Villette, I, 316.
Thouars : grands-jours, I, 506, 551 ; vicomtes et ducs, I, 20, 43, 47 ; II, 85.
Tichemont, seigneurie, I, 316.
Tiffauges, bourg, I, 221.
Tiphaine la Magine, nourrice de René, I, 6, 32, 304 ; II, 32, 101.
Todesco (Gerardo), conseiller de la reine de Sicile, I, 157.
Torchart (Jean), I, 43.
Torigny, ville, I, 483.
Torreilles (Charles de), capitaine de marine, I, 379, 481, 529 ; II, 337.
Torreilles (Jean de), comte d'Iscla, vice-gouverneur de Catalogne, I, 370, 529 ; II, 337.
Torreilles (Michel de), archidiacre de Barcelone, I, 543.
Torrille (Raphaël), consul à Gênes, II, 342.
Touche (Hardouin de la), sire des Roches, I, 443.
Toul : église, I, 80 ; évêque, I, 95, 128, 544 (v. Henri de Ville) ; ville, I, 62, 67, 85, 133, 234, 364.
Toulon : château, II, 54 ; évêque, I, 257, 410, 466, 544 ; II, 285 ; port, I, 529 ; ville, I, 348 ; II, 375.
Toulon (Jean de), écuyer, I, 254.
Toulongeon (Antoine de), maréchal de Bourgogne, I, 77-90.
Toulouse : évêque, I, 119 ; ville, I, 49, 227.
Tour (Agnet de la), vicomte de Turenne, I, 376. (V. Turenne.)
Tour (Charles, sire de la), I, 19.
Tour (Christophe, sire de la), II, 39.
Tour (Willelm de la), chevalier, I, 85, 91.
Tour d'Auvergne (sire de la), I, 43, 44.
Touraine, duché, I, 18, 43.

Tournai (Hennequin de), capitaine de gens d'armes, I, 236.
Tournai (Marguerite de), I, 99.
Tourneville (Guillaume), archiprêtre, auditeur des comptes, I, 302, 443, 452, 496 ; II, 42, 121.
Tournois et joûtes, I, 237, 243, 258 ; II, 126, 146-149, 156, 380 ; *Livre des tournois*, I, 252 ; II, 84, 126, 154-157, 189.
Tours : archevêque et diocèse, I, 132, 538 ; II, 240 ; péage, I, 21 ; ville, I, 32, 228, 318, 464 ; II, 66, 94, etc.
Toussaint (abbaye de la), à Angers, II, 46, 391.
Tréguier, évêché, II, 246.
Trémoïlle ou Trémouille (Georges de la), favori de Charles VII, I, 45, 47, 74, 130.
Trémoïlle (Henri de la), duc de Thouars, II, 85.
Trémoïlle (Pierre de la), sire de Dours, I, 27.
Trépigny (Jean), magistrat, I, 493.
Trespas de Loire, impôt, I, 473 ; II, 30, 61, 294.
Trèves, archevêché, I, 313, 326.
Triboulet, fou, II, 150, 151.
Trinité (la), abbaye, à Argentan, I, 260, 261.
Trinité (la), église, à Angers, II, 391.
Trisacco, château, I, 173.
Trois Rois (les), mystère, II, 143, 175.
Troja ou Troya, ville, I, 206 ; bataille de Troja, I, 340 ; II, 434.
Trongnon (Pierre de), trésorier, I, 464.
Trontheim, ville, I, 313.
Tropea, ville, I, 155, 170.
Trousse (messire), chapelain, I, 500.
Troyes : bailli, I, 119 ; traité de Troyes, I, 42.
Trubert (Georges), enlumineur, II, 89-91, 377.

Tucé, château, I, 130.
Tucé (Jean de), I, 27.
Tulle, ville, I, 229.
Tunis, émir et ville, I, 480-482 ; II, 132, 341.
Turbia, bourg, I, 310.
Turenne (famille de), I, 304, 333, 370, 435. (V. Roger.)
Turquie (draps de), II, 128 ; poules de Turquie, II, 15 ; façon de Turquie, II, 115.
Tusculum (cardinal de), I, 18.

Ulrich, comte de Wurtemberg, I, 312, 313.
Université d'Angers, I, 41, 372, 397, 502, 505, 549-552 ; II, 45 ; de Naples, I, 107, 550 ; II, 233 ; d'Orléans, I, 550.
Urbain IV, pape, I, 150.
Urgel : évêque, II, 420 ; ville, I, 379.
Ursins (Juvénal des), archevêque de Reims, I, 249.
Ursins (Raimond des), comte de Nole, I, 145, 152.
Ursins (Urso des), comte de Nole, capitaine napolitain, I, 213 ; II, 402, 406, 424, 433, 435.
Usaiges (Jean, sire d'), I, 21.

Vacincourt (Jean de), receveur, II, 133.
Vagnon (Louis), capitaine de gens d'armes, I, 85, 99.
Vailly, ville, I, 74.
Vainuncourt ou Véroncourt (Perrinet de), concierge du château de Baugé, II, 33.
Valence (Dauphiné), ville, I, 425 ; II, 367, 368.
Valence (Espagne), ville, I, 482 ; II, 373 ; royaume de Valence, II, 336.
Valensolle, terre et prieuré, I, 547.
Valla (Laurent), philologue, II, 182, 188, 190.
Vallée (la). V. Beaufort (comté de).
Valois (Jean de), orfévre, II, 118, 371.
Valori (Gabriel), chevalier, I, 497, 498.
Val-Sainte (abbé de), II, 399.
Varennes, ville et seigneurie, I, 57, 79, 246.
Varennes (Jean de), maître de l'hôtel, I, 497.
Vaucouleurs : église, I, 91 ; ville, I, 68, 129, 240, 364.
Vaudemont : bailli, I, 82, 133 ; comté, I, 82, 83 ; ville et château, I, 66, 82, 92, 241. (V. Antoine et Ferry.)
Vaudole, seigneurie, I, 361 ; II, 314.
Vaugirault (Jacques de), valet tranchant, I, 499.
Vaulx (Jean de), trésorier, I, 482 ; II, 119, 370.
Vauvenargues, château, I, 500.
Vélier (Pierre), maître des pavages, II, 67.
Venafro, ville, I, 156, 196 ; II, 420.
Venaissin (comtat), I, 150.
Vendôme : comté, comtes, I, 43, 74, 115, 119, 232, 294 ; II, 256 ; ville, I, 230 ; II, 86.
Venise : doge, I, 23 ; république, I, 147, 158, 161, 270-293, 337, 423, 482 ; II, 220, 274, 297, 382 ; ville, I, 451.
Verdun : cathédrale, I, 79 ; évêque, I, 79, 114, 121, 128, 164, 402 ; II, 123, 309 (v. Haraucourt) ; ville, I, 60, 62, 364.
Verger (Jean du), conseiller, I, 43, 443.
Vergy (Antoine et Jean de), chevaliers, I, 84.
Vermandois (bailli de), I, 82, 119.
Verole, ville, I, 280.
Véronique (sainte) figurée, II, 378.

Verre, vitraux, I, 95, 484 ; II, 13, 131, 372, 377. (V. Peinture sur verre).
Vézelise, ville, I, 66.
Viana (évêque de), I, 183.
Vicence (évêque de), I, 542.
Vico, ville, I, 210 ; II, 424.
Vienne, terre, en Barrois, I, 57.
Vienne en Dauphiné, ville, I, 90, 98, 107 ; II, 368.
Vienne (Hervien de), doyen de Saint-Martin d'Angers, chirurgien, I, 500.
Vienne (Michel de), chirurgien, I, 500.
Viennois, héraut, I, 498.
Vierge sculptée, II, 81, 106, 107. (V. Notre-Dame).
Vignolle (Jean de la), doyen d'Angers, président des comptes et du conseil, I, 392, 447, 451, 507 ; II, 323, 384, 398.
Vilademani (Arnaud de), député de Catalogne, II, 317.
Village (Jean de), capitaine de marine, neveu de Jacques Cœur, I, 295-297, 328, 480, 529 ; II, 15.
Villaines, terre, I, 19.
Villandrando (Rodrigue de), capitaine de routiers, I, 78, 130.
Villant (Pierre du), peintre et brodeur, II, 76, 95.
Ville (Arnoul de), chevalier, I, 97.
Ville (Henri de), évêque de Toul, I, 60, 80, 95, 443 ; II, 176. (V. Toul.)
Ville (Jean de), chevalier, I, 91.
Villebernier, paroisse, II, 134.
Villedieu, terre, en Provence, I, 547.
Villemères, terre, II, 42.
Villeneuve (Arnaud de), sire de Trans, I, 405, 497.
Villeneuve-lès-Avignon, chartreuse, II, 56.
Villequier (Marguerite de), dame d'honneur, I, 228.
Villevesque, paroisse, II, 10.

Villon (François), poëte, II, 179.
Vincent (mystère de saint), II, 145.
Vins d'Anjou, I, 398, 468, 484 ; II, 9, 39, 312 ; de Barrois, I, 128, 484 ; de Bourgogne, I, 121 ; traite des vins, I, 468-471 ; II, 312.
Vintimille, ville et territoire, I, 277, 348.
Visconti (Philippe-Marie), duc de Milan, I, 116, 118, 135, 140-147, 161 ; II, 406, 429.
Viso (mont), percement, I, 480 ; II, 64.
Vittelleschi (Jean), patriarche d'Alexandrie, légat du pape, I, 148, 150, 156-158 ; II, 429.
Vitry-en-Perthois, village, I, 97.
Vitry (bailli de), I, 119.
Vitry (Thierry de), secrétaire du duc de Bourgogne, I, 211.
Vivier (Jean du), huissier des comptes, I, 449 ; II, 211.
Voivres, terre, I, 36.

Wandeland (Adam), peintre, II, 74.
Wandeland (Gilbert), peintre, II, 73, 74.
Warwick (comte de), général anglais, I, 374, 415.
Wernoncourt (Eustache de), capitaine de gens d'armes, I, 67.
Westminster, ville, I, 238.
Wigton (comte de), chevalier anglais, I, 39.
Wurtemberg (comte de), I, 365. (V. Ulrich.)

Ydrie (fête de l'), II, 138.
Yères ou Hyères : château, II, 54 ; port, I, 529 ; ville et seigneurie, I, 151, 335, 429, 547 ; îles d'Yères, I, 530.
Yolande d'Anjou, comtesse de Montfort, I, 35, 43, 47.

Yolande d'Anjou, fille de René, I, 101, 105, 110, 238-242, 258, 276, 304, 308, 300, 392, 416, 434; II, 38, 146.

Yolande d'Aragon, reine de Sicile, duchesse d'Anjou, etc. : son mariage, I, 24-26, 35 ; sa régence, I, 28, 34, 130; marie sa fille au prince Charles, I, 29-31 ; élève son gendre et son fils René, I, 31-33, 58 ; protége le royaume de France, I, 41-49 ; secourt Louis III en Italie, I, 50; assure à René les duchés de Bar et de Lorraine, I, 53-56, 60 ; contribue à le faire délivrer, I, 115, 122 ; II, 226 ; son administration, I, 36-41, 351-353, 442, 448, 468, 503, 517, 549; ses constructions, II, 4-6, 30, 33, 52, 61 ; son testament et sa mort, I, 46, 226 ; II, 111, 114; mentions, *passim*.

Yolande de Bar, reine d'Aragon, I, 26, 53, 57.

Yolande de France, fille de Charles VII, I, 314, 354.

York (duc d'), gouverneur de Normandie, I, 238, 258, 342.

Yvon (Jean), orfévre, II, 118.

Zingaro (Antonio Solario, dit le), peintre, II, 71.

ADDITIONS ET CORRECTIONS.

TOME I.

P. 15, ligne 15. *Au lieu de :* duc; *lisez :* comte.
P. 17, ligne 16. *Au lieu de :* comte; *lisez :* comté.
P. 24, ligne 13. *Au lieu de :* Louis I; *lisez :* Louis II.
P. 38, lignes 23, 24. *Au lieu de :* par lui; *lisez :* par son aïeul.
P. 60, ligne 10. *Au lieu de :* sept ans; *lisez :* six ans.
P. 67, ligne 18. *Au lieu de :* 1427; *lisez :* 1426.
P. 67, note 2, lignes 4, 5. *Au lieu de :* en 1425 ou 1426, ou à un autre moment de l'an 1427. La date que j'adopte est plus conforme aux textes et aux lois de la nature; *lisez :* en 1425 ou 1427, ou à un autre moment de l'an 1426. La date que j'adopte est conforme à la fois aux textes, etc.
P. 124, ligne 1. *Au lieu de :* sœur; *lisez :* fille.
P. 124, note 2, ligne 5. *Au lieu de :* La somme qu'il réclama ; *lisez :* La somme que son successeur réclama.
P. 128, note 4, ligne 1. *Au lieu de :* Cœurs ; *lisez :* Kœurs.
P. 169, note 1. *Au lieu de :* n° 16 ; *lisez :* n° 14.
P. 206, note 1, ligne 3. *Au lieu de :* Ibid.; *lisez :* V. pièces justificatives, n° 18.
P. 227, ligne 10. *Au lieu de :* hôtel; *lisez :* autel.
P. 232, lignes 24, 25. *Au lieu de :* Pierre de Mont-Dieu; *lisez :* Pierre du Mont.
P. 237, notes, ligne 2. *Au lieu de :* Jean de Charrières; *lisez :* Jean de Charnières.
P. 291, note 1, ligne 2. *Au lieu de :* Hist. de l'Église, III, X, 499; *lisez :* Hist. de l'Église, XIII, 499; *et ajoutez :* On trouve une autre version du discours de Pie II dans le ms. Dupuy 619 (f° 261), à la Bibliothèque nationale, et dans le *Spicilegium* de d'Achéry (III, 811).
P. 300, lignes 24, 25. *Au lieu de :* Jean Alardeau, futur évêque de Marseille ; *lisez :* Jean Alardeau, frère du futur évêque de Marseille.
P. 346, ligne 15. *Au lieu de :* au souverain ; *lisez :* aux souverains.
P. 365, lignes 15, 16. *Au lieu de :* duc de Bavière; *lisez :* comte palatin du Rhin.
P. 394, lignes 17, 18. *Au lieu de :* Guillaume Cerisay ; *lisez :* Guillaume de Cerisay.

P. 531, à la note 1, *ajoutez* : Enfin les statuts du Croissant se trouvent encore dans deux manuscrits de la collection Clairambault, datant du xviie siècle (n°s 1241 et 1309); dans le premier, ils sont accompagnés des délibérations du conseil de l'ordre de 1450 à 1432, trouvées parmi les papiers d'un des héritiers du greffier Jean de Charnières, et portant principalement sur les admissions, sur le costume des membres, sur la rédaction des *chroniques et gestes* de l'ordre, confiée au roi d'armes, etc.

TOME II.

P. 54, ligne 19. *Au lieu de* : Jacques de Passy; *lisez* : Jacques de Pazzi.

P. 126, à la note 1, *ajoutez* : On en trouve aussi d'assez remarquables dans le ms. 1242 de la collection Clairambault (1481-1483). Le premier de ceux-ci est gravé sur un portrait original du temps; un second est reproduit à la plume, sans indication de source; un troisième, représentant le buste conjugué de René et de Jeanne de Laval, se rapproche davantage du type offert par les médailles.

P. 131, ligne 33. *Au lieu de* : Agout; *lisez* : Goult.

P. 159, ligne 11. *Au lieu de* : c'est lui qui avait contribué à la délivrance du prisonnier de Philippe le Bon en mariant sa propre sœur au duc de Calabre; *lisez* : et dont le père avait contribué à la délivrance du prisonnier de Philippe le Bon en mariant sa propre fille au duc de Calabre.

P. 177, *rétablissez et complétez ainsi les notes* :

³ Bibl. nat., mss. fr. 1496, 1501, 25528 (Roman de Troïle et Criséida). Cette traduction a été attribuée par quelques-uns, notamment par MM. Moland et d'Héricault, qui l'ont publiée dans les *Nouvelles françoises en prose du xive siècle* (Bibliothèque elzévirienne, 1858), au père de Louis de Beauvau, Pierre Ier, qui remplit avant lui l'office de sénéchal d'Anjou : le texte et l'âge des manuscrits laissent la question indécise.

⁴ *Ibid.*; Marchegay, Bull. de la Soc. industr., etc.

P. 178, ligne 7. *Au lieu de* : duc; *lisez* : comte.

P. 185, ligne 22. *Au lieu de* : Lanctancii; *lisez* : Lactancii.

P. 350, lignes 16, 19, et p. 351, lignes 12, 16, 25. *Au lieu de* : Boussille, Boussillo, Bossilli; *lisez* : Bouffille, Bouffillo, Boffilli.

P. 374, lignes 20, 21. *Au lieu de* : pouldre Chippre; *lisez* : pouldre de Chippre.

P. 400, ligne 12. *Au lieu de* : Jacques; *lisez* : Jacquemin.

TABLE DES MATIÈRES.

TROISIÈME PARTIE.
BEAUX-ARTS ET LITTÉRATURE.

CHAPITRE 1.
ARCHITECTURE.

	Pages
Édifices d'Angers : château	3
Chambre des comptes	12
Ménagerie	14
Sépulture de René et d'Isabelle, à Saint-Maurice	20
Chapelle de Saint-Bernardin	25
Église des Carmes	27
Halles	28
Édifices des autres villes et domaines d'Anjou : Saumur	29
Baugé	33
Beaufort-en-Vallée	34
Les Ponts-de-Cé	35
Mirebeau	36
Loudun	37
Chanzé	37
Reculée	39
Épluchart	42
Rivettes	43
La Ménitré	44
Launay	47
La Baumette	47
Édifices de Provence : Aix	50
Tarascon	52
Pertuis	53
Peyrolles, Yères, Toulon, les Baux, Brignoles	54
Marseille	54
Saint-Maximin	55
Notre-Dame-de-la-Mer	55

TABLE DES MATIÈRES.

	Pages
Avignon.	50
Levées, inondations.	50
Ponts, navigation.	60
Maître des œuvres.	65
Maître des pavages et barrages.	68

CHAPITRE II.
PEINTURE ET SCULPTURE.

René peintre ; tableaux à lui attribués.	69
Le *Roi mort*.	72
Le *Pas de Saumur*.	75
La *Madeleine*, le *Crucifix*.	76
Peintures décoratives.	77
Tableaux inventoriés dans les châteaux d'Anjou.	79
René enlumineur.	82
Peintres du roi de Sicile : Barthélemy de Cler	87
Georges Trubert.	90
Coppin Delf	91
Pierre du Villant	95
Jean Chapuis, Gentil, Hervian.	96
Pierre Garnier, Victor Haller, Colin Descourtils, Jean Lemaître, Adenot.	97
Anonymes français, provençaux et espagnols.	98
Sculpteurs : Jean Poncet.	99
Pons Poncet	100
Colin de Hurion.	102
Jacques Moreau.	102
Auteur du *Domine quò vadis*.	104
Francesco Laurens, Jacotin	105
Statues et sculptures diverses.	106

CHAPITRE III.
OBJETS MOBILIERS.

Tapisseries.	109
L'*Apocalypse*.	110
Tapissiers du roi de Sicile.	113
Orfèvrerie ; atelier de René.	114
Orfèvres de René : Jean Nicolas.	115
Guillaume Le Peletier, Jean Aragon, Jean Le Gracieux, Jeannin Desperit.	116
Les Raoulin.	116
Ligier Rabotin, Jean Coste.	117
Hennequin, Jacques Scalles, Jean de Valois, Adam, Chevineau, Yvon.	118
Joyaux du roi et de la reine de Sicile.	119
Reliquaires.	120

TABLE DES MATIÈRES.

	Pages
Marques d'orfèvres.	123
Garde des joyaux.	124
Médailles.	124
Costume : armures.	126
Vêtements masculins et féminins.	128
Meubles et ustensiles.	130
Objets du Levant.	131

CHAPITRE IV.
MUSIQUE ET FÊTES.

Chapelle du roi de Sicile.	133
Ménestrels et tabourins.	135
Instruments de musique usités.	136
Fêtes religieuses : le Sacre d'Angers, la Fête-Dieu d'Aix.	137
Fête de l'*Ydrie*.	138
Translation et fête des saintes Maries.	139
Mystères : la *Passion*.	141
La *Résurrection*.	142
Le *Roi advenir*, les *Actes des Apôtres*.	143
Le mystère de saint Vincent.	145
Moralités et farces.	145
Fêtes profanes : tournois de Nancy, de Razilly, de Saumur.	146
Pas de Tarascon.	147
Ballets, danses.	149
Fous et Maures.	150

CHAPITRE V.
LITTÉRATURE.

Œuvres littéraires de René.	153
Prose : le *Livre des tournois*.	154
Lettres missives.	157
Prose mêlée de vers : le *Cœur d'amour épris*.	158
Le *Mortifiement de vaine plaisance*.	162
L'*Abusé en cour*.	165
Poésie : *Regnault et Jeanneton*.	169
Rondeaux.	172
Cantiques et mystères.	173
Écrivains attachés au roi de Sicile : Pierre de Hurion.	175
Jean du Périer, dit le Prieur.	175
Antoine de la Salle.	176
Louis de Beauvau.	177
Littérateurs en relations avec René : Charles d'Orléans.	177
Alain Chartier.	178

TABLE DES MATIÈRES.

	Pages
François Villon	179
Philelphe, Antoine Marcello	180
Junien Maggio, Laurent Valla	182
Catalogue de la bibliothèque de René	184
Ses connaissances en littérature, en langues vivantes	191
Histoire, géographie	192
Sciences naturelles	194
Imprimerie et reliure	196
Conclusion	197
Pièces justificatives	205
Itinéraire du roi René	437
Table alphabétique	499
Additions et corrections	542

FIN DE LA TABLE DES MATIÈRES.

www.ingramcontent.com/pod-product-compliance
Lightning Source LLC
Chambersburg PA
CBHW070841230426
43667CB00011B/1885